es 1586
edition suhrkamp
Neue Folge Band 586

Bernhard Lang und Colleen McDannell haben keine Geschichte des Himmels geschrieben, sondern die der Bilder, mit denen Christen beschreiben, was sie nach dem Tod erwartet.

Das vorliegende Buch belegt: Christen haben sich mit der Frage nach dem Himmel über Jahrhunderte hin beschäftigt – und sind zu ganz verschiedenen Ergebnissen gekommen.

Der Himmel ist eine Kultur- und Sozialgeschichte. Womit beschäftigt sich die Gemeinschaft der Ewigkeit? Welchen Tätigkeiten gehen die Seligen nach? Diese Fragen werden in *Der Himmel* unter der Perspektive thematisiert, inwieweit sie das gegenwärtige Leben berühren. Das Buch beschäftigt sich mit dem Himmel, weil er auf die menschliche und christliche Sehnsucht hinweist, über das Gegenwärtige hinauszublicken. Himmelsvorstellungen geben darüber Aufschluß, wie Menschen sich selbst begreifen.

Bernhard Lang, geb. 1946, ist seit 1985 Professor für katholische Theologie in Paderborn. Colleen McDannell, geb. 1954, ist seit 1989 Sterling McMurrin Professor für Religion an der Universität Utah.

Bernhard Lang
Colleen McDannell
Der Himmel

Eine Kulturgeschichte
des ewigen Lebens

Suhrkamp

Titel der Originalausgabe: *Heaven: A History.*
Yale University Press 1988, London und New Haven.

edition suhrkamp 1586
Neue Folge Band 586
Erste Auflage 1990
© Bernhard Lang/Colleen McDannell 1988
© der deutschen Übersetzung Suhrkamp Verlag Frankfurt am Main 1990
Deutsche Erstausgabe
Alle Rechte vorbehalten, insbesondere das
des öffentlichen Vortrags
sowie der Übertragung durch Rundfunk und Fernsehen,
auch einzelner Teile.
Satz: Hümmer, Waldbüttelbrunn
Druck: Nomos Verlagsgesellschaft, Baden-Baden
Umschlagentwurf: Willy Fleckhaus
Printed in Germany

2 3 4 5 6 – 95 94 93 92 91 90

Inhalt

Vorwort

»Kann man eine Geschichte des Himmels überhaupt schreiben? – Sind Sie denn schon mal dagewesen? – Was im Himmel los ist, das weiß doch jeder: da gibt's den lieben Gott und ein paar Leute, die auf Wolken herumliegen oder wie die Engel umherfliegen.« Wann immer wir mit Freunden und Kollegen über unsere Arbeit sprachen – das war ihre erste Reaktion. Wenn sich dann die erste Überraschung gelegt hatte, wurden wir mit Hinweisen überschüttet, die uns oft zum Notizbuch greifen ließen: »Haben Sie schon *den* Autor gelesen? – Denken Sie auch an *jenes* berühmte Gemälde! – Vergessen Sie nicht diese Richtung und jenes Buch...« Jeder kannte noch eine Sekte und einen weiteren Prediger, erinnerte sich an einen Film oder einen Roman. Wir hatten es mit zwei Reaktionen zu tun: Zunächst schien das ewige Leben einfach das zu sein, was der Ausdruck besagt – unaufhörliche Zeit, in der sich nichts ändert. Nach kurzem Überlegen aber kam fast jeder darauf, daß ihm irgendwelche Bilder und Beschreibungen des Himmels vertraut waren. Dem Himmel kann man nämlich überall begegnen: in der Theologie, in der Literatur, in der Kunst, in der Predigt, im Kino. Ja, vielleicht kann man wirklich eine Geschichte des Himmels schreiben...

Wir haben keine Geschichte des Himmels geschrieben. Unsere Geschichte ist vielmehr die der Bilder, mit denen Christen beschreiben, was sie nach dem Tod erwartet, wenn die irdische Zeit aufhört und die Ewigkeit beginnt. Christen glauben an ein zweifaches Leben. Das erste umfaßt die Zeit zwischen Geburt und Tod; das zweite beginnt mit dem Tod. Diese zweite Existenz hat einen Anfang, aber kein Ende. In unsterbliche Wesen verwandelt, leben die Seligen in einer Welt, die als »Paradies« oder »Himmel« bezeichnet wird. Gleichgültig, ob sie den Himmel sofort nach dem Tod zu erreichen glauben oder nach einer Zeit der Reinigung oder erst am Ende der menschlichen Geschichte, die Guten hoffen auf die Belohnung mit dem ewigen Leben. In unserem Buch *Der Himmel* sammeln und deuten wir die vielfältigen Vorstellungen, die sich Christen vom ewigen Leben gemacht haben: dem Leben nach dem Tod, nach dem Tausendjährigen Reich, im Zustand der Vollendung.

Während der ganzen Geschichte des Christentums galt das Leben von der Geburt bis zum Tod als eine Vorbereitung auf die Ewigkeit. In der Hoffnung auf den Himmel und seinen Lohn haben viele Menschen Armut und Ausbeutung erduldet, Zeiten der Prüfung durchgestanden und Leid auf sich genommen – bis hin zu Verfolgung und Martyrium. Um des ewigen Lohnes willen spenden viele Menschen ansehnliche Summen an Pfarrer, Kirchen und Klöster. Das Leben nach dem Tod ist ein zentrales Thema, das die christliche Existenz schon auf Erden bestimmt. Was aber erwartet den Christen nach dem irdischen Leben? Wie sieht das ewige Leben im Himmel aus?

Hat unsere Forschung überhaupt etwas schlüssig nachgewiesen, so ist es dies: Christen haben sich mit der Frage nach dem Himmel über Jahrhunderte hin beschäftigt – und sind zu ganz verschiedenen Ergebnissen gekommen. Eine überwältigende Vielfalt von Himmelsvorstellungen findet sich in gelehrten Folianten, in Predigten, in Trostbriefen, in Gedichten, in der bildenden Kunst und in vielen aufgezeichneten Gesprächen. Die meisten Himmelsbilder bestehen nicht aus abstrakten theologischen Begriffen und Formeln, sondern sind erstaunlich konkret, anschaulich und detailliert. Visionäre behaupten, das Jenseits nach der Art von Reisenden erlebt zu haben; Philosophen tragen ihre wohlbegründeten Spekulationen vor; Künstler geben einer inneren Schau Ausdruck. Die Beschreibungen fallen recht verschiedenartig aus und fügen sich keinesfalls zu einem widerspruchsfreien Bild zusammen. Die Widersprüche gehen ins Grundsätzliche. Für die einen ist der Ort des ewigen Lebens die »verklärte« Erde. Für andere liegt der Himmel außerhalb der bekannten Welt. Manche sprechen von einem ewigen Leben, dessen Inhalt Gott allein ausmacht. Wieder andere beschreiben persönliche Freundschaft und Ehe. Ewige Ruhe wird ebenso ersehnt wie ewige Tätigkeit. Das christliche Credo fordert den Glauben an ein »ewiges Leben«, schreibt aber keine bestimmte Vorstellung von diesem Leben vor. Da es keine verbindliche Lehre gibt, wurden und werden immer neue Deutungen versucht.

Das Fehlen einer klaren Lehre über das Leben im Himmel mag den Laien verwirren und für den Theologen enttäuschend sein. Der Philosoph mag feste ontologische Strukturen vermissen. Dem Historiker dagegen ist nichts lieber als Vielfalt und Wandel. Für uns ist die Vielfalt von Himmelsvorstellungen kein Beweis für geistige Verwirrung oder die Unmöglichkeit, etwas Bestimmtes über den Himmel zu sagen; wir waren vielmehr bestrebt, in der Vielfalt bestimmte Strukturen, Zusammenhänge, Entwicklungen und Bedeutungen zu finden. *Der Himmel* stellt den Versuch dar, aus dem reichen Schatz der Theologie- und Frömmigkeitsgeschichte jene Themen auszuwählen, die immer wiederkehren und so der Geschichte einen inneren Zusammenhang verleihen. Gelegentlich erörtern wir die Erfahrung des Todes, das Tausendjährige Reich auf Erden, die Lebensführung, die den himmlischen Lohn sichert, oder die philosophische Frage nach der Unsterblichkeit. Solche Themen beschäftigen uns jedoch nur am Rande. Wir haben die wichtigsten Vorstellungen gesammelt, die sich Christen über das Paradies und ihre Beschäftigung im ewigen Leben gemacht haben. Dabei versuchten wir, diese Vorstellungen in ihren sozialen und religiösen Kontext zu stellen, ihre Voraussetzungen zu klären und ihre langfristige kulturelle Bedeutung verständlich zu machen.

Aus der Abfolge der Kapitel wird ersichtlich, welche Epochen und Persönlichkeiten wir für die Entwicklung von Himmelsvorstellungen für entscheidend halten. Manchmal heben wir einzelne Gestalten wie Augustinus und Swedenborg hervor, manchmal gliedern wir nach den geläufigen Epochen der Geschichte: Mittelalter, Renaissance, Gegenwart. In beiden Fällen suchen wir nach grundlegenden Annahmen, Bildern, Analogien und Symbolen, die das Verständnis des ewigen Lebens bestimmen. Wir haben einige Quellen und Autoren gründlich untersucht und vorgestellt, aber auch eine große Zahl von einzelnen Belegen aufgeboten, um verbreitete Vorstellungen und geistige Trends nachzuweisen. Als Historiker interessiert uns, wie ältere Bilder im Licht neuer Mentalitäten, Einsichten, Erfahrungen oder sozialer Gegebenheiten umgeformt und kritisiert werden. Wir wollten wissen, in welcher Weise das kulturelle Klima einer bestimmten Epoche die Auffassung von der Ewigkeit beeinflußt und wie diese Auffassung selbst den Zeitgeist und das Lebensgefühl prägt. Im allgemeinen haben wir die verfügbaren Bilder systematisiert und nur in Auswahl vorgestellt; dabei waren wir aber bestrebt, dem Leser einen Einblick in die Vielfalt und den Reichtum der Quellen zu geben. Mögen die Auffassungen vom Himmel auch oft als reines Spiel ungezügelter Phantasie erscheinen, sie besitzen doch eine eigene Logik, Geschichte und Bedeutung.

Wir haben eine Kultur- und Sozialgeschichte geschrieben.

Dementsprechend sind wir vom herkömmlichen Verständnis des Himmels als einer *Gemeinschaft* der Heiligen ausgegangen. Diese Gemeinschaft kann so umfassend sein, daß sie alle Menschen einschließt, die jemals gelebt haben; sie kann sich aber auch auf eine einzige Seele und Gott beschränken. Wir sind der Frage nachgegangen, womit sich diese Gemeinschaft eine Ewigkeit lang beschäftigt. In welchen Beziehungen stehen die Seligen zueinander, und wie verhält sich Gott zu ihnen? Welchen Tätigkeiten gehen die Seligen nach? Solche Fragen führten uns in eine kaum bekannte Welt von himmlischen Aufgaben, Berufen und Fortschrittsideen, von ehelicher Partnerschaft und gesellschaftlicher Organisation im Himmel. Obwohl viele Christen wie Teresa von Avila dachten, daß »Gott allein genügt«, füllten andere ihre himmlische Welt mit Menschen, mit Aktivität und Leben. Gleichgültig, ob er sich in der beseligenden Schau des Geliebten (Gottes oder eines menschlichen Partners) erschöpft oder in vielfältigen Interaktionen von unzähligen Heiligen besteht, die einander begegnen, sich untereinander belehren, miteinander arbeiten oder auch nur gemeinsam spielen: der Himmel besitzt eine soziale Struktur.

Soziale Interaktion beruht immer auf bestimmten Symbolen und Bedeutungssystemen. Das gilt auch für den Himmel, der nicht ohne einen Kanon bestimmter kultureller Werte und Überzeugungen existiert. Die Seligen interagieren nicht einfach miteinander und mit Gott, ohne daß dies Konsequenzen hätte – und die Folge ist, wie bei jeder Interaktion, das Entstehen ritualisierter, geregelter Handlungen, Institutionen und Ideologien. Dementsprechend besteht die himmlische Kultur je nach ihrer Eigenart in einem intimen Liebesvollzug mit Christus, im Spielen im Brunnen des Lebens oder im ewigen Gottesdienst und Singen des dreifachen »Heilig«. Manchmal begegnen uns die Seligen in paradiesischer Nacktheit, manchmal im feinen Anzug des Geschäftsmannes, manchmal tragen sie festliche seidene Gewänder. Nach der einen Auffassung stehen sie reglos in der Gegenwart Gottes, nach der anderen spielen sie Klavier, feiern Hochzeit (sogar die eigene) oder besuchen Freunde, die noch auf der Erde leben. Jeder Himmel, den wir untersuchen, besitzt eine Ordnung, die das Verhalten seiner Bewohner regelt.

Unsere Erörterung von Kultur und Gesellschaft des Himmels – oder vielmehr von Kulturen und Gesellschaften – beruht auf dem Studium eines umfangreichen europäischen und amerikanischen

Quellenmaterials, aus dem wir auswählten. Dabei brachen wir mit dem akademischen Brauch, zwischen den volkstümlichen Quellen und dem einer geistigen Elite zu verdankenden Material einen Unterschied zu machen und beide als »kleine« bzw. »große« Tradition getrennt zu behandeln. Es stellte sich heraus, daß die Unterscheidung zwischen dem »Glauben« einer Oberschicht und dem »Aberglauben« der einfachen Leute nur mit großer Vorsicht gebraucht werden kann. Während die Scholastiker des Mittelalters und viele Theologen des 20. Jahrhunderts »vulgären« Auffassungen vom Jenseits keine Bedeutung beimessen, gab es eine solche zweischichtige Religion nicht immer. Im 19. Jahrhundert etwa glaubten die meisten gelehrten Theologen und Pfarrer an denselben Himmel wie volkstümliche Autoren und Spiritisten. Obwohl es uns zunächst so schien, als ob die großen Denker der christlichen Geschichte – Augustinus, Thomas, Dante, Luther, Kant, Tillich – die Auffassung vom ewigen Leben nachhaltig bestimmen würden, stellte sich doch heraus, daß diese Annahme nicht ganz zutreffend war. Oft kamen die neuen und entscheidenden Bilder des Jenseits von Männern und Frauen, die nur selten Gegenstand wissenschaftlicher Erörterung sind: Mechthild von Magdeburg, Emanuel Swedenborg, Elizabeth Stuart Phelps. In vielen Fällen besaßen jene, die die tiefsten Einsichten in die Verhältnisse des ewigen Lebens hatten, nicht einmal eine theologische Ausbildung. Dichter, Maler, Romanschreiber und Verfasser von Grabinschriften gingen das Problem des Himmels mit einer Kühnheit an, die den gebildeten Klerus in den Schatten stellt. Daher kann Dante nicht mehr Aufmerksamkeit beanspruchen als Dante Gabriel Rossetti, teilt Thomas von Aquin ein Kapitel mit Gerardesca von Pisa, werden Paul Tillich und Hal Lindsey als Theologen der Gegenwart behandelt, deren Jenseitslehren gleicher Rang zukommt. Unsere bunte Auswahl von Quellen hilft nicht nur zu einem Verständnis christlicher Himmelsvorstellungen; sie erinnert uns gleichzeitig daran, daß das Christentum sich aus sehr unterschiedlichen Symbolen, Bildern, Glaubensvorstellungen und liturgischen Formen zusammensetzt. Keine Gruppe von Gläubigen oder Autoren kann einen absoluten Wahrheitsanspruch erheben.

Ein Vorwort bietet die Möglichkeit, dem Leser auch zu sagen, wovon ein Buch *nicht* handelt. Wenn unser Buch mit der Geburt des Himmels im antiken Judentum beginnt und mit dem Christentum der Gegenwart endet, so muß der Eindruck einer lückenlosen geschichtlichen Darstellung entstehen. Obwohl wir diesen Eindruck selber verschuldet haben, kann von einer umfassenden Geschichte keine Rede sein. So schmerzlich und unerfreulich es für uns selber war, wir mußten manche Himmelsvorstellung unerörtert lassen und es uns versagen, hier eine weitere Abbildung einzufügen und dort noch einen Autor in eine Anmerkung zu setzen. Der Leser mag daher das Gefühl haben, daß die Verfasser »gerade die wichtigste Quelle übergehen«. Das müssen wir vor allem in Hinblick auf eine lesbare und geradlinige Darstellung in Kauf nehmen. Vielleicht können wir andere dazu anregen, ihr eigenes Fachgebiet nach weiteren und vielleicht genaueren Antworten auf die Frage »Was kommt nach diesem Leben?« zu durchforschen. *Der Himmel* mag dafür einen Ausgangspunkt bieten.

Schließlich müssen wir auch eingestehen, daß uns das zukünftige Leben nur insoweit interessiert, als es das Geheimnis des gegenwärtigen Lebens berührt. Unser Buch ist kein Reiseführer, der über die jenseitige Welt bequem Auskunft erteilt. Wir schreiben nicht als Theologen, Visionäre oder Spiritisten, die ihre eigenen Vorstellungen vortragen. Wir beschäftigen uns mit dem Himmel, weil er auf die menschliche und christliche Sehnsucht hinweist, über das gegenwärtige Leben hinauszublicken und das Göttliche tiefer zu erfahren. Himmelsvorstellungen geben uns darüber Aufschluß, wie Menschen sich selbst begreifen und ihre Familie, ihre Gesellschaft, ihren Gott verstehen. Wir bekommen Einblicke in die private wie die öffentliche Seite der westlichen Kultur. Sich wandelnde Einstellungen zu Liebe, Freundschaft, Arbeit, Gott und spirituellem Wachstum im künftigen Leben geben uns einen Maßstab, die entsprechenden kulturell geprägten Ideen und Ideale auch dieser Welt besser zu verstehen. Der Himmel ist nicht einfach eine Sache müßiger Phantasien, eine Projektion menschlicher Wünsche oder eine isolierte religiöse Lehre. In seinem *Wesen des Christentums* (1841) meinte Ludwig Feuerbach, der Himmel sei der Schlüssel zu den tiefsten Geheimnissen der Religion:

Die Unsterblichkeitslehre ist die Schlußlehre der Religion – ihr Testament, worin sie ihren letzten Willen äußert. Hier spricht sie es darum unverhohlen aus, was sie sonst verschweigt. (...) Wie der Mensch seinen Himmel denkt, so denkt er seinen Gott; die Inhaltsbestimmtheit seines Himmels ist die Inhaltsbestimmtheit seines Gottes, nur daß im Himmel sinnlich ausgeführt wird, was in Gott nur Entwurf, Konzept ist. Der Himmel ist daher der Schlüssel zu den innersten Geheimnissen der Religion. Wie der Himmel das aufgeschloßne Wesen der Gottheit ist, so ist er auch subjektiv die offenherzigste Aussprache der innersten Gedanken und Gesinnungen der Religion.[1]

Wir möchten einen Schritt weitergehen und die Behauptung wagen, daß der Himmel auch als Schlüssel zum Verständnis der westlichen Kultur dienen kann.

Wenn zwei ein Buch gemeinsam schreiben, dann benötigen sie die doppelte Anzahl von Bibliotheken, Freunden und Beratern. Unsere Arbeit hat uns in viele Bibliotheken in aller Welt geführt. Den freundlichen Bibliothekaren sind wir sehr zu Dank verpflichtet. Wir konnten auch in zwei Instituten arbeiten, deren Sammlungen nicht allgemein zugänglich sind; für die Erlaubnis, ihre Schätze zu benützen, danken wir daher der *Bibliotheca Hertziana* (Max Planck Institut) in Rom und dem *Institut für Grenzgebiete der Psychologie und Psychohygiene* in Freiburg im Breisgau. Ohne sich zu beklagen, beschafften die Bibliothekare des *USAREUR Library and Resource Center* in Heidelberg Literatur über die ungewöhnlichsten Themen. Dafür herzlichen Dank.

    Der Rat von Fachleuten und Freunden war uns überaus wichtig. Sie sagten uns, wo wir nach Quellen suchen sollten und wo nicht; sie halfen uns, Fehler in den Fakten und der Deutung zu vermeiden. Auf beiden Seiten des Atlantiks danken wir insbesondere Peter Brown, Charles Trinkaus, Margaret Marsh, Jane Brown, Morton D. Paley, Charles Lohr, Mary Boyce, Allen F. Davis, Horst G. Schwebel und Peter Dinzelbacher. Für ihre Hilfe bei der Literaturbeschaffung, dem Anfertigen von Zeichnungen und Fotos sowie der sprachlichen Gestaltung des Buches sind wir Eberhard Bauer, Helga Bender, Edeltrud Büchler, Bernhard Dachner, John W. Dickason, Marilyn Fraser, Deanna Thompson und Elisabeth Wacker verpflichtet. Die Mitarbeit von John F. Hurdle war unverzichtbar. John überwachte die Textverarbeitung, zeichnete Computerdiagramme und vermittelte zwischen den Autoren. Sein Sinn für Humor und Gerechtigkeit verhinderte zahllose Streitigkeiten zwischen den beiden gleichermaßen eigensinnigen Verfassern. Ihm und allen, die uns bei diesem fast »ewigen« Projekt beistanden, sagen wir herzlichen Dank.

Vorwort zur deutschen Ausgabe

Heaven: A History hat im englischen Sprachraum, nicht zuletzt durch den »Book of the Month Club« und den »History Book Club«, eine überraschend gute Aufnahme gefunden. Angesehene wissenschaftliche wie auch populäre Zeitschriften haben das Werk besprochen und empfohlen. So freuen sich die Autoren, daß es nun in Deutschland erscheinen kann. Wenn auch nicht in deutscher Sprache, so waren doch auf deutschem Boden schon die meisten Teile der ursprünglichen Fassung entstanden. Für die vorliegende Ausgabe wurden Text und Dokumentation gründlich durchgesehen. An einigen Stellen konnte die Darstellung erweitert oder genauer gefaßt werden, so daß der Leser nun die zweite, überarbeitete und verbesserte Ausgabe in Händen hält.

Für die Beratung bei der Bearbeitung danke ich besonders Dr. Adelheid Schlott und Dr. Peter Thaddäus Lang. Nicht unerwähnt bleibe die Universität Paderborn, deren Hilfskräfte Elisabeth Minner, Petra Osterfeld, Angelika Rudolph sowie Ursula und Andreas Runte den Text in lesbares Deutsch verwandelten. Auch die Ruhe einer kleinen Universität trug dazu bei, daß dieses Buch entstehen konnte.

Bernhard Lang

Kapitel 1

Die Geburt des Himmels

In der alten Welt war der Glaube an ein Leben nach dem Tod weit verbreitet, galt als selbstverständlich und wurde nur selten von Skepsis zersetzt. Der Tod beendete das irdische Dasein, nicht aber die Existenz überhaupt. Herkommen oder gelehrtes Denken mögen nicht immer ein idealisiertes oder »besseres« Leben versprochen haben, aber die völlige Verneinung eines Nachher war die Ausnahme. Mag es auch Zeiten des Zweifels gegeben haben, so rechnete die Mehrzahl der antiken Menschen doch mit irgendeiner Form von Leben nach dem Tod.

Wenn wir die christliche Auffassung des Himmels verstehen wollen, müssen wir uns zuerst mit den Jenseitsvorstellungen des antiken Judentums vertraut machen. Das Volk Israel lebte im Bergland und in den Tälern zwischen Jordan und Mittelmeer; seine Kultur und Religion verteidigte und pflegte es in einer Zeit politischer Abhängigkeit von mächtigen ausländischen Reichen. Die hebräische Bibel und andere, nicht in diese Sammlung eingegangene Schriften entstanden in der Kolonialzeit, die im 9. Jahrhundert v. Chr. begann und erst mit der nahezu vollständigen Vernichtung der jüdischen Existenz in Palästina durch die Römer im 2. Jahrhundert n. Chr. beendet wurde. Israels Literatur enthält zwar auch Überlieferungen und Erinnerungen an die halbnomadischen Erzväter, den Befreier Mose und das goldene Zeitalter des Königs Salomo; aber die Mehrzahl der biblischen Bücher stammt aus der Zeit der Fremdherrschaft.

Einander widersprechende Einstellungen zur Fremdherrschaft, Israels Begegnung mit einer Vielzahl von Kulturen und natürlich auch zeitlose menschliche Bedürfnisse führten zu einer vielschichtigen Antwort auf die Frage nach einem Weiterleben. Dabei lassen sich vier verschiedene Strömungen unterscheiden. Die älteste Überlieferung entstammt dem semitischen Milieu, in dem Israel lebte. Nach ihr besitzt das Weltall drei Ebenen: Erde, Himmel und Unterwelt. Die Toten halten sich in der untersten Region auf und genießen die Verehrung ihrer auf der Erde lebenden Verwandten. Ganz oben residieren die Himmelsgötter in einer Welt, zu der die Götter des Totenreiches und die Menschen gewöhnlich keinen

Zugang haben. Die Bewohner der mittleren Ebene – der Erde – bedürfen der Mächte der höheren wie der niederen Welt.

Die zweite Strömung der jüdischen Tradition verwirft den Kontakt zu den Toten. Dabei verliert der Totenglaube seine frühere Bedeutung, und die Verehrung der Ahnen wird untersagt. Um das Schicksal der Toten kümmert man sich nun nicht mehr, denn nur Jahwe, der Nationalgott Israels, darf verehrt werden. Als Gott der Lebenden (und nicht auch der Toten) verspricht allein er Hilfe in der Auseinandersetzung mit den fremden Herrschern. Die anderen Himmelsgottheiten und die Mächte der Unterwelt gelten nicht mehr als wichtige Mitspieler in der Geschichte Israels. Die Juden schulden nur einem einzigen Gott Verehrung und Gehorsam.

Eine dritte Auffassung verleiht den Toten wieder ihre frühere Bedeutung: Sie haben Anteil am Geschick des israelitischen Reiches. Diese Sicht ist stark politisch ausgerichtet, denn sie gibt den Toten einen Platz in einem künftigen jüdischen Staat. Nach dem Ende der Kolonialherrschaft wird Israels Gott die Gerechten unter den Toten wiedererwecken, so daß sie sich den Lebenden in einem irdischen Reich anschließen können. Alle Not, die sie erlitten haben, wird vorbei sein, und jeder wird eine neue, herrliche Zeit der jüdischen Vorherrschaft erleben.

Die vierte und letzte Strömung wendet sich von nationalen und politischen Belangen ab, um sich mit dem Schicksal des einzelnen in einer ungerechten Welt zu beschäftigen. Während die zweite Sicht die Toten als jeglicher Vitalität entbehrende, die Unterwelt bevölkernde Wesen auffaßt und die dritte diese zu einem neuen irdischen Leben auferstehen läßt, wird hier eine philosophische und mystische Lehre über den Aufstieg der Seele zum Himmel erarbeitet. Das Volk mag zwar unter der Kolonialherrschaft leiden, aber gute Seelen dürfen sich auf die Gemeinschaft mit dem Gott freuen, auf den sie vertrauen. Der Aufstieg der unsterblichen Seele ermöglicht das Überleben zumindest des einzelnen, wenn nicht des ganzen Volkes.

Diese verschiedenen Auffassungen vom Leben nach dem Tod bilden den Hintergrund für das Verständnis der entsprechenden Lehre des Neuen Testaments. Sie alle waren im Palästina des 1. Jahrhunderts bekannt und beeinflußten die Himmelsvorstellungen späterer Christen. Sadduzäer, Pharisäer und Essener – drei jüdische Gruppen der Zeit Jesu – vertraten Spielarten der alten Sichtweisen. Wenn wir einen Begriff von diesen älteren Sichtwei-

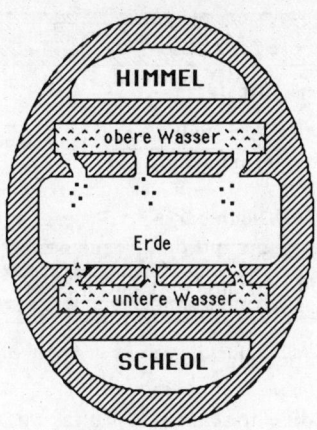

Abb. 1: Weltbild der alten Semiten

sen haben und wissen, wie sie im 1. Jahrhundert aufgefaßt wurden, können wir die Welt besser verstehen, in der die christlichen Jenseitsvorstellungen entstanden sind.

Der semitische Hintergrund: Kontakt zu den Toten

Im alten Vorderen Orient gab es eine Vielzahl von Völkern und Kulturen. Zu ihrem Verständnis können die Gelehrten meist nur auf einige Ruinen und wenige Schriftzeugnisse in rätselhaften Sprachen zurückgreifen. Wir kennen die Assyrer, Babylonier, Kanaanäer, Phönizier und Hebräer durch die Bibel; Ausgrabungen ihrer Städte und Übersetzungen ihrer verschiedenen schriftlichen Dokumente geben uns weiteren Aufschluß. Seit dem 18. Jahrhundert nennen die Gelehrten diese Gruppe von Völkern die »Semiten«, um auf die Ähnlichkeiten in ihren Sprachen und Kulturen hinzuweisen. Nicht alle Völker des Ostens sind der semitischen Welt zuzurechnen. Mit ihren stark abweichenden Sprachen gehören so wichtige Völker wie die Sumerer, Ägypter, Hethiter und Perser nicht zu den Semiten. Zwar lehnten spätere biblische Autoren jeden Einfluß fremder Völker auf das entstehende Judentum ab, aber die semitische Grundlage der Kultur Israels ist unver-

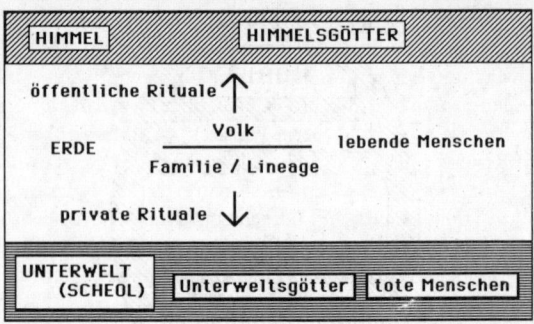

Abb. 2: Rituelle Welt der alten Semiten

kennbar. Es war die alte semitische Auffassung vom Leben nach dem Tod, die von späteren jüdischen Autoren abgelehnt oder zumindest stark verändert wurde.

Für die alten Semiten war die Welt ein großes Haus mit drei Ebenen: ein Obergeschoß für die Götter – der Himmel; in der Mitte die Welt der Menschen, uns von den Göttern geschenkt – die Erde; und als Untergeschoß eine große Höhle tief unter der Erde – die Unterwelt oder Scheol (*Abb.* 1). Im Unterschied zur oberen Welt der Götter wird die Scheol von den Toten und den Unterweltsgöttern bewohnt. Obwohl die Scheol als ein dunkler und schweigender Ort galt, darf man sie nicht mit der Hölle gleichsetzen. Eine Gottheit namens Mot, »Tod«, herrscht über die Toten und die Unterweltsgötter. Da die Menschen zwischen Himmel und Unterwelt leben, müssen sie mit dem Einfluß von beiden rechnen.

Die Verbindung zu den Himmelsgöttern und der Unterwelt war von größter Wichtigkeit. Die Bewohner der Erde mochten reiche Damen, begüterte Herren oder Kaufleute, stolze Krieger, Aristokraten oder Fürsten sein, dennoch fühlten sie sich schwach und von den Göttern abhängig. Nur durch das Errichten von Tempeln, Unterhalten einer Priester- und Sängerschaft, Darbringen von aufwendigen Opfern, Rezitieren ausführlicher Gebete sowie das Hören auf Magier und Propheten war es möglich, sich des Wohlwollens und Segens der Götter zu versichern. Die Vermehrung des Viehs, reiche Ernten, Sieg im Kampf und alles, was zum Erfolg, Wohlstand und Frieden gehört, hingen von der Gnade der Götter des Himmels oder der Unterwelt ab.

Um seiner umfassenden Aufgabe zu genügen, mußte das religiöse Ritual der Semiten komplex und vielfältig sein. Der Umgang mit den Mächten des Himmels und der Unterwelt war eine Kunst, die eine lange Ausbildung erforderte und nur von der Priesterschaft beherrscht wurde. Nur Priester wußten, durch welche privaten Rituale oder öffentlichen Liturgien der Beistand der Toten, der Unterwelts- oder Himmelsgötter erfleht werden konnte (*Abb.* 2). Zu den jenseitigen Helfern gehörten verstorbene, jetzt in der Scheol lebende Vorfahren. Der Ahnenkult wurde von oder im Auftrag von Nachkommen durchgeführt und galt den Vorvätern und vielleicht auch »Vormüttern«. Von diesen wurde persönlicher Schutz und vor allem eine zahlreiche Nachkommenschaft erwartet. Wenn sich die Nachkommenschaft zu einer solchen Feier versammelte, trank man größere Mengen Wein, und Wein wurde auch als Totenopfer ausgeschüttet. Dabei wurden alle betrunken, selbst die Toten. Ein schlichteres Ritual erforderte lediglich, Wasser und Speisen am Grab aufzustellen.[1]

Da am Ahnenkult nicht die Gesellschaft als ganze beteiligt war, können wir von einem privaten Ritual sprechen. Kleine Gruppen von Familienmitgliedern verehrten ihre Ahnen im Privatkult, ohne Teilnahme oder Einmischung der größeren politischen oder ethnischen Gemeinschaft. Wandte man sich jedoch an die Himmelsgötter statt an die Toten, dann betraf das die ganze Kommunität. Wenn Priester, vom König beauftragt, im Tempel regelmäßige Opfer darbrachten, gingen ihre öffentlichen Rituale über die Belange einer einzelnen Familie oder eines Clans hinaus. Sie handelten für das ganze Volk. Die Stationen des bäuerlichen Jahres wurden durch feierliche öffentliche Liturgien begangen: Saat und Ernte des Getreides, Pflücken der Früchte und Verzehr der Erstlinge. Solche Rituale schufen keine Verbindung zu den Ahnen, sondern zu den Gottheiten des Himmels, die für Regen und Regenzeit zuständig sind. Ohne ihre Hilfe konnte in den Trockengebieten des Nahen Osten nichts gedeihen.

Beide Arten des Rituals – das öffentliche, das sich an die Himmelsgötter wendet, und das private, das den Ahnen gilt – bestanden nebeneinander und wurden von denselben Menschen getragen. Die Art des Rituals richtete sich weniger nach seiner erhofften Wirkung als nach dem Empfänger dieser Wirkung. Für ein Mitglied der Familie wurde ein privates Ritual veranstaltet, für die ganze Gemeinschaft eine öffentliche Liturgie gefeiert.

Wer starb, erhielt einen anderen Platz in der Welt des Rituals. Der Wechsel erfolgte nicht sogleich mit dem Tod, denn die Aufnahme unter die Bewohner der Unterwelt ging nur langsam vor sich. Zuerst mußte die Familie den Leichnam bestatten und so den Himmelsgöttern aus den Augen schaffen. Die Grablegung erfolgte gewöhnlich in einer unterirdischen Gruft, oder man bedeckte den Leichnam einfach mit Erde. Dadurch tritt er in einen neuen, den unteren Seinsbereich ein. Während das Fleisch verfault und die Knochen trocken und spröde werden, bildet sich eine schattenartige Kopie des Toten, die in ein großes, unterirdisches Totenhaus hinabsteigt.[2]

Wie sieht das Leben dort aus? Zu unserem Leidwesen beschäftigten sich die alten Semiten mehr mit dem rituellen Kontakt zur Totenwelt als mit der Ausmalung des Lebens in der Scheol. Sie glaubten, daß die Toten in der Unterwelt ihren Vorfahren begegnen – daher die biblischen Ausdrucksweisen, jemand »geht heim zu seinen Vätern [Ahnen]« und wird »mit seinen Vorfahren [seiner Verwandtschaft] vereint«. Offenbar galt das schattenhafte Leben der Toten als unbegrenzt und keinem Zerfall unterworfen. Die Qualität des Lebens in der Unterwelt hängt vom vergangenen irdischen Leben ebenso ab wie von der Regelmäßigkeit bestimmter Rituale, die von der Nachkommenschaft ausgeführt werden. Wer »hochbetagt und satt an Lebenstagen« stirbt und von treuen Nachkommen regelmäßige Gaben von Wasser und Speise am Grab niedergelegt bekommt, der hat das beste Geschick. Als geschätzte Ahnherren oder Ahnfrauen dürfen solche Toten einen höheren oder vielleicht weniger finsteren Teil der Scheol bewohnen und ihre Nachfahren mit der Kraft ihres Segens stärken. Ahnen können jedoch auch zornig werden, ihren Segen vorenthalten und sogar Schaden zufügen. So werden die Ahnen zu Göttern, die das Leben der Menschen auf dramatische Weise beeinflussen können.[3]

Sobald die lebenden Verwandten die Verehrung der Toten vernachlässigen oder keine Opfer mehr darbringen, verschlechtert sich das Schicksal der Toten. Sie verlieren ihren Sitz im hellen Teil und müssen sich mit einem Platz in den tiefer liegenden und öden Gegenden der Unterwelt begnügen. Dort befinden sich auch hingerichtete Verbrecher und unbestattet gebliebene Soldaten, die im Kampf gefallen sind. Ein ironisches hebräisches Leichenlied stellt uns einen König vor Augen, der zu Lebzeiten seine Vasallen tyrannisierte. Nach dem Tod auf dem Schlachtfeld steigt er in die Scheol hinab, um dort in Schmutz und Kot zu enden und von Würmern bedeckt zu werden. Seine Ankunft bleibt nicht unbemerkt. Könige, die ein ähnliches Schicksal ereilte, erheben sich und rufen ihm zu: »Auch du bist nun kraftlos geworden wie wir.« Sie führen ein schattenartiges Leben mit einem verblaßten höfischen Zeremoniell. Selbst kaum mehr sichtbar, sitzen sie auf schemenhaften Thronen. Den vornehmen Neuankömmling begrüßen sie nur noch mit beiläufigem Interesse und ohne große Beteiligung.[4]

Der Kontakt zwischen Lebenden und Toten kam nicht nur im Ahnenkult zustande. Er konnte auch durch Medien und Zauberer hergestellt werden. Die Bibel beschreibt eine Totenbeschwörung, in der König Saul den Ausgang einer bevorstehenden Schlacht zu ermitteln sucht. Eine Verbindung mit der göttlichen Welt ist weder durch Träume noch auf anderen üblichen Wegen zu erreichen; das priesterliche Losorakel und das prophetische Wort versagen. Der König wendet sich in seiner Verzweiflung an eine Totenbeschwörerin. In einer nächtlichen Séance, den Augen der Himmelsgötter verborgen, verbindet Sauls Medium die Welt der Lebenden mit der Welt der Toten. Schließlich verkündet sie, ein verstorbener Prophet sei heraufgestiegen und könne befragt werden. Nur sie sieht »einen alten Mann (. . .) in einen Mantel gehüllt«, und nur sie kann mit dem Geist sprechen und die erhaltene Botschaft weitergeben. Die Befragung endet mit der klaren Auskunft des Geistes, Saul werde am folgenden Tag sein Leben in der Schlacht verlieren. Der Tote erwarte ihn in der anderen Welt. Dann kehrt er zurück in das Dunkel und das Schweigen der Scheol. Saul stirbt, wie in der Séance vorausgesagt.[5]

Die Erzählung gewährt uns einen Einblick in eine Totenwelt, in der die Verstorbenen trotz des Verlustes ihrer materiellen Körperlichkeit ihre äußere Gestalt, ihr Bewußtsein und ihr Erinnerungsvermögen behalten und sogar wissen, was auf der anderen Seite geschieht. Das Leben in der Unterwelt mag zwar nicht beneidenswert sein, aber die Toten können den Lebenden helfen oder Schaden zufügen. Diese Fähigkeit macht sie zu Göttern. Von Verwandten durchgeführte private Rituale aktivieren die Beziehung zwischen den Bewohnern der Erde und denen der Unterwelt. Im Gegensatz dazu stehen die öffentlichen Liturgien, die den Belangen der größeren Gemeinschaft dienen. Unsere Kenntnis des frühen semitischen Denkens ist zwar unzureichend, aber wir können wenigstens die Grundzüge der Jenseitsvorstellung erkennen. In einem schattenartigen Fortleben ist das Schicksal der Toten von der Verehrung durch die Lebenden abhängig, und umgekehrt können die Toten den Zustand ihrer lebenden Nachkommen beeinflussen.

Jahwe allein: Keine Verheißung über den Tod hinaus

Spätere biblische Autoren verwarfen Bräuche wie Ahnenkult und Totenbeschwörung als heidnisch und bestritten ihren Platz in der Religion Israels. Schon seit längerer Zeit übte das mächtige assyrische Reich auf Israel politischen Druck aus, der im 8. Jahrhundert immer untragbarer wurde. Die beiden israelitischen Staaten (Israel im Norden und Juda im Süden) mußten hohe Steuern bezahlen und sich militärischer Kontrolle unterstellen, um als kleine Vasallen überleben zu können. Den Oberherren entging keine Verspätung in der Ablieferung des Tributs, und jeder Aufstandsversuch wurde sofort unterdrückt. Während dieser langen Krisenzeit trat eine prophetische Bewegung für die ausschließliche Verehrung eines einzigen Gottes ein, des Staatsgottes Jahwe. Der Kult aller anderen Götter und Göttinnen sollte eingestellt werden.[6]

Die prophetische Bewegung erwartete, Israels Gott werde eines Tages eingreifen und die politischen Verhältnisse zugunsten seines Volkes verändern. Diese von heutigen Gelehrten so genannte »Jahwe-allein-Bewegung« verwarf nicht nur die Verehrung der Himmelsgötter, sondern verbot auch jeglichen Totenkult. Als Magie gebrandmarkt, steht er im Widerspruch zum wahren Gottesdienst. Nach den Soziologen Hubert und Mauss ist jenes Ritual magisch, das »nicht Teil eines organisierten [gemeinschaftlichen] Kultes, sondern privat, heimlich, geheimnisvoll ist« und oft von offizieller Seite verboten wird. Nach Auffassung der Jahwe-allein-Verfechter steht die Ahnenverehrung mit ihrer Bevorzugung von Familienangelegenheiten den nationalen Interessen entgegen. Den öffentlichen und nationalen Anliegen ist vor privaten Familiendingen absoluter Vorrang einzuräumen.[7]

Mit der Zerstörung des Nordreichs Israel durch die Assyrer (722 v. Chr.) erhielt die Jahwe-allein-Bewegung neuen Auftrieb. Für sie hatte die militärische Niederlage einen religiösen Grund: Sie ist die Strafe für das Nichteinhalten der ausschließlichen Verehrung des Staatsgottes. Im nunmehr stark verkleinerten israelitischen Staat, dem Südreich Juda, veranlaßte König Hiskija (728–699 v. Chr.) eine Kult- und Gesetzesreform. Im Buch Exodus ist uns ein damals entstandenes Reformdokument erhalten geblieben. Nach königlichem Gesetz sind erstgeborene Söhne Jahwe zu »geben« oder zu »schenken«. Die symbolische Übereignung der Söhne an den Nationalgott verlieh einem uralten Ritual eine neue Bedeutung. In früheren Zeiten erwartete man vom erstgeborenen Sohn nicht nur die Altersversorgung seiner Eltern, sondern auch deren pietätvolle Bestattung und Verehrung als göttliche Wesen. So oblag dem Erstgeborenen die Sorge für seine Eltern – im Leben wie im Tod. Nach der Reform Hiskijas sollte der Erstgeborene nicht mehr seine Vorfahren oder irgendwelche Götter der Unterwelt verehren, sondern allein Jahwe, den Staatsgott. Die Forderung »als heilige Männer sollt ihr mir gehören« kennzeichnet das Ziel der ganzen Reform. Israeliten gehören ausschließlich dem Nationalgott, nicht mehr einer Familiengottheit oder vergöttlichten Ahnen.[8]

Vermutlich konnten sich Hiskijas Reformbestrebungen nicht durchsetzen. Noch ein ganzes Jahrhundert sollte vergehen, bis der Jahwe-allein-Gedanke zum entscheidenden Anliegen der judäischen Innenpolitik wurde. Die Reformbewegung erreichte erst ihr Ziel, als König Joschija im Jahr 623 v. Chr. die alleinige Verehrung Jahwes proklamierte und zum Gesetz erhob. »Auch die Totenbeschwörer und Zeichendeuter, die Hausgötter, Götzen und alle Greuel, die im Land Juda und in Jerusalem zu sehen waren, fegte Joschija hinweg«, heißt es im biblischen Bericht. Die starke Einschränkung des privaten Gottesdienstes, insbesondere aller Arten von Totenkult, bedeutete einen entscheidenden Schritt hin zum Monotheismus. Zwar wurde das Niederlegen von Speise und Trank am oder im Grab noch geduldet, aber solche einfachen Gesten der traditionellen Pietät verloren zunehmend an Bedeutung. Tatsächlich wurde alles unternommen, frühere Vorstellungen von der Notwendigkeit eines Totenopfers als abergläubisch zu unterdrücken. Man mochte die Toten mit Speise versorgen und so am Leben erhalten, aber jeder weitere Kontakt galt als unerlaubt. Da man den Toten keinen Einfluß mehr auf die Lebenden zugestand, verblaßten sie mehr und mehr; ihre Spuren verloren sich im ewigen Dunkel der Scheol.[9]

Um die Lebenden und die Toten besser als bisher getrennt zu

halten, wurden Leichname mit strengeren Taburegeln belegt. Bisher hatte ein Leichnam nur während einer kurzen Zeit als unrein und Quelle von Unreinheit gegolten. Diese Zeit konnte so kurz sein wie die eigentlichen Tage der Trauer, während derer das Fleisch verweste und der Geist in der Scheol hinabstieg. Weder ganz lebendig noch ganz tot und somit außerhalb gewöhnlicher Begriffe stehend, ist der Leichnam unrein. War er jedoch erst einmal zerfallen und zu einem Bündel morscher Knochen geworden, dann stellten die Überreste keine Gefahr mehr dar. Die neue jüdische Rechtgläubigkeit verlängerte die Zeit der Unreinheit. Obwohl die Toten selbst keine Macht besitzen, ist jegliche Berührung von Totengebeinen zu vermeiden, da diese verunreinigen. Nichts verunreinigt mehr und ist deshalb gefährlicher als ein Leichnam. Auch das Neue Testament belegt die große Abscheu, die ein rechtgläubiger Jude vor Unreinheit empfindet. Jesus vergleicht Heuchler mit weiß getünchten Gräbern: außen sehen sie schön aus, »innen aber sind sie voll Knochen, Schmutz und Verwesung«. Die Toten können weder helfen noch die Zukunft voraussagen; vielmehr ist jeder Kontakt zu ihnen und jede Berührung mit sterblichen Überresten zu meiden.[10]

König Joschijas Reform erklärte den Verkehr mit Toten für unerlaubt, aber sie schuf keinen neuen Glauben, der ältere Vorstellungen ersetzte. Erst im Buch Hiob aus dem 5. Jahrhundert v. Chr. stoßen wir auf entsprechende Überlegungen. Das Buch radikalisiert den bereits bei König Hiskija erfolgten Bedeutungsverlust der Toten. Die Toten wissen nicht, was in der Welt der Lebenden geschieht; auch besitzen sie keinerlei Einfluß auf irdisches Geschehen. Selbst das Schicksal ihrer Nachkommen bleibt ihnen unbekannt. »Sind seine Kinder in Ehren, er weiß es nicht«, heißt es von einem Vater; »sind sie verachtet, er merkt es nicht«. Der im polytheistischen Denken und Ritual so wichtige Verkehr zwischen Ahnherr und Nachkommenschaft entfällt. Die Lebenden und die Toten sind auf ewig getrennt.[11]

Hiob und seine Zeitgenossen stimmten einer alten semitischen Tradition zu, der zufolge das Schicksal der Toten beklagenswert ist. Wer möchte schon leben in einem »Land, so finster wie die Nacht, wo Todesschatten herrscht und keine Ordnung«? Diese Beschreibung erinnert an das babylonische Gilgamesch-Epos; dort ist die Unterwelt das »Haus, darin wohnend man Lichts entraten muß, wo Erdstaub die Nahrung ist, Lehm die Speise«.

Solchen düsteren Aussichten zum Trotz mag die Totenwelt auch Vorteile bieten. Wie Hiob in einer kunstvollen Lobrede ausführt, befreit uns der Tod von den Nöten des irdischen Lebens. Er löst das Problem der sozialen Ungleichheit, indem er alle Knechtschaft beendet. Da die Toten den Lebenden nicht helfen können, haben sie mit den Beschwerlichkeiten des menschlichen Lebens nichts mehr zu tun. Wenn vielleicht auch kein Ort des Glücks, so mag die Scheol wenigstens als Stätte ohne irdische Sorgen gelten.[12]

Für fromme Verehrer des Gottes Israels ist jedoch selbst diese Ruhe nicht erstrebenswert. Das Buch Jesus Sirach erklärt, mit dem Tod höre die Gemeinschaft mit Jahwe auf. »Wer wird in der Unterwelt den Höchsten loben«, fragt der Verfasser, »anstelle derer, die leben und ihn preisen? Beim Toten, der nicht mehr ist, verstummt der Lobgesang.« Allein »der Lebende und Gesunde« kann den Herrn preisen. Wie die in Babylonien lebenden Exulanten im fremden Land die Lieder Jahwes nicht singen können, so vermögen auch die Toten in einer unreinen Höhle kein Lob anzustimmen. In der Scheol müßten sie eine Unterweltsgottheit verehren, nicht einen Gott des Himmels und des bewohnten Landes Israel. Als Himmelsgott denkt Jahwe nicht mehr an die Toten, »denn sie sind [seiner] Hand entzogen«. Wer das Leben verläßt, muß auch den Herrn des Lebens verlassen.[13]

Dementsprechend kann es keine Beziehung oder Gegenseitigkeit zwischen Jahwe und den Toten geben. Wie wir wissen, läßt die semitische Weltauffassung keine Verbindung zwischen den Himmelsgöttern und den Toten zu. Wenn die Toten in die Unterwelt hinabsteigen, gelangen sie in den Herrschaftsbereich der Totengötter und verehren diese. Die neue Reform aber verpflichtet den frommen Juden, keinen anderen Gott als allein Jahwe zu verherrlichen – selbst in der Scheol. Die Jahwe-allein-Idee erfaßt auch die Tiefen der Unterwelt und raubt den Toten ihre Götter. Die Verbindung der beiden Tabus – keinen anderen Gott als Jahwe zu haben und keine Himmelsgottheit in der Unterwelt zu verehren – verdammt die Toten zu bedeutungslosem Dasein und ewiger Schwäche. Um die Toten kümmern sich weder der Gott Israels noch die Götter der Unterwelt.

Nicht nur die »gottlose« Umgebung machte das Leben der Toten trostlos; auch von den Lebenden hatten sie nichts zu erwarten. Da die Welt der Lebenden vom Reich der Toten völlig getrennt ist, gibt es keine Verbindung zwischen beiden, auch nicht durch Über-

27

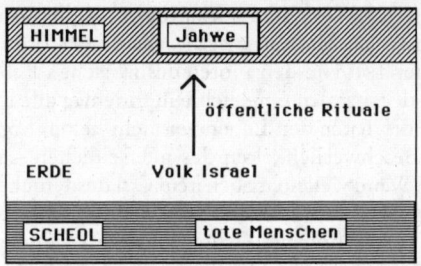

Abb. 3: Rituelle Welt des Frühjudentums

reste pietätvoller Totenehrung. Die Lebenden ihrerseits konnten nicht mehr mit dem Beistand ihrer Ahnen rechnen; sie waren nun ganz auf Jahwe angewiesen. »Ihr seid Kinder Jahwes, eures Gottes«, schärft die neue Gesetzgebung ein. »Ihr sollt euch für einen Toten nicht wundritzen und keine Stirnglatzen scheren.« Als wichtigster Vertreter der offiziellen Jahwereligion vermied besonders der Hohepriester jeden Kontakt mit den Toten. Priester sollten selbst der Bestattung ihrer Eltern fernbleiben. Der Träger eines öffentlichen Amtes durfte nicht von privater Unreinheit befleckt werden.[14]

Seit der Zeit des Königs Joschija bestimmten nicht mehr die Ahnen, sondern ausschließlich der Nationalgott die religiöse Existenz rechtgläubiger Israeliten. Der Vater erzählt seinen Kindern von den Heilstaten Jahwes, nicht mehr von den Segnungen der Ahnen. Da nur Jahwe verehrt werden durfte, lehnte die Reformbewegung den Ahnenkult ab und ersetzte ihn durch den Kult der Erzväter und der jüdischen Märtyrer. Als öffentliche, nicht private Heldengestalten »retteten sie das Volk im Aufblick zu Gott und hielten den Folterqualen bis in den Tod stand«. Wenn Jesus Sirach Israels Vorfahren als berühmte Männer feiert, deren Besitz »bei ihren Nachkommen bleibt«, so legt er Wert darauf, daß die Familien nur durch ihr Festhalten am Gottesbund Bestand haben konnten. Der Segen der Ahnen hat nichts zu ihrem Gedeihen beigetragen. Auf diese Weise traten nationale und gemeinschaftliche Belange und Rituale in den Vordergrund und verdrängten den privaten, familienorientierten Kult.[15]

Im Unterschied zur alten semitischen Auffassung kennt das neue, durch die joschijanische Reform entstehende Weltbild kein zur Erde hin »offenes« Totenreich (*Abb.* 3). Das Ritual Israels schenkte den Toten keine Aufmerksamkeit mehr. Die Toten verloren ihre Stellung als mächtige und einflußreiche Ahnen und wurden zu schwachen Schattenwesen. Unfähig, den einzigen Gott zu preisen, verliert ihr Dasein im ewigen Dunkel der Scheol jegliche Bedeutung. Israels Religion ist auf das Diesseits ausgerichtet und beschäftigt sich nicht mit nutzlosen Spekulationen über ein Leben nach dem Tod. Wenn einem frommen Menschen Unrecht geschah oder er von Unglück heimgesucht wurde, mußte man ihm einen Ausgleich in diesem Leben versprechen. Dem leidenden Hiob winkte kein Lohn im Jenseits. Was immer die Hiobdichtung an tiefem Sinn sonst noch besitzen mag, die Botschaft ihres Endes ist eindeutig: Gott belohnt Hiobs Geduld und frommes Ausharren mit der Wiederherstellung von Gesundheit, Familie und Besitz. »Jahwe mehrte den Besitz Hiobs auf das Doppelte« in diesem, nicht in einem anderen Leben. Das Judentum der joschijanischen Reform hatte keine Verheißung für die Toten.[16]

Apokalyptik: Verheißung der Auferstehung

Im Sommer des Jahres 586 v. Chr. machte das babylonische Heer der judäischen Monarchie ein Ende. Die von den Siegern gewährte Selbstverwaltung brach innerhalb kurzer Zeit zusammen. Nun konnten die Babylonier das Gebiet ihres früheren tributpflichtigen Vasallen in ihr Provinzialsystem eingliedern. Damit verschwand Israel von der politischen Landkarte. Das Ende Judas als einer politischen Größe konnte jenen nicht gleichgültig sein, die glaubten, Jahwe habe den Juden einen besonderen Platz in der Geschichte verheißen. Man träumte von einem unabhängigen Israel, wiederhergestellt durch göttlichen Eingriff. Besonders in Zeiten politischer Umwälzung und Unruhe flammte diese Hoffnung wieder auf. Jedesmal wenn eine Großmacht von neuen Herrschern abgelöst wurde – die Babylonier von den Persern, diese von den Griechen und schließlich die Griechen von den Römern –, erwarteten die Juden einen politischen Umschwung.

Viele Juden sahen die Schwierigkeiten, die einer politischen Unabhängigkeit entgegenstanden; sie suchten lediglich die Lage der Juden im heidnischen Staat zu verbessern. Andere freilich hofften, ein neues Regime würde Israel eine Nische lassen und einen eigenen jüdischen Staat dulden. Die extremsten Vertreter dieser Richtung rechneten nicht nur mit der Wiedererrichtung des Staates; Jahwe sollte auch die Toten an der Herrlichkeit eines neuen jüdischen Reiches teilhaben lassen. Der Glaube an eine »Auferstehung des Leibes« will die Toten von den Segnungen eines neuen Zeitalters nicht ausschließen. Wieder im Besitz ihres Körpers, sollten sie in der neuen Welt ein langes, glückliches Leben genießen.

Leibliche Auferstehung und Leben in einer erneuerten Welt haben nichts zu tun mit jenen Vorstellungen von einem Fortleben, die sich aus der joschijanischen Reform ergaben. Tatsächlich entlehnten jüdische Autoren diese Gedanken den alten Iranern. Der Glaube an eine Auferstehung des Leibes findet sich erstmals in der Lehre des iranischen Propheten Zarathustra (ca. 1400 v. Chr.). Nach Zarathustra wird die Seele nach dem Tod vor ein göttliches Gericht gestellt. Dort erfolgt entweder die Belohnung durch die Aufnahme in den Himmel oder die Strafe durch die Verweisung an einen weniger angenehmen Ort, die Hölle. Allerdings bedarf vollständiges Glück mehr als nur ewiger Existenz der Seele. Seele und Leib müssen wiedervereinigt werden, und zwar hier auf unserer Erde. Zarathustra erwartet eine allgemeine Auferstehung, ein Weltgericht sowie eine Reinigung und Erneuerung der Erde. In ihrer ursprünglichen, nunmehr wiederhergestellten Vollkommenheit und Schönheit soll die Erde als das ewige Reich des Schöpfers Ahura Mazda dienen. In dieser neuen Welt werden die Menschen ewig leben.[17]

Im 6. Jahrhundert v. Chr. lebten viele Juden in Babylonien und anderen Gebieten im unmittelbaren Einflußbereich der iranischen Kultur. Die Ähnlichkeit ihrer eigenen Hoffnung auf Befreiung mit gewissen Vorstellungen der Religion Zarathustras drängte sich ihnen auf, so daß die iranische Religion zu einer wichtigen geistigen Partnerin der jüdischen Theologie wurde. So manche Ähnlichkeit legte eine Angleichung nahe, während andere Eigenarten eher eine Abgrenzung erforderten. In Begegnung und Auseinandersetzung mit einem fremden Denken griffen jüdische Theologen neue Lehren auf – wie die Auferstehung des Leibes – und verbanden sie mit ihrer eigenen Spekulation über das Schicksal der Toten.

Die Auferstehungslehre taucht zuerst in der Prophetie Ezechiels zwischen 585 und 568 v. Chr. auf. Während dieser Zeit verkündete der Prophet eine Reihe von Gottesworten, die Heil verhießen und den Wiederaufbau Jerusalems und die Errichtung eines prächtigen Tempels voraussagten. In einer Vision sah Ezechiel eine große Ebene, bedeckt von ausgebleichten, morschen menschlichen Gebeinen. Ein solches Knochenfeld erinnert an einen zoroastrischen Friedhof, da die Verehrer Ahura Mazdas ihre Toten nicht beerdigen. Sie lassen den Leichnam ein ganzes Jahr lang im Freien liegen, der Sonne, dem Regen und aasfressenden Vögeln ausgesetzt. Nach der Lehre Zarathustras wird der Schöpfer, der jeden einzelnen Menschen erschuf, bei der allgemeinen Auferstehung die zerfallenen und verstreuten Leiber wieder zusammenfügen. Als Ezechiel die trostlose Ebene mit den Totengebeinen in Augenschein genommen hatte, erhielt er den Auftrag, Gottes Verheißung über die Gebeine auszurufen und ihre Auferstehung anzukündigen. Sofort formten sich Skelette und aus diesen menschliche Leichname. Wiederum mußte Ezechiel sprechen; er befahl nun dem Wind, die Leiber mit Atem zu beleben. So kehrten sie zum Leben zurück und machten sich auf den Heimweg vom babylonischen Exil in ihre palästinische Heimat. Offenbar ist diese großartige Vision von zoroastrischem Gedankengut beeinflußt, das in einem Gebiet mit gemischter elamitischer und persischer Bevölkerung dem jüdischen Propheten ohne weiteres zugänglich gewesen sein muß.[18]

Die zoroastrische Auferstehungslehre wurde von jüdischen Propheten freilich nicht unbesehen übernommen; sie wurde umgestaltet und ihren religiösen und politischen Vorstellungen angepaßt. Während die iranische Lehre das Ende der Menschheitsgeschichte sowie das Ende des Todes voraussetzt, bezog sie Ezechiel auf ein Wunder, das einen neuen Abschnitt in Israels Geschichte einleitet. Aus einem die ganze Welt betreffenden Drama wurde eine Art nationales Wunder. Er erwartete nicht eine ganz neue Welt, sondern einen neuen jüdischen Staat, der nicht mehr fremder Kontrolle untersteht und ausgebeutet wird.[19]

Im 3. und 2. Jahrhundert v. Chr. führten die von den griechischen Herrschern auferlegte Steuerlast und die Judenverfolgung der Jahre 167–164 zu einem erneuten Aufflammen des nationalen Stolzes, des Widerstandes und der Hoffnung auf eine bessere Zukunft. Bereit, für ihren Glauben zu sterben, hörten politische Aufrührer und religiöse Enthusiasten noch einmal die Botschaft Zarathustras. »Von denen, die im Land des Staubes schlafen, werden viele erwachen«, schrieb der Verfasser des Danielbuches in den Tagen der Verfolgung. Ein jüdischer Märtyrer soll gesagt haben: »Vom Himmel habe ich [meine Glieder] bekommen, und wegen seiner Gesetze achte ich nicht auf sie. Von ihm hoffe ich, sie wiederzuerlangen.« In einer Gegenwart ohne Aussicht auf politische Unabhängigkeit und nationalen Wohlstand hofften jüdische Märtyrer auf eine Zukunft, in der Gott seinem Volk wieder den ihm zukommenden Platz in der Welt zurückgibt.[20]

Während Gottes Reich (identisch mit dem wiederhergestellten jüdischen Staat) in alle Ewigkeit bestehen bleibt, ist die Lebensdauer der Auferstandenen begrenzt. Nach dem Buch Henoch werden sie »fünfhundert Jahre« oder »ein langes Leben auf Erden leben, wie es [ihre] Väter lebten«. Die »Väter« sind dabei nicht die unmittelbaren Vorfahren, sondern die biblischen Patriarchen, die nach der Genesis ein hohes Alter von beispielsweise 895 oder 930 Jahren erreichten. Nach einem langen, friedlichen Leben, das alles früher erfahrene Unrecht ausgleichen wird, werden sie schließlich entschlafen.[21]

Die Erwartung von Auferstehung und Gottesreich bot auch eine Antwort auf die Frage, warum Gott nicht zugunsten seines Volkes eingriff. Israels politisches Schicksal ist ihm keineswegs gleichgültig; er wartet nur den Tag ab, den er in seiner Weisheit dazu ausersehen hat. An jenem Tag wird er seine Gläubigen auferwecken, ihnen wieder ihr leibliches Dasein zurückgeben und sie in seinem ewigen Reich leben lassen. Gott wird die Toten aus der Scheol entlassen, um ihnen die erneuerte Erde zu schenken. Sein Volk wird dann weder in dieser Welt noch im Totenreich ein sinnloses Dasein fristen. Die einst gelitten haben, werden zwar wieder sterben müssen, aber erst nach einem langen, reichen Leben in Gottes neuem Reich.

Das hellenistische Judentum: Verheißung des Himmels

Nach dem politischen Unglück des Jahres 586 v. Chr., dem Untergang der judäischen Monarchie, wurden nicht alle Juden zu von apokalyptischer Hoffnung beseelten Nationalisten. Viele machten ihren Frieden mit den verschiedenen Oberherren und söhnten sich mit der Fremdherrschaft aus. Solange die Mächtigen die freie Ausübung des jüdischen Rituals gestatteten, sahen sie keinen Grund zur Unzufriedenheit. Juden, die diese Einstellung besaßen und philosophischem Denken gegenüber aufgeschlossen waren, entwickelten eine ganz andere Sicht des Fortlebens nach dem Tod. Die apokalyptische Erwartung einer ruhmreichen Zukunft und eines wiederhergestellten israelitischen Staates trat in den Hintergrund. An die Stelle nationaler Hoffnung traten Überlegungen über das Schicksal des einzelnen nach seinem Tod. Hinsichtlich der Frage, ob ihn wirklich nur ewige Dunkelheit erwarte, empfanden manche die jüdische Tradition als unbefriedigend. Würde Gott seine Getreuen nicht dem Dunkel der Scheol entreißen?

Der früheste Versuch einer philosophischen und mehr individualistisch ausgerichteten Sicht des Lebens nach dem Tod findet sich in zwei Psalmen. Der Dichter des 73. Psalms berichtet, wie sehr er die Bösen um ihr Leben beneidet hat. »Ich sah, daß es diesen Frevlern so gut ging«, erinnert er sich; »sie leiden keine Qualen, (...) sie sind nicht geplagt wie andere Menschen.« Bleibt sein eigenes tugendhaftes Verhalten ohne Lohn? Vor diesem Schluß schreckt der Psalmist zurück, denn ein solches Denken würde die Ordnung der ganzen Gesellschaft in Frage stellen. So schließt er, daß der Wohlstand der Bösen nur vorübergehend sein kann. Ihr Besitz ist flüchtig »wie ein Traum, der beim Erwachen verblaßt«, denn bald wird Gott ihnen alles nehmen. Aber auch dieser Gedanke vermag den Dichter noch nicht zu befriedigen. Weitere Überlegungen führen ihn zur Frage, was er den Bösen voraushat. Der Psalmist selbst hat zwar sein Unglück, aber er hat auch Gott. »Ich aber bleibe immer bei dir«, ruft er aus; »du hältst mich an meiner Rechten. Du leitest mich nach deinem Ratschluß und nimmst mich am Ende auf in Herrlichkeit.« Er beschließt sein Gebet mit der rhetorischen Frage: »Was habe ich im Himmel außer dir?«[22]

Im 49. Psalm wird dasselbe Thema noch eingehender erörtert. Der reiche, großtuerische und überhebliche böse Mensch kann mit Gott nicht verhandeln. Er muß untergehen und landet im Abgrund der Scheol. Seines Besitzes beraubt, kommt er in die ewige Finsternis. Die Rechtschaffenen hingegen können zuversichtlich sein: »Doch Gott wird mich loskaufen aus dem Reich des Todes, ja er nimmt mich auf.« Der Psalmist weiß, daß er eine neue Lehre vorträgt. Er präsentiert sie als die Enthüllung eines »Geheimnisses« und ruft in seiner Begeisterung »alle Bewohner der Erde« auf, ihm zuzuhören.[23]

Beide Dichter sind Mitglieder bekannter Tempelsänger-Familien aus Jerusalem, der Asafiten und Korachiter. Als Bedienstete des Tempels verstanden sie sich als besondere Freunde Gottes, die seiner ständigen und wahrhaft immerwährenden Gemeinschaft gewiß waren. Ihre Lieder lassen eine starke persönliche Betroffenheit erkennen. Das vorherrschende »Ich« ihrer Dichtungen bezieht sich in erster Linie auf den Sänger selbst und schließt die übrigen Mitglieder der Gemeinde nur indirekt ein. Der Dichter offenbart seine eigene Überzeugung. Aber während ein persönliches ewiges Leben bei Gott zunächst vielleicht nur als Vorrecht der Tempelsänger gedacht war, so verstand man die Psalmen doch als Verheißung einer hoffnungsvollen Zukunft für alle.

Indem sie sagten, Gott werde sie nach ihrem Tod »aufnehmen«, bedienten sich die Psalmisten eines Ausdrucks, der mit den Gestalten Henoch und Elija verbunden ist. Diese beiden frommen Männer waren nach der Überlieferung Israels nie gestorben; Gott hat sie mitsamt ihrem Leib in den Himmel aufgenommen. Was diesen legendären Gestalten ermöglicht worden war, hielten die Psalmisten auch bei anderen für möglich. Auf diese Weise wurde der Begriff der Aufnahme oder Entrückung in den Himmel neu verstanden und der Welt des Mythischen entrissen. Gott nimmt seine Getreuen *nach* dem Tode auf, ohne daß er zum Wunder einer Entrückung Lebender greifen muß. Bei ihrem Schriftstudium waren die Psalmisten auf den alten Mythos von der Aufnahme in den Himmel gestoßen und legten ihn schöpferisch aus. Sie formten den Mythos vom Himmel, der einst nur für wenige Auserwählte wie Henoch und Elija galt, zu einer Hoffnung und Erwartung für viele um.[24]

Die Psalmisten geben allerdings keinerlei Beschreibung des Himmels. Bei ihnen findet sich keine Andeutung eines künftigen Lebens, das alles uns Bekannte übertrifft. Statt dessen sprechen sie von einer fortdauernden Gemeinschaft mit Gott und beziehen sich nur sehr unbestimmt auf eine künftige Herrlichkeit. In einer Zeit, in der es keine feststehende und anerkannte Lehre über ein himmlisches Leben gab, konnten die Spekulationen der Psalmisten über bescheidene Ansätze nicht hinausgelangen. Ihre Überlegung ist »nur ein Aufflammen des religiösen Gefühls, ein gelegentliches Aufflackern der Liebe zum Leben«, vermutet der Theologe Andrew Davidson. Sie besaßen eine »Liebe zu Gott, die besonders dann noch einmal heftig glüht, bevor sie endgültig erkalten muß«. Überzeugt von Gottes Liebe zu den Rechtschaffenen, glaubten sich die Psalmisten zu dem Schluß berechtigt, er werde die Verdienste seiner Geschöpfe anerkennen und sie an einen himmlischen Ort versetzen.[25]

Abb. 4: Eine Frau betritt die elysischen Gefilde

Die Überzeugung der Psalmisten, daß Gott das Vorrecht himmlischen Aufenthalts verleihen kann und Rechtschaffenheit ihren
Lohn haben muß, wurde bald durch eine weitere Überlegung ergänzt. Wenn die Juden der Diaspora mit griechischen Intellektuellen zusammentrafen, dann erfuhren sie von der unsterblichen
Seele. Die homerische Auffassung, der Tote sei ein ausgezehrtes,
schattenartiges Wesen, erschöpfte den griechischen Totenglauben
nicht. Nach anderen mythischen Spekulationen überlebt der
ganze Mensch den Tod. Dabei war es Sache der Götter, die Verstorbenen zu bestrafen oder zu belohnen. Der Lohn konnte üppig
ausfallen.[26]

So zeigt das Grabrelief eines griechischen Philosophen des 2.
Jahrhunderts v. Chr. zwei Gestalten, die auf einer Wiese der anderen Welt ausruhen, während eine weitere, geflügelte Gestalt einen
bösen Menschen aus den Gefilden der Seligen vertreibt. Leider
läßt sich die verwitterte Szene im Bild schlecht wiedergeben; jedoch tauchen ähnliche Motive immer wieder auf. Ein heidnisches
Fresko in einer römischen Katakombe des 4. Jahrhunderts n. Chr.
stellt dar, wie eine Engelsgestalt eine ältere Frau namens Vibia in
die andere Welt führt (*Abb.* 4). Das Wandgemälde zeigt auch, wie
Vibia zwischen Männern und Frauen sitzt und sich an Speise und
Trank gütlich tut. Eine »sportliche« Fassung des Jenseits findet
sich in einer Illustration einer Handschrift derselben Zeit (*Abb.* 5).
Die Darstellung bezieht sich auf eine Stelle aus Vergils *Aeneis*.
»Einige üben die Glieder auf grasgepolstertem Ringplatz, messen

Abb. 5: Leben in Vergils Elysium

im Kampfspiel sich und ringen in gelblichem Sande«, lesen wir dort. »Andere stampfen im Reigentanz bei fröhlichen Liedern.« Die klassische Antike nennt dieses mit Vorrechten ausgestattete Totenreich die elysischen Gefilde oder die Inseln der Seligen. Beiden Darstellungen fehlt die Pforte zum Jenseits nicht; das Torhaus erinnert daran, daß zwischen dieser und jener Welt der Tod liegt.[27]

Antike Autoren wie Platon (428–347 v. Chr.) und Cicero (106–43 v. Chr.) versetzten die Inseln der Seligen von der Unterwelt in einen Himmel jenseits der Sterne. Der Grund für diese Verlegung ist in Platons Auffassung von der Seele zu suchen; sie gilt ihm als der innerste und kräftigste Bestandteil der menschlichen Persönlichkeit. Aus der Gefangenschaft des Körpers entlassen, wird sie nicht schwächer, sondern stärker und kräftiger. Wie alles Geläuterte und Gottgleiche strebt sie nach oben. Die Seele des Gerechten sinkt nicht in den Abgrund der Unterwelt, sondern steigt auf zu ihrer letzten Heimat in der jenseitigen himmlischen Welt der platonischen Ideen, um dort ewig zu leben. Im Weltbild Platons können die elysischen Gefilde schwerlich ihren angestammten Platz in der Unterwelt behalten. Diese Umbildung der homerischen Weltsicht ist die Voraussetzung der jüdischen Religionsphilosophie.[28]

Die griechische Anschauung von der Seele hat den jüdischen

und schließlich auch den christlichen Glauben zutiefst geprägt. Sowohl das biblische Buch der Weisheit (1. Jahrhundert v. Chr.) als auch das Werk Philos von Alexandrien (ca. 20 v.–45. n. Chr.) beschäftigen sich mit dem Wesen der Seele. Dabei setzt das Buch der Weisheit die Unsterblichkeit des menschlichen Wesenskerns einfach voraus. Philo dagegen erklärt und entwickelt die griechische Idee in großer Ausführlichkeit. Durch seine einzigartige Zusammenschau von platonischer Philosophie und biblischer Überlieferung bahnte er den Weg für spätere christliche Denker. Nach Philo kehrt die Seele nach dem Tod in ihren ursprünglichen, vorgeburtlichen Zustand zurück. Da sie zur Welt des Geistes gehört, ist das Leben im Leib nur ein kurzes und oftmals unglückliches Zwischenspiel. Viele Seelen verirren sich im Labyrinth der materiellen Welt, doch die Seele des wahren Philosophen vermag den Weg zu einem »unkörperlichen und unvergänglichen Leben« zu finden und so den Tod zu überstehen. Die Seele zeichnet sich außer durch Unsterblichkeit und Unkörperlichkeit auch durch Geschlechtslosigkeit aus; sie ist weder männlich noch weiblich.[29]

Im Himmel gesellt sich die Seele zu den unkörperlichen Bewohnern der göttlichen Welt, den Engeln. In manchen Fällen vermag sie noch weiter aufzusteigen und in die eigentliche Welt der ewigen Ideen zu gelangen. Wenn ein weiterer Aufstieg gelingt, kommt sie in die Gemeinschaft mit Gott selbst. Während Henoch im Reich der reinen Ideen lebt, hat nach Philo allein Mose die höchste Stufe erreicht. Eine andere Möglichkeit ist nicht ein erneutes Aufsteigen, sondern nochmaliger Abstieg in die materielle Welt. Von den Seelen »eilen diejenigen, die sich nach der Verwandtschaft und Vertrautheit mit dem sterblichen Leben sehnen, wieder zurück«. Platon folgend, hielt Philo die Möglichkeit einer Wiedergeburt (Reinkarnation) für möglich. An die Stelle eines schwachen, schattenartigen Daseins in der Scheol trat nun eine Vielfalt von Möglichkeiten.[30]

Hellenistische Juden wie Philo von Alexandrien zeigten wenig Interesse an der Wiedererrichtung eines jüdischen Nationalstaates. Sie betrachteten das Judentum als eine Philosophie oder Glaubenslehre, nicht als die Ideologie eines Staatswesens. Gleichzeitig zogen sie ein beschauliches und privates Leben einer öffentlichen und politisch tätigen Existenz vor. Eigentlich sollte jeder Jude ein Philosoph sein, der – wie Philo – das zurückgezogene Leben eines

Denkers pflegt und seine Seele auf den himmlischen Aufstieg vorbereitet. Die Meditation dient der Vorbereitung auf den Tod, nicht der Einstimmung auf eine erneuerte irdische Gesellschaft.

Im Unterschied zur früheren Jahwe-allein-Bewegung glaubten die hellenistischen Juden an die Unsterblichkeit der menschlichen Seele. Wie ihre griechischen Nachbarn erwarteten sie in ihrer Todesstunde die Begegnung mit Engeln. Diese begrüßen die Seele und geleiten sie in einer Kutsche in ein fernes Land. Der Körper bleibt zurück und wird nach wenigen Tagen bestattet. Die Seelen der Gerechten leben auf den Inseln der Seligen (wie in der griechischen Mythologie) oder in der transzendenten Welt der platonischen Ideen. Dort verbringen sie die Ewigkeit in der Gesellschaft anderer Seelen, von Engeln und letztlich der Gottheit selbst. Zwar bleiben die Schilderungen oft unbestimmt, aber wir erkennen doch einen Himmel der Philosophen, die in die Betrachtung abstrakter Ideen und idealer Formen versunken sind, ohne sich von anderen Menschen oder den Notwendigkeiten des irdischen Lebens dabei stören zu lassen. Gelehrte mögen weiterhin ihrer Forschung nachgehen, zumal diese nun leichter ist, da der menschliche Körper keine Schranke mehr darstellt. Der Körper kann den Geist weder behindern noch ablenken. Philos Sicht setzt eine himmlische Gemeinschaft von Seelen und Engeln voraus, aber seine strenge philosophische Methode erlaubt ihm nicht, solche Vorstellungen auszumalen. Seine Phantasie wird durch die Vernunft gezügelt, so daß jede über sie hinausgehende Spekulation fehlt.[31]

Die philosophischen Bemühungen der hellenistischen Juden vertiefen die Überlegungen der Dichter von Psalm 73 und 49. Diese besangen zwar die Barmherzigkeit und Gerechtigkeit eines Gottes, der sie vor einem sinnlosen Dasein in der Scheol bewahrt, aber sie ließen uns im unklaren darüber, auf welche Weise das geschehen sollte. Mit Hilfe platonischen Denkens war es möglich, die Verwandlung des schwachen, in der Scheol gefangenen Schattens in eine unsterbliche, für den Himmel bestimmte Seele zu erklären. Viele Juden der hellenistischen Zeit wandten sich von dem Gedanken an eine gewaltsame Vertreibung der Fremdherrscher ab; ihnen erschien ein Himmel für den einzelnen vernünftiger als die Verheißung eines neuen Reiches Israel, in dem man 900 Jahre alt wird. Sie lehnten die alte Auffassung der Jahwe-allein-Bewegung von einem bedeutungslosen Fortleben ebenso ab wie nationalistische Hoffnungen. Die Lehre von der einzelnen Menschenseele, die, vom Körper befreit, Unsterblichkeit erlangt, bot eine befriedigendere Antwort auf die Frage nach einem Leben jenseits des Todes.

Jüdische Jenseitslehren im ersten Jahrhundert n. Chr. – Sadduzäer, Pharisäer, Essener

Im 1. Jahrhundert – der Zeit des entstehenden Christentums – gab es drei verschiedene jüdische Ansichten über das Leben nach dem Tod. In Auseinandersetzung mit ihnen bildete sich eine vierte Anschauung – die christliche. Die Lehren der Sadduzäer, Pharisäer und Essener waren nicht neu, sondern gingen auf das Vorbild der Jahwe-allein-Bewegung, der Apokalyptiker und Philosophen zurück. Diese Vielfalt forderte Gelehrte ebenso wie Laien, Sektierer und Philosophen zur Auseinandersetzung und weiterer Spekulation heraus. Obwohl die antiken Quellen die drei Auffassungen nur unzureichend wiedergeben, lassen sie sich doch einigermaßen rekonstruieren. Auch können wir uns ein ungefähres Bild davon machen, welche Menschen von den verschiedenen Lehren besonders angesprochen wurden. Die neutestamentliche Auffassung über das ewige Leben ist nur auf dem Hintergrund der mitunter heftigen religiösen Kontroversen im römischen Palästina voll verständlich.[32]

Das Desinteresse der Jahwe-allein-Bewegung an einem Leben nach dem Tod findet sich im 1. Jahrhundert in der Philosophie der Sadduzäer wieder. Die Sadduzäer gehörten vermutlich zur Oberschicht. Als strenge Anhänger der Heiligen Schrift bevorzugten sie den konservativen Standpunkt in Fragen des Glaubens und der rituellen Praxis. Leider besitzen wir keine eigenen Zeugnisse dieser Gruppe. Ihre Ansichten werden vom jüdischen Historiker Josephus (37–100 n. Chr.), im Neuen Testament und in den Schriften ihrer Gegner nur kurz erwähnt. Da so gut wie alle antiken Quellen über sie von gegnerischer Seite stammen und kein Verständnis für ihre Auffassung des Todes zeigen, muß unsere Beurteilung ein Versuch bleiben.

»Die Lehre der Sadduzäer läßt die Seele mit dem Körper zugrunde gehen«, berichtet Josephus. Im Unterschied zu anderen jüdischen Gruppen meinten die Sadduzäer, für ein Leben nach dem Tod keinen Hinweis in der Heiligen Schrift zu finden. Der Reichtum der Sadduzäer und ihre Zugehörigkeit zur priesterlichen Aristokratie bilden einem möglichen Schlüssel zum Verständnis der auf das Diesseits gerichteten Einstellung, die ihnen von der Überlieferung nachgesagt wird. »Sie bedienten sich silberner und goldener Geräte alle Tage«, heißt es von ihnen; »sich in dieser Welt zu quälen« sei ihnen im Unterschied zu asketisch eingestellten Juden fremd. Sie folgten dem Motto: »Laßt uns essen und trinken, denn morgen sind wir tot.« Wir haben es offenbar mit Menschen zu tun, die ihren Wohlstand genießen und darüber hinaus nichts mehr erwarten. Ihre soziale Stellung machte die Hoffnung auf ein besseres Leben nach dem Tod überflüssig. Wie die Anhänger der Jahwe-allein-Bewegung besaßen sie eine Religion des Diesseits.[33]

Wenn die Sadduzäer selbst priesterlichen Dienst verrichteten oder in Priesterkreisen verkehrten, darf man bei ihnen eine Hochschätzung und besondere Einsicht in die Bedeutung religiöser Rituale voraussetzen. Beim Vollzug des Tempelrituals halten sich die Priester in der Gegenwart Gottes auf. Der Genuß der göttlichen Gegenwart bedeutet, daß die Fülle des Heils trotz aller politischen Not der Juden erfahren werden kann. Die Liturgie erlaubt ihnen, sich Gott näher zu fühlen als andere Juden. Da »ein einziger Tag in den Vorhöfen deines Heiligtums besser ist als tausend andere«, braucht ein solches Leben keinen Ausgleich nach dem Tode. Schon hier wird die Nähe Gottes erfahren; nicht erst der Tod ermöglicht ein wahres, gotterfülltes Dasein. Die heutige Theologie nennt diese Auffassung »verwirklichte Eschatologie«, weil sie die Verwirklichung aller religiösen Verheißungen in diesem Leben voraussetzt. Demnach ist ein Leben nach dem Tod doppelt überflüssig: Weder Armut noch mangelnde Heilserfahrung erfordern einen jenseitigen Ausgleich. So konnten die Sadduzäer die Tradition der Jahwe-allein-Bewegung fortführen und an einen Gott glauben, der der Gott der Lebenden ist. Beim Tod löst sich die Seele auf.[34]

Im Unterschied zur Reserviertheit der Sadduzäer glaubten die Pharisäer an ein Leben nach dem Tod. Diese volkstümliche Bewegung versuchte, eine jüdische Kultur auf der Grundlage der peinlichen Befolgung des religiösen Gesetzes, besonders der Reinheitsvorschriften, aufzubauen. In kleinen, in den Städten lebenden Gruppen befolgten sie die strengsten Reinheitsregeln, die eigentlich nur für die diensthabende Priesterschaft galten. Ein solches Leben erforderte eine Absonderung von Nicht-Pharisäern. Dennoch wollten die Pharisäer den übrigen Juden ein nachzuahmendes Vorbild vor Augen führen.[35]

Leider sind wir auch bei dieser Gruppe auf Spekulationen angewiesen. Da sich die Pharisäer hauptsächlich mit rituellen Regeln beschäftigten, findet sich in den antiken Quellen nur wenig über ihre Lehren. Vermutlich teilten sie die prophetische Hoffnung auf den Aufbau eines neuen jüdischen Staates und den Untergang seiner Feinde. Nach Josephus glaubten sie an die Unsterblichkeit der Seele, allerdings mit dem wichtigen Zusatz, daß »nur die guten [Seelen] in einen anderen Leib übergehen«. Ein frühchristlicher Text, die Apostelgeschichte, schreibt ihnen den Glauben an eine Auferstehung zu. Als »Pharisäer und Sohn von Pharisäern« muß Paulus bereits vor seinem Übertritt zur christlichen Bewegung eine Vorstellung von der Auferweckung der Toten gehabt haben. Vielleicht gehört der Auferstehungsglaube zur pharisäischen Hoffnung auf eine erneuerte jüdische Nation.[36]

Wenn die Pharisäer das Judentum durch die peinlich genaue Befolgung strenger Reinheitsregeln zu erneuern suchten, dann haben sie vielleicht angenommen, eines Tages werde Gott selbst die Reinigung vornehmen. Sobald ein von Gott errichteter jüdischer Staat bestünde, würden auch die Getreuen unter den Toten an der neuen Gesellschaft teilnehmen, einer Gesellschaft, in der es möglich wäre, kompromißlos jüdisch zu leben. Nur die Auferstehung der Toten und die Wiedererrichtung eines Staates erlaubt allen eine den Reinheitsvorschriften entsprechende Lebensweise, wie sie unter heidnischer Herrschaft kaum durchführbar ist. Wie Ezechiel hofften auch die Pharisäer, die ausgebleichten Gebeine würden sich einmal erheben und ihren Platz auf einer erneuerten Erde beanspruchen. Die apokalyptische Erwartung eines rituell reinen und wiederhergestellten Israels verbindet sie aber auch mit den Verfassern des Danielbuches.

Während die Sadduzäer den Auferstehungsglauben ablehnten und die Pharisäer ihn lehrten, bekannte sich eine dritte Richtung zu einer mehr individualistischen Jenseitslehre. Die philosophische Auffassung, die unsterbliche Seele werde nach dem Tod zum Himmel aufsteigen, fand nicht nur bei hellenistischen Weltbürgern wie Philo von Alexandrien Anklang. Nach Ausweis der Quellen haben auch die Essener die Befreiung der Seele aus dem

Gefängnis des Körpers und ewige Ruhe in einem himmlischen Reich erwartet. Im Unterschied zu Philo scheint sich die Hoffnung der Essener jedoch auch auf einen neuen Staat unter der Herrschaft eines messianischen Königs gerichtet zu haben. Dennoch hielten sie sich von aller antikolonialer Politik zurück und führten ein zurückgezogenes Gemeinschaftsleben an abgelegenen Orten wie Qumran in der Wüste am Toten Meer. Die Essener verwarfen die Skepsis der Sadduzäer ebenso wie eine grobe, materialistische Auffassung des Auferstehungsglaubens. Da sie das Geistige über das Materielle stellten, zogen sie eine asketische Lebensweise vor und hielten von der Welt Abstand.

Zumindest einige der Essener lebten ehelos. Josephus erwähnt nicht nur ihre Ehelosigkeit, ihre Gütergemeinschaft und ihre einfache Lebensweise, sondern geht auch auf ihren Totenglauben ein. »Vergänglich seien zwar die Leiber und ihr Stoff sei nichts Bleibendes, die Seelen aber seien unsterblich und würden immer bestehen«, berichtet Josephus. Wie bei Philo werden die Seelen im Tod »aus den Fesseln des Fleisches befreit« und »schwingen sich empor in die Höhe«. Die Essener glauben, »daß den guten Seelen ein Leben jenseits des Ozeans beschieden sei und ein Ort, der von Regen und Schnee und Hitze nicht belästigt wird, dem vielmehr vom Ozean her ein ständig sanft wehender Zephir Frische spendet«. Wie die Philosophen, so erwarten auch die Essener ein ruhiges und bequemes Fortleben. Trotz aller Dürftigkeit unserer Quellen über die Essener läßt sich ihre Vorstellung von der anderen Welt gut genug erkennen. Frei von den Unbilden der Wüste, kann die Seele in einer angenehmen Umwelt die Anschauung Gottes genießen. Anders als die Sadduzäer, die sich mit dem diesseitigen Leben zufriedengaben, und die auf die Wiederherstellung eines jüdischen Gemeinwesens wartenden Pharisäer freuten sich die Essener auf ein ewiges Leben in einem Land, das den Inseln der Seligen gleicht.[37]

So ist der jüdische Glaube an ein Leben nach dem Tod von zahlreichen Umständen bestimmt; das spannungsvolle Verhältnis zwischen Einzelperson, Familie und Staat beeinflußt ihn ebenso wie theologische Begriffsbildungen. Das Bild von der Scheol und schließlich vom Himmel blieb in der vorchristlichen Zeit keineswegs unverändert, sondern war einem vielfältigen Wandel unterworfen. Als religiöse Reformbewegungen den Gottesbegriff in einer neuen Weise verstanden und neue Formen der Gottesverehrung suchten, sich mit dem Untergang Israels als politischer Größe auseinandersetzten und unter nichtjüdischer Oberhoheit lebten, entstanden neue Auffassungen über das andere Leben. Und diese Auffassungen ihrerseits beeinflußten das Bild, das man sich vom Verhältnis von Gott und Mensch machte. Neuerungen in der Glaubenslehre verdrängten jedoch nie ältere Vorstellungen, so daß eine Fülle von Meinungen nebeneinander bestand. Auf diese Weise bildete das palästinische Judentum des ersten Jahrhunderts einen fruchtbaren Boden für die Entwicklung christlicher Ideen über den Himmel.

Kapitel 2
Jesus und die christliche Verheißung

Das im ersten Jahrhundert entstehende Christentum konnte an eine Vielfalt von jüdischen Lehren über das Leben nach dem Tod anknüpfen. Trotz der Skepsis der Sadduzäer teilten die meisten Juden mit ihren heidnischen Nachbarn die Ansicht, mit dem Tod sei das Leben nicht einfach zu Ende. Die Toten galten nicht als schwache, in der Erinnerung verblassende Gestalten, sondern als lebendige, handelnde Wesen. Obwohl von Reformbewegungen mißbilligt und untersagt, gab es bei Juden und Heiden immer noch Totenbefragungen und Opfer für die Verstorbenen. Die Herrschaft der Kolonialmächte, religiöse Verfolgung und existentielle Angst waren durch die Erwartung eines göttlichen Lohnes auf einer erneuerten Erde oder im Himmel erträglich. Das Eingehen in die andere Welt bedeutete nicht mehr ein Versinken im Dunkel der Scheol, sondern die durch Glauben und Treue verdiente Aufnahme in das göttliche Licht. Der neue, aus der griechischen Denkwelt stammende Begriff der Seele machte den Vorgang der Himmelsreise dem Verstand zugänglich. Dagegen sprach der große Vorrat an apokalyptischer Mythologie, in der von Auferstehung, Jüngstem Gericht und ewigem Gottesreich die Rede war, eher die Phantasie an und verlieh dem ewigen Leben Nähe und Anschaulichkeit. In einer solchen Umgebung drängte sich auch dem frühen Christentum die Frage eines Weiterlebens nach dem Tode auf.

Die ersten Christen besaßen ihre eigene Vorstellung vom ewigen Leben, eine Vorstellung, die sich von pharisäischer wie sadduzäischer Lehre deutlich unterschied. Sie geht auf Jesus zurück, erfuhr jedoch wichtige Ergänzungen durch Paulus und den Verfasser des Buches der Offenbarung. Bei der Entwicklung der neuen Lehre spielten philosophische und metaphysische Spekulationen eine geringere Rolle als die überwältigende, ewiges Leben verheißende Erfahrung Gottes. Die Erwartung eines wiederhergestellten jüdischen Staates entfiel, und der Begriff eines jenseitigen Lebens als Belohnung für Tugend wurde zurückgedrängt. Der Himmel galt nicht als ein Ort, an dem endlich alle Wünsche einer auserwählten Gruppe in Erfüllung gehen; vielmehr zielte die Verheißung allein auf die Erfahrung der Fülle Gottes selbst. Von religiöser Erregung und Enthusiasmus gepackt, wandten sich die Anhänger Jesu von der Welt ab und richteten den Blick auf Gott allein.

Jesus: Keine Ehe im Himmel

Im ersten Jahrhundert war das Judentum vor allem eine städtische Religion. Gläubige aus allen Teilen des Römischen Reiches pilgerten in die jüdische Stadt schlechthin: Jerusalem. Dort brachten sie Opfer im Tempel dar. Sie besuchten die Synagogen, hörten die Predigten der Schriftgelehrten und ließen sich in Fragen der jüdischen Lebensführung beraten. Unter den wachsamen Augen der römischen Besatzung entfaltete sich ein buntes jüdisches Leben, für dessen Vielfalt und Widersprüchlichkeit Sekten, Bewegungen und Sondergruppen wie die Pharisäer, Sadduzäer, Essener und Zeloten sorgten. Manche ländlichen Gebiete wurden jedoch von der priesterlichen Religion des Tempels und der rabbinischen Gelehrsamkeit nur wenig berührt. In einer solchen abgelegenen Gegend entstand eine neue jüdische Frömmigkeit und schießlich eine ganz neue religiöse Tradition.

Galiläa, die Heimat Jesu, gilt als eines jener Gebiete, in denen priesterliches und rabbinisches Judentum nur wenig Wurzeln schlagen konnte. Im nördlichsten Teil Palästinas gelegen, war Galiläa ein dicht besiedeltes ländliches Gebiet mit etwa 200 Dörfern. Obwohl die Galiläer weder ungläubig waren noch unter dem verderblichen Einfluß des Heidentums standen, zeigten sie nur geringes Interesse für das Tempelritual und für religiöse Gelehrsamkeit. Von den Galiläern sagte man, sie »hassen die Thora«, weil sie dem Gesetz und der gelehrten Auslegung der Bibel wenig Beachtung schenkten. Nach einer Bemerkung im jüdischen Gesetzbuch lehnten sie den »Halbschekel« ab, jenen jährlichen Betrag, mit dem jeder erwachsene männliche Jude den Jerusalemer Tempel unterstützen sollte. In einem Randgebiet Palästinas pflegten die Galiläer ihre eigene Form jüdischer Frömmigkeit.[1]

Heilige und Wundertäter wie Hanina ben Dosa und Jesus von Nazareth bestimmten das religiöse Leben der ländlichen Bevölkerung Galiläas. Durch Wunder, die sie im Namen von Israels Gott wirkten, vermittelten sie den Menschen die göttliche Gegenwart. Heilungswunder vermögen aktuelle Not zu beheben. Wichtiger sind sie aber als Hinweis darauf, daß Gott und die Wundertäter etwas Außergewöhnliches verkörpern, eine Wirklichkeit, die den normalen Ablauf des Alltags übersteigt. Wie der Heilige selbst sich als Verkündiger der Liebe Gottes nicht am normalen Berufsleben beteiligt, so übersteigt auch Gott die alltäglichen Anliegen des Bauern und Fischers. Das galiläische Judentum erhielt so einen jenseitigen Zug: Gottes Reich ist nicht von dieser Welt.[2]

Der berühmteste Galiläer, Jesus von Nazareth, hinterließ seinen Anhängern keine schriftlichen Aufzeichnungen. Seine Lehre ist in den Evangelien überliefert. Von Christen der zweiten und dritten Generation geschrieben, verraten die Evangelien jedoch keine persönliche Bekanntschaft mit Jesus selbst. Da sie für den Bedarf der frühen Gemeinde und nicht für den Geschichtsforscher gedacht sind, ist ihre historische Zuverlässigkeit oft fraglich. Es handelt sich häufig nicht um biographisches, sondern um legendäres Material. Der Wunsch, dem Glauben der frühen Gemeinde zu dienen, beeinflußt – und verfälscht vielleicht – die ursprüngliche Überlieferung. Damit sind dem Historiker zwar gewisse Grenzen gesetzt, aber ein grundsätzlicher Verzicht auf geschichtliche Rekonstruktion wäre unangebracht. Ein sorgfältiges Studium der ältesten christlichen Literatur läßt ein plausibles Bild der jesuanischen Lehre über ein Leben nach dem Tod entstehen.

Der aufschlußreichste Text über den Himmel – und zudem einer, der das Christentum durch seine ganze Geschichte beschäftigen wird – zeigt Jesus in Auseinandersetzung mit zeitgenössischen Auffassungen. Nach dem Bericht der Evangelien kamen einige Leute zu Jesus und trugen ihm folgenden Fall vor: Wenn der Bruder eines Mannes stirbt und eine kinderlose Witwe hinterläßt, dann muß der Mann nach jüdischem Recht die Witwe heiraten und die mit ihr gezeugten Kinder für seinen toten Bruder aufziehen. Nun waren da sieben Brüder. Der erste heiratete eine Frau und starb kinderlos. Da heiratete der zweite die Witwe und starb, und dann der dritte und so fort, bis alle sieben Brüder sie geheiratet hatten und kinderlos verstorben waren. Schließlich starb auch die Frau. Wem wird die Frau bei der Auferstehung der Toten gehören? Nach der Fassung des Lukas antwortete Jesus: »Die Kinder [wörtlich: Söhne] dieser Welt heiraten und werden geheiratet; die aber, die Gott für würdig hält, (. . .) an der Auferstehung von den Toten teilzuhaben, werden dann weder heiraten noch geheiratet werden. Sie können auch nicht mehr sterben, weil sie den Engeln gleich sind. Als Söhne der Auferstehung sind sie Kinder [wörtlich: Söhne] Gottes geworden.« Daher wird die Frau bei der Auferstehung der Toten mit *keinem* der sieben Brüder verheiratet sein.[3]

In diesem Bericht lassen sich drei verschiedene Auffassungen unterscheiden: die sadduzäische, die apokalyptische und die christliche. Jede von ihnen war im Palästina des 1. Jahrhunderts geläufig und – umstritten. Nach den Evangelien waren es die Sadduzäer, die Jesus nach der Frau mit den sieben Ehemännern fragten. Die Sadduzäer glaubten nicht an eine Auferstehung. Für sie hat die Verehrung Gottes wenig zu tun mit dem Schicksal der Toten in der Scheol. Als Vertreter einer konservativen Theologie verwarfen diese priesterlichen Aristokraten jede philosophische oder apokalyptische Spekulation über ein Leben nach dem Tod. Sie legten Jesus keinen echten Fall vor und stellten keine ernstgemeinte Frage; vielmehr wollten sie die in apokalyptischen Kreisen verbreitete Erwartung einer leiblichen Auferstehung lächerlich machen. Für die Sadduzäer war die Geschichte von der Frau und ihren sieben Männern nichts anderes als ein polemischer Witz.

Nach apokalyptischer Auffassung werden die Gerechten bei der Auferstehung eine neue irdische Existenz erhalten. In einem herrlichen Gottesreich auf Erden lebend und verheiratet, werden sie eine große Nachkommenschaft besitzen. In diesem Reich würden sie erst in sehr hohem Alter sterben. Über eben dieses irdische Tausendjährige Reich machten sich die Sadduzäer lustig. Die übertriebene Treue zum mosaischen Gesetz (nicht *einmal*, sondern *sechsmal* ist es zu erfüllen) führt, wie es scheint, zu einer ausweglosen Situation, wenn in jener Welt alle sieben Brüder mit derselben Frau schlafen wollen. Wer die apokalyptische Lehre (besonders die der Pharisäer) kannte, sollte sich über die geschickte sadduzäische Polemik amüsieren.

Leider teilt uns das Neue Testament die zeitgenössische Lösung der Rechtsgelehrten nicht mit, falls es eine solche gab. So wissen wir nicht, wie die Pharisäer oder andere apokalyptisch orientierte Juden auf den Witz reagierten. Wir dürfen jedoch annehmen, daß die Witwe im Tausendjährigen Reich nur mit ihrem ersten Mann verheiratet sein und nur von ihm Kinder haben würde. Die Apokalyptiker erwarteten eine fruchtbare und wohlhabende Gesellschaft, in der jedoch auch das mosaische Gesetz respektiert würde. Im Reich Gottes herrscht eine strenge Ordnung.[4]

Jesus lehrt eine dritte Auffassung. Obwohl er wie die Pharisäer an ein Weiterleben glaubt, verwirft er die apokalyptische Hoffnung auf Ehe und Familienleben in der anderen Welt. Für ihn gibt es im Leben der Auferstandenen keine Ehe mehr. Da die antike Welt Ehe mit Fortpflanzung verbindet, verneint er auch geschlechtliche Beziehungen. Männer und Frauen werden zu engelgleichen Wesen. Wenn Jesus sie als »Söhne Gottes« bezeichnet, spielt er wahrscheinlich auf einen alttestamentlichen Text an, der von Engeln oder »Söhnen Gottes« handelt. Diese verließen den Himmel aus Begierde nach irdischen Frauen. Im (christlichen) Himmel wird es eine solche Sinnlichkeit nicht mehr geben. Auch der Tod wird das Leben der Auferstandenen nicht mehr bedrohen. Mit der Verneinung von Ehe, Zeugung von Nachkommenschaft und Tod nach einem langen Leben weicht Jesus von der apokalyptischen Spekulation seiner Zeitgenossen ab.[5]

Für Jesus ist das neue Leben nicht nur geistig und unsterblich, sondern auch *gleichzeitig* mit der irdischen Geschichte. Wer mit rabbinischer Gelehrsamkeit und Logik wenig vertraut ist, hat es allerdings schwer, Jesu Schriftbeweis zu verstehen. »Daß aber die Toten auferstehen«, heißt es im Bericht des Lukas, »hat schon Mose in der Geschichte vom Dornbusch angedeutet, in der er den Herrn den Gott Abrahams, den Gott Isaaks und den Gott Jakobs nennt. Er ist doch kein Gott von Toten, sondern von Lebenden; denn für ihn sind alle lebendig.« Wer diese Antwort als Jude des 1. Jahrhunderts hörte, mag gefragt haben: Wie kann Gott der Gott der drei verstorbenen Erzväter sein und gleichzeitig der Gott der Lebenden genannt werden? Trifft es nicht zu, daß die Toten keinen Zugang mehr zu Gott haben? Die beiden Aussagen scheinen einander zu widersprechen.[6]

Die widersprüchlichen Aussagen der Schrift lassen sich nur vereinbaren, wenn die Erzväter für uns tot sind, nicht aber für Gott. Nach Jesus sind die Toten zu Gott auferstanden und nicht in die Scheol hinabgestiegen. Jetzt leben sie im Himmel in Gottes Gegenwart. Daraus wird weiter gefolgert, daß noch weitere Männer und Frauen in derselben Weise bei Gott sind. Die Toten müssen nicht auf eine neue Erde warten, wie die Apokalyptiker meinen, sondern können sofort am himmlischen Leben teilnehmen. Aus der Sicht der Rabbinen ist Jesu Logik schlüssig. Einige, die bei der Auseinandersetzung mit den Sadduzäern anwesend waren, konnten Jesus ihren Beifall nicht versagen.[7]

Die traditionelle Eingliederung der Toten in die Gemeinschaft ihrer Vorfahren und anderer Verstorbener spielt bei Jesus keine Rolle. Während die Sadduzäer fragen, mit wem die Frau in der anderen Welt *wirklich* verheiratet sein würde, besteht dieses Problem für Jesus gar nicht. Die eheliche oder verwandtschaftliche Beziehung der Toten untereinander ist für ihr jenseitiges Dasein unerheblich. Aus Jesu Sicht ist ihre Existenz durch ihre Beziehung zu Gott sowie zu Abraham, Isaak und Jakob bestimmt. Die Erzväter ersetzen sowohl den Ehepartner des Toten als auch seine unmittelbaren Verwandten und Vorfahren. Wen aber »Gott für würdig hält, (...) an der Auferstehung von den Toten teilzuhaben«, der wird »von den Engeln in Abrahams Schoß getragen«. In der Zeit des Neuen Testaments werden die Toten nicht mehr »mit ihren Vorfahren [ihrer Verwandtschaft] vereint«, sondern ruhen »in Abrahams Schoß«. Die nahen Verwandten werden durch religiöse Gestalten ersetzt.[8]

Die Auferstehung, wie Jesus sie versteht, meint die Aufnahme des einzelnen in den Himmel, und zwar unmittelbar nach dem Tod. Er verwirft die sadduzäische Verneinung eines Weiterlebens ebenso wie die apokalyptische Erwartung eines langen Lebens auf Erden. Jesu Antwort läßt eine Alternative zu beiden Auffassungen erkennen. Das himmlische Dasein ist durch die Beziehung zu religiösen Gestalten – Gott und Abraham – bestimmt, nicht mehr durch Ehepartner und Verwandte. Während die Sadduzäer in ihrer Frage von den Toten als Brüdern und Eheleuten sprechen, sind diese für Jesus »Söhne Gottes«. Die für den Aufbau der antiken Gesellschaft grundlegenden Bande von Ehe und Verwandtschaft sind aufgelöst. Die Toten wie die Lebenden sollen sich auf Gott und andere religiöse Gestalten ausrichten.[9]

Derselbe Vorbehalt gegen die Familie und dieselbe Hinwendung zu Gott lassen sich in einem der Gleichnisse Jesu erkennen, der Geschichte vom reichen Prasser und armen Lazarus. Einst lebte ein reicher Mann, der sich in Purpur und feinstes Leinen kleidete. Jeden Tag lebte und speiste er im Überfluß. Vor seiner Tür lag Lazarus, hungrig und von Geschwüren bedeckt. Gerne hätte dieser seinen Hunger mit dem gestillt, was vom Tisch des Reichen herunterfiel. Als Lazarus starb, trugen ihn Engel zu Abraham. Als auch der reiche Mann starb und bestattet wurde, kam er an einen Ort, wo ihn Feuer und große Hitze quälten. In der Ferne konnte er Abraham und Lazarus erkennen, wie sie beieinander saßen. Er bat Abraham, den Lazarus zu ihm zu schicken; dieser solle wenigstens seinen Finger in Wasser tauchen und seine Zunge kühlen. Das ist unmöglich, erwiderte Abraham, denn es befindet sich »zwischen uns und euch ein tiefer, unüberwindlicher Abgrund, so daß niemand von hier zu euch oder von dort zu uns kommen kann«. Auch war Abraham nicht willens, die unbekümmerten Brüder des Reichen vor ihrem nahen Unglück zu warnen und so auf Gottes Wege zurückzuführen. Die Brüder, so predigt Jesus seinen Zuhörern, brauchen nicht auf eine zweifelhafte Nachricht aus dem Jenseits zu warten. Die Toten können sich nicht an die Lebenden wenden. Die Lebenden sollen auf »Mose und die Propheten« hören, das heißt auf die Stimme der Heiligen Schrift.[10]

Die Lehre ist eindeutig: Wer reich, aber gottlos ist und keine Almosen gibt, wird schließlich ins Elend gestürzt. Dagegen kommt der Arme nach einem Leben voller Elend in ein ewiges Freudenreich. Der Himmel ist für die Armen und die Hölle für die Reichen bestimmt. Wie wir sehen, hat Jesus die Lehre der Psalmisten über die Aufnahme in die göttliche Herrlichkeit weiterentwickelt. Gott läßt sich auf keinen Handel mit reichen, stolzen und überheblichen Menschen ein. Diese verschmachten in der Scheol. Zwar halten einige Kritiker die Parabel nicht für jesuanisch, weil sie enge Entsprechungen in der antiken Literatur hat und von dorther entlehnt sein könnte; jedoch verweist gerade die bedingungslose Verheißung des Himmels für die Armen und Bedürftigen auf die ursprüngliche und unverwechselbare Lehre Jesu. Die Sehnsucht der Armen nach den Brosamen vom Tisch des Reichen bleibt in diesem Leben unerfüllt, aber in der anderen Welt werden sie nicht mehr zu leiden haben. Das Himmelreich ist für die Armen und wendet ihr Geschick.[11]

Obwohl die Parabel keine ausführliche Beschreibung des Jenseits gibt, können wir doch ein Bild davon gewinnen. Beim Tod bleibt der Körper im Grab, während die Seele in eine andere Welt eingeht. Eine Auferstehung des Leibes wird weder erwähnt noch erwartet, und die Seligkeit des Armen scheint vollständig und endgültig zu sein. Lazarus ist im Besitz der ewigen Glückseligkeit. Der Reiche dagegen wird sofort mit der Hölle bestraft. Von einer neuen Erde, die der Arme in Besitz nehmen kann, ist keine Rede. Offenbar besteht das Jenseits gleichzeitig mit der menschlichen Geschichte.

Wie immer es um die jesuanische Autorschaft dieser Geschichte auch stehen mag, ihre Sicht des anderen Lebens stimmt mit Jesu

Antwort an die Sadduzäer überein. In beiden Texten ist Abraham bereits auf der anderen Seite, wo sich ihm jene anschließen, die in Gottes Reich aufgenommen werden. Beide Überlieferungen sind gegen die Familie voreingenommen. Im Himmel gesellt sich Lazarus zu Abraham, nicht zu seinen Verwandten und Vorfahren, und der Reiche darf seinen Brüdern keine Nachricht übermitteln. Eine solche Nachricht hätte nur dann einen Sinn, wenn die Kontaktaufnahme mit den Toten nichts Ungewöhnliches wäre. Im rechtgläubigen Judentum waren solche Praktiken aber längst abgeschafft und verboten. Tote Verwandte galten nicht mehr als Quelle religiöser Erkenntnis; nur »Mose und die Propheten« können den Lebenden helfen.

Jesus selbst zweifelte nicht daran, nach seinem Tod in die himmlische Gemeinschaft aufgenommen zu werden. Neben Abraham befinden sich in dieser Gemeinschaft alttestamentliche Heilige wie Elija und Mose, Gestalten, mit denen Jesus in mystischer Entrückkung gesprochen haben soll. Aus anderen Überlieferungen geht hervor, daß sich im Himmel auch gewöhnliche Menschen aufhalten, zum Beispiel der Lazarus des Gleichnisses, die Witwe jener Sadduzäerfrage und der mit Jesus zusammen gekreuzigte reuige Schächer. Diesem hatte der im Todeskampf stehende Jesus versprochen, noch »heute« werde er mit ihm im Paradiese sein. Aber auch seinen Anhängern, vor allem seinen Jüngern, verhieß er Plätze im Himmel. In einer Abschiedsrede sagte Jesus, er werde ihnen einen Platz bereiten, denn »im Haus meines [göttlichen] Vaters sind viele Wohnungen«. Diesen »Wohnungen« oder »Wohnorten« fehlt alles, was an Häuslichkeit erinnert. Obwohl die Toten im Jenseits Gesellschaft haben werden, unterstreicht Jesus die geistige Eigenart jener Welt. Als engelsgestaltige Wesen kennen die Heiligen weder Ehe noch Zeugung, die Grundlagen des häuslichen Lebens in der Antike.[12]

Die Frage, was mit dem Leichnam geschieht, hat für Jesu Jenseitslehre keine Bedeutung. Seine Heilungs- und Speisungswunder verraten zwar seine Sorge für den lebendigen menschlichen Leib, aber an Leichnamen hat er kein Interesse. »Folge mir nach«, sagte er zu einem, den er unterwegs traf; »laß die Toten ihre Toten begraben.« Da der Körper kein ewiger Bestandteil der menschlichen Person ist, konnte Jesus seine Verfolgung und Anfeindung erleidenden Anhänger mit dem Hinweis auf die Seele trösten. »Fürchtet euch nicht vor denen, die den Leib töten, die Seele aber nicht töten können.« Der Leib ist nur für das irdische Dasein wichtig; im ewigen Leben hat er keinen Platz mehr. Das Reich Gottes oder des Himmels, wie Jesus es verkündet und angesagt hat, ist eine gewöhnlich nach dem Tod erfahrene Wirklichkeit. Nach dem Tod wird jeder einzelne gerichtet, und den Würdigen wird ewiges Leben in Gottes himmlischem Reich gewährt.[13]

Jesus glaubte an eine unmittelbare Aufnahme der verstorbenen Gerechten in die Gesellschaft Gottes und der Erzväter; dennoch konnte er sich der apokalyptischen Erwartung einer Wende von Israels Not nicht entziehen. Wie viele seiner Zeitgenossen rechnete auch er mit einem nahen Ende der Menschheitsgeschichte. Dieses Ende ist ein dramatischer Vorgang, der mit dem Kommen Gottes oder dem Auftreten einer mythischen menschlichen Gestalt beginnt. Dann werden die Gerechten sogar lebend in das Gottesreich aufgenommen. Für Jesus bedeutete es keinen Unterschied, ob jemand auf die eine oder die andere Weise in den Himmel kommt. Jene, die das Ende der Weltgeschichte erleben und überleben, werden vor den Toten keinen Vorteil haben, wie auch diese den anderen nichts voraus haben werden. Das Reich ist für alle dasselbe.[14]

Was auch immer wir im Neuen Testament als ursprüngliche Botschaft erkennen können und wie verschieden die Urteile heutiger Forscher auch ausfallen mögen, in einem sind sich alle einig: Jesus ist vom Gedanken an Gott geradezu gefangen. Hier ist ein Mann, der ganz in der Gegenwart Gottes lebt, unter dem alles durchdringenden Blick Gottes, der die Seele einlädt und überwältigt. Die Botschaft Jesu erwuchs aus der Besessenheit von einer Gotteserfahrung und einem Wissen um den göttlichen Willen. »Der religiöse Lebenswert ist ihm ein und alles«, erklärt Ernst Troeltsch, »in ihm geht sein ganzes Leben und Denken auf.« Ähnlich Adolf von Harnack: »Angesichts der sichersten Sprüche Jesu kann ein Zweifel darüber nicht bestehen, daß das einzige Ziel der Religion darin besteht, daß der Mensch seinen Gott finde.« So viele Ermahnungen zu rechtem Sozialverhalten Jesu Predigt auch enthält, die Bedeutung Gottes als Mitte der christlichen Botschaft steht fest.[15]

Religiöse Virtuosen wie Jesus erwarteten das göttliche Gericht oft als nahe bevorstehend. Aus ihrer Sicht ist Gottes Majestät so überwältigend, daß die Welt davor in Nichtigkeit versinken muß. Wenn alles Gott zustrebt, kann das Gericht nicht mehr fern sein.

Ihrem Schöpfer begegnend, muß die Welt in den Flammen seiner furchterregenden Majestät aufgehen. Je mehr der einzelne von Gott angezogen wird, desto kleiner und unwichtiger erscheint die Welt. Verglichen mit dem von Gott bestimmten Leben offenbart sich das alltägliche Dasein als schal und trostlos. Auch an einer neuen, wieder zum Paradies gewordenen Welt liegt ihnen nichts. Den vom göttlichen Geist Beseelten sind solche irdischen Hoffnungen fern. Nur Gott und dessen wiederhergestellte Herrschaft über die Geschöpfe zählen.

Seine Gotteserfahrung faßt Jesus in einem Wort zusammen: *abba*, dem aramäischen Ausdruck für Vater. Zwar mag *abba* Gott auch als erhabene Vaterfigur bezeichnen, der Ausdruck besagt aber oft Nähe und Vertrauen. Man benutzte ihn, wenn man über einen menschlichen Vater sprach oder den eigenen Vater anredete. Jesus betrachtete seine Nähe zu Gott als etwas, das ihn von anderen Menschen unterschied. Jedoch konnte er zwischen seinem göttlichen Vater und den Menschen vermitteln. »Mir ist von meinem Vater alles übergeben worden«, predigte er über sich. »Niemand kennt den Sohn, nur der Vater; und niemand kennt den Vater, nur der Sohn und der, dem es der Sohn offenbaren will.« In der Erfahrung des Vaters liegt der ganze Gehalt von Jesu Botschaft beschlossen. Daher kann der Himmel nicht einfach ein Ort materiellen Lohnes sein, wie es sich die Apokalyptik vorstellte; der Lohn muß in der Fülle dieser Gotteserfahrung selbst bestehen.[16]

Die Offenbarung, die Jesus von seinem himmlischen Vater überbrachte, war nicht eine theoretische Lehre, sondern der Rat, alle Sorgen zu vergessen, dem lieben Vater zu vertrauen und so Ruhe zu finden. »Kommt zu mir, die ihr euch plagt und schwere Lasten zu tragen habt«, rief Jesus. »Ich werde euch Ruhe verschaffen. Nehmt mein Joch auf euch und lernt von mir; denn ich bin gütig und von Herzen demütig; so werdet ihr Ruhe finden für eure Seele.« Dem Ruf Gottes zu folgen hieß für einige Mitglieder der Bewegung, alles zu verlassen. Sie folgten Jesus auf seinen Wanderungen durch Palästina und verachteten Besitz, Berufsleben und Familie. Gott wird schon für alles Lebensnotwendige sorgen, so wie er für die Vögel des Himmels und die Lilien des Feldes sorgt. In Gott Ruhe zu finden – zuerst in der Welt und dann im Himmel – bedeutet, weltliche Sorgen hinter sich zu lassen. Alle Aufmerksamkeit soll der Pflege des Gottesverhältnisses und der religiösen Gemeinschaft gelten.[17]

Den meisten Menschen fällt es nicht leicht, die Hoffnung auf Erfolg und Glück im irdischen Dasein aufzugeben und sich ganz Gott und dem Himmel zu verschreiben. Um einen Menschen aus dem festen Gefüge seines Alltags herauszureißen, bedarf es einer besonderen Macht. Für viele seiner Zeitgenossen war Jesu Persönlichkeit zwingend. Sein Auftreten »zeichnete sich durch eine Kraft und Autorität aus, die weder in einer Schule gelernt werden kann, noch von einer menschlichen Beauftragung herrührt; vielmehr besaß er sie unmittelbar und spontan«. Seine Nähe zu Gott verlieh ihm eine Autorität, die der Soziologe Max Weber als »charismatisch« bezeichnet. Ein Charisma ist ein besonderes Talent; als göttliche Gabe verstanden, gibt es seinem Träger Macht über andere. Charismatische Führer vermögen Menschen so sehr in ihren Bann zu ziehen, daß diese ihren Lebensstil und ihren Glauben radikal verändern. Dabei sind Charismatiker nicht die Vertreter irgendwelcher staatlicher oder religiöser Institutionen. Zur Sicherung ihrer Unabhängigkeit stehen sie außerhalb jeglicher Bindungen, auch solcher des Familien- und Berufslebens. Um ganz seiner Berufung leben zu können, darf der Charismatiker keine nichtreligiösen Interessen besitzen. Von den besten seiner Anhänger verlangt er dasselbe: den Verzicht auf Familie, auf Besitz und auf Teilnahme am Alltagsleben der Gesellschaft.[18]

Da der Charismatiker sein Leben der einen Aufgabe widmet, von der er besessen ist, kann er sich auf andere Dinge nicht einlassen. Sein Abstand vom gewöhnlichen Leben kommt besonders deutlich in der Ehelosigkeit und der Ablehnung familiärer Verpflichtungen zum Ausdruck. So wich Jesus vom jüdischen Ideal des Kinderreichtums ab. Er blieb unverheiratet und kinderlos; an Häuslichkeit und Familie hatte er kein Interesse. Seine Jünger und Anhänger isolierte er von ihren Familien und fügte sie zu einer Gemeinde zusammen, in der ehelichen Verbindungen keine gemeinschaftsbildende Funktion zukam. Das Charisma ist keine Stütze gesellschaftlicher Ordnung, sondern kann Ehen zerrütten und Familienbande schwächen. Jesus selbst konnte sagen: »Ich bin gekommen, um den Sohn mit seinem Vater zu entzweien und die Tochter mit ihrer Mutter.« Ideale Christen blieben unverheiratet und hielten Abstand von ihrer Familie.[19]

In seinem *Leben Jesu* weist Ernest Renan darauf hin, daß der Gründer des Christentums weder in einem idyllischen Heim aufwuchs noch sich als Erwachsener für Familienideale einsetzte. Er war grob zu seinen Verwandten, und sie ihrerseits liebten ihn nicht. Sein schlechtes Verhältnis zu ihnen mag zur Entstehung der Legende beigetragen haben, Jesus habe keinen menschlichen Vater gehabt und sei von einer Jungfrau geboren worden – was die Anzahl seiner Verwandten stark verkleinert. Schon sehr früh lehnte sich Jesus gegen die Autorität seiner Eltern auf, und zu seiner Mutter soll er gesagt haben: »Frau, was habe ich mit dir zu schaffen?« (Joh 2,4). Familienbande mit ihren vielen Rücksichten und Pflichten galten ihm wenig. So blieb er auch ohne festen Wohnsitz. Sein Wanderleben erlaubte es ihm, sich ganz dem Aufbau geistiger Beziehungen unter seiner wachsenden Anhängerschaft zu widmen. »Jesus gelangte, wie alle ausschließlich von einer Idee eingenommenen Menschen, dazu, den Banden des Blutes wenig Rechnung zu tragen«, erklärt Renan. »Das Band der Idee ist das einzige, welches solche Naturen anerkennen.« Wir können verfolgen, wie er in einer »kühnen Auflehnung wider die Natur (...) alles mit Füßen tritt, was vom Menschen stammt: das Blut, die Liebe, das Vaterland.« Er war in der Tat von einer Idee besessen – der Idee Gottes.[20]

In der frühen christlichen Bewegung muß es viele gegeben haben, die »um des Reiches Gottes willen Haus oder Frau, Brüder, Eltern oder Kinder verlassen« haben. Die wahren Heiligen waren jene, die ihr Leben der neuen Gemeinschaft widmeten. Den engen Banden ihrer Familie entsagend, konnten sie Vater und Mutter, Bruder und Schwester, Sohn und Tochter aller Gläubigen werden. Selbst im Bereich des Rituals vernachlässigte Jesus seine Familie, indem er das Passah gegen die Vorschrift der Bibel nicht in ihrem Kreis feierte. Seine Passahgemeinschaft bestand aus seinen Jüngern, die ihm die Verwandtschaft ersetzten und so ein neues Gesetz verkörperten. Die Religion verdrängt die Familie aus ihrer alles beherrschenden Stellung.[21]

Auf diesem Hintergrund können wir verstehen, warum Jesu Himmel fast ausschließlich aus Gott besteht. Die Verneinung der Ehe im Jenseits hat nichts mit einer Verachtung von Geschlechtlichkeit zu tun, sondern beruht auf einer ganz allgemeinen Geringschätzung familiärer Bindungen und Pflichten. Beim Tod geht die menschliche Person in eine andere Wirklichkeit über – in den Himmel oder die Hölle. Im Himmel (oder Himmelreich oder Reich Gottes) hat unglückliches Leben ein Ende. Wie jüdische Philosophen seiner Zeit kümmerte sich auch Jesus nicht um den

Verbleib von Leichnamen. Was den Tod überlebt, hat geistige Qualität und kann als Seele bezeichnet werden. Jesu intensive Gotteserfahrung setzt sich im anderen Leben fort. Irdische Belange wie geschlechtliche Partnerschaft, Familie oder Ersatz für verlorenen Besitz entfallen.

Paulus: Ein geistlicher Leib

Die Jesusbewegung entwickelte sich rasch zu einer enthusiastischen religiösen Gemeinschaft. »Enthusiasmus« oder »Schwärmerei«, oftmals im Sinne von übertriebener Religiosität gebraucht, bezeichnet genauer eine religiöse Erfahrung und Bindung, die das gewöhnliche Maß übersteigen. In einer enthusiastischen Gemeinschaft sind größter Eifer und heftige Erregung an der Tagesordnung. Die Wirklichkeit Gottes wird in häufigen Visionen, Wundern und inspirierten Worten erfahren. Die enthusiastische Gruppe verschmäht organisiertes Leben und bevorzugt spontane charismatische Führerschaft. Das typische Mitglied einer solchen Gemeinde gehört eher einer niederen sozialen Schicht an. Auch Frauen, denen die Gesellschaft sonst wenig Einfluß zugesteht, spielen eine große Rolle.[22]

Bereits in der ersten Generation nach Jesus wurde das Christentum auch außerhalb seiner palästinischen Heimat bekannt. Wenige Monate nach dem Tod Jesu trat Paulus, ein griechisch sprechender Jude aus Tarsus in Kleinasien, der neuen Bewegung bei. Ein unermüdlich reisender Missionar, trug er den neuen Glauben vom ländlichen Palästina in Städte wie Tavium und Ankyra in der römischen Provinz Galatien und Korinth und Philippi in Griechenland. Die im Neuen Testament überlieferten Briefe des Paulus zeigen uns den Verfasser als einen Mann, der wie Jesus von einer außerordentlich tiefen religiösen Erfahrung geprägt ist. Sein Denken, Tun und Schreiben stehen ganz im Dienst der Verherrlichung Gottes und der Verbreitung der Herrschaft Jesu Christi. Seine Briefe lassen auch keinen Zweifel an seiner überlegenen, selbstbewußten Autorität, die er in den von ihm gegründeten Gemeinden besitzt. Wie Jesus ist auch Paulus eine charismatische Führergestalt, die keine Zugeständnisse kennt. Paulus anerkennt prophetische Führerschaft in der Gemeinde nur dann, wenn sie sich ihm als der höheren, christusähnlichen Autorität bedingungslos unterordnet: »Wenn einer meint, Prophet zu sein oder geisterfüllt, soll er in dem, was ich euch schreibe, ein Gebot des Herrn erkennen. Wer das nicht anerkennt, wird nicht anerkannt.«[23]

Als charismatischer Führer strebte Paulus danach, frei und unabhängig zu sein und mit weltlichen Dingen wenig zu tun zu haben. Selbst ehelos lebend, empfal er dieses Ideal auch anderen und legte ihm eine religiöse Bedeutung bei. »Der Unverheiratete sorgt sich um die Sache des Herrn; er will dem Herrn gefallen«, schrieb er. »Der Verheiratete sorgt sich um die Dinge der Welt.« Die Sache des Herrn oder die Dinge der Welt: das waren die Alternativen, und das waren die einzigen Begriffe, in denen Paulus denken konnte. Um seine finanzielle Unabhängigkeit zu sichern, nahm Paulus Gelegenheitsarbeit an; er lebte aber auch von der Unterstützung durch Anhänger.[24]

Für Paulus war das Christentum eine selbständige Religion, die auf einer neuen Offenbarung beruhte und sich vom herkömmlichen Judentum unterschied. Die neue Religion entsprach jedoch noch nicht dem soziologischen Typ der organisierten Kirche. Das Christentum blieb eine enthusiastische Sekte. Nach der Apostelgeschichte und den Paulusbriefen zeigte sich die Kraft Gottes immer noch in Wunderheilungen, Visionen, Prophezeiungen und »Zungenrede«. Gottesdienst und Frömmigkeit beruhten auf solchen handgreiflichen Erfahrungen. Bei Heilungen oder Gottesdiensten mochte jeder Gläubige eine Vision erleben oder als Prophet auftreten. Reguläre Ämter waren kaum entwickelt. »Die früheste christliche Gemeinde war ihrem Wesen nach charismatischer und enthusiastischer Natur«, faßt James Dunn zusammen, »in allen Äußerungen ihres Lebens und Gottesdienstes, in ihrer ganzen Entwicklung und Mission.« Das Christentum des 1. Jahrhunderts blieb seiner ursprünglichen Gestalt treu.[25]

Als zum Christentum bekehrter Pharisäer konnte Paulus an die pharisäische Lehre über das Leben nach dem Tod anknüpfen. Mit vielen zeitgenössischen Juden teilte er die Auffassung, daß die Toten schliefen, und zwar vermutlich in der Unterwelt. Auch verbot er allen Gläubigen, einschließlich den ehemaligen Heiden, den Ahnenkult; nur *ein* Toter sollte verehrt werden – der auferstandene Christus. Im Unterschied zu Jesus, nach dessen Gleichnissen und Worten die Gerechten unmittelbar nach ihrem Tod zu Gott kommen, folgte Paulus pharisäischer Tradition. Nach dieser wird es zu einem bestimmten Zeitpunkt in der Zukunft eine Auferstehung als

Rückkehr zu körperlicher Existenz geben. Gleichzeitig wird ein Reich errichtet werden, in dem Gott selbst herrscht. Obwohl Paulus einmal »bis in den dritten Himmel« entrückt wurde (»ich weiß nicht, ob es mit dem Leib oder ohne den Leib geschah, nur Gott weiß es«), lag für ihn das ewige Leben in der Zukunft. Die Lehre von der Gleichzeitigkeit dieses und jenes Lebens war ihm fremd.[26]

Paulus gab apokalyptischen Begriffen eine neue, christliche Bedeutung. Die Ankunft des Messias war für ihn die Wiederkunft Jesu Christi. Nicht die gerechten Juden werden dann auferstehen, sondern die Christen. In seiner Ablehnung der apokalyptischen Lehre von der Auferstehung materieller, zeugungs- und gebärfähiger Körper zeigt sich die christliche Auffassung besonders deutlich. Für Paulus ist der Auferstehungsleib geistig oder »pneumatisch«. Ein pneumatischer Leib bringt weder Nachkommenschaft hervor, noch genießt er jene Annehmlichkeiten des irdischen Lebens, die von den Kolonialherren versagt wurden. Nach Paulus wird es kein irdisches Reich des Messias geben. Die paulinische Lehre über den Körper folgt der Aufforderung Jesu, sich nicht um die Dinge dieser Welt zu kümmern, sondern den Blick auf den Himmel zu richten.[27]

Im paulinischen Denken gilt der Auferstehungsleib nicht als materiell, sondern als »geistig« oder, wie die Einheitsübersetzung der Bibel sagt, als »überirdisch«. Wer am Tag der Auferstehung noch lebt, wird »plötzlich, in einem Augenblick« in ein geistiges, unsterbliches Wesen verwandelt. Die verwandelten Christen – jene, die dann einen geistigen Leib besitzen – bleiben nicht auf der Erde, sondern werden in den Himmel aufgenommen. Sie begegnen ihrem Herrn »in der Luft«, werden vermutlich einem Verhör unterzogen, empfangen den Urteilsspruch Christi, um dann ihren Lohn entgegenzunehmen. Paulus spricht nur von den Christen; was mit den Heiden und anderen Verdammten geschieht, erfahren wir nicht. Schließlich übergibt Christus die Herrschaft seinem Vater. Die Erlösten werden stets im Himmel bleiben, in der Gegenwart Christi und Gottes.[28]

Wie steht es mit dem Reich des Messias? Hier begegnet uns die kühnste Umdeutung der apokalyptischen Überlieferung. Nach Paulus tritt der Messias seine Herrschaft nicht erst nach der Auferstehung der Toten an; er herrscht schon jetzt in der Gegenwart. Als Messias übt Jesus Christus sein Königtum hier und heute in den enthusiastischen Gemeinden aus. Als »lebendigmachender Geist« wirkt Christus überall dort, wo in Zungen geredet, prophetische Botschaft verkündet, wunderbar geheilt oder charismatische Autorität ausgeübt wird. Manchmal ist jemand so vollständig von Christi Geist besessen, daß er oder sie sagen kann: »Nicht mehr ich lebe, sondern Christus lebt in mir.« Die religiöse Erfahrung kann so überwältigend sein, daß der lebendigmachende Geist Gottes an die Stelle der menschlichen Persönlichkeit tritt.[29]

Natürlich weiß Paulus, daß auch vom Geist erfüllte Personen alt werden und schließlich sterben. »Wenn auch unser äußerer Mensch aufgerieben wird, der innere wird Tag für Tag erneuert«, schreibt er über sich selbst. Der Leib wird alt und schwach, obwohl ihn der göttliche Geist erfrischt. Gott hat dem Gläubigen eine »Anzahlung« oder einen »Anteil« der ewigen geistigen Existenz geschenkt. »Gott aber, der uns gerade dazu fähig gemacht hat [zu einem ewigen Leben im geistigen Leib], er hat uns auch als ersten Anteil den Geist gegeben.« Das Leben nach dem Tod setzt fort, was jetzt schon begonnen hat: ein Dasein unter dem Einfluß und der Führung Christi.[30]

Leider können wir manches, was wir als paulinische Lehre dargestellt haben, gleichsam nur zwischen den Zeilen lesen. Paulus gibt in seinen Briefen nie eine vollständige Übersicht; offenbar setzt er bei seinen Adressaten die uns oft fehlenden Grundkenntnisse voraus. Nur ein einziges Thema entfaltet er näher, wenn auch weniger ausführlich, als uns lieb wäre: die Natur des Auferstehungsleibes.

Der physische Leib (im Gegensatz zum Auferstehungsleib) gleicht einem Zelt oder Gewand, in dem das Ich oder die Seele wohnt. Gott wird der Seele nach dem Tod des Leibes ein neues Heim oder Kleid bereitstellen. Der Übergang vom einen Gewand zum anderen ist mit einer gefährlichen Reise verbunden – dem Tod. Auch Jesus blieb der Tod nicht erspart. Er ließ seinen physischen Leib (das alte Gewand) im Grab, um ihn für einen unvergänglichen einzutauschen. Sein einzigartiges Vorrecht bestand darin, daß die Umwandlung schon nach zwei Tagen abgeschlossen war. Er brauchte das Ende der Welt nicht abzuwarten. Wie Jesus, so lassen auch seine Anhänger ihren Leib in der Erde. Gott wird ihnen schließlich einen neuen und unvergänglichen, einen »geistigen« Leib schenken. Nirgends setzt Paulus eine Wiederherstellung des physischen Körpers voraus. Wahrscheinlich kannte er die legendären Berichte über Jesu leeres Grab nicht. Nach Paulus bleibt der materielle Leib im Grab.[31]

Paulus führt nicht näher aus, was er unter der »geistigen« Natur des neuen Leibes versteht, aber wir können uns ein ungefähres Bild davon machen. Nach dem biblischen Schöpfungsbericht setzt sich der Mensch aus zwei Bestandteilen zusammen: der eine ist materiell und irdisch, der andere geistig und göttlich. Als er den Menschen erschuf, bildete Gott ein menschengestaltiges Modell aus Ton; das ist der materielle Bestandteil. Das Modell freilich war nicht lebendig. Erst als Gott es mit seinem Atem oder Geist versah, wurde es zu einem lebenden Wesen. Bei der Auferstehung tritt ein andersartiges Geschöpf ins Dasein, eines, das keiner Stofflichkeit mehr bedarf. Die zu neuem Leben erweckten Menschen sind rein geistig und ganz Gott unterstellt. Während ihres irdischen Lebens konnten sie die Herrschaft Christi nur bruchstückhaft und vielleicht vorübergehend erfahren. Nun aber wird seine Herrschaft vollständig sein. Der irdische Körper kann im Grab ruhen, denn er besitzt keine Bedeutung mehr. Gottes Herrschaft über die neue Schöpfung ist vollkommen und dauerhaft.

Der neue Leib, der Gottes Herrschaft untersteht, bedarf einer besonderen und neuen Gestalt. Paulus deutet an, daß der geistige Leib nicht die Anatomie und Physiologie des früheren Leibes besitzt, denn Gott wird den Bauch samt Inhalt vernichten. Wir dürfen ihn uns als ein luftiges, menschengestaltiges Ding vorstellen, das wesentliche Eigenschaften mit Gott teilt: Es ist geistig und unsterblich. Vielleicht besteht der neue Mensch aus der »feinen himmlischen Lichtsubstanz (...) wie sie den Gestirnen eignet«.[32]

Wir können den geistigen Leib (den Leib der Auferstehung) besser verstehen, wenn wir ihn im Zusammenhang mit der paulinischen Auffassung vom irdischen Körper sehen. Nach Paulus befinden wir uns in einem ständigen inneren Kampf zwischen Fleisch und Geist: »Das Begehren des Fleisches richtet sich gegen den Geist, das Begehren des Geistes aber gegen das Fleisch; beide stehen sich als Feinde gegenüber.« Das »Fleisch« oder der »Leib« (in der Bedeutung eines sündigen Triebes) muß der Herrschaft des Geistes unterstellt werden. »Geist« steht dabei nicht nur für den menschlichen Geist, sondern für das innerste Sein, das vom göttlichen Geist erneuert und »besessen« ist. Der göttliche Geist, der dem Neugetauften verliehen wird, ist eine umgestaltende, lebendigmachende Kraft. Die Umgestaltung bewirkt, daß weltliche, materielle und sündige Anliegen – die sogenannten »Werke des Fleisches« – nicht mehr das Leben des Christen bestimmen. Der geistige Mensch wird vom Geist Gottes geleitet. Der fleischliche Mensch handelt wie ein Ungläubiger, der den Geist nicht besitzt. Alle Laster, mögen sie auf Materielles bezogen sein oder nicht, sind Werke des Leibes. Tugenden dagegen gelten als Früchte des Geistes. Die Gabe des Geistes lenkt den Gläubigen ganz auf Gott hin. Obwohl der Geist im Alltag zur Ausübung der Tugend führen soll, so ist doch »die eigentliche Tat des *pneuma* [des Geistes] das Beten«.[33]

Die Lehre des Paulus über Körper und Geist entspricht seiner Einschätzung sozialer Werte. Das Verhältnis von Individuum und Gesellschaft spiegelt sich häufig im Gebrauch der Begriffe Geist und Körper. Wie Mary Douglas zeigt, pflegen Individualisten und Enthusiasten, die Freiheit von gesellschaftlichen Beschränkungen suchen, den höheren Wert des Geistes hervorzuheben. Auch das charismatische Bewußtsein mit seiner Bevorzugung der Religion vor den alltäglichen sozialen Pflichten betont den Unterschied von Körper und Geist, Materie und Bewußtsein. Durch den Körper sind wir mit »der Welt« verbunden – mit Familie, Wirtschaftsleben und Politik. Der Geist dagegen verbindet uns mit der Religion, der Gemeinschaft der Gläubigen und letztlich mit Gott, der selbst Geist ist. Betonung oder Überbetonung des Geistes entfremdet uns unweigerlich der gewöhnlichen Lebensordnung. Wer das normale Gesellschaftsleben verachtet, neigt dazu, den Geist vom Materiellen abzuheben und »den Leib« zu vernachlässigen. Wer sich in erster Linie als geistiges Wesen versteht, betont gewöhnlich auch seine Individualität und Selbständigkeit gegenüber Familie und Beruf.[34]

Nach Paulus soll jeder Christ, nicht nur der geistliche Führer und Missionar wie er selbst, von sozialen Bindungen frei und erfüllt vom göttlichen Geist sein. Das christliche Initiationsritual der Taufe dramatisiert die Ersetzung des fleischlichen Lebens durch das geistige. Das Eintauchen in Wasser symbolisiert den Tod, den Tod des bisherigen Lebens und der früheren Persönlichkeit des Täuflings. Die Taufe ersetzt auch die natürlichen verwandtschaftlichen Bindungen durch solche der Religion. Christen verlassen ihre Familien, um als Gottes Kinder angenommen zu werden. Daher ruft der Täufling, in Erinnerung an Jesu eigenen Sprachgebrauch, Gott bei der Taufe als »*abba*« (Vater) an. Offenbar ist darin eingeschlossen, daß alle Christen Schwestern und Brüder sind, auch wenn Paulus das nicht eigens sagt. Für den charismatisch orientierten Paulus ist das Erlangen der Gotteskindschaft wichtiger als die Beschreibung menschlicher Beziehungen.[35]

Nur der Getaufte kann die besondere geistliche Gabe, das Charisma, empfangen. Nach Paulus befähigt der Geist Christi einige Gläubige zu außerordentlichen Aufgaben. So mag ein Bruder in der Versammlung aufstehen und eine Ansprache halten, die die anderen im Glauben stärkt. Eine Schwester mag in Trance oder Ekstase fallen und den Herrn preisen. Ein dritter wiederum mag das Charisma der Führung besitzen. Die frühen Christen verstanden solche Äußerungen des göttlichen Geistes als »der Welt gegebenes Zeichen für die Trennung des Gläubigen von der Welt«. Gläubige unterscheiden sich von Nichtgläubigen, und der Unterschied liegt im Geist begründet. Das Charisma, die geistige Gabe, äußert sich ausschließlich in religiösen Zusammenhängen und dient »dem Nutzen anderer« oder dem »Aufbau der Gemeinde«. Niemals verschafft es persönlichen Vorteil im weltlichen Leben. Aber es kann das gewöhnliche Leben in Frage stellen, Ehen zerrütten und Menschen zur Ehelosigkeit veranlassen.[36]

Der Begriff des Geistes bestimmt nicht nur die Art und Weise, wie Paulus das christliche Leben in dieser Welt beurteilt; er wirkt sich auch auf seine Vorstellung vom ewigen Leben aus. Die christliche Gemeinde beruht auf der Geringschätzung von Familie und Ehe. Taufe und Eucharistie schaffen neue soziale Bindungen, denen größeres Gewicht zukommt. Christen teilen miteinander die heilige Mahlzeit, nicht das Bett; sie vereinigen sich im Geist, nicht im Fleisch, denn sie sind eine Gemeinschaft des Geistes. Dementsprechend nimmt Paulus von der pharisäischen Hoffnung auf ein neues irdisches Leben am Ende der Zeiten Abstand und verheißt statt dessen ein ewiges geistiges Leben. Die wahren Gläubigen verlassen Familie und Alltagsleben, um in eine tiefere Beziehung zu Christus einzutreten; auferstandene Christen werden diese intensive Beziehung fortführen. Für Paulus bedeutet ewiges Leben das ewige Besessensein vom göttlichen Geist. In den von Paulus gegründeten christlichen Gemeinden, wie auch im Himmel am Ende der Zeiten, spielt die religiöse Gemeinschaft die größte Rolle. Der Himmel bringt das Ende aller fleischlichen Gelüste und die vollkommene Ausrichtung des Lebens auf Gott hin. Nicht anders als Jesus versteht Paulus den Himmel als einen zukünftigen Ort für jene, die schon jetzt ganz in der Gegenwart Gottes leben wollen. Jede andere Auffassung liegt ihm fern.

Offenbarung des Johannes: Die himmlische Liturgie

Mit dem Buch der Offenbarung stehen wir in der zweiten Generation nach Jesus, als das Christentum außerhalb Palästinas bereits feste Wurzeln geschlagen hatte. Immer noch die Religion einer Minderheit, war es von jenen Juden bedroht, die in ihm eine gefährliche Irrlehre sahen. Eine noch größere Bedrohung bildeten jedoch die Heiden, die dem Judentum allgemein wie auch der neuen Sekte mit Zurückhaltung, wenn nicht mit Feindschaft gegenüberstanden. Eine weitere Gefahr kam aus den eigenen christlichen Reihen: der Kompromiß mit der heidnischen Umgebung. Der Verfasser des Buches der Offenbarung teilt die von Jesus begründete und von Paulus weiterentwickelte Auffassung: Der Himmel muß ein Ort sein, der sich von dieser Welt, ihrer Feindschaft und ihrer Verlockung zu Zugeständnissen stark unterscheidet. Er bedeutet die Vollendung in Gott.

Nur an wenigen Stellen gewährt uns das Buch der Offenbarung einen Blick in die Lebensgeschichte seines Autors. Er kommt vom Judentum her, und sein Interesse am Gottesdienst läßt auf priesterliche Herkunft schließen. Vielleicht hat er Palästina nach dem Jüdischen Krieg gegen Rom (66–70 n. Chr.) verlassen, um sich im westlichen Anatolien niederzulassen. Dem paulinischen Rat folgend, sich nur um die Sache des Herrn zu kümmern, blieb er unverheiratet. Er sandte Offenbarungsbotschaften an verschiedene Gemeinden, deren prophetische Führung er beanspruchte. Im Buch der Offenbarung erscheint er als Mitglied einer prophetischen Bewegung oder eines »Ordens« in den Kirchen Kleinasiens. Welche Stellung auch immer er in diesen Gemeinden besaß, er wandte sich an sie mit der Autorität eines charismatischen Führers. Er nannte sich Johannes und einen Knecht Jesu Christi.[37]

Johannes nahm Anstoß an dem blühenden Reichskult, der mit der Verehrung Kaiser Domitians (81–96 n. Chr.) verbunden war. Noch anstößiger war ihm die christliche Beteiligung an diesem Kult. Die zweifellos vorgeschobene Entschuldigung, der Kaiser werde nur als Diener Gottes geehrt, schien ihm unannehmbar.

Aus der Sicht des religiösen Enthusiasten gilt selbst die gewöhnliche menschliche Bereitschaft zu Zugeständnissen als Werk dämonischer Mächte. Wer den strengen Maßstäben heroischer Religiosität nicht entspricht, ist »lau« und befindet sich bereits in den Klauen Satans. So bekämpfte Johannes die Angleichung an den heidnischen Kult und die römische Kultur, die ihm als teuflisch erschienen. Seine radikale, jedem Kompromiß abholde Haltung brachte ihn in Konflikt nicht nur mit seinen Mitchristen, sondern auch mit dem römischen Staat. Während Johannes auf die Insel Patmos verbannt wurde, starb ein anderer, uns nicht namentlich bekannter Prophet als Märtyrer. Auf Patmos entstand das Buch der Offenbarung als Aufruf zu größerem Abstand von der heidnischen Kultur.[38]

Ein großer Teil des Buches handelt von der Stellung der Christen in einem weltweiten Konflikt zwischen Gott und den Mächten des Satans, verkörpert durch das Römische Reich. Als überlegene Partei wird Gott dem heidnischen Staat schließlich ein Ende machen und eine neue, ewige Ordnung errichten. Der Bericht über diese Auseinandersetzung wird von zwei Himmelsvisionen eingerahmt. Das Buch beginnt mit der Vision einer himmlischen Liturgie, an welcher der Seher teilnehmen darf. Am Ende wird die Liturgie des neuen und ewigen Jerusalem beschrieben, jener Stadt, in der Himmel und Erde nicht mehr unterschieden sind. Die Pracht und Würde des himmlischen Gottesdienstes bildet einen überwältigenden Kontrast zur schrecklichen Welt von Verfolgung, Blutvergießen, Krieg und Götzendienst.

Nach seinem Bericht durfte Johannes eine offene Tür am Himmel sehen und die Stimme eines Engels hören, die ihn zum Eintreten aufforderte: »Komm herauf!« Nach dem Eintreten befindet sich der Seher in einem großen Saal; dort sieht er den göttlichen Thron und Gott selbst in menschlicher Gestalt. Der Thron und die Gestalt Gottes sind so blendend, daß er ihren Eindruck nur als den Glanz wertvoller Edelsteine wiedergeben kann. Die Pracht dessen, der auf dem Thron sitzt, ist wie Jaspis und Karneol. Der Thron selbst strahlt wie Smaragd; sein Licht bildet einen Regenbogen, der wie eine Aureole die ganze Szene einrahmt. Vom Thron ausgehende Blitze und Donnerschläge erhöhen den Eindruck überwältigender Majestät. Unmittelbar um den Thron sind vier fremdartige, tiergestaltige Geister gruppiert – jeder mit sechs Flügeln, zahlreichen Augen und den Köpfen verschiedener Tiere.

Diese Geister bewachen den Thron. Unaufhörlich singen sie: »Heilig, heilig, heilig ist der Herr, der Gott, der Herrscher über die ganze Schöpfung, er war, und er ist, und er kommt.« Neben ihnen befinden sich rechts und links des göttlichen Thrones vierundzwanzig kleinere Throne, eingenommen von vierundzwanzig Ältesten, die weiße Gewänder und goldene Kronen tragen. Im Vordergrund stehen sechs Leuchter zur Erhellung des Raumes, ein gläsernes Meer und eine mächtige Engelsgestalt, die mit lauter Stimme spricht. Im Hintergrund erkennt Johannes eine große Zahl von Engeln.[39]

Der Ring von regenbogenfarbenem Licht, Blitze und Donnerschläge, laute Stimmen und der ununterbrochene Gesang der geflügelten Geister: all das verleiht der Szene einen furchterregenden und erhabenen Charakter. Während Gott in majestätischer Ruhe thront, bewegen die Geister ihre Flügel, und die Ältesten werfen sich nieder. Bewegung und Ruhe, Farben und Licht, Tiergestalten, Menschen und Engel sind sorgfältig angeordnet, um die göttliche Majestät würdig einzurahmen.

Wie andere Seher fühlte sich auch Johannes verpflichtet, seine Vision aufzuzeichnen und zu veröffentlichen. Obwohl sie uns als neu und überraschend erscheint, entspricht ihr Inhalt großenteils einer bereits ehrwürdigen Tradition. Johannes erlebte die Vision des alttestamentlichen Propheten Ezechiel von neuem. Als dieser 700 Jahre vor Johannes der göttlichen Majestät begegnete, sah er eine Gestalt aus Feuer auf einem Thron sitzend, umgeben von vier tierähnlichen geflügelten Geistern. Allerdings besteht ein wesentlicher Unterschied zwischen herkömmlichen Visionen Gottes und der Art und Weise, wie ihn Johannes sah. Während ältere Visionäre Gott nur in der Gemeinschaft von Engeln und Geistern sahen, nahmen Johannes und seine Zeitgenossen auch menschliche Wesen in der Nähe des Thrones wahr. [40]

Ohne seine furchterregende Erhabenheit zu verlieren, erhält der Himmel menschliche Züge. Vierundzwanzig Älteste, in weißen Gewändern und bekrönt, leisten Assistenz am göttlichen Thron. Gewänder, Kronen und die Zahl vierundzwanzig (die traditionelle Zahl der jüdischen Priestergeschlechter) weisen sie als Priester aus. Bald kommt Bewegung in die Szene. In der Gestalt eines Lammes (»es sah aus wie geschlachtet«) gesellt sich Christus zu Gott. Immer mehr Engel erscheinen, und schließlich werden 144 000 Menschen aus allen Stämmen Israels sichtbar sowie »eine große Schar aus allen Nationen und Stämmen, Völkern und Sprachen; niemand konnte sie zählen«. Sie alle kommen zu den Ältesten und verehren Gott mit Harfenspiel, mit dem Schwingen von Palmzweigen, durch Gesang und Akklamation wie auch durch das Verbrennen von Räucherwerk auf einem Altar, der vor dem Thron steht. Von Zeit zu Zeit wird die Liturgie durch ein ehrfürchtiges Schweigen unterbrochen, das, wie wir erfahren, etwa eine halbe Stunde dauert. Danach wird der Gottesdienst fortgesetzt.[41]

Einer der Ältesten wendet sich an den Visionär, erklärt ihm, wer diese Menschen sind und warum sie sich im Himmel befinden:

Es sind die, die aus der großen Bedrängnis kommen; sie haben ihre Gewänder gewaschen und im Blut des Lammes weiß gemacht. Deshalb stehen sie vor dem Thron Gottes und dienen ihm bei Tag und Nacht in seinem Tempel; und der, der auf dem Thron sitzt, wird sein Zelt über ihnen aufschlagen. Sie werden keinen Hunger und keinen Durst mehr leiden, und weder Sonnenglut noch irgendeine sengende Hitze wird auf ihnen lasten. Denn das Lamm in der Mitte vor dem Thron wird sie weiden und zu den Quellen führen, aus denen das Wasser des Lebens strömt, und Gott wird alle Tränen von ihren Augen abwischen.

Mit anderen Worten: Alle diese Menschen – wohl einschließlich der Ältesten – sind Märtyrer, die für ihren christlichen Glauben starben. Der Ausdruck »große Bedrängnis« muß geläufig gewesen sein; vermutlich ist damit die Christenverfolgung des Jahres 64 n. Chr. unter Kaiser Nero angesprochen. Der Tod für den Glauben hat sofortige Aufnahme in den Himmel zur Folge und sichert einen Platz in der Nähe des göttlichen Thrones.[42]

Johannes berichtet auch von »Seelen« der Verstorbenen, die unter dem Altar des himmlischen Tempels liegen. Gemeint sind wohl die jüdischen Märtyrer. Sie bleiben unter dem Altar, erhalten jedoch weiße Gewänder. Welche Beziehung zwischen ihnen, den Ältesten und den christlichen Märtyrern besteht, bleibt unklar. Schließlich ist noch von zwei christlichen Propheten die Rede, die auf der Erde zu Umkehr und Buße auffordern, auf Widerstand stoßen und den Märtyrertod sterben. Dreieinhalb Tage später werden sie auferweckt, offenbar leiblich, und fahren zum Himmel auf – vermutlich, um die himmlische Liturgie mitzufeiern. Das Jenseits des Johannes ist ein Himmel der Märtyrer, die als die Heiligen schlechthin gelten.[43]

Während das Feiern der Liturgie offenbar die einzige Beschäftigung der Heiligen darstellt, schreibt Johannes den Engeln eine größere Vielfalt von Tätigkeiten zu. Michael und seine Engel kämpfen gegen Satan und dessen Heer. Andere Engel stoßen in Posaunen, gießen aus ihren »Schalen des Zornes« schreckliche Plagen auf die Erde, machen Ankündigungen oder führen den Seher auf seiner Himmelsreise. Der größte Teil des Buches der Offenbarung ist dem letzten Drama der menschlichen Geschichte gewidmet: dem Sturz Satans und seiner bösen Engel. Mit der Niederlage Satans muß gleichzeitig das Römische Reich untergehen, dessen geistige Grundlage satanisch war. Die Mächte der Finsternis werden von den Engeln des Lichts besiegt, und Gott wird sein ewiges Reich errichten. Das unbewegliche Verharren der Heiligen im Gottesdienst steht in schroffem Gegensatz zum vielseitigen Tun der Engel im Himmel und auf der Erde.

Was Johannes vom himmlischen Hof erzählt, erscheint wie eine Mischung aus hellenistisch-römischem Hofzeremoniell und frühchristlichem Gottesdienst. In der Vision des Johannes erleben wir eine Zulassung zum Thronsaal, den Kniefall der vierundzwanzig Ältesten und ihre Verehrung des Throninhabers. Ein mächtiger Engel fordert einen Würdigen zum Verlesen einer Buchrolle auf, und nach der Lesung preisen die Ältesten den Leser. Schließlich werfen sich alle vor dem Inhaber des Thrones nieder. Der höfische Charakter der Szene ist unschwer zu erkennen: Der Herold verkündet die Erlaubnis, in die Gegenwart des Herrschers zu gelangen. Kaiserliche Dekrete werden verlesen; dann folgen die Bittstellungen der zugelassenen Besucher. Zuletzt verneigen sich alle tief, um den Respekt vor der herrscherlichen Autorität zu bekunden. Gott wird wie ein irdischer Fürst mit höfischem Zeremoniell geehrt.[44]

Die mit der Lesung aus dem Buch verbundenen Lobgesänge und Hymnen erinnern jedoch auch an die Liturgie. Der Gottesdienst beginnt mit der Einladung, an seinen Segnungen teilzunehmen. Dann singen alle das Trishagion (»Heilig, heilig, heilig ist der Herr, der Gott, der Herrscher«), und der Chor stimmt ein kurzes Lob auf den Schöpfer an. Dann wirft sich die Gemeinde vor dem Altar (der dem Thron entspricht) nieder. Die übrige Feier besteht vor allem aus Schriftlesung und Gebet. Ist ein Lobpreis auf Christus, das geschlachtete Lamm, gesungen, so antwortet die Gemeinde mit einem entsprechenden Versikel. Der Gottesdienst schließt mit einer Doxologie auf Gott und Christus und dem Amen der ganzen Gemeinde.[45]

Wie sich in der himmlischen Liturgie frühchristlicher Gottes-

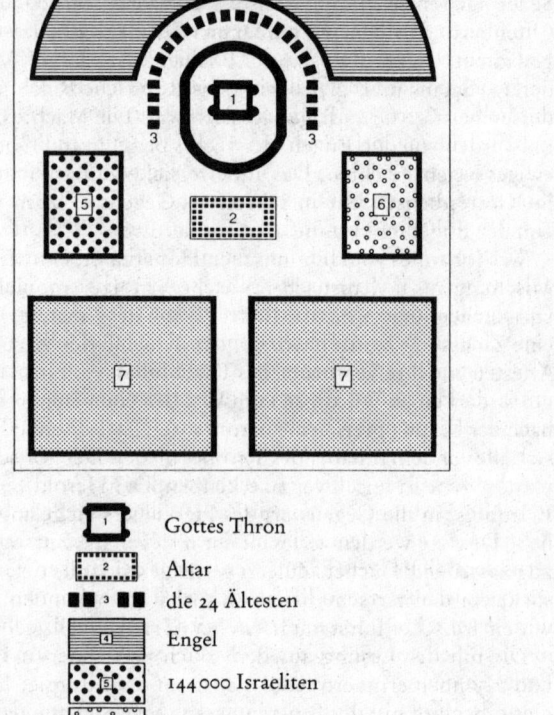

1	Gottes Thron
2	Altar
3	die 24 Ältesten
4	Engel
5	144 000 Israeliten
6	144 000 ehelose Männer
7	eine große Menge von Männern und Frauen

Abb. 6: Himmlische Liturgie im Buch der Offenbarung

dienst und höfisches Zeremoniell spiegeln, so gleicht der Himmel als heiliger Raum der religiösen Architektur des 1. Jahrhunderts. Dabei dürfen wir uns vom Gebrauch des Ausdrucks »Tempel« durch Johannes nicht irreführen lassen. Der Jerusalemer Tempel war ein Haus für Gott, keine Halle für feierliche Versammlungen von der Art, wie Johannes sie erlebt. Was er wahrnimmt, hat die Gestalt einer riesigen Synagoge (*Abb. 6*). Ihr Zentrum bildet Gott selbst; sein Thron ersetzt das im Thoraschrein gegenwärtige Wort Gottes. Gott wird von Engeln umgeben, die hinter dem göttlichen Thron stehen, während die Seligen ihren Platz im Schiff haben. Ähnlichkeit besteht auch mit einer altrömischen Basilika, einer Halle, in welcher der Kaiser Hof hält oder Abordnungen empfängt. Die Synagoge wie die griechisch-römische Basilika können uns helfen, den Ort der himmlischen Liturgie zu verstehen. Wenn sich die frühen Christen in den engen Wohnungen ihrer Mitglieder versammelten, ließ sich davon schwerlich ein Bild des grandiosen Gottesdienstes im Himmel gewinnen.

Nach Johannes verläuft die Errichtung des Gottesreiches in zwei Etappen. Während des ersten Abschnitts vernichten die Engel die bösen Mächte nicht völlig, sondern halten Satan und sein Gefolge in einem unterirdischen Verließ gefangen, so daß sie keinen Schaden mehr anrichten können. Die menschliche Geschichte wird weitergehen, jedoch wird die Menschheit nun 1000 Jahre lang unter der Herrschaft Christi und der auferstandenen Märtyrer stehen (die nicht mehr sterben werden). Nach Ablauf dieser Zeit werden die satanischen Mächte wieder losgelassen und haben die Möglichkeit eines letzten, freilich zwecklosen Angriffs auf die bestehende Ordnung. Satan wird alle Völker der Erde betören mit Ausnahme »des Lagers der Heiligen und Gottes geliebter Stadt« Jerusalem. Die Heere Satans werden aus der ganzen Welt zur Belagerung zusammengezogen, jedoch wird Feuer vom Himmel fallen und sie verzehren. Satans Armee wird vernichtet und ihr Anführer in einen See von Feuer und Schwefel geworfen, um dort in alle Ewigkeit gequält zu werden.[46]

Im zweiten Abschnitt, der mit der Auferstehung der Toten beginnt, sorgt das Jüngste Gericht dafür, daß alle Bösen in den brennenden See geworfen werden. Den Guten wird ewiges Leben auf einer erneuerten Erde gewährt. Den Mittelpunkt der Welt bildet dann das neue und ewige Jerusalem, das der Visionär vom Himmel herabschweben und auf der Erde ankommen sieht.

Die von Johannes beschriebene Gottesstadt ist keine Stadt mit Gebäuden, Mauern, Türmen und Plätzen. Vielmehr gleicht sie einer riesigen, würfelförmigen Halle, deren Seiten etwa 2400 km messen. Als übergroße Nachbildung des Allerheiligsten im Jerusalemer Tempel wird das neue Gebäude sein Vorbild von 10,5 m

Seitenlänge als zwergenhaft erscheinen lassen. Das Bauwerk besteht aus den kostbarsten Materialien, die sich Johannes vorstellen kann. Durch zwölf Tore kann man es betreten. In der Mitte befindet sich ein doppelter Thron, der von Gott und Christus eingenommen wird. Das göttliche Zentrum strahlt so viel Licht aus, daß Fenster für den Einfall des Sonnen- oder Mondlichts überflüssig sind. Auch von einem Fluß und von Pflanzen ist unter den Bezeichnungen »Wasser des Lebens« und »Bäume des Lebens« die Rede. Diese Ausdrücke mögen zwar als semitische Idiome lediglich auf den Wasserreichtum und das ganzjährige Blättertragen hinweisen, aber zumindest die Lebensbäume besitzen übernatürliche Qualität. Sie dienen zur »Heilung der Völker [Heiden]«, vermutlich als Spender von geistiger Erfrischung.[47]

Da sich der Seher vor allem mit der Beschreibung der kostbaren Baumaterialien aufhält, geht er nur beiläufig darauf ein, was in dem wundersamen Bauwerk geschieht. Vom innersten Teil des Jerusalemer Tempels, dem »Allerheiligsten«, heißt es: »Keiner durfte ihn betreten, niemand ihn berühren oder auch nur einen Blick in ihn werfen.« Selbst der Hohepriester war von dem Verbot nicht ganz ausgenommen; nur an wenigen festgelegten Tagen durfte er das Allerheiligste betreten. Das Gegenstück zum Jerusalemer Tempel, das »neue Jerusalem«, stellt dagegen die sichtbare und für alle zugängliche Mitte des Alls dar. Nach dem Bericht des Johannes strömen große Mengen von Pilgern durch seine offenen Tore und über seine breiten Alleen; mit frommem Eifer streben sie dem göttlichen Thron zu, um ihre Gebete und Opfer darzubringen. Zwar kann jeder vor Gott und Christus treten, aber nur eine besondere Gruppe mit Namen »Gottes Knechte« hält sich ständig am Thron auf und sieht Gott von Angesicht zu Angesicht. Obwohl der Text dies nicht ausführt, könnten die vierundzwanzig Ältesten der früheren Kapitel des Buches damit gemeint sein. Sie leiten die immerwährende Liturgie, die nun auf die Erde gebracht ist und allen offensteht, besonders jenen, die ihren Glauben in Zeiten der Not und der Verfolgung bewahrt haben.[48]

Wie die Verheißungen Jesu und des Paulus, so offenbaren uns auch die Visionen des Johannes einen ausgesprochen theozentrischen Himmel. Gott und Christus befinden sich in der Mitte eines herrlichen Gebäudes und strahlen so viel helles Licht aus, daß weder Sonne noch Mond benötigt werden. Flüsse und Bäume sorgen eher für geistige als für materielle Erfrischung. Auch die kostbaren Steine, die den neuen Tempel schmücken, übertreffen alles, was auf Erden zu finden ist. Wer für Christus das größte Opfer dargebracht hat, ist dem göttlichen Zentrum am nächsten: ehelos Lebende, die auf die irdischen Belange von Sexualität und Familie verzichteten; Märtyrer, die selbst ihren Leib hingegeben haben. Die Harmonie eines nie mehr endenden Gotteslobes ersetzt den Mißklang einer von Verfolgung, Blutvergießen, Krieg und Götzendienst gekennzeichneten Welt. Angesichts äußerer wie innerer Bedrohung des christlichen Enthusiasmus macht Johannes noch einmal die ursprüngliche Verheißung geltend. Sein neues Jerusalem ist keine gewöhnliche Stadt, die den Seligen als Wohnort dienen soll; vielmehr ist es die endgültige Stätte ihrer vollen und unwiderruflichen Gemeinschaft mit Gott.

Die christliche Verheißung

Jesus und die frühen Christen kannten die Meinungen ihrer Zeitgenossen über das ewige Leben. Eine wichtige neutestamentliche Überlieferung läßt erkennen, daß sich Jesus auf ein Streitgespräch mit den Sadduzäern über die Eigenart des Lebens nach der Auferstehung einließ. Die christliche Verheißung wiederholte jedoch nicht einfach jüdische oder hellenistische Auffassungen. Jesus und seine Anhänger wie Paulus und Johannes von Patmos formten die bestehenden Himmelsbilder vollständig um. Ihre neue Sicht wird von zwei Gedanken bestimmt: der Orientierung der gesamten Existenz auf Gott hin, begleitet von einer unmittelbaren Erfahrung des Heiligen; und der Geringschätzung der gewöhnlichen Gesellschaft mit ihren Pflichten in Verwandtschaft, Ehe und Familie.

Der erste Gedanke – die Ausrichtung der Existenz auf Gott hin – wird von Jesus, Paulus und Johannes von Patmos mit gleichem Nachdruck betont. Die Sadduzäer erhielten den Bescheid, daß Männer und Frauen im Himmel »Kinder Gottes« und damit Engeln gleich sein würden. Ihr ganzes Dasein wird auf Gott gegründet sein. Das war die Meinung Jesu, der selbst eine unmittelbare und persönliche Beziehung zu seinem himmlischen Vater besaß. In ähnlicher Weise beschreibt Paulus das jenseitige Leben als »Sein bei Christus«. Das bedeutet gleichzeitig, in der göttlichen Gegenwart zu sein, denn Paulus gebraucht die Ausdrücke »Gott«

und »Christus« oft ohne Unterschied. »Geistige Leiber« besitzend, werden die Seligen nicht mehr von Gott abgelenkt. Sie erfahren die göttliche Gegenwart nicht nur in gelegentlicher, sondern dauernder Ekstase. Das Buch der Offenbarung erreicht eine größere Anschaulichkeit, indem es die Erlösten um den himmlischen Thron gruppiert, der von Gott und Christus eingenommen wird. Johannes spricht vom anderen Leben als einem ewigen Gottesdienst, dessen Pracht zu loben er nicht müde wird.

Der Abstand von der gewöhnlichen Gesellschaft – der zweite Gedanke – folgt aus der Vorrangstellung des Religiösen. Jesu charismatisch motivierte Ablehnung familiärer und ehelicher Bindung spiegelt sich in seinem Himmel, in welchem die Seligen »weder heiraten noch geheiratet werden«. Die paulinische Abwertung des »Fleisches« und der »Werke des Leibes« beruht auf einer heroischen Absage an die menschliche Natur, die zur Sünde neigt. Von der ungläubigen Welt entfremdet, lehnt Paulus die Welt insgesamt ab. In der Offenbarung wird dieselbe Entfremdung in erster Linie politisch verstanden; das Römische Reich gilt als satanisch. Der Kaiserkult muß der einzig legitimen Liturgie weichen: der himmlischen Verehrung von Gott und Christus.

Der Himmel des Neuen Testaments hat eine besondere Auffassung von der gesellschaftlichen Rolle der Christen zur Voraussetzung. Im frühen, enthusiastisch bleibenden Christentum war wenig Platz für jene, die gleichzeitig der Welt und der Gemeinschaft des Geistes angehören wollten. Unsterblichkeit konnten nur jene erlangen, die zur Gemeinschaft der Gläubigen gehörten, die *im* Fleisch, aber nicht *vom* Fleisch war. Wie die gegenwärtige Welt der Verfolgung und Sünde vergehen wird, so muß auch der Leib als Teil dieser Welt sterben. »Fleisch und Blut können das Reich Gottes nicht erben; das Vergängliche erbt nicht das Unvergängliche«, heißt es bei Paulus. Die geistige Natur Gottes und die theozentrische, ungeschlechtliche Eigenart des Jenseits stehen in engem Zusammenhang mit der frühchristlichen Geringschätzung der bestehenden Gesellschaft.[49]

Nach dem Neuen Testament können wir keine volle Beziehung zu Gott besitzen, solange wir im Fleisch leben und den Wechselfällen irdischer Existenz unterworfen sind. Durch die notwendigen Kompromisse mit der Welt schränkt das Leben selbst die Beziehung zu Gott ein. Erst nach dem Tod werden wir von physischen und sozialen Beschränkungen frei sein und können allen Erfordernissen der charismatischen Teilnahme am göttlichen Geist entsprechen. Indem er in der Taufe den alten Menschen ablegt und ein Leben mit Gott beginnt, tritt der Christ in ein neues Dasein. Verwandtschaft, Geschlechtlichkeit und politische Belange werden gegen die (fiktive) christliche Familiengemeinschaft eingetauscht. Die völlige Erneuerung kann freilich erst geschehen, wenn das alte Gewand, der physische Leib, durch den auferstandenen geistigen Leib im Himmel ersetzt sein wird. Die neutestamentliche Verheißung des ewigen Lebens zielt auf das Verlassen der Grenzen der irdischen Existenz und die dadurch mögliche volle Erfahrung Gottes.

Die Lebensauffassung eines Jesus, Paulus und Johannes von Patmos, wie überhaupt die jedes echten charismatischen Führers, läßt sich nicht einfach wiederholen. Nicht jeder ist fähig, auf eine Familie und damit auf eine gesellschaftliche Position, wirtschaftliche Sicherheit und geschlechtliche Intimität zu verzichten. Als das Ende der Zeiten nicht eintrat und in immer größere Ferne zu rücken schien, wurde eine enthusiastische Existenz in der christlichen Gemeinschaft immer schwieriger. Zwar fühlten sich einige in ihrer Ablehnung der Welt durch die platonische Philosophie und den Niedergang des Römischen Reiches bestärkt, andere aber fanden die Erfordernisse eines charismatischen Lebens überzogen. Die allmählich erfolgende gesellschaftliche Anerkennung der Kirche und der Aufstieg des Christentums zur Reichsreligion mußten zu einer neuen Bewertung der Welt führen.

Kapitel 3
Irenäus und Augustinus über den
himmlischen Leib

Zwischen dem 2. und dem 5. Jahrhundert entwickelte sich das
Christentum von einer provinziellen jüdischen Sekte zur offiziellen Religion des spätrömischen Reiches. Während das Christentum des Neuen Testaments überwiegend auf charismatischer, von
innen kommender religiöser Glut beruhte, entwickelte sich spätere Theologie oft als Antwort auf äußere gesellschaftliche und
geschichtliche Umstände. Kaufleuten, Auswanderern und Missio-
naren gelang es, fast überall in der antiken Welt christliche Gemeinden zu gründen. Diese Gemeinden litten unter äußerer
Verfolgung ebenso wie unter dem Erlahmen der ursprünglichen
Begeisterung. In den ersten Jahrhunderten wurde das Christentum von schweren Krisen erschüttert. Erst im 4. Jahrhundert war
die Bedrohung durch das heidnische Rom vorüber. Die neue Religion mußte sich schon bald an ihre neue Rolle als Reichskirche
gewöhnen. In dieser entscheidenden Zeit erfuhr auch der theozentrisch geprägte Himmel des Neuen Testaments erhebliche Umge-
staltungen.

Wer in einer feindlich gesinnten Umgebung trotz Verfolgung
und Martyrium ausharrt, erwartet einen Ausgleich im Himmel. So
erhoffte sich der frühchristliche Autor Irenäus von Lyon von der
nächsten Welt einen Ersatz für das auf Erden versäumte schöpferische Leben. Die durch Irenäus vertretene Kirche der Märtyrer
stand der Welt nicht ablehnend gegenüber. Sie litt darunter, daß
die römische Verfolgung es vielen Christen unmöglich machte,
Gottes Geschenk an die Menschen voll zu genießen. Der Himmel
des Irenäus glich als verklärte materielle Welt die irdischen Beschränkungen wieder aus. Viele Christen jener Zeit vertraten allerdings eine ganz andere Auffassung. Angeregt durch griechische
Modephilosophien, die zu Weltentsagung rieten, verachteten asketische Christen das heidnische Leben und zogen sich aus ihm
zurück. Der junge Augustinus betrachtete nicht nur die römische
Gesellschaft mit Zurückhaltung, sondern übertrug seine Einstellung auf die gesamte materielle Welt. Allem entfremdet, was zu

»dieser Welt« gehört, fühlten sich asketisch lebende Christen wie Augustinus zu dualistischen Philosophien wie der Gnosis oder dem Neuplatonismus hingezogen. Sie konnten mit dem einen Ausgleich schaffenden Himmel des Irenäus nichts anfangen. Nach ihrer Meinung mußte sich ihr asketischer, am Geistigen orientierter Lebensstil im Jenseits fortsetzen. Im Himmel wie auf Erden genießt der Geist Vorrang vor allen Ansprüchen des Körpers.

Im 4. Jahrhundert wurde das Christentum zuerst zu einer erlaubten Religion (313), dann zur Staatskirche des spätrömischen Reiches (391). Nicht mehr verfolgt und abgelehnt, wurden Christen zu anerkannten Mitgliedern und schließlich zur führenden Schicht der Gesellschaft. Je mehr sich das Christentum in seine neue Rolle fand, um so weniger Anziehungskraft übten die Philosophien der Entfremdung aus. In seinen späteren Jahren mäßigte Augustinus seine asketische Haltung und milderte seine bisherige Ablehnung der politischen und gesellschaftlichen Welt Roms. Da die Welt nicht mehr feindlich war, brauchte sie nicht gemieden und verlassen zu werden; vielmehr galt es, sie für Christus zu erobern und zu gewinnen. Als aus der Sekte eine Kirche wurde, erhielt auch der Himmel Züge einer kirchlichen Gemeinschaft. Der Heilige im Himmel blieb zwar ein vornehmlich geistiges Wesen, erschien jedoch materieller, sinnlicher und offener für den Umgang mit anderen als zuvor, mit einem Wort: menschlicher. Alle drei Bilder des Jenseits – das einen Ausgleich schaffende »kompensatorische« Paradies des Irenäus, das asketische Fortleben des frühen Augustinus und das kirchliche Modell – kehren während der gesamten Geschichte des Christentums in verschiedenen Spielarten wieder.

Der Ausgleich für das Martyrium: Eine verklärte materielle Welt

Im 2. und 3. Jahrhundert wechselten ruhigere Zeiten und solche der Verfolgung einander ab, so daß die Christen ihre Haltung zum römischen Staat immer wieder überprüfen mußten. Der Kirche der Märtyrer galt die Welt als gut; jedoch war sie gleichsam von einem Feind besetzt – von den Heiden. Damals lebten die meisten Christen in oder in der Nähe von städtischen Zentren des Römischen Reiches; viele waren Händler und Geschäftsleute. Sie konnten sich von der heidnischen Gesellschaft nicht fernhalten; Beziehungen zu ihr waren wirtschaftlich notwendig und somit eine Lebensfrage. Der unerläßliche Umgang mit Nichtgläubigen gab Anlaß zu vielerlei Schwierigkeiten und Reibereien. Die heidnische Kultur, wie sie von den städtischen Christen erlebt wurde, versagte ihnen oft das Recht auf den Genuß von Gottes guter Schöpfung.[1]

Die Probleme der städtischen Christen des 2. Jahrhunderts lassen sich an dem Schicksal und den Schriften des Bischofs Irenäus von Lyon (ca. 140–200) erläutern. Irenäus stammt aus Kleinasien und wurde in Smyrna und vermutlich auch in Rom erzogen. Er ließ sich im Westen nieder und war als Presbyter in Vienne und Lyon tätig. Mit etwa 200 000 Einwohnern war Lyon nicht nur die Hauptstadt Galliens, sondern auch die größte europäische Stadt nach Rom. Lyon muß ein Paradies für Kaufleute gewesen sein. Ein großer Umschlagplatz für Getreide, Wein, Öl und Holz, diente Lyon als Herstellungs- und Verteilungszentrum für die meisten in Gallien, Germanien und Britannien gebrauchten Güter. Am Handel und den mit ihm verbundenen Geldgeschäften verdienten vor allem Fremde, denen kein örtliches Bürgerrecht gewährt wurde. Die meisten der in Lyon ansässigen Christen waren Händler und stammten wie Irenäus aus dem westlichen Kleinasien. Wie ihre heidnischen Nachbarn gingen sie einem Beruf nach und besaßen Sklaven.[2]

In der Zeit zwischen 175 und 177 führten die Spannungen zwischen Heiden und Christen in Lyon zu blutigen Verfolgungen. An den vom Pöbel begonnenen Ausschreitungen beteiligten sich schließlich auch der römische Statthalter und seine Soldaten. Als der Bischof von Lyon als Opfer der Verfolgung starb, wurde Irenäus sein Nachfolger. Während jener Jahre scheint sich Irenäus versteckt und so sein Leben gerettet zu haben. Nach dem Ende der Verfolgung schrieb ein Mitglied der benachbarten Gemeinde von Vienne einen Bericht über die erfahrenen Bedrängnisse. Der Verfasser, vielleicht Irenäus selbst, verherrlichte die Standhaftigkeit der Märtyrer.[3]

In Anlehnung an die jüdischen Märtyrerlegenden des 2. und 4. Makkabäerbuches preist der Autor die Blutzeugen in einem geradezu biblischen Stil. (Die Makkabäerbücher befinden sich zwar heute nicht mehr in der protestantischen Bibel, bildeten aber einen Teil der griechischen Heiligen Schrift, der Septuaginta.) Eine dieser Geschichten berichtet von einer Mutter, die zusammen mit ihren sieben Söhnen den Märtyrertod starb. Da sie es ablehnten, Schweinefleisch zu essen und damit jüdisches Gesetz zu übertreten, wurden nacheinander alle Söhne und zuletzt die Mutter auf brutale Weise gefoltert und getötet. Alle starben in der Überzeugung, ihren Leib zurückzubekommen und in einem neuen irdischen Leben vereint zu werden. Sie nahmen den qualvollen Tod auf sich, »um eine bessere Auferstehung [ein besseres Leben nach der Auferstehung] zu erlangen«. Nach einer Überlieferung berief sich die Mutter auf Ezechiels Auferstehungsvision als biblische Grundlage ihrer Hoffnung. Einer der Söhne bot dem Folterer seine Glieder an und bemerkte: »Vom Himmel habe ich sie bekommen, und wegen seiner Gesetze achte ich nicht auf sie. Von ihm hoffe ich sie wiederzuerlangen.« Aus diesen Worten spricht nicht der Todeswunsch eines Lebensmüden, sondern der siegesgewisse Glaube an ein leibliches Leben selbst über den Tod hinaus.[4]

Derselbe unerschütterliche Glaube an die Auferstehung des Fleisches beseelte die Märtyrer von Lyon. Das verstanden sogar ihre Verfolger. Sie verbrannten die verstümmelten Leichname ihrer Opfer, denn diese sollten »keine Hoffnung auf eine Auferstehung haben«. Dann warfen sie die Asche in die Rhône mit den Worten: »Nun wollen wir sehen, ob sie auferstehen und ob ihr Gott ihnen helfen und sie aus unserer Hand erretten kann.« Wie in den jüdischen Märtyrerberichten, so konnten auch nach christlicher Darstellung die Heiden zwar die sterblichen Leiber der Gläubigen auf brutale Weise foltern und töten, aber den treuen Anhängern nicht das Leben in einer künftigen Welt nehmen. Aus christlicher Sicht kann auch das Zerstreuen der Asche die Auferstehung und Wiederherstellung aller verlorenen Gliedmaßen nicht verhindern. Gott ist mächtiger als die Verfolger.[5]

Eine weitere zeitgenössische Quelle, das *Martyrium des Polykarp*, bezeugt denselben Glauben. Als Bischof Polykarp, der Lehrer des Irenäus, verfolgt wurde, war er bestrebt, dem Martyrium auszuweichen. Er verließ Smyrna und suchte Zuflucht auf dem Land. Jedoch wurde er schließlich aufgespürt, verhaftet und auf dem Scheiterhaufen verbrannt (155 oder 166). In einem letzten Gebet vor seinem Tod bekräftigte der Bischof noch einmal seinen Glauben an »die Auferstehung ins ewige Leben nach Leib und Seele in der Unvergänglichkeit des Heiligen Geistes«. Auch Polykarp nahm den Tod nicht auf sich, weil er die Welt haßte und ihr zu entkommen suchte. Vielmehr versuchte er, sein irdisches Leben zu bewahren. Erst als das Martyrium unausweichlich wurde, nahm er es tapfer auf sich in der festen Überzeugung, daß Leib und Seele auferstehen würden. Wenn uns jene, die für Christus starben, auch als Verächter der Welt erscheinen mögen, in Wirklichkeit waren sie es keinesfalls. Von der Güte der Schöpfung überzeugt, hofften sie auf ein besseres Leben auf einer neuen Erde. Sie wollten *diese* Welt genießen, nicht irgendeinen imaginären Himmel. Diese Auffassung teilte auch Irenäus.[6]

In seinen *Fünf Büchern gegen die Häresien* unterscheidet Irenäus drei aufeinanderfolgende Zeitabschnitte: die gegenwärtige Zeit der Verfolgung, das Reich des Messias und das Reich Gottes des Vaters. Dabei handelt es sich um geschichtliche Epochen in Gottes Plan für die Gläubigen; nicht um Stufen, die die einzelne Seele durchläuft. Nach Irenäus ist diese Welt Schauplatz einer Geschichte, die nacheinander von den Heiden, dem Messias und schließlich von Gott dem Vater bestimmt wird. Der den Märtyrern für ihr Leiden in Aussicht gestellte »Schadensersatz« läßt nicht die Seele in immer höhere geistige Sphären aufsteigen, sondern gibt ihnen das leibliche Leben selbst zurück.

Die gegenwärtige Zeit der Verfolgung ist nach Irenäus durch eine grundlegende Spannung zwischen der Güte der Schöpfung und heidnischer Anfeindung gekennzeichnet. Irenäus wendet sich in seinen Schriften ausführlich gegen gnostische Christen, denen die bestehende Welt als an sich schlecht und vermutlich als Werk eines bösen Gottes galt. Gegenüber dieser Irrlehre betont er die wesentliche Güte der Schöpfung. Gott schenkte der Menschheit nicht nur die Heilige Schrift als Richtschnur zum Erlangen des Heils, sondern auch die reichen Segnungen der Natur. Die größte Heilstat war jedoch die Fleischwerdung, in der Gottes Sohn in der Gestalt Jesu zum Menschen wurde. Gottes Annahme menschlicher Natur bedeutet, daß auch der Mensch vergöttlicht werden kann.

Trotz der Verfolgung durch staatliche Behörden verurteilte Irenäus nicht das Römische Reich als solches. Weder die Erde noch ihre Bewohner galten ihm als schlecht, nicht einmal die feindlichen Römer. In seiner Erörterung des geheimen Namens des Antichristen im Buch der Offenbarung meint Irenäus, »Lateinos« sei eine mögliche Lösung des Rätsels. »Denn die Lateiner herrschen

heute«, bemerkt er dazu, »doch wollen wir uns [dieser Überein-
stimmung] nicht rühmen.« So verwirft er diese Identifizierung, da
er das Römische Reich nicht als das Reich des Antichristen ansehen will. An anderer Stelle äußert er sich noch deutlicher. »Durch
sie [die Römer] hat die Welt Frieden, und furchtlos wandeln wir
auf ihren Straßen und segeln, wohin wir wollen.« Unbehindertes
Reisen ist für eine Gemeinde von Kaufleuten natürlich von grundlegender Bedeutung. Als Bischof mit dem Geschäftsleben von
Lyon vertraut, wußte Irenäus die Leistungen der Römer zu schätzen, die für den Handel die notwendigen Voraussetzungen geschaffen hatten. Er konnte ihnen seine Anerkennung nicht versagen.[7]

Das Ja des Irenäus zur natürlichen Welt und sein Wunsch, mit
der heidnischen Umwelt in Eintracht zu leben, bestimmten auch
seine Auseinandersetzung mit der verhaßten Irrlehre der Gnosis.
Der radikale Dualismus einer schlechten materiellen Welt einerseits und eines überlegenen geistigen Daseins andererseits erlaubte
es den Gnostikern, sich über gesellschaftliche Konventionen hin-
wegzusetzen und jede Autorität zu untergraben. Sie neigten dazu,
alle Lebensverhältnisse umzustürzen. Warum sollten sie sich auch
der üblichen Lebensweise anschließen, wenn alles Ungeistige von
Grund auf schlecht war? Aus der Sicht des Irenäus stand der Ruf
der ganzen Kirche auf dem Spiel. Wahre Christen, so meinte er,
müßten sich von jenen radikalen Gruppen und ihren Konventikeln
fernhalten. In einer Zeit, in der die Gesellschaft argwöhnisch war
und Christen noch nicht ohne weiteres als zuverlässige Geschäfts-
partner akzeptierte, bedeuteten die Gnostiker eine ständige Gefahr. Nach Auffassung des Irenäus störte die gnostische Bewegung
die gesellschaftliche Ordnung und stellte so den guten Ruf der
Christen in Frage. In einer Welt, in der geschäftliche Rücksichten
eine große Rolle spielen, ist ein gewisses Maß an Konformismus
unverzichtbar.[8]

Irenäus schätzt die im Römischen Reich herrschende Sicherheit
ebenso wie das durch sie ermöglichte zivilisierte Stadtleben. Der
Gnostiker dagegen setzt sich über »unsere Lebensbedürfnisse«
einfach hinweg. Der Bischof warnt die Gläubigen vor dem ver-
rückten Gnostiker, der »sich seiner Erkenntnis rühmt, sich abson-
dert von der Gemeinschaft mit den Heiden und gar nichts Fremdes
an sich trägt, sondern schlechthin nackt und barfuß und ohne
Haus im Gebirge lebt, wie manche Tiere, die sich nur von Kräu-

tern ernähren«. Im Unterschied zu den Gnostikern, die die Welt ablehnen, bejaht der wahre Christ das Leben. Dennoch befindet sich die Gemeinde von Lyon in einer schwierigen Lage. Die Herrschaft der Heiden ist so unumschränkt, daß die Behörden über das Leben der Christen verfügen können. Der Tod der Märtyrer macht einen vollen Genuß der Schöpfung und der Segnungen Christi unmöglich.[9]

So ist die erste Epoche der Geschichte durch Verfolgung beeinträchtigt. Obwohl die Welt gut und für den Gebrauch der Christen bestimmt ist, läßt die heidnische Umwelt keine Ruhe und keinen Wohlstand zu. Im zweiten Abschnitt der Geschichte, dem messianischen Reich, wird dieser Widerspruch nicht mehr bestehen. Nach Irenäus beginnt dieses Reich mit der Auferstehung aller Gerechten; diese erhalten ihren gesunden, materiellen Leib wieder. Schauplatz des neuen Lebens ist kein ferner Himmel, sondern die Erde. »In der Welt, in der sie sich gemüht und gelitten haben, auf jegliche Weise in der Geduld erprobt, in der werden sie gerechter Weise auch die Früchte ihrer Geduld empfangen«, heißt es bei Irenäus. »In der Welt, in der sie getötet wurden wegen ihrer Liebe zu Gott, in der werden sie auch lebendig gemacht werden.« Gott hat die Welt nicht als Kerker geschaffen, in dem die Gerechten gefoltert und gemartert werden sollen; sie sollen in ihr vielmehr ein angemessenes Leben führen und die materiellen Güter genießen. Im Reich des Messias erhalten die Märtyrer die Welt als ihren Besitz zurück. Kein Verfolger kann sie ihnen mehr streitig machen. In der Schöpfung, in der sie einst Knechte waren, sollen sie nun herrschen.[10]

Durch das alttestamentliche Danielbuch und die Offenbarung im Neuen Testament bestand von jeher eine Beziehung zwischen Martyrium und chiliastischer Hoffnung. Auch unter den Unterdrückten und Märtyrern unserer Tage besteht die Neigung, sich chiliastisches Gedankengut zu eigen zu machen. Nach den Notizen eines zeitgenössischen Reisenden ist unter den armen Bauern Brasiliens die Hoffnung auf Auferstehung und Wiederkehr der Toten in einer Form verbreitet, die nicht gewöhnlicher katholischer Predigt entspricht. In ungelenken Buchstaben schrieb ein Bauer folgenden Satz an die Wand seiner Hütte: »Und ich will euch Sehnen geben und will euch mit Fleisch ausstatten und euch mit Haut bedecken und Atem in euch legen, damit ihr leben werdet.« Diese Verheißung aus dem Propheten Ezechiel (Kap. 37) kündigt die Auferstehung der Toten an. Ein ähnlicher Gedanke findet sich in einem Brief, den eine Witwe nach der Ermordung ihres Mannes durch die Agenten eines Großgrundbesitzers schrieb. »Auch wenn sie uns töten, werden wir gewiß wiederkommen, und dann werden wir Millionen sein.« Unterdrückte und dem Märtyrertod ausgelieferte Christen glauben an einen Gott, der ihnen das Leben nicht vorenthalten will.[11]

Seine chiliastischen Anschauungen brachte Irenäus von Kleinasien in den Westen, wo sie während der Verfolgung in Südfrankreich neue Bedeutung erlangten. Auf der Grundlage zahlreicher Zitate aus dem Alten Testament und aus apokryphen Schriften entwarf er ein Bild der erhofften neuen Welt. Wieder zum Leben erweckt, findet sich der Mensch in einer idealen Umgebung vor. Die volle Zeugungsfähigkeit des männlichen Körpers wird wiederhergestellt sein, und die Frauen werden zahlreichen Kindern das Leben schenken. Die Natur wird Wein und Getreide in Fülle schenken, so daß niemand mehr die Kräfte seines Körpers durch harte Arbeit erschöpfen muß. Der Herr selbst wird den Gerechten einen Tisch bereiten und ihnen alle Köstlichkeiten vorsetzen. Auch gibt es in der neuen Welt keine Feinde mehr. Sogar die wilden Tiere können nicht mehr als solche gelten, weil sie der menschlichen Herrschaft unterstehen. Selbst Alter und Tod können das Leben auf der neuen Erde nicht mehr bedrohen.

Immer wieder versichert Irenäus seinen Lesern, daß alles, was er in seinen biblischen und anderen Quellen über den Reichtum des neuen Zeitalters findet, wörtlich zu verstehen sei. »Nichts darf man allegorisch deuten, sondern alles ist sicher, wahr und wirklich, zum Genuß der Gerechten von Gott gemacht.« Die Schöpfung selbst ist »sicher, wahr und wirklich«, nichts ist durch Spiritualisierung wegzudeuten. Genauso wirklich wie die Verfolgung durch die Heiden war, so wirklich wird auch das wiederhergestellte Leben sein. Im messianischen Reich werden die Heiligen »wachsen durch die Anschauung des Herrn«; diese Kräftigung bereitet sie auf den nächsten Abschnitt der Geschichte vor.[12]

Spätere Theologen haben die Eschatologie des Irenäus nicht mehr gutgeheißen; aber selbst in polemischen Zusammenfassungen der chiliastischen Lehre tritt die Hoffnung auf einen Ausgleich in einer materiellen Welt noch deutlich hervor. »Wonach er selbst, der in seinen Leib verliebt (*philosomatos*) und ganz fleischlich gesinnt war, verlangte, darin würde – so träumte er – das Reich

Christi bestehen«, berichtet Bischof Eusebius (264–340) über einen angeblichen Irrlehrer. Er zählt auch auf, worin dieser fleischliche Traum besteht: »in der Befriedigung des Magens und der noch tiefer gelegenen Organe, also in Speise und Trank und Beilagern«. Im 4. Jahrhundert schien eine solche Sicht unerträglich, aber im 2. Jahrhundert nahm niemand Anstoß an der Erwartung eines Reiches Christi, das sinnliche Genüsse erlaubt.[13]

Das messianische Reich dauert tausend Jahre; dann wird es durch das Reich Gottes des Vaters abgelöst. Dieses Reich wird zwar unbegrenzt und ewig sein, doch darüber hinaus bleibt die Beschreibung des Irenäus undeutlich. »Dann [nach dem Tausendjährigen Reich] aber reicht er ihnen in seiner Vatergüte, ›was kein Auge gesehen, kein Ohr gehört, in keines Menschen Herz gedrungen ist‹«, heißt es an einer Stelle. Andernorts versichert er: »Mit den heiligen Engeln werden sie Gemeinschaft und Umgang pflegen und mit den geistigen Wesen vereint werden im Reiche.« Nach seiner eingehenden Schilderung der Segnungen der messianischen Zeit ist Irenäus mit einem Mal nicht mehr imstande zu sagen, wie die Geschichte weitergeht.[14]

Für Irenäus war das geistige Reich Gottes des Vaters nicht so wichtig wie das Reich des Messias. Die beeindruckende Bilderfülle und die gespannte Erwartung eines Lebens, das auf das gegenwärtige folgt, beherrschten das Denken des Bischofs von Lyon. Er mühte sich um ein Verständnis der Auferstehung und der neuen Existenz, in der sich die Gerechten wiederum in eine wirkliche materielle Welt versetzt sehen. Dort wird ihnen alles zuteil, was ihnen hier ihre feindselige heidnische Umgebung vorenthält. Wer seine Hoffnung auf Christus setzt, kann nur zeitweise, nicht jedoch für immer vom vollen Genuß der Schöpfung ausgeschlossen werden. Was nach dem tausendjährigen Genuß materieller Freuden geschehen wird, darüber braucht man sich noch keine Gedanken zu machen. Irenäus' wichtigstes Anliegen war es, Christen in einer Verfolgungszeit zu trösten und ihnen die Aussicht auf eine glorreiche Zukunft zu eröffnen. Für Christen wie Irenäus mußte das andere Leben eine Fortsetzung und Vollendung der irdischen Existenz bilden – einer Existenz, die durch Verfolgung gefährdet und oft durch das Martyrium grausam beendet wurde. Der gefolterte Leib des Heiligen wird wieder ganz und heil. Auch werden die Christen in der neuen Welt Kinder gebären und aufziehen. Eher beiläufige Erwähnungen eines geistigen Reiches Gottes des

Vaters stellen den Versuch des Irenäus dar, der neutestamentlichen Lehre von der Abwesenheit der Ehe im Himmel gerecht zu werden. Die Idee eines geistigen Reiches unterstreicht noch einmal den realistischen, materiellen Charakter des Tausendjährigen Reiches, an das Irenäus glaubt. Den Christen, die auf der Erde leben, ihren Geschäften nachgehen und Familien ernähren wollen, gilt der Ausgleich in einer verklärten materiellen Welt als Gottes große Verheißung. In Folter und Demütigung hatte sich ihre Treue zu Christus bewährt; nun waren sie bereit, ein neues Leben auf einer neuen Erde zu genießen.

Die Verheißung der Asketen: Ein Himmel für Seelen

Im 4. Jahrhundert waren die Märtyrer Gestalten der Vergangenheit, die als Heilige verehrt wurden. Die Zeit der Prüfung der Standhaftigkeit im Glauben durch heidnische Verfolgung war vorüber. Man mußte sich nach einem neuen Ideal von Heiligkeit und Vollkommenheit umsehen. Dafür bot sich die Gestalt des der Welt entsagenden Asketen an. Dem Märtyrer gleich, bewies auch der Asket seine Treue zu Christus durch heldenhaftes Ertragen von Schmerz, Verzicht auf die Annehmlichkeiten eines Familienlebens und Streben nach vollkommener Verwirklichung eines geistlichen Lebens. Nach dem Ende der Christenverfolgungen rückte die Askese zum höchsten Ideal auf. Sie erschien als eine überzeugende Antwort auf die religiöse Grundfrage nach der Überbrückung des Abstandes zwischen Gott und Mensch. Durch seine Teilnahme an dieser Welt (durch seinen Leib) und an der Wirklichkeit Gottes (durch sein engelgleiches eheloses Leben) schloß der Asket die metaphysische Lücke. Wenn wir von der Kirche der Märtyrer zur Gemeinde der Asketen übergehen, verlassen wir Irenäus und wenden uns dem jungen Augustinus zu. Auch wechselt die Szene von Südfrankreich nach Nordafrika und Italien. In diesen von griechisch-römischer Kultur durchtränkten Gebieten entwickelte Augustinus seine asketische und mystische Theologie. Seine Spiritualität war von dem der Erde verhafteten Chiliasmus des Irenäus weit entfernt.

In einer von asketischen Idealen geprägten Welt mußten die traditionellen Bilder eines diesseitigen Tausendjährigen Reiches zu materialistisch, zu »fleischlich« erscheinen; sie vertrugen sich nicht mit dem neuen Geist. Das Ende der Welt konnte nicht mehr als Beginn einer weiteren Epoche irdischer Geschichte aufgefaßt werden. Wer sich nach Ruhe und dem Genuß der Gegenwart Gottes sehnt, hat wenig Interesse an den Segnungen des Tausendjährigen Reiches: einem langen Leben auf einer fruchtbaren Erde und dem Besitz zahlreicher Nachkommenschaft. Da die ganze damalige Welt zum politischen System Roms gehörte, wurde die Erschütterung des spätrömischen Reiches als ein Vorzeichen des Endes der Weltgeschichte verstanden. Als die Goten im Jahre 410 die Stadt Rom plünderten, waren die Zeichen der Zeit nicht mehr zu übersehen. Für Augustinus und viele seiner Zeitgenossen schien das ewige Reich des Geistes zum Greifen nahe. Das ewige Leben würde nicht mit einem irdischen Tausendjährigen Reich beginnen.

Wie man weiß, begann das Leben des Augustinus (354–430) nicht als das eines Heiligen. In seinen *Bekenntnissen* berichtet er rückblickend von seinen Jugendsünden. Während seines erfolgreichen Studiums der Jurisprudenz und der Rhetorik in Karthago in Nordafrika hatte er Zeit genug für Theaterbesuche und Frauen. »Lieben und geliebt zu werden, war mir süß«, schreibt er; »besonders, wenn ich auch den Körper der Geliebten genießen konnte. So verunreinigte ich den klaren Quell der Freundschaft mit dem Schmutz sinnlicher Lust, verdunkelte den reinen Glanz mit der höllischen Finsternis der Begierde.« Augustinus lebte mit einer Frau zusammen und hatte einen Sohn. Auch gehörte er zu einer Studentenclique, die als die »Aufständler« bekannt war – »ein schändlicher, teuflischer Name«, wie er später festhält. Von seiner verwitweten Mutter ließ er sich finanziell unterstützen, verachtete aber ihren christlichen Glauben. »So ließ ich mich Stufe für Stufe hinabführen ›in die Tiefen der Hölle‹«, lautet sein späterer Kommentar. Der junge Augustinus genoß das Studentenleben in vollen Zügen. Karthago war die Stadt der Venus.[15]

Erst allmählich entdeckte Augustinus die jenseits des Materiellen liegende, den Sinnen nicht zugängliche Welt. Zunächst von heidnischer Philosophie angezogen, begegnete er bald der Religion in Gestalt des strengen, puritanischen Manichäismus. Damals eine verbreitete Spielart des Christentums, lehrte der Manichäismus die Schlechtigkeit der Materie im allgemeinen und der Sinnlichkeit im besonderen. Alles Fleischliche war mit Sünde verbunden, und als schlimmste Sünde galt der Geschlechtsverkehr. Damit begann eine mehr als zehnjährige Geschichte der inneren Kämpfe Augustins; an ihrem Ende steht ein Mann, der als Priester nicht der manichäischen Sekte, sondern der katholischen Kirche die Lust des Fleisches überwunden hat. Die Auseinandersetzung war freilich nicht einfach abgeschlossen; noch in seinen spätesten Schriften finden wir ein Echo des endlosen Kampfes zwischen sexueller Begierde und der Berufung zu Reinheit und Enthaltsamkeit.

Nach seinen *Bekenntnissen* verdankt Augustinus die Führung zum rechten Glauben und zum Ideal der Enthaltsamkeit seiner Mutter Monika. Sie betete für ihn, vergoß Tränen, folgte ihm nach Italien, ermahnte ihn beharrlich – um schließlich seinem Leben eine neue Richtung zu geben. Im Jahre 386 erreichte sie, daß er seine Konkubine fortschickte; er sollte eine richtige, standesgemäße Ehe eingehen. Die Trennung von seiner Gefährtin bedeutete den ersten Schritt auf dem Weg zur Ehelosigkeit. Ein Jahr später erlebte er seine Bekehrung. Einer Eingebung folgend, las er in der Heiligen Schrift. Die Worte, auf die er stieß, sollten ihre Wirkung nicht verfehlen: »[Laßt uns leben] ohne Unzucht und Ausschweifung, ohne Streit und Eifersucht, legt [als neues Gewand] den Herrn Jesus Christus an, und sorgt nicht so für euren Leib, daß die Begierden erwachen.« Dieses Erlebnis in einem Garten in Mailand, in Hörweite seiner Mutter, markiert Augustins Hinwendung zum katholischen Glauben. Er ließ sich taufen, und es kam – für uns wichtiger – zu einem weiteren Erlebnis in einem Garten.[16]

Man schrieb das Jahr 387. Augustinus und seine Mutter hatten sich in die Ruhe einer Villa in Ostia in Italien zurückgezogen. »Sie und ich waren allein (...), und unser Gespräch war sehr innig.« Sie saßen an einem Fenster mit Blick auf den Garten und sprachen über den Himmel. Sie fragten sich, »wie das ewige Leben der Heiligen dereinst sein werde«. In seinen *Bekenntnissen* berichtet Augustinus, wie sie Schritt für Schritt über alle Stufen der materiellen Welt immer höher hinausgelangten. Schließlich überstiegen sie alles Körperliche und berührten die Gottheit selbst. Der junge Augustinus und seine Mutter hatten gemeinsam ein mystisches Erlebnis. Später erinnert er sich daran: »Kein Entzücken unserer fleischlichen Sinne, so groß es auch sein und so hell es auch im irdischen Licht gleißen mag, hält den Vergleich mit den Wonnen jenes [ewigen] Lebens aus.« Obwohl sie die Gottheit »nur leicht« streiften, waren sie von Freude und Glück überwältigt. Sie verstummten. »Und wir seufzten.«[17]

Augustinus hatte seine Seele für diesen Augenblick geläutert und vorbereitet. Auch die Gegenwart Monikas trug zum Gelingen des Erlebnisses bei. »Die bloße Gegenwart einer Frau verleiht der Vision zu Ostia einen ergreifenden Charakter«, urteilt ein moderner Historiker. Das mystische Erlebnis im Garten unterstreicht Monikas Beitrag zur religiösen Entwicklung ihres Sohnes. Sie begleitete ihn als seine geistliche Beraterin und war Mittlerin zwischen ihrem Sohn und Gott. Nach Augustinus verdiente sie ihm durch ihr ständiges Gebet und Opfer die besondere Gnade, derer er für sein Heil bedurfte. Daß Mutter und Sohn gemeinsam einen Vorgeschmack der Anschauung Gottes erleben durften, bezeugt ihre gegenseitige Liebe. Dennoch führte ihre Vertrautheit nicht zu einer wirklich gemeinsamen Begegnung mit Gott. Individuell mit der Gottheit verbunden, genoß jede Seele die Vision für sich. Der asketische Himmel ihres Erlebnisses ist ganz theozentrisch ausgerichtet und läßt keinen Raum für das Gespräch unter den Seligen.[18]

Als die Vision des Gartens zu Ostia verblaßt war, äußerte Monika ihrem Sohn gegenüber einen Wunsch, der den asketischen Charakter des Erlebnisses deutlich hervortreten läßt. »Mein Sohn, was mich betrifft, so hat nichts mehr Reiz für mich in diesem Leben. Was ich hier noch tun soll, warum ich überhaupt noch hier bin – ich weiß es nicht.« Die Liebe zwischen Augustinus und Monika hält den Vergleich mit der erlebten Gottesbegegnung nicht aus. Liebende wollen beisammen bleiben, aber Mystiker sehnen sich danach, abzuscheiden und beim Herrn zu sein. Monika verzichtete auch auf ihren früheren Wunsch, in ihrer Heimat neben ihrem Gatten begraben zu werden. Die mystische Ekstase löste sie aus allen weltlichen Bindungen und machte ihre Seele bereit, den Körper zu verlassen. Zwei Wochen später starb Monika.[19]

Der Himmel, von dem Augustinus im Garten von Ostia einen Vorgeschmack bekam, ist das Jenseits der platonisierenden griechischen Philosophie. Diese Philosophie hatten sich jene christlichen Intellektuellen angeeignet, für die die griechischsprechende Welt die bedeutendste geistige Kultur ihrer Zeit repräsentierte. Augustinus und viele seiner Zeitgenossen schätzten das Werk Plotins (205–270), eines Neuplatonikers, der in seinen späteren Jahren die Stellung eines Hofphilosophen des römischen Kaisers Gallienus innehatte. Plotin empfahl die Verachtung der Welt und eine asketische Lebensweise. Um nicht der materiellen Welt verhaftet zu bleiben, müssen wir auf die Anhäufung von Besitz ebenso verzichten wie auf Macht, Ämter und die Ausübung von Herrschaft.[20]

Plotin ist der Überzeugung, all diese weltlichen Freuden entfremdeten uns unserer wahren Bestimmung, der Betrachtung des wahrhaft Schönen. Dieses Schöne kann nur in der jenseitigen Welt der ewigen Ideen gefunden werden. In jener Wirklichkeit bleibt die höchste Schönheit von aller Vermischung mit Fleisch und Körperlichkeit frei. Die Philosophie zielt auf die Befreiung der Seele vom Leib und die Stärkung ihrer geistigen Kräfte. Nur nach gründlicher Vorbereitung kann die Seele nach dem Tod des Körpers zum Himmel aufsteigen. Durch Betrachtung und Meditation gelingt das »Abscheiden von allem, was hienieden ist, (...) die Flucht des Einsamen zum Einsamen«. Indem die einzelne losgelöste Seele zum göttlichen Einsamen oder Einen flieht, erhält sie einen Vorgeschmack vom Ewigen und wahrhaft Schönen.[21]

Weniger abstrakt kehren diese Gedanken in einer heidnischen Schrift namens *Poimandres* wieder, die vermutlich zur Zeit Plotins entstand. Dieses Buch beschreibt, wie die Seele des gut vorbereiteten asketischen Philosophen beim Tod den Körper verläßt, um alles Sterbliche und Vergängliche hinter sich zu lassen. Indem sie durch die sieben Sphären des Himmels aufsteigt, erreicht sie ihre wahre Heimat. Dort gesellt sie sich zu anderen Geistern, die in alle Ewigkeit »mit lieblicher Stimme Gott loben«. Der Gott des *Poimandres* war die höchste Gottheit, deren Existenz von vielen antiken Philosophen angenommen wurde. Plotin und der Verfasser des *Poimandres* waren überzeugt, daß sich die Seele durch strenge, einsame Konzentration von allem Materiellen befreien und so zu ihrer wahren Bestimmung gelangen könne.[22]

Als der junge Augustinus seine Heimat Tagaste in Nordafrika verließ, um in Karthago und Rom zu studieren, begegnete er solchen Philosophien. Sein eigenes Denken verbindet schließlich Platonismus und Christentum. In seinen *Bekenntnissen* berichtet er von seiner Bemühung um ein mystisches Erleben der Gottheit. Von philosophischer Lektüre angeregt, widmete er sich ganz dem Aufstieg seiner Seele zur höheren Welt. Im Jahr 386 hatte er seine ersten Erfolge; aber er war enttäuscht. Die Schau des Göttlichen gelang nur vorübergehend und ließ sich nicht in einen Dauerzustand überführen. Zur Aufrechterhaltung der Vereinigung mit Gott fühlte er sich zu schwach und zu wenig geläutert.

Während dieser Zeit kam er zur Überzeugung, daß eine geistige Gemeinschaft mit Gott das höchste menschliche Glück bedeute – eine Überzeugung, die für die christliche Geschichte von größter Bedeutung sein sollte. Die *Bekenntnisse* erzählen nicht nur von den verschiedenen mystischen Erlebnissen, sondern erklären auch, wie man »Stufe um Stufe« zu immer höheren Wirklichkeiten aufsteigen kann. Nach Abwendung von der materiellen Welt bedarf es der ungeteilten Konzentration auf die Seele. Wenn man immer weiter nach innen dringt, kann »im Moment eines zitternden Augenaufschlags« der Aufstieg zu Gott gelingen. In solchen Augenblicken erlebte Augustinus »einen Zustand unsäglichen Glücks«. Dauerte dieses Erleben an, so wüßte er es nicht anders zu beschreiben als die Seligkeit des künftigen Lebens.[23]

Mit der Mystik übernahm Augustinus zugleich die asketische Lebensweise, wie sie der Neuplatonismus empfahl und wie sie im christlichen Mönchtum praktiziert wurde. Bei den frühen Mönchen verbreitete Anekdoten spiegeln die neuplatonische »Flucht des Einsamen zum Einsamen« wider. »Solange jemand in seinem Herzen nicht sagt, ›ich allein und Gott sind in dieser Welt‹, kann er keine Ruhe finden«, lautet eines dieser Worte. Eine ähnliche Meinung äußert ein »alter Mann«, der nach dem wahren Charakter eines Mönchs gefragt wurde. Seine Antwort lautet: »Was mich betrifft, ein Einsamer für den Einsamen *(solus ad solum).*« Von dieser Haltung angeregt, führte die Bekehrung Augustins zum Verzicht auf geschlechtliche Erfüllung und zu einem strengen, ehelosen Leben, das er niemals aufgab.[24]

Selbst in fast unscheinbaren Einzelheiten sind Augustins Theologie und Sprache vom Ideal der Ehelosigkeit geprägt. So kann er einmal erklären, daß er das eheliche Bett gegen die Bibel eintauschte. »Deine [Heilige] Schrift sei meine keusche Wonne«, betet er in den *Bekenntnissen.* Die Lektüre des Gotteswortes bringt größere Befriedigung als der Geschlechtsverkehr. Dementsprechend preist er die Ehelosigkeit als das »Leben der Engel«, das die himmlische Existenz bereits vorwegnimmt. Jungfräulichkeit und Verzicht auf alle fleischlichen Genüsse vermitteln einen Vorgeschmack des ewigen Lebens. »Hinter ihr [der Jungfräulichkeit] muß (. . .) jede eheliche Keuschheit zurückstehen.« Obwohl er die Tugenden des ehelichen Lebens anerkannte, galt für Augustinus das engelgleiche Dasein als die höhere Lebensform. Diese Bewertung läßt den Geist Plotins sehr deutlich erkennen. Indem der religiöse Intellektuelle den Freuden des Fleisches entsagt und in die Welt der Bücher flieht, bleibt seine Seele von irdischer Verunreinigung frei. Auch noch als Bischof von Hippo in Nordafrika dachte und lebte Augustinus in der Denkwelt jenes Philosophen.[25]

Auch in der augustinischen Bibelauslegung stoßen wir auf den Einfluß Plotins. In der Abhandlung *Über Glaube und Glaubensbekenntnis* (393) bemüht sich Augustinus um ein Verständnis der paulinischen Aussage, die Gläubigen würden im ewigen Leben »geistige Leiber« besitzen. Worin besteht die leibliche Seite der himmlischen Existenz? Mit großer Sorgfalt sucht er den Ausdruck des Paulus mit der neuplatonischen Philosophie zu versöhnen. Das kann nur gelingen, wenn dem Ausdruck »Leib« *(corpus)* jede materielle Bedeutung abgesprochen wird. Nach der Auferstehung muß es zu einer »engelhaften Umwandlung« kommen, in der unsere Körper ihre leibliche Qualität verlieren. Dann »wird es nicht mehr Fleisch und Blut geben, sondern nur noch Leib«. Mit der ihm eigenen Sorgfalt hält Augustinus daran fest, ein himmlischer Leib könne kein »himmlisches Fleisch« besitzen. Das jenseitige Leben hat keine materiellen Eigenschaften; es ist rein geistig. So begann Augustinus »seine Laufbahn als christlicher Priester und Schriftsteller mit einer Vorstellung von der Unsterblichkeit der Seele, die eine Auferstehung des Fleisches ausschließt«.[26]

Es versteht sich fast von selbst, daß es in einem rein geistigen Jenseits keine Fortführung der Ehe geben kann. Der bohrenden Gründlichkeit Augustins entsprechend, fehlt jedoch eine einschlägige Erörterung nicht. Was wird ein guter Christ, der verheiratet ist und Kinder hat, auf die Frage antworten, ob er auch im Himmel eine Ehefrau haben wolle? »Im Blick auf Gottes Verheißungen und (...) schon durch eine große oder zumindest eine gewisse Liebe zu Gott emporgehoben, wird er mit Bestimmtheit antworten, daß er es keinesfalls wolle«, meint Augustinus. Als guter Christ »haßt« jener Befragte »eheliche Verbindung und Beischlaf als etwas Vergängliches und Sterbliches«. So sehr ein Mann seiner Frau wünscht, daß sie in den Himmel kommt, so wenig möchte er mit ihr dort ehelich verbunden sein. Im Himmel steht jeder Mensch für sich.[27]

Zwar konnte der jungen Augustinus seine verstorbenen Eltern als »Mitbürger im ewigen [himmlischen] Jerusalem« bezeichnen; dieser Gedanke wird jedoch weder weiterentwickelt, noch läßt er sich mit seiner philosophischen Grundanschauung in Einklang bringen. Das will nicht besagen, Augustinus hätte keinen Sinn für das Leben in der Gemeinschaft gehabt. Seine Begeisterung für das Ideal der Freundschaft belehrt uns eines anderen. Dennoch bestand er darauf, daß soziale Freuden mit der wahren Seligkeit nichts zu tun haben. »Wer dich [Gott] kennt und noch anderes«, schreibt er, »ist nicht glücklicher, weil er auch es kennt, sondern glücklich ist er durch dich allein.« Glück war für ihn das Ziel allen menschlichen Strebens; aber es konnte nur durch Gott selbst befriedigt werden. In Augustins asketischem Denken vermag menschliche Gemeinschaft zwar in dieser Welt zu trösten, aber in der anderen Welt kommt alles Glück allein von Gott.[28]

Das asketische Christentum verschmähte nicht nur die Reste der heidnischen Kultur, sondern verdächtigte die gesamte materielle Welt. Sie war das Reich, wenn nicht sogar die Schöpfung des Teufels. Die dualistische Philosophie von Gnosis und Neuplatonismus bevorzugte den Geist vor dem Körper. Gemäßigte Anhänger dieser Spiritualität – wie Augustinus selbst – lebten in der Stadt und suchten die Gemeinschaft gleichdenkender Intellektueller. Sie studierten und debattierten, um ihr geistliches Leben zu fördern. Andere zogen sich aus der Stadt zurück und lebten als Mönche oder Nonnen in der Wüste. In der Stadt wie in der Wüste entkamen asketisch gesinnte Christen der Sinnlichkeit des Geschlechtlichen und der Ablenkung durch die Familie. Wie die charismatischen Christen des Neuen Testaments wollten sie ganz im Geist Gottes leben.

Augustins geistiger Himmel setzt die asketische, zurückgezogene Daseinsweise fort. Hier wie dort finden wir eine Welt der Seelen, die in Gott Ruhe und Glückseligkeit finden. Diese Auffassung leuchtet Mönchen, Einsiedlern und Philosophen ein, die das Leben des Geistes der fleischlichen Existenz vorziehen. Bei jenen Stadtbewohnern, die wie Irenäus auf einen Ausgleich für ihre irdischen Prüfungen hoffen, könnte sie keinen Anklang finden. Obwohl Augustinus ein eheloser Priester war, führte er kein Einsiedlerdasein. Im Jahre 396 zum Bischof bestellt, fühlte er sich für Menschen verantwortlich, die »in der Welt« lebten. Diese Menschen des 4. und 5. Jahrhunderts waren die Erben jener Gläubigen, die im 2. Jahrhundert von der Güte der Welt überzeugt waren. Auf diese Weise kam Augustinus mit dem Geschäftsleben und der Welt von Politik, Familie und gesellschaftlichem Ehrgeiz in Berührung. Gegen Ende seines Lebens überprüfte er seine Ansicht über den Himmel.

Die kirchliche Verheißung: Verewigte Schönheit des Leibes

Nach Augustins monumentalem *Gottesstaat* (413–427) besteht die ewige Glückseligkeit im Genuß der »Anschauung Gottes«. Später wurde dies die »seligmachende Gottesschau« *(visio beatifica)* genannt, denn im Himmel »werden wir ewige Muße haben und sehen, daß er Gott ist«. Die Anschauung ist mit Liebe und Lobpreis eng verbunden. In unübertrefflicher Sprache fügt Augustinus diese Begriffe zusammen: »Dann werden wir Muße haben und schauen, schauen und lieben, lieben und loben. Das ist es, was dereinst sein wird, an jenem Ende ohne Ende.« Oder: »Er [Gott] wird das Endziel unserer Sehnsucht sein, den wir ohne Ende schauen, ohne Überdruß und Müdigkeit lieben werden und loben.« In einer seiner Predigten stellt sich Augustinus jemanden vor, der nach menschlicher Tätigkeit im Jenseits fragt: »Was werde ich tun? Wenn es keinen Gebrauch der Gliedmaßen mehr gibt, was werde ich dann tun?« Die Antwort des Bischofs ist einfach: »Ist das für dich kein Tun: stehen, sehen, lieben, [Gott] loben?«[29]

Im ersten Augenblick will uns scheinen, dieser Himmel gleiche jenem, den Augustinus im Garten von Ostia erlebt hatte – mit dem Unterschied freilich, daß seine Sprache nun biblische Züge trägt. Wir wissen jedoch, daß der Bischof von Hippo seine theozentrische und asketische Himmelsvorstellung durch eine neue Bewertung der Gemeinschaft der Seligen veränderte. Diese neue Auffassung geht über jene frühere Bemerkung hinaus, seine verstorbenen Eltern seien seine »Mitbürger im ewigen Jerusalem«. Ein Trostbrief aus dem Jahre 408 gibt uns einen ersten Eindruck von der veränderten Sicht des Bischofs. Als der Gatte der adeligen Römerin Italica starb, riet ihr Augustinus, sie solle nicht trauern »wie die Heiden, die keine Hoffnung haben. Unsere Lieben, die dieses Leben verlassen haben, sind uns nicht verloren; wir haben sie nur vorausgeschickt. Aufgrund der festen Verheißung [Gottes] dürfen auch wir hoffen, einst in jenes Leben einzutreten, in welchem wir sie um so mehr lieben werden, je besser wir sie kennen, und wo wir sie lieben werden ohne Furcht vor dem Scheiden.« Das ewige Leben besteht für den Bischof nun nicht mehr nur in den Ekstasen von Seelen, die einzeln mit Gott verbunden sind. Die Erwartung der Vereinigung mit Freunden und Angehörigen verleiht dem Himmel eine neue, gesellschaftliche Seite. Augustinus zögert nicht, die Idee der Gemeinschaft auch auf Engel anzuwenden. Er meint, daß auch sie »sich gegenseitig erblicken und sich ihrer Gemeinschaft in Gott erfreuen«. Der Umgang mit anderen wird zu einem durchgängigen Kennzeichen des ewigen Lebens.[30]

Statt der asketischen Weisheit Plotins vernimmt man bei Augustinus nun ein Echo der »in der antiken Welt verbreitetsten Vorstellung vom Geschehen im Hades«. Szenen des Wiedersehens zwischen längst Verstorbenen und Neuankömmlingen in der Unterwelt hatten einen festen Platz in heidnischen Beschreibungen. Der ursprünglich griechische Glaube kam in den Westen, wo er durch Ciceros Dialog *Über das Greisenalter* und vor allem durch den *Traum des Scipio* den Gebildeten bekannt wurde. *Der Traum des Scipio* sollte junge Römer anspornen, sich an Politik und Verwaltung der Römischen Republik zu beteiligen. Wie der Dialog, so gipfelt auch der Traum in der Verheißung eines ewigen Lebens im Himmel für alle, die ihre Kraft für das Wohl anderer eingesetzt haben. Der römische Staatsmann Scipio – der Träumer – trifft mehrere Bürger des Himmels, darunter seinen eigenen Vater, der ihn umarmt und unter Freudentränen begrüßt.[31]

Sowohl Bischof Ambrosius von Mailand (ca. 340–397) als auch sein Schüler Augustinus kannten diese berühmten Texte. Als Ambrosius nach dem Tod seines Bruders ein Trostbuch verfaßte, gab er seiner Hoffnung auf ein Wiedersehen mit den Worten Ciceros Ausdruck. Der Bischof von Mailand machte auch in seinen Grabreden für zwei römische Kaiser – Valentinian (gest. 392) und Theodosius (gest. 395) – von Ciceros Wiedersehensmotiv Gebrauch. Ambrosius stellte sich die Freude vor, die Theodosius im Himmel erlebt: »Jetzt fühlt er sich als König glücklich, da er auch seinen Sohn Gratian und die Pulcheria, die süßen Lieblinge, die er hier verloren hatte, zurückerhielt; da seine [Frau] Flaccilla, die gottgetreue Seele, wieder bei ihm weilt; da er sich des wiedergefundenen Vaters freut; da er in Gemeinschaft mit [dem Kaiser] Konstantin lebt.« Die christliche Verheißung des Ambrosius unterscheidet sich in nichts von der römischen Hoffnung Ciceros.[32]

Die Lehre vom Wiedersehen der Familie im Himmel überzeugte die Christen des 4. und 5. Jahrhunderts. Hatte nicht auch der heilige Paulus in seiner Jenseitsvision die Jungfrau Maria, alttestamentliche Patriarchen und einige Propheten getroffen? Von dieser himmlischen Gesellschaft konnte man in einem apokryphen Text aus der Zeit um 388 lesen. Das war das angebliche Fundjahr des »echten« und bisher unbekannten Berichts über die Himmelsreise des Paulus. Unter dem Titel *Vision des Paulus* war dieser Text weit verbreitet; Augustinus kannte ihn, nahm ihn jedoch nicht sehr ernst. Als er sich in ernsthafterer theologischer Literatur umsah, stieß er auf einen Abschnitt in Cyprians Buch *Über die Sterblichkeit.* Seine ciceronianische Färbung mag Augustinus besonders angesprochen haben, so daß er es mit Zustimmung anführt: »Warum eilen und laufen wir nicht, um unser Vaterland zu sehen, unsere Väter begrüßen zu können?« fragt Cyprian. »Eine große Zahl treuer Verwandter erwartet uns dort; eine stattliche, dicht gedrängte Schar von Eltern, Geschwistern und Kindern sehnt sich nach uns.« Was in den Tagen Cyprians von Karthago (gest. ca. 258) kühn geklungen haben mag, hatte nun einen neuen und überzeugenden Klang.[33]

Obwohl Augustinus selbst das Wiedersehensmotiv sonst nicht mehr aufgriff, erörterte er in seinen späteren Jahren die Bedeutung der den Christen verheißenen geistigen Leiber in großer Ausführlichkeit. In der Ewigkeit werden die Seligen einen Leib besitzen – einen schönen, fleischlichen, greifbaren Leib, durch den sie mit anderen in Kontakt treten können. Der alte Augustinus gestand den Seligen mehr Leiblichkeit zu als früher. In seinen *Retractationen* (427) nahm er seine frühere Meinung über den himmlischen Leib, wie sie in der Schrift *Über Glaube und Glaubensbekenntnis* niedergelegt war, ausdrücklich zurück. Mehr als drei Jahrzehnte nach Abfassung jener Schrift meinte er, der Leib der Auferstandenen müsse dem Auferstehungsleib Christi gleichen. Demnach handelt es sich um einen Körper aus Fleisch und Blut, dem nichts fehlt und der von anderen berührt werden kann. Er besitzt materiellen Charakter.[34]

»Ist der Tod, der letzte Feind, erst weggenommen«, heißt es in einer Predigt des Jahres 417, »dann wird mein Fleisch in Ewigkeit mein lieber Freund sein.« Selbst »die Substanz des Fleisches wird im Reich Gottes vorhanden sein«. Augustinus sieht nun keine Schwierigkeit mehr, »das Fleisch« in den Himmel aufzunehmen. »Von Gott unterwiesen«, ruft er aus, »preist unser Glaube den [menschlichen] Körper.« Die Seligen mögen auch essen und trin ken – zum Vergnügen freilich, nicht etwa um Hunger oder Durst zu stillen. Selbst von der Anschauung Gottes redet er nun in neuen, nicht mehr rein geistigen Begriffen. Obwohl Gott reiner Geist ist, werden wir ihn mit den Augen unseres Leibes wahrnehmen. Trotz Fehlen eines Anhaltspunktes in der Heiligen Schrift glaubt sich Augustinus zu dieser Annahme berechtigt. Der Bischof konnte nun nicht mehr als ein Feind des Fleisches gelten.[35]

Das will freilich nicht besagen, unsere himmlische Persönlichkeit habe keine geistige Seite. Tatsächlich wird der Geist das Fleisch beherrschen und führen, und das Fleisch wird nicht mehr rebellieren. »Das Fleisch, das dem Geiste dient, wird mit Recht geistig genannt«, erklärt Augustinus. Der verklärte menschliche Leib wird zwar geistig sein, aber kein Geist. Der Bischof muß seine frühere Ablehnung des Fleisches nicht zurücknehmen. Er brauchte nur anzuerkennen, daß das Fleisch, ist es erst erlöst, ganz dem Geist untertan sein wird und an der Herrlichkeit Gottes teilhaben kann.[36]

Mit seiner charakteristischen Vorliebe für die Göttlichkeit des Schönen stellte sich Augustinus den Himmel als eine Welt vor, in der es nur Männer und Frauen gibt, die seinen ästhetischen Idealen entsprechen. Im ewigen Leben wird menschliche Schönheit durch nichts mehr beeinträchtigt. Da »fehlendes Ebenmaß Mißfallen bedeutet«, wird bei der Auferstehung »die Körpergröße so bemessen sein, wie es der dem Leibe eines jeden Menschen eingepflanzten Idee vollendeter oder zu vollendender Jugendkraft entspricht, wobei die einzelnen Glieder in schicklichem Verhältnis zueinander stehen werden«. So braucht man auch »um die Mageren und Fettleibigen nicht besorgt zu sein, sie möchten etwa auch drüben so sein, wie sie hier ungern genug waren«. Außerdem wird eine »ansprechende Farbe« der Haut nicht fehlen. Im Himmel wird es also nicht nur menschliche Leiber geben, sie werden auch alle nur denkbare Schönheit und jedes Ebenmaß besitzen.[37]

Einen Sonderfall bilden allerdings die Narben der Märtyrer. Nach Augustinus bleiben sie nicht nur erhalten, sondern erhöhen sogar die Schönheit des geistigen Leibes. »Wie das zugeht, weiß ich nicht«, räumt er ein, »aber in unserer großen Liebe zu den Märtyrern möchten wir gern in jenem [himmlischen] Reiche an den Leibern der seligen Märtyrer die Narben der Wunden sehen, die sie um des Namens Christi willen erlitten, und vielleicht werden wir sie auch sehen.« Den Märtyrern selbst war ein solcher Wunsch unbekannt, denn sie wollten ihre Leiber unversehrt und gesund von Gott zurückerhalten. Für Augustinus waren die Wunden der Märtyrer so legendär wie das Martyrium selbst und nur noch als theologisches Parodox (der Gleichzeitigkeit von Schönheit und Narben) interessant.[38]

Im Himmel herrscht Schönheit. In seiner Erörterung der funktionalen und ästhetischen Seite des menschlichen Körpers kommt der Bischof zur Auffassung, die körperlichen Funktionen hätten eine sehr beschränkte Bedeutung, denn »Bedürfnisse hören einmal auf, und die Zeit wird kommen, da wir uns gegenseitig allein an der Schönheit erfreuen, während das Begehren schweigt«. Obwohl es einmal kein Begehren mehr geben wird, hält Augustinus doch an einer Art erotischer Anziehungskraft auch der himmlischen Schönheit fest. Er überlegt, ob die auferstandenen Frauen die Merkmale ihres Geschlechts verlieren. Hier ist das Ergebnis:

Beide Geschlechter werden auferstehen. Denn dann gibt es keine Begehrlichkeit mehr, also auch keinen Grund zur Scham. Vor dem Sündenfall waren nämlich Mann und Weib nackt und schämten sich nicht. Jenen Leibern wird also die Gebrechlichkeit abgestreift werden, aber ihre Natur bleibt. Das weibliche Geschlecht ist ja kein Gebrechen, sondern Natur. Begattung freilich und Geburt wird es dann nicht mehr geben. Die weiblichen Glieder werden nicht mehr dem alten Zweck angepaßt sein, sondern der neuen Zier, und nicht mehr die Begehrlichkeit des Betrachtenden reizen, die ja nicht mehr vorhanden ist. Sondern preisen wird man Gottes Weisheit und Güte, die schuf, was nicht war, und was er schuf, von allem Verderb befreite.

Auf diese Weise werden Männer und Frauen die vollkommene Schönheit des Körpers bewundern können, dessen paradiesische Nacktheit wiederhergestellt sein wird. Die erotische Anziehungskraft wird frei sein von aller Begehrlichkeit und allem Besitzwunsch, wie sie für dieses Leben typisch sind. Im anderen Leben wird es kein Interesse am Geschlechtsverkehr geben, denn jede Begierde hört überhaupt auf.[39]

Geschlechtliche Intimität fehlt im augustinischen Himmel in auffälliger Weise, obwohl der Bischof selbst Adam und Eva im Paradies ein gewisses Maß an körperlichen Freuden zubilligt. Das wiederhergestellte Paradies wird also, wie es scheint, der Attraktivität des ursprünglichen Planes nicht ganz entsprechen. Was bleibt, ist allein die Wertschätzung der Schönheit des menschlichen Körpers. Augustinus läßt sich keine Gelegenheit entgehen, der himmlischen Schönheit eine theozentrische Ausrichtung zu geben. Die neue weibliche Schönheit wird nicht als eigener Wert aufgefaßt; vielmehr ist sie eine Aufforderung, die »Weisheit und Güte« des Schöpfers zu preisen. Wenn auf der Erde die Schönheit der Frau Männer von Gott ablenkte, so wird sie nun dieselben Männer zu Gott hinführen. Augustins Himmel ist ein Ort wahrer Liebe *(caritas)*, nicht eine Stätte der Begierde *(cupiditas)*. In diesem Paradies gibt es keine Liebe »ohne Bezug zu Gott«. Alle menschlichen Beziehungen besitzen dort eine theozentrische Ausrichtung.[40]

Nach Augustinus soll selbst in diesem Leben wahren menschlichen Beziehungen eben diese Ausrichtung auf Gott eignen. Ihre Grundlage bildet die Liebe zu Gott und der Glaube an ihn. »Wir alle, die Gott genießen, genießen uns gegenseitig *in ihm*.« Augustinus entlieh die theozentrische Klausel »in ihm« dem Neuen Testament. Seine Erklärung dieser Wendung besagt: »Wenn man einen Menschen *in Gott* genießt, so genießt man Gott mehr als den Menschen.«[41]

Heutige Leser Augustins sind von seiner Lehre der Liebe »in Gott« nicht immer angetan. Wir haben unsere Schwierigkeiten mit einer Philosophie, die Menschen eher als Mittel zur Gottesliebe denn als Selbstzweck betrachtet. »Obwohl es Augustinus gelingt, die niedrigeren Liebesarten der einen, wichtigsten unterzuordnen«, meint der Kritiker Irving Singer, »verfälscht seine Lehre die Liebe zu menschlichen Personen. Sie mißachtet sogar die Schöpfung Gottes. Wenn alles nur ein Mittel zu einem letzten Gegenstand der Liebe ist, dann kann eigentlich nichts geschätzt und wirklich geliebt werden außer diesem. Da jede Person, jede Sache oder Einrichtung nur ein Mittel ist, kann nichts aufgrund seiner selbst geliebt werden.« Dürfen Menschen als bloßes Beiwerk, als Mittel zur Gottesliebe betrachtet werden? Verdienen sie es nicht, um ihrer selbst willen geliebt zu werden?[42]

Zwar ist einzuräumen, daß die Sprache Augustins nicht immer glücklich gewählt ist und zu solchen Fragen Anlaß gibt, doch scheinen Kritiker wie Singer das Anliegen des Bischofs nicht zu verstehen. Seine Philosophie der Liebe gipfelt in der Gleichsetzung von Liebe zu Gott und Liebe zu anderen Menschen. Die Gottesliebe ist für ihn nichts Abstraktes wie im Neuplatonismus, sondern trägt konkrete und gleichsam weltliche Züge. Augustinus berichtet, daß einige die Frage stellten, »wieviel Liebe wir dem

Bruder, wieviel wir Gott schenken müssen«. Für den Bischof kann es eine solche Alternative nicht geben, denn »mit einer und derselben Liebe lieben wir Gott und den Nächsten«. Der eine Akt der Liebe berührt gleichzeitig unsere Mitmenschen und Gott. Wir können Gott nicht erreichen, ohne den Nächsten zu lieben.[43]

Augustinus sichert diese Aussage gegen Mißverständnisse. Da Gott immer größer bleibt als jedes Geschöpf, läßt er sich nicht auf Menschenmaß einschränken. Dementsprechend wird Gott immer mehr geliebt als die Geschöpfe. Andererseits wird menschliche Liebe nicht verfälscht, wenn sie über das bloß Menschliche hinausreicht. Wahre Liebe berücksichtigt stets die Bedürfnisse unserer Mitmenschen. »Darf man auch die Menschen so lieben, daß man sie gleichsam aufzehrt?« fragt Augustinus. »Nein«, ist die Antwort; »es ist ein freundschaftliches Wohlwollen, derart, daß wir zuweilen denen, die wir lieben, etwas schenken.« Liebe muß ein Geschenk bleiben. »Echte Liebe, (...) nicht eine heuchlerische, sondern eine aufrichtige« muß »das Heil des Bruders suchen, keinen persönlichen Gewinn vom Bruder erwarten, es sei denn sein Heil«. Der Liebesbegriff Augustins trägt zwar einen sehr starken theozentrischen Akzent, verliert dabei aber nicht seine menschliche Integrität. Menschen sind nicht nur Leitungen, die es ermöglichen, Liebe zu Gott zu senden.[44]

Die göttliche Natur der Liebe spiegelt sich auch in der augustinischen Auffassung der Gemeinschaft der Heiligen im Himmel. Dort werden die irdischen Beziehungen – »Freunde, Familie, Kinder und Frau« – ersetzt durch »die Gemeinschaft der Engel und die himmlische Gesellschaft *(civitas coelestis)*«. Hier werden die individuellen, persönlichen Beziehungen der irdischen Existenz aufgelöst. Freundschaft, Ehe und Haushalt haben keinen Platz im Himmel. Trotz seines starken Interesses am antiken Freundschaftskult läßt Augustinus keine Zweierbeziehungen oder Kleingruppen im Jenseits bestehen. Er ist mit dem römischen Staatsmann Cicero der Meinung, daß das Band der Freundesliebe »nur zwei Menschen oder ganz wenige miteinander verbindet«. Im Himmel wird es keine solchen exklusiven Gefühlsbindungen mehr geben. Auch gibt es keine Geheimnisse und Gedanken mehr, die man nur wenigen Vertrauten mitteilt.[45]

Da im Gottesstaat keine besonderen Freundschaften bestehen werden, kann es auch keine Fremden geben. Alle besonderen Bindungen gehen in der einen großen, undifferenzierten Liebesgemeinschaft auf. Mit dieser Theorie löst Augustinus ein Problem, das ihn zeit seines Lebens beschäftigt haben muß. In dieser Welt muß menschliche Gemeinschaft – von der einfachen Bekanntschaft bis zur tiefsten freundschaftlichen Bindung – stets unvollständig und unbefriedigend bleiben. Unsere Trennung von Gott führt auch zur Trennung von unseren Mitmenschen. Die Last der Sünde ist Einsamkeit. »In diesem vergänglichen Leben besitzt jeder sein eigenes Herz, und jedes Herz bleibt dem anderen verschlossen«, beobachtet Augustinus bitter. Selbst der Ehemann »kennt sich selbst besser«, als ihn seine Frau kennt. Verschlossene Herzen und gegenseitiges Nichtkennen sind nach Augustinus die Ursachen für die zahllosen Verdächtigungen, die die Gesellschaft zerrütten und die Trennung als unüberwindlich erscheinen lassen. »Die meisten menschlichen Übel beruhen auf falschem Verdacht«, meint er. So hassen wir oft unsere Freunde, während wir unseren Gegnern vertrauen. Wenn wir einander wirklich kennen würden, dächten wir nicht von uns selbst: »Nur ich allein bin gut.«[46]

In der ewigen Stadt Gottes »werden die Herzen aller erkannt und offenbar und leuchtend sein in vollkommener Liebe«. Verdächtigungen und Verwirrungen hören auf. Es wird keine Dunkelheit, keine Geheimnisse und daher auch keine Spaltungen unter den Bürgern des Himmels geben. Gottes Licht wird alles Verborgene offenbaren, und in diesem Licht werden wir die anderen »um so mehr lieben, je besser wir sie kennen«. Wenn es keine Dunkelheit mehr gibt, entfällt auch der Grund für die Trennung der Menschen, und folglich muß es wahre und ewige Gemeinschaft zwischen allen Seligen geben. Nichts wird zwischen uns und anderen verborgen bleiben, »denn niemand wird ein Fremder sein«. Augustinus kannte den Begriff der romantischen Intimität und gemeinsamer Geheimnisse nicht. Sein Blick richtete sich auf eine allumfassende Gemeinschaft, die auf vollständiger Offenheit von Herz und Denken beruht. Die universale Liebe des Himmels läßt keine ausschließlichen, beschränkten Freundeskreise zu. Im ewigen Gottesstaat wird Freundschaft durch universale Liebe ersetzt.[47]

Augustinus hat nicht nur keinen Sinn für romantische Intimität und Geheimnisse, er kann auch mit der Vielfalt menschlicher Persönlichkeiten wenig anfangen. Auf der Erde besteht keine vollkommene Harmonie unter den Menschen, weil sie verschiedene Meinungen, Bestrebungen, Neigungen und Sitten haben. Verschiedenheit bedroht Frieden und Eintracht und kann stets zu Auseinandersetzung und Streit führen. Im Himmel wird alle Vielfalt ausgelöscht sein, denn alle Menschen werden »vollständig und vollkommen« vereinigt sein. In der Gegenwart Gottes verschwinden alle Unterschiede.[48]

Die neue Theologie des späten Augustinus muß im Zusammenhang mit seiner Lebensgeschichte gesehen werden. Als junger Bekehrter hatte Augustinus der Welt eine strenge Absage erteilt, so daß seine Haltung der neuplatonischen »Weltflucht« entsprach. In der Mitte seines Lebens begann sich die Härte seiner Jugend zu mildern. »Er war viel offener für die Realität jener Bindungen geworden, welche die Menschen mit ihrer Umwelt vereinen«, urteilt der Historiker Peter Brown über den reiferen Bischof. Je mehr Augustinus den Katholizismus als eine universale Religion und nicht mehr als das Vorrecht einer kleinen, nach Vollkommenheit strebenden Sekte ansah, um so weniger konnte er die Welt entwerten und die Geschlechtlichkeit unterdrücken. Der Glaube, daß auf Sexualität verzichtet werden kann, beruht auf der Annahme, es sei möglich, die Gesellschaft zu verlassen. Diese Auffassung teilte der Bischof in seinen späteren Jahren nicht mehr. Er überzeugte sich immer mehr von der wesentlichen Güte der geschaffenen Wirklichkeit, einschließlich des menschlichen Körpers und ehelicher Sexualität. »Nach beiden Seiten, nach der Seele und nach dem Leibe, ist der Mensch von dem guten Gott als gutes Wesen geschaffen«, heißt es in seinem Buch *Über die Enthaltsamkeit* (414/6). Eheliche Umarmungen galten ihm nun als ebenso »legitim« wie »genußreich«. Als das »Erbgut«, im Unterschied zum »Erbübel« der Sünde, gehört menschliche Fruchtbarkeit zu den großen Segnungen, die Gott dem Menschen schenkte. Deshalb ist Fortpflanzung selbst in unserem gefallenen Zustand nicht sündhaft.[49]

Seine Neuorientierung brachte Augustinus näher zu den Wirklichkeiten von Kirche und Staat. Im *Gottesstaat* spricht er von der Kirche als der Einrichtung, durch welche Christus seine tausendjährige Herrschaft ausübt. Diese Herrschaft bezieht sich auf die gegenwärtige Welt, nicht auf einen in der Zukunft liegenden Zustand. Christus herrscht *hier und jetzt*. In seinen Auseinandersetzungen mit anderen Theologien bediente sich der Bischof erfolgreich staatlicher Behörden, um rivalisierende christliche Systeme auszuschalten. »Trotz seiner Abneigung gegen Rom«, erläutert

William Frend, »nahm er mit zunehmendem Alter die Haltung eines römischen Beamten ein.« Als Augustinus der Welt näher rückte, kam er auch zu einer neuen Bewertung menschlicher Beziehungen. Diese durften nun auch im Jenseits weiterbestehen, wobei Augustinus die materielle Seite des menschlichen Körpers mehr betonte, als es seine frühere Philosophie zugelassen hatte.[50]

Ein entscheidender Schritt auf dem Weg zu einer neuen Bewertung diesseitiger Wirklichkeit war für Augustinus seine veränderte Sicht des Verhältnisses von Geist und Materie. In seinen späteren Schriften trennte er Bewußtsein und Materie nicht mehr wie früher, als er hoffte, in eine Welt des reinen, unverfälschten Geistes zu entkommen. Nach seiner neuen Auffassung wirken Geist und geistige Welt *innerhalb*, nicht über oder jenseits materieller und gesellschaftlicher Wirklichkeit. Der Geist ist von der Materie nicht getrennt, sondern soll diese beherrschen. Eine Integration von Geist und materieller Wirklichkeit läßt sich auf allen Ebenen des augustinischen Denkens nachweisen.

Wenn zum Beispiel ein Mensch erschaffen wird, dann ist es Gott, »der die unkörperliche und körperliche Natur, jene übergeordnet, diese untergeordnet, wundersam verbindet und ineinanderfügt und so ein lebendiges Geschöpf hervorbringt«. Während dieses Verhältnis von Überordnung und Unterordnung, Befehl und Gehorsam in diesem Leben unvollständig bleibt, wird es im Himmel vollkommen sein. Dann wird der Geist über das Fleisch herrschen und es führen. Das Fleisch wird dem Geist dienen, und zwischen beiden wird keine Entfremdung bestehen. Was der Bischof von der Einzelperson sagt, gilt auch für die Politik. Im politischen Leben wiederholt sich das Verhältnis von Geist und Fleisch. Wie das Fleisch dem Geist zu dienen hat, so müssen – in der Sprache des 2. Psalms – die Könige der Erde dem Herrn gehorchen. Der Staat muß der Kirche dienen und ihre Führungsrolle anerkennen. Die neue Philosophie Augustins paßt besser zu einer Kirche, die mit Gesellschaft und Politik eng verflochten ist. Seine Ansicht über das Verhältnis von Kirche und Staat ist nicht für den Augenblick erfunden, um kirchliche Forderungen einsichtig zu machen, sondern beruht auf einer durchdachten und umfassenden Theorie von Geist und Materie. Und diese Theorie war es auch, die Augustinus zu seiner neuen Lehre über unseren himmlischen Leib führte.[51]

Die Paradiese der Kirchenväter

Die drei Bilder, die wir in den Schriften der Kirchenväter gefunden haben, entsprechen drei verschiedenen Arten frühchristlicher Frömmigkeit. Irenäus, ein Vertreter des städtischen Christentums der Märtyrer, beschrieb den *Himmel als die verklärte materielle Welt*. Dieser Himmel auf Erden bringt gesteigerte Fruchtbarkeit in einem diesseitigen, unter der Herrschaft Christi stehenden Reich. Nach dieser chiliastischen Sicht wird die Welt eines Tages von der gottlosen heidnischen Herrschaft befreit und den Gerechten übergeben werden. Sie werden tausend Jahre leben und den Besitz eines richtigen, zeugungsfähigen und fruchtbaren Leibes genießen. Wie die Ewigkeit nach dem Tausendjährigen Reich aussehen wird, beschäftigt Irenäus wenig. Das neue Leben nach dem Tod bildet für verfolgte Christen einen Ausgleich für das Opfer ihres Leibes, den sie Christus darbrachten. Alles andere zählt nicht.

Beim frühen Augustinus finden asketische Werte Eingang ins Jenseits. Er erwartete einen *rein geistigen Himmel*, eine Welt der »fleischlosen« Seelen, die Ruhe und Freude in der Anschauung Gottes finden. Im Himmel ersetzt der Geist die Materie. Wie der ehelose Philosoph, so wird auch das Leben im Jenseits frei sein von zwischenmenschlichen Beziehungen und familiären Bindungen. Der späte Augustinus revidierte seine frühere Sicht, indem er die Gemeinschaft der Seligen in den himmlischen Gottesstaat einführte. Zwar räumte er immer noch der Anschauung und dem Lobpreis Gottes den ersten Platz ein, aber er sprach nun auch von der Begegnung mit anderen Heiligen und der gegenseitigen Anziehungskraft ihrer schönen Gestalten. Es wird nach wie vor weder Familienleben noch individuelle Freundschaft geben, denn Gott selbst ist das Ziel aller Liebe. In diesem *halb geistigen Himmel* ist die Seele derart mit dem Fleisch verbunden, daß der Geist den Körper beherrscht.

Was Irenäus und der frühe bzw. der späte Augustinus über den Himmel denken, ist eine symbolische Wiederholung ihrer Beurteilung irdischer Wirklichkeit. Die irenäische Erwartung eines fruchtbaren, gebärfähigen Leibes entspricht einer Bejahung des menschlichen Körpers und der gesamten geschöpflichen Wirklichkeit. Die »fleischlose« Seele des frühen Augustinus ist im Zusammenhang mit seiner Zurückhaltung gegenüber dem menschlichen Körper zu sehen, die wiederum auf der asketischen

Ablehnung der Welt beruht. Dagegen führt die spätere augustinische Beurteilung der Welt zu einer Auffassung vom himmlischen Leib, in welchem das Fleisch dem Geist ganz untertan ist. Der Leib muß ebenso unter der Kontrolle des Geistes stehen, wie die Welt sich kirchlicher Führung anvertrauen soll. Außerdem gibt es schon in diesem Leben nahezu oder bereits völlig umgestaltete menschliche Leiber – nämlich die der Jungfrauen, der ehelosen Mönche und Priester.

Die Ehelosigkeit erhielt in der Zeit der Staatskirche eine neue Bedeutung. Früher hatten die Asketen die Welt verlassen, soweit dies möglich war, um die Richtung der menschlichen Bestimmung darzustellen: weg von der Welt und hin zu Gott. Auf diese Weise überbrückte der ehelose Christ den riesigen »metaphysischen« Abstand zwischen menschlicher und göttlicher Wirklichkeit. In der neuen, christianisierten Welt erfüllen die Asketen immer noch diese Funktion, aber ihre Stellung wird nun anders beurteilt. Zwischen Welt und Gottheit vermittelnd, dienen sie als Kanal der göttlichen Gnade für die Gesellschaft. Wie die himmlischen Leiber Geist und Fleisch miteinander verbinden (wobei der Geist die Materie beseelt, beherrscht und verklärt), so stärkt auch der Ehelose die Welt. Jungfräulichkeit und Ablehnung der Familie ahmen das ewige Leben nach und ermöglichen so ein Herabsteigen des Heiligen Geistes in die irdische Wirklichkeit. So gilt der ehelose Priester, in dessen Leib der Geist wohnt, als der ideale Berater und Führer selbst in den weltlichsten Dingen. Der jungfräuliche Mensch, der sein Leben Gott weiht, sucht nicht unbedingt Abstand von Politik und Gesellschaft, sondern dient der Gemeinschaft als inspirierter Ratgeber. Wie der Heilige im Himmel über einen verklärten und schönen Leib verfügt, so verfügt auch der ehelose Klerus im Namen Gottes über die materielle Welt.

Das einen Ausgleich versprechende und das asketische Himmelsbild wurden gelegentlich wieder aufgenommen. Einflußreicher aber wurde die Auffassung des späten Augustinus, denn sie bestimmte die Theologie mehr als ein Jahrtausend lang. Verglichen mit dem Neuen Testament und der asketischen Sicht, erscheint das Jenseits des *Gottesstaates* menschlicher und weniger theozentrisch. Der neue, verklärte Mensch gilt zwar immer noch als geistig, aber er ist doch materieller, sinnlicher, für menschliche Beziehungen offener, kurz: mehr wie wir selbst. Gleichzeitig war Augustinus der Ansicht, daß der Sündenfall den Willen des Menschen pervertierte. Wie Adam und Eva von ihrem Schöpfer unabhängig zu sein versuchten, so sind auch ihre Nachkommen stolz und ichbezogen. Unser Wille neigt mit Notwendigkeit dem Schlechten zu. Nur ein Eingreifen Gottes selbst vermag den menschlichen Willen zu heilen und seine ursprüngliche Richtung auf das Gute und Göttliche wiederherzustellen. Nach Augustinus sollen daher Demut und Abhängigkeit von Gott die christliche Grundhaltung ausmachen – in diesem und im nächsten Leben.[52]

Eine Änderung dieses Bewußtseins völliger Abhängigkeit von Gott war nicht zu erwarten, solange die Christen wenig Selbstvertrauen besaßen. Zur Gewinnung eines größeren Selbstbewußtseins aber boten die Zeit des Zerfalls des Römischen Reiches und die folgende Epoche kulturellen Stillstandes keine günstigen Voraussetzungen. Ein Wandel trat erst in den blühenden europäischen Zentren des Mittelalters ein – in Klöstern, Städten und Universitäten. Mystiker ersetzten die abstrakte Anschauung Gottes durch ein persönlichere Züge tragendes Liebesverhältnis zwischen Christus und der Seele. Schließlich wagten die Theologen der Renaissance sowie Vertreter einer späteren modernen Frömmigkeit sogar von individueller Liebe unter den verklärten Seligen im Himmel zu sprechen, wobei die Anschauung Gottes zurücktrat. Die von Augustinus entdeckte menschliche Seite des Himmels wurde im 5. Jahrhundert nicht weiterentwickelt; aber spätere religiöse Denker, Künstler und Dichter sollten seinen Ansatz aufgreifen und zur vollen Blüte bringen.

Kapitel 4
Verheißungen des Mittelalters

Von den Randgebieten des Römischen Reiches – Lyon in Gallien und Hippo in Nordafrika – kommen wir nun zu einem Geflecht von Klöstern, Städten und Universitäten, das den größten Teil Europas überzieht. Sieben Jahrhunderte sind vergangen. Theologie und Frömmigkeit waren während dieser langen Zeit lebendig und erlebten ihr Auf und Ab; neue und folgenreiche Stile bildeten sich jedoch erst im 12. und 13. Jahrhundert. In dieser Zeit führte ein umfassender Wandel zu einem neuen theologischen Klima und einem blühenden kulturellen Leben. Die neuen Strömungen besaßen eine feste wirtschaftliche Grundlage. Zum ersten Mal gab es in Europa nicht nur einen Adel, sondern auch eine Schicht wohlhabender Kaufleute und Handwerker. Die Reichen glaubten an die Kirche und unterstützten Mönche und Missionare, Kathedralbau und Kreuzfahrer, Gelehrte und Prediger. Religion galt als wichtiger und edler denn Besitz und weltliche Macht.

Die Europäer fühlten sich als Mitglieder einer umfassenden Gemeinschaft, an deren religiösem, sozialem und wirtschaftlichem Leben sie begeistert teilnahmen. Es herrschte ein optimistischer Geist; man glaubte, den Segen Gottes zu spüren. In der Messe kam Christus in der Gestalt von Brot zu seinen Gläubigen. Mit Hilfe der neu entdeckten aristotelischen Philosophie entwickelten die Theologen die Lehre von der Transsubstantiation, der Verwandlung von Brot und Wein in den Leib und das Blut Christi. Damit wurde verständlich, warum das Göttliche mitten in der Welt so greifbar werden konnte. Als Aufbewahrungsort des eucharistischen Brotes und von Reliquien strahlte jede Kirche göttlichen Segen aus. Gott war weder fern noch der Welt entfremdet. Indem man nicht mehr so abstrakt wie Augustinus vom Jenseits sprach, rückte auch der Himmel näher. Mittelalterliche Theologen, Künstler, Dichter und Visionäre machten das Leben nach dem Tod anschaulicher und zugänglicher – zumindest für die Vernunft und die Phantasie. Der Himmel wurde ein Teil des Weltbildes.

Drei neue Begriffe geben dem Himmel seine mittelalterliche Gestalt: die Stadt, die Vernunft und die Liebe. Ein ganz Europa erfassender *Aufschwung der Stadt* regt religiöse Autoren zu einer

»städtischen« Vorstellung des Himmels an. Das neue Jerusalem wird zum Leitbild. Ein schwaches Echo der verpönten chiliastischen Hoffnung, umgibt der Paradiesgarten die in einer herrlichen Ebene liegende himmlische Stadt. Während die Stadt vor allem die Phantasie der Mönche anregt, fordert die *Entdeckung der Vernunft* die Elite der scholastischen Theologen heraus. Diese zwängen die oft schwer faßbaren augustinischen Spekulationen über das ewige Leben in ein strenges begriffliches System, wobei die »Anschauung Gottes« *(visio beatifica)* in den Vordergrund tritt. Die Suche der Theologen nach Erkenntnis wird von der *Begeisterung für die Liebe* begleitet. Im höfischen Leben bahnt sich eine neue Auffassung des Verhältnisses von Mann und Frau an, die nicht ohne Folgen für das Bild der anderen Welt bleiben sollte. Manche Dichter wollen die Nähe ihrer angebeteten Dame im Himmel nicht missen. Kennzeichnender für das Mittelalter ist jedoch die theozentrische Liebe der Mystik, vor allem die der Frauenmystik. In ekstatischer Verzückung erleben die Frauen schon jetzt, was sie als ihre ewige Bestimmung ansehen: die leidenschaftliche Vereinigung mit Christus. So bringt die fruchtbare Frömmigkeit des Mittelalters reiche und vielfältige Spekulationen über den Himmel hervor.

Paradiesgarten und Himmelsstadt

Die Klöster des Mittelalters befanden sich zumeist in entlegenen Gegenden. Inmitten von unzugänglichem Waldgebiet oder unbebautem Neuland siedelten Mönche, um sich der Landwirtschaft und dem betrachtenden Gebet zu widmen. Dabei folgten sie der Regel des heiligen Benedikt, die *ora et labora,* Gebet und Arbeit, verlangt. Die Bestellung des Feldes, der Anbau und die Ernte von Getreide, das Warten auf ausreichenden Regen sowie die ständige Furcht vor Mißernte ließ sie die ganze Härte bäuerlicher Existenz erfahren. Zwar wurden viele Klöster schließlich reich, so daß ihre Bewohner die bäuerliche Arbeit nicht mehr selber verrichten mußten; sie blieben jedoch auf die Landwirtschaft angewiesen. Selbst reichen Abteien konnten Dürre oder Viehseuche schwer zu schaffen machen.

Ihre Abhängigkeit von Landwirtschaft und Wetter machte die Mönche besonders empfänglich für die biblische Paradiesgeschichte. Die Gebildeten lasen sie in der lateinischen Bibel, aber jeder hörte davon in der Predigt. Diese Geschichte erzählt, wie die Menschheit ihren ursprünglichen, edlen Zustand verlor. Das angenehme Leben von Adam und Eva in einem üppigen Garten mußte gegen das beklagenswerte Dasein des Bauern eingetauscht werden. Aus dem Paradies vertrieben, kämpfte Adam mit den Dornen und Disteln des verfluchten Ackerbodens, während Eva in Schwangerschaft und Geburt Schmerzen erlitt (Gen 3). Die alttestamentliche Geschichte spricht auch vom harten Leben des mittelalterlichen Menschen.

Eines Tages freilich wird Gott die Vertreibung rückgängig machen und den ursprünglichen, paradiesischen Zustand wiederherstellen. Am Ende der Zeiten, wenn Ordensleute und alle gerechten Menschen aus ihren irdischen Plagen entlassen werden, erschafft er eine neue Erde. »Da blühen dir immer Lilien und Rosen, süß duften sie dir und verwelken nicht. (...) Der Duft, der haucht da immerfort in die Seele das ewige Heil«, erklärt Otfrid von Weißenburg, ein Mönch und Dichter des 9. Jahrhunderts. Die Symbolik der Blumen läßt das Paradies als den geeigneten Aufenthaltsort für Märtyrer (»Rosen«) und Ehelose (»Lilien«) erscheinen, als eine Heimat für Mönche, Heilige und Jungfrauen. Auch nach dem *Elucidarium*, einem verbreiteten Handbuch klösterlicher Theologie, wird die Welt nicht ewig unter den Sünden unserer Voreltern zu leiden haben. Um 1100 in lateinischer Sprache (vielleicht in einem bayerischen Kloster) entstanden, wurde das Buch während des ganzen Mittelalters oft abgeschrieben und gedruckt. Übersetzungen und volkssprachliche Bearbeitungen erschienen in Deutschland, den Niederlanden, Frankreich und England. Das *Elucidarium* beschreibt die neue Erde ganz ähnlich wie der elsässische Mönch Otfrid, fügt jedoch weitere Einzelheiten hinzu.[1]

Nach dem Jüngsten Gericht, so das *Elucidarium,* wird Gott alle Folgen des Sündenfalls tilgen: »Die Sündenstrafe, das heißt: Kälte, Hitze, Hagel, Sturm, Blitz, Donner und andere Unannehmlichkeiten werden völlig verschwinden.« Die neue Schöpfung ist ein herrlich duftender, anmutiger Garten. Die ganze Erde, »in deren Schoß der Leib des Herrn lag, wird zum Paradies und, weil mit dem Blut der Heiligen getränkt, in Ewigkeit mit duftenden, niemals welkenden Blumen – Lilien, Rosen und Veilchen – geschmückt sein«. Eine Handschrift aus dem 12. Jahrhundert zitiert den Abschnitt über die neue Schöpfung aus unserem *Elucidarium*

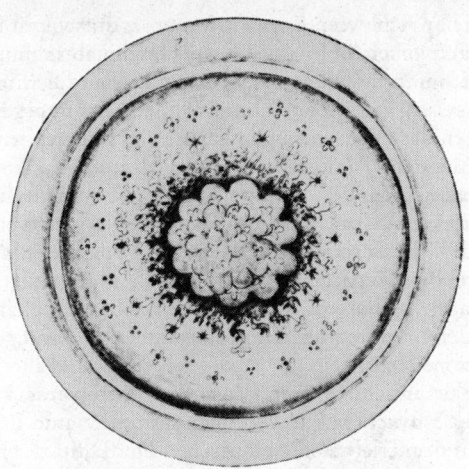

Abb. 7: Die neue Erde als wiederhergestelltes Paradies

und fügt eine Abbildung bei *(Abb. 7)*. Diese zeigt die neue Erde als
eine Kugel, deren üppiger Blumenschmuck auf die paradiesische
Schönheit hinweist. Einst verflucht und mit Dornen bedeckt, wird
die Erde »dann vom Herrn auf ewig gesegnet sein. Es wird keine
Mühe und keinen Schmerz mehr geben«. Keinem zeitgenössischen Leser entging das Fehlen der Dornen: Gott hat den über
Adam und Eva verhängten Fluch wieder zurückgenommen. Die
Welt des Bauern weicht einem Zustand, der an den Lustgarten
eines mittelalterlichen Klosters erinnert.[2]

Im Paradies wird auch die Nacktheit wieder hergestellt. »Sie
werden nackt sein«, versichert das *Elucidarium,* »aber sich durch
Anstand auszeichnen und niemals wegen irgendeines Körperteils
mehr erröten, als sie es jetzt wegen schöner Augen tun.« Wie
Adam und Eva vor dem Sündenfall nackt waren und keine Scham
kannten, so werden die Heiligen in den Stand paradiesischer Unschuld zurückkehren. Als Zeichen von Kultur wird selbst Kleidung überflüssig werden. Als der im *Elucidarium* sprechende
mönchische Lehrmeister seinen Vortrag über das ewige Leben beendet hat, kann der Schüler seine Begeisterung kaum zurückhal-
ten. »Wie ein dürstender Bauer sich an einem frischen Brunnen
labt, so labt sich meine Seele am Honig, der von deinen Lippen

trieft!« Die Sprache von *discipulus* und *magister* verrät uns etwas von der bäuerlichen Welt, aus der das Handbuch stammt.[3]

Wenn sich uns die seltene Gelegenheit bietet, die Stimme einfacher Menschen jener Zeit zu vernehmen, dann begegnen uns dieselben Bilder. Von »schönen Hainen mit singenden Vögeln« spricht ein von der Inquisition verhörter Katharer. »Weder Durst noch Hunger, Kälte oder Hitze, sondern gemäßigte Temperaturen« kennzeichnen sein Paradies. Nach Bischof Otto von Freising im 12. und Wilhelm von Auvergne (Bischof von Paris) im 13. Jahrhundert gehört die paradiesische Auffassung des ewigen Lebens zum Stil mönchischer Volkspredigt. Sie waren von solcher Einfalt nicht angetan, wußten aber um die weite Verbreitung der ländlichen Himmelsbilder.[4]

Die volkstümliche Frömmigkeit des Mittelalters kennt den Himmel jedoch nicht nur als vervollkommnete Natur. Das 12. und 13. Jahrhundert erlebte einen Aufschwung des Städtebaus. Zwar blieb das dörfliche Leben immer noch vorherrschend, aber zwischen 1150 und 1250 stieg die Zahl mitteleuropäischer Städte sprunghaft an: von 200 auf 1500.

Trotz ihres geringen Bevölkerungsanteils von höchstens 5 Prozent hatte die sich herausbildende städtische Kultur einen größeren Einfluß, als diese Zahl erwarten lassen würde. Tatsächlich entstand in den Städten mit ihrem starken, hohen Mauerwerk, ihren Wehrtürmen und Kathedralen, belebten Marktplätzen, Werkstätten und reichen Wohnquartieren ein neues Lebensgefühl und neues religiöses Gedankengut. Geld verband sich mit Frömmigkeit, um das Christentum zu stärken. Mit Geld baute man die Kathedralen, unterstützte die Kreuzzüge, finanzierte die Armenpflege. Geld und leidenschaftlicher Glaube verliehen dem blühenden religiösen Leben des 13. Jahrhunderts seine eigentümliche Kraft und Gestalt. Vielleicht mit Ausnahme der Ärmsten findet man bei Stadtbewohnern einen innigeren und tatkräftigeren Glauben als auf dem Land und beim Adel. In den neuen Städten erhielt das Christentum eine emotionale Qualität, wie sie in den Dörfern und auf den Landsitzen selten anzutreffen war.[5]

Die religiösen Bedürfnisse der Stadtbevölkerung mußten befriedigt werden, und dies leisteten vor allem die neuen Bettelorden. In Übereinstimmung mit der Tradition des Mönchtums lebten die Mitglieder solcher Orden in Keuschheit, Armut und Gehorsam. Gleichzeitig arbeiteten sie »in der Welt« und trugen zum Wohl der städtischen Gesellschaft bei. Dieses Prinzip des Dienstes an der Gesellschaft bei gleichzeitigem asketischem Leben kennzeichnet Franziskaner und Dominikaner. Die Mönche zogen sich nicht mehr von der Gesellschaft zurück, sondern strömten in die Stadt. Sie kritisierten übertriebenen Luxus und forderten die Übung von Werken der Barmherzigkeit, vor allem gegenüber den Armen. Manche Prediger entwickelten auch eine Spiritualität, die dem höheren Bürgertum entgegenkam. Nach dieser bildet städtischer Reichtum kein Hindernis für ein tugendhaftes Leben, sondern macht es erst möglich. Ohne Privateigentum und Handel (sonst doch des Wuchers verdächtig) gibt es nach diesen Predigern weder ein gutes Leben noch eine geordnete Gesellschaft.[6]

Die Bettelorden bevorzugten ein städtisches Bild des Himmels, eines, das der Kultur den Vorrang vor der Natur einräumt. Einen Anknüpfungspunkt dafür gab es in der Bibel, denn man brauchte nur vom Paradies der ersten Seiten zum himmlischen Jerusalem der letzten Seiten überzugehen. In der Tat bildet das Buch der Offenbarung eine reiche Fundgrube für städtische Vorstellungen. Die heilige Stadt mit ihren Toren, Mauern und Straßen glänzt in übernatürlicher Pracht. Die Baumaterialien – Jaspis, Gold und Perlen – blenden jeden Betrachter (Offb 21). Vorbei ist es mit der natürlichen Einfachheit des Gartens Eden, dessen Platz nun das Schauspiel und der Glanz der himmlischen Stadt einnehmen. Die schlichten Bauernphantasien treten in den Hintergrund. In der Volkspredigt gilt das himmlische Jerusalem als der Ort, wo nicht nur die vor dem Ende aller Zeiten Verstorbenen sich aufhalten, sondern wo auch nach dem Jüngsten Gericht die Seligen Wohnung finden.[7]

Der Vorstellung eines städtisch geprägten Jenseits begegnet man auch in der kirchlichen Totenliturgie. »Mögen dich die Engel zum Paradies geleiten«, sangen die Priester, »mögen dich die Märtyrer bei deiner Ankunft empfangen, und mögen sie dich führen in die heilige Stadt Jerusalem.« Eine Fassung dieses Textes war seit dem 9. Jahrhundert in Gebrauch. Nach ihr betritt die Seele im Jenseits zuerst einen Garten, um schließlich zur heiligen Stadt zu gelangen. Im 11. Jahrhundert kann sich selbst ein Einsiedler wie Petrus Damiani (1006–1072), der das Stadtleben haßte, mit der Vorstellung des biblischen Buches der Offenbarung anfreunden. Was für diese Welt schlecht ist, braucht es für den Himmel nicht zu sein. Peter Abälard (1079–1142) und Joachim von Fiore (1132–1202) verbinden in ihren Gedichten bukolische und städtische Bilder, um eine poetische Vision des Jenseits entstehen zu lassen. Gottschalk von Holstein (1190), ein deutscher Visionär, beschreibt die geraden Straßen und regelmäßig angelegten Wohnhäuser seines himmlischen Jerusalem. Für Visionäre und Dichter war die andere Welt ein Stadtstaat, planvoll angelegt inmitten einer paradiesischen Gartenlandschaft mit Flüssen und reicher Vegetation.[8]

Im ausgehenden 13. Jahrhundert schrieb der Franziskaner Giacomino von Verona in eleganten italienischen Versen sein Gedicht *Über das himmlische Jerusalem*. Wenn er von den Straßen und Plätzen der himmlischen Stadt spricht, folgt er noch ganz den Bildern der Bibel. Indem er jedoch auch die Wohnungen der Seligen beschreibt, geht er über das Buch der Offenbarung hinaus und läßt seine Phantasie spielen. Ironischerweise beruft er sich gerade hier auf die (nicht vorhandene) Autorität der Schrift:

> La scritura el diso, lo testo e la glosa,
> Ke le case e li arbegi ke là dentro se trova,
> Tant'è-gi preciosi et amirabel ovra
> Ke nexun lo po dir ke soto 'l cel se covra.
> Li pree e li quarelli si è de marmor fin;
> Clare è como 'l ver, blance plu d'alermin;
> De fora e de dentro le cambre e li camin
> E pente a lacur et or oltramarin.

> [Die Schrift sagt es in Text und Kommentar: die Häuser und Paläste dort droben sind solch kostbare und bewundernswerte Werke, daß keiner sagen kann, so etwas finde man auch auf der Erde. Die Ziegel und Quader sind aus feinstem Marmor, hell wie Glas, weißer als Hermelin. Überall sind die Kammern und Kamine ausgemalt mit Blau und Gold aus Übersee.]

Indem der Dichter das Vorhandensein solch großartiger Gebäude auf der Erde leugnet, unterstreicht er die unerhörte und übernatürliche Pracht der Himmelsstadt und ihrer Häuser. Gleichzeitig verrät er seine Bewunderung für städtische Architektur. Er muß die prächtigen romanischen Bauwerke Veronas vor Augen gehabt haben. Hier spürt man die Begeisterung eines mittellosen Bauernsohnes, der den väterlichen Hof verläßt und in die Stadt geht, um sich den Franziskanern anzuschließen. Als deren Musiker und Chorleiter schreibt er sein Gedicht.[9]

Gerardesca (1210–1269), eine Tertiarin des Kamaldulenseror-

Abb. 8: Das himmlische Jerusalem als Stadt

dens, gab eine viel ausführlichere Schilderung. In ihren Visionen erlebte die Einsiedlerin von Pisa den Himmel als einen in einer parkähnlichen Landschaft gelegenen Stadtstaat. Gerardesca unterscheidet drei Aufenthaltsorte der Seligen: die Stadt selbst (das himmlische Jerusalem), sieben Schlösser auf Bergen rings um die Stadt und eine große Zahl von kleineren Burgen in der Umgebung. Die Stadt ist Wohnort der Dreifaltigkeit, der Jungfrau Maria als der höchsten Heiligen, der Engelschöre und der Heiligsten unter den Heiligen. In den sieben Schlössern leben jene, deren Verdienst geringer ist, aber durchaus hervorragt. Diese Schlösser werden dreimal im Jahr vom ganzen himmlischen Hofstaat besucht. Die kleinen Burgen sind für die übrigen Seligen bestimmt, die alle auch freien Zugang zur Stadt haben. Das die Stadt umgebende Gebiet ist unbewohnt, denn es gibt keine Bauern mehr. Im Himmel ist *jeder* ein Bürger im wörtlichen Sinne: Bewohner einer Burg oder Stadt. Eine anonyme Lebensbeschreibung Gerardescas, zugänglich in den *Acta Sanctorum,* teilt uns ihre Vision mit:

Sie sah eine weite Ebene – das Gebiet der heiligen Stadt Jerusalem. Dort gab es Schlösser in erstaunlich großer Zahl und herrliche Lustgärten. Alle Straßen der Stadt Jerusalem waren aus reinstem Gold und kostbaren Steinen. Bäume, deren goldene Zweige herrlich erglänzten, bildeten eine Allee. Ihre Blütenpracht blieb reich und üppig je nach ihrer Art; sie war lieblicher und angenehmer, als man es von irdischen Lustgärten kennt. Inmitten dieses Gebietes lag Jerusalem – heilig, erhaben, prächtig und in vollem Schmuck. Niemand lebte in diesem Gebiet; nur die Stadt selbst war bewohnt.

Die Stadt war von sieben reizenden Schlössern umgeben, die den Namen der glorreichen Jungfrau im Wappen trugen. Da diese auf steilen Bergen aus kostbarem Stein lagen, führten Treppen hinauf und hinab, aus noch kostbarerem Stein gefertigt. (...) Die Schlösser waren mit reichstem Schmuck ausgestattet und hatten ihre Siegesfahnen mit dem Bild der heiligen Jungfrau Maria gehißt. In den Schlössern gab es kostbares Gestühl, das in heiligem Glanz erstrahlte, bestimmt für unseren Erlöser und die glorreiche Jungfrau, für Engel und Erzengel, Apostel und Propheten, Bekenner und Jungfrauen und alle übrigen Heiligen. Alle werden ihrem Rang entsprechend angeordnet. Dreimal jährlich vom ganzen himmlischen Hof besucht, waren diese Schlösser von unbeschreiblichem Jubel und unvergleichlichem Glanz erfüllt.

Was Gerardesca sah, war ihrer Zeit durchaus vertraut. Sie erlebte das neue Jerusalem des Buches der Offenbarung als einen oberitalienischen Stadtstaat des 13. Jahrhunderts. Der Himmel ist ein weites Territorium *(contado),* umgeben von Schlössern. Wir mögen an die Stadt Bellinzona in der italienischen Schweiz denken, wie sie sich heute noch, von ihren drei Burgen überragt, dem Betrachter darbietet. Gerardescas Angabe, niemand lebe außerhalb der Stadt, läßt uns etwas von der Sehnsucht des mittelalterlichen Menschen erahnen. Für ihn verkörpert die Stadt das gute Leben. Dort kann er der Bedrängnis von Hunger, Kälte und Dunkelheit entkommen. Die Stadt verspricht Sicherheit, wenn nicht Wohlstand. Im Himmel wird niemand zur unsicheren, harten Existenz des Bauern außerhalb des Stadttores verurteilt.[10]

Gerardescas Vision spiegelt auch das Verhältnis zwischen der Stadt und den Burgen wider. Wie die Stadt, so galt auch die Burg als ein bevorzugter Ort der Macht und Sicherheit. Im 11. Jahrhundert beherrschten die Burgen und ihre Herren weite Teile der ländlichen Gebiete Europas. Die Burgvögte waren streitsüchtige Leute, ständig in Kämpfe untereinander und mit übergeordneten Machtträgern verwickelt. Im Laufe der Zeit gelang es jedoch vielen Territorialherren, die Burgvögte zur Ordnung zu rufen und von ihnen Gehorsam zu verlangen. Die Stadt, nicht die Burg, sollte den mittelalterlichen Raum beherrschen. Die Feudalherren machten die Städte zu Festungen und dauerhaften Zentren der Macht, wobei die Burgen als zusätzlicher Schutz dienten. In Gerardescas Himmel gibt es keine kriegerischen Burgvögte mehr. Hier herrscht eine ideale Harmonie zwischen Stadt und Burg.[11]

In Gerardescas ewigem Stadtstaat fehlt die soziale Struktur der mittelalterlichen Gesellschaft mit ihren Verwandtschaftsbeziehungen, mit ihrem Adel, mit Ständen, Klerus und Ordensleuten. Dennoch sind die Seligen nicht alle gleich. Bei den Festen wird eine strenge Sitzordnung eingehalten; alle werden »ihrem Rang entsprechend« *(secundum ordinem suum)* angeordnet. Zwar wird im Mittelalter die grundsätzliche Gleichheit aller Seligen anerkannt, doch ist die Beschäftigung mit Rangstufen und Hierarchie im Jenseits weit verbreitet. Einerseits wird dort der Adel nicht mehr durch die Abstammung, sondern durch die religiösen Verdienste bestimmt und ist so allen zugänglich. Der Heilige muß nicht in eine grundbesitzende und reiche Familie hineingeboren werden, um einen guten Platz im Himmel zu bekommen. »Dort erhält jeder denselben Lohn (...), denn der Herr ist kein Geizhals«, erklärt das mittelenglische Gedicht *Pearl* (14. Jahrhundert). Der Verfasser von *Pearl* beruft sich auf ein Gleichnis Christi, nach dem jeder Arbeiter ohne Rücksicht auf seine Leistung denselben Lohn erhält. Die neue spirituelle Aristokratie ist andererseits aber auch nicht chaotisch und ungegliedert. Es gibt Jungfrauen, Märtyrer, Apostel, Patriarchen, Kirchenlehrer usw., die jeweils eine eigene Gruppe oder einen »Chor« bilden. Nach Gerardesca erhält jede Gruppe den ihr zustehenden Platz. Der Rang als solcher entfällt also nicht; nur entscheidet jetzt nicht mehr die Geburt, sondern das individuelle Verdienst über den genauen Ort in der Hierarchie.[12]

Der Widerspruch von Gleichheit und Hierarchie wird in der *Vision des Piers Plowman,* einem satirischen Gedicht des 14. Jahrhunderts, in gekonnter Weise aufgelöst. An einer Stelle geht das Gedicht auf den reuigen Schächer ein, dem Christus am Kreuz das Paradies versprach. Obwohl der Schächer in den Himmel kommt, ist seine Glückseligkeit geringer als die von rechtschaffenen Menschen. Beim Gastmahl des Herrn bekommt er zwar dieselben Speisen vorgesetzt wie die anderen, aber er muß sie wie ein Bettler auf dem Boden sitzend zu sich nehmen. »Er sitzt weder bei St. Johannes, St. Simon oder St. Judas, noch bei den Jungfrauen, Märtyrern oder heiligen Witwen. Ganz für sich auf dem Boden sitzend, wird er bedient.« Einfache, undifferenzierte Gleichheit vermag den Gerechtigkeitssinn des mittelalterlichen Dichters nicht zu befriedigen. Der Rang im Himmel ist eine Belohnung für Menschen, die irdischem Stolz und weltlichem Begehren entsagen, um ein gottgefälliges und reines Leben zu führen. Dem Schächer war zwar ewige Glückseligkeit verheißen, aber das bedeutet nicht, daß er denselben Lohn wie die Tugendhaften erhält.[13]

Die himmlische Rangordnung drückt sich auch in der Kleidung aus. Im ausgehenden 12. Jahrhundert erschien den Lesern des *Elucidarium* die Nacktheit der Heiligen nicht mehr verständlich. Eine Handschrift versieht die betreffende Stelle mit einer Randbemerkung, die den Gedanken Augustinus zuschreibt. Ohne die Autorität eines großen Lehrers können die Christen des Hochmittelalters diese Lehre nicht mehr annehmen, denn sie glauben, bei den großen himmlischen Banketten würden gewiß festliche Gewänder getragen. Je höher der himmlische Rang, erklärt ein englisches Gedicht des 14. Jahrhunderts *(Purity),* um so besser und kostbarer die Kleider. »Wer die besten und leuchtendsten Gewänder trägt«, sitzt immer ganz vorne. Die Edelsten, »die mit den schönsten Kleidern angetan sind«, nehmen bereits eine etwas bescheidenere

Position ein; dann folgt »weiter unten eine beträchtliche Anzahl von [gewöhnlichen] Leuten«. Nach einem anderen englischen Gedicht stattet die Himmelskönigin Maria ihre himmlischen Verehrer mit »königlichen Gewändern, Armspangen und goldenen Ringen« aus. Im Haushalt der heiligen Jungfrau ist jeder »mit weißem, von Gold durchwirktem Brokat bekleidet«. Die deutsche Äbtissin Hildegard von Bingen (1098–1179) läßt die Bewohner der Himmelsburg »seidene Gewänder und weiße Schuhe« tragen. Kostbare Kleidung beweist nicht nur die Existenz eines kultivierten Lebens; sie markiert auch die himmlischen Rangstufen. Wie in der mittelalterlichen Gesellschaft ist es nur wenigen erlaubt – und nur für wenige erschwinglich –, die Seide und den Putz des Adels zu tragen.[14]

Das volkstümliche mittelalterliche Bild des Himmels setzt eine städtische und höfische Schicht ehrbarer Müßiggänger voraus, die dem Prunk zugetan ist – von prächtiger Kleidung über eindrucksvolle Architektur bis hin zu glanzvollen Festen. Wir dürfen das mittelalterliche Bewußtsein jedoch nicht mißverstehen. Der Himmel ist kein Ort des ausschweifenden Genusses, denn jegliche Freude hat einen entschieden theozentrischen Charakter. Trotz aller städtischen und höfischen Züge besitzt das himmlische Leben seinen Mittelpunkt in Gott und verwirklicht das liturgische Vorbild des Buches der Offenbarung. Die Heiligen im Jenseits Giacominos von Verona »haben nichts anderes im Sinn, als den Schöpfer des Himmels zu preisen« *(so no de benedir lo Creator del cel)*, der mitten unter ihnen thront. Der Gedanke an himmlischen Gesang liegt einem franziskanischen Chormeister nahe und gehört zur üblichen Rhetorik des Mittelalters. Außerdem ist eine Stadt ohne Herr oder ein Hof ohne Fürst unvorstellbar. Es macht keinen Unterschied, ob die Seligen in ihren Residenzen vom himmlischen Hof besucht werden wie bei Gerardesca oder ob die Heiligen zu einem Ball in den göttlichen Palast geladen werden wie in einem französischen Gedicht; der Grundgedanke ist derselbe. Im mittelalterlichen Bewußtsein ist der Himmel stets ein ausgesprochen religiöser Ort.[15]

Nicht nur die Literatur sieht den Himmel als Stadtstaat mit einem Hof, dem ein göttlicher Herr vorsteht. Das städtische Jenseits fand seine eindrucksvollste Gestalt in dem bedeutendsten Bauwerk der mittelalterlichen Stadt: der gotischen Kathedrale. Schon lange vor dem Mittelalter hatten christliche Liturgie und theologische Spekulation das Kirchengebäude mit dem himmlischen Jerusalem in Zusammenhang gebracht. Der Hymnus *Urbs Hierusalem beata,* gesungen am Kirchweihfest, sieht »die selige Stadt Jerusalem« im irdischen Gebäude verkörpert. »Ihre Straßen, ihre Mauern sind aus reinem Gold erbaut«, und »Perlen schimmern auf den Toren«. Bei der Einweihung las man den Bibeltext über die heilige Stadt, die im Brautschmuck vom Himmel herabsteigt. Die Benediktiner von Cluny in Frankreich stellten die Verbindung am ausdrücklichsten her. Im 11. Jahrhundert wurde in Cluny eine besonders feierlich ausgestaltete Liturgie geschaffen, deren Pracht durch eindrucksvolle Architektur, schöne Gewänder und den Gebrauch kostbarer Gefäße noch erhöht wurde. Die städtische Kirche, nicht die jüdische Synagoge oder die griechisch-römische Basilika des Johannes von Patmos, diente nun als Gegenstück des himmlischen Jerusalem.[16]

In der Mitte des 12. Jahrhunderts gipfelt das neue Interesse am liturgischen Glanz in der Schaffung des gotischen Stils. Große bunte Glasfenster lassen die Steinwände fast verschwinden, so daß ein Spiel aus Glas, Farbe und Licht an ihre Stelle tritt. In der städtischen Kathedrale wird der Himmel auf diese Weise nicht nur symbolisch in Erinnerung gerufen, sondern tatsächlich auf die Erde gebracht. Wenn die Gläubigen die Kirche betraten, versetzte sie die Schönheit und Pracht des heiligen Raumes in den »Himmel auf Erden«. Dieser Eindruck wurde durch die glanzvollen Gottesdienste der Festtage noch verstärkt. Der Theologe Wilhelm Durandus (1230–1296) schreibt der Liturgie selbst himmlischen Charakter zu. Als er die Vorschriften über den feierlichen Einzug der Kleriker in die Kirche zusammenstellt, kann er einer frommen Abschweifung nicht widerstehen: »Wenn wir singend die Kirche betreten, gelangen wir gleichsam voller Freude in die [himmlische] Heimat, (...) denn die Sänger oder Kleriker in ihren weißen Gewändern sind die frohlockenden Engel.« In der Liturgie gesellen sich die Christen – Kleriker wie Laien – zu den Bürgern der himmlischen Kirche. Die Schwerelosigkeit des Baus, das übernatürliche Spiel des Lichts und der heilige Gesang lassen sie eine überirdische Wirklichkeit erleben.[17]

Das Haus Gottes muß ein eindrucksvolleres Gebäude als andere sein. Von dieser Überzeugung ließ sich Abt Suger (1080–1151) bei der Renovierung der Klosterkirche Saint-Denis bei Paris leiten. Als volkstümliches Wallfahrtsziel und Grablege der französischen Könige sollte diese Abtei ein Nationalheiligtum und ein Beispiel für den frühen gotischen Stil werden. Im Bericht über seine Bautätigkeit verweist der Abt nicht nur auf Verbesserungen in der Architektur, sondern betont auch die Wichtigkeit der Ausschmückung mit Gold und Juwelen. Edelsteine werden in großen Mengen gekauft, um ein großes Kreuz zu schmücken, das seinen Platz in der Mitte des Kirchenraumes bekommt. Suger notiert voller Stolz, was ihm Reisende erzählen: In seiner Kathedrale seien mehr wertvolle Ausstattungsstücke zu bewundern als in der Hagia Sophia in Konstantinopel. Gotische Kirchen wie Saint-Denis verwendeten wertvolles Material, wann immer es möglich war: für Kruzifixe, Reliquienschreine, Lampen, Tabernakel und Kelche, die alle als Kunstwerke gelten. Die Kathedrale sollte an die Pracht des himmlischen Jerusalem erinnern und an die Seligen, die dort seidene Gewänder und goldenen Schmuck tragen. Auf diese Weise feierte die Kathedrale die städtische Vorstellung von der künftigen Welt.[18]

Den Übergang vom Materiellen zum Spirituellen konnte der mittelalterliche Gläubige in der Kathedrale selbst erleben. Jeder Edelstein, der im Licht glänzte, erinnerte an Christus als das wahre Licht. Auch biblische Bilder vermochten zu höherer Wirklichkeit zu führen. So konnte die materielle Konkretheit der johanneischen Himmelsstadt als allegorische Darstellung der triumphierenden Kirche verstanden werden, denn Jerusalem ist aus »lebendigen Steinen« gebaut (1 Petr 2,5). Dennoch lösten die Allegorie und der Aufstieg zum Geistigen die Dinglichkeit der Gegenstände niemals auf. Trotz aller Begeisterung für das Göttliche und Unsichtbare verlor der mittelalterliche Mensch niemals den Kontakt zur Welt. So blieb die Himmelsstadt für die meisten Christen eine buchstäblich zu nehmende Wirklichkeit. Die scholastische Theologie dagegen wollte nicht beim Wortlaut der Bibel, bei allegorischen Spielereien und visionären Eindrücken stehenbleiben. Kritische theologische Forschung verlangte ein anderes Bild des Jenseits.[19]

Das Empyreum als Stätte des Lichts

Das 12. und 13. Jahrhundert erlebte nicht nur die Erneuerung der Stadt, sondern auch die Wiedergeburt der Vernunft. Zum ersten Mal seit der Antike konnte sich die westliche Gesellschaft wieder

Abb. 9: Das Weltall nach Kosmas Indikopleustes

eine Schicht von Intellektuellen leisten. In der Theologie trat die
bequeme Traditionspflege der Kloster- und Kathedralschulen in
den Hintergrund. Mit dem Fehlen begrifflicher Genauigkeit und
methodischer Strenge unzufrieden, entwickelte eine neue Gelehr-
tengeneration einen neuen Stil theologischer Arbeit. Die Schriften
von Peter Abälard, Petrus Lombardus und Thomas von Aquin
begründeten die »Schultheologie« oder Scholastik, die das mittelalterliche Denken beherrschen sollte. Mit der Entstehung von
Universitäten in Italien (Parma, Bologna, Salerno), Frankreich
(Paris, Toulouse) und England (Cambridge, Oxford) fanden die
Scholastiker einen Ort für die Tätigkeit in Forschung und Unterricht. Auch die Wiederentdeckung der Werke des Aristoteles er-
öffnete neue Möglichkeiten und führte zu zahlreichen glänzenden
Auseinandersetzungen. Das akademische Leben blühte. In diesem
Klima der Innovation unterzog die Scholastik auch die herkömm-
liche Lehre über den Himmel einer gründlichen Prüfung.

In der alten Welt gab es zwei verschiedene Auffassungen über
den Bau des Weltalls, eine volkstümliche und eine wissenschaftliche. Für viele Menschen bestand das All aus einer Erdscheibe,
vom Meer umgeben und vom Himmel überwölbt. Kosmas Indikopleustes, ein ägyptischer Mönch des 6. Jahrhunderts, legte diese
Sicht in einem umfangreichen Werk dar. Nach seiner *Christlichen
Topographie* ist nur diese Sicht mit der Heiligen Schrift vereinbar.
Die Erde ist demnach eine Scheibe, keine Kugel, und das Weltall
hat die Gestalt einer großen Kiste (*Abb*. 9). In dieser Kiste gibt es

zwei Ebenen: Erde und Himmel. Gegenwärtig wird der irdische Bereich von Menschen und Engeln bewohnt. Im Himmel dagegen leben Gott und Christus. Im kommenden Zeitalter werden Menschen und Engel zum Himmel zugelassen und teilen den Wohnort Gottes. Sobald die Menschen die Erde verlassen, wird diese keine Pflanzen mehr hervorbringen. Eine einzige Wüste, dient sie nur noch als Hölle. Dort müssen die Verdammten ihre beklagenswerte Existenz fristen.[20]

Von Aristoteles (384–322 v. Chr.) und Ptolemäus (85–160 n. Chr.) entwickelt, lehnte die wissenschaftliche Astronomie das volkstümliche Weltbild ab. Sie sah die Erde als Kugel, die im Mittelpunkt konzentrisch angeordneter Kugeln lag. Diese äußeren Kugeln galten als durchsichtige Träger der Himmelskörper – des Mondes, der Sonne und der Planeten. Die ganz außen liegende Kugel umschließt das gesamte Weltall und trägt die Fixsterne.

Augustinus kannte die wissenschaftliche wie auch die volkstümliche Auffassung. Er bezieht sich auf beide in einem leider sehr knapp gehaltenen Abschnitt seines Buches *Über den Wortlaut der Genesis*. Die in Frage kommenden biblischen Texte schienen zwar die volkstümliche Auffassung zu bestätigen, ließen sich aber auch anders verstehen. Augustinus äußert sich hierzu nicht weiter, sondern bekennt nur sein Desinteresse an dieser Frage. Form und Gestalt des Himmels zu untersuchen »ist für ein seliges Leben völlig nutzlos, und, was schlimmer ist, die Beschäftigung mit ihnen erfordert einen Aufwand an kostbarer Zeit, die für heilsamere Dinge zu verwenden wäre«. Augustinus kümmerte sich nicht um die Frage, wo im Universum das ewige Leben verbracht werde. Sie war für ihn theologisch unerheblich.[21]

Im 12. Jahrhundert dachte man anders über diese Dinge. Das Desinteresse Augustins galt nun als ebenso veraltet wie das Weltbild des Kosmas. Als sich die Scholastik dem geozentrischen System anschloß, hatte das Interesse an der Physik des Aristoteles bereits eine lange Tradition. Man las nun Aristoteles in lateinischer Übersetzung und besaß moderne, verbesserte Fassungen wie Johannes Sacroboscos *Sphaera* und al-Bitrudschis *Prinzipien der Astronomie*. Während sich die Astronomie den Bewegungen der Himmelskörper widmete, war die Fragestellung der Theologie eine andere. Theologen überlegten, an welcher Stelle des Weltalls sich Himmel und Hölle befänden. Sie erörterten auch, was mit der Erde nach dem Jüngsten Gericht geschehen würde.

Für die Scholastik (wie für Aristoteles) besteht das Weltall aus konzentrisch ineinander liegenden Kugeln und entsprechenden Ebenen. Der innerste Bezirk – die Hölle im Innern der Erde – ist aus grobem und ungeläutertem Material. Je höher man durch die verschiedenen planetentragenden Sphären emporsteigt, um so leichter, lichtvoller und vollkommener werden die Himmelskörper. Die äußerste Sphäre stellt das Firmament dar, eine kugelgestaltige Kapsel, die das Universum umschließt. Jenseits des Firmaments liegt Gottes Welt, die wiederum zwei Ebenen besitzt. Die erste, der sogenannte »geistige Himmel« oder das Empyreum, dient als Aufenthaltsort der Seligen und der Engel und wird von Gott regiert. Den Theologen gilt das Empyreum allerdings nur als Gottes »äußerer Wohnort«. Die Dreifaltigkeit selbst wohnt oberhalb dieses Bereiches im »Himmel der Himmel«. Auch Himmel der Trinität *(coelum Trinitatis)* genannt, ist er Gott allein vorbehalten. Dieser Ort wird mit der Gottheit selbst gleichgesetzt.[22]

Während Gottes eigener Wohnort im Himmel der Himmel theologischer Spekulation nicht weiter zugänglich schien, richtete sich die Aufmerksamkeit der Scholastik auf das Empyreum, den Aufenthaltsort von Seligen und Engeln. Blickt man von der Erde aus nach oben, so erscheint das Empyreum als der höchste Himmel, denn er befindet sich über allen planetentragenden himmlischen Sphären. Jan van Ruusbroec (1293–1381) faßt die scholastische Auffassung gut zusammen:

Gott hat den höchsten Himmel als eine lautere, einfache Klarheit erschaffen, die alle Himmel und alles, was Gott je leiblich und stofflich erschaffen hat, umringt und umschließt. Denn er [der höchste Himmel] ist eine prächtige Wohnung, ein Reich Gottes und seiner Heiligen voller Herrlichkeit und ewiger Freuden. Da nun dieser Himmel eine ewig unvermischte Klarheit ist, so gibt es hier weder Zeit noch Ort, weder Bewegung noch Veränderung, denn er ist in höherem Maße als alle anderen Dinge beständig und unveränderlich.

Obwohl »Herrlichkeit« und »Freuden« erwähnt werden, bleibt die Beschreibung Ruusbroecs und anderer Theologen abstrakt. Scholastische Autoren und ihre Anhänger vermeiden jede Ausmalung; niemals würden sie von einer Stadt oder einem Paradiesgarten sprechen. Vom Himmel läßt sich nur sagen, er sei eine Stätte des Lichts.[23]

Wörtlich bedeutet Empyreum »Feuerort«, aber die mittelalterlichen Theologen bezogen den Ausdruck auf die Lichtfülle und

Pracht, nicht etwa auf die Hitze der Region außerhalb des physischen Universums. Nach der Auffassung des Mittelalters kann ein solcher Ort des Lichts nicht aus den vier Elementen bestehen, die im irdischen Bereich bekannt sind: Erde, Wasser, Luft und Feuer. Das Empyreum muß aus einem fünften und edleren Element bestehen, der Quintessenz, die als reines Licht vorgestellt wird. Während die verschiedenen himmlischen Sphären dieses Licht widerspiegeln, stellt der Raum unterhalb des Mondes die gefallene, lichtlose Natur dar. Dieser Teil ist jedoch nicht überflüssig, sondern beweist die Vollständigkeit und Ordnung der Schöpfung. Nach Alexander von Hales (1185–1245) zeigt Gott »seine überlegene Macht, Weisheit und Güte in der vollständigen Reihe der Körper mit einer Mitte zwischen genau festgelegten Extremen«. Diese Extreme sind »das Lichtvolle am einen Ende und das Trübe am anderen«. Die Welt des Lichts ist der empyreische Himmel. Sein trübes Gegenstück ist die Erde: von grober Stofflichkeit, dunkel und sündig. Hier herrscht ständiger Wandel: Wachstum und Zerfall, Geburt und Tod.[24]

Der empyreische Himmel dient als Aufenthaltsort der Seelen schon unmittelbar nach dem Tod; nach dem Jüngsten Gericht wird er zur Heimat aller Heiligen, die dann auch einen verklärten Leib besitzen werden. So spricht Thomas von Aquin (1225–1274) vom »Leib der Heiligen, die von der Erde auferstehen und zum Feuerhimmel *(coelum empyreum)* emporsteigen«. Nach Alexander von Hales kann das Empyreum, das selbst eine materielle Qualität aufweist, geistige und nicht-geistige Substanzen aufnehmen. Folglich können der verklärte Leib Christi und die verklärten Leiber der Seligen trotz ihrer Stofflichkeit in das himmlische Vaterland eingehen.[25]

Mittelalterliche Kosmologie läßt sich nicht ohne den Begriff des Lichtes erörtern. In der neuplatonischen Philosophie ist Licht nicht etwas Stoffliches wie die vier Elemente, sondern eine Kraft, die dem Materiellen Form und Gestalt verleiht. Manchen Denkern galt das Licht selbst als etwas Göttliches, als eine Emanation Gottes. Es wird nicht als Eigenschaft von Dingen aufgefaßt, sondern als etwas, was diese besitzen, weil sie an Gott teilhaben, dem ewigen und reinsten Licht. In Gold, Edelsteinen, Glas und anderen kostbaren Stoffen mit glänzender Oberfläche hat das Licht schon angefangen, die Grobheit des Materiellen zu überwinden. Bestimmte Edelsteine wie beispielsweise der Karfunkel wurden sogar als selbständige Lichtquellen aufgefaßt; da sie Licht in sich tragen, können sie selbst im Dunkeln leuchten. Von Licht durchformt, besitzen glänzende Stoffe eine jenseitige, übernatürliche Schönheit. Mehr als anderes lassen sie ihren göttlichen Ursprung erkennen.[26]

Thomas von Aquin stattete den verklärten Leib mit dem übernatürlichen Glanz des Lichtes aus. »Die Leiber der Heiligen werden siebenmal stärker als die Sonne leuchten«, schreibt er. Er gibt indes zu, daß sich diese Ansicht nicht aus der Schrift belegen läßt. Für den zugrunde liegenden Gedanken kann er sich freilich mit gutem Recht auf das Neue Testament und dessen eindrucksvolle Lichtsymbolik berufen. »Die Gerechten werden im Reich meines Vaters wie die Sonne leuchten«, versprach Jesus (Mt 13,43). »Seine Gestalt leuchtete wie ein Blitz, und sein Gewand war weiß wie Schnee«, heißt es über einen Engel (Mt 28,3). Werden wir nicht im anderen Leben wie Engel sein? Werden wir nicht Jesus gleichen, der verklärt war und vor seinen Jüngern mit Mose und Elija sprach, wobei »sein Gesicht wie die Sonne leuchtete, und seine Kleider blendend weiß wurden wie das Licht« (Mt 17,2)? Aber nicht alle Seligen werden in gleichem Maß Anteil am Licht bekommen. »Die Heiligen«, erklärt Albert der Große (1200–1280), »werden verschiedene Stufen von Lichtglanz (claritas) erhalten, den verschiedenen Stufen ihres Verdienstes entsprechend.« Ein tugendhafter Heiliger kann also mehr Licht ausstrahlen als jemand, der vor der Zulassung zur endgültigen Herrlichkeit noch im Fegfeuer geläutert werden muß.[27]

Nicht nur der »verklärte« menschliche Leib wird mit übernatürlicher Leuchtkraft oder »Klarheit« (claritas) ausgestattet. Auch die Welt unterhalb des Empyreums – Sterne, Sonne, Planeten, Mond und Erde – wird zu einem Haus des Lichts. Nach Thomas von Aquin war das Weltall vor Adams und Evas Sündenfall von Licht erfüllt. Nach dem Sündenfall verminderte Gott die Helligkeit der Himmelskörper. Wenn er das Weltall am Ende der Zeiten aber wieder erneuert, dann wird die ursprüngliche Leuchtkraft wiederhergestellt und sogar noch erhöht. Ebenso werden die Elemente von Helligkeit durchdrungen sein. Die Erde wird nicht mehr dunkel und matt sein, sondern eine glasartig glänzende Oberfläche besitzen und fast durchsichtig sein. Das Wasser wird die Gestalt von Kristall und vermutlich auch dessen Festigkeit annehmen. Die Luft wird klar sein wie ein wolkenloser Himmel und das Feuer den Glanz der Sterne aufweisen. Das Licht hat dann die Materie besiegt. In der Hölle dagegen herrscht Finsternis; nach Dante ist sie »ein Ort, wo jedes Licht verglommen«. Über die Tiefe der Finsternis gehen die Ansichten auseinander. Nach Bischof Otto von Freising entbehrt das höllische Feuer trotz seiner großen Hitze jeglicher Leuchtkraft. Wenn Thomas der Hölle ein geringes Maß an düsterem Licht zubilligt, so hat auch das seinen Sinn: Im flackernden Feuerschein sollen Schreckensbilder die Verdammten peinigen. Die göttliche *visio beatifica* ist in ihr Gegenteil pervertiert; sie könnte als *visio miserifica* – qualvolle Schau – bezeichnet werden. Für die Seligen dagegen »wird ein Übermaß an Licht lustvoll sein«.[28]

In der Welt des Lichts haben nach Thomas von Aquin weder Pflanzen noch Tiere einen Platz. Die Himmelskörper werden sich nicht mehr bewegen, denn ihre Bewegungen waren Anzeichen und sogar Ursache von Entstehen und Vergehen. Mit dem Aufhören der Bewegung werden sich die »vermischten« Stoffe – jene, die aus mehr als einem der vier Elemente bestehen – in ihre Bestandteile auflösen, so daß es kein organisches Material mehr geben wird. Was einst eine Pflanze war, ist wieder Luft, Wasser und Erde. Das Weltall wird einer riesigen Maschine gleichen, deren Teile auf Hochglanz poliert sind, sich aber nicht mehr bewegen. Die unterhalb des Empyreums liegende Welt dient den Seligen nicht als Lebensraum. Leer oder fast leer, ist sie nur zum Anschauen da. Würde das Erdinnere nicht als Gefängnis für die ewige Folterung der Verdammten gebraucht, dann könnte das ganze Weltall vernichtet werden.[29]

Die Lehre vom Himmel als einer Welt reinen Lichts blieb nicht auf esoterische Handbücher der Scholastik beschränkt, sondern übte auf gebildete Dichter und Künstler große Anziehungskraft aus. Dantes *Göttliche Komödie* und die großen Kathedralen sind die hervorragendsten Beispiele für künstlerische Gestaltungen dieser Idee. Sie haben das Weltbild überlebt, auf dem sie beruhen.

Die *Göttliche Komödie* entstand im frühen 14. Jahrhundert; ihr Autor konnte sie kurz vor seinem Tod im Jahre 1321 abschließen. Das Werk schildert die Reise des Dichters durch Hölle und Fegfeuer und den anschließenden Aufstieg durch die verschiedenen Himmelssphären hinauf zum Empyreum. Seine Führerin ist Beatrice, eine von ihm verehrte adelige Florentinerin, die 1290 in jungen Jahren verstorben war. Nach ihrer Ankunft im empyreischen Himmel des reinen Lichts *(ciel che'è pura luce)* verläßt ihn

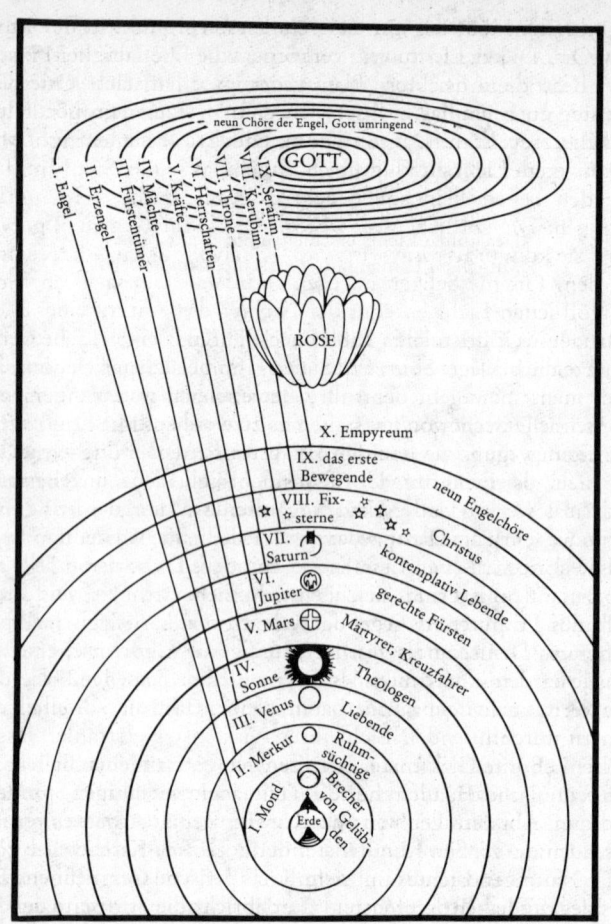

Abb. 10: Dantes Weltbild

Beatrice. Sie schließt sich wieder den Seligen an und nimmt ihren Platz in einem riesigen, rosenförmigen Amphitheater ein, das sich unterhalb des Ortes Gottes und der Engel befindet (*Abb.* 10). Der Dichter sieht die neun Engelshierarchien in der Gestalt von neun

Lichtkreisen, die sich um einen hellen Lichtpunkt in der Mitte bewegen. Dieser Lichtpunkt verkörpert die Dreifaltigkeit. Nachdem Beatrice in der Rose Platz genommen hat, lächelt sie dem Dichter noch einmal zu, um sich dann wieder dem göttlichen Licht zuzuwenden. Dante steht nun allein vor seinem Schöpfer, selbst von der Herrlichkeit überwältigt.

> In jenem klaren, tiefen Wesensgrunde
> Des hohen Lichts erschienen mir drei Kreise
> Mit *einem* Umfang, drei verschiednen Farben.

Im göttlichen Licht erkennt der Dichter das Antlitz eines Menschen, Jesus Christus. Er fühlt auch die Kraft einer Liebe, jener »Liebe, die beweget Sonn und Sterne«. So begegnen sich göttliche und menschliche Liebe und verschmelzen miteinander: das menschliche Begehren, mit Gott eins zu werden, und die göttliche Zuneigung, die zum Geschöpf hinabsteigt. Als der Dichter an seinem Ziel, der Erfahrung Gottes in Licht und Liebe, angelangt ist, endet das Werk. »Ist der Ursprung oder das Erste, das heißt Gott gefunden«, erklärt Dante, »dann gibt es kein Suchen mehr.«[30]

Die konzentrischen Lichtkreise, mit dem Licht als Symbol für Gott und dem Kreis als Zeichen der Vollkommenheit, sind keine Erfindung Dantes. Als Abt Suger die schwere karolingische Apsis von Saint-Denis durch einen geräumigeren Chorraum ersetzte, umgab er den Altar mit einem Kreis kleiner Kapellen, »die den ganzen Raum in dem wunderbaren, gleichmäßig die Schönheit des Innern durchflutenden Licht ihrer Glasfenster erstrahlen lassen sollten«. Bunte Glasfenster erhellten den entstandenen hallenartigen Raum, und das Licht füllte ihn mit einem vielfältigen Spiel und endlosen Abstufungen von Schatten. Im Zeitalter Dantes verbanden auch die großen Rundfenster der gotischen Kirchen die göttliche Natur des Lichtes mit dem Kreis der Vollkommenheit. Ein riesiges rundes »Rosenfenster« durchbricht die Stirnseite der Kathedrale hoch über dem Haupteingang (*Abb.* 11). Welche weiteren Bedeutungen das Fenster durch die Figuren in seinem bunten Glas auch erhielt, es diente als Symbol der Gegenwart Gottes. Jene Schau des übernatürlichen und unbegreiflichen Lichtes am Ende der *Göttlichen Komödie* wurde im Werk von Architekten und Bauleuten zugänglich und sichtbar.[31]

Nach dem Urteil der Kunsthistoriker hat Suger nicht einfach nur mit den ästhetischen Möglichkeiten von Architektur und Bau-

Abb. 11: Rosenfenster, Kathedrale von Reims

technik des 12. Jahrhunderts gespielt. Vielmehr war er mit der Theologie vertraut und fühlte sich besonders von der mittelalterlichen Philosophie des Lichtes angezogen. Nach einer von ihm selbst in der Kirche angebrachten Inschrift sollen die Kunstwerke »den Geist erleuchten, daß er, von den wahren Lichtquellen geführt, zum wahren Licht gelange«, das heißt zu Christus im Himmel. Für Suger wie für jeden Gebildeten, der dessen Theologie verstand, war die Kathedrale ein Bild des empyreischen Himmels. Dieser »irdische Himmel« beruht auf Schwerelosigkeit und Licht: Schwerelosigkeit trotz des Mauerwerks und Lichtfülle trotz des völlig geschlossenen Raumes, dessen Fenster keinen Blick ins Freie zulassen. Die großen Fenster dienen als feine Filter, die die Welt draußen lassen, die Welt in ihrer mittelalterlichen Bedeutung von Sünde und Vergänglichkeit. Allein dem Licht, dem göttlichen Element in der Welt, ist es erlaubt, den zeitlosen heiligen Raum zu durchfluten. Das göttliche Licht brechend, badet das bunte Glas die Beschauer in tausenderlei Farben und gibt ihnen so einen Vorgeschmack des Himmels.[32]

Ewige Anschauung Gottes

Das 13. Jahrhundert gehört zwar immer noch zum Zeitalter der Innovation; mit seinem fast zwanghaften Bemühen um Sammlung und Systematisierung jeglicher Erkenntnis ist es aber auch eine Epoche der Synthese. Auf allen Wissensgebieten entstehen systematische Kompendien. Während die Handbücher des 13. Jahrhunderts lange Zeit als Verkörperung der einzigartigen »mittelalterlichen Synthese« gefeiert wurden, sind neuere Historiker etwas zurückhaltender. Der Wunsch der scholastischen Autoren nach Ausgleich entgegengesetzter Meinungen verhinderte einen wirklichen wissenschaftlichen Umbruch. Forschung und Auseinandersetzung wurden dem Bestreben nach Harmonie und Synthese geopfert.[33]

Auf dem Gebiet der Theologie schrieb Thomas von Aquin die bedeutendste systematische Darstellung. Als er im Jahre 1274 starb, hinterließ er die *Summe wider die Heiden* als abgeschlossenes Werk, während die umfassendere und anspruchsvollere *Summe der Theologie* unvollendet blieb. Diese Handbücher erörtern, was der Verfasser und mit ihm alle scholastischen Autoren als das Ziel der geistigen Bemühung des Menschen und die ewige Beschäftigung der Seligen ansehen: die Erkenntnis und Betrachtung Gottes. Zwar wiederholt Thomas vieles von dem, was sich bei Augustinus findet; seine Darstellung ist jedoch systematischer und geht mehr ins einzelne. Er will die wahre Lehre so genau wie möglich bestimmen und aus Schrift, Philosophie und theologischer Überlieferung beweisen. Dabei ist Philosophie durchweg gleichbedeutend mit Aristoteles, und in der Theologie ist Augustinus sein wichtigster Gewährsmann.

Als Dominikaner folgt Thomas von Aquin den »evangelischen Räten« von Armut, Ehelosigkeit und Gehorsam und führt ein beschauliches, kein tätiges Leben. Das besagt indes nicht, daß er sich von allem zurückzieht, um sich nur der stillen Betrachtung des Göttlichen zu widmen. Thomas übt den akademischen Beruf des Forschens, Lehrens und Schreibens aus. Obwohl Kontemplation für ihn bedeutet, »eine geistige Wahrheit innerlich zu erfassen, sie zu lieben und sich ihrer zu erfreuen«, rechnet er auch das Lesen, Forschen und den akademischen Unterricht dazu. Zwar ist Unterrichten kein notwendiger Teil des beschaulichen Lebens, aber es gilt als sehr verdienstvoll. Thomas zählt neben der Jungfrau und dem Märtyrer auch die in seiner Zeit moderne Gestalt des Lehrers zu den vorzüglichsten Mustern der Heiligkeit. Für diese drei Personengruppen gibt es im Himmel besonderen Lohn.[34]

Nach Thomas wird es im Himmel kein tätiges Leben geben; nur die Beschaulichkeit wird fortdauern. Betrachtung, in dieser Welt ein bruchstückhaftes und unvollkommenes Unterfangen, wird dann vollkommen sein. Im Himmel wird sie eine unübertreffliche Erkenntnis Gottes mit sich bringen. Als biblische Grundlage dieser Lehre dient 1 Joh 3,2: »Wir werden Ihn sehen, wie Er ist.« In Anlehnung an biblischen Sprachgebrauch und Augustins Ausdrucksweise spricht Thomas vom »Schauen« des Göttlichen. »Die verstandesmäßige Erkenntnis wird Schau genannt«, erklärt er; der Gesichtssinn sei ja auch edler und geistiger und der Vernunft näherstehend als die übrigen körperlichen Sinne. Nach Auffassung der Scholasik muß die höchste Schau die größte Glückseligkeit mit sich bringen (daher auch der Ausdruck »beseligende Schau« – *visio beatifica* – bei späteren Autoren). Beseligende Schau läßt sich genauer mit beseligender Gotteserkenntnis umschreiben. Diese Erkenntnis zu besitzen bedeutet den Genuß ewigen Glücks. In Unkenntnis zu verharren ist dagegen gleichbedeutend mit Unglück; die Hölle gilt als Ort der Unwissenheit und der Finsternis. Zum Himmel aber gehören Wissen und Licht.[35]

Seinen Begriff des beseligenden Wissens entwickelt Thomas aus dem menschlichen Streben nach Glück. Wie Aristoteles und Augustinus hält er dieses Streben für das fundamentalste Anliegen des Menschen. Glück besteht nach Thomas in einer Tätigkeit des Verstandes; daher beruht höchstes Glück auf dessen höchster Tätigkeit. Dieses Tun bestimmt er als die Betrachtung göttlicher Dinge und letztlich Gottes selbst. Das im Schauen erlebte Glück führt den Philosophen über sein Menschsein hinaus und macht ihn unsterblich.[36]

Thomas bestimmt die Erkenntnis Gottes auch als letztes Ziel jeglichen menschlichen Tuns. Nach Aristoteles »zielt alles Tatwirkende auf ein Endziel hin«, und dieses Ziel muß ein »Gut« sein, denn »das Gute ist, was alle begehren«. Als durch den Verstand bestimmtes Wesen richtet der Mensch sein Handeln auf geistige Ziele aus. Daher muß Gott das Endziel unseres Erkenntnisstrebens sein. Im gegenwärtigen Leben bleibt unsere Erkenntnis Gottes unvollkommen, weil sie auf unserer sinnlichen Wahrnehmung beruht. Unsere Sinnesorgane spielen im künftigen Leben keine Rolle mehr. Wir werden Gott durch den unmittelbaren Kontakt von menschlichem und göttlichem Geist erkennen. Sobald die Erkenntnis vollkommen ist, ist auch das Glück vollständig. Thomas betont, daß das Glück als Zustand des Geistes »nicht auf den Sinnen beruht«. Menschliches Tun zielt also nicht auf sinnliches Glück, sondern auf die mit der unmittelbaren Erkenntnis Gottes verbundene Glückseligkeit.[37]

Die Abstraktheit des Gedankenganges und die starke Betonung des Verstandes sind nicht zu verkennen. Selbst wenn sich Thomas von Aquin einer weniger abstrakten Sprache bedient, räumt er dem Verstand den ersten Platz ein. »Der wesentliche [ewige] Lohn des Menschen besteht in der vollkommenen Vereinigung der Seele mit Gott, insofern er Ihn in vollendeter Schau und Liebe vollkommen genießt.« Nichts kann jedoch genossen und geliebt werden, ohne vorher erkannt zu sein: »Erkenntnis (...) ist die Ursache der Liebe. (...) Nur, insofern es erkannt ist, kann etwas geliebt werden.« Als Gelehrter schätzt Thomas die Erkenntnis mehr als alles andere. Die Seligen erwerben das höchste Wissen allerdings nicht durch Auseinandersetzung und wissenschaftliche Forschung, sondern durch Betrachtung. »Die höchste und vollkommene

Glückseligkeit, die uns im künftigen Leben erwartet, besteht in nichts anderem als Kontemplation.« Die Seligen gehen in dieser Beschäftigung ganz auf. Befreit von den vielen Erfordernissen des irdischen Daseins, brauchen sie ihre stille Tätigkeit nicht mehr zu unterbrechen. Sie können sich ganz *einer* Sache widmen – der Erforschung Gottes. Eine Vielfalt von Tätigkeiten würde kein Vergnügen bereiten, sondern von der größten Freude ablenken. Außerdem gilt: »Nichts, was mit Bewunderung betrachtet wird, vermag [jemals] Überdruß zu erregen.«[38]

In seinem theologischen Werk untersucht Thomas die Eigenart der beseligenden Erkenntnis immer wieder. So geht er etwa der Frage nach, ob ein geschaffenes, endliches Wesen wirkliche Kenntnis der ungeschaffenen, unendlichen Gottheit erlangen kann. Die Antwort fällt negativ aus. Damit solche Erkenntnis überhaupt möglich ist, müssen wir von Gott unterstützt oder befähigt werden. Die Befähigung unseres Verstandes nennt er »Erleuchtung«. Thomas interessiert sich zugleich für den Umfang der Erkenntnis. Werden die Seligen in ihrer höchsten Erkenntnis des Göttlichen auch alle Gedanken Gottes wissen? Einige Theologen waren offenbar dieser Meinung, aber der Aquinate ist sich weniger sicher. Er scheut sich, geschaffenen Geistern zu viel »Gedankenlesen« zuzuschreiben. Selbst im ewigen Leben bleiben die Seligen den geschöpflichen Schranken unterworfen.[39]

Ist das beseligende Wissen für alle Heiligen dasselbe? Auch diese Frage verneint Thomas. Er verbindet die Stufen religiösen Verdienstes, der Gottesliebe und der Würdigkeit mit ewiger Glückseligkeit und beseligender Erkenntnis. »Je mehr jemand [Gott im Himmel] lieben wird, um so vollkommener wird er Gott erkennen und um so glücklicher wird er sein.« Thomas spricht ausdrücklich von ungleichen »Stufen« *(gradus)* der beseligenden Schau: »Die höchste Wahrheit [Gott] wird von allen Seligen in verschiedenen Stufen geschaut.« Das Maß der seligmachenden Erkenntnis hängt davon ab, wie groß die Gottesliebe im irdischen Leben war und wieviel religiöses Verdienst erworben wurde. Dem größten Verdienst entspricht der größte Lohn. Im Himmel kann kein Verdienst mehr erworben werden, so daß die Erkenntnis Gottes und die daraus folgende Glückseligkeit weder zu- noch abnehmen kann. Auf der untersten Stufe stehen Kinder, die vor der Taufe starben. Diese haben an der eigentlichen beseligenden Schau keinen Anteil, sondern müssen sich mit einer natürlichen Gotteserkenntnis begnügen. Sie genießen ein einfaches, natürliches und vielleicht tierähnliches Glück, das insofern unvollständig ist, als ihm das Übernatürliche abgeht. Thomas betont jedoch die Vollkommenheit auch dieses Glücks, da den Kindern die bestehende Unvollständigkeit in alle Ewigkeit unbekannt bleiben wird.[40]

Trotz der Abstufung weist das Glück der Seligen keine Mängel auf. Es gibt nichts mehr, was unvollkommen ist und dessen Erfüllung noch aussteht. Auf seiner Himmelsreise fragt Dante einen der Seligen:

> Doch sag mir: Ihr, die ihr hier glücklich lebt,
> Gehet euer Wunsch nach einem höheren Orte,
> Um mehr zu sehen, euch enger zu befreunden [mit Gott]?

Nein, lautet die Antwort. Die Bewohner des Jenseits genießen das Bewußtsein, mit Gottes Willen übereinzustimmen. Ein Aufstieg würde einfach gegen Gottes Plan verstoßen. Das berühmte *e 'n la sua volontade è nostra pace* (in seinem Willen finden wir den Frieden) faßt Dantes Antwort zusammen. Es kann keinen Fortschritt geben, denn das hieße ja, der frühere Zustand wäre unvollkommen gewesen. Auch einen Rückschritt gibt es nicht. Im statischen Himmel des heiligen Thomas herrscht »beseligender Stillstand«.[41]

Paulus spricht vom Sehen Gottes »von Angesicht zu Angesicht«. Darf man das wörtlich verstehen? Werden die Seligen Gott mit ihren körperlichen Augen erblicken? Die Antwort des Thomas beruht auf einer typisch scholastischen Unterscheidung, denn es gibt drei verschiedene Weisen, übernatürliche Wirklichkeit wahrzunehmen. Als der babylonische König Belschazzar eine Hand – vielleicht Gottes Hand – geheimnisvolle Worte an die Wand seines Palastes schreiben sah, ist dies als eine körperliche Vision zu verstehen; sie wurde mit den Augen des Leibes gesehen. In der Bibel begegnet uns eine zweite Art des Schauens häufiger, nämlich die »innere Schau«. Ein Beispiel dafür ist Johannes, der nach dem Buch der Offenbarung das neue Jerusalem sah. Dies geschah nicht mit seinen äußeren Augen, sondern war ein Vorgang innerer Wahrnehmung. Eine dritte Art der Schau besitzt keine visuellen Eigenschaften mehr, auch nicht solche des inneren Sehens. Das entspricht der Art und Weise, wie die Heiligen Gott im Himmel wahrnehmen. »Ich sage also, daß Gott auf keine Weise mit dem leiblichen Sehvermögen wie etwas an sich Sichtbares gesehen oder mit einem anderen Sinn wahrgenommen werden kann, weder hier noch in der [ewigen] Heimat.« Mit den leiblichen Augen werden wir jedoch Christus sehen, denn die zweite Person der Trinität verliert in der anderen Welt ihre menschliche Gestalt nicht. In diesem Sinne können wir Gott physisch sehen. Außerdem wird Gottes Herrlichkeit von der verklärten Wirklichkeit widergespiegelt, besonders vom menschlichen Körper. Also wird Gottes Gegenwart stets wahrgenommen.[42]

Gibt es außer Gott noch andere Quellen der ewigen Glückseligkeit? Thomas geht zwei Möglichkeiten nach: dem Leib, den die Seele in verklärter Gestalt erhält, und der Gemeinschaft der Seligen. Nach dem Tod kommen die gerechten Seelen sofort in den vollen Genuß der Anschauung Gottes. Sie sind jedoch nur Seelen, rein geistige Wesen. Wenn sie bei der Auferstehung verklärte Leiber erhalten, bringt dies eine Zunahme ihres Glücks mit sich, »weil die Seligkeit dann nicht nur in der Seele, sondern auch im Leibe sein wird«. Im Körper wird nichts mehr sein, was der Vollkommenheit Abbruch tut. Die Vereinigung von Leib und Seele bedeutet sogar eine gewisse Vervollkommnung der Seele:

Je vollkommener etwas im Sein ist, desto vollkommener kann es tätig sein. Daher wird auch die Tätigkeit der mit einem solchen [verklärten] Leibe verbundenen Seele vollkommener sein als die Tätigkeit der getrennten Seele. Dieser Art ist der verklärte Leib, der vollkommen dem Geiste unterworfen sein wird. Da die Seligkeit in einer Tätigkeit [des Geistes] besteht, wird die Seligkeit der Seele nach der Wiederaufnahme des Leibes vollkommener sein als vorher.

Der verklärte Leib, obwohl wichtig, erhält eine untergeordnete Stellung, denn er wird immer vom Geist beherrscht werden. Die Herrschaft der Seele wird so mächtig sein, daß der spirituelle Leib nicht mehr auf Nahrung angewiesen ist. Nach mittelalterlicher Polemik können sich nur Muslime einen Himmel vorstellen, in dem gegessen und getrunken wird. Deshalb müssen sie auch die lächerlichsten Theorien über das Fehlen oder den Wohlgeruch der Exkremente entwickeln.[43]

Thomas anerkennt den Beitrag des Leibes zur ewigen Seligkeit des einzelnen, läßt aber keine sozialen Freuden zu. Natürlich weiß die Scholastik aus dem Buch der Offenbarung, daß die Ewigkeit in der Gemeinschaft mit Engeln und anderen Seligen verbracht wird und nicht etwa in ewiger Einsamkeit mit Gott. Thomas kennt auch – und bejaht – die aristotelische Sozialphilosophie, welche die Freundschaft als Gipfel des gesellschaftlichen Lebens ansieht. Der Philosoph preist die Freundschaft als eine der wichtigsten Bedingungen für menschliches Glück. »Es ist unsinnig, den glücklichen Menschen zum Einsiedler zu machen«, heißt es bei Aristoteles. »Niemand würde alle Güter nur für sich allein haben wollen, weil der Mensch ein geselliges Wesen ist, zur Gemeinschaft bestimmt.« Während das ohne weiteres für das natürliche, gegenwärtige Leben gilt (worauf Aristoteles allein Bezug nimmt), ist eine Übertragung auf des übernatürliche Leben im Himmel problematisch. Nach Thomas muß Gott die einzige Quelle der ewigen Glückseligkeit sein. Kein Geschöpf kann zum Glück eines seligen Wesens beitragen. Im gegenwärtigen Leben können wir zwar ohne Freunde nicht glücklich sein, aber im nächsten Leben bestehen andere Verhältnisse. »Wenn wir von der vollkommenen Glückseligkeit sprechen, die im [himmlischen] Vaterland herrschen wird«, meint er, »dann gilt, daß zur Glückseligkeit die Gesellschaft von Freunden nicht wesentlich dazugehört; denn der Mensch besitzt seine ganze Vollkommenheit in Gott.« Thomas scheut sich nicht, hinzuzufügen: »Wenn es nur eine einzige Gott genießende Seele gäbe, dann wäre diese [vollkommen] glücklich, auch wenn sie keinen Nächsten hätte, den sie lieben könnte.« In einem Zusatz erklärt er die Aussage allerdings für rein theoretisch und mildert dadurch ihre Strenge. Er räumt ein, die Glückseligkeit der Heiligen werde »dadurch unterstützt, daß sie einander sehen und sich ihrer Gemeinschaft in Gott erfreuen«.[44]

Mit den letzten Worten – »in Gott« – verweist Thomas noch einmal auf den Vorrang Gottes. Mag er seine härteste Aussage auch abmildern, so macht er doch kein wirkliches Zugeständnis. Er ist über den islamischen Himmel mit seinen geschlechtlichen Freuden entsetzt und verwirft diese Lehre als schweren Irrtum. Schon aus diesem Grunde fühlt er sich zu seiner theozentrischen Sicht berechtigt. Ist das theozentrische Prinzip einmal aufgegeben, dann zeigt sich, wozu das führt. So kann er zwar den verklärten Leib als eine Quelle des Glücks annehmen, nicht aber das soziale Leben im Himmel. Der Leib erscheint nicht als Rivale Gottes, sondern gleichsam als Erweiterung der Seele, die dann Gott noch mehr geben kann. Fixiert auf Gott und die einzelne Seele, sieht Thomas die Gemeinschaft der Seligen als eine mögliche Ablenkung von der Gottheit. Der Freund oder die Freundin einer Seele darf dem Göttlichen nicht den Rang streitig machen.[45]

Aegidius Romanus (1247–1316), ein Schüler des Aquinaten, wagte es, von der Lehre seines Meisters abzuweichen. Nach Aegidius bilden die Seligen eine *societas perfecta*. Im Himmel führen sie ein harmonisches und erfreuliches Leben, das auf perfektem gesellschaftlichem Leben beruht. Aegidius legt diesen Gedanken in schwungvoller Rhetorik dar, die den trockenen Stil scholastischer Traktate weit hinter sich läßt:

Wenn man darauf besteht, daß Gesellschaft auf Sprache beruht, dann müssen wir auch sagen, daß in einem Zustand, in dem die Gesellschaft nicht abgeschafft, sondern vollkommen ist, auch die Sprache nicht fehlen kann, sondern vollkommen sein muß. In einer Gesellschaft – und die Bruderschaft der Heiligen ist eine wirkliche Bruderschaft und eine richtige Gesellschaft (...) – kann die Sprache nicht verschwinden. Sie wird das Kommunikationsmittel der Heiligen im Denken und im Reden sein. Sprechen zu können ist kein Zeichen von Unvollkommenheit, sondern von Vollkommenheit – und was immer vollkommen ist, muß für die Heiligen gelten. Daher sage ich also, daß sich die Heiligen einer echten, hörbaren Sprache bedienen. Die Gabe der Sprache besitzen wir nicht nur, um Unwissenheit zu überwinden und Wissen zu erwerben, sondern auch, wie schon gesagt, als Kommunikationsmittel. In diesem Sinne reden Menschen, die einander lieben, gern miteinander. Allein das Sprechen mit dem Geliebten bringt große Freude mit sich, und es geschieht ohne die Absicht, dabei etwas zu lernen.

Nach Auffassung des Aegidius werden Männer und Frauen also ihre geistigen und sozialen Fähigkeiten behalten, vor allem das Sprachvermögen, um ein vollkommenes gesellschaftliches Leben zu führen.[46]

Auch der Franziskanertheologe Bonaventura (1221–1274) zeigt mehr Interesse am sozialen Leben im Himmel als Thomas von Aquin; die Furcht des Aquinaten vor menschlichen Lustquellen ist ihm unbekannt. Nach Bonaventura wird die gegenseitige Liebe der Seligen so vollkommen sein, »daß jeder, der [jetzt] fremd scheint, im [himmlischen] Vaterland der beste Freund sein wird. Die Liebe, die bisher nur einem einzigen, engsten Freund galt, wird dann mit allen Heiligen geteilt werden.« Wahre Freundschaft wird alle umfassen. Theologen wie Bonaventura anerkennen zwar die Bedeutung der Gesellschaft, dulden im Jenseits aber keine Sonderfreundschaften. Wie Augustinus verstehen sie die Liebe als allgemeines Prinzip. Daß eine solche Sicht auch im Mittelalter nicht jeden befriedigen konnte, liegt auf der Hand.[47]

Die Verheißung der Liebe

Die Autoren der Scholastik beschäftigten sich mit der Idee eines vollkommenen gesellschaftlichen Lebens nicht näher; ihnen genügte es, den Gedanken als solchen festzuhalten. Die Anschauung Gottes war ihnen wichtiger als eine phantasievolle Ausmalung jenseitiger gesellschaftlicher Verhältnisse. Ihnen ging es um strenge begriffliche Klarheit, nicht um ungezügelte Spekulation. Begriffe freilich konnten die scholastische Vernunft befriedigen, nicht aber das Herz vieler Männer und Frauen des Mittelalters. Ihnen war die Rede von der Gottesliebe und der Liebe der Seligen untereinander viel zu abstrakt, allgemein und distanziert. Dem Liebesbegriff der Schulgelehrten fehlte eine grundlegende und überaus menschliche Eigenschaft – die Leidenschaftlichkeit. Dichter und Mystiker ergänzten und korrigierten die Lehre der Scholastik. »Das Leben des Herzens ist Liebe«, überlegte Hugo von St.-Victor (gest. 1140); »daher kann es kein Herz geben, das ohne sie leben will.«[48]

Das menschliche Herz und seine vielfältigen Regungen sind im 12. Jahrhundert ein häufig erörterter Gegenstand. Die einschlägigen Schriften behandeln vor allem die Liebe. Dichter, Mystiker, Kleriker und Musiker beschäftigen sich mit allem, was mit der Liebe zusammenhängt, von fleischlicher Begierde bis zur geistigen Gottesfreundschaft. Noch auffälliger als das Interesse der Gelehrten ist das plötzliche Auftreten einer umfangreichen Liebesdichtung, in der Ritter und Troubadours ihre Damen preisen oder ihrer Sehnsucht Ausdruck verleihen. »Wenn wir dem Mittelalter irgend etwas Neues auf dem Gebiet des Gefühls verdanken, dann ist es die ritterliche Minne«, erklärt Jacques Le Goff. Die Ehe, gewöhnlich verstanden als Einrichtung zur Zeugung rechtmäßiger Nachkommenschaft, ist in jener Zeit den Erfordernissen eines Verwandtschaftssystems, wirtschaftlichen Interessen und Erwägungen über den sozialen Rang unterworfen. Nicht zwei Menschen werden durch die Ehe verbunden, sondern zwei Vermögen, zwei Güter, zwei Familien. Innerhalb der Ehe kommt der Liebe daher nur eine untergeordnete Bedeutung zu. Liebe darf niemals das ohnehin schwer herstellbare Gleichgewicht der familiären, gesellschaftlichen und religiösen Ordnung stören. Die neu aufkommende ritterliche Minne macht es möglich, außerhalb der Ehe dauerhafte, auf Liebe gegründete Beziehungen zu unterhalten.

Diese sind niemals ohne erotische, aber in ihrer reinsten Form ohne geschlechtliche Seite. Von besonderen, von außen kommenden Erwartungen werden sie nicht belastet.[49]

Der rein theozentrische Himmel der Theologen konnte die Freunde der ritterlichen Minne nicht zufriedenstellen. Ein Ritter soll seiner Dame von einem doppelten Jenseits erzählt haben. Im einen leiden die allzu willfährigen, aber auch die frigiden, abweisenden Frauen. Das andere Jenseits ist für jene bestimmt, die sich in ihrem irdischen Leben an die Vorschriften der Minne hielten und ihren adeligen Verehrern ihre Gunst erwiesen. Er behauptet, das Paradies selber gesehen zu haben und schildert es als einen Ort mit »vielen wundervoll gestickten Liegen (*tori*, »Ehebetten«) aus syrischem Tuch und mit purpurnen Ornamenten«. Darauf haben sich die feinen Damen niedergelassen; die Ritter dagegen »suchten sich ihren Platz, wo sie wollten. Seligkeit und Glück waren unbeschreibbar unter ihnen. Das ganze Paradies diente nur ihrem [der Frauen] Vergnügen.« Nach der Mediävistin Betsy Bowden läßt uns der Ritter »nicht im Unklaren, worin das ewige Glück besteht: jede selige Frau besitzt ein eigenes für sie bereitetes *torus* [Ehebett], und jeder Liebesritter wählt sich eine Dame aus«. Die Ewigkeit wird als nie endender Liebesgenuß vorgestellt.[50]

Diese Geschichte steht in einem Handbuch der ritterlichen Minne. Der Autor der Schrift *Über die Liebe,* ein Kleriker namens Andreas Capellanus, verkehrte am Hof einer der Töchter des französischen Königs. Geschrieben um 1180, gilt dieses Buch als Spiegel des Lebens an den Höfen Frankreichs, falls es sich nicht um eine Satire auf die dortigen Verhältnisse handelt. Was immer die Bedeutung des Buches sein mag, es zeigt uns die kühnste mittelalterliche Darstellung eines Liebesparadieses. Dieser Himmel ist allerdings für das christliche Bewußtsein mehr als problematisch; auch ist sein keltischer Hintergrund nicht zu übersehen. Während Gott abwesend ist, herrschen im Paradies auf heidnische Weise eine Liebeskönigin und ein Liebeskönig. Das Verhältnis zwischen der Liebe zu Gott und der Leidenschaft für das andere Geschlecht hat manchen mittelalterlichen Denker geplagt. Der Ritter in der Geschichte des Andreas übergeht diesen Konflikt, indem er auf eine keltische Anschauung zurückgreift und diese seinen Bedürfnissen anpaßt. Er weicht dem Problem nur aus, löst es aber nicht.[51]

Der Held einer heiteren französischen Liedgeschichte (*chante-*

fable) aus der Zeit kurz nach 1200 gehört zu jenen, die sich dem Problem der beiden Liebesarten stellen. »Was hab' ich im Paradies zu tun?« brüstet sich Aucassin. »Es kommen dahin jene alten Priester, jene alten Krüppel und Lahmen, die Tag und Nacht vor den Altären und in den alten Grüften hocken. (...) Die kommen ins Paradies.« Er zieht die Hölle vor, »denn in die Hölle kommen die schönen weisen Meister und die schönen Ritter (...) und es kommen dahin die schönen höfischen Damen. (...) Mit diesen will ich gehen, wenn ich nur Nicolette, meine süße Freundin, bei mir habe.« Einen etwas milderen Protest als den Aucassins vernehmen wir in einem Sonett Giacaomo da Lentinis (gest. 1246):

> Doch möchte ich dort [im Paradies] ohne sie nicht sein,
> Mit ihrem Blondhaar und Gesicht, dem hellen,
> Denn ohne sie könnt' ich mich nimmer freun.
> Getrennt von ihr? das würde mir's vergällen.

Der Dichter beeilt sich, eine Entschuldigung anzufügen: »Das sag ich nicht, weil mich gelüstet, je der Fleischeslust mich dorten zu ergeben.« Er ist sich also der Kühnheit seines Wunsches bewußt.[52]

Giacomos Gedicht gehört in den Zusammenhang einer veränderten Wahrnehmung der Liebe zwischen den Geschlechtern, die ihren ersten Ausdruck bei den provenzalischen Minnesängern des frühen 12. Jahrhunderts fand. Die von den Troubadours im höfischen Milieu erlebte Spannung zwischen persönlichem Liebesglück und gesellschaftlicher Konvention wurde durch religiöse Lehren noch verschärft. Wer von irdischer Liebe und Leidenschaft singt, gerät in Konflikt mit der kirchlichen Lehre von der Nichtigkeit des irdischen Daseins, der Gegensätzlichkeit von Fleisch und Geist sowie der Sündhaftigkeit nichtehelicher Beziehungen. Noch schwerer wiegt der Konflikt zwischen der Liebe zur Dame und der Liebe zu Gott. Wenn immer die Liebe eines Dichters an Götzendienst grenzt, muß er auf einen Vorwurf gefaßt sein wie jenen, den Guido Guinizelli von Bologna (1230–1276) in Worte faßt. »›Wes' hast du dich vermessen?‹ wird Gott sagen, wenn, Herrin, meine Seele vor ihm steht. ›Du schrittest durch den Himmel, kamst zu Mir dann und nahmst für eitle Liebe Mich zum Maßstab; denn Mir gebührt das Loben und auch der Königin des würd'gen Reiches, die allen Trug beendet‹.« In Gottes Gegenwart lösen sich die höfischen Liebesverhältnisse auf. Bestenfalls darf der Troubadour seine Liebe auf die Jungfrau Maria übertragen. Menschliche Liebe und Gottesliebe sind schwerlich miteinander zu vereinen.[53]

Zumindest *ein* Troubadour entkam dem Dilemma, indem er die beiden Arten der Liebe miteinander versöhnte. Nach Arnaut Daniel (um 1200) muß die Liebe eines Mannes von den natürlichen Beziehungen zu Familie und Verwandtschaft befreit und so geläutert werden. Wahrer Liebe wert sind nicht die Mitglieder der Familie, sondern nur die Dame und Gott. Die Verehrung einer Frau in ritterlicher Minne kann zum Himmel führen. So erwartet Arnaut in der anderen Welt das doppelte Glück der Gegenwart seiner Dame und seines Herrn. »Mehr lieb' ich sie als Vetter und als Oheim; so wird meine Seele einst im Paradies *doppelte Freude* haben, wenn treuer Liebe wegen der Mensch dort eingeht.«[54]

Mehr als ein Jahrhundert später findet sich ein schwaches, aber doppeltes Echo von Arnauts kühner Lösung in Dantes *Vita Nuova* und Boccaccios (1313–1375) *Leben Dantes*. Am Ende seiner Liebesgedichte gibt Dante der Hoffnung Ausdruck, »daß meine Seele die Herrlichkeit ihrer Herrin sehen darf, das ist die selige Beatrice, die nun in der Herrlichkeit das Antlitz dessen erblickt, der in alle Ewigkeit gepriesen sei«. Deutlicher stellt sich Boccaccio vor, wie Dantes Seele im Jenseits von seiner geliebten Beatrice empfangen wird. Dort lebt er mit ihr und vor Gott, »im Angesichte dessen, der sein höchstes Gut ist«. Obwohl sich Mensch und Gott in Harmonie befinden, räumen die beiden Italiener doch Gott den ersten Platz ein – zumindest erfordert das die fromme Rhetorik. Selbst die glühendste menschliche Liebe muß Gott als das höchste Gut anerkennen.[55]

Außerhalb der poetischen Überlieferung findet sich Arnauts »doppelte Freude« in einem unerwarteten Zusammenhang. Jordanus von Sachsen war fünfzehn Jahre lang Ordensgeneral der Dominikaner (1222–1237). Er setzte sich nicht nur für die Errichtung von Frauenkonventen ein; er stand den Nonnen auch persönlich sehr nahe. In seinen 37 erhaltenen Briefen an Diana von Andalò macht er aus seiner Liebe zu der adeligen Nonne eines Klosters in Bologna kein Hehl. Unermüdlich auf Reisen zwischen Niederlassungen seines Ordens in Deutschland, Italien und Frankreich, konnte Jordanus Diana nur selten besuchen. »O Diana«, seufzt er in einem Brief, traurig ist unser jetziger Zustand, den wir erdulden. Wenn wir einander hier lieben, so geschieht selbst dies nur mit Schmerz und Kummer. Es ist Dir schmerzlich und macht Dir Kummer, daß Du mich nicht beständig sehen kannst. Ebenso bekümmert es mich, daß mir so selten vergönnt ist, in Deiner Gegenwart zu weilen. Wer wird uns führen in die sichere Stadt, in die Stadt des Gottes der Heerscharen (...), wo wir von Ihm und voneinander nicht mehr sehnsüchtig getrennt sind?

Für Jordanus können seine Liebe zu Gott und seine spirituelle Leidenschaft für Diana nur in der »sicheren Stadt« erfüllt werden, dem himmlischen Jerusalem.[56]

Der harmonische Ausgleich von menschlicher Liebe und Sehnsucht nach Gottes Nähe gelang offenbar nur wenigen Autoren. Wir müssen ihn als die persönliche Leistung von Arnaut und Jordanus ansehen. Bei beiden dürfte die Harmonie ein beachtliches Maß an geistiger Auseinandersetzung und religiösem Ringen voraussetzen. Bei Arnaut ist es nicht einmal sicher, ob er den Glauben an eine »doppelte Freude« während seines ganzen Lebens behielt. Einer mittelalterlichen Überlieferung zufolge soll er eines Tages Dichtung und Minne aufgegeben haben, um als Mönch zu sterben. Obwohl veröffentlicht und bekannt, erlangte Arnauts einsichtsvoller Kompromiß nie allgemeine Anerkennung.[57]

Auch Francesco Petrarca (1304–1374) war in diesen Konflikt zwischen Gottesliebe und menschlicher Leidenschaft verwickelt. Obgleich ein Bewunderer und Nachahmer Arnauts, blieb auch der Vater des italienischen Humanismus eine Gestalt des Mittelalters, unfähig, das Gewicht der Tradition abzuwerfen. Nach dem Tod seiner geliebten Laura fand er keine Lösung. In einem seiner Gedichte lädt ihn die verstorbene Freundin zu sich in den Himmel ein. Von Zweifeln geplagt und wohl auch, um einer Kritik vorzubeugen, verteidigt er diese »keuschen Worte voller Feier«. Das Jenseits muß theozentrisch bleiben. In einem anderen Gedicht bekennt er sich zu Arnauts Synthese. Er sehnt sich danach, beide zu sehen: Christus *und* Laura – »meinen Herrn und meine Dame« *(veggia il mio Signore e la mia donna)*. Petrarca konnte sich aber nicht zu einer einfachen, ihn selbst überzeugenden und seine Zweifel besiegenden Harmonie zwischen dem Göttlichen und dem Menschlichen durchringen.[58]

Während seiner ganzen dichterischen Laufbahn konnte Petrarca dem Konflikt zwischen den beiden Arten der Liebe nicht entrinnen; stets stand er in der Spannung zwischen »humanistischem

Abb. 12: Erlöstes Paar, die Hand haltend

Selbstbewußtsein und katholischem Schuldgefühl«. Als er zu der
Ansicht fand, Laura in ihrer Reinheit habe zur Läuterung seines
Charakters beigetragen und ihn zu Gott geführt, spürte er gleichzeitig den Widerspruch der scholastischen Tradition. Deren Ein-
wand läßt er den heiligen Augustinus, seinen imaginären Gesprächspartner, aussprechen: »Sie hat deinen Geist der Liebe zu
Gott entfremdet und deine Leidenschaft auf die Schöpfung ge-
lenkt. Das ist der kürzeste Weg zum Tod.« Nach der Lehre des
Kirchenvaters gibt es eine klare Rangordnung der Liebe. Die
Liebe zu Gott steht an erster Stelle; alle anderen Formen sind
zweitrangig und abgeleitet. Göttliche Liebe und menschliche Leidenschaft dürfen nicht verwechselt werden. Die Annahme, irdische Leidenschaft könne sich in reine Gottesliebe verwandeln, ist
eine Selbsttäuschung. Zumindest in seinem *Secretum* (dem Dialog
mit Augustinus) beugt sich Petrarca der Autorität seines vorge-
stellten Seelenführers.[59]

Lösungen solcher Konflikte werden nicht selten in der Kunst
gefunden. Über dem mittleren Eingang von Notre Dame in Paris
wird das Tympanon von einer Reliefdarstellung des Jüngsten Gerichts ausgefüllt (*Abb.* 12). Dort sind heilige Männer und Frauen

in langen Gewändern und mit Kronen dargestellt. Nachdem sie das Gericht des Erzengels passiert haben, erheben sie den dankbaren Blick zu ihrem Erlöser, der über ihnen thront. Eine Heilige teilt ihre Aufmerksamkeit zwischen Christus und ihrem Geliebten. Während sie nach oben schaut, hält sie liebevoll die Hand ihres Gemahls. Ein Jahrhundert später erlaubt Dante seiner Beatrice, ihn mit einem kurzen Blick und einem freundlichen Lächeln zu grüßen, um sich dann wieder dem göttlichen Licht zuzuwenden. Der flüchtige Blick und das Halten der Hand mögen den Erfordernissen der Scholastik entsprechen; aber Aucassins Leidenschaft und Petrarcas Begierde können sie schwerlich stillen.

Theologen wie Bernhard von Clairvaux (1090–1153) suchten den neuen Sinn für Liebe in eine andere Richtung zu lenken und für die Frömmigkeit nutzbar zu machen. Dabei sollten nicht wie in der Scholastik Wissen und Erkenntnis zu Gott führen; diese Aufgabe sollte vielmehr einer leidenschaftlichen Liebe zufallen. Im Hohenlied der Bibel entdeckte Bernhard eine spirituelle, auf Gott gerichtete Erotik. Mit Gott und menschlicher Seele gleichgesetzt, wurden Freund und Freundin zum Modell und Vorbild religiöser Erfahrung. Bernhards *Predigten über das Hohelied* verliehen dem mittelalterlichen Christentum eine verinnerlichte, emotionale Seite und regten viele Generationen von Mystikern an.

Bernhards Liebesmystik fand ihren lebendigsten Ausdruck in den Visionen mittelalterlicher Frauen. Im Hochmittelalter wurden zahlreiche Frauenklöster und Beginenhäuser gegründet und zogen eine wachsende Zahl von Frauen an. Im Unterschied zu früheren Sehern richtete sich das Interesse der Mystikerinnen des 13. Jahrhunderts nicht auf den materiellen Charakter des Himmels. Obgleich ihr Himmel konkret und gegenständlich blieb, galt ihre Aufmerksamkeit allein dem Herrn des Himmels. Ihr ganzes Verlangen war auf die Vereinigung mit ihm gerichtet. Jakob von Vitry (1180–1254) berichtet von Frauen, »die in so besonderer und wunderbarer Liebesergriffenheit zu Gott aufgehen, daß sie vor Verlangen krank wurden und sich durch viele Jahre nur selten vom Bett erheben konnten«. Diese Bräute Christi »hatten keinen anderen Grund für ihre Krankheit als Ihn, aus Verlangen nach Dem ihre Seelen vergingen, süß ruhend mit dem Herrn. Um wie vieles sie im Geiste gestärkt wurden, um so vieles wurden sie am Leib geschwächt.« Jakob von Vitry sprach über diese im Ruf der

Heiligkeit stehenden Frauen und ihre Verbindung zur anderen Welt mit großer Hochachtung.[60]

In ihren Verzückungen meinten einige der Mystikerinnen, der Herr habe ihre Seele besucht. Andere berichteten, ihre Seele habe den Leib verlassen, sei zum Himmel aufgestiegen und dort von Christus empfangen worden. Ihn verehrten sie als Geliebten und Bräutigam. Christus beantwortete die Liebe mit gleicher Leidenschaft, so daß sich Gott und Mensch in echter Partnerschaft begegneten. Eine solche Partnerschaft kennzeichnet das Leben der deutschen Mystikerin Mechthild (1207–1282). Nur wenig älter als zwanzig Jahre, floh sie nach Magdeburg in ein Beginenhaus, wo sie mehr als drei Jahrzehnte ihres Lebens verbringen sollte. Beginen sind Frauen, die ihre oftmals adeligen Familien verlassen und sich kleinen, unabhängigen Gemeinschaften anschließen. Eine typische Beginengemeinschaft lebt in der Stadt, wählt eine Meisterin und verbringt ihre Zeit mit Gebet und Arbeit. Beginen halten die Gelübde der Keuschheit und des Gehorsams, solange sie einer Schwesterngemeinschaft angehören. Sie können diese aber auf Wunsch jederzeit verlassen und ohne Schande heiraten. Im Magdeburger Beginenhaus erlebte Mechthild ihre Visionen und zeichnete sie in der niederdeutschen Volkssprache auf. Der oftmals ins Poetische gehende Stil verrät ihre höfische Erziehung.

Mechthild beschreibt den Himmel und den Wohnort Christi im *Fließenden Licht der Gottheit.* In ihren Visionen erscheint das Jenseits nicht als undifferenzierter Raum; vielmehr setzt es sich aus verschiedenen Örtlichkeiten zusammen. An einer unzugänglichen Stelle der Erde befindet sich das irdische Paradies; das ist der unterste Teil des Himmels. Durch eine besondere Gunst kann Mechthilds Seele dort zwei alttestamentlichen Gestalten begegnen, Henoch und Elija. Mit ihnen wandert sie durch einen prachtvoll angelegten Garten mit Bäumen, sanft dahinfließenden Bächen und einer von Wohlgerüchen erfüllten Luft. Über dem irdischen Paradies erhebt sich dessen himmlisches Gegenstück. Dorthin kommen die Seelen, schreibt Mechthild ohne weitere Erklärung, die weder ins Fegfeuer geschickt werden noch des Himmels selbst würdig sind.[61]

Wenn dieses Gebiet, das gleichsam zwischen Himmel und Erde liegt und an beiden teilhat, der *erste Himmel* genannt wird, dann liegt der *zweite Himmel* oberhalb dieses ersten. Der zweite Himmel besitzt die Gestalt eines riesigen Kegels mit zehn Ebenen oder

»Chören«. Da sich der Kegel nach oben hin verjüngt, bieten die oberen Ränge den Engeln oder Heiligen immer weniger Platz. Ursprünglich waren alle Ränge von Engeln besetzt. Ein Aufstand im Himmel führte jedoch zur Verstoßung Luzifers und seiner Anhänger, so daß leere Plätze entstanden. Nach dem Jüngsten Gericht werden die Seligen diese leeren Plätze einnehmen; sie werden ihnen je nach Verdienst zugewiesen. Kinder, die früh starben und noch kein religiöses Verdienst erwerben konnten, bevölkern die unteren Ränge. Anders als die übrigen Seligen tragen sie keine Kronen und können deshalb von Mechthild erkannt werden. Da sie nicht gelebt haben, können sie die Krone des Lebens nicht erwerben. Weil sie nicht gekämpft haben, steht ihnen die Siegeskrone nicht zu. Die drei obersten Ränge hat Gott den Märtyrern (8. Ebene), Aposteln (9. Ebene) und heiligen Frauen (10. Ebene) vorbehalten. Der 10. Chor gehörte früher den Anführern der gefallenen Engel; nun ist er für Jungfrauen wie Mechthild und natürlich für Maria, die allerheiligste Jungfrau, bestimmt.[62]

In einer ihrer Visionen sieht Mechthild, wie Seelen aus dem Fegefeuer in den Himmel aufgenommen werden. Alle Neuankömmlinge erhalten Kronen, einige werden von Gott selbst gekrönt. Auf diese Weise erfüllt sich die biblische Verheißung: »Sei getreu bis in den Tod, so will ich dir die Krone des Lebens geben.« Die Seligen tanzen und singen zur Verehrung der Dreifaltigkeit. Ihr Gesang wird durch eine warme, von der Gottheit ausgehende Lichtflut beantwortet. So enthält die himmlische Liturgie eine dramatisch inszenierte Anschauung Gottes.[63]

Auf einer noch höheren Ebene, die wir den *dritten Himmel* nennen können, findet eine leidenschaftlichere Liturgie statt. In diesem Teil des Himmels wohnt Gott; dort befindet sich sein Thron, sein Palast und das Brautgemach Christi. »Über diesem Gottesthron ist nichts weiter als Gott, Gott, Gott; der unermeßlich große Gott.« Gewöhnlich betreten die Heiligen diese Region nicht. Jedoch kann es dort zu einer intimen Begegnung zwischen Christus und den heiligen Frauen (des zehnten und obersten Chores der himmlischen Hierarchie) kommen. Auf einer ihrer Jenseitsreisen wird auch Mechthild in die »verborgenen Kammern« eingelassen, die den reinsten Jungfrauen vorbehalten sind. Nach einem Bericht geht sie auf Christus zu, als dieser auf seinem Thron sitzt: »Dann kniete sie nieder und dankte ihm für seine Gnaden und nahm ihre Krone von ihrem Haupte und legte sie auf die rosenfarbenen Narben seiner Füße und bat, daß sie ihm näher treten dürfe. Da nahm er sie in seine göttlichen Arme und legte seine väterliche Hand auf ihre Brust und schaute in ihr Antlitz. In dem Kusse wurde sie dann entrückt in die höchste Höhe über alle Chöre der Engel.« Für die Jungfrauen des zehnten Chores hält Christus letzte und unüberbietbare Wonnen bereit.[64]

In einer anderen Vision wird das höfische Thema der heimlichen Begegnung der Liebenden aufgegriffen. Im Himmel erscheint Mechthilds Seele in Gestalt einer Edelfrau. Lange Zeit hat sie den Liebeserklärungen eines »schönen Jünglings« keine Beachtung geschenkt. Nun aber läßt sie ihn wissen, daß sie einwilligt. Als der Graf – das ist der Jüngling – kommen soll, wird die Frau von ihren Zofen geschmückt und in einen Wald geführt, wo Nachtigallen und andere Vögel singen. Nach einem Tanz ist die Dame erschöpft und sehnt sich nach der Umarmung des Geliebten. Sie treffen sich mittags im Schatten in der Nähe eines Baches und gehen in ein Schloß. »Nun geht die Allerliebste [Mechthild] zu dem Allerhöchsten [Christus] in die verborgenen Kammern der unsichtbaren Gottheit. Dort findet sie der Minne Bett.« Der Herr spricht mit ihr zärtlich und sagt: »Ihr sollt nackt sein! (...) Darum sollt ihr von euch legen beides, [die Gewänder von] Furcht und Scham und alle äußeren Tugenden. Nur die, die von Natur in euch leben, sollen euch ewiglich erregen. Dies ist euer edles Verlangen und eure grundlose Begehrung. Die will ich ewig erfüllen mit meiner endlosen Verschwendung.«[65]

Mechthild antwortet, zuerst furchtsam und zagend: »Herr, nun bin ich eine nackte Seele und Du in Dir selber ein reichgeschmückter Gott.« Aber die Liebe vertreibt die Furcht und hebt ihre Seele zur Gleichheit mit dem göttlichen Geliebten empor. Als sie ihr Selbstbewußtsein zurückgewonnen hat, weiß sie: »Unser zweier Gemeinschaft ist ewiges Leben ohne Tod.« Und nicht weniger selbstbewußt berichtet sie dem Leser: »Und es ward ihrer beider Wille. Er gibt sich ihr, und sie gibt sich ihm.« Mechthild weiß aber auch, daß die heimliche Feier ihrer Verbindung nicht ewig dauern kann. Schon bald trennen sie sich, aber ihre Herzen bleiben für ewig vereint.[66]

Aus Mechthilds Sicht gibt es im Himmel zwei unterschiedliche Weisen, die göttliche Gegenwart zu erfahren. Die einfache *Anschauung* Gottes ist allen Seligen zugänglich, wobei die Märtyrer und Apostel den Vorzug einer besonderen Nähe zum göttlichen

Thron genießen. Die *Vereinigung* mit Christus ist jedoch den bevorzugten reinsten Jungfrauen vorbehalten. Während sie sich mit Christus in unübertrefflicher Weise vereinigen, können sich die übrigen Heiligen nur »im süßen Anschauen (...) befriedigen«. Jungfräulichkeit erhält nach Mechthilds Auffassung den größten und persönlichsten himmlischen Lohn.[67]

Wenn das Begehren der weiblichen Seele erfüllt wird, hat das nichts mit unerlaubter Sexualität zu tun. Nicht einmal von rechtmäßiger Ehe kann die Rede sein. Mechthild und Christus sind nicht Mann und Frau, sondern eher Liebende, die – jedenfalls zunächst – den Regeln der ritterlichen Minne folgen. In »keuscher Liebe«, erklärt ein mittelalterlicher Traktakt, »gehen die Liebenden nicht weiter, als sich zu küssen, sich zu umarmen, nackt zu liebkosen. Zur Hingabe aber kommt es nicht, weil die keusche Liebe das verbietet.« Die Regeln der Minne erlauben es den Geliebten, einander zu sehen, miteinander zu sprechen und auch nackt Zärtlichkeiten auszutauschen. Wenn sich Mechthild mit ihrem göttlichen Geliebten trifft, folgen sie der Vorschrift der Minne nur bis zu einem gewissen Punkt. Die mystische Vereinigung gewährt Christus und der Seele, was die keusche Minne den irdischen Liebenden versagt.[68]

Mechthild verbrachte das letzte Jahrzehnt ihres Lebens im Konvent der Zisterzienserinnen von Helfta in Sachsen, unweit von Eisleben, wo Martin Luther zweihundert Jahre später geboren wurde. Damals lebten noch weitere Mystikerinnen im Kloster von Helfta. Die bekannteste von ihnen ist Gertrud (1255–1302), die eine Heilige der katholischen Kirche wurde. Wahrscheinlich hat Mechthild die um viele Jahre jüngere Schwester als deren geistliche Beraterin gefördert. Gertruds mystisches Tagebuch, der *Gesandte der göttlichen Liebe*, zeigt uns eine Frau mit einer anderen Lebensgeschichte und einer anderen Veranlagung als Mechthild. Während sich Mechthild im Alter von etwa zwanzig Jahren einer Beginengemeinschaft anschloß, wuchs Gertrud im Kloster auf. Dort erhielt sie auch eine gründliche theologische Ausbildung. Anders als Mechthild konnte sie Latein lesen und schreiben. Oft zitiert sie ihre Lieblingsautoren Augustinus und Bernhard von Clairvaux.

Gertrud von Helfta versteht die mystische Brautschaft ganz wörtlich; in ihrer Beschreibung der Liebesvereinigung mit Christus finden sich kaum Anklänge an die Minne. In einer Christusvision sah sie »einen liebenswürdigen, zartgliedrigen, etwa sechzehnjährigen jungen Mann, wie er damals für meine äußeren Augen wünschenswert gewesen wäre«. Die Freundschaft mit diesem Mann machte ihre klösterliche Einsamkeit erträglich. In Anlehnung an das Hohelied redet sie Jesus als Geliebten und Gemahl an:

> Du beglückender, vertrauter einziger,
> Du zärtlicher Schmeichler,
> Mildester Freund,
> Leidenschaftlichster Liebhaber,
> Süßester Bräutigam,
> Keuschester Eiferer.

Jesu eigene Liebeserklärung fällt nicht weniger leidenschaftlich aus: »Ich bin so sehr mit dir in Liebe verbunden, daß ich ohne dich nicht glücklich leben kann. (...) Ich werde niemals dulden, daß wir voneinander getrennt werden.« Gertrud berichtet auch von einem Liebeslied, das er für sie sang. Wenn die Verbindung mit ihr die einzige Frucht seiner Schmerzen und seines Leidenswegs gewesen wäre, hätte ihm das genügt, bemerkt er dazu. Kann ein Liebender mehr tun, als für seine Geliebte zu sterben?[69]

Während Mechthild die freie und ungezwungene Begegnung der Liebenden nach der Art der Minne schildert, bedient sich Gertrud vorwiegend der Ehemetaphorik des Bernhard von Clairvaux. Nach ihrem Bericht »nahm sie der Herr in seinen Schoß auf, und er umarmte sie innig und liebkoste sie. (...) Er bedeckte ihre Augen, ihre Ohren, ihren Mund und ihr Herz, ihre Hände und Füße mit Küssen.« Gertrud bestand auf der Keuschheit dieser Liebe: »Wenn ich Ihn liebe, bin ich keusch; wenn ich Ihn berühre, bin ich rein; wenn ich ihn empfange, bin ich Jungfrau.« Andernorts versteht sie sich als Königin, die mit dem himmlischen König Thron und Bett teilt. Christus selbst erklärt: »Niemand kann mich hindern, Dich nach meinem Wohlgefallen zu erhöhen und zu mir zu nehmen, da es Dir wie der Angetrauten eines Königs zukommt, Königin genannt und wie eine Königin geehrt zu werden.«[70]

Gertruds Vorstellung hat eine genaue Entsprechung in der Kunst des 12. Jahrhunderts. Eine bayerische Handschrift zeigt die verherrlichte Seele (die auch als Kirche verstanden wird) auf dem Thron neben Christus (*Abb.* 13). Sie wird von Christus umarmt und trägt eine Krone. Nach einer bekannteren Darstellung in Santa Maria in Trastevere in Rom legt Christus den Arm um seine Mutter – seine Gemahlin und Königin (*Abb.* 14). Ob diese Frau als

Abb. 13: Die Seele als Königin

die Jungfrau Maria oder die menschliche Seele identifiziert wird, ist ohne Belang, denn beide teilen dasselbe Schicksal. Die Verheißung solcher Bilder wird von Predigern auch in Worte gefaßt. »Der König des Himmels«, heißt es bei Stephan Langton (1150–1228), »umfaßt Dich mit liebenden Armen und gibt Dir den Kuß des Heils.«[71]

Gertrud erwartete, nach diesem Leben endgültig mit ihrem Bräutigam vereinigt zu werden. In ihren geistlichen Übungen be-

Abb. 14: Maria und Christus als königliches Paar

reitet sie sich auf diesen Augenblick vor: »Laß mich in bräutlicher Liebe und hochzeitlicher Umarmung erfahren, wie Du bist. (...) Führe mich im Kuß Deines honigsüßen Mundes als Dein Eigentum in das Brautgemach Deiner wonnevollen Liebe.« In ihrer Vorbereitung auf den Tod versteht Gertrud ihr Sterben als Himmelfahrt, die an die Himmelfahrt der heiligen Jungfrau erinnert. In der Liturgie von Mariä Himmelfahrt klingt derselbe Gedanke an: »Maria, die Jungfrau, ward aufgenommen ins himmlische Brautgemach; hier sitzt der König der Könige auf sternenumkränztem Throne.« Eine andere Antiphon desselben Festes sieht sie als Königin: »Heute schwebte die Jungfrau Maria zum Himmel empor. Freuet euch; nun herrscht sie mit Christus in Ewigkeit.« Gertrud bezog solche Gedanken auf sich selbst. War sie nicht eine Jungfrau wie Maria?[72]

Wenn Gertrud von sich als Braut Christi spricht, so ist dies nicht ohne Paradox möglich. Sie ist nämlich nicht die einzige Braut des Herrn; alle sich ihm weihenden Jungfrauen sind es ebenso. Trotz der Bevorzugung im mystischen Erlebnis verstehen sich Mechthild und Gertrud nicht als besondere, von anderen grundsätzlich verschiedene Persönlichkeiten. Sie stehen nicht außerhalb und schon gar nicht über der Gemeinschaft. Im Gegenteil: Ihre Erfahrung will Muster und Vorbild für andere sein, die nach demselben Erlebnis streben sollen. Da es viele Jungfrauen gibt, muß es ebenso viele Bräute geben, und eheliche Freuden sind für alle möglich. In Gertruds zweitem Buch, den *Geistlichen Übungen*, steht eine Andacht, in der alle Jungfrauen – die Nonnen – ihre eheliche Vereinigung mit Christus feiern. Wenn die Vorbeterin die individualistisch klingende Bitte ausspricht: »Führe mich im Kuß Deines honigsüßen Mundes als Dein Eigentum in das Brautgemach Deiner wonnevollen Liebe«, so antwortet die Kommunität in liturgischer Eintracht: »Wir bitten Dich, erhöre uns« (*te rogamus audi nos*). Die mittelalterliche Mystik sucht nicht die Selbstverwirklichung des einzelnen in einem einzigartigen, nicht wiederholbaren Verhältnis zu Christus; vielmehr fördert sie die Zusammengehörigkeit einer Gruppe und versteht die Rolle der »Braut« als ein emotionales Muster für religiöse Erfahrung.[73]

Gertrud beschäftigte sich nicht nur mit ihrem eigenen ewigen Schicksal, sondern auch mit dem ihrer Mitschwestern. Diese werden ebenso zum Himmel auffahren und sich mit dem Bräutigam vereinigen. Gertrud verfolgte jeden Sterbefall in ihrem Kloster mit großer Anteilnahme, und manchmal erhielt sie in einer Vision Aufschluß über das Schicksal einer Toten. Als eine Mitschwester starb, sah Gertrud, wie deren Seele von Engeln zum Himmel geleitet wurde. Die Seele kam vor den göttlichen Thron; dort »stellte sich Jesus, der Bräutigam der Jungfrauen, vor sie und sagte zärtlich: ›Du bist mein Ruhm.‹ Danach setzte er ihr die Krone des Reiches auf und ließ sie auf dem Thron der Herrlichkeit Platz nehmen.« Vor ihrem eigenen Tod fiel Gertrud von einer Trance in die andere, und ihr Bewußtsein wurde von Visionen überflutet. Jesus erklärte ihr, sie werde nach dem Tode in einen himmlischen Palast geführt; dort werde sie bis zum Hochzeitstag mit allen Ehren bedient. Dann komme der König selbst und werde sie zu seinem Throne geleiten. Als sie sich auf das Sterben vorbereitete, sah sie sich in der Gestalt einer jungen Frau, die in den Armen Christi ruht.[74]

Ihre Beziehung zu Christus verstehen Gertrud und Mechthild als die Liebe einer Frau zu einem Mann. Mechthild bedient sich eines höfischen Modells, um das mystische Verhältnis auszudrükken. Sie ist die Dame, und Christus spielt die Rolle des Geliebten. Davon abweichend, faßt Gertrud ihre Beziehung als die von Eheleuten auf. Sie benutzt die Brautmetaphorik allerdings in einer neuen und radikalen Weise. Während Bernhard von Clairvaux jede fromme Seele als die Braut Christi bezeichnet, beschränkt Gertrud die Gottesbrautschaft auf Jungfrauen wie sie selbst. Nach ihr können nur *Frauen* wirkliche Bräute Christi sein. Wie Mechthild unterscheidet auch sie stillschweigend zwischen der beseligenden *Anschauung Gottes* und dem *beseligenden Liebesspiel.* Die Anschauung Gottes ist allgemein, objektiv und allen zugänglich, auch den Engeln. Der Zutritt zum himmlischen Brautgemach hat einen höheren Rang, ist individueller und auf einen kleinen Kreis vollkommener Jungfrauen beschränkt. Deutlicher ausgesprochen, hätte diese Lehre die Berufstheologen entsetzt. Sie glaubten, ein Geschöpf könne niemals das *coelum Trinitatis,* den höchsten Bereich des Himmels und Wohnort der Gottheit, betreten. Der Himmel des Aquinaten verdankt seine Gestalt dem Verstand und nimmt keine Rücksicht auf erotisches Gefühl und Leidenschaft. Die scholastische Vernunft trennt das Menschliche und das Göttliche, aber die mystische Begabung fügt sie in unübertrefflicher Weise wieder zusammen.[75]

Die Nonne oder Begine gilt nicht nur in mystischen Visionen als wahre Braut Christi; auch in Gottesdienst und Predigt kommt dieser Gedanke zum Ausdruck. Schon die Ablegung der Gelübde wird als feierliche Trauung mit Brautmesse gestaltet. Höhepunkt ist der Trauakt, bei dem der Bischof der Nonne mit folgenden Worten einen Trauring überreicht: »Ich traue dich Jesus Christus an. (...) Empfange also den Ring der Treue (...), auf daß du Braut Gottes heißest« *(desponso te Jesu Christo... Accipe ergo anulum fidei... ut sponsa Dei voceris).* Die Äbtissin Hildegard von Bingen läßt ihre Schwestern an Festtagen sogar weiße Hochzeitskleider tragen, wobei Brautkranz, Ringe und das Christuslamm als Wappen im Schmuck nicht fehlen. Die Mediävistin Caroline Bynum meint, die Nonnen hätten in dieser Kleidung die Kommunion empfangen – als Vorgeschmack der endgültigen Vereinigung mit Christus. Die Nonne als Braut Christi blieb in der katholischen Kirche eine lebendige Vorstellung. In manchen Orden tragen die Schwestern am Tag der Ablegung ihrer Gelübde noch heute Brautkleider, erhalten Ringe und ein mit Blumen geschmücktes Bett.[76]

In einer englischen Regel für Reklusen werden die Frauen von ihrem priesterlichen Seelsorger angehalten, sich mit folgendem

Gebet an Maria zu wenden: »O Herrin, heilige Maria! (...) Gewähre mir, daß ich im Himmel Dein seliges Antlitz schauen darf oder wenigstens die Herrlichkeit der Jungfrauen erblicken, auch wenn ich ihrer Gemeinschaft nicht gewürdigt werden sollte.« Die Jungfrauen gehören also zu den größten Attraktionen des Himmels. In einer wie die Reklusenregel um 1200 entstandenen volkssprachlichen englischen Predigt ist die Rede von Patriarchen, Propheten, Aposteln, Märtyrern, Bekennern und Jungfrauen in der anderen Welt. Der Prediger – es handelt sich zweifellos um einen Mann – sagt über jede dieser Gruppen etwas, aber erst bei der letzten Gruppe wird seine Rede begeistert und erhält dichterischen Schwung. »Die Schönheit ihrer Züge und die Lieblichkeit ihres Gesanges, wer kann sie beschreiben?« Die Frauen übertreffen alle anderen Seligen und beeindrucken alle. Selbst Gott ist begeistert. Wo immer sie sich aufhalten, verströmen sie betörenden Duft. Gott, der sonst auf seinem Thron sitzt und Bitten und Gebete entgegennimmt, erhebt sich zu ihrer Ehre, wenn sie vor ihn treten. Diese Begeisterung war unter Nonnen und Beginen zweifellos bekannt. Einige von ihnen, wie Mechthild und Gertrud, nahmen sie zum Ausgangspunkt für ihre persönliche Theologie.[77]

Der reichliche Gebrauch von Brautmetaphorik und erotischer Sprache, dem Hohenlied der Bibel oder der Minnedichtung entlehnt, verleiht der Mystik ihren besonderen emotionalen Charakter. In der Bibel wird die Gottesliebe befohlen, und ihr fehlen deshalb Spontaneität und Leidenschaft. Liebe ist oft ein Rechtsbegriff, der Unterwerfung, Treue, Dienst und Gehorsam des ganzen Volkes meint, weniger die gefühlsmäßige Beteiligung des einzelnen. Die Erfahrung der Mystik läßt solches Denken hinter sich. Nach ihr können Gott oder Christus persönlich, mit herzlicher Zuneigung, glühender Leidenschaft und erhabener Erotik geliebt werden.[78]

Der Himmel des Mittelalters

Im Mittelalter bedeutete der Himmel die Verheißung der ewigen Stadt, die Verheißung der Erkenntnis Gottes und die Verheißung von Liebe, besonders der Liebe Christi. Die neue Entwicklung der Stadt, der Aufschwung der Vernunft und die Entfaltung der Liebe führten nicht zu einem einheitlichen Bild der anderen Welt, sondern zur Ausprägung von drei neuen, voneinander unabhängigen Auffassungen. Vielfältig und reich, ist das mittelalterliche Denken ein Spiegel seiner uneinheitlichen sozialen Welt. Künstler und Dichter, gebildete Theologen und Mystikerinnen tragen jeweils ihre eigene Auffassung des Himmels vor, und jede von ihnen besitzt ihren eigenen Sinn und ihre eigene Schlüssigkeit. Nach einer langen Zeit kulturellen Stillstandes bedeuten diese neuen Bilder eine Herausforderung für den asketischen Himmel des Neuen Testaments und ein neues Durchdenken der Einsichten Augustins.

Der Himmel der Mönche war vor allem durch deren Umwelt geprägt – einer ländlichen oder städtischen, je nach der bevorzugten Heimat des Predigers. Das ländliche Jenseits besteht aus viel Grün, gemäßigtem Klima und den duftenden Blumen Edens. Männer und Frauen sind nackt und unschuldig. Obwohl dieses Bild in einigen Abhandlungen des frühen Mittelalters ausgeführt ist, sollte es erst in der Renaissance seine volle Bedeutung erlangen. Die mittelalterliche Phantasie wurde mehr durch das Wiederaufblühen der Städte angeregt. Der Himmel wurde selbst zur Stadt – im neuen Jerusalem der Bibel, in der irdischen Pracht der Kathedralen oder im visionären Erlebnis himmlischer Schlösser. Berichte über die andere Welt schwelgen von goldenen Straßen, juwelenbesetzten Gebäuden und prächtig gekleideten Menschen. Trotz (oder vielleicht auch wegen) der städtischen Lebensverhältnisse mit engen und finsteren Gassen, zugigen Burgen, derb gekleideten Bewohnern und penetrantem Geruch von Pferdemist erhielt die Stadt einen festen Platz unter den christlichen Himmelsvorstellungen.

Nach Auffassung der Theologen, die sich als geistige und bevorrechtigte Elite wußten, dienten die Spekulationen der Mönche nur zur frommen Unterhaltung des ungebildeten Volkes. Wer die Vernunft über alles stellt, hat kein Interesse an einer himmlischen Umwelt. Bischof Otto von Freising (1112–1158) schließt seine Darstellung der Weltgeschichte mit einem Ausblick auf das ewige Leben; er legt aber Wert darauf, keine falschen Erwartungen zu wecken. Nach ihm ist das neue Jerusalem nicht wörtlich als eine auf der Erde erbaute Stadt aus richtigen Steinen, mit goldenen Straßen und Perlen als Toren zu verstehen. Die Sinne der Seligen werden *nicht* »erfreut und erquickt durch blühende und grünende Felder und liebliche Gefilde, durch Vogelgezwitscher und Wohlgerüche wie Zimt und Balsam«. Solche Genüsse, meint der gelehrte Bischof, werden »häufig« angeführt, um die Einfältigen »durch Sichtbares zur Erkenntnis und Erforschung des Unsichtbaren zu leiten«. Der gebildete Theologe erwartet einen Himmel, der den Vorstellungen der Scholastik entspricht: Beschaulichkeit, Licht und Harmonie. Was man darüber weiß, ist mit den Begriffen Empyreum und Erkenntnis Gottes vollständig und erschöpfend umschrieben. Die Visionen der Mönche und Mystiker können vom Standpunkt der Theologie aus nur als einfältig erscheinen.[79]

Während die scholastische Theologie Gott mit der Vernunft sucht und sich eine letzte Erkenntnis Gottes verspricht, sucht die Mystik Gott mit der Kraft der Liebe und hofft auf persönliche Begegnung und Vereinigung mit dem Göttlichen. Denker wie Thomas von Aquin stellten in systematischen Abhandlungen und Übersichten (»Summen«) alles zusammen, was ihnen als die Wahrheit über den Himmel erscheint. Mit dem Aufkommen der Minne und der Blüte mittelalterlicher Mystik bekam der Himmel jedoch eine persönliche Färbung. Dabei fand der Dichter, bedrängt vom Widerspruch zwischen Liebe zu Gott und Liebe zu seiner Dame, wenig Trost. Eine zärtlich gehaltene Hand in einer Darstellung des Jüngsten Gerichts, ein kurzes Lächeln der Geliebten, die sich gleich wieder Gott zuwendet: mehr konnte der mittelalterliche Ritter nicht erwarten. Die Mystikerin, die alle irdischen Bande auflöste, konnte sich auf ein befriedigenderes Liebesverhältnis freuen. In Anknüpfung an die höfische Minne und die erotische Bilderwelt des Hohenliedes träumte sie von der leidenschaftlichen Vereinigung mit Christus, ihrem Bräutigam. Im Mittelalter verwandelte sich die Begeisterung der neutestamentlichen Gemeindefrömmigkeit in mystische Erfahrung. Hierbei wurde die Macht der Geschlechtlichkeit nicht geleugnet, sondern auf die Liebe zwischen Gott und Seele übertragen. Nach der Auffassung Augustins wird der Mensch durch die Fleischeslust dem klaren Quell der Freundschaft entfremdet; in der Mystik tritt eine himmlische Begierde an ihre Stelle, die ebenso sinnlich wie rein ist.

Die Visionen der mittelalterlichen Mystikerinnen sind ebenso theologisch interessant und herausfordernd wie literarisch anspruchsvoll; dennoch wurden sie niemals in den Kanon christlicher Lehre aufgenommen. Anders als das Werk des Thomas von Aquin blieben sie Äußerungen privater Frömmigkeit. Das bedeutet nicht, daß die mystische Tradition mit ihrer besonderen Auffassung über das Verhältnis von Gott und Seele verdrängt oder vergessen wurde. Die reicheren und vom Gefühl beherrschten Bilder von Autorinnen wie Gertrud übten großen Einfluß aus. Dabei kam es manchmal zu Spannungen zwischen der abstrakten und verstandesmäßigen Auffassung der Theologen und der emotionalen Bilderwelt der Mystiker; im allgemeinen lebten sie jedoch friedlich nebeneinander. Das theologische Jenseits gehört als »große Tradition« zum öffentlichen und kanonischen Lehrgut der Universität, des Priesterseminars und der Predigt; daneben erringt sich die »kleine Tradition« des mystischen Himmels einen Platz in der privaten Welt des Tagebuchs, des Klosters und des Beichtstuhls.

Zwei Züge des mittelalterlichen Himmels besaßen in der Zeit der Burgen und Kathedralen nur wenig Bedeutung. Die Vorstellung vom Himmel als wiederhergestelltem Paradies und die Frage nach menschlicher Gemeinschaft in der anderen Welt blieben am Rande des theologischen Denkens und der Künste. Das Bild vom Paradies war zwar im monastischen *Elucidarium* niedergelegt, aber es trat in dem Maße zurück, wie das Ideal der Stadt jeder Romantisierung der Natur entgegentrat. In vorsichtigem Protest meldeten Dichter den Wunsch nach menschlicher Liebe und Gemeinschaft im Himmel an; aber dabei blieb es. Der Gedanke gewann keinen Einfluß auf Theologie und Frömmigkeit. Die Scholastiker interessierten sich mehr für die Erkenntnis Gottes, und die Mystiker richteten ihre Aufmerksamkeit auf die Liebe zu Christus. Als die italienische Renaissance im 14. und 15. Jahrhundert die kulturelle und religiöse Landschaft Europas neu definierte, traten die vernachlässigten Traditionen in einem neuen geistigen Klima hervor.

Kapitel 5

Die Freuden des Paradieses in der Renaissance

In seinem *Lächerlichsten Dialog* läßt der italienische Komödiendichter Ruzzante (1502–1542) einen Toten auftreten. In der anderen Welt, so berichtet dieser, gebe es zwei Paradiese. Das eine sei
für jene, die ein tugendhaftes tätiges Leben geführt haben; das
andere sei für Asketen und Mönche bestimmt. Die Bewohner des
ersten Paradieses fahren fort, »zu essen und zu trinken und zu tun,
was ihnen beliebt«. Im anderen Paradies dagegen »wird weder
gegessen noch getrunken, denn die Bewohner sind wie in diesem
Leben mit Fasten und Enthaltsamkeit und Verzicht auf Speise beschäftigt. Immerfort sind sie in die Anschauung Gottes vertieft,
und darin besteht ihre Seligkeit.« So leichtfertig und blasphemisch
Ruzzantes Witz auch klingen mag, er lehrt uns das Wesen des
Himmels der Renaissance. Der Himmel ist nun nicht mehr der
ausschließliche Bereich Gottes wie in den Lehren der Scholastik.
Im 15. und 16. Jahrhundert erhält der Himmel zwei Ebenen – eine
menschliche und eine göttliche. Künstler, Theologen und Visionäre versuchen, sowohl Gott als auch dem Menschen gerecht zu
werden.[1]

Während im übrigen Europa das Mittelalter noch andauerte,
entwickelte sich in den italienischen Städten des 15. Jahrhunderts
ein neuer kultureller, geistiger und politischer Stil: die Renaissance. Immer mehr verlor die mittelalterliche Ausrichtung auf das
Jenseits an Überzeugungskraft; das kontemplative Leben im Kloster galt nicht mehr als bessere Vorbereitung auf die Ewigkeit.
Dagegen erfuhr das tätige Leben in der »Welt« eine deutliche Auf-
wertung. Dichter und Denker, Kaufleute und Kleriker hielten das
weltliche Leben für mindestens ebenso rein und wertvoll wie die
Einsamkeit des Mönches. Die Menschen sollten die Welt nicht
ablehnen, sondern gestalten und genießen. Um die Mitte des 15.
Jahrhunderts brauchten verheiratete Frauen aus dem Bürger- oder
Adelsstand, reiche Ratsherren und selbst Soldaten ihren Stolz
nicht mehr zu verbergen, denn Ehelosigkeit und Armut wurden
nicht mehr mit Tugend gleichgesetzt. In Städten wie Florenz,
Siena und Venedig entstanden, verbreitete sich die Kultur der Renaissance in Italien und schließlich in ganz Europa. Zu Anfang des

16. Jahrhunderts lebten Michelangelo, Machiavelli, Rodrigo Borgia (Papst Alexander VI.) und Erasmus von Rotterdam; ihr Interesse an Kunst und Architektur, Büchern und Bauten, Frauen und weltlicher Macht kennzeichnete die neue internationale Kultur.[2]

Eine neue Philosophie betrachtete den handlungsorientierten menschlichen Willen und nicht mehr die kontemplative Vernunft als unser edelstes Vermögen. Während sich die mittelalterlichen Scholastiker auf die Autorität des Aristoteles beriefen, bevorzugten die Autoren der Renaissance Cicero, den antiken Staatsmann und Redner. Das »Zeitalter des Aristoteles« (13. und 14. Jahrhundert) wurde vom »Zeitalter Ciceros« (15. und 16. Jahrhundert) abgelöst. Die Theologen der Renaissance betrachteten den Menschen als ein edles und gutes Geschöpf, das der Welt nicht ablehnend gegenüberstehen muß, sondern sie genießen darf. Das neue Ideal des tätigen Lebens (operosità) fand man im ersten Kapitel der Genesis bestätigt und begründet: als Ebenbild Gottes hat der Mensch Anteil am göttlichen Schöpfertum. Wer Gott liebt, muß auch dessen Schöpfung lieben, sie genießen und an ihrem Leben teilnehmen. So wird die Liebe zur Welt zum Maßstab der Gottesliebe.[3]

Der kulturelle Aufbruch der Renaissance konnte auf die Vorstellungen vom ewigen Leben nicht ohne Einfluß bleiben. Da Gott und Mensch nicht mehr als einander entfremdete Gegenspieler gesehen wurden, sondern als in Harmonie lebende Partner, trat die menschliche Seite des Himmels in den Vordergrund. Theologen, aber auch Dichter und Künstler, betrachteten Gott nicht mehr als die einzige Quelle der ewigen Glückseligkeit. Menschliche Freundschaft spielte nun eine wichtige Rolle. Der Himmel als Ort erotischer Liebe in einer einladenden bukolischen Naturlandschaft – das ist der Traum und die kühnste Verheißung der neuen Theologie. Das neue Jerusalem befindet sich in diesem Paradies selbst oder schwebt auf Wolken über der Gartenlandschaft. In der Stadt wird Gott in alle Ewigkeit von seinen himmlischen Heerscharen gepriesen. Schlüsselbegriffe mittelalterlicher Theologie wie der wiederhergestellte Paradiesgarten, das neue Jerusalem und die himmlische Liebe werden mit neuem Inhalt gefüllt und in einen neuen Zusammenhang gestellt. Ohne seine göttliche Mitte zu verlieren, gewinnt der Himmel weltlichere und menschlichere Züge.

Abb. 15: Giotto, Das Jüngste Gericht

Die Wonnen des Paradiesgartens

Auf Giottos *Jüngstem Gericht* von 1306, einem Wandfresko in der
Arena-Kapelle in Padua, scheidet Christus (mit Hilfe von Engeln)
die Gerechten von den Sündern: Die Seligen werden in den Himmel aufgenommen, die Verdammten fahren zur Hölle hinab (*Abb.
15*). Wie auf anderen mittelalterlichen Darstellungen nimmt der
Himmel auch hier den oberen Teil des Gemäldes ein. Dort sitzen
die Heiligen, das Gesicht dem göttlichen Zentrum zugewandt.
Sobald die Seligen in den Himmel aufgenommen sind, haben sie

Abb. 16: N. und A. di Cione Orcagna, Paradies

mit dem Drama des Gerichts nichts mehr zu tun; sie stehen oder
sitzen in ewiger Regungslosigkeit um den göttlichen Thron. Einen
ebenso statischen Eindruck vermittelt die Paradiesdarstellung von
Nardo und Andrea di Cione Orcagna in der Strozzi di Mantova-
Kapelle der Florentiner Kirche Santa Maria Novella (*Abb.* 16).
Zwischen 1340 und 1350 zu Ehren des heiligen Thomas von Aquin

erbaut, wurde die Kapelle mit Wandgemälden geschmückt. Eines zeigt die zur Hölle fahrenden Verdammten und ein anderes die Seligen im Paradies. In mehreren horizontalen Reihen sind die Heiligen um den Thron gruppiert, den sich Christus und die Himmelskönigin Maria teilen. Die Mehrzahl der Seligen richtet den Blick auf das göttliche Herrscherpaar oder auf die beiden unterhalb des Thrones dargestellten Engelsgestalten. Einige freilich durchbrechen das starre Muster der beseligenden Schau, indem sie sich einem anderen Heiligen zuwenden. Aber selbst diese Unterbrechung verändert das Gesamtbild nicht; vielmehr wird der Eindruck der Regungslosigkeit noch erhöht. Wie in Dantes Himmelsrose bezeichnen die Plätze die nach Verdienst abgestufte Rangordnung, in der die Seligen bis in alle Ewigkeit verharren.

Unter dem Einfluß byzantinischer Tradition bahnte sich im Westen eine Veränderung der statischen Himmelsdarstellung an. In der ostkirchlichen Kunst wird das Jenseits nicht nur als Ort dargestellt, wo die Seligen den göttlichen Richter sehen und preisen (wie in den Fresken von Padua und Florenz), sondern auch als Paradies, das von den Heiligen allein bewohnt wird. Nach einem Musterbuch für Maler sehen die Verdammten »in der Ferne den Schoß Abrahams und das Paradies mit allen Heiligen, die sich darin erfreuen. Es ist von Mauern aus Kristall, reinem Gold und kostbaren Steinen umgeben. Darin sind schöne blühende Bäume und Vögel.« Hier umfaßt der Himmel sowohl die Stadt aus Kristall und Gold als auch die neue Erde mit Pflanzen und Tieren.[4]

Der Westen wurde mit dieser Tradition spätestens im 11. Jahrhundert bekannt, als Bauherren wie Abt Desiderius von Monte Cassino – der spätere Papst Viktor III. (1086/87) – Handwerker aus Konstantinopel kommen ließen. Diese Handwerker führten Mosaikbilder und Ornamentierungen aus und unterwiesen andere in dieser Kunst. Der Dom von Torcello in den Lagunen bei Venedig besitzt ein solches Mosaik, das eine ganze Wand einnimmt und das Jüngste Gericht zeigt. Rechts unten sehen wir die Seligen in zwei nebeneinandergestellten Szenen (*Abb.* 17). Im oberen Teil beten sie mit erhobenen Händen und blicken hinauf zu Christus. In der Paradiesdarstellung des unteren Bildteils fehlt diese Ausrichtung auf das göttliche Zentrum. Wir sehen Menschen in einem Garten mit Blumen und mächtigen Palmen. Ein Engel und Petrus – der Mann mit dem Schlüssel – weisen auf das Tor des Gartens, das von einem Cherub bewacht wird. Im Garten halten

Abb. 17: Blick zum Erlöser / Das Paradies

sich mehrere biblische Gestalten auf. Ein Mann im Lendenschurz,
der ein Kreuz hält, stellt den Schächer dar, dem Jesus bei der
Kreuzigung das Paradies versprach. Die Frau, die ihre Hände zum
Gebet erhebt, ist die Jungfrau Maria. Abraham ist als bärtiger
Heiliger dargestellt, der auf einem Stuhl sitzt und Lazarus als eine
kleine Gestalt im Schoß hält. Seelen in der Gestalt von Kindern
befinden sich zu beiden Seiten Abrahams.[5]

In der Komposition des Jüngsten Gerichts von Torcello steht die
Paradiesszene isoliert da. Die Bewohner des Gartens richten ihren
Blick nicht auf den göttlichen Richter, sondern schauen aus dem

Abb. 18: Das Paradies

Bild heraus auf den Betrachter. Dies ist die einzige Szene, die mit
dem Drama des Gerichts nichts zu tun hat. Im Mittelalter wurde
das byzantinische Paradiesmotiv nur zögernd aufgegriffen. Die
Künstler der Renaissance dagegen zeigen für das unscheinbare
Motiv immer größeres Interesse. Ihr Himmel enthält zwei gleich
gewichtige Bereiche: den Ort der Anschauung Gottes und den
Garten mit Palmen und Blumen.

Als ein anonymer Künstler um 1420 in der Kirche Santa Maria
in Piano in der Abruzzenstadt Loreto Aprutino ein Fresko her-
stellte, erweiterte er das byzantinische Motiv. Zwar war das von
ihm gewählte Thema des Jüngsten Gerichts traditionell, aber die
Art und Weise, in der er die Paradiesszene gestaltete, wich von
mittelalterlichen Vorbildern ab. Wenn die Toten eine schmale
Brücke überschritten haben, befinden sie sich noch nicht im Paradies. Nackt werden sie vor einen Engel geführt, der, in ein fest-

liches Gewand gehüllt, eine Waage hält. Er wiegt die Ankommenden und weist ihnen je nach ihrem Verdienst ihren Rang zu.
Zweierlei Lohn hat er zu vergeben: den Einlaß ins Paradies und
den Zugang zum neuen Jerusalem. Im Paradiesgarten klettern
neun nackte Heilige auf hohe Palmen; mit Palmzweigen winken
sie zum neuen Jerusalem hinüber (*Abb.* 18). Die Himmelsstadt ist
als ein zweistöckiger, rechteckiger Turm mit Terrassen dargestellt – ein schönes Beispiel für die Baukunst der Renaissance. Im
Eingang steht eine bärtige männliche Gestalt: der heilige Petrus.
Auf der unteren Terrasse bekleidet ein Engel die ankommenden
Seligen mit prächtigen Gewändern. Oben sieht man die Bürger des
himmlischen Jerusalem in ausgelassener Freude. Jeder trägt sein
neues Gewand. Einige tanzen, der Ekstase hingegeben. Andere
blicken zum Palmenhain hinüber und scheinen mit den Bewohnern des Paradieses fröhliche Grüße auszutauschen. Eine Dishar-
monie zwischen den beiden Bereichen – Paradies und Schloß – ist
durch nichts angedeutet. Obwohl der Lohn abgestuft ist (wobei
die Siegespalme den niedrigeren Rang andeutet), besitzen alle Seligen dieselbe Fülle der Glückseligkeit. Der Paradiesgarten ist kein
Fegfeuer. Keiner leidet oder wartet voller Ungeduld, auf einen
besseren Platz aufzurücken.[6]

Wenn auch der anonyme Künstler von der herkömmlichen Darstellung des Jüngsten Gerichts abweicht, so rückt er doch nicht von
der traditionellen kirchlichen Lehre ab. Sein Jenseits ist mittelalter-
lich, aber es ist nicht den Schulbüchern der scholastischen Theologie entnommen. Nach Thomas von Aquin und Bonaventura gibt es
im Himmel weder Pflanze noch Tier. Das Gemälde in Santa Maria
in Piano beruht nicht auf scholastischer Lehre, sondern knüpft an
ältere, monastische Vorstellungen vom wiederhergestellten Paradies an. Unschwer erkennen wir den Himmel des *Elucidarium*,
einen Garten mit »duftenden Blumen, Lilien, Rosen und Veilchen«. Die Darstellung zeigt gleichzeitig den Einfluß volkstümlicher mittelalterlicher Legende. Nach der *Legenda aurea,* im 13.
Jahrhundert vom italienischen Erzbischof Jakob von Voragine gesammelt, brachte ein Engel der Jungfrau Maria einen Palmzweig,
um ihr den Tod anzukündigen. Nach dem Kampf des Lebens werden die Seligen einen Palmzweig als Zeichen des Sieges erhalten.
Nach einer anderen Legende hatte ein Ritter auf einer Jenseitsreise
einen Fluß von Feuer und Schwefel zu überqueren. Über eine enge
Brücke auf der anderen Seite angelangt, befand er sich auf einer

herrlichen Wiese – im Paradies. Der Gebrauch traditioneller Motive durch den anonymen Künstler verstärkt den Eindruck, daß er keine neue Lehre vortragen will. Zu einem neuen Bild zusammengefügt, erhalten jedoch vereinzelte, bisher wenig bedeutende Motive der Kunst und Themen der Theologie neues Leben.[7]

Die Verknüpfung des wiederhergestellten Paradieses mit der Wohnung Gottes kündigt sich schon in den Visionen Mechthilds an, in denen ein verborgener irdischer Garten den untersten Himmel darstellt. Mechthild zeigte für diesen Garten allerdings wenig Interesse; ihre Aufmerksamkeit galt vor allem den höheren Regionen, in denen sich das himmlische Brautgemach befindet. Wie wir im *Kompendium der Offenbarungen* (1495) des Dominikaners Savonarola (1452–1498) von Florenz sehen, hat sich diese Vorstellung im 15. Jahrhundert stark gewandelt. Nun werden beide himmlische Orte mit gleicher Ausführlichkeit bedacht. Savonarolas Himmel liegt oberhalb einer Mauer aus kostbaren Steinen, die das Universum umschließt. Jenseits dieses Firmaments liegt das Paradies. Sobald eine Seele ihre Sinne an das blendende Licht gewöhnt hat, kann sie mehrere übereinander liegende Ebenen unterscheiden.

Savonarola beschreibt die unterste Ebene als »ein sehr weites Feld, mit wunderbaren Paradiesblumen übersät. Kristallklare Bäche durchflossen es überall mit ruhigem Murmeln.« Zahlreiche »zahme Tiere« – Schafe, Hermeline, Hasen, alle weißer als Schnee – spielten auf der blumenreichen Wiese. »Es gab auch vielerlei Laubbäume, die Blüten und Früchte trugen«, erzählt der Dominikaner; »im Geäst flatterten bunte Vögel umher und sangen eine süße Melodie.« Obwohl Savonarolas Orden der Lehre des Thomas verpflichtet war, wich er von ihr ab. Sein Himmel ist keine geistige Welt des reinen Lichts, sondern ein Garten mit Pflanzen und Tieren.[8]

Oberhalb des Paradiesgartens befinden sich die neun Chöre der Engel, der Thron Marias und das »wunderbare Licht der drei Gesichter«, der göttlichen Trinität. Savonarola steigt hinauf in die Himmelsstadt zur Heiligen Jungfrau, der Schutzpatronin von Florenz. Marias Anwesenheit macht den Himmel menschlich und zugänglich; es ist nicht mehr allein der Himmel des richtenden Christus. Maria besitzt noch einen weiteren Thron im Paradiesgarten, so daß die Königin des Himmels dort ebenfalls herrschen kann. Wie die Heilige Jungfrau, so genießen auch die Seligen völlige Freiheit und Beweglichkeit; keiner ist an einen bestimmten

Aufenthaltsort im Paradies oder in der Engelshierarchie gebunden. Sie können sich im Garten oder in der himmlischen Stadt aufhalten und nach Belieben vom einen Ort zum anderen wechseln. Eine riesige Leiter verbindet den Paradiesgarten mit den darüberliegenden Ebenen des Himmels. Savonarola deutet an, daß er als irdischer Besucher eines solchen Hilfsmittels bedurfte, während die Seligen darauf nicht angewiesen waren. Ob sie nach oben stiegen oder herabschwebten, überall fanden sie sich ohne weiteres zurecht. Von der Schwere des irdischen Körpers befreit, können sich ihre verklärten Leiber mühelos bewegen. Die ewige Regungslosigkeit des mittelalterlichen Himmels ist verschwunden.[9]

Die Trennung der himmlischen Residenz Gottes vom Paradiesgarten ist in einem Gemälde von Hieronymus Bosch (1450–1516) deutlicher als bei früheren Künstlern. Leider ist von Boschs Paradiesszene (ca. 1505/10), die aus einer Darstellung des Jüngsten Gerichts stammt, nur noch ein kleines Fragment erhalten. Da das Original verlorenging, müssen wir uns an einen Stich aus der Mitte des 16. Jahrhunderts halten, der Boschs Fassung des zweifachen Himmels wiedergibt (*Abb.* 19). Die untere Hälfte der Radierung wird von einer parkartigen Landschaft am Strand eines Meeres eingenommen. Durch eine schmale Wolkendecke getrennt, liegt darüber eine gotische Himmelsarchitektur. Die unbeständigen und beweglichen Strukturen von Zelt und Schiff bilden einen deutlichen Kontrast zum ewigen Aufenthaltsort Gottes, dessen zierliche gotische Türmchen und Spitzbögen kirchlicher Architektur entlehnt sind.[10]

Die Trennung von Paradies (als Ort der Seligen) und Himmel (als Wohnort der Trinität) entspricht der Unterscheidung von Natur und Kultur. Das Paradies ist jedoch nicht ausschließlich als Garten Eden oder Hirtenlandschaft gezeichnet. Da die erlöste Natur nicht mehr dieselbe sein kann wie vor dem Sündenfall, muß sie die ursprüngliche Schöpfung übertreffen. Dementsprechend finden Elemente der Kultur Eingang ins Paradies: ein Boot, ein kunstvoll gestalteter Brunnen und Zelte. Aber diese Ausstattung entwertet die natürliche Umwelt nicht; die Natur wird von der Kultur nicht verdrängt. Weder die Nachteile der Stadt noch die Ungezähmtheit der Wildnis stören den sorgfältig gepflegten Park. So befinden sich der »kulturelle« Himmel der göttlichen Trinität und das »natürliche« Paradies der Seligen im Gleichgewicht.

Der auf Boschs Gemälde zurückgehende Stich greift nicht nur

HIERONYMVS BOS INVENTOR

Abb. 19: Hieronymus Cock, Paradies

traditionelle biblische Motive wie den Garten Eden und das himmlische Jerusalem auf. Künstler, Theologen und Dichter der Renaissance entdeckten die Literatur der klassischen Antike und versuchten, das Goldene Zeitalter und die Insel der Seligen für die Darstellung des Himmels zu benutzen. Nach der klassischen Mythologie war die älteste Zeit der menschlichen Geschichte von Krieg und Mühsal frei. Diese Zeit wurde von immer weniger angenehmen Epochen abgelöst, bis unser eigenes Zeitalter, das schlechteste, erreicht war. Nach dem griechischen Autor Hesiod setzte sich das Goldene Zeitalter nur auf den Inseln der Seligen fort, dem Wohnort der toten Helden und Heldinnen. Kronos, der Gott, der einst das Goldene Zeitalter beherrschte, ist nun König der Inseln der Seligen oder elysischen Gefilde. Die antike Mythologie bot der Kunst, Dichtung und Philosophie der Renaissance ein reiches Repertoire von Vorstellungen und Bildern.[11]

Der klassischen Überlieferung folgend, die den Bewohnern des Elysiums feste Wohnungen absprach, gab Bosch den Seligen Zelte. »Festes Haus hat niemand; wir wohnen in schattigen Hainen; Rasenpolster an Ufern und quellfrisch grünende Wiesen sind unser Heim«, berichtet einer der Seligen bei Vergil. Boschs Paradies zeigt deutliche Spuren der antiken Auffassung. Der Brunnen, in dem die Seligen spielen, ist der biblische »Brunnen des Lebens«, vermischt mit dem mythischen Liebesbrunnen und dem wirklichen Brunnen, der in der Architektur und Landschaftsgestaltung der Renaissance einen festen Platz einnimmt. Nach dem mittelalterlichen *Rosenroman* macht das Wasser des Liebesbrunnens Männer und Frauen zu Gefangenen Cupidos, des Sohnes der Venus. Wer aus dem Brunnen trinkt, muß lieben. »Des Kornes wegen, das da gesät wurde«, erklärt der *Rosenroman*, »nannte man den Brunnen mit Recht den Liebesbrunnen, den viele in französischer und lateinischer Sprache besungen haben.« In einem begeisterten Brief des Jahres 1543 berichtet ein italienischer Humanist von seinem Besuch eines Gartens mit Brunnen; dort badete er »in der reizenden und eleganten Gesellschaft mehrerer Edelleute«. Er genoß es, »sein Spiegelbild zu sehen, zu hören, zu baden und das wunderbare Wasser zu kosten, das so klar und rein war, daß es wirklich jungfräulich schien, wie es genannt wird«. Der biblische Brunnen des Lebens verschmolz mit dem Liebesbrunnen oder wurde in ihn verwandelt. Auch die Existenz schöner Brunnen trug dazu bei, die Phantasie der Renaissance anzuregen.[12]

Abb. 20: G. di Paolo, Seelen und die Trinität

Bei all ihrem Interesse an Stadt und städtischem Leben vergaßen die Menschen der Renaissance das Land nicht. Gerne hielten sie sich außerhalb der Stadt auf, die eine Welt aus Stein war. Da es in der Renaissance-Stadt keine Gärten und Grünflächen gab, auf denen sich das Auge ausruhen konnte, sehnte man sich nach dem frischen Grün der Felder und fand immer neues Lob für die Ruhe des Landlebens. Ein Landhaus in Vaucluse bei Avignon war Petrarcas (gest. 1374) Zufluchtsort, und sein Freund Boccaccio (gest. 1375) zog das ländliche Certaldo dem lärmigen Florenz vor. Nur wenn er »Felder, Hügel und Bäume im Kleid grüner Blätter und vielfältiger Blumen« sah, konnte Boccaccio »etwas vom ewigen Glück spüren und genießen«. Im *Dekameron* (1353; 1470 erstmals erschienen) erlebt die jugendliche Gesellschaft idyllische Gärten und Parks. Der Anblick eines prachtvoll angelegten Gartens mit bunten Blumen, Bäumen, Rasen, dem Gezwitscher von Vögeln und dem Rauschen eines Springbrunnens überwältigt sie. Er machte »den Damen und den drei jungen Männern so viel Vergnügen, daß sie sich einmütig gestanden, sie wüßten sich nicht vorzustellen, daß ein irdisches Paradies, wenn das möglich wäre, anders aussehen könnte als dieser Garten«. Das Paradies aber war nicht mehr nur der biblische Garten Eden. Die Entdeckung der klassischen Mythologie und das Interesse an der Ruhe des Landlebens ließen den Himmel zunehmend als eine bukolische Landschaft erscheinen.[13]

Die veränderte Vorstellung vom Paradies wird noch einmal deutlich, wenn wir uns ansehen, wie ein Renaissancekünstler den Himmel Dantes verstand. Um 1440 illuminierte Giovanni di Paolo (1403–1483) eine Prachthandschrift des *Paradiso*. Seine Deutung fällt durch ihre Kühnheit auf. In zwei Illustrationen zu Canto 30 malt er die Seligen ohne Kleidung. In der einen Darstellung schweben die Heiligen über einer blühenden Wiese oder tauchen in sie ein (*Abb.* 20). In der anderen sitzen sie auf den Steinbänken eines Amphitheaters (*Abb.* 21). Giovanni verwandelt Dantes himmlische Throne in Bänke, auf denen nackte Gestalten ihre jugendlichen Körper lässig zur Schau stellen und in warmem Licht baden. In der Illustration zu Canto 31 führt Beatrice den himmlischen Pilger zur Heiligen Jungfrau, die in einem lieblichen Garten sitzt (*Abb.* 22). Weder für die Blöße der Seligen noch für die Pflanzen oder den Garten Marias findet sich ein Anhalt in Dantes Text. Dante gab sich mit dem theozentrischen Himmel und dessen glei-

Abb. 21: G. di Paolo, Seelen im Paradies

ßendem Licht zufrieden. Giovanni nahm sich die Freiheit, das
Empyreum in einen Garten zu verwandeln – in ein Elysium mit
Blumen und badenden Menschen. Ihm schien es wichtiger, den
Traum der Renaissance auszudrücken, als dem Wortlaut des *Para-
diso* sklavisch zu folgen.[14]

An das Goldene Zeitalter und die Inseln der Seligen erinnern
nicht nur schattige Haine und Flußufer. Die Heiligen, die die
Wonnen in Boschs Paradies genießen, scheinen sich um die heilige
Liturgie nicht zu kümmern, die im Himmel über ihnen gefeiert
wird. Sie spielen miteinander, hören den Serenaden der Engel zu,
planschen im Wasser und füttern die Vögel. Die geflügelten Engel,
die den christlichen Charakter der Szene offenbaren, gehören
nicht zum himmlischen Chor. Sie singen nicht zur Ehre Gottes,
sondern bringen den Paaren, die ausruhen oder gemütlich spazie-
rengehen, ein Ständchen dar. »Wenn Maler die Freuden der Seligen
ausdrücken wollen, dann malen sie Engel, die verschiedene Mu-
sikinstrumente spielen. Das würde die Kirche nicht erlauben,
wenn sie nicht glaubte, daß Musik die Freuden der Seligen vergrö-
ßert.« Dieses Zitat steht in einem zeitgenössischen Traktat über
Musik und könnte fast auf Boschs Darstellung bezogen sein; sein
Verfasser, der Franko-Flame Johannes Tinctoris (1435–1511),
schrieb ihn allerdings nicht in den Niederlanden, sondern in Nea-
pel. Es entspricht also durchaus dem Geschmack der Zeit, para-
diesisches Liebesgeflüster mit süßen Melodien zu begleiten. Gott
stört das idyllische Geschehen nicht. Trotz der Anwesenheit Gottes und der Engel erscheinen Boschs Selige als die Schäfer und
Schäferinnen, die Vergil in seinen *Eklogen* feiert. Das ideale Leben
erforderte allerdings nicht nur eine bukolische Landschaft mit
Wiesen, schattigen Hainen und sanft murmelnden Bächen. Die
Renaissance besaß noch ein anderes Erbe aus der antiken Welt: die
Überlieferung, daß die Gerechten nach dem Tode mit ihresgleichen wieder vereint werden.[15]

Wiedersehen im Himmel: Liebende und Heilige

In seinen Schriften *Über das Greisenalter* und *Der Traum des Scipio* lieferte der antike römische Redner Cicero seiner Renaissance-
Leserschaft besonders ansprechende Vorstellungen über das Leben im Jenseits. Ciceros bevorzugter Anwärter für den Himmel ist

Abb. 22: G. di Paolo, Maria im Paradies

nicht der Asket, der das tätige Leben verschmäht, sondern der Staatsmann und Wohltäter der Gesellschaft. Obwohl seine Helden Cato und Scipio lange vor seiner Zeit lebten, empfahl sie Cicero als Urbilder republikanischer Tugend und politischen Muts. Wie Cato und Scipio glaubte auch Cicero, daß jeder, der sein Leben dem Staat widmet, schließlich in den Himmel aufgenommen wird und dort neben politischen Gestalten auch seine eigenen Vorfahren und Verwandten trifft. *Über das Greisenalter* und *Der Traum des Scipio* waren Lieblingsbücher der Humanisten; sie fehlten in keiner Renaissance-Bibliothek und hinterließen bei ihrer Leserschaft einen tiefen Eindruck.[16]

Eine frühe Spur von Ciceros Einfluß auf die Jenseitsvorstellung der Renaissance finden wir in den Schriften Petrarcas. In einem Trostbrief erwähnt er »Marcus Tullius (Cicero), dessen Heidentum so berühmt wie bedauernswert ist«, denn dieser »glaubte an die Unsterblichkeit der Seele und daß eine himmlische Wohnung die ehrbaren Seelen nach diesem Leben erwartet«. Petrarca schildert auch, wie Cicero in seinem *Greisenalter* Marcus Cato seine himmlische Sehnsucht offen aussprechen läßt. Cato, der Staatsmann im Ruhestand, sehnt sich nicht nur nach seinen alten, bereits verstorbenen Freunden, deren Gesellschaft er vermißt. Er möchte auch Menschen treffen, von denen er gehört oder in Büchern gelesen hat. Am Ende der Renaissance teilt Erasmus von Rotterdam (1466–1536) die ciceronianische Eschatologie. In einem seiner *Vertrauten Gespräche* zitiert er denselben Cicerotext über das Wiedersehen im Jenseits, der schon Petrarca beeindruckt hatte. »Kann ein Christ etwas Frömmeres sagen?« läßt Erasmus einen seiner fiktiven Gesprächspartner ausrufen. Das Denken der Renaissance über das Leben nach dem Tod beginnt und endet also mit demselben Zitat Ciceros.[17]

Antike Dichter wie Tibull (ca. 54–19 v. Chr.) waren davon überzeugt, daß geschlechtliche Liebe im Goldenen Zeitalter niemandem vorenthalten wurde. »Allzeit liebten sie zwanglos«, berichtet Tibull. »Damals wurde, wem Amor das Herz entflammte, von Venus offen im schattigen Tal gütig mit Wonnen beglückt. Wächter gab es da nicht, keine Tür, die den Schmachtenden ausschloß.« Die Renaissance teilte mit Tibull die Sehnsucht nach dem Goldenen Zeitalter als der Zeit der Venus, nach Verhältnissen, in denen freie Liebe »keine Sache für böse Zungen war«. Bildliche Darstellungen des Goldenen Zeitalters zeigen oft nackte Paare, die ungeniert

Abb. 23: Lucas Cranach, Das goldene Zeitalter

tanzen, spielen oder sich auf einer Wiese ausruhen (*Abb.* 23). Muße und Liebe in freier Natur: so stellte man sich das Paradies vor. Männer und Frauen bedürfen keiner Kleider. Zu Paaren gruppiert, verbringen sie den Tag mit sorglosem Ausruhen im Gras, Baden und Schwimmen oder indem sie einfach umherspazieren.[18]

Für Tibull war das Goldene Zeitalter aber nicht nur einfach vergangen. Seine Verhältnisse bestanden fort – im Jenseits, in den elysischen Gefilden:

> Mich aber, der ich mich stets dem zärtlichen Amor ergeben,
> Hin zur elysischen Flur leitet mich Venus dann selbst.
> Da sind Gesang und Reigen in Schwang, und flatternder Vögel
> Innige Kehle ertönt immer vom süßesten Lied.
> Zimt trägt ohne Bestellung die Flur; auf allen Gefilden
> Dieses gesegneten Landes duftende Rosen erblühn,
> Wo der Jünglinge Schwarm, gemischt mit zärtlichen Mädchen,
> Spielt und Amor dabei ständig Gefechte besteht.
> Dort sind die Liebenden alle, die jäh der Tod überfallen,
> Und auf dem lockigen Haar leuchtet von Myrte ein Kranz.

Ähnlich wie Ciceros Philosophie vom Jenseits, so schlug auch Tibulls erotisches Paradies die Phantasie der Renaissance in ihren Bann.[19]

Der dominikanische Humanist Francesco Colonna (1433–1527) gab der erotischen Liebe einen Platz in einer Welt, die jenseits der unseren liegt. In seinem kühnen Roman *Hypnerotomachia: Der Liebestraum des Polyphilus* findet der Held Einlaß in die Welt der Nymphen und ihrer Liebhaber. Als er zu ihnen kommt, spielen sie an einem idyllischen Ort mit Brunnen, lieblichen Wiesen, erfrischenden Bächen, lorbeerbewachsenen Hügeln, bewaldeten Bergen und schattigen Hainen. »Da gab es eine große Zahl zarter und göttlicher Nymphen in jugendlichem Alter (...) von unglaublicher, die Vorstellungskraft überschreitender Schönheit, begleitet von ihren knabenhaften Liebhabern.« Sie verhielten sich »ihren verehrten Liebhabern gegenüber nicht auf grausame Weise, noch wiesen sie diese zurück, sondern behandelten sie freigebig und zugänglich mit geselliger Liebe, und auf deren Wunsch zeigten sie bereitwillig ihre nackten und vollen Brüste«. Einige »sangen in harmonischer Weise Liebeslieder«. Andere »gaben nach Art der Liebenden vor, verstoßen worden zu sein, und täuschten vor, das zu fliehen, was doch der eine wie der andere (Partner) so sehr ersehnte. Dann liefen sie hintereinander her, um einander zu fangen, mit offenen Haaren, unter Lachen und mädchenhaften Rufen.« Wiederum andere »öffneten mit großer Anmut das eng anliegende Mieder (ihrer Freundin) und steckten Blüte um Blüte von entblätterten Rosen hinein, wobei sie begierige Küsse nachfolgen ließen«. Während der dominikanische Romanschreiber seine Liebesszenen in einer imaginären Welt der Antike spielen ließ, sahen die weltlichen Dichter – anders als im Mittelalter – keine Notwendigkeit mehr, den Himmel von romantischer Liebe freizuhalten.[20]

Bei Pierre de Ronsard (1524–1585), dem Begründer der modernen französischen Lyrik, finden wir wohl das beste Beispiel für den Renaissancetraum von der Liebe im Jenseits. Bei ihm sehen wir die Entlehnung aus Tibull auch am deutlichsten. Die Liebenden seiner Ode *O pucelle plus tendre* erwarten den Tod in der Umarmung:

> Et baisant nous mourrons.
> Tous deux morts en mesme heure
> Voirrons le lac fangueux,
> Et l'obscure demeure
> De Pluton l'outrageux,
> Et les champs ordonnez
> Aux amans fortunez.

[Küssend werden wir sterben. Beide zur selben Stunde scheidend, werden wir den stinkenden See sehen und den dunklen Ort des wütenden Pluto – und die Gefilde, die den glücklichen Liebenden zugedacht sind.]

Die für die glücklichen Liebenden bestimmten Gefilde sind nichts anderes als die elysischen Gefilde der klassischen Mythologie. In einem weiteren Gedicht ist Ronsards erotischer Traum noch deutlicher. Elysium ist der Ort einer Liebe, die von keinem Ende mehr bedroht ist:

> Là, morts de trop aimer, sous les branches myrtines
> Nous voirrons tous les jours
> Les anciens Heros aupres des Heroines
> Ne parler que d'amours.

[Gestorben vor lauter Liebe, werden wir unter den Zweigen der Myrte Tag für Tag die Heroen der alten Zeit sehen, wie sie bei den Heroinen sind und nur von Liebe sprechen.]

In dieser Traumwelt werden die Neuankömmlinge von der »troupe sainte autrefois amoureuse« empfangen, von der seligen Schar der klassischen Liebespaare. Die Heiligen in Ronsards Himmel sind Liebende.[21]

Als Luise von Savoyen – die Mutter des französischen Königs – im Jahre 1531 starb, entstand eine Elegie, deren Stimmung der Lyrik Ronsards verwandt ist. Clément Marot (1469–1544) versicherte seinen Lesern, daß Madame Luise »in die elysischen Gefilde aufgenommen wurde«.

Wo sie jetzt ist, hat nichts seine Blüte verloren. Der Tag und seine Wonne sterben dort nicht. Niemals verdorrt das reiche Grün. (...) Jeder ambrosische Duft ist dort zu finden, und es gibt nicht zwei oder drei Jahreszeiten, sondern nur den Frühling. *Niemals beklagt man den Verlust von Freunden* (...) Dort ißt sie die köstlichsten Früchte; was sie dort trinkt, wird jeden Durst löschen. *Dort wird sie tausend edle Seelen treffen.* Dort gibt es alle zahmen Tiere, und tausend Vögel schenken unsterbliche Freude.

Die mittelalterliche volkstümliche Vorstellung vom wiederhergestellten Paradies ist hier um die Bilder des Elysiums – solche der Natur und solche der sozialen Welt – erweitert.[22]

Nicht nur Dichter und Künstler standen im Bann der klassischen Vorstellung von der Liebe in der anderen Welt. Auch die Theologen der Renaissance wollten auf klassische Themen nicht verzichten. Das gilt besonders von Lorenzo Valla (1405–1457), der seinen Dialog *Über die Lust* (1431) mit einer Szene im Himmel

175

abschloß. Als einer der bedeutendsten italienischen Humanisten kannte Valla Ciceros Auffassung von der Wiederbegegnung mit Verwandten und berühmten Männern im Jenseits. Auch der sportliche Zeitvertreib in Vergils Elysium war ihm nicht fremd: »Einige üben die Glieder auf grasgepolstertem Ringplatz, messen im Kampfspiel sich und ringen in gelblichem Sande. Andere stampfen im Reigentanz bei fröhlichen Liedern.« Vielleicht war er auch auf die *Silvae* des römischen Dichters Statius gestoßen, der einen Empfang im Jenseits inszenierte: Eine treue Ehefrau wird von der Göttin Proserpina selbst empfangen und einem ganzen Aufgebot von Frauen, die aus ihren Höhlen hervorkommen, um sie mit Kränzen und Fackeln zu begrüßen. Jedoch war Valla weit davon entfernt, einfach zu wiederholen, was Cicero und Statius geschrieben hatten. Er wollte die Antike übertreffen und das heidnische Jenseits durch die Freuden des christlichen Himmels in den Schatten stellen. Dabei konnte er an den alten Vers anknüpfen, der in der Totenliturgie seit langem einen festen Platz hatte: »Mögen dich die Engel zum Paradies geleiten, mögen dich die Märtyrer empfangen und dich geleiten zur heiligen Stadt Jerusalem.« Aber auch die Liturgie sollte neben der flammenden Rhetorik Vallas verblassen.[23]

Vallas fiktiver Gesprächspartner Antonio gibt eine vollständige Beschreibung der Ankunft in der anderen Welt. Nach dem Tod geleiten Engel die Seele des Gerechten durch die verschiedenen Sphären des Weltalls. Ist die selige Person an ihrem Ziel angelangt, so erfüllt Musik den ganzen Himmel – als ob »die Glocken aller Kirchen läuten, um die Freude der Stadt zu zeigen«. Verwandte und Freunde eilen dem Ankommenden entgegen, begrüßen und umarmen ihn herzlich. Eine Schar von Heiligen kommt ebenfalls, um den Seligen willkommen zu heißen. Die Mutter Gottes »wird dich an ihre jungfräuliche Brust drücken, an der sie Gott selbst gestillt hat; und sie wird dich küssen«. Dann geleiten die Heiligen den Ankömmling zum neuen Jerusalem, wo sie ihn Gott vorstellen. Hier hält Vallas Antonio inne und erinnert an seine Eltern, seine zwei Söhne, seine geliebten Töchter sowie seine Geschwister, die vor ihm starben. Die Hoffnung auf ein Wiedersehen lag so schwer auf Vallas Seele, daß er Antonio eine persönliche Bemerkung in den Mund legt und uns auf diese Weise an seinem Innersten teilnehmen läßt: »Was mich betrifft, so bedrückt und verzehrt mich meine tägliche Sehnsucht, einige Menschen wiederzusehen –

besonders meinen guten Vater, meinen Bruder und meine Schwester, von denen wir so viel erwarteten und die ich als meine eigenen Kinder ansah, weil sie so viel jünger waren als ich. Als sie starben, weinte ich mich fast blind an ihren Betten und Gräbern. Oh, wann werde ich sie endlich wiedersehen?«[24]

Vallas Beschreibung des himmlischen Empfangs allein stellt alles in den Schatten, was Cicero und Statius schrieben oder was in der christlichen Liturgie anklingt; aber der Humanist ist mit seiner Beschreibung noch nicht am Ende. Uns erwartet ein Leben der Muße, ein Leben, in dem alle unsere Sinne in unaussprechlicher Weise belohnt werden. Unser ganzer Körper wird von einem süßen Wohlbehagen erfüllt werden, »das bis ins Mark hinein erbeben läßt, so daß kein Liebesgenuß damit vergleichbar ist«. Einen Augenblick überlegend, fügt Valla entschuldigend hinzu: »Vielleicht bediene ich mich hier einer obszönen Sprache, die der Würde des Gegenstandes nicht entspricht.« Als wahrer Humanist freut sich Valla darauf, alle Sprachen der Welt und alle Wissenschaften und Künste zu beherrschen, und zwar »ohne Irrtum, Zweifel oder Unsicherheit«. Er träumt auch vom Zusammentreffen mit Engeln, deren vollendete Schönheit »die Begierde nicht entflammt, sondern auslöscht und eine heilige Ehrfurcht einflößt«. Da wir einen Körper haben werden, der sich frei und mit unbehinderter Schnelligkeit bewegen kann, werden wir mit unseren geflügelten Freunden in der Luft spielen, auf Bergen, in Tälern und am Strand. Vielleicht werden wir auch ins Meer hinabtauchen können, um wie Fische einige Zeit unter Wasser zu verbringen. Valla hat keine Schwierigkeit, auch Vergils Elysium zu übertrumpfen.[25]

In einer Skulptur, die Donatello 1440 für die Chorgalerie des Doms von Florenz geschaffen hat, wollte man ein Echo von Vallas Gedanken sehen. Aber es ist ganz unsicher, ob die in römischem Stil gehaltenen Putten, die hinter einer Säulenreihe einen ausgelassenen Tanz aufführen, tatsächlich menschliche Seelen darstellen sollen, die sich himmlischer Freude hingeben. Vallas Spekulationen fanden wenig Echo in einer Kunst, die noch ganz im Banne traditioneller Himmelsvorstellungen stand. In der Ikonographie des Jüngsten Gerichts können wir neue Entwicklungen mit größerer Sicherheit verfolgen. Im 15. Jahrhundert fingen die Künstler an, ihre Darstellung des Weltgerichts um einen Paradiesgarten zu erweitern, in dem sich die Seligen begegnen können. Als Giovanni da Fiesole, besser bekannt als Fra Angelico (1400–1455), sein Flo-

Abb. 24: Fra Angelico, Das Jüngste Gericht

Abb. 25: Fra Angelico, Im Paradies

rentiner *Jüngstes Gericht* (ca. 1431) malt (*Abb.* 24), weicht er vom mittelalterlichen Kanon ab. Dem herkömmlichen Muster folgend, läßt er auf dem rechten Flügel des Gemäldes die auferstandenen Verdammten vor dem richtenden Christus fliehen und auf eine Folterhölle zustreben. Im oberen Zentrum thront Christus mit seinen Heiligen in majestätischer Haltung. Soweit entspricht das Werk dem scholastischen Himmel, wie ihn Angelicos dominikanischer Ordensbruder Thomas von Aquin beschrieben hatte. Fra Angelico begnügt sich aber nicht mit der Alternative von Himmelsglorie und Höllenqual. Er muß gespürt haben, daß seine Darstellung ohne einen Blick ins Paradies unvollständig bleiben würde.[26]

Das Paradies – eine Wiese mit Bäumen – füllt den gesamten rechten Flügel des Gemäldes. Angelico, der in der Kunstgeschichte als einer der ersten Maler einer identifizierbaren Landschaft gilt, gibt sich große Mühe, den Garten wirklichkeitsgetreu auszugestalten. Während eine Anzahl von Seligen noch zu ihrem Richter emporblickt, werden andere von Engeln in den Garten geführt. Hier gruppieren sie sich zu einem Reigen, wobei jeweils ein Seliger neben einem Engel tanzt. Die rührende Sentimentalität und Menschlichkeit dieser Szene ist gewiß beabsichtigt. In der rechten Ecke des Gartens umarmen sich ein Mönch und ein Engel (*Abb.* 25). »Ein Mönch also«, erläutert Stützer, »der sein ganzes Leben auf das Weibliche verzichten mußte, wird hier von einem Engel in die Arme geschlossen. So überträgt der fromme Angelico irdische Seligkeit in himmlische.« Mag Stützer auch die weiblichen Züge des Engels zu stark betonen, so wird doch deutlich, daß der Künstler die scholastische Auffassung vom geschlechtslosen Engel hinter sich läßt. Bei Angelico finden wir zwar nichts von der antiken Begeisterung für romantische Liebe im Jenseits, wie sie uns bei Francesco Colonna und Ronsard wiederbegegnet ist; aber die herzliche Zuneigung von Mensch und Engel ist völlig unzweifelhaft.[27]

Über dem Paradiesgarten, am äußersten Rand des Gemäldes, befindet sich ein Stadttor, aus dem goldenes Licht fällt. Die Stadt ist das neue Jerusalem, dessen hohe, goldene Mauern, offene Tore und gleißendes Licht in der Bibel erwähnt sind. Zwei Heilige streben diesem Licht zu. Sie schweben über dem Boden, wodurch angedeutet ist, daß sie sich ohne Mühe fortbewegen können. Die Mühelosigkeit kennzeichnet den großen Unterschied zwischen dem alten und dem neuen Leib. Im irdischen Leben müssen es Menschen auf sich nehmen, barfuß auf schmutzigen und beschwerlichen Wegen zu reisen; im Himmel dagegen bewegen sie sich schwerelos. Einer Gemeinschaft von Predigermönchen, die ständig unterwegs waren, mußte die neue Art der Fortbewegung als ein ganz besonderes Geschenk erscheinen.

Fra Angelicos Paradiesgarten gliedert den Himmel in zwei Teile. Während die leuchtende Stadt offenbar für den ewigen Gottesdienst bestimmt ist (nach der Offenbarung des Johannes), dient der außerhalb der Stadt gelegene Garten als ein Ort, an dem sich Selige und Engel in Muße treffen, miteinander spielen und tanzen (*Abb.* 26). Die anmutigen Gesten und geordneten Bewegungen der Tänzer stehen im krassen Gegensatz zu den chaotischen, hilflosen Bewegungen der Verdammten (auf der rechten Seite) und der

Abb. 26: Fra Angelico, Reigen der Seligen

Unbeweglichkeit der himmlischen Heerscharen im Empyreum (oben). Wenn sich die Engel und die Seligen berühren und ihre Zuneigung ausdrücken, dann werden die strengen Grenzen des Anstandes und der christlichen Nächstenliebe nie überschritten. Angelico hat Bewegung, Gefühl, Zuneigung und Menschlichkeit in das Paradies eingeführt.

Der unbeschwerte Reigentanz gibt nicht nur der Freude Ausdruck, sondern auch dem Gefühl der Sicherheit. Bei Angelico stört es die Seligen nicht, wenn sie *vor* dem Stadttor tanzen. Außerhalb des neuen Jerusalem fühlen sie sich ebenso sicher wie innerhalb seiner Mauern. Da die Befestigungsanlage der Himmelsburg keine Verteidigungsfunktion besitzt, muß ihre Anwesenheit eine rein ästhetische Erklärung finden. Die goldenen Mauern dienen dazu, den Garten von der Stadt abzusetzen, so daß die beiden Teile des Himmels selbständige Einheiten bleiben. Gleichzeitig entsteht ein Kontrast zwischen dem himmlischen Licht, das von der Mauer zurückgehalten wird, und den offenen, dunklen Folterkammern der Hölle. Während die Seligen im Himmel in die Gemeinschaft der liebenden Heiligen aufgenommen werden (sei es im Garten oder in der Stadt), bleiben die Verdammten in Angst und Qual allein.

Als der Sieneser Künstler Giovanni di Paolo im Jahre 1445 ein Altarbild malte, nahm er sich offenbar das Werk des großen Angelico zum Vorbild. Das damals entstandene *Paradies* (*Abb.* 27) war Teil einer Serie von fünf Gemälden, die das Sockelstück (Predella) eines großen Altarbildes bildeten. Die Darstellungen enthielten jeweils eine geschlossene Szene: Schöpfung, Paradies, Jüngstes Gericht, Hölle und Sintflut. Wie bei Angelico ist das Paradies ein Garten mit sorgfältig ausgewählten Pflanzen: mit kleinen Blumen, Gras und früchtetragenden Bäumen. Mönche, Bischöfe, Nonnen und Laien werden von Engeln empfangen und umarmt oder sind miteinander in ein angenehmes Gespräch vertieft. Der Künstler ordnet die Heiligen zu Paaren, so daß der persönliche Genuß der Seligkeit an die Stelle von Angelicos gemeinsam erlebter Freude tritt und so eine neue Betonung erfährt.

Der Kunsthistoriker Pope-Hennessy hebt eine weitere Einzelheit hervor, die Giovannis Versuch, von Angelicos Vorbild abzuweichen, aufweist. Die Gesichter von Fra Angelicos Seligen »besitzen eine einheitliche, leere Fröhlichkeit, die seine bezauberndste Komposition merkwürdig unpersönlich und ohne Tiefe läßt«. In Giovannis Fassung des Motivs hingegen »kommt in jeder Gestalt eine besondere und persönliche Reaktion zum Ausdruck – Demut, Überraschung, Zuneigung und Zufriedenheit, was besonders rührend wirkt.« Diese Reaktionen erscheinen noch menschlicher, wenn wir bedenken, daß Giovannis Paradies unabhängig von einem Bezug zu Gott oder Christus konzipiert ist.[28]

Weder bei Angelico noch bei Giovanni lassen sich die dargestell-

Abb. 27: G. di Paolo, Paradies

ten Seligen mit bekannten Gestalten des Heiligenkalenders gleichsetzen. Sie sind anonym. Das Paradies der Künstler ist kein den
berühmten, kanonisierten Heiligen vorbehaltener Ort, so daß den
weniger würdigen Bewohnern des Himmels nur ein Platz minde-
ren Ranges bliebe. Die Kunst der Renaissance vermied es, der
dogmatischen Auffassung einer Entsprechung von Lohn und Tugend bildlichen Ausdruck zu verleihen. Auch die geläufige mittelalterliche Auffassung von den verschiedenen himmlischen Klassen – den Aposteln, Jungfrauen, Märtyrern usw. – fehlt ganz.
Ohne Rücksicht auf die Verschiedenheit ihres himmlischen
Lohnes und ihrer geistlichen Klasse treffen sich Angelicos und

Giovanni di Paolos Selige in der ungezwungenen Atmosphäre eines Gartens. Alle haben freien Umgang miteinander. Warum sollte nicht ein Lehrer mit einer Jungfrau sprechen und ein Märtyrer mit einer heiligen Witwe? In einer späteren Fassung seines Paradieses hat Giovanni noch die heiligen »Unschuldigen Kinder« eingefügt – nackte Kinder, deren Martyrium an einem kleinen roten Fleck (einer verklärten Wunde) erkennbar ist und die zwischen den anderen Seligen spielen und herumtollen. Mochten die Theologen auch für jeden einen bestimmten geistlichen Rang errechnen, die Künstler entwarfen ein einheitliches Paradies, zu dem alle in gleicher Weise Zugang erhalten. »Natürlich sind viele Bewohner Mönche oder Nonnen«, erklärt Pope-Hennessy; »aber grundsätzlich ist das Paradies eine kommunistische Einrichtung.« Es ist dasselbe für alle Gerechten.[29]

Die Idee eines einheitlichen Himmels oder Paradieses für alle Gerechten kommt bei Giovanni deutlicher zum Ausdruck als bei Fra Angelico. Schon die Stellung von Giovannis Gemälde zwischen Schöpfung und Weltgericht deutet darauf hin, daß er den Himmelsgarten als wiederhergestelltes Paradies auffaßt. Das erklärt, warum er auf die Darstellung des neuen Jerusalems verzichtet. Die Gerechten leben wie Adam und Eva in einem Garten, nicht in einer Stadt. Daß Giovanni auch Tiere ins Paradies einläßt – kleine, spielende Kaninchen –, ist nicht ohne Bedeutung. Nun ist das Paradies wieder vollständig und enthält alles, was Thomas von Aquin vom ewigen Leben ausgeschlossen hatte. Der Himmel ist wieder die erneuerte Erde, auf der die Menschheit die Gesellschaft aller guten Kreaturen genießen kann.

Die Auffassung der Künstler findet ihre Entsprechung in den Erfahrungen der Mystiker. In den Himmelsvisionen der Dominikanerin Osanna von Mantua (1449–1505) sind die Heiligen einander herzlich zugetan, küssen sich, umarmen sich und führen innige Gespräche. Während einer ihrer Entrückungen wird die Nonne vom heiligen Paulus und von Simeon begrüßt, bei der Hand genommen und zum göttlichen Thron geführt. Gott selbst tauscht mit ihr liebevolle Worte aus und nennt sie seine herzlich geliebte Tochter. Als wollte sie darauf bestehen, daß Gott allein nicht den ganzen Himmel ausmacht, führt Osanna noch die übrigen Heiligen auf, denen sie nach ihrer Audienz bei Gott begegnet: Thomas von Aquin, Maria Magdalena und ihre Lieblingsheilige, Katharina von Siena. Am Fest des heiligen Dominikus erlebte

Osanna wiederum eine Vision, in der sie dem Gründer ihres Ordens im Paradies begegnet. Wie zu erwarten, spricht er mit ihr wohlwollend und voll väterlicher Zärtlichkeit. Allerdings ist sie enttäuscht, weder Katharina von Siena zu treffen noch ihre Freundin, die verstorbene Columba (1476–1501), Gründerin eines Dominikanerinnen-Konvents in Perugia. Sie wußte, daß sich ihre Freundin im Paradies befand, denn zur selben Stunde, als Columba starb, hatte Osanna eine Vision, in der sie ihre Freundin zum Himmel aufsteigen sah. In einer späteren Vision war ihr vergönnt, ihre Freundin zu treffen; sie konnte sich aus Columbas Umarmungen nur mit Mühe lösen.[30]

Erasmus von Rotterdam, der Fürst der Humanisten, schildert eine Begegnung im Jenseits mit größerer Zurückhaltung, aber mit ebensoviel Gefühl und Anteilnahme. Als sein Freund Johannes Reuchlin im Jahre 1522 starb, stellte sich Erasmus vor, daß der Tote auf einer üppigen Wiese von einer großen Schar von Engeln und von einem Heiligen empfangen wird. Dieser Heilige, der Kirchenvater Hieronymus, begrüßt Reuchlin mit einer herzlichen Umarmung. Er ehrt ihn mit einem prächtigen Gewand, dessen drei Farben seine Kenntnis der hebräischen, griechischen und lateinischen Sprache ausdrücken. Als gelehrte Kenner des Hebräischen bilden Reuchlin und Hieronymus ein vorzügliches Paar. Hieronymus führt den neu eingekleideten Seligen zu einer Anhöhe in der Mitte der Wiese. Während sie dort stehen und sich noch einmal umarmen, öffnet sich der Himmel. In einem Strom von göttlichem Licht, der Himmel und Paradies verbindet, fahren sie auf, begleitet von himmlischer Musik.[31]

Erasmus hat den Aufstieg vom Paradiesgarten zum göttlichen Wohnort nicht erfunden; die übernatürliche Landschaft, in der sich die beiden Gelehrten begegnen, war den Zeitgenossen der Renaissance vertraut. Das Paradies von Dieric Bouts, um 1470 für das Magistratsgebäude von Löwen in Belgien geschaffen, verleiht derselben Vorstellung Ausdruck (*Abb.* 28). Engel empfangen die Seligen in einem Garten in der Nähe eines Brunnens mit gotischem Turmaufbau; danach führen sie die Seligen zu einer Anhöhe, über der sich der Himmel öffnet, um die Emporschwebenden in das Reich des Lichtes aufzunehmen.

Mindestens ein theologisches Traktat hat den Renaissancetraum von der Liebe in der himmlischen Welt aufgegriffen und entwickelt. In der *Angenehmen Erklärung der sinnlichen Wonnen des*

Abb. 28: Dieric Bouts, Paradies

Paradieses (1504) lesen wir von der Schönheit des verklärten menschlichen Leibes, von seiner gesteigerten Fähigkeit zu sehen, zu hören und Gottes Lob auf eine Weise zu singen, die jeden Gesang dieser Welt bei weitem übertrifft. Wir werden riechen, schmecken und über den Tastsinn verfügen. Aus der Nachricht des Evangeliums, Jesus habe kleinen Kindern die Hände aufgelegt, wird der kühne Schluß gezogen, daß die Heiligen im Paradies einander berühren und auch von Christus umarmt werden. »So werden wir unsere Väter, Brüder und Schwestern umarmen«, erklärt der Verfasser; »insbesondere werden die Heiligen Christus umarmen, und er wird sie in die Arme schließen. Siehe Markus 9[,36], wo er kleine Kinder umarmt.« Wenn die Heiligen einander ihre Liebe bezeugen, dann folgen sie dem Beispiel Christi.[32]

Die verklärte Natur unseres Leibes wird die Freude solcher Umarmungen keineswegs beeinträchtigen. Dies gilt auch für das Küssen, das einen ebenso festen Platz im künftigen Leben haben wird. Wir werden Christus küssen und er uns. »Dasselbe können wir mit unseren Geliebten tun und mit allen männlichen und weiblichen Heiligen, die wir küssen wollen.« Als Beleg verweist der Verfasser auf Predigten über Mariä Himmelfahrt, die von anerkannten Autoritäten veröffentlicht wurden – [Pseudo-]Augustinus und Bernhard von Clairvaux. Als Maria den Himmel betrat, wurde sie von ihrem Sohn mit einem richtigen »körperlichen« Kuß empfangen – beide, Maria und ihr Sohn, besaßen ja bereits ihren verklärten Leib. Daher muß es auch für die Heiligen möglich sein, Küsse auszutauschen. Und mehr noch: wenn sich die geliebten Partner gerade an verschiedenen Stellen des Paradieses aufhalten sollten, dann können sie Küsse über jede Entfernung hinweg austauschen. »Tausende und abertausende von Meilen« stellen kein Hindernis dar; der Genuß ist dabei nicht geringer, als wenn die Lippen sich berühren. Da räumliche Trennung keine Rolle mehr spielt, können Liebende einander immer nahe sein. Die Erwähnung der süßen Geschmacksempfindung, die mit dem Küssen verbunden ist, unterstreicht dessen wirklichen, »physischen« Charakter. Küssen ist keine rein geistige Tätigkeit.[33]

Beim Austausch von Zärtlichkeiten zeigt sich, welchen Rang ein Seliger oder eine Selige besitzt, denn dabei wird der süße »Geschmack« *(sapor)* des anderen Körpers wahrgenommen. Zweifellos ließ sich der Autor hier vom biblischen Hohenlied (4,11) anregen; dort werden die Lippen der Geliebten mit »triefendem

Honigseim« verglichen, und unter ihrer Zunge findet der Liebhaber »Milch und Honig«. Wohl mehr im Ernst als in scherzhafter Parodie führt der Autor an dieser Stelle verschiedene Stufen der Heiligkeit ein, die mit unglaublich großen Zahlen versehen werden. »Grob geschätzt«, heißt es da, »wird der Körper des geringsten Heiligen fünfzigmal besser schmecken als Honig, Zucker oder irgendeine künstliche oder natürliche Speise oder ein Getränk dieser Welt; ein zweiter Heiliger wird hundertmal süßer schmecken, ein dritter mehr als tausendmal so gut – und so fort.« Je größer die Heiligkeit, desto besser der »Geschmack«, der sinnlich wahrgenommen und genossen wird. Was immer die genauen Umstände und Abstufungen sein mögen, sinnlicher Genuß ist nicht vom Himmel wegzudenken.

Celso Maffei (1425–1508), der Verfasser dieses Traktats, war ein zölibatärer Mönch; siebenmal haben ihn seine Mitbrüder zum General ihres Ordens gewählt. Am Schluß seiner ebenso amüsanten wie gelehrten Abhandlung sehen wir, wie begeistert der Verfasser von seinem Thema war. Die Wonnen unserer Sinne, so schreibt er, machen die menschliche Seligkeit schlechthin aus. Da sie keinen Körper besitzen, sind Engel von solchem Glück ausgeschlossen. Sie wissen nicht, was Küssen bedeutet. Da die körperlichen Genüsse schon einen großen Teil unseres irdischen Glücks ausmachen, müssen die leiblichen Wonnen der Seligen alles übersteigen, was wir zu Lebzeiten erfahren. Ohne daß Keuschheit oder Jungfräulichkeit gefährdet wären, werden alle unsere Sinne befriedigt. Die kurze, gleichsam als Zugeständnis an die Tradition benützte Wendung – »ohne daß Keuschheit oder Jungfräulichkeit gefährdet wären« – klingt wie ein schwaches Echo des asketischen Ideals, das die Renaissance nicht mehr teilte. Nach der Lektüre des Traktats möchte man gerne wissen, ob es der Verfasser mit dem zölibatären Leben so genau nahm, wie es die Ordensregel von ihm erwartete. Jedenfalls scheute er sich nicht, seine Schrift Papst Julius II. (1503–1513) zu widmen, dem großen Förderer und Mäzen der Künste.[34]

Die Sinnlichkeit von Maffeis Bewohnern des Paradieses hat keine Entsprechung in der keuschen und zierlichen Kunst Fra Angelicos oder Giovanni di Paolos, wohl aber in den eindrucksvollen Kompositionen von Luca Signorelli (1441–1523). Als Signorelli den Auftrag erhielt, eine der Kapellen im Dom von Orvieto auszumalen, führte er eine Arbeit zu Ende, die Fra Angelico eine Generation zuvor begonnen hatte. Im Unterschied zu Angelico zog er den

Abb. 29: Luca Signorelli, Krönung der Seligen

ernsteren Monumentalstil vor, der in den Jahren 1499–1502 seine Gestaltung der großen Wandflächen bestimmte. Signorelli stellte das Drama des Weltgerichts in Form einzelner Akte dar, denen jeweils ein eigenes Gemälde gewidmet wurde: die Auferstehung beim Schall der Trompeten, die Qualen der Verdammten, die Krönung der Seligen und schließlich die Auffahrt zum Himmel.

Die *Krönung der Seligen* nimmt die Fläche einer ganzen Wand ein (*Abb.* 29). Die untere Hälfte des Gemäldes zeigt eine zusammengedrängte Menschenmenge. Einige der Männer und Frauen sind geschürzt, die Mehrzahl ist jedoch völlig nackt. Sie blicken nach oben. Engel setzen ihnen goldene Kronen auf. In der Szene darüber sehen wir weitere, »weibliche« Engel, die in ihren faltenreichen Gewändern auf Wolken sitzen, Instrumente spielen und singen. Die obere Mitte des Freskos wird von zwei Engeln eingenommen, die über dem Krönungsgeschehen schweben und mit großer Anmut Blumen streuen. Die Männer und Frauen der Krönungsszene besitzen jugendliche, athletische und vollendete Körper (*Abb.* 30). »Keiner von ihnen hat auch nur ein Gramm Fett

Abb. 30: Luca Signorelli, Krönung der Seligen

zuviel«, bemerkt der Kunsthistoriker De Wald schmunzelnd.
»Ihre Haut schmiegt sich wie ein durchsichtiges Gummituch an
die Muskulatur. Ihre Haltung ist ruhig und entspannt.« Im Unterschied zu früheren Darstellungen des Weltgerichts deutet Signorelli keine Unterschiede in Status oder Alter der Seligen an; nur
einen Mönch kann man an seiner Tonsur erkennen.[35]

Diese Körper sind nicht die verklärten leuchtenden Leiber, die
Thomas von Aquin beschreibt. Vielmehr erinnern sie uns an den
späten Augustinus, der von der ewigen Schönheit des himmlischen Leibes sprach und seine frühere Ablehnung von ›himmlischem Fleisch‹ nicht mehr aufrechterhielt. Die Seligen Signorellis
stehen wie die Augustins in der Blüte ihrer Jugend und sind frei
von allen Beeinträchtigungen, die das Alter mit sich bringt. Indem
sie aufrecht stehen und ihre Arme strecken, feiern sie die Symme-
trie und die ausgewogenen Maße ihres Körpers. Ein Schamgefühl
zwischen Männern und Frauen ist nicht zu entdecken; sie genießen den Anblick ihrer Schönheit, ohne Lust oder Begierde zu
verspüren. Frauen, die im irdischen Leben oft als Verführerinnen
zu Sünde und Gottlosigkeit galten, erhalten die Krone nicht anders als Männer.

Warum sind die Männer und Frauen nackt dargestellt? Während

es natürlich zu sein scheint, in einer Auferstehungsszene alle unbekleidet aus den Gräbern hervorkommen zu lassen, ist die Blöße bei der Krönung eigentlich nicht mehr erforderlich. Signorellis Beharren auf der Nacktheit muß einen besonderen Grund haben. Eigentlich würde man die Krönung als zweiten, abschließenden Akt nach der Bekleidung mit besonderen Gewändern erwarten. Diese Abfolge wird zum Beispiel bei der Krönung des britischen Monarchen eingehalten; zuerst die Einkleidung, dann die Krönung. Signorelli aber kennt keine Einkleidung, denn für ihn ist der nackte menschliche Körper Wahrzeichen des wiederhergestellten Paradieses. Als Vertreter der Renaissance feiert er die Schönheit des menschlichen Körpers; gleichzeitig kann er sich auf gewisse Aussagen der mittelalterlichen Theologie und volkstümlicher Frömmigkeit berufen. Wir erinnern uns an die Voraussage des *Elucidarium*, die Seligen »werden nackt sein, aber sich durch Anstand auszeichnen und niemals wegen irgendeines Körperteils mehr erröten, als sie es jetzt wegen schöner Augen tun«. Ein Kunsthistoriker hegt sogar den Verdacht, einige der Lendenschurze des Freskos seien später hinzugefügt worden, um das Gemälde danach aufkommender Prüderie anzupassen. Wie dem auch sei – Signorelli feiert den auferstandenen Körper in seiner ganzen Kraft und jugendlichen Frische. So überrascht nicht, daß Michelangelo dieses Thema in seinem unübertroffenen Auferstehungsfresko der Sixtinischen Kapelle aufgreift.[36]

Beim ersten Betrachten zeigt Signorellis Menge von zusammengedrängten Männern und Frauen keine Gliederung. Alle scheinen auf die Krönung zu warten, um dann, in der folgenden Szene, mit einem muskulösen und dennoch schwerelosen Körper in den Himmel emporzuschweben. Aber es gibt doch wenigstens ein Merkmal, das die Menschenmenge gliedert: die Anordnung zu Paaren. Im Vordergrund kann man drei Paare erkennen; eines ganz rechts, ein zweites in der Mitte und ein drittes ganz links. Nach Signorelli ist die Paarbeziehung zwischen Mann und Frau dem Himmel nicht fremd. Wenn Gott das erste Paradies mit der Partnerbeziehung ausgestattet hat, dann kann das erneuerte Paradies diese grundlegende Einrichtung nicht ausschließen. Die Gemeinschaft der Heiligen braucht keineswegs eine Menschenmenge zu sein, deren einziges Gliederungsmerkmal der geistliche, durch religiöses Verdienst erworbene Rang ist. Kunst und Theologie der Renaissance anerkennen im Jenseits auch Beziehungen, die von den Seligen selbst initiiert werden. Gott bestimmt nicht mehr allein, wer neben wem einen Platz erhält.

Nach der Überzeugung der Renaissance sind Freude und Glück das höchste Ziel des menschlichen Lebens im allgemeinen und der christlichen Existenz im besonderen. Sie weiß, daß Tugend nur ein Mittel zur Erreichung von Glück ist, nicht aber ein Selbstzweck. Glück aber setzt Gemeinschaft voraus. Der Humanist Bartolomeo Facio (gest. 1457) feierte »das Zusammensein der Bürger« als eine der größten Freuden des Lebens im Jenseits. »Denn es scheint«, erklärte er, »daß das Leben in Einsamkeit dem Glück nicht wenig Abbruch tut.« So harmlos diese Sicht auch klingen mag, sie steht doch schon außerhalb der scholastischen Theologie. In seiner *Summa theologica* hatte Thomas von Aquin nicht nur Freundschaft für unwichtig erklärt, sondern auch die »geistige« Natur der Himmelsfreuden betont, um sich von Juden, Muslimen und chiliastischen Ketzern abzugrenzen. Die Logik der Renaissance ließ diese Argumentation nicht mehr zu; man konnte nicht mehr behaupten, Freundschaft mit anderen Menschen sei angesichts der ewigen Liebe Gottes eine Nebensache.[37]

Um 1526/30 malte der niederländische Künstler Jean Bellegambe ein Triptychon für eine Kirche. Auf dem das Paradies darstellenden Flügel sind alle Züge des Renaissancehimmels zusammengefaßt (*Abb.* 31). Die beiden Ebenen des Himmels werden klar unterschieden. Unten begrüßen sich die Seligen, spielen im Gras und unterhalten sich mit Engeln. Im Zentrum des Gemäldes steht ein Brunnen; er spiegelt neben biblischer und antiker Tradition auch die Renaissance-Begeisterung für Brunnen. Schon allein die große Zahl der nackten menschlichen Körper erinnert den Betrachter an das klassische Goldene Zeitalter oder die Inseln der Seligen. Bellegambes Himmel ist nicht nur ein wiederhergestelltes Paradies mit einigen wenigen Heiligen, die das Urpaar Adam und Eva symbolisch vertreten. In seinem Paradies sehen wir eine große Gemeinschaft von spielenden Heiligen, die ihre Beziehungen unbeschwert genießen. Sie kümmern sich weder um die himmlische Stadt, die über dem Paradies schwebt, noch um das Geschehen von Krönung und Bekleidung, das im Vordergrund dargestellt ist. Die traditionellen christlichen Themen – die Himmelsstadt, die Engel in kostbaren Gewändern – sind zwar keineswegs verdrängt, aber sie werden durch die eher »heidnischen« Motive wie Spiel, Unterhaltung und liebevolle Berührung relativiert.

Abb. 31: Jean Belegambe, Paradies

In der Renaissance konnten sich Männer und Frauen darauf freuen, ihre Freunde und Partner im Paradies wiederzusehen, ohne ihre Rechtgläubigkeit aufs Spiel zu setzen. Petrarcas menschliche Herrin stünde zum göttlichen Herrn nicht mehr in Konkurrenz; er könnte in der ewigen Gegenwart beider leben. Daß Dante nach seinem Tod »zweifellos von den Armen seiner edlen Beatrice aufgenommen wurde« und »jetzt mit ihr im Angesicht dessen lebt, der sein höchstes Gut ist«, mußte nun nicht mehr als die kühne Bemerkung eines Außenseiters wie Boccaccio gelten. Die Gefilde der Seligen und das wiederhergestellte Paradies verschmolzen. Durch die Gleichsetzung von Eden und Elysium und ihrer Kombination mit der biblischen Himmelsstadt konnten Gott und die Menschen die Schönheit und Harmonie des Himmels genießen. Man brauchte sich nun den Himmel nicht mehr als einen Ort vorzustellen, wo sich Gott nur den Lobgesang seiner Heiligen anhört, ohne sich um deren geschöpfliches Glück zu kümmern. Die verklärten Leiber der Seligen sind nun mit so viel ebenmäßiger Muskulatur ausgestattet, daß ihre menschliche Schönheit nicht mehr zu übersehen ist. Auch die Frage Augustins und der Scholastik nach dem Verhältnis der beiden Arten von Liebe – wahrer Gottesliebe und abgeleiteter Liebe zur Kreatur – existiert nicht mehr. Die Konkurrenz zwischen der Entscheidung für Gott und der Zuneigung zu einem geliebten Menschen vermochte nicht bis in den Himmel hineinzureichen. Nun konnten beide zufriedengestellt werden, Gott und Mensch.

Die Geographie des Himmels

Die neue Anerkennung »weltlicher« Berufe und die ciceronianische Hoffnung auf das Wiedersehen mit Freunden brachte eine Umgestaltung der christlichen Himmelsvorstellung mit sich. Die Autoren und Künstler der Renaissance konnten sich mit der mittelalterlichen Sicht des ewigen Lebens nicht anfreunden; sie war unbefriedigend und paßte nicht zur Mentalität der Zeit. Die starke Betonung der beseligenden Anschauung Gottes in der scholastischen Theologie ließ es nicht zu, die menschliche Seite des Jenseits auszugestalten. Theologen und Künstler der Renaissance glichen diesen Mangel aus, indem sie ein doppeltes Jenseits annahmen: eines, das für die überlegene Majestät Gottes bestimmt ist, und ein anderes, das der unabhängigen geschöpflichen Würde der Erlösten Rechnung trägt. Mit Hilfe der Kombination von Gottes heiliger Stadt mit dem Paradies der Seligen konnten die Erfordernisse der Theologie ebenso befriedigt werden wie der menschliche Traum nach liebender Partnerschaft in einer bukolischen Umgebung.

So beruht die Geographie des Himmels auf der Trennung der Himmelsstadt vom wiederhergestellten Paradiesgarten. Mit blendendem Licht und filigraner gotischer Architektur verbanden sich in der Wohnstätte Gottes Bilder aus der Offenbarung des Johannes mit Vorstellungen der Renaissance. Johannes von Patmos hatte das neue Jerusalem im Grunde genommen als riesigen Tempel beschrieben. Zwar hatte dieser Tempel die Ausmaße einer Stadt, aber er diente ausschließlich als Ort der Liturgie. In der Stadt war wenig Raum für nichtliturgisches Leben. Die Renaissancekunst stattet das neue Jerusalem mit Mauern und Toren aus, läßt uns aber keinen Blick in das Innere der Stadt selbst tun. Die der gotischen Architektur entlehnten Elemente allerdings erinnern an eine Kirche, so daß dieser Teil des Himmels als eine ausschließlich für Gott bestimmte Residenz und nicht als Aufenthaltsort der Seligen erscheint. Wie die Kirche das irdische Haus Gottes darstellt, so ist das neue Jerusalem seine himmlische Wohnung. Die Heiligen betreten die himmlische Stadt nicht, um dort zu wohnen, sondern um Gott zu verehren.

Wie die Menschen auf der Erde, so leben auch die Seligen im Himmel nicht in Gottes persönlichem Wohnbereich. Obwohl Engel und Heilige auch zum göttlichen Licht emporschweben, so leben sie doch in ihrer eigenen, eher für menschliche Wesen geeigneten Umgebung. Der Bereich jenseits der goldenen Pforten mag aufgesucht werden, um Gott anzubeten; den eigentlichen Aufenthaltsort der Seligen stellt jedoch das Paradies dar. Der Paradiesgarten ist ein selbständiger Bezirk, der in seiner Bedeutung und Dignität der Gottesstadt nicht nachsteht. Er enthält alles, was aus dem Empyreum des Aquinaten verbannt war: Bäume, Wiesen, Vögel. Nicht die ungebändigte Natur besteht fort, sondern eine Natur, die menschlichen Wünschen und Bedürfnissen entspricht. Im Himmel ist die Natur gebändigt; wilde Landschaften und schaurige Umgebungen fehlen. Brunnen, Zelte, Schiffe und Tore beeinträchtigen die idyllische Harmonie nicht; als harmloses Beiwerk tun sie der Natürlichkeit der Szene keinen Abbruch. Die Menschen kosen einander, spielen, lauschen der Musik und genießen die Ewigkeit. Engel, einst die Boten der überweltlichen Macht Gottes, bringen den seligen Paaren ein Ständchen, begrüßen sie mit herzlicher Umarmung oder bekränzen sie mit Blumen. In der Renaissance haben die Engel menschliche, in einigen Gemälden geradezu weibliche Züge.

Nichts in den künstlerischen, literarischen oder theologischen Quellen deutet darauf hin, daß der Renaissancehimmel Plätze verschiedenen Ranges aufweist, die den Seligen nach irdischem Verdienst zugewiesen werden. Der scholastische Himmel, den die mittelalterliche Kunst wiedergibt, war ein hierarchisches System mit festen Stufen, die der jeweils erreichten geistlichen Würde entsprachen. Nach Thomas von Aquin legt auf Erden erworbenes Verdienst die Art der Beziehung zu Gott fest. Je größer die geistliche Reife, desto geringer ist der Abstand zu Gott. Mit der Nähe zu Gott steigt auch die Kenntnis der göttlichen Dinge. Wir können uns den mittelalterlichen Himmel als einen riesigen Kegel denken, der sich nach oben verjüngt und dessen Spitze auf die Gottheit selbst zuläuft. Mystikerinnen wie Mechthild waren der Meinung, daß die wenigen an der Spitze vorhandenen Plätze von Jungfrauen eingenommen würden. Die geläufigere Vorstellung stellte die Apostel, Märtyrer und die Heilige Jungfrau in die unmittelbare Nähe Gottes.

Dem Himmel der Renaissance – sowohl der Stätte des göttlichen Lichts als auch dem Paradies – ist räumliche Abstufung fremd. Die starre Unbeweglichkeit und Hierarchie der mittelalterlichen Vorstellung ist aufgegeben. Wer sich im Paradies aufhält, kann keine Trauer darüber empfinden, daß er nur am Brunnen spielt und sich mit Freunden trifft. Niemand lebt in der Hoffnung, doch noch eine höhere Stufe zu erreichen. Auch wer die Freiheit von Kleidung genießt, befindet sich nicht in einem geringeren Stand der Heiligkeit als jene, die prächtige Gewänder tragen. Nacktheit bedeutet Gleichheit aller vor Gott. Auch die Wunden der Märtyrer, die Augustinus sehen wollte, sind so gut wie verschwunden. Mag Gott den Seligen ihren Lohn nach ihrem Verdienst zumessen, so bleibt davon die Beziehung der Heiligen untereinander unberührt. Märtyrer können sich mit Jungfrauen unterhalten, Lehrer vor Kaufleuten singen und Paare Hand in Hand gehen. Die Schöpfer des Renaissancehimmels hatten kein Interesse an den feinen Unterscheidungen der mittelalterlichen Theologie; sie fanden das Vorbild für ein menschlicheres Jenseits bei Cicero und in der antiken Mythologie.

Wenn der Himmel des Mittelalters als ein Kegel mit Gott an der Spitze erscheint, dann müssen wir uns den Himmel der Renaissance als ein Haus vorstellen, dessen oberes Stockwerk als liturgischer Raum ausgestaltet ist, während sich im Erdgeschoß ein Paradiesgarten befindet. Die beiden Bereiche sind nicht streng getrennt; die Seligen, die Engel und die göttlichen Personen (wozu Maria zählen kann) wählen sich ihren Aufenthaltsort nach Belieben. Savonarola sah eine Leiter, die den Wohnort Gottes mit dem Paradies der Seligen verbindet. Auch der Lebensbrunnen verknüpft die beiden Welten, denn er verkörpert die Gegenwart des göttlichen Segens im Paradies. Selbst die Spitze der Zelte und der Schiffsmast in Boschs Paradies weisen nach oben und haben etwas von einer *axis mundi* an sich, einem mythischen Pfahl, der Himmel und Erde verbindet. Wollen Hieronymus und Reuchlin ihr Gespräch in alle Ewigkeit fortführen, wie Erasmus meint, dann muß ihnen der Garten zugänglich bleiben. Der Aufstieg der Seligen zum Himmel entrückt sie nicht dem Paradies wie einem verwünschten Ort, an den sie niemals zurückkehren wollen. Nach Savonarola besitzt selbst Maria einen Thron im wiederhergestellten Paradies, so daß sie dieses stets mit ihrer Gegenwart beehren kann.

Eine von der Scholastik aufgeworfene Frage, die nun eine neue Antwort fand, war die nach der Fortdauer des tätigen Lebens in der Ewigkeit. Nach Thomas von Aquin ist das tätige Leben (das Leben der arbeitenden Weltleute) mit dem Tod zu Ende; im Jenseits gibt es nur noch die beschauliche Existenz, die man im Kloster vorwegnehmen kann. In der Renaissance meldet die Theologie ihre Bedenken gegen eine solche einseitige Auffassung an. Ein »aktives Leben« wird es auch im Jenseits geben, meint Dionysius der Karthäuser (1402–1471) nach einer eingehenden Erörterung; der Unterschied wird sein, daß es »von aller Unzulänglichkeit frei« ist *(vita activa, utpote imperfectione omni exclusa)*. Leider beläßt er es bei dieser Feststellung, ohne uns zu verraten, an welche Tätigkeiten im Himmel er denkt.[38]

Der Paradiesgarten ermöglicht jene Bewegung und Ortsveränderung, die dem theozentrisch geprägten Himmel so gut wie unbekannt ist. Scholastische Autoren wie Thomas von Aquin hatten ein zwiespältiges Verhältnis zur »Agilität«, der mühelosen Bewegung des verklärten Leibes. Allgemein galt die aristotelische Auffassung, daß »Bewegung die Tätigkeit eines unvollkommenen

Wesens ist«. Was daher »am göttlichen Heil ohne Bewegung teilhat, hat daran auf edlere Weise Anteil als das, was dazu der Bewegung bedarf«. Werden die Seligen schließlich auch an Gottes unbeweglicher Vollkommenheit teilhaben? Thomas wußte, daß dies nicht der Fall sein kann, denn nur Gott ist allgegenwärtig und muß deshalb nie eine Entfernung durch Bewegung überbrücken. Für Geschöpfe ist die Unerreichbarkeit der Allgegenwart ein Mangel, der selbst im Himmel nicht aufgehoben wird. Somit muß die Möglichkeit zur Ortsveränderung auch im Jenseits bestehen. Aber werden sich die Seligen auch wirklich bewegen? Trotz der Unvollkommenheit, die in der Bewegung liegt, meint Thomas, es sei immerhin »wahrscheinlich« *(verisimile),* daß sich die Seligen »manchmal *(aliquando)* nach eigenem Gutdünken bewegen. (...) Auf diese Weise wird ihr Sehvermögen durch die Schönheit der mannigfachen Geschöpfe erfrischt.« Die Seligen genießen die Vielfalt der geschöpflichen Welt, denn in ihr »scheint Gottes Weisheit auf in großer Deutlichkeit«. Dabei verlassen sie jedoch den Himmel nicht.[39]

Im 15. Jahrhundert hatte der Gedankengang des Aquinaten seine Schlüssigkeit eingebüßt. Als Menschen, die gerne fremde Länder bereisten oder ferne Städte besuchten, waren die Denker der Renaissance nicht mehr zufrieden mit den seltenen und kurzen Ortsveränderungen, die Thomas den Seligen innerhalb des Himmels zugestand. Bartolomeo Facio meint, Thomas schränke die Freiheit der Seligen zu sehr ein: »Wenn sie [den Himmel] nicht nach eigenem Gutdünken für eine Weile verlassen können, dann kann man sie nicht als Selige bezeichnen, denn sie wären ja ihrer Freiheit beraubt.« Nach Facio können die Bewohner des Himmels ohne weiteres auch »diese Welt, in der wir wohnen«, besuchen. Da Bewegung nun nicht mehr als Zeichen von Unvollkommenheit galt, konnte sie ins Paradies Einzug halten und das ewige Leben verändern. Fra Angelicos Selige tanzen vor Freude, und Bosch läßt sie sogar in einem Schiff segeln. Wenn sich Valla vorstellt, daß die Heiligen wie Vögel fliegen und in der Luft spielen oder sogar wie Fische ins Meer hinabtauchen, so mag er den Traum der Renaissance überziehen; dennoch verleiht er dem allgemeinen Gefühl Ausdruck. In einem menschlichen Paradies haben Regungslosigkeit und Nichtstun keinen Platz.[40]

Dem sinnlichen Paradies der Renaissance war keine lange Dauer beschieden. Als die Reformation die geistige Welt vor neue Probleme stellte, wurde es beiseite geschoben. Am Ende des 16. Jahrhunderts war es fast vergessen. Nur ein einziger Gedanke lebte weiter: die Idee eines *menschlichen* Himmels. Bewegung und Reisen gehören genauso zum Jenseits wie das Wiedersehen und die Begegnung mit anderen Seligen. Allerdings erhielten diese Vorstellungen nur selten den Stellenwert, den sie bei Lorenzo Valla besessen hatten. Die Reformatoren und ihre Gegner hatten für solche nichtbiblischen Spekulationen wenig übrig. Die bitteren Auseinandersetzungen um Reformation und katholische Reform zerstörten die Theologie der Humanisten. Indem sie Gott und nicht die Würde der menschlichen Selbstdarstellung in den Mittelpunkt rückten, schufen diese Bewegungen neue Ideale für das diesseitige Leben und neue Bilder der Ewigkeit.[41]

Kapitel 6

Gott im Mittelpunkt: Protestantische Reformation und katholische Reform

Das 16. Jahrhundert stürzte Europa in große religiöse Unruhen, die bis ins 18. Jahrhundert anhielten und deren Folgen noch heute sichtbar sind. An den Auseinandersetzungen über die christliche Lehre beteiligten sich mehr Menschen als im Mittelalter, und es kam zu Exkommunikationen, Verfolgungen und sogar zum Krieg. Meinungsverschiedenheiten führten zur Entstehung neuer Kirchen, und Reformbewegungen veränderten die Gestalt der schon bestehenden. Neue Theologien konnten nicht mehr ohne weiteres als Versuche gelten, dieselbe Wahrheit zu erfassen. Was zunächst als Kritik an Ablaßhandel, Ehelosigkeit der Priester, päpstlicher Autorität und scholastischer Theologie vorgetragen wurde, führte bei Luther und Calvin bald zur Gründung neuer Kirchen mit abweichender Lehre und eigenständiger Organisation. Aus katholischer Sicht bedeutete dies den Sieg des Irrtums und die Zerstörung der Einheit der christlichen Welt. Der ungenähte Rock Christi war zerrissen. Aus der Sicht der Protestanten hatte das wahre Evangelium alle Überfremdung, allen Aberglauben und Mißbrauch überwunden. Die Reinheit der Lehre war ebenso wiederhergestellt wie die Freiheit des Christenmenschen. Protestanten und Katholiken veränderten die religiöse Landkarte der westlichen Welt.

Die Neuordnung der Religion in Europa brachte auch eine Veränderung in der Auffassung des Himmels mit sich. Bei ihrer Umgestaltung der herkömmlichen, durch die Reformation erschütterten Lehre entwickelten katholische und protestantische Theologen eine neue Sicht des ewigen Lebens. Bei Luther und Calvin verbanden sich traditionelle Auffassungen mit einem neuen Verständnis des Wesens Gottes und der Natur des Menschen. Die gerechtfertigte Seele konnte sich auf die ewige Gemeinschaft mit Gott freuen. Auch katholische Denker bemühten sich um eine Erneuerung des Himmelsglaubens. Als Antwort auf die Reformation knüpften sie an spätmittelalterliche Mystik an und propagierten mit einer neuen Frömmigkeit einen anderen Himmel. Die Kennzeichen der neuen katholischen Spiritualität waren eine mystische Innerlichkeit und eine Frömmigkeit, die klösterliche Ideale den Lebensverhältnissen der Laien anpaßte. Die bräutliche Liebe der Seele zu Gott und die hervorragende Stellung der Jungfrau Maria verdrängten den himmlischen Humanismus der Renaissance.

Als die überschäumende Reformbegeisterung nachließ, erhoben sich neue Bewegungen, die den ursprünglichen Geist der Erneuerung am Leben zu erhalten suchten. Die katholischen Jansenisten sowie die protestantischen Puritaner und Methodisten teilten die optimistische Weltbejahung der Reformbewegung des 16. Jahrhunderts nicht mehr. Vielmehr predigten sie den Rückzug aus der Welt und forderten eine oftmals übertrieben strenge Lebensweise. Für Katholiken bedeutete Askese immer noch den Eintritt ins Kloster. Protestanten propagierten innerweltliche Askese, strenge Moral und fromme Innerlichkeit; nur so glaubten sie der Vergänglichkeit des Irdischen zu entkommen. Solche Auffassungen führten zu einem Bild des Himmels, das die Verachtung weltlicher Belange ebenso widerspiegelte wie die ausschließliche Herrschaft Gottes.

Jede dieser drei Strömungen – die protestantische Reformation, die katholische Reform und die neuen asketischen Bewegungen – schuf ihr unverkennbar eigenes Bild des ewigen Lebens. Dennoch haben diese Bilder einen grundlegenden Zug gemeinsam: die Ausrichtung auf Gott. Sobald Gott den Mittelpunkt der christlichen Existenz einnimmt, ist es nur konsequent, ihm diese Stellung auch im ewigen Leben zuzubilligen. Ein gerechtes Leben muß in einer Ewigkeit bei Gott gipfeln. Zwar fand auch die menschliche Seite der Ewigkeit im 17. und 18. Jahrhundert ihre beredten Anwälte; aber insgesamt wurde das in seiner Ausrichtung auf Gott klare und strenge Bild der Reformbewegungen die führende Vorstellung. Selbst als die religiöse Begeisterung nachließ, blieb die theozentrische Auffassung erhalten. Fromme Christen wollten das in seiner Einfachheit großartige Bild eines von Gott beherrschten Himmels nicht aufgeben.

Die Reformatoren: Luther und Calvin

Das Jahrhundert vor der Reformation war gekennzeichnet von einer bedeutenden Zunahme des religiösen Eifers unter den in

Mittel- und Nordeuropa lebenden Menschen. Volkstümliche Andachtsformen standen in Blüte, neue Bruderschaften wurden gegründet, Pilger reisten in ferne Länder, und eine wachsende Leserschaft verschlang fromme Literatur. Christliche Spiritualität, einst Vorrecht des Priesters, des Mönchs oder der Nonne, wurde mehr und mehr auch ein Anliegen des Laien. In dem Maße, wie der religiöse Eifer wuchs, kam es zur Entfremdung der Laien und Ordensleute von Papst, Bischöfen und Weltklerus. Der Ruf nach Reformen wurde laut. Man übte am Vorherrschen finanzieller und machtpolitischer Interessen offene Kritik. Von Mönchen wie Savonarola (1452–1498) in Florenz und Mystikern wie Thomas von Kempen (1380–1471), Verfasser der *Nachfolge Christi*, erwartete man eher eine geistliche Führung als vom Weltklerus und von den Bischöfen. Diese charismatischen Gestalten predigten eine auf Gott ausgerichtete Frömmigkeit. Für sie besaßen Wallfahrten und Ablaßerwerb wenig Anhalt an der Schrift; überhaupt würden volkstümliche Frömmigkeitsübungen oft vom wahren Christentum ablenken. Wahres religiöses Streben müsse Gott selbst zum Gegenstand haben. »Wann werde ich an nichts mehr denken als an dich, o Herr?« fragte Thomas von Kempen. Uneingeschränkte Theozentrik ist der Inbegriff der neuen Frömmigkeit.[1]

Die radikalsten – und zweifellos erfolgreichsten – Kritiker des religiösen Lebens und der kirchlichen Lehre waren der Augustinermönch Martin Luther (1483–1546) und der Franzose Johannes Calvin (1509–1564). Die Theologie der beiden Reformatoren beruht auf der absoluten Vorherrschaft Gottes. Katholische Sakramente, Wallfahrten, Ablässe und fromme Werke der Nächstenliebe, den Laien als Mittel zum Heilserwerb angeboten, galten ihnen nur als Verdunkelung des wahren Glaubens an Gott. In ihrer Ethik wird zudem eine neue Offenheit zur Welt und ihren Werten sichtbar. Der Fromme braucht nicht mehr die Welt zu verlassen und das Leben eines Mönchs auf sich zu nehmen. Diese Welt ist zwar sündig, aber sie bietet doch die Möglichkeit eines wertvollen und sinnerfüllten Daseins. Diese beiden Schwerpunkte des reformatorischen Denkens – die Betonung Gottes und die Offenheit für die Welt – prägen den Charakter seiner Vorstellung vom Himmel, dessen Theozentrik durch die Lehre von einer neuen Erde ergänzt und gemildert wird.

In der Geschichte des christlichen Denkens gibt es nur wenige

Theologen, die eine so konsequent theozentrische Lehre vertreten wie Luther. »Gott war für Luther in allem das Erste und Letzte, sein ein und alles, der Eine, um dessen Sache es ihm ging«, urteilt ein moderner Autor. »Als der alleinige Herr und Erbarmer galt er ihm vom Beginn seines theologischen Denkens an, während seines ganzen Lebens und bis zu seinen letzten Stunden.« Die Größe und Unermeßlichkeit Gottes bestimmt Luthers ganzes Denken und Wollen. Niemals wird er müde, auf Gottes absoluter Vorrangstellung zu beharren. Ein Mensch, der »Christus und die Gnade Gottes nicht genügend treibt«, kann nicht sein Freund sein. »Menschliche Dinge sind ihm wichtiger als die Angelegenheiten Gottes«, lautet sein ablehnendes Urteil über Erasmus von Rotterdam. Der Glaube der Renaissance an eine gottähnliche Stellung des Menschen verkennt die christliche Wahrheit. Aus der Sicht des Reformators können wir nur als Sünder, als Bettler um göttliche Gnade und Barmherzigkeit gelten. Männer und Frauen sind keine gleichrangigen Partner Gottes. »Wir sind Bettler, das ist wahr«, soll Luther als letzten Satz vor seinem Tod niedergeschrieben haben. Wenn wir Gott unsere eigenen »Werke« anbieten, um als Gegengabe die Erlösung zu erhalten, so ist das nach Luther zwecklos. Nur der barmherzige Herr selbst kann den Menschen vor ewiger Verdammnis retten – einer Verdammnis, die er verdient hat.[2]

Calvins Auffassung über den Vorrang Gottes unterscheidet sich nicht von der Luthers. »Unser Dasein als Menschen besteht nur darin, daß wir unser Wesen in dem einzigen Gott haben«, heißt es bei Calvin. Das wahre christliche Leben muß daher ganz auf das Göttliche ausgerichtet sein. »Alles muß der Verherrlichung Gottes dienen – kein Teil unseres Lebens und keine Handlung ist zu geringfügig für diesen Zweck«; aus diesem Grund soll »selbst das Essen und Trinken diesem Zweck dienen«. In seinem Katechismus lehrt der Genfer Reformator, »daß dem Menschen nichts Unglücklicheres begegnen könne, als wenn er nicht für Gott lebte«. Wie Luther, so läßt auch Calvin nie den geringsten Zweifel an seiner theozentrischen Überzeugung. Als Quelle alles Guten fordert Gott die ungeteilte Aufmerksamkeit und Liebe seiner menschlichen Geschöpfe. Das christliche Leben muß ganz auf Gott ausgerichtet sein.[3]

Der theozentrische Schwerpunkt der reformatorischen Lehre hat mehr als eine Quelle. Wir können den unberechenbaren, majestätischen Gott der nominalistischen Philosophie erkennen. Mystische Betrachtung betonte den weltlosen Herrn, der ungeteilte Liebe verlangt. Die allmächtige Gottheit der biblischen Bitt- und Bußpsalmen hat die Reformatoren ebenso beeindruckt wie der von allen Sünden reinigende Gott des Paulus. Vielleicht hat auch Luthers repressiver Vater an der Entstehung des Bildes von einem Gott Anteil, der das Leben seiner Kinder völlig beherrscht. Was immer die Quellen sein mögen, die Reformatoren verbreiteten ihr Gottesbild mit charismatischem Eifer. In Luther und Calvin fand ein mächtiger Gott kompromißlose Verfechter.

In Übereinstimmung mit ihrer theozentrischen Grundauffassung sahen die Reformatoren das ewige Leben in erster Linie als die vollendete Gemeinschaft des einzelnen mit Gott. In einem seiner Tischgespräche gab Luther zu, oft darüber zu grübeln, wie das ewige Leben sei – ein Dasein ganz ohne Abwechslung, ohne Essen und Trinken, ohne etwas zu tun. »Ich halte aber [dafür]«, meinte er, »wir werden *objecta* genug haben anzuschauen. Darum sagt [der Apostel] Philippus sehr fein: ›Herr, zeige uns den Vater, so genügt es uns.‹ Das wird unser sehr lieblich *objectum* sein, damit wir werden genug zu schaffen haben.« Als Luther starb, ergriff sein Freund Philipp Melanchthon (1497–1560) in der Grabrede die Gelegenheit, den Himmel der Reformation darzustellen. »Ja, wir sollen seinethalb Gott danken und uns mit ihm freuen der ganz fröhlichen, seligen, ewigen Gemeinschaft, so er jetzt hat mit Gott und dem Sohn Gottes, unserem Herrn Jesus Christus, und mit den heiligen Vätern, Propheten und Aposteln, des er bei seinem Leben (...) allzeit zum höchsten begehrt und mit großem Verlangen darauf gewartet.« Vom sterblichen Leibe befreit, komme der Tote nun »in eine andere, gar viel höhere, herrlichere Schule«, wo er das Wesen Gottes, die zwei in Christus verbundenen Naturen und den ganzen Plan der Gründung und Erlösung der Kirche studieren könne. So »hat er jetzt unaussprechliche Freude, daß er solches offenbar vor Augen sieht und von ganzem brennendem Herzen ohne Unterlaß Gott dankt für diese allerhöchste Wohltat«. Nach Melanchthon muß ein auf Gott ausgerichtetes Leben, wie es Luther führte, in einem ebenso theozentrischen Himmel seine Vollendung erhalten.[4]

Luthers und Melanchthons Betonung des Göttlichen als Mittelpunkt der irdischen Existenz und des ewigen Lebens stimmt mit der Auffassung Calvins überein. »Solange sie mit ganzer Seele und mit ihrem ganzen Blick an Gott hängen, gibt es nichts Besseres,

Abb. 32: Ewiges Leben, Melanchthons Katechismus

dem sie ihre Augen zuwenden oder worauf sie ihr Verlangen richten könnten.« Bei der Anschauung Gottes sind die Heiligen ganz passiv, während Gott tätig wird. Er wird »uns selber seine Herrlichkeit enthüllen und sie uns von Angesicht zu Angesicht schauen lassen«, meint der Genfer Reformator. Der Herr wird »sich ihnen selber zum Genuß geben und, was noch herrlicher ist, mit ihnen gleichsam in eins zusammenwachsen«. Um den Abstand zwischen Schöpfer und Geschöpf sicherzustellen, meint Calvin, auch im Himmel werde »unsere Herrlichkeit nicht so vollkommen sein, daß unser Blick den Herrn ganz zu umfassen vermöchte. Auch dereinst wird noch ein großer Abstand zwischen ihm und uns bleiben.« Furcht und Faszination, Abstand und Nähe – die wesentlichen Gefühle in der Erfahrung des Heiligen – werden im Himmel nicht weniger vorhanden sein als auf der Erde.[5]

Die Kunst der Reformationszeit teilt Calvins theozentrisches Anliegen, indem sie die göttliche Majestät in den Mittelpunkt ihrer

Illustrationen stellt. Beispielhaft ist Melanchthons Bilderkatechismus aus dem Jahre 1549 mit einer Reihe von Darstellungen zum apostolischen Glaubensbekenntnis. Für den letzten Artikel – »und ein ewiges Leben. Amen« – wählt der Künstler eine Szene des Jüngsten Gerichts, nicht etwa eine Vision der himmlischen Glorie (*Abb. 32*). Der Holzschnitt wird von der Gestalt Christi beherrscht. Von den Engeln aus den Gräbern herausgerufen, sind die Menschen schon in Selige und Verdammte eingeteilt. Der Illustrator gibt keinen Hinweis auf die Art des sie erwartenden Lebens. Durch die Hervorhebung des Richters wird jede Illusion einer sentimentalen Nähe zur Gottheit ausgeschlossen. Heilige oder Patriarchen – geschweige denn die Jungfrau Maria – sind nicht anwesend und können weder das Urteil durch ihre Fürsprache mildern noch dem ewigen Leben eine menschliche Wärme verleihen. Die Engel können diese Funktionen nicht übernehmen; statt für die Sünder Fürsprache einzulegen, vollstrecken sie das göttliche Urteil. So entsteht eine Gerichtsvorstellung von äußerster Strenge, frei von den mittelalterlichen Andeutungen der Gnade im Gericht und der künftigen Herrlichkeit. In Übereinstimmung mit Melanchthons Auffassung liegt der Nachdruck nicht auf der Verheißung ewigen Lebens, sondern auf der Erwartung des Jüngsten Gerichts. Der Himmel ist das Reich eines richtenden Herrn.

Als die Reformatoren im Augsburger Bekenntnis 1530 ihren Glauben erstmals zusammenfassend erklärten, brauchten sie auf den Himmel nicht eigens einzugehen. Die Lehre über »das ewige Leben und die ewigen Freuden« blieb außerhalb der Auseinandersetzung, stellte Luthers Freund Melanchthon erleichtert fest. Im 16. Jahrhundert führte nicht die Vorstellung vom Himmel zur Spaltung des westlichen Christentums, sondern der Streit um den Weg dorthin. Indem die Reformatoren die Anschauung Gottes zum wichtigsten Inhalt des ewigen Lebens erklärten, wiederholten sie die gängige Ansicht der Scholastik. Dennoch beinhaltet ihre Auffassung eine neue Deutung des Verhältnisses zwischen Gott und den Erwählten. Nach der scholastischen Theologie erwirbt die Seele während des irdischen Lebens religiöses Verdienst. Auf diese Weise wird sie würdig, in den Himmel aufgenommen zu werden und dort einen bestimmten Platz einzunehmen. Gott bevorzugt jene, die mehr Verdienst vorweisen können und daher würdiger sind. Zwar sehen alle Seligen die Dreifaltigkeit, »jedoch die einen vollkommener als die anderen«. Die Reformatoren lassen solche Unterschiede nicht zu. Nach ihrer Theologie kann sich ein Geschöpf niemals ein Anrecht auf den Himmel erwerben, gleichsam ins Jenseits eindringen, auf Gott von sich aus zugehen und verschiedene Grade von Nähe erwarten. Auch in der Ewigkeit bleibt die Seele ein unwürdiges Wesen, das eines Erlösers bedarf. Im Himmel wird sich Gott den Seligen in unübertrefflicher Liebe erschließen, aber er wird niemals besondere Vorrechte einräumen. Vor Gott sind alle Heiligen gleich. Calvin erinnert seine Leser an das biblische Gleichnis vom Gutsbesitzer, der gleichen Lohn für ungleiche Arbeit gibt; er bezahlt allen Arbeitern dieselbe Summe, gleichgültig, ob sie den ganzen Tag oder nur eine Stunde lang gearbeitet haben.[6]

Dennoch ist den Reformatoren der Gedanke an eine persönliche Belohnung im ewigen Leben nicht fremd. Sie wollten der klaren Lehre der Schrift über verschiedenen Lohn – der hundert-, sechzig- und dreißigfachen Frucht des Evangeliums (Mt 13,23) – nicht widersprechen, wohl aber die himmlische Hierarchie der Scholastik abschwächen. Da der besondere Lohn jedoch nichts mit der Anschauung Gottes zu tun hat, kann er nur zweitrangig und bedeutungslos sein. »So werden wir St. Paulus, St. Petrus, unserer lieben Frau und allen Heiligen gleich in der Würde und Ehre« sein, heißt es bei Luther. Er konnte jedoch auch von verschiedenem Lohn sprechen. Petrus zum Beispiel wird einen anderen Lohn erhalten als Paulus, da sie verschiedene Aufträge zu erfüllen hatten. Luther selbst wollte »ob Gott nahend [in der Nähe Gottes] bei Jeremia sitzen in jenem Leben, weil sie beide einen schweren Lauf gehabt und [... alle Anfeindung] mit Gottes Hilfe ausgestanden«. Die Ablehnung der Lehre von den verschiedenen Stufen der Anschauung Gottes führte Luther zur Auffassung des Augustinus zurück: Die Belohnung im Jenseits ist individuell und unterschiedlich, aber der Himmel ist allen gemeinsam und für alle derselbe. Calvin hält den Begriff der Belohnung überhaupt für mißverständlich. Schon in dieser Welt, erklärt er, gibt Gott nicht jedem Christen dieselben Talente; auch in der Ewigkeit wird das nicht anders sein. Gott mag einige gegenüber anderen bevorzugen, aber das bedeutet nie eine geringere oder größere Nähe zu ihm. Auf jeden Fall liegt die Entscheidung darüber ganz bei Gott. Der Mensch kann sein Verhältnis zu ihm nicht durch irdische »Werke« beeinflussen. Calvin geht von der Souveränität Gottes aus: was der Schöpfer tut, bedarf keiner Begründung und schon gar keiner Rechtfertigung. Auf diese Weise verliert der Lohngedanke seine Bedeutung; bei Luther und Calvin spielt er so gut wie keine Rolle.[7]

Die Reformatoren gleichen die theozentrische Anlage ihrer Theologie durch eine neue Wertschätzung der Welt und der weltlichen Geschäfte aus. Gott beansprucht zwar die volle Aufmerksamkeit seiner Erwählten im Himmel wie auf Erden, aber dies erfordert keinen Verzicht auf nichtreligiöse Tätigkeiten. Als Luther das Kloster verließ und eine ehemalige Nonne heiratete, wurde er zum Wegbereiter einer neuen Spiritualität. Seine Theologie anerkennt den Wert der profanen Existenz und verwirft Ehelosigkeit und beschauliches Leben, die früher als der bessere Weg zu Gott galten. »Wir sind nicht so geschaffen, daß wir sollen voneinander laufen, sondern mit- und beieinander leben, Gutes und Böses [gemeinsam] leiden«, meint Luther. Für die Reformatoren gibt es keine zwei Klassen von Christen, die beschaulichen Ordensleute und die Weltleute. Die Welt erhielt eine neue Würde.[8]

Als sich die Obrigkeiten und Fürsten der Reformation annahmen, mußten Luther und Calvin die praktische Seite ihrer Lehre neu durchdenken und weiterentwickeln. Nach Luther ist es unmöglich, »ein ganzes Land oder die Welt (. . .) mit dem Evangelium zu regieren«. Da man weltliche Geschäfte mit Verstand und Erfahrung erfolgreich betreiben kann, dürfen sie als eigengesetzlich gelten; sie sind von der Religion unabhängig. »Gott [hat] das Weltreich in die Vernunft gefaßt, (. . .) und da hat er Witz [Verstand] genug gegeben, leibliche Sachen zu regieren«, meint Luther. In weltlichen Dingen »darf man nicht die heilige Schrift um Rat fragen«. Selbst die Heiden besitzen Verstand und kommen im Alltag zurecht. So hat Luther nichts gegen die Welt. Obwohl er für weltliche Geschäfte keine sakramentale Würde beansprucht, schätzt er den Ehestand, das Hauswesen und das Berufsleben mehr, als es im Rahmen der zeitgenössischen katholischen Theologie möglich war.[9]

Luthers Anerkennung des Weltlichen ist von den Werten seiner ländlichen und kleinstädtischen Herkunft geprägt. Als Mann der Großstadt geht Calvin einen Schritt weiter. Seine Sozialethik berücksichtigt die Wirklichkeit des städtischen Geschäftslebens mit Kapital, Kredit, Bank- und Finanzwesen, Großhandel und anderen Notwendigkeiten. Da dieses Leben seine Beziehung zur Religion zu verlieren droht, hebt Calvin dessen eigene religiöse Bedeutung hervor. Nicht nur im Gebet soll Gott verherrlicht werden, sondern auch im Tun. Indem sich der Calvinist durch Arbeit heiligt, dankt er zugleich Gott für die Gabe des ewigen Lebens. »Gott läßt sie jetzt schon von der Frucht ihrer Rechtschaffenheit kosten«, sagt Calvin über die erfolgreichen christlichen Geschäftsleute. Der Calvinist versteht Erfolg als Zeichen der Erwählung zur ewigen Seligkeit. Umgekehrt gelten die Armen und Erfolglosen als von Gott verworfen und deshalb als unwürdig, Almosen zu empfangen. Weder durch Skrupel noch durch Freigebigkeit gegen andere behindert, kann der Reiche sein Kapital mehren und investieren. Der Anreiz zum Erfolg und die Abwertung der Armut – die früher der Inbegriff christlicher Vollkommenheit war – führten zu einem innerweltlichen Optimismus.[10]

Die reformatorische Wertschätzung der Welt spiegelt sich auch in der Himmelsvorstellung wider. Das Interesse gilt nun der Natur und dem Universum, nicht mehr einem fernen, außerhalb des Weltalls liegenden Empyreum, das einer erneuerten Erde nicht bedarf. Die Reformatoren schließen sich der mittelalterlichen Sicht von der Erde als dem unbeweglichen Mittelpunkt des Weltalls an; die neue Astronomie ihres Zeitgenossen Nikolaus Kopernikus bleibt ihnen unbekannt oder wird nicht ernst genommen. Jedenfalls hat das heliozentrische Weltbild keinen Einfluß auf ihre Himmelsvorstellung. In Übereinstimmung mit mittelalterlichen Autoren hält Luther die Erde für den Mittelpunkt des Alls, dessen höhere Regionen sich durch außerordentliche Reinheit auszeichnen. Je näher man der Erde kommt, um so unreiner werden die Sphären. Erst am Ende der Zeit wird Gott die ganz innen liegende Erde reinigen. Wie ein Alchimist wird er die Erde durch ein Feuer schicken, das alles Reine und Feine in die Höhe streben läßt, während alles Unreine und Gottwidrige in die Hölle im Mittelpunkt der Erde verbannt wird. »Gleichwie in einem Brennofen das Feuer aus der Materie zeucht [zieht] und scheidet, was am besten ist, ja den Spiritum, Geist, Leben, den Saft und Kraft, führets in die Höhe. (...) Aber die unreine Materien und Hefen läßts im Grunde [ver]bleiben, als ein totes Aas und nichtig Ding.« So wird schließlich die ganze Welt (mit Ausnahme des Erdinneren) ebenso rein wie die höheren Regionen des mittelalterlichen Universums.[11]

Gott zeigt sein Interesse an der bestehenden Welt, indem er sie reinigt und für seine Heiligen bewohnbar macht. Sind erst einmal die niederen Regionen von derselben Reinheit wie die höheren, dann brauchen sich die Heiligen nicht mehr nur in höheren Sphären zu bewegen. Sie erhalten die Erde zurück. Da aber »ganz Himmel und Erde ein neues Paradies sein wird«, steht ihnen das ganze Weltall offen. Luther meint wohl, der Himmel werde mit der Erde so verbunden sein, daß er sie zwar umschließt, aber keine Schranken zwischen den beiden Bereichen mehr bestehen. In ihrer erweiterten Heimat können die Seligen »mit Himmel und Erde und Sonne spielen und mit allen Kreaturen«. Luther erwartet keine Vernichtung, sondern eine Erneuerung des Alls.[12]

Die Erde selbst wird erneuert und erhält eine andere Gestalt. »Da werden die Blumen, Laub und Gras so schön, lustig und lieblich sein, wie ein Smaragd, und alle Kreaturen aufs allerschönste.« Bei einem seiner Tischgespräche nach Tieren im Paradies befragt, antwortet Luther ohne zu überlegen: »Ihr sollts nicht also verstehen, daß Himmel und Erde wird allein Luft und Sand sein, sondern alles, was dazu gehört, Schafe, Ochsen, Vieh, Fische, ohne welche die Erde und Himmel oder Luft nicht sein kann.« Auch Insekten sind von der neuen Welt nicht ausgeschlossen: »Da werden Ameisen, Wanzen und alle unflätigen, stinkenden Tiere eitel Lust sein und aufs beste riechen.« Da alles wieder so sein wird wie im Garten Eden, wird jeder Mann so stark sein wie Adam; dieser »war kräftiger als Löwen und Bären, die sehr stark sind. Er spielte mit ihnen, wie wir mit jungen Hunden spielen«. Die Natur wird allen unseren Wünschen entsprechen. In der Elbe werden Perlen und Edelsteine fließen, die Wolken werden Münzen regnen lassen, und Bäume mögen silberne Blätter treiben und goldene Äpfel oder Birnen tragen.[13]

Kindern läßt man ihre eigenen Vorstellungen. »Da werd ich genug Äpfel haben, Birnen, Zucker, Zwetschgen usw.«, sagt Luthers Tochter Magdalene über das Paradies. Ihr Vater hat nichts gegen solche »fröhliche Spekulation«; im Gegenteil, er unterstützt sie. Seinem kleinen Sohn Hans beschreibt er Eden wie folgt: »Ich weiß einen hübschen, schönen, lustigen Garten. Da gehen viel Kinder drinnen, haben goldene Röcklein an und lesen schöne Äpfel unter den Bäumen und Birnen, Kirschen, Spillinge und Pflaumen; singen, springen und sind fröhlich. Sie haben auch schöne kleine Pferdlein.« Wir dürfen das Geschick bewundern, mit dem sich Luther in die Welt der Kinder versetzen kann; aber wir müssen wissen, daß er mit Erwachsenen anders redet. Als ein guter Lehrer gibt er den Kleinen Milch und feste Speisen den Verständigeren. Kinder können ihre kindliche Sicht behalten, aber Erwachsene sollen theologisch fundiertere Himmelsvorstellungen besitzen.[14]

Erwachsene erfahren, daß man im ewigen Leben weder ißt noch trinkt, noch schläft. Nur törichte Heiden wünschen sich einen Leib, der Kot und Urin abgibt, meint Luther, zweifellos im Blick auf muslimische Vorstellungen. Unsere verklärten Körper werden keine Speise mehr benötigen. Die Seligen werden mit der »Sonne spielen und allen Kreaturen und (. . .) ans Essen und Trinken nicht denken«. Das Weltall wird nicht vernichtet, aber es wird auch nicht als die eigentliche Heimat der Gerechten betrachtet. Nur die Anschauung Gottes selbst gilt als wahre Heimat. Die neue Erde wird zwar »mit Lust anzusehen sein, aber Seele und Leib zu erhalten, das wird Gott selbst tun, (. . .) und sein Anblick [wird] mehr Leben, Freude und Lust geben, denn alle Kreaturen vermögen«. Wenn Gott »alles in allem« ist, wird er Speise und Trank, Kleidung, Haus und Heim der Seligen sein. Obwohl Luther Gottes Schöpfung schätzt, meint er, die Heiligen würden auf geistige Weise ernährt.[15]

Auch nach Calvin soll die neue Erde nicht von der Herrlichkeit Gottes ablenken. In der Bergpredigt des Neuen Testaments sieht der Reformator die Lage des Paradieses unmißverständlich angegeben: »Selig sind die Sanftmütigen, denn sie werden das Erdreich besitzen.« Wie Luther räumt Calvin die Existenz von Pflanzen und Tieren ein. Diese werden »vollkommen« sein, aber worin die Vollkommenheit besteht und ob sie auch Unsterblichkeit bedeutet, darüber wagt er kein Urteil. Nur bei den Metallen kennt er den neuen Zustand: »Gußschaum und andere Schäden« wie Rost wird es nicht mehr geben; die kranke Materie wird gleichsam geheilt sein. In Übereinstimmung mit der scholastischen Lehre läßt auch Calvin die Seligen nicht auf der Erde leben; er rechnet sogar mit einer Distanz zwischen den Heiligen und der neuen Erde, denn diese dient nur der Betrachtung, nicht aber zum Bewohnen. »Auch in dem bloßen Anschauen«, meint der Genfer Reformator, »wird soviel Ergötzlichkeit stecken, im bloßen Erkennen wird auch ohne Genuß soviel Süßigkeit liegen, daß diese Glückseligkeit über alle Mittel, die uns jetzt zu Hilfe kommen, weit hinausgeht!« So werden die Heiligen die neue Erde mit Wohlgefallen betrachten, nicht aber in eine zweite irdische Existenz eintreten.[16]

Neben der ewigen Anschauung Gottes verblaßt selbst das Leben auf einem vollkommenen Planeten. Als Dasein in einem theozentrischen Weltall muß das ewige Leben einen völlig anderen Charakter besitzen. Ein wichtiger Unterschied zwischen irdischem und himmlischem Leben zeigt sich in der Gesellschaftsstruktur. Schon Augustinus deutete an, daß es im himmlischen Haushalt *(domus)* keine Herren und Knechte mehr geben wird und die irdische »Pflicht des Befehlens« *(officium imperandi)* entfällt. Luther und Calvin führen diesen Gedanken weiter aus. Nach ihnen werden die Seligen ihr Geschlecht behalten, aber ihren Stand und Beruf verlieren. Es wird weder Fürsten noch Bauern, weder Amtspersonen noch Prediger geben, denn alle werden gleich sein. Der hierarchische Aufbau der Gesellschaft, der unseren jetzigen Zustand so stark bestimmt, wird aufhören: »Wenn die Welt ein Ende nimmt, fallen auch Staat und Obrigkeit, Gesetze und Rangstufen und dergleichen. Dann wird kein Unterschied mehr sein zwischen Sklaven und Herren, zwischen Königen und Leuten aus dem Volk, zwischen Obrigkeiten und Untertanen.« Die alten Begriffe von Stand und Rang verlieren ihren Sinn. Da Gott die einzige Autorität darstellt und sich alle Heiligen ihm unterstellen, braucht keiner mehr über andere zu herrschen. Nach Calvin werden sich daher auch die Ämter der Kirche erledigen. Bischöfe, Lehrer und Propheten müssen ebenso auf ihre Ämter verzichten wie die Engel. Weil alle Menschen vor ihrem Schöpfer und Erlöser gleich sind, kann niemand eine führende Stellung beanspruchen, weder aufgrund eines bevorzugten religiösen Standes wie dem des Asketen noch aufgrund einer besonderen theologischen Ausbildung. Wenn Gott herrscht, wird er sein Amt mit niemandem mehr teilen.[17]

Wenn Autoritätsstrukturen im Himmel nicht mehr bestehen, dann muß das auch für die Familie gelten. Es gibt sie im Jenseits nicht mehr. Nach Auffassung der Reformatoren kann ein Haushalt nur dann seine Aufgabe erfüllen, wenn klare Autoritätsverhältnisse herrschen. Der Mann hat Gewalt über die Frau, die Eltern über die Kinder, der Herr über den Knecht. Da die Ehe Herrschaft und Unterordnung bedeutet, es aber im Himmel keine Rangunterschiede mehr gibt, kann es auch keine Ehe mehr geben. Mann und Frau, in diesem Leben in der Ehe verbunden, werden nach Calvin »auseinandergerissen«. Entsprechendes gilt von den Kindern: Weil sie auf einen Vormund angewiesen sind, kann es im

Himmel keine Kinder mehr geben. Wenn Luther seinen sterbenden Vater schon bald »bei Christus wiederum sehen« will, heißt das nicht, daß ihre Hausgemeinschaft wiederhergestellt wird. Das Wiedersehen mit Verwandten bringt keine Erneuerung von Abhängigkeitsverhältnissen und Gehorsam mit sich. Daher kann nach Luther auch nur ein Tor sagen, »wenn mein Weib im Himmel ist, will ich nicht hin«.[18]

Die Reformatoren erbten das Thema des Wiedersehens im Himmel von der Renaissance, allerdings nicht durch theologische Abhandlungen, sondern durch den klassischen Autor Cicero. Obwohl der Reformation an klassischer Bildung wenig lag, verbanden sich hier und da humanistische Bestrebungen mit dem Protestantismus, so daß Ciceros Werke einen dauernden Platz im protestantischen Erziehungswesen erhalten konnten. *Über das Greisenalter* gehörte zur regelmäßigen Lektüre in den Lateinkursen der Universitäten. Aus diesem Buch erfuhren die Studenten von der Sehnsucht des alten Cato nach dem Wiedersehen mit seinen verstorbenen Freunden. Der Humanist und Reformator Melanchthon schrieb an einen in der Ferne weilenden Freund: »In der himmlischen Gemeinschaft werde ich dich wieder umarmen, und dann werden wir uns fröhlich unterhalten über die Quellen der Weisheit.« Auch der Schweizer Reformator Ulrich Zwingli (1484–1531) sprach in seiner *Erklärung des Glaubensbekenntnisses* von einer Wiederbegegnung in der anderen Welt. In der Hoffnung, den französischen König Franz I. für die protestantische Sache zu gewinnen, versprach ihm Zwingli ewige Seligkeit in der Gesellschaft seiner eigenen frommen Vorfahren und biblischer Gestalten. In glänzender humanistischer Rhetorik fügte er hinzu, daß auch Männer wie Herkules, Sokrates, die Catonen und Scipionen den König im Jenseits erwarten würden. Die Catonen und Scipionen sind ein versteckter Hinweis auf Ciceros Schriften *Über das Greisenalter* und *Der Traum des Scipio*. Offenbar hat jedoch Zwinglis kunstvolle Anspielung den französischen König wenig beeindruckt. Franz und sein Land blieben katholisch. Luther mochte den Züricher Reformator zwar wegen der Nennung von Heiden rügen, aber in einem unbedachten Augenblick gab er selbst der Hoffnung Ausdruck, Cicero unter den Seligen zu sehen.[19]

Das Thema des Wiedersehens ist den gebildeten Protestanten des 16. Jahrhunderts durchaus geläufig. Nur ein Calvin, der strengste der großen Reformatoren, empfindet es als theologisch unangemessen. »Im Paradies sein und bei Gott leben bedeutet nicht, miteinander zu sprechen und einander zuzuhören, sondern allein Gott zu genießen, sein Wohlwollen zu spüren und in ihm zu ruhen.« Da eine solche Ablehnung jedoch zu schroff schien, suchten Prediger wie Johannes Mathesius (1504–1565) – Luthers Schüler und erster Biograph – dem Thema eine theozentrische Wendung zu geben. Als ehemaliger Leiter einer Lateinschule war er mit Ciceros Schriften vertraut. In einer Predigt verweist er auch unmittelbar auf den *Traum des Scipio* – allerdings mit dem Zusatz, daß Vaterlandsliebe allein nicht zum Himmel führen kann. In einer anderen Predigt zählt er auf, wen er im Paradies zu sehen erwartet: Alexander den Großen, Scipio, Aristides, Luther und andere Persönlichkeiten der antiken und christlichen Geschichte. Wenn Mathesius in seinen Predigten oft auf die Wiedervereinigung von Eheleuten und von Kindern und Eltern zu sprechen kommt, so tut er dies selten, ohne zugleich theologisch zu argumentieren. Er stellt seine himmlischen Bürger stets in die Nähe Gottes und Christi oder zumindest in die Gemeinschaft der Patriarchen, der Apostel oder deren Frauen. Gemahl oder Gemahlin und Verwandte wiederzusehen ist weniger wichtig, als Engeln und biblischen Gestalten zu begegnen. Mathesius gibt dem humanistischen Motiv eine deutlich biblische und theozentrische Ausrichtung. In ähnlicher Weise stellt sich Melanchthon in seiner Grabrede für Luther vor, wie Propheten den großen Reformator als ihren »Schulgesellen und Mitdiener« mit herzlicher Umarmung empfangen. Nicht die Verwandten, sondern die Mitstreiter für Gott begrüßen ihn. »Zu diesen hat er sich jetzt gesellt und freut sich, daß er ihre lebendige Stimme hören und mit ihnen reden« kann. Familientreffen sind vergleichsweise unbedeutend.[20]

Die Himmelsvorstellung der frühen Reformation ist von der Erwartung einer erneuerten Welt und der unbedingten Herrschaft Gottes geprägt. Luther und Calvin halten zwar noch an der mittelalterlichen Vorstellung des Empyreums fest, aber sie statten die erneuerte Erde mit Pflanzen und Tieren aus, um die theozentrische Strenge zu mildern. Kinderphantasien werden zugelassen – aber nur selten solche von Erwachsenen –, und man spekuliert über das Wiedersehen von Familien und Freunden. Aber solche menschlichen Dinge können Gott niemals aus dem Mittelpunkt des Himmels verdrängen. Damit stimmen die Theologen der katholischen Reform grundsätzlich überein. Nur an der Idee einer neuen Erde haben sie kein Interesse, denn sie beschäftigen sich weniger mit dem Weltende als mit dem Schicksal der Seele unmittelbar nach dem Tod.

Die katholische Reform

Die protestantische Reformation war nicht die einzige Bewegung, die sich im 16. Jahrhundert um religiöse Erneuerung bemühte. Die katholische Reform, deren Geist damals schon mindestens ein Jahrhundert zurückreicht, ist in ihren Anfängen allerdings schwerer zu erfassen, denn sie war lange Zeit kaum organisiert und trat selten deutlich hervor. Sie ist zu erkennen in so verschiedenen Quellen wie der *Nachfolge Christi* (um 1420) und den leidenschaftlichen Predigten Savonarolas, der 1498 als exkommunizierter Häretiker am Galgen endete. Die Erneuerung fand an den verschiedensten Orten immer wieder eine andere Gestalt. Sie wurde nicht nur durch das Konzil von Trient (1545–1563) angestoßen, sondern auch von Orden, Theologen, Mystikern sowie einzelnen Kardinälen und Bischöfen. Mit der protestantischen Reformation teilte die katholische Reform mehr als nur die theozentrische Mystik; auch die Absicht, die Gestalt der Kirche zu erneuern und alle durch Belehrung zu einem wahren christlichen Leben zu führen, war beiden gemeinsam. Der Blick der Reformtheologen fiel auch auf den Himmel der Scholastik.

Vermutlich hat keiner die theozentrische Ausrichtung der neuen katholischen Mentalität besser in Worte gefaßt als Kardinal Pierre de Bérulle (1575–1629). Er bezieht sich auf die in seiner Zeit bekannt werdende heliozentrische Astronomie. In diesem System galt die Erde als Planet, der sich um die Sonne als Mittelpunkt auf einer Kreisbahn bewegt. Nach Bérulle ist das neue Weltbild zwar in der Astronomie fragwürdig, in der »Wissenschaft vom Heil« jedoch brauchbar. »In seiner Größe ist Christus die unbewegliche Sonne, die jede Bewegung verursacht.« Zur Rechten des Vaters sitzend, teilt Jesus »dessen Unbeweglichkeit und veranlaßt alle Bewegung. Jesus ist der wahre Mittelpunkt der Welt, und die Welt muß sich stets auf ihn zubewegen. Jesus ist die Sonne unserer Seelen; sie stehen unter seinem Einfluß und erhalten von ihm alle Gnade und Erleuchtung.« Wenn die Welt der Planeten heliozentrisch aufgebaut sein *mag*, so *muß* das religiöse Leben theozentrisch organi-

Abb. 33: M. van Heemskerck, Die Seligen

siert sein, wobei sich die Seele um die Gottheit als ihren Mittelpunkt bewegt. So gilt das Wort der spanischen Mystikerin Teresa
von Avila (1515–1582): *Sólo Dios basta*, »Gott allein genügt«.[21]

Wie das Zeitalter der katholischen Reform über das ewige Leben
dachte, kommt im *Römischen Katechismus* (1566) am deutlichsten
zum Ausdruck. Nach diesem besteht die himmlische Glückseligkeit »darin, daß wir Gott schauen und die Schönheit dessen genießen, der die Quelle und der Urgrund aller Güte und Vollkommenheit ist«. Auch künstlerische Darstellungen betonen das göttliche
Zentrum. In einem von Maarten van Heemskerck (1498–1574)
entworfenen Stich umkreisen die himmlischen Scharen die Gottheit wie die Planeten die Sonne (*Abb. 33*). Alle Augen sind auf
Gott gerichtet. Obwohl die Darstellung der Seligen, namentlich
die Hervorhebung der Muskulatur, an Signorelli erinnert, fehlt

Abb. 34: »Le paradis«, Louys Richeôme

jedes Anzeichen für die Freude am menschlichen Körper. Während sich Signorellis Selige räkeln und strecken und die Engel mit sichtlicher Begeisterung begrüßen, sind die Heiligen van Heemskercks ganz auf die alles beherrschende Dreifaltigkeit fixiert. Die sich endlos wiederholenden Körper weisen kaum individuelle Merkmale auf; auch darin drückt sich die Überzeugung aus, daß es nur auf Gott ankommt. Menschliche Persönlichkeiten brauchen sich nicht zu entwickeln. Am oberen Rand der Darstellung erkennt man herabhängende Füße; auch sie vermitteln das Gefühl, daß im unendlichen Himmel jedes Auge auf Gott gerichtet ist.[22]

Auch die spärliche Bekleidung von van Heemskercks Heiligen lehrt uns dasselbe: die Seelen bedürfen nur Gottes. Zwar mögen die Tugendhafteren unter ihnen ihren Platz auf einem der konzentrischen Kreise einnehmen, die näher bei der Dreifaltigkeit liegen; aber sonst fehlt jeder Hinweis auf Rang und Unterschied. In einem Jesuitenkatechismus, dem französischen Thronfolger zum Tauftag gewidmet, kommt sogar der Prinz nackt in den Himmel (*Abb.* 34). Im dazugehörenden Text wird erklärt, warum die königlichen Gewänder fehlen. »*Qui d'un bon clin les biens du ciel advise / Tous les presens de la terre il méprise.*« [Wer sich um die Güter des Himmels bemüht, muß alle Gaben der Erde verachten.] Im Paradies hat königlicher Glanz keinen Platz. Vor der Gottheit ist selbst ein Dauphin nackt.[23]

Protestanten wie Katholiken betonten die göttliche Mitte des Himmels in Theologie und Kunst. Der katholische Himmel wurde jedoch weiterhin von Heiligen bevölkert, die die Ideale der Beschaulichkeit und Ehelosigkeit verkörpern. So beschreibt der italienische Dominikaner Antonino Polti in seinem Buch *Über die höchste Glückseligkeit des Himmels* (1575) ein im Empyreum gelegenes Paradies, in dem neben Engeln ausschließlich katholische Heilige anzutreffen sind. Achtundfünfzig Personen führt er namentlich an. Darunter befinden sich nicht nur Johannes der Täufer, Augustinus und Hieronymus (die auch in einem protestantischen Paradies unterkommen könnten), sondern auch Papst Gregor der Große und die Gründer der wichtigsten Orden: Benedikt, Dominikus und Franz von Assisi. Poltis Himmel ist ein Paradies der Jungfrauen, Märtyrer und Mönche; Protestanten trifft man dort ebensowenig wie Heiden. Als Theologe von unerschütterlicher Treue zur katholischen Kirche nennt er keinen einzigen Namen, der nicht im offiziellen Kalender der kanonisierten Heiligen steht.[24]

Unter Poltis Heiligen nimmt die Jungfrau Maria einen besonderen Rang ein; sie ist »die durchlauchte Herrscherin des Himmels, Königin der Engel und Mutter aller Erwählten«. Ihre Anwesenheit bedeutet »eine überaus bedeutende Steigerung der Herrlichkeit aller Seligen«. Maria ist »über alle Engelschöre erhoben, geschmückt mit aller himmlischen und irdischen Schönheit«. Da Polti ihre körperlichen Vorzüge mehr zu schätzen scheint als ihre religiösen Qualitäten, kann er schreiben, sie leiste »den größten Beitrag zur Herrlichkeit des Himmels durch die Schönheit ihres Körpers und ihre göttliche Anwesenheit«. Als Verfasser einer eigenen Schrift über Marias *bellezza corporale* steht Polti in einer bereits ehrwürdigen Tradition. Seit dem hohen Mittelalter werden die Theologen nicht müde, die Schönheit der Mutter Christi zu preisen.[25]

Abb. 35: A. Polti, Die Hl. Jungfrau im Himmel

Die Erwähnung von Marias »göttlicher Anwesenheit« ist mehr als eine fromme Floskel. Für Polti verkörpert die Heilige Jungfrau das göttliche Zentrum des Himmels selbst. Was die Seligen empfinden, wenn sie ihre Königin sehen, erklärt der Dominikaner mit dem Bibelvers: »Ich sah dein Angesicht, als sähe ich Gottes Angesicht«, einst von Jakob zu seinem Bruder Esau gesprochen. Poltis Schrift enthält einen Kupferstich, der Maria von den himmlischen Heerscharen umgeben zeigt (*Abb.* 35). Diese Darstellung hebt noch einmal den weiblichen, marianischen Mittelpunkt seines Paradieses hervor. Als Königin des Himmels herrscht sie über alle

Abb. 36: Petrus Canisius, Ewiges Leben

übrigen Heiligen. Die gekrönte Jungfrau hat am königlichen Glanz und an der Macht Christi in ähnlicher Weise Anteil, wie Königinnen an der Stellung ihres Gemahls teilhaben.[26]

Nicht nur bei Polti wird die Anschauung Gottes marianisch ausgedrückt. Eine frühe Ausgabe des Katechismus von Petrus Canisius S. J. (1521–1597) illustriert den letzten Artikel des Glaubensbekenntnisses – das ewige Leben – auf vergleichbare Weise (*Abb.* 36). Der Künstler stellt Maria als Mutter der Barmherzigkeit dar, die von den Gläubigen im *Salve Regina* als »unsere Fürsprecherin« angerufen wird. Seit dem Spätmittelalter gilt Maria als die höchste Fürsprecherin in der Todesstunde oder beim Jüngsten Gericht. In Darstellungen des Weltgerichts befindet sie sich regelmäßig an der Seite des Richters, um Christi Urteil zu mildern. Manchmal entblößt sie auch die Brust, um Gott an ihre heilige Mutterschaft zu erinnern und göttlichen Zorn abzuwenden (*Abb.* 37). Priester und Laien sprachen das *Ave Maria*, den englischen Gruß an die Jungfrau, mit dem Zusatz: »Heilige Maria, Mutter

Abb. 37: Urs Graf, Die Trinität mit Maria

Gottes, bitte für uns Sünder jetzt und in der Stunde unseres Todes.« Melanchthons Katechismus hatte das »ewige Leben« mit
dem richtenden Christus illustriert, um die göttliche Gerechtigkeit zu betonen; Canisius dagegen legt mit der Mutter der Barmherzigkeit allen Nachdruck auf die göttliche Güte.[27]

Maria ist jedoch nicht nur Fürsprecherin; sie ist auch ein himmlisches Wesen eigener Würde. Trotz der ikonographischen Schlichtheit und der kunstlosen Ausführung verbindet die Darstellung die Mutter der Barmherzigkeit mit der Himmelskönigin auf anspruchsvolle und anziehende Weise (*Abb.* 36). Umgeben von einem Kranz von Engeln, die gewöhnlich Gott oder die Trinität einrahmen, vertritt Maria die Gottheit selbst. So kühn dieses Bild auch scheinen mag, es beruht auf guter katholischer Überlieferung. Denn nach einer Bestimmung des Konzils von Trient muß die religiöse Kunst der katholischen Glaubenslehre entsprechen und untersteht daher bischöflicher Aufsicht. Katholische Künstler haben ihre himmlischen Visionen dem theologischen Urteil zu unterwerfen. Kein rechtgläubiger Katholik konnte Marias besondere Stellung im Himmel bestreiten. »Ein großes Zeichen erschien am Himmel«, heißt es im Buch der Offenbarung, »eine Frau, mit der Sonne bekleidet; der Mond war unter ihren Füßen und ein Kranz von zwölf Sternen auf ihrem Haupt.« In dieser Frau sah man die Heilige Jungfrau Maria.[28]

Die prominente Stellung Marias im Himmel entspricht katholischer Tradition. Nach dem mittelalterlichen Theologen Bonaventura genießen die Seligen eine »Freude [, die] jedes selige Geschöpf berauscht: die göttliche Klarheit jener himmlischen Königin (...) zu schauen«. In Jean Fouquets Darstellung der Anschauung Gottes sitzt Maria auf einem Thron neben der Dreifaltigkeit; sie befindet sich mit ihr im selben göttlichen Licht (*Abb.* 38). In einer seiner Himmelsvisionen war Savonarola von Marias Lichtglanz so geblendet, daß er sie fast für die Dreifaltigkeit hielt. »Wer den noch größeren Glanz [der Trinität] nicht gesehen hatte, mußte zweifellos die Jungfrau für Gott halten.« In seiner großen Schrift *Maria, die unvergleichliche Jungfrau und hochheilige Gottesgebärerin* (1577) sieht Petrus Canisius eine noch größere Ähnlichkeit zwischen Maria und der Dreifaltigkeit. Im Himmel wird nicht nur Gott Tag und Nacht von den Engeln gepriesen (Offb 4,8), sondern auch Maria. Der Engelschor, der die Jungfrau umgibt (wie im Katechismus dargestellt), singt ihr zum Lob das Ave Maria. Sie wird, erläutert der Jesuit, »von den drei Engelshierarchien mit lauter und schöner Stimme« geehrt. Noch deutlicher als Canisius drückt es ein angeblich von Bonaventura stammender marianischer Hymnus aus. Dieser ahmt das auf Gott bezogene *Te Deum* nach und benützt dessen Aussagen für das Marienlob:

Abb. 38: J. Fouquet, Die Hl. Jungfrau und die Trinität

Wir preisen Dich, Mutter Gottes (. . .)
  In Treue dienen Dir alle Engel und Erzengel,
Throne und Herrschaften (. . .)
  Vor Dir stehen alle Engelschöre, die Cherubim und
      Seraphim, und jubeln.
  Mit niemals endender Stimme ruft Dir jedes
      Engelswesen zu:
  Heilig, heilig, heilig, Maria, Jungfrau und
      Mutter Gottes.

Die Anwesenheit Marias ändert nichts an der theozentrischen Eigenart des Paradieses, denn für die Katholiken jener Zeit ist die Mutter Gottes selbst Teil des göttlichen Zentrums.[29]

In Kunst und Theologie wirbt die Himmelskönigin für den katholischen Himmel. Da die protestantischen Reformatoren weder Maria noch andere Heiligengestalten verehren, ist ihre Einbeziehung in den Himmel eine Herausforderung an alle, die die Jungfrau abwerten wollen. Selbst im strengen 17. Jahrhundert können die Protestanten weibliche Züge vom Himmel nicht völlig fernhalten. Der englische Autor Giles Fletcher (1585–1623) beschreibt das göttliche Zentrum der anderen Welt mit weiblichen Begriffen – allerdings ohne Maria zu erwähnen. In seinem Gedicht *Christi Sieg im Himmel* (1610) personifiziert er Gottes Sanftmut und Liebe als Frau Barmherzigkeit. Wie die katholische Jungfrau Maria, so ist auch Frau Barmherzigkeit von unübertrefflicher Schönheit: »Ros'd all in lively crimson are thy cheeks (. . .) and on thine eyelids, waiting thee beside, ten thousand graces sit. (. . .) So fair thou art that all would thee behold.« [Von lebhaftem Rosenrot sind deine Wangen (. . .) und auf deinen Lidern sitzen, dir zu Diensten, zehntausend Grazien. (. . .) Du bist so schön, daß alle dich sehen wollen.] Die so gelobte Frau zeigt auch mütterliche Züge. Fletcher preist ihre Brüste als »those snowy mountlets, through which do creep the milky rivers« [jene schneeweißen Hügel, von Milchbächen durchflossen]. Frau Barmherzigkeit bietet ihre Brüste den Erdenpilgern an:

To weary travellers, in heat of day
To quench their fiery thirst, and to allay
With dropping nectar floods, the fury of their way.

[Den müden Wanderern, zu löschen ihren brennenden Durst in der Hitze des Tages und mit Nektarfluten die Unbilden ihrer Reise zu mildern.]

Der Dichter vermenschlicht das Göttliche, indem er ihm mütterliche Züge verleiht. Der Gott des Himmels ist nicht fern und unnahbar, sondern ebenso zugänglich wie die nährende Brust einer Mutter für ihren Säugling.[30]

Im frühen 17. Jahrhundert teilten der spanische Theologe Franz Suárez (1548–1617) und der französische Bischof Franz von Sales (1567–1622) das Interesse, den Himmel menschlich und zugänglich zu machen, ohne Gott zu vernachlässigen. Bei seinen Überlegungen geht Suárez von den himmlischen Raumverhältnissen aus. Nach seiner Auffassung leben die Seligen auf einer riesigen Kugel. Diese ist nicht mit der Erde identisch, sondern mit dem Firmament, welches das geschaffene Universum als eine harte Schale umschließt. Die keinerlei Berge und Unebenheiten aufweisende Kugelgestalt der himmlischen Welt macht es unmöglich, daß Christus von jedem Ort aus gesehen werden kann. Nun muß aber die Schau des Herrn allen Seligen möglich sein. Die Lösung liegt für Suárez darin, daß man im Himmel nicht auf seinem zugewiesenen Platz bleiben muß, sondern sich frei bewegen und zum Herrn reisen kann, wie auch Christus sich frei bewegen kann und nicht immer am selben Ort zu verharren braucht. Das Recht des Zutritts (*jus appropinquandi*) zu Christus kommt besonders jenen zu, die einen hohen Grad religiösen Verdienstes aufweisen. Solche umständlichen Überlegungen sind Franz von Sales fremd; er setzt ein persönliches Verhältnis von Gott und Mensch einfach voraus und verleiht ihm in seinen Predigten eine an die Mystik erinnernde gefühlsbetonte Gestalt. »Nun schauen sie nicht nur Gott, der ihre Glückseligkeit ist, sondern sie hören ihn auch sprechen und sprechen selbst mit ihm, und darin liegt einer der vorzüglichsten Gründe ihrer Seligkeit«, heißt es in seiner Predigt am Allerheiligenfest des Jahres 1617, gehalten vor Schwestern des Klosters Annecy. Das Leben im Jenseits bringt ständigen Austausch zwischen der Seele und Gott mit sich, wobei sie ihm ihre immerwährende zärtliche Liebe erklärt. »Du wirst immer bei mir sein und ich immer bei dir; ich werde mich nie im geringsten entfernen; du wirst von nun an ganz mir gehören und ich ganz dir; du bist ganz mein, und ich werde ganz dein sein.« Wie eine Geliebte dem Geliebten, wie eine Nonne ihrem Heiland, so schenken die Seligen Gott ihre ganze Aufmerksamkeit und Liebe. Nichts vermag diese Vertrautheit zu stören.[31]

Nach Franz von Sales antwortet Gott, indem er alle göttlichen

Geheimnisse offenbart – die der biblischen Geschichte ebenso wie die des persönlichen Lebens jeder Seele. Er belehrt die Seligen über »den unlösbaren Knoten, durch den die Menschheit mit der Gottheit verbunden und vereinigt ist, das unvergleichliche Werk der Inkarnation, in der Gott Mensch und der Mensch vergöttlicht wurde«. Auf diese Weise läßt er sie an den heiligen Geheimnissen teilhaben. Es werden nicht nur die Rätsel der Heilsgeschichte gelöst; auch die Lebensgeschichten der Seligen werden verständlich. »Hier wird ihnen unser Herr die großen Geheimnisse enthüllen«, predigt der Bischof, »und mit ihnen darüber sprechen, was er gelitten, was er für sie getan hat. Er wird ihnen sagen: Damals habe ich das für dich gelitten. Er wird mit ihnen über das Geheimnis der Menschwerdung sprechen, über ihre Rettung und Erlösung, und ihnen sagen: Das habe ich getan, um euch zu erlösen und an mich zu ziehen. Ich habe so lange geduldig gewartet und bin euch nachgegangen, als ihr widerspenstig wart; ich habe euch mit sanfter Gewalt gedrängt, meine Gnaden anzunehmen.« Für Franz von Sales ist die Biographie jedes einzelnen auch im Himmel noch wichtig, weil sie einen Teil der universalen Heilsgeschichte bildet. Jesus war der unsichtbare, geheime Führer der Seele während ihrer irdischen Zeit. »Ich habe euch diesen Anstoß gegeben und jene Eingebung veranlaßt«, wird Jesus sagen; »ich habe mich jener Personen bedient, um euch an mich zu ziehen.« Nun kann alles offenbar werden. Es gibt kein Geheimnis zwischen dem Liebenden und dem Geliebten, zwischen Gott und dem seligen Menschen.[32]

Als sanfter Seelenfreund im Himmel wird Jesus den Toten erlauben, ihre Freunde wiederzusehen – wenn dies auch nur als »zweitrangige« Gabe gegenüber der Anschauung Gottes gilt. Wahre Freunde bleiben nach Franz von Sales Freunde in alle Ewigkeit. Augustinus hatte gemeint, persönliche Freundschaften würden in eine allgemeine Liebesgemeinschaft aufgelöst werden; diese Meinung war jedoch längst vergessen. Der französische Bischof wird auch an zahlreiche mit ihm befreundete Frauen gedacht haben, mit denen er in Briefwechsel stand, wenn er schreibt: »Die Freundschaften, die schon in diesem Leben gut waren, werden in der Ewigkeit fortdauern. Wir werden bestimmte Menschen [mehr als andere] lieben.« Sollte etwa die klassische geistige Ehe zwischen dem Bischof und der Äbtissin von Annecy, Jeanne de Chantal, im Himmel nicht mehr bestehen? Während Protestanten eine innerweltliche Ethik verlangen, will Franz von Sales als Bischof des

calvinistischen Genf die katholische Betonung des Jenseits auf-
rechterhalten. Indem er die Seligen in vertrautem Umgang mit
Gott oder Christus schildert, erhöht er die Anziehungskraft des
Paradieses. Der Himmel ist zwar nach wie vor theozentrisch, aber
der Bischof verbannt die kalte Abstraktheit des scholastischen
Empyreums aus seinen Predigten und Schriften.[33]

Die Theologie Franz von Sales' war wie die vieler katholischer
Zeitgenossen von einem kräftigen Optimismus bestimmt. Die
Seele gilt nicht als unwiderruflich sündig und der Hölle geweiht,
sondern als für den Himmel bestimmt. Aus Liebe zu uns und im
Vorherwissen unseres persönlichen Verdienstes hat Gott über unser ewiges Schicksal als Bürger des Himmels schon entschieden.
Für diese Auffassung begeistert sich der französische Bischof. Sie
»war mir sehr willkommen, da ich sie stets als mit der Barmherzigkeit und Gnade Gottes besser vereinbar, echter und liebenswerter
erachtet habe«, schreibt Franz von Sales an den Autor eines Buches
über die Vorherbestimmung zum ewigen Heil. Diese Lehre
kommt den praktischen Bedürfnissen des Predigers und Seelsor-
gers entgegen. Aufgrund seiner zuversichtlichen und milden Spiritualität fällt es Franz von Sales nicht schwer, religiöse Ideale an
Laien zu vermitteln. Wie andere zeitgenössische geistliche Autoren betont auch er jene christlichen Wahrheiten, »die am tröstlichsten, am erfreulichsten und mit einem Wort: am mensch-
lichsten erschienen«.[34]

Mut, Disziplin, Beharrlichkeit und »eine Art Renaissance-Op-
timismus über den Zustand des Menschen und den Wert seines
Strebens« kennzeichnen den Geist der katholischen Reform.
Nach dem einflußreichen Philosophen Justus Lipsius (1547–1606)
ist die Seele von edler und fast göttlicher Natur, denn sie trägt noch
deutliche »Spuren ihrer [himmlischen] Herkunft an sich und ist
nicht ganz ohne leuchtende Funken des reinen Feuers, aus dem sie
hervorging«. Nach Lipsius müssen wir unsere gesamte Existenz
»der rechten Vernunft und Gott« unterstellen, um so den Einklang
mit der Natur zu erreichen. Diese Philosophie beruht auf dem
stoischen Denken der Antike und leitet wie diese zum Leben in
Harmonie mit der Natur an. In seiner *Abhandlung über die Gottesliebe* (1616) bezieht sich von Sales oft auf den antiken Sklaven
und Philosophen Epiktet. Er bewundert diesen stoischen Denker
und empfiehlt ihn seinen Lesern als Vorbild. Von Sales' und Lipsius' Lesart der stoischen Philosophie betont die guten Eigen-

schaften von Mensch und Natur. Die christliche Offenbarung hilft einer bereits guten Welt zu ihrer Vollendung.[35]

Zwar richtet die katholische Reform ihren Blick vor allem auf die Herrlichkeit des Himmels, aber sie vergißt die Erde nicht. Anders als scholastische Autoren glaubt Antonino Polti, Gott habe durchaus Verwendung für eine neue Erde. Wie der menschliche Charakter, so läßt sich auch die Natur verbessern und in den Dienst Gottes stellen. Mit dem Optimismus eines katholischen Reformtheologen meint Polti, die Erde könne als Untergeschoß oder untere Ebene des Himmels dienen. Nach dem Jüngsten Gericht wird die Erde »gereinigt und verklärt« und mit den höheren Regionen verbunden. Im Anschluß an Savonarolas *Sieg des Kreuzes* vermutet er, die neue Erde werde ungetauft verstorbenen Kindern zur Wohnstatt dienen. Dort würden sie in alle Ewigkeit glücklich leben und Gott preisen. Als christlicher Humanist kann Polti unschuldige Kinder nicht in die Hölle schicken oder an einen der Hölle ähnlichen Ort verbannen. Die Erde mag zwar den Ansprüchen der Seligen nicht genügen, aber sie ist ein geeigneter Aufenthaltsort für einige Seelen.[36]

In der Zeit vor und nach dem Konzil von Trient lehrten die katholischen Reformtheologen einen theozentrischen Himmel mit demselben Nachdruck wie Luther und Calvin. Nur bildet Maria bei ihnen einen Teil dieser göttlichen Mitte. Unter Beibehaltung der scholastischen Grundanschauung bemühten sich Autoren wie Polti und Franz von Sales um eine angemessene Vermenschlichung des empyreischen Jenseits. Die mittelalterliche Mystik mit ihrer vertrauten Freundschaft von Christus und menschlicher Seele bildet den Ausgangspunkt für ihr persönliches und freundliches Bild des Paradieses. Die Seligen erleben nicht Gottes furchterregende Majestät, sondern sind von einer überwältigenden Liebe zu ihm bestimmt. Der optimistische, aus der antiken Stoa gespeiste Geist der Reformtheologie ermöglicht es, von der Liebe der Seligen zu Gott und von Gottes Liebe zum Menschen in neuer Weise zu reden. Als Teil der guten Schöpfung kann die Erde einen Platz in Gottes Plan für die Ewigkeit erhalten. Die Hoffnung, alle Katholiken würden einmal den Himmel bevölkern, trägt zum Wiedererstarken der Kirche nach den Verlusten der Reformation bei. Wie die Kirche, so ist auch der Himmel offen und allen zugänglich. Nach wie vor betont die katholische Frömmigkeit das göttliche Zentrum; sie verleiht jedoch der Beziehung zwischen Gott und Seele zunehmend warme und menschliche Züge. Während die neue Erde den protestantischen Himmel vermenschlicht und seine theozentrische Strenge mildert, leistet eine neue, gefühlvolle Sprache auf katholischer Seite dasselbe.

Das fromme und asketische Bürgertum

Als der französische Philosoph Blaise Pascal im Jahre 1662 starb, fand seine Familie ein Pergamentblatt, das in eines seiner Kleidungsstücke eingenäht war. Es enthält die Beschreibung einer mystischen Erfahrung, die den Denker von der Wertlosigkeit philosophischer Spekulation überzeugte und ihn den Gott der Bibel entdecken ließ. Das bedeutete, wie er auf dem Pergament festhielt: *»Oublie du monde et de tout, hormis de Dieu«* [Die Welt vergessen und alles, außer Gott]. In unterschiedlichem Maße haben viele Christen des 17. und 18. Jahrhunderts Ähnliches erlebt. Von Pascal und dem Jansenismus angeregt, stellten viele Katholiken Frankreichs die optimistische Frömmigkeit eines Franz von Sales in Frage. Im puritanischen England lehrte Richard Baxter die Vorrangstellung Gottes im Himmel mit neuer Überzeugungskraft. Deutsche Lutheraner wurden von Philipp Jakob Spener und Anglikaner von den Brüdern Wesley aufgerufen, weltlicher Oberflächlichkeit und Zerstreuung zu entsagen und ein strenges christliches Leben zu führen. In der alten wie in der neuen Welt, bei Katholiken wie bei Protestanten wandte sich ein »frommes Bürgertum« der Religion zu und begann, die Geschäftswelt mit Argwohn zu betrachten.[37]

Der Geist der Puritaner, Pietisten, Methodisten und Jansenisten steht in scharfem Gegensatz zum optimistischen Stoizismus von Barockphilosophen wie Justus Lipsius. Die neuen Asketen glauben nicht an den natürlichen Adel der menschlichen Natur. Für sie ist der Mensch grundsätzlich zur Sünde geneigt. Da die Welt verderbt ist und bald vergehen wird, zählt nur Gott. Während die katholischen Jansenisten ihre Sicht im Werk des Augustinus bestätigt finden, berufen sich die Protestanten auf die herkömmliche Erbsündenlehre, wie sie von Luther und Calvin vertreten wird. Aus dieser Sicht bedarf der Mensch dringend der Erlösung. Gott der Erlöser, nicht Gott der Schöpfer, steht im Mittelpunkt von Erbauungsliteratur und Frömmigkeit.[38]

Das Leben darf daher weder in der Kunst noch in aufwendiger Verschwendung und Zurschaustellung gefeiert werden. Sparsamkeit und asketische Zurückhaltung trennen das fromme Bürgertum von der Üppigkeit der Barockkultur. Aus der puritanischen Empfehlung von harter und ständiger Arbeit entsteht die erfolgreiche protestantische Ethik. Katholiken ziehen immer noch den Rückzug ins Kloster vor. Ein und derselbe Geist läßt beide Konsequenzen zu. Wie Max Weber bemerkt, erfordert disziplinierte Arbeit nicht weniger Selbstzucht als das ehelose Leben eines Priesters oder einer Nonne. Die asketische Einstellung ist so verbreitet, daß selbst ein anglikanischer Bischof ausrufen kann: »Ich sehe keinen Grund, warum Klöster in der reformierten Frömmigkeit keinen Platz haben sollten.«[39]

Die neue Entwicklung wird durch die von den Historikern so genannte »Krise des 17. Jahrhunderts« gefördert, wenn nicht sogar verursacht. Auf das blühende 16. Jahrhundert folgt eine Zeit des Stillstandes, der wirtschaftlichen Flaute und Armut. Eine lang anhaltende wirtschaftliche Depression, gekennzeichnet durch zahllose Mißernten und Schwierigkeiten im Handelswesen, sucht England und den europäischen Kontinent heim. Durch wachsende soziale Spannungen verschärft, führen diese Schwierigkeiten oft zu örtlichen Unruhen und arten manchmal zum Bürgerkrieg aus. Der Dreißigjährige Krieg in Deutschland (1618–1648), Cromwells Bürgerkrieg in England (1642–1646), der türkische Vorstoß auf Wien (1683) und Ludwigs XIV. endlose Kriege gegen Spanien, die Niederlande und die Pfalz (1667–1697) fordern Tausende von Todesopfern und nehmen noch mehr Menschen die Heimat und die Existenzgrundlage. In dieser Zeit der Krise stellen manche Christen den Optimismus der Barockzeit in Frage. »Der im 16. Jahrhundert dominierende Glaube an den Fortschritt war im 17. Jahrhundert offensichtlich gebrochen, die Selbstsicherheit der Europäer dahin; jetzt, im neuen Säkulum, dominierten nicht mehr Zuversicht und Hoffnung, sondern Sorge und Angst.«[40]

Was das fromme Bürgertum am meisten fürchtet, ist weder Krieg noch Armut, sondern Unglaube und Nachlässigkeit im sittlichen Leben. In Großbritannien führen die Spannungen zwischen dem puritanischen Lebensstil und der – wirklichen oder vermeintlichen – Gleichgültigkeit anderer zu zahlreichen örtlichen Auseinandersetzungen und zur Auswanderung nach Amerika. In Frankreich verliert die entstehende neue Schicht der Ärzte, Advokaten,

Beamten, Kaufleute und kapitalistischen Unternehmer die herkömmliche blinde Treue zum katholischen Glauben. Rationalismus und Skeptizismus führen zu antiklerikaler Einstellung und sogar zu offener Feindschaft gegen die Kirche. Als das Zeitalter der Vernunft näherrückt, fliehen die Frommen aus einer immer fremder werdenden Welt zu ihrem Gott.[41]

Das einfache Kloster von Port-Royal-des-Champs, dem Zentrum der jansenistischen Bewegung, steht in eindrucksvollem Gegensatz zum nahegelegenen Schloß von Versailles, in dem der Sonnenkönig regiert. Der Vergleich der beiden Lebensstile offenbart den denkbar größten Kontrast: hier wird das weltliche Leben in vollen Zügen genossen und mit allem Glanz gefeiert, und dort wird die Welt verachtet und verlassen. Wie die Puritaner, so betonen auch die Jansenisten die Erbsündenlehre. Die Vernunft gilt nicht als sichere Führerin in Fragen, die das Heil betreffen. Hier kann nur die Gnade helfen – Gnade, die Gott den wenigen Erwählten schenkt. Allein die Erwählten werden von Gottes Gabe so überwältigt, daß sie ihr keinen Widerstand entgegensetzen. Die Gnade unterdrückt oder zerstört den selbstsüchtigen Willen und setzt göttlichen Antrieb an seine Stelle. Dieser Antrieb unterscheidet die wenigen Auserwählten von den übrigen Menschen – den Lauen, den Verworfenen und den Bewohnern von Versailles. Nach Auffassung der katholischen Jansenisten wie der protestantischen Verächter der Welt zeichnen sich die Erwählten durch die Härte ihres asketischen Lebens und die Strenge ihrer Moral aus. Göttliche Gnade erhebt sie weit über die Welt und bringt sie in die Nähe Gottes, die sie schließlich in ewiger Einsamkeit genießen werden.

Die Eigenart der jansenistischen Bewegung läßt sich am Ringen von Madame de Sévigné (1626–1696) besonders gut studieren, obwohl sie nicht im Kloster von Port-Royal lebte. Früh verwitwet, verbringt Marie de Sévigné ihr Leben auf einem Landsitz in der Bretagne, umgeben von Verwandten und oft besucht von Freunden und Bewunderern. Ihre Verbundenheit mit Port-Royal ist ebenso bekannt wie ihre Lektüre der Bücher von Pascal, dem Jansenisten Arnauld und Augustinus. In ihrer Hauskapelle gibt es keine einzige Heiligenstatue, weil sie »jegliche Eifersucht vermeiden« und Gott allein die ihm zustehende Ehre geben will. Die schlichte Kapelle ist nur mit einem Bild der Heiligen Jungfrau geschmückt, einem Kruzifix und einer Inschrift, die jedem Jansenisten gefällt: *Soli Deo honor et gloria,* »Gott allein gebühren Ruhm und Ehre«.[42]

Es ist leicht, eine Kapelle Gott allein zu weihen; schwieriger ist es, dasselbe mit dem Herzen zu tun. Von Liebe zu ihrer Tochter Françoise-Marguérite geradezu besessen, überflutet Madame de Sévigné diese mit Briefen, die heute übrigens als klassische französische Literatur gelten. Ein befreundeter Jansenist rügt die übertriebene Aufmerksamkeit, die sie ihrer Tochter widmet. »Diese Art von Götzendienst ist ebenso gefährlich wie jede andere«, warnt er. So versucht sie, ihr Herz zwischen ihrer Tochter und Gott zu teilen. »Lassen Sie zu, daß ich Sie so lange liebe, bis Gott Ihnen einen kleinen Teil meines Herzens wegnimmt, um sich darin einzurichten. Nur ihm werde ich diesen Platz abtreten«, heißt es in einem Brief. Manchmal fühlt sie sich unfähig, zu Gott ein richtiges Verhältnis zu finden, weil »ich so gänzlich von Gedanken an Sie erfüllt war, daß in meinem Herzen für nichts anderes mehr Platz war«. Wenn solche Gefühle sie überwältigen, nimmt sie vom Empfang der Kommunion Abstand. Sie weiß, daß sie sich zumindest »ein wenig« *(un peu)* von den Gedanken an ihre Tochter lösen muß, um das Sakrament würdig zu empfangen. Madame de Sévignés Gefühlsleben veranschaulicht die jansenistische Forderung, daß echte Christen die Welt und also auch ihre Familie verlassen müssen. Wenn sie sich nicht von der Welt befreien, gehen sie mit ihr zugrunde. Die Welt ist nicht umzugestalten, sondern zu verlassen und zu vergessen. Schließlich wird sich der menschliche Körper ebenso auflösen, wie die Welt vergehen wird. Für die Erlösten gibt es dann nur noch Gott und die Seele, die ihre Vereinigung in ewiger Einsamkeit feiern.[43]

Einer der Lieblingsautoren von Mme. de Sévigné war der jansenistische Priester Pierre Nicole (1625–1695). Er ist bekannt durch die Unterstützung Pascals bei der Abfassung der berühmten *Briefe gegen die Jesuiten,* vor allem aber durch seine eigenen, vielbändigen *Essais de Morale.* Nicoles Himmel ist so theozentrisch wie der des Franz von Sales, jedoch von allen gefühlsmäßigen Zügen frei. »*Gott allein* wird der Besitz der Erwählten sein, er allein ihre Glückseligkeit. (. . .) Alles andere werden sie nur in Relation zu diesem wesentlichen Gut sehen«, schreibt er. Das Motto »Gott allein« faßt Nicoles Auffassung treffend zusammen. Die Seligen werden sich nach nichts anderem sehnen als nach Gott. Ihr »Vermögen zu lieben, zu begehren und zu genießen wird so erschöpft sein, daß es ihnen unmöglich ist, irgend etwas neben Gott noch zu lieben und zu begehren«. Für Nicole ist die Gemeinschaft der Seligen untereinander so unwichtig, daß er vom himmlischen Dasein als *solitude eternelle avec Dieu seul* sprechen kann: »Der Mensch ist geschaffen, um in ewiger Einsamkeit mit Gott allein zu leben. Die Gemeinschaft der Seligen wird die Einsamkeit des einzelnen nicht einschränken, denn keiner wird den anderen an seiner völligen Hingabe an Gott hindern, der ihr einziges Gut ist. Auch wird der Blick auf Geschöpfe nichts anderes sein als eine Erweiterung der Anschauung Gottes.« Mit Gott als Partner besitzen die Seligen kein Interesse an Engeln oder anderen Geschöpfen. Selbst Marias Anwesenheit verliert ihre Bedeutung. Gott beansprucht die Erlösten ganz. Er allein genügt.[44]

Die Seligen in Nicoles jansenistischem Himmel sind ganz von Gott abhängig. Die Vereinigung mit ihm allein macht alles andere überflüssig. Bezeichnenderweise geht Nicole auf das ewige Verhältnis von Gott und Seele nicht näher ein. Wir erfahren nicht, was die himmlische Einsamkeit mit sich bringt. Aus der Sicht Nicoles kann es zwischen den Seligen und der Gottheit kein persönliches oder sentimentales Verhältnis geben. Die schweigende Einsamkeit des Einsiedlers tritt an die Stelle von Franz von Sales' herzlichem Gespräch mit Christus. Ein Wiedersehen von Verwandten und Freunden spielt keine Rolle. Die göttliche Gegenwart stellt alle menschlichen Beziehungen in den Schatten, so daß keine Ablenkung von der Anschauung Gottes mehr möglich ist. Der Himmel bedeutet das Ende von allem Menschlichen, Natürlichen und Irdischen.

Die protestantische Erbauungsliteratur lehrt wie die Jansenisten, daß Gott das Leben des Christen beherrschen muß. »Es ist ein Streitpunkt geworden«, schreibt Richard Baxter (1615–1691) in einem Brief aus dem Jahre 1665, »ob ein beschauliches oder ein tätiges Leben das bessere sei.« Obgleich Baxter die Notwendigkeit eines tätigen Lebens nicht leugnet, zieht er doch den Rückzug in »eine einsame Gemeinschaft mit Gott« vor. In bewußtem Abweichen von calvinistischer Tradition möchte er »nicht zu jenen gehören, die (...) Menschen veranlassen, sich zu weit in die Welt hinauszuwagen unter dem Vorwand, dort Gott zu suchen und ihm zu dienen«. Zwar steht dem Puritaner der Weg ins Kloster nicht offen, aber er rät zu einer geistigen Loslösung von der Welt. »Du bist berufen, dieser Welt zu entsagen und dich der anderen zuzu-

wenden«, heißt es bei John Howe (1630–1706), Cromwells Haus-
kaplan; »beeile dich also, deine Verstrickung zu lösen und alle
irdischen Neigungen und Vorlieben aufzugeben.«[45]

Der puritanische Vorbehalt gegen die Welt ist etwas Neues in
Baxters und Howes Generation, aber seine geistigen Grundlagen
waren längst vorhanden. William Perkins (1558–1602), der Vater
der puritanischen Theologie in England, hatte zwei »Berufungen«
unterschieden, durch die Gott unser Leben gestaltet. Die »besondere Berufung« ist für jeden einzelnen verschieden; sie weist ihm
bestimmte Aufgaben in der Arbeits- und Berufswelt zu. Ebenso
wichtig, wenn nicht sogar bedeutender, ist die »allgemeine Berufung« zur Mitarbeit an unserer Erlösung. Was diese Unterscheidung bedeutet, verdeutlicht Perkins an der Gestalt Adams. Seine
besondere Berufung war es, »in den Garten Eden zu gehen, ihn zu
bebauen und seine Bäume und Früchte zu hüten«. Später, nach
dem Sündenfall, mußte er den Boden bearbeiten und mit Disteln
und Dornen kämpfen. »Adams allgemeine Berufung war, seinen
Schöpfer zu verehren«, fährt Perkins fort. Nach dem Sündenfall
ist dies nicht einfach, denn Adam war nun nicht mehr »ein gutes
Geschöpf nach dem heiligen Bilde Gottes«. Als »verunstaltete
Kinder des Zorns« müssen wir »arbeiten, um unser erstes Bild
wiederzuerlangen, und uns bemühen, neue Geschöpfe zu werden«. Dieses Ziel wird freilich erst im Himmel erreicht sein. Erst
dann werden wir wieder unserer ersten Berufung voll entsprechen, der Berufung zum Gottesdienst. Es kann nicht überraschen,
daß die Puritaner in diesem geistigen Ringen ihre wichtigste Berufung erblickten. Sollte die besondere Berufung zur Arbeit einmal
mit der allgemeinen Berufung zum Heil in Konflikt geraten, dann
muß erstere zurücktreten. Gott hat Vorrang.[46]

Der Vorrang Gottes vor der Welt ist im berühmtesten und am
weitesten verbreiteten Buch der Puritaner in romanhafter Weise
dargestellt, in John Bunyans *Pilgrim's Progress* (1678). Christian,
der Held der Geschichte, wird nicht als Berufsmensch geschildert,
der die strenge protestantische Arbeitsmoral befolgt. Vielmehr erzählt uns Bunyan die Geschichte eines Mannes, der alles verläßt,
auch Frau und Kinder, sich die Ohren zuhält und sich mit dem Ruf
»Leben, Leben, ewiges Leben!« auf eine religiöse Pilgerschaft begibt. Weltliche Geschäfte gelten ihm nichts; er ist nur um sein
ewiges Heil besorgt. Als die Verlockungen der Großstadt, des
Geldverdienens und des Weltbürgertums die theozentrische

Frömmigkeit bedrohten, steigerte sich der Wunsch der Puritaner, sich an Gott festzuklammern.

Auch in der neuen Welt sind die Versuchungen vielfältig. Der amerikanische Dichter Richard Steere (1646–1721) faßte die puritanische Verdächtigung des Lebensgenusses gut zusammen: »Wer den freien und fröhlichen Gebrauch der irdischen Genüsse ablehnt, tut es aus folgendem Grund: alle zeitlichen Ehren, Reichtümer und Freuden sind nichtig, ungewiß, kurz und vergänglich, und im Vergleich mit dem himmlischen Glück verdienen sie nicht die mindeste Aufmerksamkeit, sondern nur Verachtung und Spott.« In ihren frommen Betrachtungen, in ihren Predigten und auf ihren Grabsteinen werden die Puritaner nicht müde, vor falscher Liebe zur Welt zu warnen. Der Tod selbst, mit seinem Moder und Zerfall, verkörpert die Vergänglichkeit irdischer Herrlichkeit. Allein Gott ist ewig, wahr und ein würdiger Gegenstand unserer Liebe. Nur die Betrachtung der himmlischen Freuden vermag die Seele aus dem Sumpf irdischer Sorgen zu befreien: »Es ist richtig: jene Seelen, die oft die himmlischen Herrlichkeiten der ewigen Glückseligkeit betrachten, sind über irdisches Vergnügen erhaben. Während ihre begnadete Seele mit süßem Verlangen nach himmlischem Glück strebt, vergessen sie die Erde.« Die asketischen Theologen lenken ihren Blick gen Himmel, auch wenn sie noch auf der Erde leben.[47]

Die frommen Betrachtungen der Puritaner und anderer asketischer Protestanten erwarten einen geistigen, keinen materiellen Himmel. Der Himmel kann keine Kopie unserer gegenwärtigen Welt sein. So wird die alte Lehre der Reformation über eine erneuerte Erde als Ort des ewigen Lebens aufgegeben. Selbst Chiliasten, die eine fruchtbare Erde während des Tausendjährigen Reiches erwarten, befristen das irdische Dasein und versetzen die Erwählten schließlich in ein rein geistiges Paradies. Mag das andere Leben beginnen, wann es will – unmittelbar nach dem Tod oder nach dem Tausendjährigen Reich –, es befreit von der Welt. »Es ist klar«, meint John Howe, »daß der Schöpfer diese niedere Welt niemals zum dauernden Aufenthaltsort ihrer Bewohner bestimmte.« Wie sollte auch ein winziger, unbedeutender Planet den Seligen genügend Lebensraum bieten? Nach Howe ist der Heilige »ein Anwärter auf einen besseren Zustand in einer edleren Umgebung«. Diese Umgebung ist nichts anderes als das bekannte Empyreum der scholastischen Lehre.[48]

Der englische Philosoph Thomas Browne (1605–1682) glaubt, Gott werde die ganze Welt endgültig vernichten. Was dann übrig bleibe, sei ein leerer Raum, ausgefüllt von der Gegenwart Gottes. Das Paradies »ins Empyreum oder über die zehnte Sphäre zu setzen, heißt die Zerstörung der Welt übersehen; denn wenn die stoffliche Welt untergeht, wird hier alles so sein, wie es jetzt dort ist, ein empyreischer oder Feuerhimmel. (. . .) Die Frage nach dem Himmel bedeutet nichts anderes als zu fragen, wo Gott sei oder wo wir die Herrlichkeit jener seligen Schau genießen werden.« Mit anderen Worten: beim Jüngsten Gericht vernichtet Gott die Welt, ohne sie durch eine neue zu ersetzen. Im ewigen Leben stellt Gott selbst eine ausreichende »Umgebung« für die Seligen dar.[49]

Die klassische puritanische Darstellung des asketischen und von Gott beherrschten Himmels findet sich in Richard Baxters Werk über *Die ewige Ruhe der Heiligen* (1649). Unermüdlich verweist er auf Gott und Gott allein als den Mittelpunkt des ewigen Lebens: »Die Erkenntnis Gottes und Christi, seliges Wohlbehagen an dieser gegenseitigen Liebe, ewige Wonne im Genuß Gottes und ewiger Lobgesang auf ihn: das ist ein Himmel für Gottes Heilige, eine geistliche Ruhe, ihrer geistlichen Natur angemessen. Dann, liebe Freunde, leben wir in unserem Element.« Verwickelt in Cromwells Religionspolitik, kann Baxter kein beschauliches Leben führen; dennoch bekennt er sich zur Ausrichtung auf das Jenseits. Gott die beherrschende Stellung in diesem wie in jenem Leben einzuräumen bedeutet, irdische Interessen aufzugeben. Eine geistliche Ruhe, die der geistlichen Natur der Heiligen entspricht, beruht auf der Übereignung des ganzen Lebens an Gott.[50]

Wenn sich Baxter über die menschliche Seite des Himmels äußert, gibt er seinen Gedanken stets eine theozentrische Wendung. In seinen Ausführungen über die im Jenseits anzutreffenden Menschen wird dies besonders deutlich. Unter den namentlich genannten 44 Personen nehmen die Reformatoren den ersten Platz ein: Luther, Zwingli, Calvin, Beza, Bullinger und Bradford. Die Seligen treffen »alle Heiligen aller Zeiten, deren Antlitz im Fleisch wir niemals erblickten«. Anders als sein Zeitgenosse Andrew Marvell widersteht Baxter der Versuchung, einen patriotischen Himmel nach der Art Ciceros zu entwerfen. Marvell – John Miltons Assistent und Cromwells Hofdichter – läßt den Lord Protector im Himmel mit Mose, Josua und David zusammentreffen. Gesellschaftliche Freuden sind für Baxter bestenfalls zweitrangig, wenn nicht völlig unbedeutend. »Alle Herrlichkeit der Seligen liegt in ihrem Genuß Gottes beschlossen, und wenn es dort noch vermittelte Freuden geben sollte, so sind diese nur kleine Tropfen davon.« Es wird eine Gemeinschaft der Heiligen geben, ihre Glückseligkeit stammt jedoch allein von Gott und nicht von anderen Geschöpfen.[51]

Denselben Gedanken äußert Joseph Hall (1574–1656), ein anglikanischer Bischof mit puritanischer Neigung. Er verzichtet auf theologische Begriffe, um möglichst große Anschaulichkeit zu erzielen. »Wenn wir einen Bruder oder Sohn in der Gegenwart eines großen Fürsten bemerken sollten«, überlegt er, »dann unterlassen wir alle gegenseitigen Respektsbezeugungen. Die erhabene Gegenwart eines Größeren beansprucht uns ganz.« Es folgt die Anwendung auf das ewige Leben: »Wenn wir uns also vor dem glorreichen Throne Gottes im Himmel treffen, dann müssen alle Ehrerweisungen gegenüber irdischen Verwandten entfallen und in der beseligenden Gegenwart, der göttlichen Liebe und im unendlich beglückenden Genuß des Allmächtigen aufgehen!« Die Anwesenheit eines anderen Heiligen wird in der Gegenwart Gottes bestenfalls beiläufig zur Kenntnis genommen. Soziale Beziehungen verblassen. »Ich werde weder das Bedürfnis haben, mich nach meinen fleischlichen Verwandten zu erkundigen, noch hätte dies einen Sinn«, meint der Bischof. Während Baxter auf solche Deutlichkeit verzichtet, erklärt Hall ganz ausdrücklich: »Die Natur hat keinen Platz in der Herrlichkeit; hier zählt Blutsverwandtschaft nicht mehr und schon gar nicht die Ehe – solch grobe Vertrautheit und sinnliches Vergnügen passen in das Paradies der Türken, nicht in den christlichen Himmel.« Die himmlische Herrlichkeit übersteigt das soziale Leben nicht nur; sie löscht es aus. Natur und Menschliches haben keinen Platz mehr. Der Himmel ist das Reich Gottes.[52]

Im Reich der Herrlichkeit kann nur ewiges Gotteslob einen festen Platz beanspruchen. Für die Puritaner bedeutet die Anschauung Gottes nicht schweigende Meditation. Während der Jansenist Nicole die Stille monastischer Betrachtung vorzieht, denken die theozentrischen Protestanten an himmlische Liturgie. Im Anschluß an das Buch der Offenbarung entwirft Baxter ein Bild des himmlischen Lebens, das aus Gesang und Lobpreis besteht. Während des Mittelalters galt der Lobpreis Gottes vornehmlich als Aufgabe der Engel. Auch Luther und Calvin zeigten an diesem Thema wenig Interesse. Baxter hingegen entdeckt aufs neue die augustinische Lehre von der ewigen Verehrung Gottes, verleiht allerdings den Seligen eine selbständigere Rolle in der himmlischen Liturgie; sie sollen nicht bloß ein Anhängsel überlegener Engelschöre sein. »Welch ein seliger Dienst, (...) vor dem Throne Gottes und des Lammes zu stehen und immerdar zu singen: Herr, du bist würdig zu nehmen Preis, Ehre und Kraft«, schreibt Baxter mit deutlichem Bezug auf die Bibel. Über viele Seiten hinweg feiert er die wichtige Rolle der Heiligen bei der Aufführung von Musik und Chorwerken im ewigen Gottesdienst. Ihre immerwährende Liturgie steht in scharfem Gegensatz zu dem schrecklichen »Schreien und Klagen« der Verdammten. Harfe und Gesang dienen der Verehrung Gottes; in der Hölle haben sie keinen Platz.[53]

Nach Baxter, dessen Liebe zur Musik bekannt ist, bereitet uns das Singen in der Gemeinde auf das nächste Leben vor. »Durch seine barmherzige Vorsehung und Gnade«, schreibt er im Vorwort seines eigenen Liederbuches, »stimmt der Herr unsere trägen und matten Seelen zu solch fröhlichem Lob zur Vorbereitung auf seinen ewigen Preis im Himmel.« Der Gesang ist nicht nur Vorbereitung; er vermittelt auch einen Vorgeschmack der ewigen Freuden. »Das lebendigste Emblem des Himmels, das ich auf Erden kenne, ist, wenn das Gottesvolk (...) sich mit Herz und Stimme zum fröhlichen und melodischen Lobpreis Gottes vereint.« Baxter will jedoch nicht mißverstanden werden. Die Musik der Gemeinde darf nicht zu einem irdischen, diesseitigen Vergnügen ausarten. Nur wenn wir Gott im »tiefen Bewußtsein seiner Majestät und Güte« preisen, verharren wir nicht im »fleischlichen Genuß« des Singens. Baxter verweist auch auf die geistige Natur der Musik. »Harmonie und Melodie sind so hochstehende Sinnesfreuden, daß sie geistigen Genüssen nahekommen und vielleicht zu ihnen zu rechnen sind«; daher sind sie »vorzüglich geeignet, Sinn und Herz zu Gott zu erheben«. Wer in diesem Leben den Lobpreis Gottes verachtet, taugt nicht für den himmlischen Chor. »Eine Sau kann eher eine Lektion in Philosophie erteilen, ein Esel eher eine Stadt erbauen oder ein Reich regieren; oder eine Leiche an deinem Tisch schmausen – als du dem Geschäft des himmlischen Lobgesangs obliegen«, bemerkt Baxter sarkastisch. Der puritanische Theologe legt seine Worte nicht gerade auf die Goldwaage.[54]

Baxter ist nicht der einzige, der das Singen der Gemeinde als Vorgeschmack unserer himmlischen Tätigkeit versteht. Im Vorwort des *Whole Booke of Psalmes* (1640) aus Neuengland liest man dasselbe. Wir müssen singen, erklärt John Cotton, »bis er [der Herr] uns von hinnen nimmt und unsere Tränen trocknet und uns eingehen läßt in die Freude unseres Herrn, um ewiges Halleluja zu singen«. Auch das private Bibelstudium ist auf den ewigen Lobpreis ausgerichtet. Meditiere eine Seite der Offenbarung so lange, schlägt William Law (1686–1761) vor, »bis dich deine Phantasie über die Wolken hinausführt, bis sie dich mitten unter die himmlischen Wesen stellt und in dir die Sehnsucht weckt, an ihrem ewigen Musizieren teilzunehmen«. In Erbauungsschriften wie Baxters *Ewige Ruhe der Heiligen* und Laws *Ernstlicher Ruf zu einem frommen und heiligen Leben* (1728) gilt das Gotteslob als die höchste Aufgabe des Christen – in dieser und in der nächsten Welt.[55]

Musik und Gesang dienen nicht dem Vergnügen der Heiligen; sie sind Gottesdienst. Eine ähnliche theozentrische Deutung erfährt das überlegene Wissen der Seligen. »Wir werden in einem Augenblick alles wissen, was es zu wissen gibt«, meint Baxter. Selbst die schwierigsten Fragen der Theologie und Naturwissenschaft werden sofort und mühelos verstanden. »Dort übertrifft der geringste Christ unsere größten Gelehrten.« Das Wissen im Jenseits ist sogleich vollständig, so daß das Lernen entfällt; Mühe, Enttäuschung und langsames Fortschreiten gibt es nicht mehr. Wen Gott in den Himmel aufgenommen hat, der erhält die Fähigkeit, den göttlichen Willen und den Zustand des Menschen vollkommen zu verstehen. »Gott wird uns alle in einer einzigen Minute zu Doktoren ausbilden«, erklärt John Donne (1572–1631). Nicht nur das Leben ändert sich beim Betreten des Himmels; das sofort verstandene Wissen versetzt die Heiligen in einen Zustand, den sich kein irdisches Wesen auch nur entfernt vorstellen kann.[56]

»Puritanischen Theologen galt jeder Tag als verloren«, schreibt Perry Miller, »an dem sie nicht wenigstens zehn oder zwölf Stunden im Studierzimmer verbrachten.« Eifriges Studieren und Bücherschreiben bleibt aber immer wieder unbefriedigend, denn Gottes Offenbarung ist mit Rätseln überfrachtet und der Geist des Menschen schwach. So ergötzen sich die Theologen an dem Gedanken, einmal alle Rätsel lösen und alles Dunkel aufhellen zu können. Im Himmel werden sie nicht nur viel, sondern einfach alles wissen. Im kolonialen Amerika teilt Increase Mather (1639–1723) Baxters Vorstellung vom unbeschränkten Wissen. Wenn die Seele eines gerechten Mannes in den Himmel kommt, werde er »an *einem* Tag und ohne Mühe mehr Wissen erwerben, als es in dieser Welt möglich wäre durch ein tausendjähriges, hartes Studium«. Für die Gerechten setzt der Tod dem Streben nach irdischem Wissen und religiöser Weisheit ein Ende. Im Himmel gewährt Gott beides – in einem einzigen Augenblick.[57]

Geistige Tätigkeit und der Erwerb von höherem Wissen widersprechen nicht der ewigen Ruhe. Nach Baxter ist die Ruhe der Heiligen »nicht die eines Steines, der aufhört, sich zu bewegen, wenn er die tiefste Stelle erreicht hat; vielmehr enthält sie eine süße und unablässige Bewegung aller Kräfte von Leib und Seele«. Der Schlußteil des Satzes ist dabei entscheidend: »im Genuß Gottes.« Wissen dient nicht der Unterhaltung und oberflächlichem Vergnügen, sondern verbindet die Heiligen mit Gott. Der Schöpfer »bildet unsere Sinne aus und erweitert unsere Fassungskraft (. . .) und füllt diese Fassungskraft mit sich selbst aus«. Die Indienstnahme durch Gott hat auch eine körperliche Seite. Dabei hat der verklärte Leib nichts anderes zu tun, als »vor dem Throne Gottes und des Lammes zu stehen und ihn immerfort zu preisen«. Jegliches himmlische Wissen und Tun hat in Gott seinen Ursprung, sein Ziel und seine Mitte.[58]

Nachdem Baxters Werk in der ersten Hälfte des 18. Jahrhunderts offenbar wenig beachtet wurde, fand es durch John Wesleys (1703–1791) Wiederentdeckung und gekürzte Neuausgabe um 1750 erneut viele Leser. Der Begründer des Methodismus teilte Baxters theozentrische Frömmigkeit. »Bewahre mich, o Gott«, betet Wesley, »vor einer zu großen Hingabe selbst an notwendiges Geschäft.« Er fügt hinzu: »Ich weiß, daß dies meine Gedanken von dem *einen* Ziel all meiner Geschäfte zu sehr ablenkt.« Immer fromme Gedanken zu haben und diese nicht zu vergessen, gilt als das höchste Ideal. Die Frage: »Denke ich an Gott zuerst und zuletzt?« empfiehlt Wesley als wichtigste bei der täglichen Gewissenserforschung. Jedoch hat nicht der Begründer des Methodismus, sondern einer seiner Schüler Baxters Himmel in einer neuen literarischen Gestalt wieder lebendig werden lassen. James Herveys (1714–1758) *Meditations among the Tombs* (1746) entsprachen der neuen methodistischen Emotionalität und wurden zu einem der meistgelesenen Erbauungsbücher ihrer Zeit.[59]

Die *Meditations among the Tombs* weisen eine pessimistische Einstellung zum Leben und zur menschlichen Natur auf. Hervey beschreibt seine Spaziergänge durch den Friedhof von Kilkhampton, einem Dorf in Cornwall (England). Während er von einem Grabmal zum nächsten geht und die Inschriften liest, wird er nachdenklich. Er stellt sich das Schicksal der Bestatteten vor: ihre letzte schwere Stunde auf dem Totenbett, ihre klagenden Freunde, ihren Aufstieg zum Himmel, ihr ewiges Glück. Die Inschrift eines jungen Mannes, der wenige Tage vor seiner Hochzeit starb, erinnert ihn an die Vergänglichkeit des Lebens. »Geh nach Hause, enttäuschte Jungfrau«, rät er der trauernden Braut. »Geh und beweine die Ungewißheit aller geschöpflichen Seligkeit! Denn der einstmals muntere und stattliche Fidelio ruht nun in anderen Armen, in den eisigen Armen des Todes! Auf ewig vergißt er die Welt – und dich.« Hervey und andere asketische Autoren warnen davor, das Vertrauen auf diese Welt zu setzen – auf Beruf, Besitz, Familie und Freunde. Mit dem allgegenwärtigen Bild des Totenschädels oder des verwesenden Leichnams führen sie die Nichtigkeit der Welt vor Augen. Der Tod mit seinen »eisigen Armen« versäumt nie, dem Glück der Lebenden ein vorzeitiges Ende zu bereiten. Wer ewiges Leben als Ziel vor Augen hat, muß sich von starken weltlichen Bindungen innerlich lösen. Auch von menschlichen Beziehungen muß man Abstand gewinnen, denn diese sind nicht von Dauer. Menschliche Liebe ist nicht ewig.[60]

Die Andersartigkeit des ewigen Lebens läßt keinen Raum für die Hoffnung auf ein Wiedersehen. Die »sichere und unwandelbare Seligkeit« ist nach Hervey allein bei Gott zu finden, nicht bei einem menschlichen Partner. Man mag allenfalls den fernen und etwas blassen Patriarchengestalten der Bibel – dem formelhaften Abraham, Isaak und Jakob – und vielleicht noch dem eigenen Religionslehrer begegnen; das sind die einzigen, die der Autor in Erwägung zieht. Aber auch hier vermeidet er eine Schilderung der Begegnung. Der Himmel ist nicht zum Auffrischen angenehmer Erinnerungen da oder zum Erneuern alter Freundschaften; er ist ein Ort des Gotteslobes. »Unter dem Lächeln des Himmels jubeln die Heiligen immerzu«, erklärt Hervey; »stets erklingen ihre Harfen; die Siegesfreude duldet keine Unterbrechung.«[61]

Keine Unterbrechung! Hervey besteht auf der unveränderlichen Natur des ewigen Lebens. »Das Rad [des Schicksals] dreht sich niemals. Jenseits des Grabes ist alles unbeweglich und unabänderlich. Wir mögen auf dem Throne sitzen oder auf die Folter gespannt sein: die Hand der ewigen Barmherzigkeit oder der unerbittlichen Gerechtigkeit hat unser Schicksal besiegelt.« Während die Welt dem Wechsel der Mode unterworfen ist, bleibt das Göttliche unbeweglich und unwandelbar. Wie Baxter und Nicole will auch Hervey die Welt nicht erobern. Ihrer Unbeständigkeit und Vergänglichkeit leid und überdrüssig, rät er, sich aus den Geschäften der Welt zurückzuziehen und den Geist auf jene Beständigkeit zu richten, die nur der Himmel bieten kann. Auf der Erde gibt es nichts Verläßliches; Vollkommenheit ist dem Himmel vorbehalten.[62]

Das fromme und asketische Bürgertum und seine Theologen betonten die theozentrische Eigenart des Himmels noch stärker als die protestantische Reformation und die katholische Reform. Bei Luther erlaubt die neue Erde noch eine spielerische Zerstreuung der Heiligen; bei den Puritanern wird der Welt die ewige Existenz ganz abgesprochen. Es mag ein irdisches Tausendjähriges Reich geben, aber nach dessen Ende wird die Welt mit ihren Belangen endgültig untergehen. Die persönliche und herzliche Atmosphäre im Himmel eines Franz von Sales verlor an Anziehungskraft; manche katholische Autoren betonten wieder die Ferne und Majestät Gottes. Auch Poltis marianischer Himmel fand wenig Zustimmung. Die Anwesenheit einer weiblichen Gestalt schien die Einheit von Vater, Sohn und Heiligem Geist zu schwächen. So rückten zahlreiche Theologen des 17. Jahrhunderts allein den majestätischen Gott in den Mittelpunkt des ewigen Lebens.

Der theozentrische Himmel

Um die Mitte des 17. Jahrhunderts war die theozentrische Himmelsvorstellung im gesamten westlichen Christentum verbreitet. Die neue Theologie bewegte die Jesuiten von Neuburg in Bayern dazu, das große »Jüngste Gericht« von Peter Paul Rubens (1577–1640) von seinem Platz über dem Altar ihrer Kirche zu entfernen (*Abb. 39*). Die sinnlichen weiblichen Körper und die Andeutung von vereinigten Liebespaaren mußten als vergessener Rest der verpönten Renaissancekunst erscheinen. Die Sinnlichkeit der Kunst von Rubens mit ihrer unbeschwerten Feier des Fleisches und weltlicher Leidenschaft widersprach allen Werten der strengen katholischen Reformgesinnung. Es wurde durch ein weniger

Abb. 39: Peter Paul Rubens, Das Jüngste Gericht

anstößiges Werk ersetzt, das die neue Frömmigkeit nicht mehr
störte. Als Hervey im Jahre 1746 seine *Meditations* veröffentlichte, konnte er sich auf ein traditionelles Bild der anderen Welt
stützen, das seit zwei Jahrhunderten von Protestanten wie Katholiken gepredigt wurde.[63]

Die Vorstellung eines Himmels mit psalmensingenden Seligen und ewiger Ruhe in der Anschauung Gottes blieb auch erhalten, als die religiöse Begeisterung des frommen Bürgertums nachließ. Die katholische Hierarchie verurteilte den Jansenismus als Häresie, der puritanische Eifer erlahmte, und trübsinnige Friedhofspoesie kam allmählich aus der Mode. Trotz bedeutender Veränderungen im kulturellen und religiösen Leben blieb das Bild des theozentrischen Himmels während des ganzen 18. Jahrhunderts und bis ins 19. Jahrhundert hinein lebendig. Selbst Menschen, die kein großes Interesse an Religion hatten, setzten es als die gewöhnliche christliche Auffassung voraus. Als in der Theologie und Literatur des 19. Jahrhunderts andere Vorstellungen entwickelt wurden, mußte man mit dem alten Bild immer noch rechnen. Alle Alternativen setzten sich bewußt von ihm ab. Worauf beruht seine Anziehungskraft?

Wenn wir die persönliche und besondere Eigenart des Himmels eines Luther, Calvin, Polti, von Sales, Nicole und Baxter beiseite lassen und nur das Gemeinsame hervorheben, dann ergibt sich ein deutlich theozentrisches Modell. Nach diesem gehört der Himmel allein Gott; das ewige Leben der Seligen bewegt sich um einen göttlichen Mittelpunkt. Die Heiligen mögen am immerwährenden Lobpreis teilnehmen, sich in Einsamkeit der Anschauung Gottes hingeben oder in einer engen persönlichen Beziehung zu Gott aufgehen. Für weltliche Belange gibt es keinen Platz. Am Ende der Zeiten wird die Erde entweder ganz vernichtet oder darf fortan nur noch eine geringe Rolle spielen. Der Himmel ist ein vollkommen religiöser Ort; er dient ausschließlich dem Gottesdienst, der göttlichen Offenbarung und dem erbaulichen Gespräch mit Gott oder Christus.

Nach dem theozentrischen Modell erscheint der Himmel als das Gegenteil der Erde. Mit dem Tod verändert sich alles. Das irdische Leben gilt als oberflächlich, wechselhaft und voll Enttäuschung. Auf nichts ist Verlaß, denn jeder Halt ist unbeständig. Das irdische Dasein ist von Neigung zur Sünde, Zügellosigkeit und Überheblichkeit gekennzeichnet. Selbst den guten Seiten des Lebens – Familie, Freundschaft, Arbeit, Kunst – kommt nur begrenzte Bedeutung zu. Allein auf Gott kann man bauen; in Ewigkeit unwandelbar, ist er die unerschöpfliche Quelle der Liebe. Durch religiösen Eifer, Sorge für die Familie und fromme Betrachtung mögen manche Christen die Güte Gottes schon in diesem Leben erfahren. Aber dies kann nie mehr als ein Vorgeschmack dessen sein, was nachher kommt. Nach dem Tod des einzelnen oder dem Ende der Menschheitsgeschichte wird ein ganz anderes, neues Leben beginnen.

Das Leben im Himmel ist keine verbesserte irdische Existenz. Nach der theozentrischen Vorstellung hat das himmlische Dasein mit dem irdischen nur wenig gemein. Leid, Krankheit, Tod und Mühe vergehen. Aber nicht nur die irdischen Nöte fehlen; *alles* Irdische verschwindet. Daher verlieren Freunde und Angehörige, Abwechslung und menschliches Schöpfertum ihre Bedeutung. Wo immer der Mensch herrscht – in Regierung, Familie und sogar Kirche –, wird er seine Stellung verlieren; im Himmel herrscht nur noch Gott. Auf Erden machen Wechsel, Wachstum und Verfall alles unbeständig. Da es im Himmel nur Vollkommenes gibt, besteht kein Anlaß zur Veränderung mehr. Im irdischen Leben nehmen uns körperliche und geistige Arbeit sowie Familienpflichten in Anspruch und lenken uns von Gott ab. Im Himmel dagegen gibt es keine Arbeit mehr. Da die Heiligen sofort im Besitz aller Erkenntnis sind, bleibt ihnen die Mühe des Forschens und Studierens erspart. Auch Familien stören die fromme Betrachtung nicht mehr. Der Tod trennt das Reich des Unvollkommenen vom Reich der Vollkommenheit.

Das theozentrische Modell gibt uns ein einfaches und theologisch unumstrittenes Bild des Himmels. Wer wollte schon anzweifeln, daß eine ewige Einsamkeit mit Gott das begehrteste und höchste Ziel des wahren Gläubigen sein muß? Ist eine Konkurrenz zu Gott überhaupt vorstellbar? Die theozentrische Auffassung erübrigt auch die Frage, was die Seligen im Himmel eigentlich tun. Von einer Tätigkeit der Heiligen kann man überhaupt nicht sprechen; vielmehr erfahren sie die Fülle des Seins in der Gegenwart Gottes. Menschlicher Phantasie sind von vornherein Grenzen gesetzt, weil das Paradies von der Erde völlig verschieden ist. Die Möglichkeiten der Darstellung in Kunst und Dichtung sind beschränkt und rasch erschöpft. Allerdings vermochte dieses strenge und zugleich dürftige Bild nicht alle Christen zu befriedigen.

Kapitel 7
Swedenborg und die Geburt des modernen Himmels

»Der Mensch der Kirche weiß heutzutage kaum etwas über Himmel und Hölle sowie über sein Leben nach dem Tode«, klagte Emanuel Swedenborg im Jahre 1758. Damit nun eine solche Unkenntnis, wie sie besonders bei den Gebildeten herrscht, »nicht auch jene anstecke und verderbe, die einfältigen Herzens sind, wurde mir verliehen, mit Engeln zusammen zu sein und mit ihnen zu reden wie ein Mensch mit dem andern. Ebenso durfte ich auch (...) Dinge sehen, die sich in den Himmeln und Höllen finden.« Da er wußte, daß mancher Leser seines Buches *Himmel und Hölle* solchen Behauptungen skeptisch gegenüberstehen würde, fügte er folgende Versicherung hinzu: »Damit man nicht sagen möge, es sei eine Täuschung oder ein Phantasiegebilde, durfte ich die Engel im Zustand vollen Wachens bzw. im Vollgefühl meines Körpers und bei klarem Bewußtsein sehen.« Als Swedenborg in der Mitte des 18. Jahrhunderts seine Visionen veröffentlichte, trat erstmals eine ernsthafte Alternative zum asketischen, theozentrischen Himmel auf den Plan.[1]

Zunächst scheint Swedenborg nicht jemand zu sein, von dem man eine radikale Neugestaltung der christlichen Himmelsvorstellung erwarten könnte. Im Jahre 1688 als Sohn eines Bischofs der schwedischen Staatskirche geboren, lehnte er es ab, seinem Vater im geistlichen Amt zu folgen. Statt dessen beschäftigte er sich mit Technik, Mathematik und Naturwissenschaft. In seinen jungen Jahren bereiste er Europa, setzte sich mit Gelehrten wie Newton auseinander und veröffentlichte Schriften über nahezu alle Gebiete der Naturwissenschaft. Auch mit Politik und Wirtschaft beschäftigte er sich. Die Ergebnisse seiner Studien auf diesem Gebiet hielt er in der Schrift *Bescheidene Gedanken über Niedergang und Aufstieg der schwedischen Währung* fest. Im Alter von 35 Jahren lehnte er die Berufung zum Professor der Mathematik an der Universität Uppsala ab, um Mitglied des Aufsichtsrats der schwedischen Bergwerke zu werden. Fünfundzwanzig Jahre lang führte er das Leben eines Beamten in der Verwaltung des einträglichen schwedischen Bergbaus. Man mag ihn mit dem berühmteren Isaac Newton (1643–1727) vergleichen: auch dieser schrieb naturwissenschaftliche Werke, blieb unverheiratet, nahm schließlich eine Beamtenstelle als Obermünzmeister an und wurde, wie Swedenborg, über achtzig Jahre alt.

Die Schöpfer der heute so genannten naturwissenschaftlichen Revolution haben sich nicht nur mit der Erforschung der Natur beschäftigt; sie wagten sich auch in esoterische Gebiete vor. In seinen späteren Jahren befaßte sich Newton eingehend mit Alchimie, Theologie und apokalyptischer Zeitrechnung; allerdings hat er kaum etwas von diesen Studien veröffentlicht. Swedenborg dagegen führte seine philosophischen Ansichten im ersten Band seiner *Opera philosophica et mineralia* (1734) aus. In der Folgezeit ließ er sich häufig von seinem Amt beurlauben, um auf Reisen zu gehen, wissenschaftliche Manuskripte auszuarbeiten und über Religion und Philosophie nachzugrübeln. Sein *Traumtagebuch* zeigt ihn uns in den Jahren 1743 und 1744 in einer seelischen Krise. In dieser Zeit erlebte er auch eine visionäre Begegnung mit Christus. Diese Erfahrung von etwas »Heiligem« und »Unbeschreiblichem« erschütterte ihn, warf ihn zu Boden und zwang ihn zur Anbetung.[2]

Swedenborg widmete sich in der Folgezeit immer mehr dem Studium der Bibel und der Enträtselung seiner Träume. Im Alter von 59 Jahren legte er seine Stelle als Bergwerksassessor nieder und trat in den Ruhestand, um sich nun ausschließlich mit der Welt seiner Träume und den Botschaften auseinanderzusetzen, die ihn immer häufiger aus einer höheren Welt erreichten. Ein Jahr später, 1748, schrieb er darüber: »Ich habe mich nunmehr fast drei Jahre oder 33 Monate lang in einem Zustand befunden, in welchem mein Geist, körperlichen Dingen fern, in der Gemeinschaft von Geistern und himmlischen Wesen sein konnte; doch gleichzeitig lebte ich wie jeder Mensch in der Gesellschaft, ohne daß ein Unterschied [zwischen mir und ihr] bestand.« Swedenborg, der einst auf seine präzise Beobachtung der Natur stolz war, untersuchte nun »die Welt der Geister« und »den Himmel der Engel«. Als er im Jahre 1772 starb, hatte er sechzehn Werke über seine Visionen veröffentlicht (darunter die *Arcana coelestia* in acht Bänden) und hinterließ mehrere Manuskripte über die Bibel (*Explicatio in verbum*, ebenfalls acht Bände) sowie ein geistliches Tagebuch, das fünf Bände füllt.[3]

Zu seinen Lebzeiten fand Swedenborgs religiöse Lehre nur wenige Anhänger. Auch die später gegründete »Kirche des neuen Jerusalem« oder »Neue Kirche« blieb zahlenmäßig unbedeutend. Dagegen schlug die geistige Welt Swedenborgs zahlreiche Künstler, Philosophen und Schriftsteller des 19. Jahrhunderts in ihren Bann. Swedenborgs Ruf als Mystiker, dessen Unterredungen im Himmel dem Skeptiker Kant reichlich Gelegenheit zum Spott lieferten und Essayisten wie Emerson zu philosophischer Spekulation anregten, wird seiner Bedeutung für die Geschichte des christlichen Himmels nicht gerecht. Allzuleicht wird der Anteil übersehen, den Swedenborg an der Entstehung der anthropozentrischen Himmelsvorstellung hatte, die im 19. Jahrhundert ihre Blütezeit erleben sollte und die noch heute verbreitet ist.[4]

Swedenborgs Visionen zeigen einen Himmel, der mit dem asketischen und theozentrischen Jenseits der protestantischen und katholischen Reformtheologen wenig gemein hat. Der schwedische Seher bot seinen Lesern eine Alternative zu jenem traditionellen Himmelsbild, das die mittelalterliche Theologie ausgearbeitet hatte und das von den Denkern der nachreformatorischen Zeit erneuert worden war. Zwar können wir einige Bestandteile von Swedenborgs Jenseits bereits im Paradies der Renaissancekunst entdecken, aber damals besaßen diese Vorstellungen wenig Rückhalt in einer ausgearbeiteten Theologie. So sehr uns der Himmel der Renaissance mit seiner Sinnlichkeit und Lebendigkeit überrascht, seine Schöpfer gelangten über fragmentarische Darstellungen nie hinaus. Es fehlte das theologische System – und Swedenborg sollte es liefern. Indem er bestimmte Themen in den Mittelpunkt rückte, die in der christlichen Tradition bereits vorhanden waren, erschütterte er die herkömmliche theozentrische Auffassung.

Die Ausarbeitung jener verschütteten Themen zu einer neuen Theologie ist der eigentliche Beginn der modernen Sicht des Himmels. Mit dem Erscheinen der Schriften Swedenborgs in der Mitte des 18. Jahrhunderts bahnt sich ein tiefgreifender Wandel in der Auffassung des Himmels an. Dieser Wandel zeigt sich auch in der konventionelleren Theologie jener Zeit; überall spürt man eine allmähliche Umgestaltung der herkömmlichen Jenseitslehre. Während Zeitgenossen von Swedenborg selbst und seiner Lehre wenig Notiz nahmen, kam der Zeitgeist seinem Anliegen entgegen. Die neue Auffassung des Himmels, die wir als »modern« bezeichnen, weist vier Merkmale auf. *Erstens* gibt es nur eine schwache Trennung zwischen Diesseits und Jenseits, zwischen Erde und Himmel. Für die Gerechten beginnt das ewige Leben unmittelbar nach dem Tod. Lehren über ein Fegfeuer oder einen Schlaf im Grab bis zur allgemeinen Auferstehung werden entweder abgelehnt oder für unbedeutend erklärt. *Zweitens* wird das Leben im Himmel nicht als etwas von der irdischen Existenz völlig Verschiedenes gesehen, sondern als deren Vervollkommnung und Erfüllung. Dementsprechend muß der Himmel eine dingliche und materielle Wirklichkeit sein. Die Ergötzung der Sinne, einst als sündhafter Zeitvertreib angesehen, tritt nun in den Mittelpunkt des ewigen Lebens. *Drittens* rücken die Autoren immer mehr von einer einseitigen Beschreibung des Himmels als Ruheort ab. Zwar sprechen sie noch von ›ewiger Ruhe‹, stellen sich aber die Heiligen als tätige Wesen vor, die im geistlichen Leben fortschreiten und in einem von Leben und Bewegung erfüllten Jenseits allerlei Beschäftigungen finden. Der Weg zu Gott endet nicht mit der Aufnahme in den Himmel, sondern hört niemals auf. Spiritueller Fortschritt ist ein ewiger Prozeß. *Viertens* beginnt die menschliche Liebe, die sich in der Sorge für Belange der Gesellschaft und der Familie äußert, die Vorrangstellung der Gottesbeziehung zu verdrängen. Im Zentrum des Himmels steht nicht mehr die *visio beatifica,* die den erlösten Menschen beglückende ewige Betrachtung Gottes. Soziale Beziehungen, auch die zwischen Mann und Frau, gelten zunehmend als grundlegend für das ewige Leben und stehen nicht mehr im Gegensatz zum göttlichen Plan. Gott wird nicht mehr nur unmittelbar geliebt; die Liebe zu Gott zeigt sich auch in der Liebe, die anderen Himmelsbewohnern geschenkt wird.

Diese moderne Auffassung des Himmels gewinnt im 18. Jahrhundert ihre erste Gestalt in den Schriften Swedenborgs, erlebt ihre Blüte im 19. und im beginnenden 20. Jahrhundert, um dann wieder zu verblassen. In den Kapiteln 8 und 9 sind zwei Themen weiter ausgearbeitet, die an dieser Stelle nur eingeführt werden sollen: die Fortsetzung menschlicher Liebe im Jenseits und die Möglichkeit des Fortschritts nach dem Tode. Liebe und Fortschritt sind die Hauptmerkmale des Himmels im 19. und im frühen 20. Jahrhundert. Eben dieser moderne Himmel, den Swedenborg so intensiv erlebt hatte, sollte schließlich seine Überzeugungskraft einbüßen – zumindest im Bereich der christlichen Theologie. Das Maß unserer Skepsis gegenüber seinen Visionen läßt erkennen, wie weit wir uns von seiner Welt, aber auch von seinen Hoffnungen entfernt haben.

Die Nähe der anderen Welt

Die Ablehnung der Lehre vom Fegfeuer stellte die protestantische Theologie vor ein schwieriges Problem. Es gibt keinen mittleren Ort mehr, der zwischen dem Leben auf der Erde und dem ewigen Leben im Himmel liegt und den Weg von der einen zur anderen Welt überbrückt. Wenn die Seele nicht geläutert wird, was geschieht dann mit ihr nach dem Tod, und wohin geht sie? Und was geschieht mit den Seelen in der Zeit zwischen der Todesstunde und dem Jüngsten Gericht? Im 16. Jahrhundert hatten zwei Richtungen des Protestantismus eine je verschiedene Antwort gegeben. Bei den Wiedertäufern und manchen Lutheranern schläft die Seele – frei von Qual, aber auch ohne Bewußtsein. Nach Calvin und seinen Anhängern ruht die Seele, weiß sich aber in der Gegenwart Gottes geborgen. Im Jahre 1534 hatte Calvin seine Auffassung schriftlich niedergelegt und gleichzeitig die Lehren der Sekten verurteilt. Seine *Psychopannychia oder Widerlegung des Irrtums unwissender Menschen, die in ihrer Torheit annehmen, die Seele schlafe zwischen Tod und Jüngstem Gericht* richtete sich gegen die Wiedertäufer und indirekt auch gegen jene Anhänger Luthers, die an einen Seelenschlaf glaubten.[5]

Nach dem Tod, so meint Calvin, ruht die Seele aus, aber sie schläft nicht. »Unter ›Ruhe‹ verstehen wir weder Schlaffheit noch Trägheit, noch auch einen Zustand wie die Schlaftrunkenheit, die sie der Seele andichten, sondern den Frieden und die Gewißheit des Gewissens, die der Glaube mit sich bringt. Diese aber [d. h. Frieden und Gewißheit] können vor dem Tod niemals vollkommen sein.« Ruhe bedeutet also vollkommenen Frieden und volle Heilsgewißheit, nicht aber Schlaf. Obwohl die Toten ohne ihren pneumatischen Leib noch nicht die volle Glückseligkeit erfahren, besitzen sie doch bereits das Heil. Diejenigen aber, die Gott nicht erlösen will, müssen in der Hölle leiden. Zu Himmel und Hölle gibt es keine Alternative, und beide Orte werden unmittelbar nach dem Tod erreicht.[6]

Im 17. und 18. Jahrhundert war es eine vielerörterte Frage, was die Gerechten unter den Toten in der Zeit vor dem Jüngsten Gericht zu erwarten haben. Theologen wie Thomas Burnet (1635–1715) in England, die das Ende der menschlichen Geschichte und die dramatische Errichtung des Tausendjährigen Reichs Christi erwarteten, suchten nach einer eigenen Antwort. Für Burnet gibt es kein individuelles Gericht nach dem Tode, sondern nur das Jüngste Gericht am Ende der Zeiten. Bis dahin erfahren alle Verstorbenen »Ruhe und Frieden und den Seelentrost, der im Evangelium verheißen ist«. Gute wie Böse erleben nach dem Tod »einen Zustand der Ruhe, des Schweigens, des Nichtstuns oder des Aufhörens von Tätigkeit. (...) Mit der Außenwelt hat man ebensowenig zu tun wie während des Schlafes.« Nach Burnet muß die Seele also warten, bis Gott der Weltgeschichte ein Ende setzt; erst dann kommt sie in den Himmel oder die Hölle. Jene Theologen, die an ein irdisches Tausendjähriges Reich Christi glaubten, kümmerten sich wenig um die Frage, was mit der Seele nach dem Tod geschehen würde.[7]

Andere Theologen freilich beharrten darauf, daß die Seele nach dem Tode gleich in den Himmel oder in die Hölle eingeht. Während sie die Lehre vom Fegfeuer ablehnten, zeigt ihre Abwertung des Tausendjährigen Reiches und des Jüngsten Gerichts katholische Züge. Im Anschluß an Calvins Lehre von der Wachheit der Seelen und ihrer Teilhabe an Gottes Licht benutzten sie die Verheißung des Himmels und die Androhung der Hölle zur Unterstützung christlicher Moral. Der tugendhafte Christ hat keinen Grund, sich vor einem langen Schlaf im Grabe zu fürchten, der bis zum Jüngsten Tag dauert; auch über die Reise von der Erde zum weit entfernten Empyreum braucht er sich keine Sorgen zu machen. Der Himmel ist ganz nahe; nur der kurze, dunkle Augenblick des Todes trennt uns von ihm.

Im Jahre 1707 schrieb der bekannte Liederdichter, Erzieher und nonkonformistische Prediger Isaac Watts (1674–1748) jenen Vers, nach dem der Tod nur eine schmale Meerenge ist, die unsere Welt vom Himmel trennt. In seinem Lied »Eine Aussicht auf den Himmel erleichtert den Tod« ist der Himmel so nahe wie eine Insel, die in Sichtweite vor der Küste liegt:

There is a land of pure delight
Where saints immortal reign;
Infinite day excludes the night,
And pleasures banish pain.

There everlasting spring abides,
And never-withering flowers;
Death like a narrow sea divides
This heavenly land from ours.

[Es gibt ein Land der reinen Lust, wo unsterbliche Heilige regieren. Ewiger Tag verdrängt die Nacht, und Vergnügen verbannt den Schmerz. Dort herrscht ewiger Frühling, und Blumen welken nie. Wie eine schmale Meerenge, so trennt der Tod dieses Land von unserem.]

Watts schrieb neben Liedern und Katechismen auch ausführliche theologische Abhandlungen. Obwohl der reformierten Tradition angehörend, war er gegenüber den verschiedensten Theologien seiner Zeit aufgeschlossen. Es störte ihn nicht, den einen Gedanken hier und den anderen dort zu entlehnen. Er stand im Austausch mit amerikanischen Puritanern wie Cotton Mather und Jonathan Edwards, aber auch mit anglikanischen Bischöfen und englischen Methodisten. Seine Erziehungslehre zeigt, daß er zugleich von der Aufklärung Anregungen aufgriff, besonders von John Locke. Während seine Darstellung der Hölle viele Generationen von Schulkindern ängstigen sollte, betont er in seinen Liedern und theologischen Abhandlungen, daß es für die guten Seelen »einen Himmel (...) sogleich nach dem Tode« gibt.[8]

Daß Himmel und Hölle sogleich nach dem Tode erfahren werden, stellte im 18. Jahrhundert eine gängige theologische Meinung dar. Emanuel Swedenborg beschrieb allerdings eine wesentlich engere Verbindung zwischen der Welt der Toten und der Welt der Lebenden. Während Isaac Watts' »schmale Meerenge« zwischen Himmel und Erde eine theologische Überzeugung in poetische Form kleidet, will Swedenborg schon am anderen Ufer gewesen und daher in der Lage sein, über das dortige Leben Auskunft zu geben. Seine Begegnung mit Engeln und seine Teilnahme an ihrem Leben machen es ihm möglich, die Anschauung zurückzuweisen, es bestehe eine große räumliche, zeitliche oder gar metaphysische Kluft zwischen den beiden Welten. Dreizehn Jahre lang, so erklärt er im Vorwort von *Himmel und Hölle*, habe er nun schon das Leben in der anderen Welt verfolgen dürfen. Daher könne er jetzt

Unwissenheit und Unglauben der Menschen aufgrund seiner eigenen Erfahrungen zurückweisen.[9]

Nach Swedenborg bringt der Tod zunächst weder für die Persönlichkeit noch für den Lebensstil des einzelnen eine radikale
Änderung mit sich. Die Seele kommt in die Geisterwelt; dort lebt
sie in Gesellschaft anderer, fühlt und denkt und verhält sich nicht
anders als auf der Erde. Jene Welt ist nicht mit dem Himmel identisch, sondern ein Bereich zwischen Himmel und Erde. Dort ist das
Leben dem irdischen Dasein so verwandt, daß manche Toten nicht
einmal wissen, daß sie gestorben sind. Der Mensch ist »Mensch wie
zuvor, und zwar so ganz und gar, daß er zunächst gar nichts anderes
weiß, als daß er noch in der vorigen Welt sei«. In der Geisterwelt
behalten seine Sinne und Glieder ihre frühere Funktion: »Er sieht,
hört, spricht wie in der vorigen Welt; er geht umher, läuft, sitzt wie
in der vorigen Welt; er ißt und trinkt wie in der vorigen Welt; er
genießt die ehelichen Freuden wie in der vorigen Welt – mit einem
Wort: er ist in jeder Beziehung Mensch.« Das Leben geht einfach
weiter. Nur eine ganz schmale Meerenge trennt die Lebenden von
den Toten. »So setzt sich das eine Leben in das andere fort«, meint
Swedenborg, »und der Tod ist bloß ein Übergang.«[10]

Swedenborgs Auffassung von der ewigen Natur des Menschen
führte einen radikalen Wandel in der bildlichen Darstellung der
Seele herbei. Die mittelalterliche Kunst gab der Seele die Gestalt
eines kleinen Kindes, dessen Geschlecht unbestimmt blieb. Bevor
die Seele ihren verklärten Leib bekam, war sie etwas vom menschlichen Körper völlig Verschiedenes. Erst nach Erhalt des verklärten Leibes am Ende der Zeiten wird der Selige wieder eine menschliche Gestalt besitzen. Der Bildhauer John Flaxman (1755–1826)
gab der neuen, von Swedenborg angeregten Auffassung erstmals
künstlerischen Ausdruck. Im Jahre 1784 schloß er sich in London
einer neu gegründeten swedenborgianischen Gruppe an. Als er im
selben Jahr ein Grabdenkmal für Sarah Morley entwarf, stand dieses bereits unter dem Einfluß des schwedischen Sehers.[11]

Sarah Morley hatte auf einer Seereise von Indien nach England
ihr Kind zur Welt gebracht; dabei fanden Mutter und Kind den
Tod. Beide wurden zur See bestattet, aber Flaxman schuf ihnen ein
Denkmal in der Kathedrale von Gloucester (*Abb.* 40). Wir sehen,
wie drei Engel Mutter und Kind empfangen, als diese den Wellen
entsteigen. Nichts deutet darauf hin, daß wir es mit einer Darstellung des Jüngsten Gerichts zu tun haben, wo die Seele ihren Körper

Abb. 40: J. Flaxman, Denkmal für Sarah Morley

wiedererhält. Die sich an die Offenbarung anlehnende Inschrift
»Das Meer wird die Toten herausgeben« (Offb 20,13) ist ihrem ursprünglichen Zusammenhang mit dem Weltgericht entfremdet und
soll nur auf die Bestattung zur See anspielen. Die Ikonographie

orientiert sich nicht an traditionellen Auslegungen der Offenbarung, sondern greift auf das Lukasevangelium zurück, nach dem Engel die Toten ins Jenseits geleiten (Lk 16,22). Im Anschluß an Swedenborgs Lehre stellt Flaxman die beiden Toten in ihrer vollen menschlichen Gestalt dar. Sie betreten das Jenseits nicht als entleibte Seelen, sondern als Geister, die eine Art Körper besitzen. Während Swedenborgs theologische Auffassung vom Leben nach dem Tod im 18. und 19. Jahrhundert nur eine begrenzte Anhängerschaft fand, setzte sich Flaxmans Darstellungsweise in der Grabmalskunst durch. Auf ihren Gräbern sollten die Toten von nun an dieselbe Gestalt haben, in der sie von uns gingen.

Swedenborg beschreibt das Leben der Toten in der Geisterwelt sehr lebendig und mit vielen Einzelheiten. Sie leben in Gemeinschaft mit ihresgleichen, und ihr inneres Wesen wird offenbar. Sie können sich nicht mehr verstellen. Torheit, Habsucht, Irrtum in religiösen Fragen und alle übrigen menschlichen Schwächen sind nicht mehr verborgen, sondern deutlicher wahrzunehmen als im irdischen Leben. Als der berühmte Martin Luther die Geisterwelt betrat, erhielt er ein Haus von derselben Gestalt wie jenes, das er in Eisleben bewohnte. Dort »schlug er einen mäßig erhöhten Sitz auf, auf dem er Platz nahm«. Studenten, die mit seinen theologischen Lehren am meisten übereinstimmten, erhielten Plätze ganz in seiner Nähe; wer ihn kritisierte, mußte mit einem entfernteren Sitzplatz vorliebnehmen. Er sprach auch mit Swedenborg und erfuhr zu seiner Bestürzung, daß eine neue Offenbarung sein Reformwerk überflüssig gemacht habe. Als er dies vernahm, »wurde er sehr ungehalten und brach in Scheltworte aus«, erinnert sich der Seher. Im Gespräch mit Swedenborg sah Luther aber schließlich seine Irrtümer ein, über die er nun sogar lachen konnte. Auch für den großen Reformator unterscheidet sich das Leben nach dem Tod nicht von der irdischen Existenz. Er wurde für seine irrigen Lehren nicht mit der Hölle bestraft – jedenfalls nicht sofort nach dem Tode. In Swedenborgs geistiger Welt muß auch er sich allmählich an die himmlische Wirklichkeit gewöhnen. Erst wenn dies geschehen ist, kann er in einen höheren Zustand aufsteigen.[12]

In der Welt der Geister gibt es keine Strafen für vergangene Schuld. Der Aufstieg in den Himmel hängt vom Fortschritt des einzelnen im spirituellen Leben und in seiner Gefühlswelt ab, nicht vom Ableisten einer Buße. Alle halten sich in einer Gesellschaft solcher Geister auf, die auf einer ähnlichen Entwicklungsstufe stehen. Hier bleiben sie, bis sie bereit sind, in eine höhere Welt – den Himmel – aufzusteigen. Dort werden sie zu Engeln. Eine der Aufgaben der Engel besteht darin, die Geister zur Entdeckung der eigenen höheren Natur anzuleiten. So führen die Engel die Geister beispielsweise durch Städte, Gärten und prächtige Parkanlagen, um ihre äußeren Sinne zu erfreuen. Die Geisterwelt ist zwar eine herrliche Welt, aber die innere, geistige Seite des Menschen ist wichtiger. Daher müssen die Geister dazu angeleitet werden, sich vom Äußeren ab- und dem Inneren zuzuwenden, indem sie ihr eigenes Leben überdenken. Wer diesen Schritt in rechter Weise vollzogen hat, kann von den Engeln je nach Anlage und Empfänglichkeit in höherer Weisheit unterrichtet werden. Diese befähigt den Geist, jene Wege zu finden, die zum Himmel führen. Der Himmel ist eine Welt, die nur von jenen wahrgenommen werden kann, die besondere spirituelle Fähigkeiten entwickelt haben. Wer allerdings die Wendung vom Äußeren zum Inneren nicht vollzogen hat, bleibt von der Belehrung durch Engel ausgeschlossen und kann nur die zur Hölle führenden Wege entdecken. Dies haben sie ihrem eigenen Charakter zuzuschreiben und ihrer hartnäckigen Weigerung, sich spirituell weiterzuentwikkeln. Swedenborg lehnt die herkömmliche christliche Lehre über die beiden Gerichte ab, er glaubt weder an ein persönliches noch an das die irdische Geschichte abschließende Weltgericht. Die Entscheidung, wo ein Mensch die Ewigkeit verbringt, liegt bei ihm selbst.[13]

Swedenborg sieht in allen Engeln Menschen, die früher einmal auf der Erde lebten. Nach ihrem Tod haben sie sich kraft eigener Anlagen weiterentwickelt und auf diese Weise den nahezu göttlichen Stand der Engel erreicht. Aufgrund ihres früheren irdischen Lebens sind sie nicht geschlechtslos; es gibt männliche und weibliche Engel (*Abb.* 41). An den Engeln läßt sich deutlich erkennen, wie gering die Kluft zwischen Himmel und Erde ist. »Nach all meiner Erfahrung, die nun schon viele Jahre andauert«, schreibt Swedenborg, »kann ich sagen und versichern, daß die Engel ihrer Gestalt nach in jeder Hinsicht Menschen sind, daß sie Gesicht, Augen, Ohren, Brust, Arme, Hände und Füße haben, (...) mit einem Wort: daß ihnen gar nichts fehlt, was zum Menschen gehört.« Im Unterschied zu platonisierenden Philosophen seiner Zeit meint Swedenborg, Engel seien »nicht gestaltlose Geistwesen oder Luftgebilde«; sie sind »Menschen in voller Gestalt«. Obwohl

Abb. 41: W. Sharp, Weiblicher und männlicher Engel

»nicht mit einem materiellen Leib überkleidet«, bleibt ihre Erfahrungswelt dieselbe wie auf der Erde. Sie sehen, hören, fühlen und denken, nur in höherem Maße als bisher. Im Leben der Geisterwelt und des Himmels setzt sich alles fort, was im irdischen Dasein gut und ewig ist.[14]

Swedenborg entwickelte seine Lehre über den Zusammenhang von Diesseits und Jenseits nicht nur begrifflich; er verlieh diesem

Zusammenhang durch seine ständigen Reisen zwischen beiden Bereichen auch anschauliche Qualität. Er glaubte, die Kontinuität persönlich zu erleben. Städte und Parkanlagen, Essen, Trinken, »ehelicher Genuß«, irdische Einrichtungen und Empfindungen und vor allem der menschliche Charakter: alles bleibt nach dem Tode gleich. Während Swedenborg der Sicht Calvins zustimmt, daß gleich nach dem Tod etwas geschieht, lehnt er die Auffassung der Lutheraner, Chiliasten und Wiedertäufer vom Schlaf der Seele zwischen Tod und Jüngstem Gericht ab. Sein Jenseits entspricht ganz der volkstümlichen Vorstellung, die bei Watts zusammengefaßt ist: Nur eine schmale Meerenge trennt uns vom Himmel.

Der dingliche Charakter des Himmels

»Einst erblickte ich drei aus der Welt neu angekommene Geister, die umherstreiften und alles betrachteten«, berichtet Swedenborg. Erstaunt nahmen sie ihren Körper wahr; tatsächlich bestand er aus Fleisch und Knochen. Auch die Umgebung war von gleicher, materieller Art. »Um nun allen Zweifels ledig zu werden, (...) betrachteten und berührten sie abwechselnd sich und andere und betasteten die Gegenstände.« Die Geisterwelt war nicht gänzlich verschieden von der Erde; »tausenderlei Dinge« überzeugten sie davon. Swedenborgs Anekdote illustriert eine Überzeugung, die ihr Autor mit anderen Theologen des 17. und 18. Jahrhunderts teilt: Das Jenseits ist erkennbar, berührbar, materiell. Diese Auffassung beruht auf einer besonderen Wertschätzung der gesamten materiellen Wirklichkeit. Wie viele seiner Zeitgenossen betrachtet Swedenborg die Welt des Sinnlichen und Stofflichen als Bestandteil der guten Schöpfung Gottes. Sie wird weder abgewertet, noch gilt sie als teuflische, verlockende Welt. Wenn Theologen und Künstler die konkrete und stoffliche Natur des Himmels hervorheben, wollen sie an seiner Heiligkeit keine Abstriche machen. Obwohl seinem Wesen nach rein geistig, kann das Jenseits doch sinnliche Qualität aufweisen. Blumen können berührt und ihr Duft wahrgenommen werden; man kann Speisen verzehren und allerlei Vergnügungen des Leibes genießen.[15]

In den von Swedenborg visionär erlebten Himmeln sind die Engel in ähnlicher Weise gesellschaftlich organisiert wie die Menschen, wenn auch in größerer Vollkommenheit. Er besuchte

Abb. 42: Swedenborg, Die Geisterwelt, Original

Abb. 43: Umzeichnung

Städte mit »Straßen, Gassen und Plätzen« und fertigte davon Skizzen an (*Abb.* 42 und 43). Die Engel wohnen in Häusern, die den unseren gleichen, jedoch viel prächtiger sind. »Es gibt in ihnen Säle, Zimmer und Schlafgemächer in großer Zahl, auch Höfe, ringsumher Gärten, Gebüsch und Felder.« Der Lebensraum entspricht ihrem inneren Zustand und dem Stand ihrer spirituellen Entwicklung. Die Engel des untersten Himmels leben in einer felsigen, zerklüfteten Landschaft; andere wohnen in einem Gebiet mit sanften Hügeln. Die Engel des höchsten himmlischen Reiches dagegen »wohnen zumeist an erhöhten Orten, die wie von der Erde aufsteigende Berge erscheinen«. Niemals verläßt Swedenborg die räumliche und stoffliche Welt; er bewegt sich von Ort zu

Ort, sieht, schmeckt, tastet und hat die vielfältigsten Sinneseindrücke.[16]

Um zu verstehen, wie Swedenborg zur Vorstellung des materiellen Himmels gelangt, der sich von den Auffassungen einer asketischen und theozentrischen Theologie grundlegend unterscheidet, müssen wir uns zuerst mit seinem »Gesetz der Entsprechungen« vertraut machen. Im Alltag gehen wir mit den Dingen um, als seien sie eben das, als was sie erscheinen; wir betrachten sie als Objekte, ohne an eine besondere Beziehung zu uns als Subjekt zu denken. Ein Baum oder eine Pflanze besitzt »Baumheit« oder »Pflanzenheit« ohne Rücksicht auf uns. Unser psychischer oder moralischer Zustand hat keinen Einfluß auf das Objekt, weil ein Baum eben ein Baum ist und sonst nichts; er besitzt keine tiefere Bedeutung. Swedenborg sieht die Welt anders. Seiner Ansicht nach wurde die Natur nur geschaffen, »um das Geistige zu bekleiden«, ihm gleichsam eine äußere Seite zu verleihen. In dem, was wir äußerlich wahrnehmen, liegt eine geistige Wirklichkeit verborgen. Das Materielle ist dem Geistigen allerdings nicht entfremdet; vielmehr sind beide als Aspekte ein und derselben Wirklichkeit aufzufassen. »Die ganze natürliche Welt entspricht der geistigen«, schreibt Swedenborg, »und zwar nicht nur im allgemeinen, sondern auch im einzelnen.« Aus diesem Grunde besitzt jede natürliche, stoffliche Wirklichkeit ein geistiges Gegenstück. »Die Verbindung des Himmels mit der Welt« der Sinne ist »durch Entsprechungen« geschaffen. So vermag der Himmel heilig und geistig zu sein, obwohl er sehr fleischlich und materiell erscheint, denn alles Irdische hat sein Leben und Wesen von der geistigen Welt des Himmels. Swedenborgs feines Gespür für Analogien ermöglichte ihm, in gewöhnlichen Dingen eine höhere Wirklichkeit wahrzunehmen und so eine Brücke zu schlagen von der irdischen zur göttlichen Welt.[17]

Die ganze himmlische Wirklichkeit – von den Pflanzen bis zu den Kleidern der Engel und den verschiedenen Arten von Städten – steht einerseits in unmittelbarer Beziehung zum seelischen Entwicklungsstadium des sie wahrnehmenden Engels, andererseits in Relation zum spirituellen Entwicklungsstadium des wahrgenommenen Wesens selbst. So erschienen zwei Engel, die Swedenborg besuchte, von fern als kleine Kinder, weil ihre hoch bewertete geistige Unschuld besonders stark ausgeprägt war. Bei näherer Betrachtung stellten sie sich jedoch als Erwachsene her aus. Anderen, besonders klugen Engeln »erscheinen Gärten und Paradiese voller Bäume und Blumen aller Art. (... Sie) pflücken Blumen und winden Kränze, mit denen sie die Kinder schmük-ken.« Ebenso können spirituell weniger entwickelte Wesen als Tiere erscheinen. »Manche, wenn von Engeln untersucht, erschei-nen als Katzen«, bemerkt Swedenborg in seinem *Geistlichen Tage-buch*. Katzen dürfen sich im Himmel aufhalten, auch wenn sie jene Menschen verkörpern, die zwar Predigten mit Begeisterung hör-ten, aber sich um den Inhalt nicht kümmerten. Gewöhnlich jedoch fühlt sich, wer »keine Kenntnis des Wahren und Guten erwarb«, im Himmel nicht wohl. Nur Katzen, so scheint es, »kön-nen sich in der göttlichen Sphäre aufhalten, ohne Qualen zu leiden«. Als ein solches Tier erschien auch Baron Stjerncrona, der Gemahl von Swedenborgs Freundin, in der anderen Welt.[18]

Die sinnliche Welt des Himmels ist also eine Widerspiegelung des spirituellen Zustandes und der »Stimmung« seiner Bewohner. Auf diese Weise bleibt die geistige Wirklichkeit nie rein abstrakt und theoretisch. Sie wird vielmehr eingekleidet und mit handgreif-licher Materialität ausgestattet, so daß sie in ihrer äußeren Gestalt unserer diesseitigen Welt gleicht. Die Engel besitzen deshalb auch die gleiche Sinneswahrnehmung wie wir, nur erscheint ihnen alles »viel deutlicher, bestimmter und wahrnehmbarer«. Weit davon entfernt, nur zweitrangig zu sein, dient die Materie dazu, dem Göttlichen Gestalt zu verleihen.[19]

Der Himmel ist jedoch keinesfalls eine epikureische Traumwelt, eine Welt der Reichtümer, des Genusses und der erfüllten Wün-sche. Das anzunehmen, hieße Swedenborg mißverstehen. Denn solange den Geistern nicht bewußt wird, daß der Himmel ein *Zustand* der Liebe und nicht nur ein Ort ist, werden sie seine Schönheit nicht richtig genießen können. Auf einer seiner Reisen ins Jenseits wurde Swedenborg in einen prächtigen Rosengarten gebracht, der von Oliven-, Orangen- und Zitronenbäumen einge-rahmt war. Dort saßen einige weinende und jammernde Geister. Auf die Frage, warum sie so klagten, gab einer zur Antwort: »Es ist jetzt der siebte Tag, seitdem wir in dieses Paradies gekommen sind. Nachdem wir eingetreten, schien unser Gemüt wie in den Himmel erhoben und in die innersten Hochgenüsse seiner Freuden versetzt zu sein. Allein, nach drei Tagen fingen diese Hochgenüsse an, sich abzustumpfen und aus unseren Gemütern zu verschwinden. Sie begannen, uns gleichgültig und damit nichtig zu werden.« Sie fürchteten nun, die Freuden des ewigen Lebens für immer verloren zu haben. Die Engel redeten auf sie ein und versicherten ihnen, daß ihre Furcht nur auf ihrer Unkenntnis der himmlischen Verhältnisse beruhe. Äußere Genüsse bleiben oberflächlich, wenn ihnen nicht innere Freude entspricht. Nur die inneren Werte, die göttlichen Ursprungs sind: Nächstenliebe, Zuneigung, Weisheit und Wahrheit, können die äußeren Vergnügungen für immer angenehm machen.[20]

Es ist daher nur folgerichtig, daß Swedenborg jene religiösen Lehren ablehnt, die den Wert des Materiellen in Frage stellen und von den Christen ein asketisches, enthaltsames Leben verlangen. Seine Ethik erlaubt es, im irdischen Leben wohlhabend zu werden und standesgemäß zu wohnen. Durch die Beschäftigung mit Gott und das Führen eines ehrbaren Lebens bereitet man sich auf den Himmel vor. »Daß die Reichen ebenso leicht in den Himmel kommen wie die Armen«, davon ist Swedenborg überzeugt. Armut ist keine zwingende Voraussetzung für die Aufnahme in den Himmel. Mißtrauisch gegenüber Menschen, die in asketischer Weltflucht nur über Gott nachdenken wollen, offenbart er, daß sie im anderen Leben »von trauriger Gemütsart« sind. »Sie verachten andere, die nicht sind wie sie, und zeigen sich ungehalten darüber, daß ihnen kein glücklicheres Los zuteil wird als den anderen, glauben sie doch, es verdient zu haben. Sie kümmern sich nicht um die anderen und beteiligen sich nicht an den Werken der Nächstenliebe, durch welche eine Verbindung mit dem Himmel zustandekommt.« Der Himmel bildet also keinen Gegensatz zur Erde, sondern hat deren eigentliches Wesen zum Inhalt: das Wahre und Schöne in reiner Gestalt. Alle bedeutenden Tätigkeiten, Eigenschaften und Berufe der Erde setzen sich im Himmel fort, denn der Himmel ist immer schon der Ursprungsort ihres ewigen Wertes.[21]

Andere Autoren des 17. und 18. Jahrhunderts legten dem Himmel ebenfalls materielle und sinnliche Eigenschaften bei und betrachteten ihn als die Fortsetzung aller guten Dinge der Erde. Swedenborg war weder der einzige noch der erste, der weltliche Freuden in den Himmel einführte. Seit dem 17. Jahrhundert verbreitete sich in Europa ein innerweltlicher Optimismus. Protestanten wie Katholiken entdeckten die stoische Philosophie, beurteilten die Welt als grundsätzlich gut und meinten, man könne in Einklang mit einer schönen und wohlgeordneten Natur leben.

Cochem (1634–1712), einer der fruchtbarsten Schriftsteller des Barockkatholizismus, veröffentlichte zahlreiche Ausgaben seiner Meßerklärung in lateinischer Sprache für den Klerus und auf deutsch für die Laien. Seine Gebetbücher, Heiligenlegenden und Betrachtungen über das Leben Christi wurden als Klassiker der Frömmigkeitsliteratur bis ins 19. und 20. Jahrhundert aufgelegt. Im Jahre 1680 vermehrte er sein *Großes Leben Christi* um einen Anhang mit erbaulichen Betrachtungen: »Von den vier letzten Dingen: nämlich von dem Tod, Gericht, Hölle und Himmelreich«. Anders als Nicolai, der über die neue Welt nach dem Jüngsten Gericht schreibt, läßt Pater Martin die Seele unmittelbar nach dem Tod in den Himmel gelangen. Dennoch steht seine Darstellung der Nicolais weder an Sinnlichkeit noch an Lebendigkeit nach.

»Erstlich ist zu wissen, daß der Himmel kein geistliches Ding« ist, wie einige behaupten, erklärt Martin. Für ihn steht fest, »daß er ein leibliches Ding sei«, das sich durch Materie, Form und Substanz auszeichnet. In Abweichung von der scholastischen Lehre will er den Himmel nicht für leer ansehen. »Denn was hätten die Heiligen in ihren fünf Sinnen für Freude«, fragt er, »wenn im Himmel nicht mehr zu sehen wäre als der große, ungeheure Platz [Raum]?« Also sorge Gott dafür, »daß im Himmel ein wahrhafter Fluß, wahrhafte Bäume, wahrhafte Früchte und wahrhafte Blumen seien, welche das Angesicht [Auge], den Geschmack, den Geruch und das Gefühl in unaussprechlicher Weise erfreuen«. Die Seligen verbringen ihre Tage, indem sie »in diesem himmlischen Blumengarten und auf diesen himmlischen Wiesen, Feldern und Äckern herumspazieren und diese lieblichen Blümlein samt allerhand edlen Pflänzlein ansehen und abbrechen«. Wie die Gärten, so sind auch die Wohnstätten wirklich vorhanden und von dinglicher Eigenart. Der Palast Christi nimmt in der Himmelsstadt die beherrschende Stellung ein; in jeweils abnehmender Pracht folgen die Paläste der Jungfrau Maria, die zwölf Schlösser der Apostel und schließlich die Paläste und Wohnsitze der übrigen Heiligen.[24]

Die sinnliche Qualität von Martins Jenseits kommt vielleicht am deutlichsten in der Anlage und künstlerischen Ausgestaltung der deutschen Barock- und Rokoko-Kirchen zum Ausdruck. In der Zeit zwischen 1650 und 1780 verband sich die italienische Deckenmalerei mit örtlichen Kunststilen, um eine große Zahl von reich

Abb. 45: J. B. Zimmermann, Maria in der himmlischen Glorie

ausgestalteten Kirchen in Süddeutschland, Österreich, Böhmen und der Schweiz hervorzubringen. In diesen Kirchen ist die barocke Vorliebe für alles Sinnliche, Dramatische und Malerische voll ausgeprägt. Die Anregung dazu kam nicht nur aus theologischer Literatur, sondern auch von der Pracht von Versailles, der Bühnenkunst des höfischen Theaters sowie der Faszination, die Tod und Vergänglichkeit alles Irdischen auf das 17. Jahrhundert ausübten. Deckenfresken, Stuckarbeiten und Skulpturen sind vom Willen der katholischen Reform geleitet, die Religion sinnlich und handgreiflich erscheinen zu lassen. Nicht zuletzt die Darstellung der himmlischen Herrlichkeit soll den Sieg des Katholizismus proklamieren und das Volk dem alten Glauben zurückgewinnen. Die Verschmelzung von Himmel und Erde, Geist und Materie dient demselben Zweck und kennzeichnet den barocken Kirchenbau.

In der schwäbischen Wallfahrtskirche von Steinhausen (1728/ 33), die von Dominikus Zimmermann entworfen und von seinem Bruder Johann Baptist ausgestaltet wurde, wird die Decke von einer Darstellung des Himmels beherrscht (*Abb. 45*). Maria und die Heiligen bewegen sich aufwärts, als würden sie von einem mächtigen Windstoß emporgetragen. Die runden Formen der Wolken, die reichen Farben der Kleider und die üppigen Körper bringen die barocke Himmelsidee zur Anschauung. Dieser Himmel ruht auf symbolischen Darstellungen der vier Kontinente, von denen jeder seinen Reichtum zur Schau stellt. Der Garten Eden im hinteren Teil der Kirche entspricht dem Bild eines kultivierten Barockgartens, der sich im vorderen Teil befindet, so daß ein symbolischer Ausgleich dargestellt wird. Keine Schlange beeinträchtigt die Schönheit, den Frieden und die Hoffnung, die Eden verkörpert. Die Brüder Zimmermann machen reichen Gebrauch von der ungebändigten wie der kultivierten Natur, um auf die Erlösung hinzuweisen. Überall in der Kirche sieht man übermütige Putten, die zwischen Eichhörnchen, Spinnen, Blumen und allerlei Vögeln ihr Spiel treiben. Für den Besucher von Steinhausen bildet diese Darstellung des Himmels eine eindrucksvolle Synthese von allem, was Natur und Zivilisation bieten.[25]

Von der materiellen und handgreiflichen Eigenart des Himmels waren nicht nur Swedenborgianer, Lutheraner und Katholiken überzeugt. In Zürich veröffentlichte der reformierte Theologe Johann Caspar Lavater (1741–1801) ein Werk mit dem Titel *Aussichten in die Ewigkeit,* dessen vier Bände zwischen 1768 und 1778 erschienen. Zwar kannte er Swedenborgs Werk und fühlte sich ihm verwandt, doch scheint sein Interesse an der Welt des Jenseits unabhängig entstanden zu sein. Seinerzeit bekannter als Swedenborg, stand Lavater in Briefwechsel mit Moses Mendelssohn, Goethe und der Frau des russischen Zaren. Die *Aussichten in die Ewigkeit* bestehen aus Briefen an seinen Freund J. G. Zimmermann, den Hofarzt des britischen Königshauses in Hannover, der erst kürzlich zum Witwer geworden war. Nach Lavater werden die Seligen nicht nur eine erneuerte Erde bewohnen, sondern sich von Planet zu Planet bewegen können und so unendliche Welten zur Heimat haben.[26]

Während Nicolai die Heiligen auf Erden reisen läßt, so schreibt Lavater über »Lustreisen in andere Himmels- und Weltgegenden«. Als Planet, auf dem Christus wirkte, wird jedoch die Erde die natürliche Heimat der Erlösten sein. Dort werden sie den verschiedensten Tätigkeiten nachgehen; sie bauen Häuser und legen Paradiesgärten an. Wenn es der Würde der Heiligen entspricht, in Palästen zu leben, warum sollte es ihrer unwürdig sein, sich »Wohnungen, Versammlungshütten und Lusthäuser aufzurichten und dieselben den jedesmaligen Erfordernissen unserer liebreichen Absichten auszuschmücken und zu verändern?« Gott wird den Heiligen nicht einfach alles fertig übergeben; sie selbst sollen die Erde in ein Paradies verwandeln. »Sollte es denn ungereimt sein, zu vermuten«, fragt Lavater, »daß es unserer Weisheit und Macht überlassen sein werde, solche [Paradiese] anzulegen, zu bepflanzen, zu [be]wässern, zu verzieren?« Sein Himmel ist ausgesprochen materiell: »Wir werden Körper haben, Körper bewohnen, mit körperlichen oder sinnlichen Dingen umgehen – und werden eine Gesellschaft oder mehrere« bilden. Offenbar macht nicht der Geist, sondern der Körper den Menschen zu einem gesellschaftlichen Wesen. Selbst in der reformierten Tradition gab es also Stimmen, die einen Himmel voll irdischer Genüsse erwarteten.[27]

Ein Himmel mit Häusern und Parkanlagen ist also keineswegs nur auf Swedenborg beschränkt, sondern findet sich auch bei zahlreichen, eher konventionellen katholischen und protestantischen Theologen und Künstlern. Zwar galt der scholastische Himmel des Thomas von Aquin – ein Ort ohne Pflanzen und Tiere – immer noch als verbindlich für die katholische Theologie, doch erlaubte die Kirche andere Auffassungen – besonders, wenn diese den Anliegen der katholischen Reform entgegenkamen. Auf diese Weise konnte die Sinnlichkeit des Renaissance-Paradieses die Reformation und die Angriffe von Jansenisten und Reformkatholiken überleben. Auch auf protestantischer Seite finden wir eine Vielfalt von Meinungen. Puritaner, Methodisten und andere, die eine asketische und theozentrische Theologie bevorzugten, schufen einen vergeistigten Himmel, der von Psalmengesang erfüllt ist oder versunkener Betrachtung dient. Während diese Vorstellung vielen Protestanten bis ins 19. Jahrhundert als rechtgläubig galt, widersprachen ihr Autoren wie Nicolai und Lavater. Jedoch bleibt Swedenborgs Vision eines dinglichen Lebens nach dem Tode in ihrer umfassenden Anlage und im Reichtum an Details einzigartig.

Die Dynamik des ewigen Lebens

Swedenborg widersetzte sich nicht nur einer abstrakten Auffassung des Himmels, er verwarf auch die traditionelle Bevorzugung von Stillstand gegenüber Bewegung, Gleichheit gegenüber Abwechslung und Kontemplation gegenüber Tätigkeit. Man sprach von der »eigenartigen, trockenen Genauigkeit seiner Beschreibungen des Himmels, die mehr den Ingenieur als den Mystiker verrät«. Tatsächlich läßt Swedenborgs Vorliebe für ein dynamisches, von Bewegung bestimmtes Jenseits den Naturwissenschaftler erkennen, der sich für ein mechanistisches Universum und für das organische Wachstum des menschlichen Körpers begeistert. Für ihn gab es keinen grundsätzlichen Unterschied zwischen der Welt der Natur, die immer in Bewegung ist, und der Welt des Geistes. Aber kann die materielle Welt in Bewegung sein, wenn nicht auch schon ihr Ursprung, die geistige Welt, eine dynamische Natur besitzt?[28]

Mit der Ablehnung eines persönlichen Gerichts nach dem Tode des einzelnen und eines Weltgerichts am Ende der Zeiten stellte Swedenborg den Glauben an unveränderliche Verhältnisse im Himmel in Frage. Nach der Tradition erachtet Gott die Seele entweder für gut (vielleicht nach einer Zeit der Reinigung) und läßt sie zum Himmel zu oder betrachtet sie als schlecht und schickt sie in die Hölle. Diese Sicht verkennt nach Swedenborg die Güte Gottes und unterschätzt die eigenen Fähigkeiten des Menschen. Ihm steht die Wahl zwischen Gut und Böse frei. Das gilt auch für das Jenseits. Nach dem Tode entscheidet der einzelne, nicht Gott, über sein ewiges Schicksal. Gott erlöst keine Seelen, um ihnen dann ihren ewigen Platz in einer vorgegebenen himmlischen Rangordnung zuzuweisen, die kein Vorrücken in eine größere Nähe Gottes mehr zuläßt. Er überläßt es dem einzelnen, sich zu einem Engel weiterzuentwickeln und dann in immer höhere Seinsbereiche vorzustoßen. Nur wer kein Interesse an einem Wachstum seiner spirituellen Fähigkeiten hat, der sinkt immer tiefer in die Abgründe der Hölle. Ein endgültiges Urteil Gottes über ein menschliches Schicksal gibt es nicht.

Die Engel leben nach Swedenborg in Gemeinschaften, denen stets nur solche angehören, die einen ähnlichen seelischen und moralischen Entwicklungsstand aufweisen. Obwohl jede Gemeinschaft einmalig ist und manche Engel sogar ganz allein leben,

(3) himmlisches Reich	wiederhergestelltes Paradies, Bewohner: männliche und weibliche »himmlische« Engel
(2) geistiges Reich	idealisierte irdische Gesellschaft, Bewohner: männliche und weibliche »geistige« Engel
(1) natürlicher Himmel	Leben von dem irdischen kaum unterschieden, Bewohner: männliche und weibliche »natürliche« Engel
Geisterwelt	Zugang zu Himmel und Hölle, Aufenthaltsort von männlichen und weiblichen Geistern
Erde	unsere Welt

Abb. 46: Die jenseitige Welt nach Swedenborg

unterscheidet Swedenborg drei verschiedene Bereiche der himmlischen Welt (*Abb.* 46). Die Bewohner dieser Welten verkehren nicht direkt miteinander, weil sie grundlegend andere seelische Eigenschaften aufweisen. Im *natürlichen Himmel,* der untersten der drei Ebenen, ist ihr »Verstand nur wenig dem überlegen, den sie in der Welt hatten«. Infolge mangelnder spiritueller Fähigkeiten erleben diese Engel »manchmal schwere Zeiten«, aber im allgemeinen verhindert der Gehorsam gegenüber dem göttlichen Willen, daß sie verzweifeln. Im *geistigen Reich,* der mittleren Ebene, sind die Engel untereinander durch eine Liebe verbunden, die der christlichen Nächstenliebe entspricht. Weise Beamte sind mit der Verwaltung des Rechts betraut, und »in Zweifelsfällen werden sie vom Herrn erleuchtet«. Die Engel des geistigen Reichs besitzen einen Klerus und feiern Gottesdienst in geschmackvollen, aus Stein gebauten Kirchen. Jene Engel, »die mehr als die übrigen im Licht der Weisheit stehen«, sitzen vorne vor dem Prediger; »die weniger Licht haben«, sitzen auf der rechten und linken Seite. »Am Eingang (. . .) aber stehen die Neulinge.« Gelegentlich schleichen sich Heuchler in die Gemeinschaft ein. »Allein sie können dort nicht lange bleiben, denn bald fangen sie an, innerlich beängstigt und gequält zu werden. Totenblässe überzieht ihr Gesicht, und sie erscheinen wie entseelt.«[29]

Im *himmlischen Reich,* das einen höheren Rang besitzt als das geistige Reich, entwickeln die Engel ihre spirituellen Fähigkeiten in höchstem Maße. Wir würden erwarten, daß die Bewohner dieser erhabenen Welt besonders kostbare Kleidung tragen, in vornehmeren Häusern wohnen und prächtigere Kirchen besitzen. In Wirklichkeit sind die Engel des höchsten Himmels aber nackt. »Diese Engel sind unbekleidet«, erklärt Swedenborg, »weil die Nacktheit der Unschuld entspricht.« Wahre Unschuld bedeutet für Swedenborg wahre Weisheit, die sich als »ein wunderschönes, lebensvolles nacktes Kind« darstellt. In ähnlicher Weise gibt es im himmlischen Reich keine Kirche, nur hölzerne »Gotteshäuser«, denen jede äußere Pracht fehlt. Da die Engel dieses Reichs ihre ganze Liebe auf Gott richten, weniger auf ihre Mitgeschöpfe, bedürfen sie auch keiner Geistlichkeit. Jeder Engel kann vor anderen predigen, ohne daß er dazu eines besonderen Amts oder Auftrags bedarf. Ebensowenig gibt es eine Regierung, denn alles steht unter Gottes eigener und unmittelbarer Führung.[30]

Nach Swedenborg ist das Leben im himmlischen Reich am ehesten mit dem Leben der Völker Afrikas zu vergleichen. Das Leben der verstorbenen Afrikaner unterscheidet sich nicht von ihrem irdischen Dasein. Ihre sozialen Organisationsformen behalten sie ebenso bei wie ihre Denkweise. Afrikaner »denken innerlich« und praktizieren ihre Religion und ihr Recht aus Liebe. Die Europäer dagegen (als Repräsentanten des geistigen Reichs) werden in eine bestimmte Glaubensgemeinschaft hineingeboren und unterwerfen sich ihrer Lehrautorität nur aus Gehorsam. Swedenborg stattet die höchsten Engelsgemeinschaften mit Eigenschaften aus, die er für afrikanisch hält. Sie zeichnen sich aus durch Nacktheit, Anarchie und ungekünsteltes Auftreten. Männliche Engel lassen sich lange Bärte wachsen und bedienen sich einer primitiven Schrift, die für andere unentzifferbar bleibt. Wenn auch viele Engel in einer höfischen Welt leben und in Reichtum schwelgen, so sind sie doch nicht so hoch entwickelt wie die Engel des himmlischen Reichs. Leider bleiben die Nachrichten über den höchsten Himmel vereinzelt und selten; vielleicht steht Swedenborg hier an der Grenze seiner eigenen spirituellen Entwicklung.[31]

Swedenborg verabscheute die Verlogenheit und Heuchelei der zeitgenössischen Christen. Im Himmel ist keine Verstellung mehr möglich, denn die äußere Erscheinung und der Aufenthaltsort entsprechen der inneren Haltung. Wenn die Engel »die innerlichen Zustände der Freude« erfahren, werden sie »bis zu ihrem Innersten in einen Zustand des Friedens versetzt« und erleben sich in einem »Zustand der Unschuld, ebenfalls bis zu ihrer innersten Empfindung«. Spirituelles Reifen bedeutet, zu einem Zustand der Unschuld heranzuwachsen. »Die Himmlischen schreiten fortwährend im Frühling des Lebens voran«, erklärt Swedenborg, »und je mehr Jahrtausende sie leben, desto wonniger und seliger wird dieser Frühling. Dies setzt sich in Ewigkeit fort, wobei die Zunahme den Fortschritten und Graden der Liebe, der Nächstenliebe und des Glaubens entspricht.« Wie sich Adam und Eva im Paradies ihrer Nacktheit nicht schämten und in schlichtem Einklang mit der Natur lebten, so ist es auch bei den Engeln des höchsten Himmels.[32]

Swedenborg versteht spirituellen Fortschritt nicht als wachsende Differenziertheit, sondern als Vereinfachung. Der wahre Fortschritt ist eine Regreßbewegung, an deren Ende wieder das Kind steht. Der höchste Himmel ist daher nicht die idealisierte europäische Gesellschaft des 18. Jahrhunderts, sondern das wiederhergestellte Paradies. Im himmlischen Fortschritt (der uns als Rückschritt erscheint) wird die Stufe der Zivilisation mit Gesetz, Obrigkeit, Religion und Baukunst zugunsten der Stufe des edlen Wilden verlassen. Wie manche Denker der Aufklärung verwirft auch Swedenborg die Barockkultur mit ihrer Künstlichkeit, ihrer illusionistischen Kunst, ihrer Übertreibung und Vergnügungssucht. Zwar kann er nicht als Geistesverwandter des Philosophen und Sozialkritikers Jean-Jacques Rousseau (1712–1778) gelten, doch lassen sich in seiner Sicht des Himmels mancherlei Gedanken des Philosophen wiederfinden. In verschiedenen Werken derselben Zeit hat Rousseau den europäischen Kulturmenschen als Entartung kritisiert. Er pries die Einfachheit des Landlebens, verwarf die Heuchelei und Falschheit der sogenannten Zivilisation und ermutigte seine Leser, in Übereinstimmung mit ihrer guten menschlichen Natur zu leben. Anders als Rousseau wußte Swedenborg, daß nur wenige den Zustand der Unschuld und Einfachheit wieder erreichen können. Solange Nächstenliebe, Glaube und Weisheit herrschen, hat er an Reichtum und feiner Kultur – im Diesseits und Jenseits – nichts auszusetzen. Nicht in der Zivilisation selbst liegt der Fehler, sondern in der Falschheit, Selbstsucht und Rücksichtslosigkeit, die sich hinter billigem Pomp verstecken.

Die spirituelle Vollkommenheit wird nicht auf geradem Weg und ohne Hindernisse erreicht; auch macht nicht jeder Engel dieselbe Entwicklung durch. Die Aufnahme in eine andere Gemeinschaft oder ein anderes Reich kann zwar erst erfolgen, wenn die bestimmte, dazu erforderliche Entwicklungsstufe erreicht ist; aber selbst dann sind die Engel noch inneren Krisen und Schwankungen ausgesetzt. Ihre Liebesfähigkeit kann einmal stark und einmal schwach sein. »Befinden sie sich im höchsten Grad der Liebe, so sind sie in ihres Lebens Licht und Wärme oder in ihrer Klarheit und Lust. Im niedrigsten Grad aber sind sie Schatten und Frost oder in ihrer Dunkelheit und Unlust.« Swedenborg denkt nicht an einen geradlinigen Wachstumsvorgang, sondern an den »Zustandswechsel des Lichtes und des Schattens, der Wärme und der Kälte«, wie wir sie im Ablauf des natürlichen Tages und im Wechsel der Jahreszeiten erleben. Er meint sogar, steter, unbehinderter Fortschritt würde schließlich zu Langeweile führen. Angenehmes, ohne jede Unterbrechung in alle Ewigkeit erfahren, verlöre rasch seinen Reiz. Der schwedische Seher offenbart uns darüber hinaus weitere Bedeutungen des Wechsels spiritueller Zustände. Auch die Engel tragen noch einen Rest an Selbstliebe und Stolz in sich; indem sie gegen diese Haltung immer von neuem ankämpfen, stählen sie ihre spirituelle Kraft. Und schließlich ist eine Abwechslung auch sinnvoll, weil »durch den Wechsel von Lust und Unlust das Innewerden und Gefühl für das Gute feiner wird«.[33]

Swedenborg schätzt die Vielfalt und die stete Bewegung hin zu Gott. Endgültig erreichte Vollkommenheit würde bedeuten, daß kein Fortschritt mehr möglich ist. Gleichheit ohne jede Differenzierung würde die reiche Vielfalt der natürlichen Ordnung übersehen, die in der geistigen Ordnung ihre Entsprechung haben muß. Da keine Seele den Himmel oder die Hölle auf dieselbe Weise erlebt und die äußere Erscheinung jedes einzelnen seinen inneren Zustand widerspiegelt, gibt es »nirgends einen Menschen, Geist oder Engel, der dem anderen vollkommen gliche, und wäre es auch nur in den Gesichtszügen«. Der spirituelle Zustand der Engel verändert sich ständig; dadurch ändert sich auch ihre Kleidung, ihr Gesichtsausdruck und ihre Stellung in den himmlischen Reichen. Im Himmel gibt es nichts, was immer gleich bliebe.[34]

Wandel und Fortschritt im Charakter der Engel hängen nicht mit ihrer Betrachtung Gottes, sondern mit ihrer Tätigkeit zusammen. Swedenborg verwirft die volkstümliche Vorstellung vom Himmel als Ort, an dem die Erlösten von anderen bedient werden. Auch die neutestamentliche Lehre, der Himmel bestehe nur aus Lob und Preis des Herrn, kann er sich nicht zu eigen machen. Nur ein Leben tätiger Nächstenliebe vermag den spirituellen Charakter der Engel zu läutern. Ewige Ruhe und Kontemplation wäre »nicht ein aktives, sondern ein müßiges Leben, das sie abstumpfen würde«. Der Herr hat keinen Nutzen vom Lob und Preis seiner Geschöpfe; er sieht es lieber, wenn sie füreinander sorgen und einander in Liebe zugetan sind. Da die Engel alles Nötige besitzen, ist jede Tätigkeit ein reines Werk der Liebe und nicht der Notwendigkeit oder Pflicht.[35]

Die Engel sind mit den verschiedensten Liebestätigkeiten beschäftigt. Höher Entwickelte empfangen die Neuankömmlinge und unterrichten sie. Sie ermutigen sie, den schlechten Einflüssen in der Geisterwelt Widerstand zu leisten, offenbaren den Würdigen die Tiefen der inneren Welt und führen schließlich die am besten Vorbereiteten in den Himmel ein. Die Unterweisung wird im Himmel durch die Predigt des dortigen, ebenfalls aus Engeln bestehenden Klerus fortgeführt. Im Himmel verzieren junge Mädchen weißes Leinen mit Blumenstickerei, behalten ihre Arbeiten selbst oder verschenken sie an andere. Frauen, die in ihrem irdischen Leben kinderlieb waren, kümmern sich um Kleinkinder, als wären sie ihre eigenen. Einige Engel werden auf die Erde gesandt, um bestimmte Menschen zu beschützen und ihnen beizustehen. Engel, die auf Erden das Recht liebten und sich für das Gemeinwohl einsetzten, werden mit »bürgerlichen Ämtern« betraut. Jede Tätigkeit entspricht dem inneren Zustand und wird aus Liebe, nicht aus bloßem Pflichtgefühl getan. Wer sich weigert oder außerstande sieht, einen Beitrag für die Allgemeinheit zu leisten, wird aus dem Himmel verstoßen. Sich zu verweigern bedeutet nämlich, sich nur um sich selbst zu kümmern; das aber gilt als spirituell minderwertiges Verhalten.[36]

Die Frage nach der Tätigkeit der Heiligen im Himmel beschäftigt die Theologen seit der Zeit der Kirchenväter. Mit ihrer Betonung der Anschauung Gottes weist die Scholastik die Auffassung zurück, zur himmlischen Glückseligkeit würden auch Wandel und Fortschritt gehören. Nach Thomas von Aquin kommt das Weltall

zum Stillstand, sobald die Gerechten das Empyreum – den Feuerhimmel – endgültig bewohnen. Thomas kann Bewegung nur als
Bestandteil des dauernden Kreislaufs von Werden und Vergehen
verstehen. Vollkommenheit ist dann erreicht, wenn Bewegung im
ewigen Stillstand zur Ruhe kommt. Haben die Seligen einmal den
ihnen im Himmel zugewiesenen Platz eingenommen, dann begehren sie nichts mehr außer der Anschauung Gottes. Kontemplation, die auf unüberbietbarer Kenntnis Gottes beruht, ersetzt das
tätige Leben. In dieser vollkommenen Welt kann es weder einen
Fortschritt noch ein Wachsen der Glückseligkeit geben.

Zwar versuchten schon einige Autoren des Mittelalters und
manche Künstler der Renaissance, die scholastische Auffassung zu
mildern; aber erst die grundlegende Umarbeitung der christlichen
Dogmatik durch die Reformation schuf die Grundlage für eine
Kritik am Fehlen der Bewegung im Jenseits und an der Überlegenheit der Kontemplation des Göttlichen. Mit der Behauptung, es
gebe Fortschritt im Himmel, stand Swedenborg keineswegs allein – wenn er seine Ansicht auch deutlicher als andere dargelegt
hat. Der protestantischen Theologie des 18. Jahrhunderts war der
Gedanke an ein von lebendiger Tätigkeit erfülltes Jenseits vertraut.
Man glaubte an eine ewige Zunahme von Wissen und Glückseligkeit. Immer mehr Christen teilten die Ansicht, Fortschritt und
Aktivität seien so grundlegende Bestandteile unseres Daseins, daß
sie auch im Himmel nicht fehlen dürften.

Um die Entstehung der Vorstellung vom himmlischen Fortschritt verstehen zu können, müssen wir noch einmal zu Calvin
und der Frage zurückkehren, was mit der Seele zwischen Tod und
Jüngstem Gericht geschieht. Nach Calvins *Psychopannychia* ist
die Seele zwar von der Last des Leibes und vom »Kriegsdienst
dieser Welt« befreit, aber sie schläft nicht. In wachem Zustand
wartet sie nun auf ihren pneumatischen Leib und auf die Vollendung ihrer Glückseligkeit in der Gemeinschaft mit Gott. Das aber
geschieht erst nach der Auferstehung und dem Jüngsten Gericht.
Unter Rückgriff auf die antike Philosophie erklärt Calvin, die
Seele könne sich nicht in vollkommener Ruhe befinden, solange
ihr etwas fehle: »Obwohl sie keine Unruhe in ihrem Verlangen hat,
ist ihre Ruhe noch nicht vollkommen und vollendet; denn man
sagt, wer dort angelangt ist, wo er sein will, ruht. So hört das
Verlangen nicht auf, bis es sein Ziel erreicht hat.« Für Calvin ist
Verlangen etwas Dynamisches; es hält die Seelen in Bewegung *(in*

cursu) hin zu Gott: »Bis Gottes Verherrlichung vollendet ist, werden sie [die Seelen] durch ihr Verlangen in Bewegung gehalten, und die Vollendung geschieht erst am Tag des Jüngsten Gerichts.« So ergibt sich für Calvin die Möglichkeit, von einer Zunahme an Glückseligkeit zu reden. Diese Möglichkeit beruht darauf, daß die Seele bei ihrer Ankunft im Jenseits nicht sofort in den vollen Genuß Gottes kommt. Ein Fortschritt im Himmel, eine Bewegung hin zu Gott, kommt bei Calvin allerdings nur für die Zeit zwischen Tod und Auferstehung in Frage.[37]

Calvins Interesse an einem Fortschritt im Jenseits war gleichwohl gering. Sein Hauptanliegen war die Widerlegung der wiedertäuferischen Theorie vom Seelenschlaf durch den Nachweis einer fehlenden Grundlage in der Bibel. Für ihn ist der Himmel »nichts anderes als jene Vereinigung mit Gott, durch die sie [die Seelen] völlig in Gott sind, von ihm erfüllt werden und sich an ihm festklammern, um ihn völlig zu besitzen – und so eins sind mit Gott«. Entscheidend ist die Vereinigung mit Gott, nicht die Bewegung, die zu dieser Vereinigung führt. Darin unterscheidet sich die Auffassung Calvins nicht von der des Thomas von Aquin oder anderer Vertreter der theozentrischen Sicht. Ist die Seele einmal mit Gott vereint, dann gibt es keine Bewegung und keinen Fortschritt mehr. Calvin meinte, Gott würde die Bürger des Himmels schon vor ihrer Geburt dazu bestimmen. Die Fegfeuerlehre schien ihm unbiblisch und abergläubisch. Der himmlische Fortschritt hat nichts mit Reinigung zu tun, sondern ist ein freies Gnadengeschenk, das die Glückseligkeit seiner Heiligen erhöht. Da die gerechten Toten bereits heilig sind, ist eine Reinigung nicht erforderlich. Calvin hätte sich mit Swedenborgs Lehre vom ewigen Fortschreiten, Tätigsein und Dienen nicht anfreunden können.[38]

Zwei Jahrhunderte nach Calvin, im Zeitalter der Aufklärung, verlagerte sich das Interesse vom Ergebnis des Fortschreitens zu Gott hin auf den Vorgang selbst. Calvin mag den Begriff des Fortschritts zwar in die Geschichte des Himmels eingeführt haben, aber es sollten die Theologen der Aufklärung sein, die unter Rückgriff auf die Idee des irdischen Fortschritts den Himmel aus einer Ruhestätte in eine Welt emsiger Aktivität verwandelten. Von Diderot bis Benjamin Franklin und Hume priesen die Denker der Aufklärung ein tätiges Leben, innerweltliche Errungenschaften und menschliche Initiative. »In der ganzen westlichen Welt, in London wie in Philadelphia, hörte man von Geschäftsleuten wie von Philosophen dieselbe Empfehlung unablässiger Arbeit und den Rat, auf unmittelbaren Genuß zugunsten einer höheren und beständigeren Befriedigung zu verzichten«, urteilt der Historiker Peter Gay. Da die Menschen in einer rationalistischen Zeit sich nicht mehr als Gefangene der unberechenbaren Natur fühlten oder der Strafe eines sich in den Weltlauf einmischenden Gottes ausgeliefert, war es möglich, die menschlichen Kräfte und Fähigkeiten neu zu betonen. Das aktive Leben, sei es das des *philosophe* oder des Geschäftsmannes, galt als Voraussetzung für persönlichen und gesellschaftlichen Wandel.[39]

Zwar sind sich die Historiker uneinig, ob die *philosophes* den Begriff des »Fortschritts« selbst erfanden, aber alle geben zu, daß er aus der Mentalität der Aufklärung nicht wegzudenken ist. Von der auf Vernunft beruhenden menschlichen Tätigkeit wurde der Fortschritt des einzelnen wie ganzer Völker erwartet. Die Dynamik der menschlichen Natur und wissenschaftliche Entdeckungen schienen den Fortschritt gewissermaßen unvermeidlich zu machen. Gelegentlich durch einen gewissen Realismus gemildert, herrschte ein optimistisches und hoffnungsvolles Klima. Als Condorcet (1743–1794), Aufklärer und Anhänger der Französischen Revolution, dieser selbst zum Opfer fiel, schrieb er noch im Gefängnis ein Bekenntnis zur Fortschrittsidee. Die unendliche Vermehrung des menschlichen Wissens und die Verlängerung der Lebensdauer schienen ihm selbst den Himmel überflüssig zu machen.[40]

Im 18. Jahrhundert wurde die Möglichkeit eines Fortschritts nach dem Tod in England häufiger erörtert als auf dem europäischen Kontinent. Der religiöse Pluralismus und die verhältnismäßig große Freiheit der britischen Gesellschaft waren neuem Gedankengut günstig. Im Jahre 1703 verfaßte William Assheton, Pfarrer von Beckenham in Kent und Kaplan des Grafen von Ormond, eine kleine Schrift gegen den Glauben, das ewige Leben bestehe »nur aus Anschauung, gegenseitigem Sich-Anblicken und gegenseitiger Bewunderung der Vollkommenheiten«. Mit der Begeisterung eines Angehörigen des wachsenden englischen Bürgertums verkündete Assheton, es werde im Himmel neben der Betrachtung gewiß auch Aktivität geben. »Wenn aktive Wesen in so großer Zahl zusammenkommen, können wir kaum annehmen, daß sie untätig bleiben. Unablässig werden sie tätig sein, einander Aufträge erteilen und solche erhalten.« Da der Himmel Gottes

Königreich ist, muß es dort »Gesetze und Statuten, Gouverneure und Untergebene und Menschen in verschiedenen Rängen, Klassen und Graden« geben. Mißgunst wird weder unter den Herrschenden noch unter den Beherrschten vorhanden sein. Assheton sah sich außerstande, die Beschäftigung der Heiligen genauer zu beschreiben; er sprach nur allgemein von Dienst und Gehorsam. Swedenborg, der London zu seiner zweiten Heimat machte und dort einen großen Teil seiner Werke drucken ließ, hätte Asshetons Auffassungen gewiß begrüßt.[41]

Assheton rechnete nicht mit der Möglichkeit eines Aufstiegs zu einer höheren Stufe des himmlischen Lebens; daran hinderte ihn seine Vorstellung von einer himmlischen Rangordnung, die er sich nach dem Vorbild der starren Klassenstruktur Englands dachte. Als Joseph Addison im Jahre 1711 das Wachstum des einzelnen im Jenseits erörterte, vermied auch er das heikle Thema eines Statuswechsels. Addison war kein Geistlicher, sondern Essayist, Schriftsteller und Politiker. Seine vielgelesenen Artikel im *Tatler*, *Spectator* und *Guardian* spiegeln das Denken der gebildeten Klasse Londons wider. Er verwarf die Lehre, Heiligkeit bedeute Unveränderlichkeit des Zustandes; seiner Meinung nach ist ein ewiges Fortschreiten der Seele anzunehmen. Nur beim Tier gibt es eine unüberbietbare Vollkommenheit. Die Beherrschung der Triebe, die Festigung der Tugend und der Erwerb von Bildung sind in unserem kurzen irdischen Leben nur sehr unvollkommen erreichbar. Würde uns Gott mit Intelligenz, Talenten und Fähigkeiten ausstatten, wenn sich diese nicht entfalten könnten? Nein, meint Addison, Gott schenkt seinen Geschöpfen hier nur »die Anfänge des Daseins, und danach werden sie in ein milderes Klima verpflanzt, in dem sie sich entfalten und ewig blühen können«. Die Seele wird immer göttlicher, ohne jemals die Herrlichkeit Gottes zu erreichen – ähnlich wie sich in der Mathematik eine Kurve einer Asymptote unendlich nähern mag, aber diese niemals berühren wird.[42]

In einer Zeit, als der theozentrische Himmel in England immer noch Bestandteil puritanischer und reformierter Rechtgläubigkeit war, entwickelten Autoren wie Assheton und Addison Vorstellungen, die dem »gesunden Menschenverstand« entgegenkamen. Zu ihnen gehört auch Isaac Watts, der seinen Himmel mit einer Aktivität der Heiligen, einer Vielzahl von Welten und endlosen Möglichkeiten ausstatten konnte, ohne seine Beliebtheit bei den britischen Nonkonformisten zu gefährden. In einer 1722 gehaltenen Grabrede mit dem Titel *Tod und Himmel oder Der besiegte letzte Feind und die Geister der vollendeten Gerechten* beschreibt er ein Jenseits, das zwischen der theozentrischen Vorstellung Calvins und dem anthropozentrischen Himmel des 19. Jahrhunderts steht. Noch im selben Jahr veröffentlicht, erreichte die Predigt bis 1737 vier und bis 1818 sechzehn Auflagen; 1727 erschien eine deutsche Übersetzung. Watts stellt Gott immer noch in den Mittelpunkt. Er genießt die Aufmerksamkeit der Heiligen und leitet ihr Tun; aber er nimmt auch Rücksicht auf die bleibenden menschlichen Bedürfnisse. Gerade weil Watts bekannt ist und das Vertrauen der verschiedensten protestantischen Gruppen genießt, ist seine Auffassung ein wichtiger Schritt in der Entstehung einer Himmelsvorstellung, die auf Tätigkeit und Fortschritt beruht.

Isaac Watts' Tätigkeit als Verfasser von Katechismen, als Liederdichter, Lehrer und Pfarrer einer unabhängigen Kirche in London war eine gute Vorbereitung für seine »angenehmen Betrachtungen, welche mit dem Worte Gottes und mit der Natur und Beschaffenheit der Dinge übereinkommen und welche zum öfteren meinen Gedanken eine heilige Ergötzung gegeben haben«. Er milderte die Härte calvinistischer Glaubensüberzeugungen und konnte sogar das Dogma von der Trinität in Frage stellen; nur an der Lehre von der Verderbtheit der menschlichen Natur übte er keine Kritik. »Die Religion ist nicht geschaffen worden, unsere Freude zu mindern« – eine Zeile aus den *Hymns and Spiritual Songs* –, faßt seine Haltung gut zusammen. Sein Biograph Paul Davis nennt ihn »ein Kind gleichzeitig des rationalistischen 18. und des frommen 17. Jahrhunderts«. Wie Swedenborg, so verband auch er eine tiefe Frömmigkeit mit dem Gespür für die Bedürfnisse eines zunehmend pragmatischen Christentums.[43]

Im Unterschied zu vielen asketisch orientierten Nonkonformisten bejahte Watts den Genuß der Schöpfung. Wenn aber die Erde die Herrlichkeit des Himmels widerspiegelt (woran niemand zweifelte), muß dieser die Erde an Reichtum noch übertreffen. Und wenn der Schöpfer die Menschen schon mit den verschiedensten Gaben und Fähigkeiten ausgestattet hat, warum sollte dann nicht jeder »solche Art, Neigung und besondere Weise, sofern diese natürlich und unschuldig ist, mit sich in den Himmel bringen«? Die besondere Eigenart des einzelnen bleibt im Jenseits erhalten. Obwohl jeder vollkommen und frei von Sünde sein wird, sind »wesentliche Unterschiede der Gemütsarten unter den Geistern« zu erwarten. Die Verschiedenheit dient Watts auch zur Erklärung der Rangordnung im Himmel. Wie auf der Erde einige Menschen eine höhere Stellung als andere besitzen, so nehmen auch die Himmelswesen Positionen ein, die ihrer Persönlichkeit entsprechen.[44]

Calvinisten faßten allein die Erde als Ort von Arbeit und beruflicher Tätigkeit auf; der Himmel galt als Stätte der Ruhe und Betrachtung. Watts widersprach dieser Auffassung. Menschen, die ihren Glauben in einem tätigen Leben zum Ausdruck bringen, werden mit der passiven Anschauung Gottes nicht zufrieden sein. »Da die Engel auf so mancherlei Weise mit ihrer größten Vergnügung zum Dienste Gottes in seinen verschiedenen bekannten und unbekannten Welten gebraucht werden, so haben wir gewißlich nicht Ursach dazu zu halten, daß die Geister der gerechten Menschen *immer und ewig nur ganz stille sitzen, und bloß einer unwirksamen Beschaulichkeit ergeben sein sollten*.« Gewiß: »Die Beschaulichkeit ist (. . .) eine edle Lust«, aber sie bleibt nicht in sich stehen; »ein solch Anschauen Gottes (. . .) wird ohnfehlbar auch alle wirksamen und lebhaften Kräfte der Seele erwecken und aufmuntern«. Einmal aktiviert, wird die Seele »alles innerlichtreibende Wesen der Liebe und des Eifers in Arbeit setzen in sehr vortrefflichen Geschäften einer uns jetzt noch unbekannten und sehr herrlichen Amtspflicht«. Da mit der Arbeit keine Beschwerlichkeit verbunden sein wird, werden sich alle an Gottes Werk beteiligen. »Die Geister, welche in vielen langen Zeiten bei ihrer gepflogenen Andacht und in tausenderlei Diensten, die sie für ihren hochgebenedeiten Herrn und Heiland hier auf Erden verrichtet, bereits eine unsäglich große Lust und Vergnügung in sich empfunden haben, können schwerlich auch nur die Gedanken davon ertragen, daß sie ihm weiter keine wirksamen Pflichten abstatten und gar kein Werk mehr im Himmel tun sollten, wo alle Geschäftigkeit lauter Lust und alle Arbeit lauter Ergötzlichkeit sein wird.« Tätige Christen, die die protestantische Weltfrömmigkeit vorziehen, würden mit ewiger Meditation niemals zufrieden sein; sie dürfen Gott »vielleicht dienen als Priester in seinem Tempel und als Könige oder königliche Statthalter in seinen sehr großen und weiten Herrschaften«. Watts umgab sich mit ebenso geschäftstüchtigen wie wohltätigen frommen Männern und Frauen; auch zu ihnen paßt die Untätigkeit im Himmel schlecht.[45]

Was die Heiligen außer der Gottesverehrung im Himmel sonst noch zu tun haben, nennt Watts »Dienst«; er führte diesen fortan wichtigen Begriff ein. Zwar hatte schon Baxter von einer Tätigkeit gesprochen, aber Watts' Vorstellung geht darüber weit hinaus. Bei ihm erhalten die Heiligen erstmals konkrete Aufgaben – ein Gedanke, der bei Swedenborg wiederkehrt. Manchmal versammeln sich die Heiligen zu Millionen, um Gott gemeinsam zu verehren, und manchmal verlieren sich einzelne in süßem Entzücken; aber ewiges Singen und ewige Meditation könnte weder Gott noch die Heiligen befriedigen. Als tätige Wesen setzen sie ihren bereits auf der Erde begonnenen guten Dienst fort. Watts gibt allerdings nur wenige Beispiele. Die Heiligen erstatten Bericht über die pünktliche Erledigung eines ihnen von Gott erteilten Auftrags. Einige stehen »niedrigen Ordnungen seliger Geister« vor, andere beaufsichtigen »ganze Landschaften verständiger Wesen in den unteren Gegenden, die noch in ihrem Prüfungsstande zu arbeiten haben«. Gott dienen heißt nicht nur ihn zu preisen, sondern auch, über ganze Welten zu herrschen, die das Universum füllen.[46]

Anders als Swedenborg vermittelt uns Watts kein vollständiges Bild von den himmlischen Reichen. Wir erfahren beispielsweise nicht, ob die von Gouverneuren ausgeübte Herrschaft über die Heiligen niederen Ranges ein bestimmtes Ziel verfolgt und auf Dauer angelegt ist. Nach Watts beschränkt Gott niemanden – weder den Herrscher noch den Untergebenen – auf einen einzigen Dienst. »Unter den Ergötzungen und Geschäften der oberen Welt wird immerdar etwas Neues und sonderlich Angenehmes sich hervortun.« So sorgt »ständige Abwechslung« dafür, daß eine »herrliche und immer zunehmende Veränderung der Geschäfte und Freuden (...) in alle Ewigkeit« erfolgen wird. Solchen Wechsel kann es geben, weil die Seele durch den Tod nicht einfach die Vollkommenheit erlangt. Für Watts ist nur Gott vollkommen. Verglichen mit ihm, steckt der Mensch immer im Sumpf der Unvollkommenheit. Als vollkommen können die Heiligen nur im Vergleich mit den auf der Erde lebenden Christen gelten. Von Gott aus gesehen, sind immer noch genug Unvollkommenheiten vorhanden, so daß eine Verbesserung möglich ist. Also kann die Seele in alle Ewigkeit noch weiteres Wissen erwerben und noch edlere Freuden genießen.[47]

Fortschritt kommt durch den Umgang der Seelen miteinander und durch die persönliche Unterweisung Christi zustande. »Kann nicht unser Herr Jesus Christus selbst der ewige Lehrer sein?« fragt Watts. »Mag er nicht vielleicht zu gewissen Zeiten alle himmlischen Einwohner zusammenrufen, ihm zuzuhören, wenn er neue Offenbarungen ihnen entdecken will? (...) Schweigt Jesus daselbst immerdar ganz stille? Redet er gar nichts mehr mit seinen in die Herrlichkeit eingegangenen Heiligen?« Die »Betrachtung der Person Christi« allein kann schwerlich zu neuen Einsichten führen. Auch die Heiligen untereinander stehen in regem Austausch, wenn sie nicht gerade einen Auftrag erledigen oder Gottesdienst feiern. Sie sind »höchstvergnüglich damit beschäftigt, (...) einander die wunderbaren Fußstapfen der göttlichen Fürsorge, Weisheit und Barmherzigkeit« zu erzählen. Hat ein Heiliger eine neue, ihm noch unbekannte Welt kennengelernt, dann kann er seine »viele[n] tausend neuen Entdeckungen göttlicher Macht und Weisheit« anderen mitteilen. »Wenn ein seliger Geist bereits tausend Jahre im Himmel gewohnt und daselbst mit Gott und Christo, mit den Engeln und übrigen menschlichen Geistern innerhalb aller dieser Zeit umgegangen ist, wird der sodann nicht mehr in der Natur und den wunderbaren Eigenschaften Gottes erkennen, als er in dem ersten Augenblick seiner Ankunft daselbst erkannt hat?« Die für Watts' Auffassung von Religion so wichtige Bildung darf auch im ewigen Leben nicht fehlen.[48]

Isaac Watts entwickelte ein Modell himmlischer Tätigkeit, das im 18. Jahrhundert erstmals auftritt und im 19. und frühen 20. Jahrhundert seine Blüte erleben sollte. Sein Himmel ist durch Abwechslung und Vielfalt gekennzeichnet. Gegen Seelenschlaf und ewige Betrachtung Gottes Stellung nehmend, entwirft er ein dynamisches, auf den Menschen bezogenes Bild des Himmels. Die keine Bewegung duldende Vollkommenheit des scholastischen Himmels hat ihren guten Sinn, solange das Jenseits nur als Welt Gottes und der Engel dient. Soll der Himmel aber menschliches Glück ermöglichen, dann ist eine ständige Zunahme von Wissen und Freude unverzichtbar.

Für den berühmten Isaac Watts wie für den weniger bekannten Emanuel Swedenborg ist der Himmel durch Vielfalt, Bewegung, Arbeit und Abwechslung gekennzeichnet und so auf den Menschen und dessen Bedürfnisse zugeschnitten. Die Heiligen verehren Gott immer noch, aber sie dienen ihm auch als Herrscher, Boten und Lehrer. Swedenborgs Engel sind einander in wahrer und tätiger Nächstenliebe zugetan. Nunmehr gänzlich frei von

Last und Langeweile, führen sie ihr gewohntes tätiges Leben fort. Betrachtung und Beschaulichkeit gehören zwar noch zum Paradies, verlieren jedoch ihre vorherrschende Stellung. Die pragmatische Sicht des Protestanten Watts zeigt sich vor allem in der Tätigkeit Christi: Der Herr belehrt seine Seligen durch das Wort der Predigt, er mystifiziert sie nicht in der Anschauung Gottes. Die von den Katholiken bevorzugte visuelle Wahrnehmung des Göttlichen – etwa im Schauen der konsekrierten, in der Messe gezeigten Hostie – wird zur Nebensache. Thomas von Aquin und die katholische Theologie stellen sich die Heiligen passiv und bewegungslos in die Anschauung Gottes versunken vor. Eine solche einseitige Konzentration können sich viele Protestanten des 18. Jahrhunderts kaum mehr vorstellen und schon gar nicht für erstrebenswert erachten. Für sie ist Aktivität zum beherrschenden Wert aufgestiegen.

Trotz aller Neuerungen trägt Watts' Himmel immer noch stark theozentrische Züge. Bei aller Abweichung von Baxter hält er doch wie dieser am absoluten Vorrang Gottes fest. Gott regelt die Tätigkeit der Heiligen und beansprucht deren ständige Aufmerksamkeit. Vielfalt gibt es nur, weil Gott seine Welt mit »Millionen von Einwohnern« bevölkert hat, die nun »die Weisheit eines allmächtigen Schöpfers« verkünden. Zwar erlaubt Gott den Heiligen, ihre menschliche Natur und ihre Bedürfnisse in die andere Welt mitzunehmen, aber er behält sich die Herrschaft vor. Anders als bei Swedenborg werden die Menschen nicht zu Engeln, d. h., nicht an Gott angeglichen. Daher können sie auch nicht als Mittler zwischen göttlicher und menschlicher Welt auftreten. Obwohl Watts einmal meint, höhere Geister würden die niederen belehren, tastet er die Stellung Christi als des höchsten Lehrers nicht an. Christi Predigt läßt sich nicht durch die von Engeln ersetzen.[49]

Die Himmelsbilder von Watts und Swedenborg zeigen in ihrer Betonung von Fortschritt, Tätigkeit und Dienst eine große Übereinstimmung; in der Frage nach der Stellung Gottes unterscheiden sie sich jedoch beträchtlich. In der theozentrischen Tradition verwurzelt, hält Watts am Vorrang Gottes fest. Zwar anerkennt auch Swedenborg die göttliche Allmacht, aber er läßt die Heiligen ihr ewiges Schicksal selbst bestimmen. Anders als Watts lehnt er die Vorstellung von einem göttlichen Richterspruch ab. Nicht Gott weist dem Menschen Himmel oder Hölle zu; er selbst kann wählen. Die Persönlichkeit und ihre Neigungen führen eine Entscheidung gleichsam von selbst herbei. Gott schuf nur die Möglichkeit eines ewigen Fortschritts; ob sich ein Mensch um spirituelle Vervollkommnung auch tatsächlich bemüht, hängt von ihm selbst ab.

Gesellschaft, Freundschaft, Liebe

Im Mittelpunkt von Swedenborgs visionär erlebtem Himmel steht der Mensch. Die Nähe von Himmel und Erde, die Erhaltung der menschlichen Persönlichkeit beim Übergang in die andere Welt, der Genuß einer dinglichen paradiesischen Existenz und die Möglichkeit von ewiger Tätigkeit und ständigem Fortschritt: all das macht den anthropozentrischen Himmel aus. Der Begriff einer Gemeinschaft der Heiligen hat eine lange Tradition, die auf das Buch der Offenbarung zurückgeht. Jedesmal, wenn das apostolische Glaubensbekenntnis gesprochen wird, wird auch der Glaube an die »Gemeinschaft der Heiligen« ins Gedächtnis gerufen. In der Renaissance deutet sich bereits der Gedanke an, daß die ewige Glückseligkeit weniger in der Anschauung Gottes als im Genuß der Gemeinschaft mit anderen Heiligen besteht. Dieser Gedanke tritt im 17. und 18. Jahrhundert immer stärker hervor. Nun tanzen die Seligen nicht mehr mit den Engeln *vor* den Toren des Himmels; sie genießen die Gemeinschaft mit anderen sogar in der Gegenwart Gottes.

Der Lutheraner Philipp Nicolai hat als einer der ersten Theologen nach der Renaissance das gesellschaftliche Leben der anderen Welt und die Zusammenführung von gerechten Angehörigen ohne Bedenken erörtert. Als im Jahre 1599 die Pest in seiner westfälischen Gemeinde wütet und 1300 Todesopfer fordert, versichert er, daß sich die Familien wiedersehen würden. Durch die Pest getrennt, würden »Eltern und Kinder, Mann und Weib, Bräutigam und Braut, Bruder und Schwester, Verwandte und Nachbarn« im ewigen Leben wieder vereint. In der neuen Schöpfung am Ende der Zeiten würden die Zusammengeführten »mit inbrünstiger, herzlicher Liebe sich tausendmal stärker lieben und freundlicher umfangen [umarmen]«, als man es sich jetzt vorstellen könne. »Liebe und Freundschaft«, bemerkt er, »ist nicht der mindeste Partikel unserer vernünftigen und unsterblichen Seele, die Christus erkauft und selig gemacht hat.« In Nicolais erneuerter Welt, in der Reisende begeistert von ihren Abenteuern berichten, ist ewiges Glück ohne Familien und Freunde undenkbar.[50]

Nicolai war sich eines möglichen Mißverständnisses seiner Lehre von der Wiedervereinigung bewußt und bekämpfte es sogleich. Es wird kein Geschlechtsleben im Paradies geben. Die neue Welt ist »nicht ein irdisches Paradies noch ein campus Elysius oder weltlich Freudenfeld«, wie es die Dichter erlügen. Himmlische Liebe enthält »keine sündliche Concupiszenz, keine unzüchtige Brunst, noch epikurische Säulust«. Sie ist gänzlich frei von Sexualität. Diese würde die Heiligen nur vom göttlichen Zentrum ablenken und verhindern, daß sich alle menschliche Liebeskraft auf Gott allein richtet. Sexuelle Intimität wird nur – in einem bildlichen Sinn – von der Liebe zwischen Gott und den Seligen ausgesagt.[51]

Von einem anderen Ansatz her kam der englische Philosoph Henry More (1614–1687) zu einem ähnlichen Ergebnis. Bekannt für seine platonisierenden Werke, schrieb der in Cambridge Lehrende einen langen Traktat über *Die Unsterblichkeit der Seele* (1659), worin er auch seine Ansichten über das Leben im Jenseits vorträgt. Die »Luftgeister«, wie er sie nennt, sind Seelen ohne Leib. Ihr Leben besteht vor allem aus Studieren und dem Führen philosophischer Gespräche. Als Platoniker kann More dem Körper zwar nicht viel Aufmerksamkeit schenken, aber er findet auch bei den Geistern Vergnügungen, die wir eher mit dem Leib als mit der Seele in Verbindung bringen. Manchmal »singen und tanzen und spielen sie miteinander und schwelgen in den erlaubten Genüssen selbst des tierischen Lebens – sogar in einem höheren Maße, als wir es in dieser Welt können«. Wie Nicolai warnt auch er seine Leser vor der sexuellen Mißdeutung. »Die süßen Regungen der Geister bei der Leidenschaft der Liebe« haben nichts zu tun mit dem »unzüchtigen Lustgefühl« unseres irdischen Leibes. Offenbar denkt er an eine höhere, vergeistigte Sexualität.[52]

More befand sich in derselben schwierigen Lage wie alle, die soziale Beziehungen im Himmel zu erörtern wagten. An einer Textstelle tritt das Dilemma besonders deutlich zutage. Hier erklärt More zuerst, daß es im Himmel »weder Begierde noch den Unterschied des Geschlechts« gibt. Das Tun der Seelen führt nur zur »lieblichsten Erregung des Geistes und wird niemals etwas anderes sein als Ausübung geistiger Liebe, deren Gegenstand Tugend und Schönheit ist«. Soweit der konsequente Platoniker.

»Dennoch ist es nicht unwahrscheinlich«, fährt er fort, »daß es einige allgemeine Merkmale gibt, die diese Schönheit in männlich und weiblich differenzieren.« Schönheit ist nun nicht mehr ohne eine Art Unterschied im Geschlecht denkbar. More schließt den Gedanken ab, indem er sogar noch über das Postulat idealer Schönheit in der anderen Welt hinausgeht. Er greift ein Thema auf, das ihn gleichzeitig mit der Renaissance und mit Swedenborg verbindet. »Man kann doch schwerlich behaupten«, gibt er zu, »daß Äneas seine geliebte Dido in der anderen Welt in einer anderen Gestalt als der einer Frau wiederfindet.« Aufgrund ihrer körperlichen Natur kann die Sexualität im Jenseits keinen Platz finden. Auf die Existenz von Familien, gesellschaftlichen Vergnügungen und Liebe im anderen Leben wollten aber weder der lutherische Theologe noch der Platoniker von Cambridge verzichten.[53]

Der Begriff der gefühlsbetonten Liebe im Jenseits, der bei Nicolai und More nur anklingt, kommt bei Jean-Jacques Rousseau zur vollen Entfaltung. Rousseau gibt der romantischen Sehnsucht nach ewiger Vereinigung mit der geliebten Partnerin in seinen berühmten *Bekenntnissen* (1782) und dem Roman *Julie oder die neue Héloïse* (1759) Ausdruck. In den *Bekenntnissen* beschreibt er »das erste, größte, stärkste, unauslöschlichste Bedürfnis«. Weder ein Bedürfnis des Leibes noch des Geistes, »erfüllte [es] ganz mein Herz«. Rousseau bestimmt es als »das Bedürfnis nach einer vertrauten Gemeinschaft, so vertraut, wie sie nur sein konnte«. Er bricht mit der platonischen Tradition der Männerfreundschaft. Rousseau kann sie nicht als das höchste Ideal ansehen und gesteht seinen Wunsch nach einer Freundin. »Dies eigentümliche Bedürfnis war so, daß ihm die engste körperliche Vereinigung noch nicht genügen konnte. Ich hätte zwei Seelen im selben Leib haben müssen; ohne das fühlte ich stets eine Leere.« Rousseau empfindet wie sein Zeitgenosse Swedenborg und nimmt die Gefühlswelt der Romantik des 19. Jahrhunderts vorweg.[54]

Obwohl im »Zeitalter der Vernunft« entstanden, feiert Rousseaus *Julie oder die neue Héloïse* bereits »den Sieg aller Eigenschaften der romantischen Liebe; sie ist intuitiv, vernarrt, leidenschaftlich, lebenslang und dauert in alle Ewigkeit fort«. Unter dem Druck ihrer Eltern führt die Heldin Julie ein liebloses Leben mit ihrem unfreundlichen Gemahl Wolmar. Ihre wahre Liebe gilt ihrem Lehrer Saint-Preux. Willig schickt sie sich in eine Ehe ohne Leidenschaft und opfert sich für ihre Familie; dies hindert ihren

Glauben an eine Zukunft mit Saint-Preux jedoch nicht. Was auf Erden nicht möglich ist, wird im Himmel Wirklichkeit werden. »Nein, ich verlasse Dich nicht; ich werde Dich erwarten«, heißt es in einem Brief, den ihr Geliebter nach ihrem Tod vorfindet. »In dieser süßen Erwartung sterbe ich; allzu glücklich, daß ich mit meinem Leben das Recht erkaufe, Dich immer ohne Schuld zu lieben und es Dir noch einmal zu sagen.« Es kann nicht stimmen, was der protestantische Pfarrer an Julies Totenbett erklärt: im Himmel sei Gottes Herrlichkeit der einzige Gegenstand der Betrachtung, während alles andere in Vergessenheit versinke. Julie – und durch sie Rousseau – weist diese Auffassung zurück. Sie glaubt an den modernen Himmel als einen Ort, an dem sich menschliche Liebe vollendet.[55]

In den siebziger Jahren des 18. Jahrhunderts kam der Zürcher Pfarrer Johann Caspar Lavater zur gleichen Überzeugung wie sein Landsmann Rousseau: Wahre Freunde begegnen sich im Jenseits wieder. Den kürzlich verwitweten J. G. Zimmermann tröstet er mit der Liste seiner eigenen Freunde, die er im Himmel anzutreffen hofft: »Adam – Henoch, Noah – Abraham – Elias – Petrus – Jacobus, Johannes – Paulus, Timotheus – Stephanus – Cornelius – Maria – Maria Magdalena – meine eigenen Freunde und Freundinnen – ach – meine Hessen – und Sie – und H...p – G. p – Pf.. und M.. und S.. – und meine liebenswürdigste Gattin und meine Kinder.« Ohne Zögern werden biblische Gestalten, persönliche Freunde und Mitglieder der Familie aneinandergereiht. Zwar verrät uns Lavater nicht, wie sie sich zueinander verhalten; aber die große Rolle menschlicher Liebe im ewigen Leben steht fest.[56]

Das Wiedersehen von Freunden und Familien im Himmel ist ein Thema, das in der Literatur des 18. Jahrhunderts in vielen Variationen wiederkehrt. Christoph Martin Wieland (1733–1813) zeichnet das Jenseits als herrliche bukolische Landschaft, in der sich nackte Männer und Frauen treffen, die Schönheit der Natur genießen, musizieren und sich dem Liebesvergnügen hingeben. Eine Schrift des britischen Theologen und Sozialkritikers Richard Price aus dem Jahre 1767 spricht mit größerer Zurückhaltung vom Wiedersehen. Die mit Isaac Watts eng befreundete Elizabeth Rowe (1674–1737) entwirft in ihrer Poesie und Prosa einen Himmel, in dem Liebe die Hauptrolle spielt: »Fair spirits in melodious concert join, / And sweetly warble their heroic loves. / For love makes half their heaven, and kindles here / New flames, and ardent life in ev'ry breast.« [Schöne Geister vereinen sich zur Melodie und singen süß von ihrer edlen Liebe, denn Liebe ist ihr halber Himmel und entzündet neue Flammen und glühendes Leben in jeder Brust.] Selbst ein Skeptiker wie Diderot (1713–1787) kommt einmal auf den Gegenstand zu sprechen. Wenn sich Liebende nebeneinander bestatten lassen wollen – so schreibt er an seine Freundin Sophie Volland –, um einander noch im Tod nahe zu sein, so muß das gar nicht als abwegig erscheinen. »Vielleicht ist noch ein Rest von Wärme und Leben in ihnen, an dem sie sich in ihrer kalten Urne auf ihre Weise erfreuen.« Ohne den gleichzeitigen Kult der Freundschaft wäre der Kult der Vernunft unerträglich.[57]

Vor dem Ende des 18. Jahrhunderts waren katholische Theologen zurückhaltender als ihre protestantischen Kollegen. Sie zogen es vor, nur ganz allgemein von Freundschaft unter den Seligen zu sprechen, ohne Familien besonders zu erwähnen. Das Vorbild für ihren Himmel gab das höfische Leben im Europa des 17. Jahrhunderts ab, das schließlich in Versailles seinen Höhepunkt finden sollte. Besonders deutlich ist das bei dem französischen Theologen François Arnoux. In seinen *Wundern der anderen Welt* (1614) erleben wir ihn als Priester, der an der scholastischen Theologie ebenso festhält, wie er die Freuden höfischer Existenz schätzt. Eine Berührung mit der Strenge des Jansenismus und ähnlicher Reformbestrebungen ist nicht festzustellen. Seine Lokalisierung des Himmels im Empyreum der Scholastik schloß Essen und Trinken der Seligen aus. Dennoch zeichnet Arnoux ein sinnliches Jenseits, in dem es nicht nur Gott in frommer Anschauung zu genießen gibt. Prächtige Parkanlagen und reiche Gärten verströmen den betörenden Duft von Blumen, Früchten und Kräutern. Rosen und Nelken sind die Lieblingsblumen der Seligen. Zwar ißt niemand die Früchte des Himmels, aber alle genießen ihren Duft.[58]

Die prächtigen Gärten des Paradieses stellen den Hintergrund für Arnoux' Inszenierung des unbeschwerten Lebens am himmlischen Hof dar. Die Seligen bilden die Bürgerschaft eines Reiches, in dem man nichts als endlose Vergnügungen kennt. In diesem Reich, erklärt er, ist »Gott der König, (...) die Erzengel sind die Edelknaben, die allerheiligste Jungfrau Maria ist die Königin, die heiligen Jungfrauen sind derselben Ehrendamen und Kammermägde, die Cherubinen sind die Herzöge, die Seraphinen sind die Grafen, (...) die Heiligen formieren das Corps der Ritterschaft, (...) alle Seligen aber insgemein sind Mitbürger und Einwohner dieses glorreichen Königreichs«. Ohne Rücksicht auf rivalisierenden Adel, aufsteigendes Bürgertum und aufsässige Bauern zeichnet Arnoux einen Himmel, in dem man nicht Freunde und Verwandte, sondern eine Königin mit ihren Zofen antrifft.[59]

Christus steht mit seiner Familie zwar an der Spitze der himmlischen Rangordnung, aber er läßt alle am Leben seines Hofes teilhaben. »Mein Paradies«, läßt ihn Arnoux sagen, »ist der Escorial der Engel, der Louvre der Seligen.« Es gibt nichts »Größeres in dieser Welt, als immer in der Nähe des Königs zu sein (...) und mit ihm im Louvre zu wohnen«, erläutert der Theologe mit deutlichem Echo der zeitgenössischen Bewunderung für die königliche Residenz in Paris. Arnoux erlaubt sich allerdings nur einen einzigen Hinweis auf höfische Vergnügungen: »Da denkt man an nichts anderes als angenehme Kurzweil und Zeitvertreib, (...) Singen und Lachen.« Erst zwei Generationen später wird Pater Martin von Cochem unsere Neugier und alle Wünsche nach Ausführlichkeit befriedigen.[60]

Für Pater Martin steht fest, »daß die Seligen einander besuchen, sich einer mit dem anderen bespreche, einer durch des anderen Wohnung gehe, einer des anderen Glückseligkeit sich teilhaftig mache«. Obwohl der Zweck dieser Besuche ist, daß »einer den anderen zu mehr Lob und Benedeiung Gottes entzünde«, genießen die Seligen diesen Umgang mit anderen. Tatsächlich besitzt jedes selige Wesen eine »absonderliche [besondere] Liebe« zu solchen, die ihm auf dem Weg zum Himmel geholfen haben. Die Seligen werden mit ihren Schutzpatronen und Helfern viele ihrer Freuden teilen. »Daher werden diese öfter als andere zusammenkommen und miteinander conversieren und werden in den himmlischen Gärten spazierend einander erzählen, wie es ihnen auf Erden ergangen und wie wunderlich [wunderbar] sie der liebe Gott vor der Verdammnis erhalten [bewahrt] habe.« Die Seligen pflegen also Freundschaften, suchen einander zu gefallen und führen ein geselliges Leben.[61]

Bei Martin von Cochem beansprucht also die Anschauung Gottes nicht mehr die ungeteilte Aufmerksamkeit der Seligen. Ebenso geht die Glückseligkeit nicht mehr nur vom göttlichen Zentrum aus, sondern auch vom Umgang der Seligen untereinander. »Sie

Abb. 47: N. de Mathonier, Und das ewige Leben

werden miteinander musizieren und psallieren, tanzen und springen, spazieren und sich erlustigen, und werden alle Tage eine neue Kurzweil anstellen.« Die Musik ist nach Pater Martin nicht mehr nur allein für Gott da (wie in den Traktaten der Reformbewegungen); jetzt dient sie auch dem Vergnügen der Seligen.[62]

Pater Martin beschreibt, wie im Himmel die Osterzeit begangen wird, als hätte er dies selbst miterlebt. Es wird ein fünfzigtägiges Fest gefeiert, das erst an Pfingsten seinen Abschluß findet. Die Feier beginnt mit der Krönung Christi. Dann folgt ein fesselndes Theaterstück zur Unterhaltung der Seligen. Die Engel führen ein Stück auf, das »sie also lebhaftig [lebendig] präsentierten, und mit so vielen Figuren, Gleichnissen und anmutigen Geschichten zierten, daß der ganze Himmel in unaussprechlicher Weise davon erlustiget wurde«. Und »dies Spiel währte bis an den andern Tag«, wie es bei Spielen der Barockzeit üblich war! »Nach verrichteter Huldigung« des Chores der Erzengel wird »eine neue Komödie aus dem Leben oder Leiden Christi« vorgeführt. »Auf diese Weise wurde täglich bis auf den Pfingsttag dem himmlischen König ein neues Freudenfest gehalten.« Pater Martins Schriften entstanden im goldenen Zeitalter des Barocktheaters und der höfischen Festspiele. Das deutsche und französische Jesuitendrama, die Bühnendichter Molière und Corneille, Ludwig XIV. und Versailles – sie alle erlebten in dieser Zeit ihre Blüte. Martin verbindet ein aufwendiges Fest in Versailles mit der Jesuitenkomödie einer Schule in Paris oder München, um sein theatralisches Jenseits darzustellen. Der Himmel gleicht also ganz dem eleganten und höfischen Leben Mitteleuropas; alles ist aufwendig und verrät Bildung, und die Tage sind ausgefüllt mit geistreicher Konversation, Theater, Umzügen und Festen.[63]

Der spielerische, theatralische Himmel eines Arnoux und eines Martin von Cochem erlebt seinen Höhepunkt in der Ausgestaltung der Rokokokirchen Süddeutschlands. Wir können uns noch einmal der Wallfahrtskirche von Steinhausen zuwenden. Im Deckenfresko zeigt uns Johann Baptist Zimmermann die Gemeinschaft der Heiligen; sie wenden sich nicht nur Maria und dem göttlichen Licht zu, sondern sprechen auch miteinander. Die Vertikalität und die kreisförmige Bewegung laden den Pilger ein, sich emporzuschwingen und sich dem himmlischen Hof anzuschließen. Die ganze Szene wird von Engeln mit Rohrblatt- und Saiteninstrumenten untermalt. Im hinteren Teil der Kirche sieht man eine Putte, die sich mit ihrer Trommel zwei Flötisten anschließt. Die Musik bezaubert nicht nur die göttlichen Personen, sondern alle, die sich ins Paradies versetzt fühlen. Der Kirchenraum selbst wird zum Symbol der *ganzen* Kirche – der irdischen wie der himmlischen, weil er alle umfaßt. Die mit dem Hofleben vertrauten Brüder Zimmermann schmückten jede Säule mit Reichskronen, so daß die Kirche von den Pilgern als der himmlische Palast göttlicher Majestäten erlebt wird.[64]

Der auf Vergnügen angelegte Himmel entsprach nicht nur der höfischen Welt Frankreichs, Deutschlands und Österreichs, sondern kam auch dem Geschmack katholischer Bauern entgegen. Zum Leidwesen der protestantischen wie der katholischen Reformbewegung hielten weite Teile des ländlichen Europa an ihrer mittelalterlichen Lebensweise fest und hatten wenig Beziehung zur zeitgenössischen Kultur. Vor den Reformen der Kaiserin Maria Theresia gab es in einem Gebiet Niederbayerns nicht weniger als 204 arbeitsfreie Feiertage. Nach Auffassung der Regierung konnte nur verstärkter Arbeitseinsatz die wirtschaftliche Lage verbessern und die Rückständigkeit überwinden. Die Bauern weigerten sich jedoch, ihre Prozessionen, Andachtsübungen und Festtage einzustellen. Ihrer Meinung nach hat der absolutistische Staat keinen Einfluß auf den unsicheren Ertrag ihrer Felder; den göttlichen Zorn hingegen muß man besänftigen und sich der Gunst des himmlischen Hofes versichern. Obwohl also gepflegte Gärten, geistreiche Konversation und gut inszenierte Theaterstücke wenig mit bäuerlichem Leben zu tun hatten, verstanden auch die einfachen Pilger die Bedeutung einer Ewigkeit mit Musik, Tanz und feiner Gesellschaft.[65]

Um die Mitte des 18. Jahrhunderts verbanden viele Europäer mit dem Himmel die Vorstellung von städtischem Gesellschaftsleben: gute Musik, anregende Konversation, angenehme Spaziergänge in Parks, Theaterbesuche und natürlich die Begegnung mit Familie, Freunden und bekannten Persönlichkeiten aus der Welt der Religion. Während Protestanten wie Isaac Watts dieses Gesellschaftsleben eher auf die Grundlage von Pflichten und Tätigkeiten stellten, betonten katholische Autoren mehr die Vergnügungen und die feine Kultur. Beide Fassungen des Himmels erscheinen freilich als blaß, wenn man sie mit der ausgearbeiteten sozialen Welt von Swedenborgs Jenseits vergleicht. Schon allein seine Beschreibung von Reichen, Städten und Gesellschaften stellt alles in den Schatten, was vor ihm geschrieben wurde. Das eigentlich Neue und Besondere seiner Sicht besteht indes in etwas anderem: Swedenborg führt Ehe und Sexualität in den Himmel ein.

Für die meisten christlichen Theologen steht die Fortführung der Ehe im Himmel im Widerspruch zur ausdrücklichen Lehre Jesu. Auf die Frage der Sadduzäer, wie es mit der Ehe einer siebenmal nacheinander verheirateten Frau in der neuen Welt stehe, gab Jesus eine überraschende Antwort. Es werde keine Ehe geben, da Männer und Frauen wie Engel sein würden. Der Sinn dieses Wortes stand für die Leser des 18. Jahrhunderts nicht ohne weiteres fest. Werden die Menschen durch den Tod zu geschlechtslosen, körperlosen Wesen von der Art der Engel? Oder spricht Jesus nur das Verbot einer neuen Eheschließung aus, so daß die bisherige Ehe weiterbesteht? Oder muß man den Begriffen Engel und Ehe eine ganz andere Bedeutung beilegen? Swedenborg gab dieser dritten Auffassung den Vorzug und erläuterte sie in seinen ausführlichen Schriften über das Leben in der himmlischen Welt.

Für Swedenborg beruhen alle sozialen und geistigen Beziehungen auf Liebe. Gewiß haben auch andere Theologen des 18. Jahrhunderts das Evangelium der Liebe gepredigt – der Liebe Gottes

292

zu seinem Volk, der Nächstenliebe unter den Menschen, der Liebe der Kinder zu ihren Eltern; aber Swedenborgs Hervorhebung der Liebe zwischen Mann und Frau als Grundlage *aller* Liebe ist ohne Vorbild. »Daß die eheliche Liebe die Grundlage aller Liebesarten des Himmels« ausmacht, wie es in *Die Offenbarung erklärt* heißt, davon war Swedenborg überzeugt. Auf der Erde mögen Ehen eingegangen werden um finanzieller oder gesellschaftlicher Vorteile willen; die wahre Ehe aber verkörpert die Liebe Christi zu seiner Gemeinde und beruht auf Liebe und gegenseitigem Vertrauen. Wenn »die Liebe das Leben des Menschen ist (...) und sie daher der Mensch selbst ist«, dann wäre eine Existenz nach dem Tod ohne Liebe sinnlos und hätte weder für Mensch noch Gott eine Bedeutung.[66]

Liebe ist für Swedenborg nicht nur ein abstrakter geistiger Zustand. Der Bund zwischen Ehepartnern bringt ihre Eigenart am sinnfälligsten zum Ausdruck. Männer und Frauen sind je für sich genommen keine vollständigen Persönlichkeiten; vielmehr fehlt jedem, was der andere Teil besitzt. Die beiden Geschlechter sind ihrem Wesen nach völlig verschieden. Der Mann denkt »vom Verstand her«, die Frauen dagegen »aus dem Willen«, Männer haben härtere Gesichtszüge, eine rauhere Stimme, einen starken Körper und sind bärtig; Frauen sind schöner und weicher, besitzen eine sanftere Stimme und haben eine zierlichere Gestalt. Beide sind aufeinander angewiesen. Ohne Verbindung mit weiblicher Anmut bleibt der Mann »finster, herb, trocken und ohne Liebenswürdigkeit«. Swedenborg meint, der Mann »sei nicht weise, außer für sich allein; ein solcher aber sei ein Tor«. Mit seiner geistigen Partnerin verbunden, wird er »angenehm, anmutig, lebendig und liebenswürdig und somit weise«. Ohne Ehe im Jenseits kämen viele Menschen um den Genuß höchster Glückseligkeit – neben den als Säugling oder Kind Gestorbenen auch alle, die wie Swedenborg selbst im irdischen Leben unverheiratet blieben. Sie müßten die Ewigkeit in einsamer Unvollkommenheit verbringen. Schon deshalb muß es die Ehe im Himmel geben.[67]

Swedenborg versteht unter Ehe »die Verbindung zweier Ehegatten zu einem Fleisch durch die Vereinigung der Seelen und Gemüter«. Um seine Lehre mit der Bibel in Einklang bringen zu können, greift er zu neuer Offenbarung und stellt neue theologische Begriffsbestimmungen auf. Indem er einräumt, daß die Ehe im Himmel etwas anderes als die irdische Ehe ist, fügt er sich der biblischen Beschränkung dieser Einrichtung (der *irdischen* Ehe) auf dieses Leben. Himmlische Ehen weisen eine andere Eigenart auf. »In den Himmeln sind sie [die Ehen] geistiger Natur«, schreibt er, »und haben nichts mit dem Heiraten zu tun, da sie Verbindungen der Seelen aufgrund der Ehe des Guten und Wahren darstellen«. Irdische Ehen mögen zwar angenehm sein, sie können aber niemals den leidenschaftlichen Charakter himmlischer Verbindungen erreichen. Swedenborg hat ein himmlisches Paar danach gefragt. »Ich habe (...) mit ihnen gesprochen, und sie sagten, sie hätten nur *ein* Leben (...), wie die zwei Hemisphären des Hirns, die mit *einer* Gehirnhaut umgeben sind.« So kann Swedenborg auch sagen, mit welchem Partner die siebenmal verheiratete Frau der Bibel im Jenseits vereinigt sein wird. Sie wird *dem* Partner gehören, mit dem sie »wahrhaft« verheiratet war. Wahre Liebe ist nicht wiederholbar; im Leben eines Menschen kann sie nur ein einziges Mal vorkommen. Romantische Liebe, den Sadduzäern wie Jesus unbekannt, muß ewig dauern.[68]

Wenn sich also Paare nach dem Tod in der Geisterwelt wiedersehen, so ist über die Weiterführung ihrer Ehe noch nichts ausgemacht. Je nach ihrer spirituellen Qualität können die Partner verschiedene Wege gehen. Bei extrem unterschiedlicher Eigenart wird die Ehe endgültig aufgelöst. In diesem Fall bekommt der für den Aufstieg zum Himmel bestimmte Teil schließlich einen neuen Partner oder eine neue Partnerin. Wer im irdischen Leben unverheiratet blieb und diesen Zustand beibehalten will, erhält einen abgelegenen Ort »an der Seite des Himmels« zugewiesen. Die Ehelosen sind von der »Sphäre der ehelichen Liebe, welche die eigentliche himmlische Sphäre ist«, fernzuhalten, damit sie dort keinen schädlichen Einfluß ausüben. Nicht alle zölibatär Lebenden sind aber so hartnäckig. So hofft der unverheiratet gebliebene Swedenborg auf eine Vereinigung mit Gräfin Elisabeth Gyllenborg-Stjerncrona, deren Gemahl die Hölle als jenseitigen Aufenthaltsort vorzieht. Als Autorin zweier Betrachtungsbücher über die Jungfrau Maria ist die ebenso fromme wie gebildete Gräfin die geeignete Partnerin für den gelehrten Seher. Daher mag die gemeinsame Zeit irdischer Paare in der Geisterwelt von nur kurzer Dauer sein.[69]

Ist ein geeigneter Partner gefunden, so kommt es zur Trauung. Swedenborg beschreibt sie in seinem Buch über *Die eheliche Liebe*. Die Trauung wird in einem eigens dafür vorgesehenen

»Hochzeitshaus« gefeiert, das mit goldenen Kerzenständern, silbernen Lampen und Tischen mit Brot und Kristallgläsern ausgestattet ist. Alle Gäste tragen besondere Gewänder, deren festlichen Glanz Swedenborg besonders hervorhebt. Sechs Jungfrauen betreten den Raum, gefolgt von Braut und Bräutigam, die einander an der Hand führen. Bekleidet mit einem leuchtend roten Gewand, einem strahlend weißen Überwurf und einem Turban, nimmt der Bräutigam an der linken Seite der Braut Platz. Seine Brust schmückt ein mit Gold und Diamanten verziertes, einen jungen Adler darstellendes Abzeichen – das Hochzeitsemblem dieser Gesellschaft des Himmels. Brustschmuck und Turban lassen seine aaronitische Priesterrolle erkennen. »Die Braut aber war angetan mit einem Scharlachmantel und einem gestickten Kleide darunter, das vom Hals bis zu den Füßen herabwallte. Unter der Brust trug sie einen goldenen Gürtel und auf dem Haupt eine goldene, mit Rubinen besetzte Krone.«[70]

Sobald der Bräutigam Platz genommen hat, steckt er seiner Braut einen goldenen Ring an und schmückt sie mit Armspangen und einer Halskette aus großen Perlen. Dabei spricht er die Worte: »Nimm hin diese Pfänder.« Hat sie diese angenommen, dann küßt er sie und sagt: »Jetzt bist Du mein« und bezeichnet sie als seine Frau. Ein würziger Duft füllt den Raum als Zeichen göttlicher Segnung des Bundes. Dann nehmen die Gäste Brot und Wein zu sich. Da Braut und Bräutigam bei der Zeremonie selbst den Herrn und seine Kirche verkörpern, leitet kein Priester die Trauung. Schließlich »erhob sich der Gatte und seine Gattin, und die sechs Jungfrauen mit silbernen und nun angezündeten Lampen in den Händen folgten ihnen bis zur Schwelle. Die Gatten aber traten in das Brautgemach, und die Türe ward verschlossen.«[71]

Die Trauung fügt das Paar zu einer Einheit zusammen. »Die Liebe begegnet der Liebe und macht sich erkennbar und verbindet sogleich die Seelen, und nachher das Gemüt, und dringt von da aus in die Brust, und nach der Vermählung noch weiter und wird so völlig Liebe, welche von Tag zu Tag mehr zur Verbindung heranwächst, bis sie nicht mehr zwei sind, sondern wie *eins*.« Um die himmlische Liebe auch sprachlich von der irdischen zu unterscheiden, nennt sie Swedenborg nicht »ehelich« (*conjugialis*), sondern »wahrhaft ehelich« (*conjugialis*). Da »nach dem Tod der Mann ein Mann und das Weib ein Weib bleibt« und beide »die Neigung zur Verbindung« besitzen, kennt auch die himmlische Ehe den Beischlaf. Dieser ist seiner irdischen Entsprechung weit überlegen. »Daß der Umgang alsdann angenehmer und beglückender ist«, erklärt der Visionär, »kommt daher, daß jene Liebe, wenn der Mensch Geist wird, inniger, reiner und empfindbarer wird.« Die wahrhaft eheliche Liebe des Himmels ist keusch, rein und heilig; daher kann geschlechtlicher Umgang auch nichts anderes sein als eine göttliche Wonne.[72]

Die Intensität des Liebesgenusses erklärt sich aus der erneuerten Jugend der Partner: »Beide Ehegatten kehren zurück zur Blüte und zu den Freuden ihres jugendlichen Alters, als die eheliche Liebe anfing, ihr Leben durch neue Wonnegefühle zu erhöhen.« Nach Swedenborg geben die Engel an, »daß sie fortwährend die Kraft ihrer Liebe behalten und daß sie niemals Ermüdung oder Traurigkeit nach Ausübung derselben fühlen, sondern Lebensfreude und Heiterkeit des Gemüts«. Wie auf der Erde »verbringen die Ehegatten die Nacht so im Schoße vereint, als seien sie zu *einem* Wesen geschaffen. Die Quellen ihrer Liebe fließen ständig, so daß es an nichts fehlt, wenn sie [den Liebesgenuß] wollen – sonst wäre ihre Liebe ja wie ein verstopfter Kanal«. Dieser Kanal aber ist offen und verbindet die beiden Partner, »damit sie zu *einem* Fleisch werden, denn die Lebenskraft des Mannes verbindet sich mit der des Weibes und vereinigt sie dadurch«. Die so erlebten Wonnen können »durch keine Sprache der natürlichen Welt beschrieben und nur durch geistige Vorstellungen einigermaßen erfaßt werden«. Nicht nur, daß die Genüsse im Himmel existieren; sie werden sogar »in Ewigkeit vervielfältigt«.[73]

Die Paare verbringen die Nacht in Umarmung und, wie ein Swedenborgianer zusammenfaßt, »die Frau empfängt den Samen ihres Gatten«. Nach Auffassung der Swedenborgianer sind diese Texte wörtlich zu verstehen; im Himmel gibt es eine deutliche Entsprechung von erotischer Liebe und geschlechtlicher Intimität. Das ergibt sich auch aus einem Gespräch, das Swedenborg im Jenseits belauschen durfte. Neu in einem bestimmten Bezirk des Himmels angekommen, fragen junge Männer ihre Lehrengel und Führer nach den »letzten Freuden« der himmlischen Ehe. Im Laufe des Gesprächs ärgerlich geworden, erklärt einer der Engel zuletzt:

Und was ist das Leben jener Liebe, wenn es nicht aus der Ader der Kraft entspringt? Erstirbt nicht jene Liebe und erkaltet, wenn diese mangelt? Und ist nicht jene Kraft das eigentliche Maß, der eigentliche Grad und die eigentliche Grundlage jener Liebe? Ist sie nicht der Anfang, die Grundfeste und Vollendung derselben? Es ist ein allgemeines Gesetz, daß das Erste immer Dasein, Bestehen und Fortdauer vom Letzten habe; wären daher nicht die letzten Freuden, so gäbe es gar keine in der ehelichen Liebe!

Die Umarmung der Engel muß dem irdischen Beischlaf schon deshalb überlegen sein, weil die Erde nur ein schwaches Abbild himmlischer Verhältnisse darstellt. Nur die Engel können das Vorrecht eines »gesegneten Beischlafs« besitzen. In der Hölle als Ort ohne jede Erfahrung des Heiligen oder Geistigen gibt es daher auch nur unkeusche Leidenschaft, die keine Freude oder Erfüllung schenkt. So erfahren die Neulinge, daß nicht die irdischen Theologen, sondern nur Engel die wahre Bedeutung der Bibel und der himmlischen Liebe verstehen.[74]

Immer noch verwirrt, fragen die Neulinge weiter. Geht aus den himmlischen Verbindungen Nachkommenschaft hervor? Wenn im Himmel keine Kinder zur Welt gebracht werden, wozu dient dann der Beischlaf? Aus ihrer irdischen Sicht ist die Ehe auf Fortpflanzung hin angelegt. Die Antwort der Engel lautet, daß es im Himmel keine natürliche, sondern nur geistige Nachkommenschaft gibt. Diese besteht aus Liebe und Weisheit; der Mann nimmt an Weisheit zu und die Frau an Liebe zur Weisheit. »Daher kommt es auch, daß die Engel nach dem Genuß der [ehelichen] Freude nicht traurig werden, wie manche auf Erden, sondern heiter.« (Für einen Unverheirateten weiß Swedenborg viel!)[75]

Die Kinder im Himmel Swedenborgs stammen nicht aus den himmlischen Ehen – diese dienen ja nur zärtlicher Zuneigung, Liebe und sinnlichem Genuß. Allerdings bringt die hohe Säuglingssterblichkeit viele Kinder ins Jenseits. Sie werden in die Obhut geeigneter Frauen gegeben (*Abb.* 48). Den Vätern bleibt die Aufgabe, sie im Gehorsam gegenüber dem Herrn, dem Vater aller, zu unterweisen. Früh verstorbene Kinder gelangen also keineswegs von selbst in die höheren Bereiche des Himmels, sondern müssen wie auf der Erde erzogen werden. Sie müssen lernen, zwischen Gut und Böse zu unterscheiden und ihren freien Willen zu üben. Nur wer die Gelegenheit hatte, Unschuld dem Stolz vorzuziehen, darf schließlich zu einem Engel werden. Nicht die natürliche Unschuld des Kindes zählt, sondern die neu errungene des erwachsenen Menschen. Anders als Autoren des 19. Jahrhunderts hat Swedenborg für Kinder wenig übrig; seine Sicht der ewigen Beziehung zwischen den Geschlechtern beruht weniger auf dem

Abb. 48: R. Knowles, Kinder in der anderen Welt

Willen zur Zeugung und Familienbildung als auf erwachsener Verantwortung, gegenseitige geistige Kameradschaft zu gewähren.

   In ihrer höfischen Form (vertreten von katholischen Künstlern
und Theologen) wie in ihrer romantischen Gestalt (bei Swedenborg) wurde die Kameradschaft zu einem wichtigen Inhalt des

ewigen Lebens. Die Beziehungen der Seligen untereinander erhielten eine Bedeutung, die über den scholastischen Begriff der »zweitrangigen Glückseligkeit« hinauswuchs. Die Liebe Gottes blieb zwar ein wichtiges Anliegen, konnte nun aber auch indirekt und vermittelt wahrgenommen werden. Die Seligen erfahren die Liebe Gottes in der füreinander empfundenen Zuneigung. Auch ihre Liebe zu Gott ließ sich jetzt indirekt ausdrücken – durch die Beziehung zu anderen; man war nicht mehr ausschließlich auf Lobpreis und Betrachtung angewiesen. Besonders bei Swedenborg tritt dieser Wandel deutlich hervor. Da er die Vorstellung vom eifersüchtigen und alle Aufmerksamkeit beanspruchenden Gott ablehnt, kann er den Seligen eine reiche Umgebung zur Pflege menschlicher Freundschaft und Liebe anbieten.

Das anthropozentrische Bild des Himmels mit seinen beglückenden und spirituell erfüllenden menschlichen Beziehungen ist auf dem Hintergrund veränderter Gesellschafts- und Lebensverhältnisse in Westeuropa zu sehen. Der Aufstieg der Stadt von einem Handelsplatz zu einem Ort geselligen Lebens und der Darstellung gesellschaftlicher Positionen förderte eine neue Lesart des himmlischen Jerusalem. Schon im 16. Jahrhundert entstanden eigene Gebäude für Theateraufführungen; auch Tennisplätze und Opernhäuser boten den Bürgern neue Vergnügungen. Im Paris des 17. Jahrhunderts promenierten die feinen Leute im Schatten der Ulmen des von Marie de Médici angelegten Cours la Reine; dort konnte man sich unterhalten, Leute beobachten, Neuigkeiten austauschen und neue Mode sehen. In England galten Maskenbälle und Wettrennen als ebenso übliche Zerstreuungen wie das Kartenspielen und der Besuch von Kaffeehäusern. Am Ende des 18. Jahrhunderts traf man Gleichgesinnte in Klubs, Salons, Gesellschaften und Akademien, Cafés und öffentlichen Gartenanlagen. Zwar boten diese Orte auch die Möglichkeit, über ernste Geschäfte, mögliche Heiraten, Wissenschaft und Politik zu verhandeln; aber sie sollten in erster Linie dem Vergnügen dienen.[76]

Die Suche nach Genuß in menschlicher Partnerschaft nahm im 17. und 18. Jahrhundert zu, aber Swedenborgs Auffassung über die ewige Vereinigung von Mann und Frau im Himmel sollte erst im 19. Jahrhundert größeren Anklang finden. Die Zeit war noch nicht reif dafür. In der damaligen Gesellschaft diente die Ehe noch vielfach dazu, soziale und wirtschaftliche Bande zwischen Familien zu knüpfen. Nachkommenschaft spielte dabei natürlich eine große Rolle. Swedenborg dagegen schränkt die Bedeutung der Zeugung ein, indem er nur Zuneigung, Sexualität und geistigen Austausch als wesentlich, ewig und im Jenseits fortbestehend dar- stellt. Wie der platonische Mythos von den beiden Geschlechtern als unvollständige Wesen auf der Suche nach ihrer anderen Hälfte, so bereitet auch der schwedische Seher den Begriff der romanti- schen Liebe vor.

Trotz seiner neuen Auffassung von Liebe und Ehe kennt Swe- denborg keine volle Gleichberechtigung der Geschlechter im jen- seitigen Leben. »Bei den Ehen im Himmel gibt es (. . .) keinerlei Vorherrschaft«, behauptet er auf der einen Seite, »weil ja ein jedes gern so will und denkt wie das andere, und so wollen und denken sie in Gegen- und Wechselseitigkeit.« Andererseits erscheint ge- rade die von Swedenborg visionär erlebte Trauung im Jenseits als finanzielles und soziales Geschäft des Mannes. Der Bräutigam »kauft« die Braut, indem er ihr kostbare Geschenke von Gold und Perlen überreicht. Stumm nimmt sie diese an und erkennt so den Kauf an. »Jetzt bist Du mein«, verkündet der Bräutigam.[77]

Dieser Trauung liegt die traditionelle christliche Symbolik zu- grunde, nach der bei der Hochzeit der Mann Christus verkörpert und die Frau für die Kirche steht. Außerdem symbolisiert der Mann die Weisheit, während die Frau nur die Liebe zu seiner Weis- heit darstellt. Nur durch die Weisheit ihres Mannes hat sie an der göttlichen Liebe Anteil. Eva stammt von Adam ab: an dieser bib- lischen Vorstellung hält Swedenborg fest. »Daß das Weibliche aus dem Männlichen sei, oder daß das Weib aus dem Manne genom- men sei«, ergebe sich aus dem Wortlaut der Genesis. Sie seien aufeinander angewiesen; aber während »der Mann geboren wird mit der Neigung zum Wissen, zur Einsicht und zur Weisheit«, besitzt die Frau die »Liebe, sich mit jener Neigung im Manne zu vereinigen«. Die von Swedenborg behauptete Gleichheit von Mann und Frau geht über die herkömmliche Auffassung nicht hinaus.[78]

Der moderne Himmel

Auf einer seiner Reisen im Jenseits traf Swedenborg auf eine Gruppe neu angekommener Seelen. Voller Ungeduld warteten sie auf das Leben in der ewigen Herrlichkeit. Sie glaubten, »die himmlische Freude und die ewige Seligkeit sei eine beständige Ver-

herrlichung Gottes, (...) ein beständiger Sabbat«. Ein Engel
führte sie zu einem Tempel, an dessen Tor sie von Priestern empfangen wurden. Diese erklärten ihnen, der Tempel dieser Stadt sei
»der Eingang zu einem überaus prächtigen und herrlichen Tempel,
der im Himmel ist«. Dort werde Gott in alle Ewigkeit von den
Engeln durch Gebet und Gesang verherrlicht. Um eintreten zu
dürfen, müßten sich die neu Angekommenen drei Tage und drei
Nächte lang vorbereiten durch inständiges Beten, Singen und An-
hören von Predigten. »Überhaupt hütet euch«, schärften die Priester ein, »daß ihr bei euch selbst nichts anderes denkt und mit
euren Genossen redet, als was heilig, fromm und gottselig
ist.«[79]

Sie betraten den Tempel, wo Wächter dafür sorgten, daß ihn
niemand vor Ablauf der drei Tage verließ. Als sich die Neuankömmlinge umsahen, bemerkten sie, »wie die meisten schliefen
und die, welche erwacht waren, immerfort gähnten«. Man sah
entzündete Augen, ermatteten Geist und Überdruß. Nach einiger
Zeit baten sie die Priester, mit dem Predigen aufzuhören. Als das
nichts fruchtete, erhoben sie sich, verschafften sich einen Ausgang
und vertrieben die Wächter. Die Priester rannten ihnen nach und
riefen ihnen zu: »Feiert das Fest, verherrlicht Gott, heiligt euch!«
Aber diese Worte stießen auf taube Ohren, denn die Gläubigen
waren »infolge der zweitägigen Anspannung ihres Geistes und der
Enthaltung von häuslichen und öffentlichen Geschäften« stumpf-
sinnig geworden. Die Priester faßten die Entfliehenden an Armen
und Kleidern, um sie zum Tempel zurückzuzerren. Aber diese
wehrten sich: »Laßt uns, wir sind der Ohnmacht nahe!« Schließlich erschienen vier Männer in hellen Gewändern und Turbanen.
Auf der Erde hatten sie das Bischofsamt ausgeübt, jetzt aber waren
sie Engel. Sie riefen die Priester zusammen und rügten sie:

Vom Himmel aus haben wir gesehen, wie ihr mit diesen Schafen umgeht:
ihr weidet sie bis zum Verrücktwerden. Ihr wißt nicht, was unter Verherrlichung Gottes verstanden wird. Es wird darunter verstanden, Früchte der
Liebe zu bringen, das heißt treu, aufrichtig und emsig das Werk seines
Berufes verrichten. Dies ist Gegenstand der Gottes- und Nächstenliebe,
und dies ist das Band der Gesellschaft und ihr Bestes. Dadurch wird Gott
verherrlicht – und erst danach durch den Gottesdienst zu festgesetzten
Zeiten.

Die Priester und die Besucher des Tempels hatten den Himmel für
einen ewigen Sabbat gehalten, aber als es damit ernst wurde, emp-

fanden es die Gläubigen als unerträglich. Den Priestern machte das nichts aus, denn Gottesdienste zu halten gehört zu ihren Berufspflichten. Über menschliche Tätigkeit im Jenseits war Swedenborg mit seinem Zeitgenossen Johann Caspar Lavater einer Meinung. »Wir könnten [im Himmel] in die Länge nicht selig sein«, heißt es bei Lavater, »wenn wir keine Beschäftigung hätten. Beschäftigungen haben, das heißt einen Beruf, ein Amt, eine besondere, individuelle Bestimmung haben.« Die im Tempel Eingesperrten aber hatten geglaubt, der Tod beende ihren früheren Beruf und nun trete ewige Liturgie an die Stelle jeglicher Tätigkeit.[80]

Protestantische und katholische Reformtheologen – Jansenisten, Lutheraner, Methodisten, Puritaner und Pietisten – hatten den Begriff des »Berufs« als göttliche Berufung geschaffen; aber für sie endete diese mit dem Tod. Die höhere Berufung galt dem ewigen Gottesdienst, nicht dem praktischen Dienst in einer mit der Erde vergleichbaren Umgebung. Trotz seiner Betonung der persönlichen Berufung jedes einzelnen zum Dienst in der Welt verstand John Wesley den Himmel ausschließlich als Liturgie. Im Jahre 1776 erinnerte er an einen »vielgepriesenen Geist, der kürzlich von uns ging«, aber keine Lust verspürte, »den ganzen Tag auf einer Wolke zu sitzen und Loblieder für Gott zu singen. (...) Wir können ihm das glauben; es besteht auch keine Gefahr, daß er diesem Ungemach ausgesetzt wird.« Den wahrhaft Gläubigen aber fällt es nicht schwer, »Tag und Nacht unablässig ›Heilig, heilig, heilig, Herr Gott Sabaoth‹ zu singen«. Mögen die Menschen auch auf Erden zur Gottesliebe in der Gestalt der Nächstenliebe berufen sein, im Himmel können sie Gott unmittelbar lieben. »Und um alles zu krönen«, meint Wesley, »wird es eine tiefe, enge und ununterbrochene Gemeinschaft mit Gott geben; eine ständige Gemeinschaft mit dem Vater und seinem Sohn Jesus Christus, durch den Heiligen Geist.« Das Wichtigste im Himmel ist es, »Gott zu sehen, Gott zu kennen, Gott zu lieben. Wir werden dann seine Natur verstehen, aber auch sein ganzes Werk der Schöpfung, der Vorsehung und Erlösung.« So viel Wesley und Swedenborg auch gemeinsam haben – sie sind Zeitgenossen, religiöse Schwärmer und halten sich zumeist in der Weltstadt London auf –, ihre Auffassungen vom Himmel sind unvereinbar.[81]

In Wesleys theozentrischem Himmel entfällt alles, was der Erkenntnis Gottes im Wege stehen könnte. Nach Auffassung von theozentrisch orientierten Reformtheologen wie Baxter, Nicole und Wesley lenken die Sinne schon den irdischen Gläubigen von höheren Gedanken ab; daher dürfen die Sinne in einem auf Erkenntnis und Beschaulichkeit ausgerichteten Himmel erst recht keinen Platz beanspruchen. Als rein geistiger Vorgang ist die Erkenntnis Gottes nicht auf die Vermittlung der körperlichen Sinne angewiesen. Außerdem übertrifft die mit der höchsten Erkenntnis verbundene geistige Freude alle unbeständigen und belanglosen Sinneseindrücke. Da Gott reiner Geist ist, muß auch der Himmel als sein Wohnort grundsätzlich geistiger Natur sein. Um an der göttlichen Natur teilzuhaben, müssen die Heiligen mit allem Irdischen und Materiellen auch menschliche Beziehungen und Berufe aufgeben. Als rein geistige Wirklichkeit bildet der Himmel einen Gegensatz zur Erde.

In Swedenborgs Denken gibt es keinen Platz für den cartesianischen Dualismus von Geist und Körper, für den Pessimismus eines Pascal, der geschlechtliche Liebe als Verkörperung menschlichen Wahns ansah, oder für die theozentrische Begeisterung eines Wesley. In seinem modernen Himmel bleibt alles Wertvolle und Ewige der irdischen Existenz erhalten und findet seine Vollendung. Dabei wird der Wert des liturgischen Gottesdienstes nicht in Frage gestellt, aber die »Hirten« dürfen die »Schafe« nicht überfüttern. Der eigentliche Gottesdienst besteht in nützlicher Arbeit und bringt »Früchte der Liebe« hervor. Arbeit verbindet die Menschen und begründet die Gesellschaft – auf der Erde ebenso wie in der anderen Welt. Für Swedenborg wie für spätere Vertreter einer modernen Himmelsauffassung beruht die ewige Glückseligkeit auf Liebe, Arbeit und Gesellschaft.

Als Repräsentant der Aufklärung glaubt Swedenborg an die letztlich unverdorbene Natur des Menschen und seine Bestimmung für den Himmel. Obwohl wir »in die tiefe Finsternis der Unwissenheit« hineingeboren werden und dem Bösen zuneigen, kann diese Neigung doch durch die Kräfte des Verstandes und des freien Willens überwunden werden. Eine gute Erziehung und ein Leben im Dienst anderer drängen das Böse zurück, so daß sich die guten Anlagen voll entfalten und weiterentwickeln können. Der freie Wille bleibt auch nach dem Tod erhalten. Gott verzichtet auf richterliche Einmischung und überläßt jedem die Entscheidung über sein eigenes ewiges Schicksal. Die Zunahme an Wissen wird durch die Sinne nicht behindert, sondern gerade durch sie erst ermöglicht. Gott vermittelt seine Liebe über die Sinne, und diese Liebe erzeugt Wissen und Weisheit. Aus Liebe dienen die Heiligen in Swedenborgs Himmel einander, widmen sich nützlicher Arbeit und erreichen so eine immer höhere Vollkommenheit.[82]

Swedenborgs Jenseits spiegelt zugleich das feine Leben der Höfe und des Adels in der europäischen Barockzeit wider. Zwar ist sein höchster Himmel die Heimat ganz einfacher, von der Zivilisation unberührter Menschen; aber die von ihm am häufigsten beschriebenen himmlischen Gesellschaften erinnern stets an das Luxusleben des Adels. Fürsten in Purpur, goldene Tabernakel, Haine mit Palmen und Lorbeerbäumen verweisen nicht nur auf den sagenhaften Reichtum Salomos, sondern auch auf das aufwendige Leben in den europäischen Hauptstädten. Selbst Sproß einer geadelten Familie mit Zugang zum schwedischen Herrscherhaus, schätzte Swedenborg den aristokratischen Lebensstil. Solange die innere Einstellung eines Menschen unverdorben ist, darf er ein Luxusleben mit Spaziergängen in gepflegten Gärten, anspruchsvollem Zeitvertreib und geistreicher Unterhaltung ohne ein schlechtes Gewissen genießen. In dieser glanzvollen Welt des Barock fehlt allerdings die Dienerschaft. Während in den deutschen Rokokokirchen dienstbeflissene Putten die himmlischen Herrschaften mit Blumen und leckeren Früchten versorgen, berichtet Swedenborg, daß *alle* Engel einander dienen. Entfremdende Herrschaftsverhältnisse kennzeichnen die Hölle, nicht den Himmel.

Neben Zügen der Aufklärung und des Barock lassen sich in Swedenborgs Himmel auch die Anfänge der romantischen Liebesauffassung erkennen. Die im 19. Jahrhundert gängige Idealisierung des Liebesverhältnisses hat er um ein halbes Jahrhundert vorweggenommen. Die verschiedenen Naturen von Mann und Frau ergänzen einander nach der Art eines Puzzlespiels. Ohne den wahren Partner oder die wahre Partnerin ist es nicht möglich, ein ganzer Mensch zu werden. Zum Himmel gehört Kameradschaft ebenso wie die Erfahrung »letzter Freuden« in der geschlechtlichen Begegnung, in der Mann und Frau zu *einem* Wesen verschmelzen. Zwar würde Swedenborg rein sexuelle Begierde nicht weniger rasch verurteilen als jeder Reformtheologe, aber seine Offenheit für Sexualität ist für das Christentum ungewöhnlich. Als ungewöhnlich muß auch sein Bestehen auf der Verbindung von Ehe und geschlechtlichem Erleben (und der Bindung der Sexualität an die Ehe) gelten, denn zumindest in der weltlichen Literatur wurde beides getrennt. Eine Ehefrau war für die gesellschaftliche Stellung eines Mannes unentbehrlich; für sein Vergnügen sorgte eine Mätresse. Die christliche Lehre betrachtete sexuelle Lust als eine Folge von Adams Sündenfall. Alle diese im 18. Jahrhundert verbreiteten Meinungen stellte Swedenborg in Frage. Seine Einführung von Liebe und Ehe in den Himmel sollte für die moderne Himmelsvorstellung auch des 19. Jahrhunderts bestimmend werden.

Kapitel 8
Liebe in der anderen Welt

Um die Mitte des 19. Jahrhunderts entsprach Swedenborgs Klage, den Christen sei der Himmel fast gänzlich unbekannt, längst nicht mehr den Tatsachen. Eine Fülle von Literatur präsentierte dem Leser ein ebenso attraktives wie anschauliches Paradies. Allein in den Vereinigten Staaten erschienen zwischen 1830 und 1875 mehr als fünfzig theologische Bücher über den Himmel. Diese Zahl würde sich bei Berücksichtigung von Romanen noch erheblich erhöhen. Manche waren so erfolgreich wie Elizabeth Stuart Phelps' *The Gates Ajar,* ein Roman, von dem bis zum Ende des Jahrhunderts allein in Amerika und Großbritannien 180000 Exemplare in Umlauf kamen – ganz zu schweigen von den verschiedenen Übersetzungen. Auch Maler und Kupferstecher schufen Bilder, die das Leben im Jenseits wiedergaben. Theologische wie romanhafte Darstellungen lassen keinen Zweifel am »modernen« Charakter dieses Himmels: er ist nahe, materieller Natur, verspricht ewigen Fortschritt und ein aktives Leben, das auf sozialen Beziehungen beruht.

Zwar sind sich die Historiker weder über die Eigenart noch den Zeitpunkt dessen einig, was Lawrence Stone die »Revolution des Gefühls« nennt; doch wird allgemein anerkannt, daß Sexualität, Liebe und Familie in der Literatur, den Künsten und auch im Alltagsleben des 19. Jahrhunderts einen größeren Stellenwert als zuvor erlangten. Standen bisher bei der Gründung einer Familie wirtschaftliche Zweckmäßigkeiten und das Interesse an Nachkommenschaft im Vordergrund, so wurde das Familienleben jetzt vor allem als Ort der Liebe und Zuneigung geschätzt. Als die Großfamilie durch die Kleinfamilie abgelöst wurde, traten emotionale Bindungen an die Stelle der politischen und finanziellen Beziehungen, die durch arrangierte Ehen gepflegt wurden. Bei der Partnerwahl gab immer mehr die Liebe den Ausschlag. Der Schlüssel zum Verständnis dieses grundlegenden Mentalitätswandels ist der Begriff der »romantischen Liebe«; er veränderte die Auffassung von Ehe und Familie. Die romantische Liebe, einst Vorrecht des mittelalterlichen Ritters oder des Höflings der Renaissance und seiner Dame, eroberte sich nun einen Platz im häuslichen Leben des Bürgertums. Die Ehe galt nun nicht mehr ausschließlich als Mittel, legitime Nachkommenschaft zu zeugen; sie erhielt die wichtigere Aufgabe, die Liebe zwischen Mann und Frau zu gestalten. Familien pflegten diese Liebe und achteten darauf, daß auch die Kinder empfindsam wurden und die zarten Gefühle der Zuneigung erlernten.[1]

Bei den Christen des 19. Jahrhunderts nahm die romantische Liebe immer mehr jenen Platz ein, der bisher der mystischen Liebe der Seele zu Gott vorbehalten war. Dabei blieb der Glaube an einen allmächtigen Gott unangetastet. Die Idealisierung menschlicher Liebe ging so weit, daß die Familie gegen Ende des Jahrhunderts als Grundlage des himmlischen Lebens galt. Der wahre Christ verließ die irdische Familie nur, um in eine andere aufgenommen zu werden. Die Sehnsucht nach Vereinigung mit verstorbenen Angehörigen wurde stärker als die Erwartung einer Begegnung mit Gott. Zwar hatten schon Swedenborg und andere Autoren des 18. Jahrhunderts eine ähnliche Sicht vorgetragen, aber erst im Laufe des 19. Jahrhunderts wurden romantische Liebe und sentimentale Häuslichkeit im Himmel zu einem festen Bestandteil der bürgerlichen Glaubenswelt. Die Entstehung von Industrie, Großstadt und Konsumgesellschaft, aber auch die Verbreitung christlicher Literatur trug dazu bei, die Verbindung von familiärer Liebe und ewigem Leben bei einer breiten Leserschaft zu festigen.

Obwohl sich die Theologen, Schriftsteller und Künstler des 19. Jahrhunderts in der Wertschätzung himmlischer Liebesbeziehungen einig waren, beschrieben sie die Rolle der Liebe in unterschiedlicher Weise. Wie wir sehen werden, ist für romantische Dichter und Künstler der Himmel jener Ort, an dem Liebende auf ewig miteinander vereint werden. Damit entwickeln sie einen Gedanken weiter, der schon Künstlern der Renaissance geläufig war, aber vom 16. bis 18. Jahrhundert den religiösen Reformern und Reformatoren fremd blieb. Von den Beschränkungen von Theologie und herkömmlicher Moral frei, legten die Romantiker keinen Wert auf Ehe und Familie. Als »wahre Liebe« läßt sich die im Himmel herrschende Liebe nicht in das Korsett einer Institution zwängen. Dagegen meinten Theologen und Autoren sentimentaler Romane, wenn Liebe ohne Verantwortung und soziale Ordnung bliebe, würde sie allzu leicht zu bloßer Leidenschaft und Sinnlichkeit verkommen. Daher beschränke sich die himmlische Liebe nicht auf die romantische Zuneigung von Mann und Frau, sondern umfasse auch die Liebe zu den Angehörigen. Dementsprechend gilt die Familie, nicht die Paarbeziehung, als der wahre Ort himmlischer Liebe. Die Theologen werden nicht müde zu erörtern, wie die Ehe im Himmel fortgeführt werden kann, obwohl das Neue Testament dieser Vorstellung widerspricht. Besonders amerikanische Romane gestalten das von den Theologen entworfene Bild aus. Die Anschaulichkeit ihrer Darstellung erinnert an Swedenborg, aber die Betonung bürgerlicher Häuslichkeit lenkt nun den Blick von der Paarbeziehung auf die sich im Jenseits wiederfindende Familie.

Vorläufer der Romantik: Milton und Swedenborg

Die romantische Auffassung von der Liebe im Himmel beruht auf dem Glauben an die Ewigkeit menschlicher Zuneigung. Wie schon im vorigen Kapitel ausgeführt, taucht dieser Gedanke in Theologie und Literatur des 17. und 18. Jahrhunderts auf. Swedenborgs Beschreibung des ehelichen Lebens in der anderen Welt erinnert an John Milton, Henry More und Jean-Jacques Rousseau. Die Hochschätzung der ehelichen Liebe im Puritanismus, die von der Aufklärung vertretene Idee der Humanität und das Aufkommen volkstümlicher, sentimentaler Romanliteratur ließen die Vorstellung entstehen, daß menschliche Liebe nicht nur eine diesseitige, irdische Angelegenheit sei. So müssen wir noch einmal zum ausgehenden 17. Jahrhundert zurückkehren, in die Zeit, in der ein schon erblindeter John Milton (1608–1674) sein Meisterwerk *Das verlorene Paradies* (1667) veröffentlichte. Von der Liebe, die sich Geschöpfe im Himmel schenken, hatte vor Milton niemand so eindringlich geschrieben wie er. Noch Swedenborg steht ganz im Bann des Dichters. Bis zur Mitte des 19. Jahrhunderts hatte sich die neue Sicht so weit durchgesetzt, daß nicht nur romantische Dichtung, sondern auch Theologie sowie sentimentale und volkstümliche Literatur von Liebe im Jenseits sprachen.

Im *Verlorenen Paradies* stellt Milton seinen Lesern zwei vollkommene Welten vor: den Himmel Gottes und das Paradies des eben erst erschaffenen menschlichen Paares. Miltons Himmel verbindet die von Glanz erfüllte Stadt der Offenbarung des Johannes mit der reinen Lichtwelt des scholastischen Empyreums. Dort wird Gott von den Scharen der Engel angebetet. Da der Himmel des *Verlorenen Paradieses* älter ist als die Erschaffung der Erde und der Menschen und damit auch älter als die Entstehung des Todes, kann nichts die Aufmerksamkeit von Gott ablenken. Nichts Menschliches beeinträchtigt die Vollkommenheit von Gottes Wohnort. Miltons Himmel ist der theozentrische Himmel der puritanischen Frömmigkeit.[2]

Adams und Evas irdisches Paradies ist durch viele Welten und den weiten Raum des Äthers vom Himmelreich getrennt. Milton beschreibt Eden als einen Garten mit duftenden Blumen, herrlichen Obstbäumen, weichen Rasenflächen und einem wasserspendenden Brunnen. Da das Paradies die Heimat des Menschen sein soll, beschreibt es der Dichter als einen Ort der Wärme und Geborgenheit, die dem Himmel Gottes und der Engel fehlen. Während die himmlische Lichtwelt Ort der Auseinandersetzung zwischen guten und bösen Engeln ist, bleibt der Garten Eden eine Welt bukolischer Idylle.[3]

Miltons Nebeneinander von Engelshimmel und irdischem Paradies spiegelt Gedankengut wider, das uns in Renaissance-Darstellungen des Jüngsten Gerichts begegnet ist. Fra Angelicos »Jüngstes Gericht« enthält sowohl einen theozentrischen Himmel als auch ein für Menschen bestimmtes Paradies. Das Motiv des Brunnens findet sich in den Paradiesgärten von Bosch, Bouts und Bellegambe. Hatte schon die Renaissance die Bilder von Himmelsstadt und Paradiesgarten verknüpft, so verstärkte Milton diese Verbindung noch. Für ihn ist der Himmel nicht nur das im ewigen Lichtglanz erstrahlende Reich Gottes und der Engel, sondern gleichzeitig der Urgrund irdischen Lebens. »Doch ist nicht vielleicht die Erde nur des Himmels Schattenbild, ihm ähnlicher, als man auf Erden denkt?« lautet die rhetorische Frage, die Miltons Engel Raphael an Adam stellt. Obwohl der Dichter auf der räumlichen Distanz von Himmel und Erde besteht, betont er die große Ähnlichkeit beider Bereiche. Die Wonnen des Himmels sind denen des neugeschaffenen Paradieses eng verwandt. Unter Engeln gibt es dieselben Freuden – auch die der Liebe – wie bei Adam und Eva. Die Gemeinschaft der Engel »ergötzt mit ihrer reizenden Musik selbst Gottes Ohr«. Ihr liebster Aufenthaltsort ist der Himmelsgarten: »Auf Blumen ruhend, frisch das Haupt umkränzt, genossen sie in wonniger Gemeinschaft das Mahl Unsterblicher.« Gehen die Engel nicht ihrem liturgischen Dienst nach, dann schlagen sie ihr Lager auf »am Gestade lebend'gen

Wassers, unter Lebensbäumen« und ruhen »von Kühlung ange-
haucht«. Den Engeln gleich ruhen auch Adam und Eva »hingelehnt auf das mit Blumen buntgestickte Moos«, essen Früchte und
ergötzen sich am anmutigen Spiel der Tiere. Aus Miltons Beschreibung des Lebens der Engel geht hervor, daß das bukolische Paradies von Adam und Eva ein Gegenstück im Himmel besitzt. Der
Dichter stattet Himmel und Erde in gleicher Weise mit einer idea-
lisierten Natur aus, deren Schönheit die Engel und das erste
Menschenpaar in ihren Bann schlägt. Der Himmel des Dichters ist
nicht nur das leere Empyreum der Scholastik.[4]

Während die idealisierte natürliche Umgebung der Engel und
des ersten Menschenpaares biblischer Überlieferung entspricht,
gilt das nicht für die sinnliche Liebe im Paradies. Sie ist ohne
Vorbild. Schon bald nach ihrer Ankunft in Eden schmückt Eva ihr
eheliches Lager mit Blumen, Girlanden und wohlriechenden
Kräutern. Hand in Hand zieht sich das Paar in die Liebeslaube
zurück, und »nicht wandte sich, mich dünkt, von seiner schönen
Gattin Adam ab, noch weigert' Eva den Geheimnisdienst ehlicher
Liebe«. Als Adam später mit Raphael spricht, gesteht er ihm die
tiefe Leidenschaft, die ihn dabei überkam. Miltons Leser erfährt,
daß der Beischlaf rein und unschuldig war, wie es der wahren
Natur bräutlicher Liebe entspricht. Keine unreine Begierde, kein
leerer, flüchtiger Sinnenrausch beeinträchtigte die Vollkommenheit ehelicher Liebe.[5]

Daß das Beilager im Paradies vor dem Sündenfall einen festen
Platz hatte und dort ebenso durchgeführt wurde wie bei uns, ist
eine von Milton selbst entwickelte Vorstellung. Während etwa Augustinus zwar die Möglichkeit zum Beischlaf einräumt, aber
meint, er sei nicht vollzogen worden, schildert uns Milton die
sinnlichen Freuden in aller Deutlichkeit. Dabei gilt die Zuneigung
zwischen Adam und Eva nicht nur als Symbol für Gottes Liebe
zum Menschen. Die geistige und körperliche Liebe Adams und
Evas beruht nicht auf ihrer Gottesbeziehung, sondern auf
menschlicher Gemeinschaft und Partnerschaft. Ihre Beziehung
bedeutet Freude, Geborgenheit und Zärtlichkeit. Für Milton war
die Liebe Edens frei vom Zwillingsübel der Begierde und der
Selbstliebe, aber voll von ehelicher Liebkosung. In der ursprünglichen, vollkommenen Welt der Schöpfung herrschte eine gren-
zenlose Liebe zwischen Mann und Frau, und diese Liebe bildete
die Grundlage ihrer göttlichen Ehe.[6]

Durch die Intensität seiner Gefühle für Eva verwirrt, fragt Adam, was das Wesen der Liebe sei. Sein Lehrmeister, der Erzengel Raphael, versichert ihm, seine Zuneigung zu Eva sei gerechtfertigt, denn »zu lieben ziemt dir: doch in Leidenschaft besteht die wahre Liebe nicht. Die Liebe veredelt die Gedanken, schwellt das Herz; sie ruht in der Vernunft und ist die Leiter, auf der du, nicht in Sinnenlust versenkt, zur Himmelsliebe steigen kannst.« Weder ein Ventil für tierische Begierden noch ein Mittel, das lediglich der Fortpflanzung dient, hat eheliche Zärtlichkeit erlösenden Charakter. Wenn geschlechtliche Freuden und eheliche Freundschaft dem Sündenfall vorausgingen, dann darf man vermuten, daß auch dem wiedererlangten Paradies – dem christlichen Himmel – die Freuden menschlicher Liebe nicht fremd sind.[7]

Allerdings erlaubte sich Milton keine Spekulationen über die Existenz menschlicher Liebe im ewigen Leben. Als Anhänger des Mortalismus – einer Lehre, der zufolge der Mensch zwischen seinem Tod und der allgemeinen Auferstehung nicht existiert – konnte Milton die Seele nicht unmittelbar nach dem Tod mit ihrem geliebten Partner vereinigen. Dennoch gibt es sinnliche Liebe im Himmel. Nach dem *Verlorenen Paradies* kennen die Engel eine Liebe, die der Adams und Evas gleicht. Als der verwirrte Adam wissen will, wie die Liebe zum Himmel führt, erkundigt er sich auch nach dem Wesen himmlischer Sinnlichkeit. Er fragt nicht, *ob* Engel lieben, sondern *wie* – »im Blicken einzig, oder mischen sie mit wirklicher Berührung ihren Glanz?« Raphael lächelt und errötet. »Erglühend in des Himmels Rosenrot, der Liebe eigner Farbe«, zögert er nicht mit der Antwort:

> Genüge dir, daß du uns selig weißt;
> Und ohne Liebe – keine Seligkeit!
> Was immer rein du körperlich genießest
> (erschaffen wardst du rein), genießen wir
> In höherem Grade, ungehemmt und frei
> Von körperlichen Schranken. Leichter noch
> Als Luft mit Luft umarmen Geister sich.
> Wenn Reines mit dem Reinen sich durchdringt,
> Braucht's nicht Vermittlung, wie wenn Leib mit Leib
> Und Seele sich mit Seele mischen will.

Begeistert spricht Edward LeComte von einem »übermenschlichen, vielgestaltigen, zweigeschlechtlichen Beischlaf, bei dem in höchster Liebe zwei Seelen miteinander verschmelzen«. Die von

Raphael beschriebene Liebesvereinigung übersteigt das Menschenmögliche, weil das himmlische Paar nicht den Beschränkungen des Leibes unterliegt. Irgendwie, so meint Adam, müssen die Engel als vollkommene Wesen doch dieselben Gefühle haben, die er für Eva empfindet. Die Erfahrung der Liebe verbindet den Himmel und das irdische Paradies.[8]

Auf seinen Reisen nach Oxford hat der junge Swedenborg zweifellos Miltons Werk kennengelernt. Offenbar greift er viele Gedanken Miltons über den Himmel auf und arbeitet sie aus. Dabei verknüpft er die beiden vollkommenen Welten des Dichters – Himmel und Paradies –, um daraus einen einzigen Himmel als Ort des ewigen Lebens zu gestalten. Er vermenschlicht den Himmel der Engel und vergöttlicht Adams und Evas Paradies. Dementsprechend werden Miltons Engel völlig vermenschlicht. Nicht nur, daß sie essen, spielen und den Beischlaf vollziehen *wie* Menschen; sie *sind* auch Menschen. Obwohl es Adam und Eva im Paradies nicht vergönnt war, eine reiche Aktivität zu entfalten, läßt sie Milton zahlreiche Arbeiten verrichten. Sie düngen die Pflanzen des Gartens und beseitigen den Wildwuchs. »Dem Menschen ist sein täglich Werk gesetzt für Leib wie Geist; dies zeugt von seiner Würde«, ist die Erklärung, die Milton durch Adam gibt. Wie Milton keinen Müßiggang in Eden duldet, so lehnt auch Swedenborg ewige Untätigkeit im Himmel ab. Auch darin Swedenborgs Himmel gleich, kennt das *Verlorene Paradies* Wachstum, Vielfalt, Wandel und Liebe.[9]

Für den unglücklich verheirateten Milton wie für den unverheirateten Swedenborg gelten Gemeinschaft und geschlechtliche Partnerschaft als wesentliche Bestandteile der Glückseligkeit in einer vollkommenen Welt. Mehr als nur ein Symbol für die Gottesliebe der Seele, gehört die Ehe zur menschlichen Natur selbst. Beide Autoren stützen sich auf den Bericht der Genesis von der ursprünglichen Einheit von Mann und Frau und ihrer schließlichen Vereinigung in der Ehe, in der die zwei wieder »ein Fleisch« werden (Gen 2,24). Während Swedenborg sogar Hochzeiten im Himmel beschreibt und so der Liebe wiedervereinigter Seelen eine institutionelle Form verleiht, waren Adam und Eva nach Milton durch göttliche Vorsehung füreinander bestimmt. Beide Theologen verstehen die eheliche Liebe in einer vollkommenen Welt als frei von Begierde, Schuld oder – wie Swedenborg schreibt – »Traurigkeit«. Milton läßt das Liebesspiel des Urpaares erst nach dem

Sündenfall in einem »wüsten Schlaf« enden, »der sie mit bösen Träumen ängstigte«. In Swedenborgs Himmel ist Liebe keine so kurzlebige Angelegenheit wie in Miltons Paradies; sie ist die ewige Liebe der Engel, in der »Reines mit dem Reinen sich durchdringt«.[10]

Wir dürfen freilich nicht vergessen, daß Miltons Adam und Eva das Paradies gerade wegen ihrer übermäßigen Zuneigung zueinander verlassen müssen. Eva braucht Adam zum Essen des Apfels nicht zu verführen; er ißt davon freiwillig, aus Liebe zu ihr. Hat sie von der verbotenen Frucht gekostet, dann hat sie den Tod verdient. Adam weiß das sehr wohl. »Unzertrennlich sind wir eins«, klagt er, »ein Leib; mich selbst verlör ich drum, verlör ich dich!« Die natürliche Bindung ist stärker als der Wille, sich Gottes Gebot zu unterwerfen. So liegt Adams Sünde nicht in seinem Gehorsam gegenüber der Frau, sondern darin, daß er seiner Liebe zu ihr den Vorrang vor der Gottesliebe einräumt. Adam und Eva wurden zu dem Gedanken verleitet, menschliche Liebe sei wertvoller als die Liebe zu Gott.[11]

Fest verwurzelt im theozentrischen Protestantismus, verwarf Milton die Vorstellung, menschliche Zuneigung könne die Liebe zu Gott übertreffen und verdrängen. Wie andere Autoren des 17. und 18. Jahrhunderts stellte er Gott in den Mittelpunkt des Himmels. Da ihn aber die Einführung menschlicher Liebe in den Himmel von theozentrisch orientierten protestantischen Theologen wie Baxter und Wesley unterscheidet, setzt mit ihm die Entwicklung einer anthropozentrischen Jenseitsvorstellung ein. Das *Verlorene Paradies* und sein Echo in Swedenborgs Werk bereiten das romantische Verständnis des ewigen Lebens vor. Hier deutet sich schon an, was das 19. Jahrhundert über die Liebe im Himmel zu sagen weiß.

Zusammenführung der Liebenden

Die Vorläufer der romantischen Sicht des Himmels hielten noch an Gottes unbeschränkter Herrschaft über Himmel und Erde fest. *Menschliche* Liebe im Himmel konnte keinen großen Stellenwert erhalten, weil allein Liebe und Erkenntnis *Gottes* als das höchste Ziel der menschlichen Existenz galten. Milton und Swedenborg teilten diese Überzeugung mit der mittelalterlichen Scholastik des

Thomas von Aquin und vielen katholischen und protestantischen Autoren der frühen Neuzeit. Unter dem immer stärker werdenden Einfluß der romantischen Liebesidee verschob sich im 17. und 18. Jahrhundert das Interesse von der Gottes- zur Menschenliebe. Miltons und Swedenborgs Entwurf einer umfassenden Mythologie der Liebe trugen zu dieser Entwicklung bei. (Mythologie bedeutet in diesem Zusammenhang eine Leitidee, die der sozialen Welt Ordnung und Bedeutung verleiht.)

Nach dem Liebesmythos, der das Bild des Himmels bestimmt, verbinden sich in einer vollkommenen Welt (Miltons Paradies, Swedenborgs Himmel) Mann und Frau, um miteinander Freundschaft zu pflegen und eheliches Glück zu erfahren. Mann und Frau gelten nicht als verschiedenartige, in sich vollständige menschliche Wesen, sondern als die beiden Teile einer ursprünglichen Einheit. Durch die Erzählung von der Erschaffung Evas aus der Seite Adams kam die jüdisch-christliche Überlieferung dieser Sicht entgegen. Wenn sich Mann und Frau finden, wird die Einheit wiederhergestellt. Auch auf die klassische Überlieferung konnte man sich berufen. In Platons *Symposion* erinnert der Komödiendichter Aristophanes an den Mythos, nach dem Mann und Frau, einst ein ganzes Wesen bildend, tragisch auseinandergerissen wurden. Liebe sei ihrem Wesen nach das Verlangen nach der fehlenden Hälfte. Obwohl Platon Einspruch erhob und meinte, wir strebten nach Einheit mit der Idee des Guten und nicht nach Vereinigung mit unserer verlorenen Hälfte, gab man Aristophanes recht. Infolgedessen galt die Liebe zwischen den Geschlechtern nicht als eine beiläufige Folge des Sündenfalls, der den Tod und die Notwendigkeit der Vermehrung mit sich brachte; vielmehr war sie älter als der göttliche Fluch. Als Gott den Menschen aus der vollkommenen Welt des Paradieses verstoßen hatte, war solche Liebe nicht mehr möglich. Nach dem Sündenfall konnte niemand mehr die Liebe in der von Gott vorgesehenen Weise erfahren. Nur in einem von Sünde völlig freien Zustand könnte die Liebe wieder ihre volle Bedeutung erhalten. Während es Milton noch ablehnte, über die Wiederherstellung paradiesischer Liebe zu spekulieren, kannten romantische Autoren eine solche Zurückhaltung nicht. Sie erklärten, daß die Gerechten nach dem Tode die vollkommene Liebe wiedergewinnen würden.[12]

Während des 19. Jahrhunderts fand dieser Mythos ein starkes Echo im Denken bekannter und unbekannter Autoren. Die heute berühmten Texte, Stiche und Zeichnungen des Londoner Künstlers und Visionärs William Blake (1757–1827) waren nur einer kleinen Gruppe von Gönnern bekannt. Blakes Kunst offenbart ein tiefes Verständnis für die Liebe im Jenseits. Sein Interesse an diesem Thema ist, wenn auch nicht ausschließlich, auf seine Begegnung mit dem Denken Swedenborgs zurückzuführen.

Im Jahre 1789 besuchten Blake und seine Frau Catherine die erste Jahresversammlung der neu gegründeten swedenborgianischen Kirche des Neuen Jerusalem und trugen ihre Namen in das Protokollbuch ein. Blake besaß mindestens drei Bücher Swedenborgs, die er mit Notizen versah; vermutlich las er noch weitere. In der Philosophie des schwedischen Visionärs fand er vieles, was ihn anzog: den Blick auf die innere, geistige Seite des Lebens, die Ablehnung der Lehre von der göttlichen Vorherbestimmung, die Verurteilung der Sklaverei. Allerdings führte die Verwandlung von Swedenborgs Visionen in die Lehre einer Religion dazu, daß Blake die Neue Kirche 1790 oder 1791 wieder verließ. In der *Vermählung von Himmel und Hölle* (1790/93) parodierte er Swedenborgs »denkwürdige Erlebnisse« durch seine »denkwürdigen Phantasien« und bezichtigte den Visionär, »alle alten Lügen« zu wiederholen. Zu Beginn des 19. Jahrhunderts war Blake jedoch wieder bereit, Swedenborgs Gedanken in seinen Schriften und in seiner Kunst aufzugreifen. 1809 schrieb er in seinem *Descriptive Catalogue*, eines seiner Gemälde (das nicht mehr erhalten ist) stelle eine Vision Swedenborgs dar. »Die Werke dieses Visionärs«, versichert er, »verdienen die Beachtung von Malern und Dichtern; sie sind Grundlage großer Dinge.« In Blakes letztem Lebensabschnitt standen seine Dichtung und Kunst unter starkem Einfluß von Swedenborgs Denken, doch niemals so, daß seine eigene Weltsicht verlorenging. Blakes Eigenständigkeit blieb in einer Dichtung erhalten, die Swedenborg an poetischem Schwung weit übertrifft.[13]

In den ersten Jahren des 19. Jahrhunderts begann Blake, eine Reihe von Zeichnungen und Aquarellen zu entwerfen, die als Vorstudien zu einem großen Temperabild des Jüngsten Gerichts dienten. Zwar ist dieses Gemälde nicht mehr erhalten, aber mehrere Skizzen lassen erkennen, wie sich Blake die Errichtung des Himmelreiches dachte. In seinem »Jüngsten Gericht« verbinden sich, wie in seinem ganzen Schaffen, traditionelle christliche Vorstellungen mit eigenständiger Blakescher Theologie. Obwohl wir keinen genauen Begriff davon haben, wie er sich das Leben im

Himmel vorstellte, lassen sich doch gewisse grundlegende Themen erkennen. Für Blake war das Jüngste Gericht nicht das die Menschheitsgeschichte abschließende Ereignis, das mit Furcht und Zittern erwartet wird. Im Weltgericht »werden alle verworfen, die den Glauben beschweren mit Fragen nach Gut und Böse oder dem Essen vom Baum der Erkenntnis oder mit Gedankengängen, welche die Schau Gottes behindern – sie alle kommen in ein verzehrendes Feuer«. So kommt es zur Trennung der Unverständigen von den Verständigen – jenen, die Blakes Sicht von Kunst, Vision, Sittlichkeit und Gesellschaft teilen. Ewige Wahrheiten und Ideale werden die zeitliche und endliche Schöpfung ersetzen. »Die Welt der Vorstellung«, die nach Blake zugleich in dieser Welt und im Jenseits besteht, »ist die ewige Welt; sie ist der göttliche Schoß, in den wir alle zurückkehren werden nach dem Tod des organischen Körpers«. Unsere Welt, »ein organischer Spiegel der Natur«, spiegelt die platonische ewige Welt des »bleibenden Wesens von allem«. Es ist jedoch falsch zu meinen, das Ewige trete nur ein einziges Mal an die Stelle des Zeitlichen, nämlich am Ende der Zeiten. Für Blake wiederholt sich das göttliche Gericht ständig und betrifft den einzelnen. »Immer wenn ein Mensch Irrtum zurückweist und Wahrheit bejaht, geschieht ein Jüngstes Gericht für ihn«, heißt es bei ihm.[14]

Für Blake ist das Gericht »weder Fabel noch Allegorie, sondern Vision, (...) eine Darstellung des ewigen, wirklichen und unveränderlichen Seins«. Was er malte, war seinem Notizbuch zufolge eine seiner »gewaltigen Visionen«. Die Stiche zeigen seine Vision vom Verbrennen des Irrtums; es geht um Reinigung, nicht um Gericht und Verurteilung. Wie bei Michelangelo gibt es hier keinen vergeltenden Christus, der die Bösen in die Hölle verbannt und die Erwählten ins Paradies einläßt. Christus, den Blake vom grausamen Gottvater unterscheidet, schaut nur zu, wie die Seelen entweder Qual oder Erleichterung empfinden. Nur jene, die ihrem innersten Wesen nach töricht oder feige sind und zu schwach, »um Irrtum zurückzuweisen« auf »Anraten eines Freundes oder durch die unmittelbare Eingebung Gottes«, nur sie gelten als verloren. Sobald die Falschheit und Selbstgerechtigkeit ihrer irdischen Existenz vernichtet ist, wird die ganze Schlechtigkeit dieser Seelen offenbar. Die Hände gefesselt, angekettet, die Leiber verdreht, Paare im erfolglosen Versuch, zueinander zu gelangen: so führt uns Blake ihre Qual vor Augen.[15]

Abb. 49: W. Blake, Das Jüngste Gericht

Auf der linken Seite erkennt man dagegen zahlreiche Paare, denen es gelungen ist, wieder zueinander zu finden (*Abb.* 49). In der
Skizze von 1806 küssen und umarmen sie einander. Blake zeichnet
nur Köpfe, Arme und Schultern; das genügt, um ihre innige Liebe
anschaulich zu machen. Eine Frau schwebt nach unten, um einen
Mann in die Arme zu schließen, so daß die beiden eine einzige,
langgestreckte Gestalt bilden. Zwei sich umarmende Kinder werden von einem weiteren Paar in den ausgestreckten Armen gehal-

Abb. 50: W. Blake, Vision des Jüngsten Gerichts

ten. Solche Motive kehren in den Radierungen ständig wieder. Auf dem 1808 entstandenen Blatt schmiegt sich ein Paar eng aneinander, wobei die Frau den Kopf des Mannes zärtlich berührt, während er seine Hand auf ihr Gesäß legt (*Abb. 50*). Nur in der oberen Hälfte der Darstellung, näher am Thron Christi, wenden sich die Auferstandenen dem göttlichen Zentrum zu. Aber auch hier erlaubt ihnen Blake, dicht beieinander zu stehen, wenn sie Christus mit erhobenen Armen begrüßen.

In einem 1808 geschriebenen Brief gibt Blake eine ziemlich orthodoxe Deutung seines Jüngsten Gerichts (*Abb. 51*). Zur Unsterblichkeit geboren, entsteigen die Seligen der Enge ihrer Gräber. »Eltern und Kinder, Männer und Frauen umarmen einander und erheben sich. Jubelnd rufen sie einander zu, daß nun das Neue Jerusalem bereit ist, auf die Erde herabzusteigen.« Einander in den Armen haltend, schweben sie empor und begrüßen »das Lamm,

Abb. 51: W. Blake, Vision des Jüngsten Gerichts

das in den Wolken kommt in großer Macht und Herrlichkeit«. Blake gibt diese herkömmliche Deutung vermutlich nur aus Rücksicht auf seine adelige Auftraggeberin, die Gräfin von Egremont, und das Glaubensbewußtsein seiner Zeit.[16]

In Blakes Notizbuch findet sich eine radikalere Deutung. Beim Schall der Trompete »wird ein junges Paar von seinen Kindern geweckt; ein alter Patriarch wird von seiner alten Frau geweckt.

Das ist Albion, unser Ahnherr, der Vater des atlantischen Erdteils.« Die Greisin ist »Brittanica, Albions Weib; Jerusalem ist ihre Tochter«. Vom grünen Feld der Seligen erheben sich »etliche Paare voller Freude, umarmen sich und steigen auf, um in die Ewigkeit einzugehen«. Wie bei Swedenborg stehen die Paare für besondere Ideen: die »Kräfte des Menschen«, »die Gelehrten und Weisen Griechenlands« und »die Kinder Abrahams«. Blake verweist auf ein bestimmtes Paar und erläutert in seiner glänzenden Prosa: »Eine Frau steigt zu ihrem Geliebten oder Mann herab; sie steht für jene Liebe, die Freundschaft heißt und keinen anderen Himmel sucht als den geliebten Partner. Wie ein ewiger Diamant faßt er alles Licht in sich zusammen.«[17]

Menschliche Paare, die einander in Zärtlichkeit begegnen, sind Blakes höchstes Ideal. Für den Betrachter verbindet sich im umarmenden Paar die abstrakte Idee von Liebe und Freundschaft mit den irdischen Gefühlen von Zuneigung und Zusammengehörigkeit. Obwohl die Seelen »im Paradies (. . .) keinen materiellen und sterblichen Leib besitzen«, verlieren sie weder ihre Liebe noch ihre Leidenschaft. Sobald sie in das Reich der Ewigkeit eingehen, streifen sie nur das Zeitliche und Unbeständige ab – den materiellen, irdischen Leib. Die Leidenschaft muß erhalten bleiben, denn sie ist nach Blake die Voraussetzung für Verstand und Liebe. Menschen »werden nicht in den Himmel aufgenommen, weil sie ihre Leidenschaften gezügelt und beherrscht haben oder gar keine besitzen«, wie ein irregeführter Christ meinen mag; vielmehr werden sie gerettet, »weil sie ihren Verstand gepflegt haben«. Nach Blake »sind die Schätze des Himmels nicht abgelehnte Leidenschaften, sondern Wirklichkeiten des Verstandes, aus denen alle Leidenschaft hervorgeht, in unbeeinträchtigter, ewiger Herrlichkeit«. Er verurteilt jene, die ihre eigenen Triebe verleugnen und die anderer Menschen zu unterdrücken suchen.[18]

Wie Swedenborg, so ist auch Blake in seiner Sicht der himmlischen Liebe von Milton abhängig. Seine Darstellung der »Liebkosung« von Adam und Eva im Garten Eden entspricht Miltons Auffassung von der vollkommenen Liebe (*Abb.* 52). Blake zeigt uns, wie sich Adam und Eva in einer Liebeslaube küssen; ihre nackten Körper stattet er mit herrlicher Muskulatur aus. Das Paar kennt weder Scham noch Hemmungen. Ihre Liebe ist vollkommen wie das Paradies; Satan kann nur neidisch zusehen. Wie für Milton und Swedenborg, so ist auch für Blake die wahre Liebe von

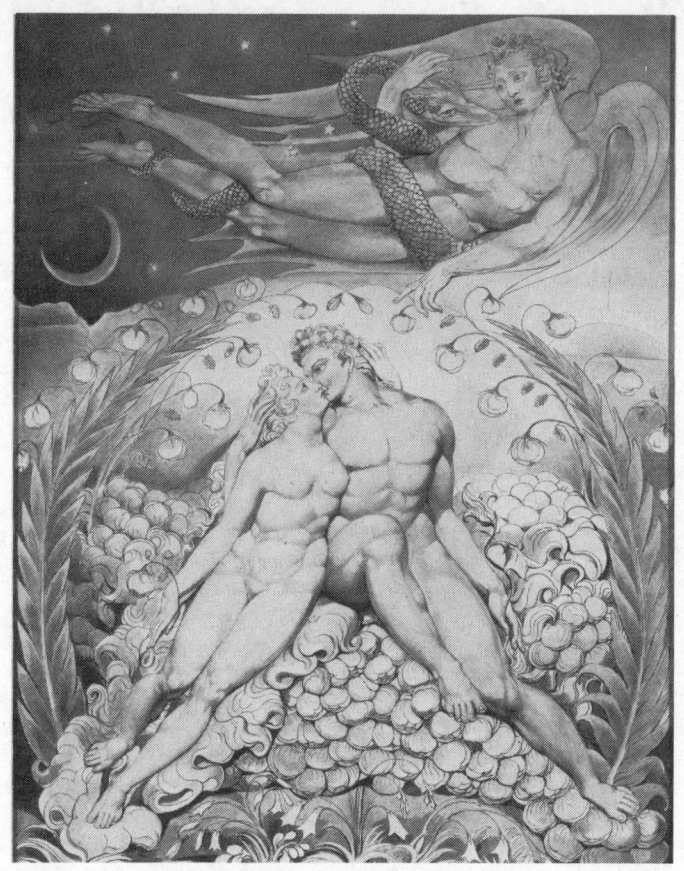

Abb. 52: W. Blake, Satan, Adam und Eva betrachtend

der fleischlichen, körperlichen und »vegetativen« Begierde verschieden, die dem Zeitlichen und Endlichen zugehört. Freundschaft und Liebe sind wie ein »ewiger Diamant« und haben daher einen rechtmäßigen Platz im Himmel.

Blake legt Wert darauf, sein Jüngstes Gericht nicht als Fabel oder Allegorie, sondern als »Vision oder Imagination« zu verstehen, als »Darstellung des ewigen, wirklichen und unveränderlichen

Abb. 53: W. Blake, Die Wiedervereinigung von Leib und Seele

Seins«. Paare, die nach dem Tode zusammengeführt werden, sind
für Blake vielschichtige Symbole. Einerseits stellen sie die Gestalten jenes durchdachten Dramas dar, auf das er in seinem Notizbuch hinweist. Andererseits verwendet Blake sich wiederbegeg-
nende Männer und Frauen in einem allgemeineren Sinn jedoch
auch zur Darstellung der Vereinigung von Leib und Seele; so ganz
deutlich in Illustrationen zu *The Grave*, einem 1808 veröffentlichten Gedicht von Robert Blair. Von Louis Schiavonetti in Kup-
fer gestochen, wurden diese Illustrationen bekannter als viele
andere Werke Blakes. In der »Wiedervereinigung von Seele und
Leib« läßt er einen halbnackten Mann die Arme nach einer Frau
ausstrecken, die von oben zu ihm herabschwebt (*Abb.* 53). Sie legt
die Arme um ihn, und ihre Blicke treffen sich. Nach der Beischrift
»schnellt der Leib aus dem Grab hervor, während die Seele aus
einer sich öffnenden Wolke herabsteigt. Mit unvorstellbarer Kraft

Abb. 54: W. Blake, Zusammenführung einer Familie im Himmel

eilen sie einander entgegen. Sie vereinigen sich, um nie mehr aus-
einanderzugehen.« Die Anordnung der beiden Körper erinnert an
die Paare in seinen Darstellungen des Jüngsten Gerichts.[19]
    Da Blakes Zeichnungen nicht nur allegorisch sein wollen, son-
dern die ganze Fülle symbolischer Ausdrucksmöglichkeiten aus-
zuschöpfen beanspruchen, ist auch ihre »wörtliche« Bedeutung
wahr und ewig. Paare, die einander nach dem Tod wiederbegegnen, verkörpern nicht nur die Ewigkeit der Liebe oder die Vereinigung von Leib und Seele. Nach dem Tod werden auch Familien
zusammengeführt. Eine der Illustrationen für Robert Blairs
Grave zeigt tatsächlich die »Zusammenführung einer Familie im
Himmel« (*Abb. 54*). Der Mann umarmt seine Frau mit einer Zärtlichkeit, die, wie ein Kunsthistoriker hervorhebt, »unverkennbar
sinnlichen und ehelichen« Charakter aufweist. Ihre leichte, eng

Abb. 55: W. Blake, Der Tag des Gerichts

anliegende Kleidung verleiht den Körpern eine sinnliche Qualität.
Ähnlich wie bei der »Wiedervereinigung von Seele und Leib« treffen sich die Blicke des Paares. Auch die Kinder umarmen einander.
Ein Knabe hebt begeistert die Arme. Die Szene wird von zwei
Engeln eingerahmt, die in Ehrfurcht zuschauen und deren Flügel
das Paar wie mit einem gotischen Spitzbogen überwölben. Tatsächlich beschreibt Blairs Gedicht keine derartige Familienszene;
das hinderte Blake jedoch nicht, seine Illustration dem Gedicht-

band beizugeben. Auch sein »Tag des Gerichts« – ebenfalls als Illustration eingefügt – zeigt sich umarmende Paare, selbst in der Nähe von Christi Thron (*Abb.* 55). Zwar spricht Blairs Gedicht vom »großen Tag, der die Wiederkehr verheißt«, aber von der Zusammenführung von Paaren verlautet nichts. Solche Wiedervereinigungen gehören zu Blakes Bilderwelt, nicht jedoch zum Vorstellungskreis des heute längst vergessenen Dichters, dessen Werk er illustrierte.[20]

Die menschlichen Körper in Blakes Darstellungen des Jüngsten Gerichts und in den Illustrationen für *The Grave* weisen große Ähnlichkeiten auf. Wie auch sonst in Blakes Kunst erstrahlt der menschliche Körper in seiner ganzen jugendlichen Schönheit. Die Kraft und die Eleganz der Liebespaare verhindern ein nur sentimentales Verständnis. Auch der intensive Blick, mit dem sich die Augen treffen – bei der Wiedervereinigung von Leib und Seele, bei Mann und Frau, bei Adam und Eva –, führt darüber hinaus. Der Betrachter erfährt etwas von dem, was Blake als die ewige Natur der Dinge ansieht. Die Paare verkörpern eine mystische Verschmelzung – des ersten Mannes mit der ersten Frau, des Leibes mit der Seele, des Liebenden mit der Geliebten. Anders als die mittelalterliche Mystik in ihrer Sehnsucht nach himmlischer Vereinigung mit Gott lenkt Blake unseren Blick auf den Menschen selbst. So sehr Blake am Gedanken der Verschmelzung festhält, so wenig berücksichtigt er den christlichen Gott. Sein Interesse gilt allein dem Ewigen im Menschen. Wenn sich Mann und Frau einander ganz zuwenden, schenken sie dem Göttlichen und Heiligen keine Aufmerksamkeit. Am Rande stehend, richten die Engel ihren Blick auf das Paar, dessen Verbindung sie segnen. Selbst der Teufel bleibt ausgeschlossen, wenn sich Adam und Eva in paradiesischer Liebe vereinigen.

Blakes beharrlicher Gebrauch des Wiedersehensmotivs in seiner Darstellung des Himmels und des Jüngsten Gerichts ist ein früher Beleg für die Neigung des 19. Jahrhunderts, das theozentrische Jenseits der Theologen des 17. und 18. Jahrhunderts abzulehnen. Daß sich der Illustrator Blake um den Wortlaut von Blairs Gedicht *The Grave* nicht kümmerte, haben wir schon gesagt. Um 1820 schuf Blake eine Illustration zu einem anderen längeren Gedicht über den Tod. Um die Mitte des 18. Jahrhunderts entstanden, waren James Herveys *Meditations among the Tombs* das bekannteste Werk der damals verbreiteten Friedhofslyrik. Die Welt ist vergänglich, und der Tod trifft uns jäh und unversehens: mit dieser Botschaft steht Hervey in der asketischen, pessimistischen Tradition der protestantischen und katholischen Theologie. Wiederholt beschreibt das Gedicht, wie Menschen, die mitten im Leben stehen – die Braut vor der Hochzeit, die ein Kind zur Welt bringende Mutter, der Mann bei der Arbeit –, vom Tod überrascht werden und nicht mehr in den erhofften Genuß kommen. Da alles Irdische vergeht, ist auch für die Gerechten nur Gott allein der Inbegriff der Ewigkeit.

Blake widersetzt sich diesem düsteren Pessimismus. In seinem Bild »Kurzfassung von James Herveys Friedhofsmeditationen« stellt er einen Geistlichen in schwarzem Gewand – Hervey – vor eine Vision emporschwebender menschlicher Körper (*Abb.* 56). Er zeigt Hervey die »wirkliche« Geschichte des Lebens nach dem Tod. Wer während einer bestimmten Tätigkeit stirbt, darf diese Blake zufolge im Jenseits fortsetzen: die Braut trifft ihren Bräutigam, die Mutter bringt ihr Kind zur Welt, der Mann geht seiner Arbeit nach. Soziale Beziehungen werden nicht zugunsten der Anschauung Gottes aufgelöst, sondern nach dem Tod wiederaufgenommen. Während Hervey davor warnt, sich irdischen Gefühlen hinzugeben, weil Gott das höchste Ziel sei, entwirft Blake einen »modernen« Himmel, in dem menschlichen Beziehungen ein hoher Stellenwert zukommt. Für ihn bedeutet der Tod nicht das Ende irdischer Tätigkeiten und Verhältnisse. Wie Swedenborg ist auch Blake der Überzeugung, daß nach dem Tod alles weitergeht, was auf Erden eine wahre geistige Bedeutung besaß.

Blakes Kunst stattet die himmlische Liebe mit den hervorstechendsten Eigenschaften der Romantik aus. Dichter und Philosophen dieser Epoche suchten »Gegensätze zu vereinen, das Leben in seiner Widersprüchlichkeit zu erfassen und diese in einer höheren Einheit aufzuheben«. Subjekt und Objekt, Leben und Tod, Männlich und Weiblich, Gut und Böse, glühende Begeisterung und kühle Zurückhaltung: nur Kunst, Literatur und Philosophie vermochten die Vereinigung solcher Gegensätze herbeizuführen. Der Himmel galt als der Ort, wo gegensätzliche Kräfte in vollendeter Weise vereint und aufgehoben sind. Das Gegeneinander von Leben und Tod ist in einem himmlischen Leben aufgelöst, das nicht einfach mit der irdischen Existenz übereinstimmt. Männlich und Weiblich – als allgemeine Prinzipien, aber auch in ihrer menschlichen Verkörperung – gelangen jenseits des Todes zu einer

Abb. 56: W. Blake, Herveys »Meditations among the Tombs«

Einheit und zu gegenseitigem Verständnis. Sind erst alle Schranken gefallen, die ein irdisches Liebespaar zu trennen vermögen, so
kann die Liebe in ihrer reinsten Gestalt erlebt werden. Überhaupt

kann der Hunger nach Liebe, verstanden als das Streben nach Ganzheit, niemals auf Erden gestillt werden. Erst in der Vollkommenheit des Himmels findet alle Sehnsucht ihre Erfüllung.[21]

Furcht vor dem Tod ist unbegründet, weil die Liebe im Jenseits fortdauert. Blake teilt diese Überzeugung mit den Vertretern der deutschen Romantik, die das Thema in ihrer Poesie und Prosa immer wieder behandeln. Obwohl oft als Pornographie abgelehnt, galt Friedrich Schlegels (1772–1829) *Lucinde* schon bald nach ihrem Erscheinen im Jahre 1799 als das Manifest einer Religion der Liebe. In dieser teils romanhaften, teils essayistischen Schrift entwickelt Schlegel seinen (später widerrufenen) Glauben, menschliche Liebe als die Quelle des Guten schlechthin könne die Liebe zu Gott ersetzen. In *Lucinde* wird, wie Irving Singer beobachtet, »menschliche Liebe selbständig; selbst etwas Heiliges, bedarf sie nicht mehr der Absegnung durch eine bestehende Religion«. Die in der körperlichen Vereinigung gipfelnde Liebe wird zum neuen Sakrament. Durch sie »kehrt auch die Natur im Menschen zu ihrer ursprünglichen Göttlichkeit zurück«. Von Milton wurden Adam und Eva noch verurteilt, weil sie menschliche Zuneigung der Liebe zu Gott vorzogen; bei Schlegel dagegen erscheint menschliche Liebe selbst als etwas Göttliches.[22]

Die ungestüme, von Leidenschaft erfüllte Liebe von Julius und Lucinde wird nicht abgewertet; im Gegenteil, ihr wird höchste Anerkennung gezollt. Aber trotz seines Erfolgs in der irdischen Liebe grübelt Julius über die Vervollkommnung nach, die seine Liebe nach dem Tod noch erfahren mag. Er versteht seine Beziehung zu Lucinde als eine »ewige Einheit und Verbindung unserer Geister, nicht bloß für das, was wir diese oder jene Welt nennen, sondern für die eine, wahre, unteilbare, namenlose, unendliche Welt, für unser ganzes ewiges Sein und Leben«. Während Irving Singer diese Vorstellung als »Liebestod« bezeichnet, denken Schlegel und andere deutsche Romantiker eher an die Abfolge von Liebe, Tod und wiederhergestellter Liebe. Für Schlegel bedeutet der Tod weder das völlige Ende noch den Anfang einer abstrakten, mystischen Verschmelzung; vielmehr ist für ihn der christliche Himmel zu einer Heimat für Liebende geworden, die einander wiederfinden. Auf den christlichen Charakter des Jenseits legt Schlegel freilich wenig Wert, denn »die sinnlichen Vorstellungen der Mohammedaner vom Himmel sind die rechten«.[23]

Im Jahre 1794 begegnete ein junger, sensibler Dichter und Philosoph einem zwölfjährigen Mädchen, in das er sich auf der Stelle verliebte. Sie wurden verlobt, doch Sophie erkrankte an Tuberkulose und starb nach drei Jahren. In seinen *Hymnen an die Nacht* schrieb der verzweifelte Dichter, der sich Novalis (1772–1801) nannte, von seiner unerfüllten Liebe. Seine Vorstellungen über das Leben nach dem Tod legte er in einem *Lied der Toten* nieder, das ebenfalls während seiner Trauer um Sophie entstand. An einem Ort, an dem »keine Wunden mehr zu sehen, keine Tränen abzuwischen« sind, sitzen Kinder und Helden, Riesen, holde Frauen und ernste Meister in einer Runde, um ihr Schicksal zu bereden. »Uns ward erst die Liebe Leben«, bekennen sie; »innig wie die Elemente mischen wir des Daseins Fluten, brausend Herz mit Herz«. Im Himmel flüstern sie von Liebe:

> Leiser Wünsche süßes Plaudern
> Hören wir allein, und schauen
> Immerdar in sel'ge Augen,
> Schmecken nichts als Mund und Kuß.
> Alles, was wir nur berühren,
> Wird zu heißen Balsamfrüchten,
> Wird zu weichen zarten Brüsten,
> Opfer kühner Lust.

Obwohl uns Novalis versichert, daß die Toten »tiefgerührt von heil'ger Güte und versenkt in sel'ges Schauen« sind, ist er mehr darauf bedacht, die tätigen Freuden unserer »künftigen Genossen« zu beschreiben. »Immer wächst und blüht Verlangen, am Geliebten festzuhangen«, meint der Dichter:

> Ihn im Innern zu empfangen,
> Eins mit ihm zu sein,
> Seinem Durste nicht zu wehren,
> Sich im Wechsel zu verzehren,
> Voneinander sich zu nähren,
> Voneinander nur allein.

Für Novalis ist die irdische Welt leer und blaß; der »Erdgeist« besitzt nur »erborgtes Licht«, dessen Ursprung im Jenseits liegt. Erst wenn uns der Tod von der Bürde des Diesseits befreit, kann es zu wirklicher Liebe kommen. Bald nachdem Novalis das Gedicht niedergeschrieben hatte, starb auch er an Tuberkulose. Er war erst neunundzwanzig Jahre alt.[24]

Da seine Bezugnahme auf Gott undeutlich bleibt, kann Novalis vom Glück der Liebenden statt von der Seligkeit der Heiligen reden. Das *Lied der Toten* weist überraschende Ähnlichkeit mit einem etwas früher entstandenen Gedicht Friedrich Schillers (1759–1805) auf. Als eifriger Förderer der Neubelebung antiker Dichtung greift Schiller auf die Renaissancetradition der Verknüpfung des Himmels mit dem Elysium und den Inseln der Seligen zurück. Sobald das Elysium betreten wird, gehören Schmerz, Leid, Müdigkeit und Elend der Vergangenheit an. Nun finden sich die Liebenden wieder, »küssen sich auf grünen samtnen Matten, liebgekost vom Balsamwest«. Die Liebe triumphiert über den Tod: »Ihre Krone findet hier die Liebe, / Sicher vor des Todes strengem Hiebe, / Feiert sie ein ewig Hochzeitsfest.«[25]

Die romantischen Vorstellungen von einer Liebe im Jenseits sind auch im Werk Johann Wolfgang Goethes (1749–1832) präsent. Bereits in *Die Leiden des jungen Werthers* (1774) läßt er seinen sich aus Liebe zu der verheirateten Charlotte verzehrenden jugendlichen Helden sagen, nur der Tod könne die Harmonie seiner Seele wiederherstellen, denn erst nach dem Tod könne er mit ihr vereint werden. »Ich gehe voran! gehe zu meinem Vater, zu deinem Vater«, weint der verzweifelte Werther. »Dem will ich's klagen, und er wird mich trösten, bis du kommst, und ich fliege dir entgegen und fasse dich und bleibe bei dir vor dem Angesichte des Unendlichen in ewigen Umarmungen.« Diese Gewißheit – »wir werden sein! wir werden uns wiedersehen!« – ermutigt ihn (und manchen zeitgenössischen Leser des Buches) zum Selbstmord. Goethes tragischer Held ist überzeugt, daß Charlottes Gatte Albert in der anderen Welt keinen Anspruch mehr auf sie besitzt. Der Tod befreit Werther nicht nur von der Qual einer unerwiderten Liebe; er verheißt ihm auch ewige Liebe.[26]

Werthers Glaube an ein Wiedersehen erinnert an Rousseaus *Julie oder die neue Héloïse*. Auch dort endet mit dem irdischen Leben eine sinnlose Ehe, um im Jenseits einem neuen Liebesbund Platz zu machen. Dieses Motiv hat Goethe zeitlebens beschäftigt. Der reife Goethe verwandelt den einfachen Wunsch der Liebenden nach ewigem Liebesgenuß in eine symbolische Aussage über die Ewigkeit. In *Faust II* sind nicht der treue Liebhaber und die Geliebte das wiedervereinigte Paar, sondern der Verführer Faust und das unschuldige, aber gestrauchelte Gretchen. Gretchen hatte als Mörderin ihres unehelichen Kindes hingerichtet werden sollen, war aber durch göttlichen Eingriff der Strafe entgangen. Ihre Liebe zu Faust, nicht ihr religiöser Glaube, rettet sie vor ewiger

Verdammnis und ermöglicht ihre Aufnahme in den Himmel. Auch Faust wird gerettet. In dem Augenblick, als der Teufel Fausts Seele holen will, steigen Engel vom Himmel herab. Ihre knabenhafte Schönheit lenkt den stets lüsternen Mephisto von seinem Opfer ab. Sie entführen Fausts Seele und entkommen mit ihr in den höchsten Himmel. Dort bittet eine Gruppe von Büßerinnen, unter denen sich auch Gretchen befindet, die Gottesmutter, die Seele Fausts aufzunehmen. Als Fausts Seele das Leichentuch abstreift, wird eine jugendliche und herrliche Gestalt sichtbar, bereit, sich von dem durch die Buße gereiften Gretchen belehren zu lassen. Im abschließenden Chor gibt Goethe eine verschlüsselte Deutung:

> Alles Vergängliche
> Ist nur ein Gleichnis;
> Das Unzulängliche,
> Hier wirds Ereignis;
> Das Unbeschreibliche,
> Hier ist es getan;
> Das Ewig-Weibliche
> Zieht uns hinan.[27]

So bleibt Goethe in *Faust II* nicht bei dem Wiedersehensmotiv stehen, das er im *Werther* benutzt hatte. Nach ihrem Tod erscheinen Faust und Gretchen nicht mehr als handelnde Einzelgestalten. Faust sagt in der Schlußszene kein einziges Wort mehr, und Gretchen wird als *una poenitentium* [eine der Büßerinnen] eingeführt. Das Paar verkörpert jetzt philosophische Begriffe: das Ewig-Männliche, dargestellt durch das Streben, die Selbstbehauptung und den amoralischen Individualismus Fausts; das Ewig-Weibliche, vor Augen geführt in der hingebenden Liebe, bereitwilligen Selbstaufopferung und vollendeten Schönheit Gretchens. In einer vollkommenen Welt bilden diese beiden Prinzipien eine unauflösliche Einheit. Goethe verwirft jeden Begriff der Sittlichkeit, der geeignet wäre, das Paar zu verurteilen. Bereit, herkömmliche christliche Vorstellungen aufzugeben oder umzuformen, ersetzt er den patriarchalischen Gott der Tradition durch eine glorreiche Matriarchin. Die barocke Vorstellung von Mariä Aufnahme in einen männlich geprägten Himmel wird zu Fausts Himmelfahrt, die ihn in ein weibliches Jenseits führt. Ewiges Heil wird nicht durch Vermeidung von Sünde erlangt, sondern durch Streben und Lieben, verkörpert durch Faust und Gretchen.[28]

Auch die Dichter der englischen Romantik beschreiben einen

Himmel, in dem die irdische Liebe ans Ziel ihrer Sehnsucht gelangt – allerdings ohne den philosophischen Höhenflug von *Faust II*. In seinem dramatischen Monolog *Der Ring und das Buch* (1868/69) feiert Robert Browning (1812–1889) die erlösende Macht der Liebe und die Vereinigung der Liebenden im Jenseits. Pompilias geldgierige Pflegeeltern verheiraten das erst dreizehnjährige Mädchen mit einem alten italienischen Grafen. Sie erhält von ihm einen Adelstitel, ein Schloß und alle nur denkbaren Annehmlichkeiten; aber sie weiß sehr wohl, mit wem sie es zu tun hat: einem alten Mann mit Hakennase, vergilbter Haut und zottigem Bart. Pompilia hat keine andere Wahl, als in diese Ehe einzuwilligen. Browning läßt sie mit sorgfältig gewählten Worten sagen: »Graf Guido! Nimm dein rechtmäßiges Weib – bis daß der Tod *dich* scheidet!« Die Ehe ist unglücklich. Schließlich verliebt sich die verzweifelte Pompilia in einen katholischen Priester, den sie zunächst nur von weitem sieht. Es kommt zu einer Begegnung mit ihm, der Geburt eines Kindes und der Entdeckung dieser Verbindung durch den Grafen, der Pompilia in seiner Raserei einen tödlichen Hieb versetzt. Auf dem Sterbebett erzählt Pompilia ihre Geschichte. Sie ist davon überzeugt, im Jenseits nichts mit ihrem Gemahl zu tun zu haben, denn dort heiratet man nicht und wird nicht geheiratet, sondern lebt den Engeln gleich. Die irdische Ehe, die weder sie selbst noch ihr Liebhaber genießen dürfen, ist »eine Fälschung, eine schlechte Nachahmung des Unnachahmlichen«. Die Ehe ist etwas Irdisches, Liebe aber gehört zum Himmel, denn »nur im Himmel gibt es das Wirkliche und Wahre und Sichere«, wie die sterbende Pompilia beteuert.[29]

In einem humoristischen Gedicht *An Miss E. P.* (1806) von Lord Byron (1788–1824) finden wir dieselbe Überzeugung: die irdischen Ehebande müssen aufgelöst werden, damit alle in den Genuß der wahren Liebe kommen. Das ist freilich nur im Jenseits möglich. Eine deutsche Nachdichtung gibt Byrons Gedanken folgendermaßen wieder:

> Eliza, wie töricht die Moslems doch sind,
> Die dem Weibe das künftige Leben versagen;
> Sähen dich sie, dann wüßten sie gleich, wie so blind
> Dieser Glauben, und keinem mehr würd er behagen.
> (. . .)
> Seinem Glauben zulieb gibt es Ehen dort nicht:
> Für Männer ist's hart, gegen Fraun ohne Zweifel

Unhöflich, doch recht, wenn es wahr, was man spricht,
Daß Mädchen zwar Engel, doch Weiber oft Teufel.

Byron macht sich einen Spaß daraus, die alte Volksweisheit zu wiederholen: Mädchen sind Engel, Ehefrauen machen einem die Hölle heiß. Für den Lebemann Byron ist die Ehe eine lästige Einrichtung, weil sie Verantwortung für die Familie, finanzielle Verpflichtungen und geschlechtliche Langeweile mit sich bringt. Liebe aber setzt sich über alle Schranken hinweg. Mit dem Tod entfällt der gesellschaftliche Druck, der die Ehe untragbar macht. Die Liebe aber überdauert den Tod, so daß durch sie selbst solche Frauen zu Engeln werden können, die im irdischen Ehealltag Xanthippen waren. Daher müssen im Himmel alle Ehen aufgelöst und durch freie Liebesverhältnisse ersetzt werden. Das Gedicht endet mit einem Lob auf den von Frauen bevölkerten Himmel: »Der Garten Eden würde ohne euch zur Wüste.« In einem späteren Text schlägt Byron ernsthaftere Töne an, aber der Inhalt bleibt unverändert. »Dort ist jenes Land, wo Herz um Herz sich liebend schlingt, wo Seel' mit Seele eng verwandt, aus ew'gen Lebensbächen trinkt.« Auch hier ist der Himmel für die Liebenden bestimmt.[30]

Die amerikanische Lyrikerin Emily Dickinson (1830–1886) verschmähte sowohl die endlosen Liebesabenteuer eines Byron als auch die quälende Langeweile einer konventionellen Ehe. Sie zog es vor, unverheiratet zu bleiben und in ihrem Haus in Massachusetts fast ohne Kontakt zur Außenwelt zu leben. Wie zahlreiche Romantiker des 19. Jahrhunderts glaubte auch sie, daß im Jenseits die im Leben unbefriedigte Sehnsucht nach Liebe gestillt werde. Kenner des rätselhaften Werks von Dickinson meinen, daß sich die Lyrikerin um 1860 in einen »Meister« verliebte, den sie allerdings bald verlor. Diese Liebe bedeutete für sie eine zweite Geburt und wurde zum beherrschenden Thema ihres späteren Werkes. Der uns unbekannte »Meister« gibt ihrem unerfüllten Leben einen Sinn und vermittelt ihr die Hoffnung, ihn nach ihrem Tod wiederzusehen. Jetzt aber sind sie wie Menschen, die sich von Schiffen mit verschiedenen Zielen noch einmal wehmütig zuwinken. Erst nach dem Tod gibt es keine Trennung mehr:

And so when all the time had leaked,
Without external sound
Each bound the Other's Crucifix –
We gave no other Bond –

Sufficient troth, that we shall rise –
Deposed – at length, the Grave –
To that new Marriage,
Justified – through Calvaries of Love.

[Und dann, wenn die Zeit ohne äußeren Lärm zu Ende geht, jeder an des anderen Kreuz gebunden – wir gaben uns kein anderes Versprechen –, so ist das ein ausreichendes Pfand dafür, daß wir auferstehen werden, das Grab abgeschafft, zu jenem neuen Ehebund, der rechtens ist aufgrund von Kalvarien der Liebe.][31]

Schon früh in ihrem Leben lehnt Dickinson die in ihrer calvinistischen Familie und Umgebung herrschende Jenseitsvorstellung ab. Mit dem theozentrischen Himmel der Reformation – »in dem es immer Sonntag ist« – kann sie nichts anfangen. Die gängige Vorstellung vom Himmel als Ruheort erscheint ihr lächerlich. Sie hat nur Spott dafür übrig: »Man braucht so viele Betten. Du und ich und Vinnie und die andere Familie sind da; außerdem die Israeliten und diese Hethiter – das kommt mir reichlich ungereimt vor.« Als unabhängige Persönlichkeit, die sich der calvinistischen Forderung nach Wiedergeburt nicht unterwirft, erwartet sie für sich einen anderen Himmel, einen, der frei bleibt von jenen »Erlösten«, von denen sie verachtet wird, frei aber auch von ihrer Einsamkeit in Neuengland. Dickinson erwartet den romantischen Himmel eines Blake, Novalis und Browning. Aus ihrer Sicht hat sie den Himmel durch das Ausharren in Einsamkeit und unerfüllter Sehnsucht verdient. Von der Ewigkeit erwartet sie Liebe und die Zusammenführung mit ihrem Geliebten.[32]

Für die Dichterin, schreibt Levi St. Armand, »bringt die Erfahrung des Todes den Verlust der biologischen Jungfräulichkeit und der spirituellen Unschuld mit sich. Mit Emily Dickinsons Auferstehung beginnt ihr himmlischer Hochzeitstag.« Tatsächlich versteht sie sich als Kind, das zu beten versucht, das aber in der mitternächtlichen Todesstunde »zum Osten, zum Sieg« gelangt. Der Eintritt in die andere Welt bedeutet nicht die Rückkehr zu kindlicher Unschuld, sondern gerade das Gegenteil. »Bei Tagesanbruch werde ich eine Ehefrau sein«, heißt es in einem Gedicht. Für sie wird das Gesicht ihres Geliebten zum Antlitz Christi:

The »Life that is« will then have been
A thing I never knew –
As Paradise fictitious
Until the Realm of you –

The »Life that is to be«, to me
A Residence too plain
Unless in my Redeemer's face
I recognize your own.

[Das »Leben hier« wird etwas sein, das ich nie kannte, ein erdichtetes Paradies, bis zu kamst. Das »Leben dort« ist mir zu ärmlich, wenn ich im Antlitz meines Erlösers nicht dein eigenes erkennen kann.]

Der Unterschied zwischen göttlicher und menschlicher Liebe ist in Dickinsons Himmel aufgehoben. Das Heilige und das Profane bilden eine Einheit.[33]

Dickinsons Gedichte erinnern an die mystische Sprache der Schriften und Zeichnungen Blakes. Wie Blake, so schuf auch sie eine Symbolwelt, deren volle Bedeutung vielleicht nur sie selbst kannte. Ihre Symbole bilden die Grundlage einer poetischen »Kirche«, der weder Theologie noch Sakramente fehlen. Diese Kirche bedient sich zwar traditioneller christlicher Anschauungen, repräsentiert jedoch ein ausgesprochen romantisches Weltbild. Es beruht auf der Zauberkraft der Sprache, der Sehnsucht nach mystischer Vereinigung und der Vorherrschaft der Liebe. Dickinsons Jenseits ist nicht der häusliche Himmel, wo sich Familien wiederfinden, sondern ein Paradies, in dem zwei Seelen miteinander verschmelzen. Wenn die getrennten Liebenden einander in die Augen blicken, erleben sie die mystische Schau. Dickinsons Beschreibung erinnert an Blake, dessen Liebe »keinen anderen Himmel sucht als den geliebten Partner«, der »wie ein ewiger Diamant« alles Licht zusammenfaßt:

These Fleshless Lovers met –
A Heaven in a Gaze –
A Heaven of Heavens – the Privilege
Of one another's Eyes.

[Diese entleibten Liebenden trafen sich: ein Himmel in einem Blick, ein Himmel der Himmel, jeder mit dem Anrecht auf des anderen Augen.][34]

Bei Dickinson und Blake finden wir eine ausgefeilte Sprache, die es dem Leser erlaubt, sich »das Anrecht auf des anderen Augen« vorzustellen. Der englische präraffaelitische Maler und Dichter Dante Gabriel Rossetti (1828–1882) fand zu einer noch deutlicheren Art der Darstellung. Als Neunzehnjähriger begann er an seinem Gedicht *The Blessed Damozel* (Das selige Mädchen) zu arbeiten, um es bis zur endgültigen Fassung des Jahres 1870 immer

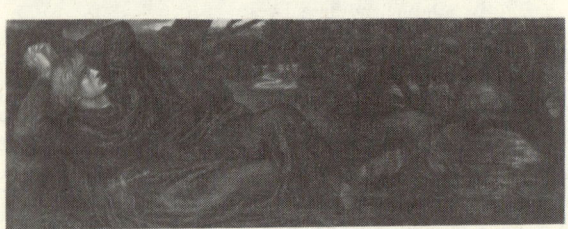

Abb. 57: Rossetti, Das selige Mädchen

wieder umzuschreiben. Im Jahre 1847 – als der erste Entwurf des »seligen Mädchens« entstand – erwarb Rossetti Blakes Notizbuch mit dessen eigenem Kommentar zu seinen Darstellungen des Jüngsten Gerichts. Später sollte Rossettis Bruder William die Werke Blakes herausgeben und an dessen Biographie mitarbeiten.

In den Jahren 1873–79 entstand auch ein Ölbild des seligen Mädchens (*Abb. 57*). Den Gegenstand für Gedicht und Gemälde bildet ein Blakesches Thema: die Zusammenführung von Liebenden im Himmel. Allerdings hatte die *Erwartung* der Vereinigung für Rossetti den größeren poetischen Reiz. »Das selige Mädchen vom Himmel sah, über Brüstung goldgetrieben«, wartend auf die Ankunft des Geliebten. Der Himmel erscheint zunächst nicht als Ort der Seligkeit, sondern als Schranke, die Liebende trennt. »Die Brüstung, worauf sie lehnte, ward vor ihrem Busen warm«, stellt sich Rossetti vor. Das selige Mädchen gleicht nicht den vergeistigten Heiligen des Mittelalters, sondern eher den sinnlichen Bewohnern des Renaissance-Paradieses. »Ihr Haar, das lang zur Schulter fiel, war gelb wie reifes Korn«, und »stille Wasser am Abend sind nicht so tief, als es ihre Augen blieben«. Sie betet um die baldige Ankunft ihres Geliebten, sie lehrt ihn »die Sänge, die ich hier sing«, nimmt ihn an der Hand und führt ihn »in die tiefen Wellen von Licht«.[35]

Die Einsamkeit des seligen Mädchens steht im Gegensatz zum Leben derer, die bereits zusammengeführt wurden:

> Rings um sie fanden sich Liebende zu
> Im ewigen Liebeswort,
> Ihre neuen verzückenden Namen, die
> Sprachen sie immerfort.

Ganz unten in Rossettis Bild, sogar durch einen Rahmen getrennt, sehen wir den irdischen Geliebten daliegen, den Blick nach oben in die Ferne gerichtet. Über ihm sind drei kindliche, mädchenhafte Engel dargestellt; sie schieben sich zwischen ihn und das selige Mädchen, als bewachten sie die Himmelsschranke. Der obere Teil des Bildes wird vom seligen Mädchen selbst eingenommen. Die kräftigen roten Lippen, der lange Hals und das volle, lange Haar entsprechen Rossettis weiblichem Ideal. Ganz oben kann man noch eine Gruppe von Liebespaaren erkennen. Über dem Haupt des seligen Mädchens angeordnet, umarmen und küssen sie sich

Abb. 58: Rossetti, Liebende

und blicken einander liebevoll in die Augen (*Abb.* 58). Im Gedicht
erklärt der irdische Geliebte, nicht das selige Mädchen, die Bedeutung dieser Gesten:

> Ach wohl, du sagst: wir Zwei, wir Zwei!
> Ja, einst warst du und ich
> Vor lang – doch sollte darum Gott
> Auch einen ewiglich
> Die Seele, die deine Seele schien
> Allein aus Liebe für dich?

In der letzten Strophe des Gedichts weint das selige Mädchen. Es
weint, weil seine Seligkeit noch nicht vollkommen ist, weil sich die
»andere Hälfte« seiner Seele noch auf Erden befindet. Nicht Gott,
sondern ein Mann ist die Erfüllung seiner Sehnsucht.[36]

In seinem Gedicht über das »selige Mädchen« schuf Rossetti
eine Gottheit, die nicht durch eine Trinität, sondern eine Vier-
heit – Quaternität – dargestellt wird. Seine heilige Vierfaltigkeit ist
kein in der Ferne bleibendes Wesen, sondern wird von dem
menschlichen Paar unmittelbar erfahren. Gottvater ist ein tiefer
Lichtbrunnen, in dem es »badet«. Die beiden können im Schatten

eines »lebend mystischen Baums« liegen, auf dem sich der Heilige Geist niederläßt. »Jedes Blatt sagt Ihren [der Taube] Namen laut, das sie streift mit Ihrem Flaum«, stellt sich der Dichter vor. Maria ist nicht nur die Mutter Christi, sondern selbst eine göttliche Person. Mit ihren fünf Mägden sitzt sie in einem heiligen Hain und webt aus goldenem Faden Kleider für neu ankommende Seelen. Als Himmelsmutter ergänzt sie die männliche Trinität. Maria liefert aber nicht nur Kleider für ihre himmlischen Kinder; sie hat auch Verständnis für deren romantische Gefühle. »Furchtsam ist er vielleicht und stumm«, überlegt das selige Mädchen, an die Ankunft des Geliebten denkend. Aber mit Marias Hilfe wird es sein Bangen zerstreuen:

> Ihm Wang an Wange trag
> Ich dann all unsre Lieb vor,
> Nicht einmal schwach und zag,
> Und die Liebe Frau wird meinen Stolz
> Ansehn und was ich sag.

Maria führt die beiden »Hand in Hand« zu Christus, der von Engeln umringt ist. Das selige Mädchen, nicht der Geliebte, wendet sich an ihn:

> Dort flehe ich Christus an, den Herrn,
> Für ihn und mich gleich sehr:
> Zu leben wie einst auf Erden, bloß
> In Liebe – ganz nurmehr
> Wie zeitlich eh, so ewig nun
> Zusammen ich und er!

Christus äußert sich zu dieser heiligen Verbindung nicht. Wir dürfen annehmen, daß auch er sie gutheißt.[37]

Rossettis Himmel wird von Frauen beherrscht, die, der bewunderten Beatrice gleich, ihre Männer durch die Welt des Jenseits geleiten. John Byam Shaw (1872–1919) verleiht der dominierenden Stellung der Frau in seinem Bild »Das selige Mädchen« Ausdruck (*Abb.* 59). Hier sehen wir eine Maria mittleren Alters von Sängerinnen umringt. Ihr zu Füßen sitzend, weben ihre fünf Mägde goldene Gewänder. In der himmlischen Schar ist kein männliches Wesen zu entdecken. Das selige Mädchen und ihr Geliebter stehen als Zuschauer ganz am Rande der Szene. Sie halten einander zärtlich an der Hand, doch bleibt er deutlich ein Fremder. Auf seine Führerin angewiesen, steht er am weitesten von

Abb. 59: J. B. Shaw, Das selige Mädchen

Maria entfernt. Shaws Darstellung erinnert an Goethes *Faust II*, wo Gretchen die Seele Fausts zur Mater Gloriosa führt. In einem Himmel, dem ein richtender, patriarchalischer Gott fremd ist, tritt mit der Liebe zugleich das weibliche Element in den Vordergrund.

Die romantischen Dichter und Maler nützen den Spielraum künstlerischer Freiheit aus. Sie würden sofort zugeben, daß ihr Bild des Jenseits nicht den Maßstäben rechtgläubiger Dogmatik entspricht. Ihr Anliegen ist es, den Himmel als die endgültige Lösung irdischer Konflikte und Widersprüche darzustellen. Die Gesellschaft setzt der Liebe Schranken, und selbst die Natur von Mann und Frau steht einer wirklichen Vereinigung der Geschlechter im Wege. Erst nach dem Tod gibt es keine Hindernisse mehr. Die Leistung der Künstler beruht auf ihrer Darstellung der schicksalhaften Trennung der Liebenden und der Andeutung ihrer endgültigen Zusammenführung.

Viele Künstler und Dichter besonders der angelsächsischen Romantik hatten wenig oder keine Beziehung zu den christlichen Kirchen. Das besagt gleichwohl nicht, daß sie von traditionellen religiösen Vorstellungen frei gewesen wären. In ihren Erörterungen bemühten sie sich um die Auseinandersetzung mit dem, was sie als üblichen Glauben ansahen. Sie teilten die christliche Überzeugung, daß das Leben mit dem Tod nicht zu Ende sei. Den Tod faßten sie nicht als Ereignis auf, welches das Schicksal der gerechten Seele besiegelt, sondern als dramatischen Übergang in eine neue, von Liebe erfüllte Existenz. Wie jeder gute Katholik, Methodist oder Anglikaner nahmen auch die Künstler an, irdisches Leben werde durch ein ewiges Leben im Himmel belohnt. Allerdings erhielt das Heil eine neue Deutung. Die eigentliche Erlösung geschah nun nicht mehr durch die heilschaffende Gnade Christi, sondern durch die erneuerte, gesteigerte Erfahrung menschlicher Liebe.

Ein weiterer Unterschied zur traditionellen christlichen Lehre liegt in der Vernachlässigung der richtenden, männlichen Gottheit, die im Mittelpunkt des asketischen und theozentrischen Himmels der Reformbewegungen stand. Die Romantiker konnten an jene theologischen Strömungen der Renaissance und des Barock anknüpfen, die schon versucht hatten, den Himmel zu vermenschlichen. Tatsächlich vollendeten sie die Humanisierung des Himmels, die im 17. und 18. Jahrhundert eingesetzt hatte. Die neue Idee des Jenseits war nicht auf den exzentrischen Blake, die rätselhafte Dickinson und den Sonderling Rossetti beschränkt. Die Sicht der Künstler berührt sich mit den zeitgenössischen Spekulationen protestantischer Theologen über die Ehe im Himmel und den Paradiesen bürgerlicher Häuslichkeit, die wir bei Romanautoren finden. Auch für sie bildet Liebe die Grundlage der himmlischen Existenz. Aus der selbstbezogenen Leidenschaft des Paares wird jedoch die Zuneigung in Ehe und Familie. Der moderne Himmel, in dem soziale Beziehungen von größter Bedeutung sind, ist das Paradies des Dichters, des Predigers und des frommen Gläubigen.

Liebe und Ehe

Während des 19. Jahrhunderts war die protestantische Theologie mit dem Thema der Liebe beschäftigt. Nicht wenige Autoren rechneten mit der Möglichkeit einer Fortdauer von Liebe und Ehe nach dem Tod. Friedrich Schleiermacher (1768–1834) trat für eine Religion der Liebe ein, wie sie in der romantischen Literatur eine große Rolle spielte. Er veröffentlichte eine Reihe fiktiver Briefe zur Verteidigung von Schlegels *Lucinde*. Ähnliche Anschauungen finden wir in seinem Buch *Über die Religion: Reden an die Gebildeten unter ihren Verächtern* (1799). Besonders aufschlußreich ist ein Abschnitt über Adams Gotteserfahrung. Obwohl Adams Paradies auch vor Evas Auftreten herrlich ist, erlaubt es ihm noch keine richtige Gotteserfahrung. Er besitzt kein Gegenüber und damit keine »Welt«, in der sich ihm Göttliches offenbaren kann. Erst nach der Erschaffung Evas und der Entstehung von Liebe und Gemeinschaft vermag Adam Gott zu sehen und zu hören. »Sehnsucht und Liebe, immer erfüllte und immer wieder sich erneuernde, wird ihm zugleich Religion.« Mit den romantischen Dichtern faßt Schleiermacher Liebende als unvollständige Wesen auf, die sich nach ihrer anderen Hälfte sehnen: »Den liebt jeder am zärtlichsten, in dem er alles zusammengedrängt zu finden glaubt, was ihm selbst fehlt, um die [volle] Menschheit auszumachen.« Zwar bleibt Schleiermacher die Idee fremd, menschliche Liebe überdauere den Tod; aber er führt doch romantische Liebe und religiöses Gefühl auf einen gemeinsamen Ursprung zurück.[38]

Die protestantische und katholische Geistlichkeit in Europa

und Amerika war vermutlich weder mit den Feinheiten der Lehre Schleiermachers vertraut noch besonders geneigt, das Gedankengut der Romantik aufzugreifen; aber ihr kann die wachsende Betonung von Liebe und Familie unter den Gläubigen kaum entgangen sein. Die Predigt des 19. Jahrhunderts verläßt die theozentrische Überlieferung der Calvinisten und Jansenisten. Nun werden der Adel der menschlichen Natur, die Heiligkeit der Familie und der Wert christlicher Gemeinschaft betont. In zahlreichen Traktaten ist nachzulesen, daß unser Erinnerungsvermögen im Himmel erhalten bleibt und wir daher unsere Freunde und Familien wiedererkennen werden. Das »Wiedersehen im Himmel«, in Schriften des 18. Jahrhunderts meist nur kurz erwähnt, wird nun ein geläufiger Gegenstand theologischer Abhandlungen.

Amerikanische Prediger, deren Ausbildung auf der Theologie Calvins beruhte, zeigten vor der Mitte des 19. Jahrhunderts wenig Neigung, die sozialen Zustände des Himmels zu beschreiben. In einem theozentrisch strukturierten Himmel würde ein Mann »so verzückt und gebannt auf den Herrn Jesus schauen, daß Jahrtausende vergehen mögen, ehe er an [seine Frau] denkt, die neben ihm steht!« Im Jahre 1877 fiel es dem Presbyterianer Robert Patterson (1832–1911) dagegen nicht schwer, diese Vorstellung zurückzuweisen, denn »für die meisten Christen (...) ist eine solche Auffassung alles andere als attraktiv«. Für ihn geht aus der Bibel klar hervor, daß »Freunde im Himmel rasch von einander wissen und sich begeistert darüber austauschen, was der Herrgott für sie getan hat«. Nach Patterson erkennen die Toten einander an »der Stimme oder einem Aufleuchten des Gesichts mit dem vertrauten Lachen«.[39]

Ganz ähnliche Gedanken finden sich bei katholischen Theologen. Nach Auffassung des französischen Jesuiten François-René Blot (1825–?) erinnern sich wiedervereinte Freunde an die Vergangenheit »mit einer Frische, einer Lebendigkeit der Empfindung, die wir zuvor nicht gekannt« haben. »Trotz der ungerechten finsteren Strenge des Jansenismus«, meinte Eli Méric (1838–1905), Moraltheologe an der Sorbonne, »werden wir (...) die feste Hoffnung bewahren, nach dem Tod diejenigen wieder zu erkennen und zu lieben, die wir im Leben gekannt und geliebt haben.« In seinen im 19. und beginnenden 20. Jahrhundert oft aufgelegten Schriften betonte auch Wilhelm Schneider (1847–1909) das Wiedersehen; als katholischer Bischof eines norddeutschen Bistums konnte er mit einer zahlreichen Leserschaft rechnen. Während die äußeren und sichtbaren Verbindungen mit dem Tod enden, bleiben innere, geistige Beziehungen bestehen. »Die himmlischen Wohnungen sind nach christlicher Auffassung keine Einsiedlerhütten«, schreibt er. »So schließt der Himmel keineswegs die Freuden der Freundschaft und die Wonne des Wiedersehens aus.« Zwar sieht er die nach dem Jüngsten Gericht erneuerte Schöpfung mit der Scholastik als Welt ohne Tiere und Pflanzen, aber den Erlösten kann »die Liebe (...), in der die Gemüter zusammenstimmen und ihre beglückendsten und wonnigsten Empfindungen erleben«, nicht fremd sein. Der Bischof von Paderborn, dessen Theologie mit der des amerikanischen Presbyterianers Edward Kirk (1802–1847) wenig gemeinsam hat, ist doch mit ihm darin einer Meinung, daß im Himmel *»den Gefühlen der höchste Stellenwert zukommt«*.[40]

Wenn sich Freunde im Himmel wiedersehen, wie steht es dann mit Eheleuten? Wie kommt die Theologie des 19. Jahrhunderts mit der neutestamentlichen Verneinung einer Ehe im Jenseits zurecht? Die Art und Weise ihrer Rechtfertigung von himmlischer Liebe und Ehe wirft ein bezeichnendes Licht auf ihre zwiespältige Beurteilung von Liebe, Sexualität und Freundschaft. Die Theologen bewegten sich auf der Grenze zwischen der Behauptung einer Ehe im Jenseits und der Anerkennung, daß die Heiligen »in der Auferstehung weder freien, noch sich freien lassen, sondern gleich sind wie die Engel Gottes im Himmel« (Mt 22,30 Luther). Zu diesem Zweck mußten sie sowohl dem Bibeltext als auch der Ehe ein neues Verständnis entgegenbringen.

In den vierziger Jahren des 19. Jahrhunderts gaben die Professoren des deutsch-reformierten Seminars von Mercersburg in Pennsylvania den Calvinismus alter Prägung auf. John W. Nevin und seine Kollegen wandten sich gegen die Erweckungsbewegung, kritisierten die bestehenden Anschauungen über das Abendmahl und forderten eine Neubewertung der christlichen Geschichte und Gemeinschaft. Henry Harbaugh (1817–1867), dessen volkstümliche Schriften weite Kreise mit der Mercersburger Theologie bekannt machten, schrieb mehrere Bücher über den Himmel. Nach der einheitlichen, nur immer neu formulierten Aussage von *The Sainted Dead* (1848), *Heavenly Recognition* (1851) und *The Heavenly Home* (1853) »ist der Himmel ein Ort, nicht nur ein Zustand; er besitzt Räumlichkeit und ist materiell«. Für Harbaugh dient der eheliche Beischlaf dazu, die Welt zu bevölkern. Wenn es keinen Tod mehr gibt, besteht keine Notwendigkeit mehr dafür. »Das soll nun aber keineswegs besagen, daß die erworbenen Zuneigungen und geschlossenen Freundschaften nicht erneuert und im gesellschaftlichen Leben des Himmels nicht fortdauern werden.« Daher wird die Ehe »in ihrem irdischen Sinn mit dem Tod beendet. In ihrem mystischen und geistigen Sinn aber dauert die Beziehung fort. Die Zuneigung, schon auf Erden herrlich und heilig, wird im Himmel vollendet und verewigt.« Indem Harbaugh den Begriff der Ehe mit Beischlaf und Zeugung von Nachkommenschaft verbindet, kann er die neutestamentliche Auffassung aufrechterhalten, ohne die Ewigkeit der Liebe leugnen zu müssen.[41]

Dieselbe Zwiespältigkeit finden wir auch in einer Schrift des Presbyterianers John Kerr (1847). Eine Seite des Ehelebens gilt ihm als »rein und himmlisch«, und sie darf den Tod überdauern. Sich mit dem geliebten Menschen zu vereinigen, entspricht nach Kerr einem urmenschlichen Drang; dieser »entspringt einer unzerstörbaren Zuneigung, die in unserer Natur liegt«. Aber im Unterschied zur Eltern- und Freundesliebe ist mit der ehelichen Liebe der problematische Beischlaf verbunden. »In dieser Welt dient die Ehe auf Gottes Geheiß dazu, die vom Tod gerissenen Lücken zu schließen«, erläutert ein anderer Presbyterianer. »Aber im Himmel wird es keinen Tod geben und also auch keine den Ausgleich schaffende Ehe.« Kerr sagt es noch deutlicher: »Wie es keinen Tod mehr geben wird, so wird es auch keine Ehe mehr geben, denn diese soll ja den durch Tod eintretenden Verlust ersetzen. Sie ist überflüssig und hat natürlich keinen Platz mehr.« Der Geschlechtsverkehr gehört zum »Animalischen und Irdischen« und hat nichts mit ewiger Liebe zu tun. »Sinnliche Freuden«, schließt Kerr, »werden unserer vollkommenen und erneuerten Natur fremd sein.«[42]

Dennoch vermochte es die viktorianische Prüderie nicht, den Himmel von Sinnlichkeit völlig freizuhalten. Protestantische Theologen wollten der Bibel treu bleiben und gleichzeitig die eheliche Liebe würdigen. Daher unterschieden sie zwischen Zeugung und Liebe. Die Zeugung vergeht, die Liebe bleibt. Wenn die Bibel vom Fehlen der Ehe im Jenseits spricht, kann damit nur gemeint sein, daß es keine mehr geben wird. Die Gleichsetzung von Ehe und Zeugung – ein sonst heftig zurückgewiesener Gedanke – erlaubte die Verneinung der Ehe im Himmel ohne Gefährdung der

Ewigkeit des Liebesbundes. Diese spitzfindige Erklärung bedeutete jedoch nicht, daß die Heiligen im Himmel keinen Körper hätten oder einander nicht berühren könnten. Samuel Phillips (1823–1892) meinte, daß der Säugling, »der in deinen Armen verdorrte wie eine Blume, die der Frost trifft«, der Mutter im Himmel »im Gewand der Erlösten entgegeneilt, dich zu umarmen«. An den Ufern des »Lebensflusses«, stellt er sich vor, werde man »Hand in Hand spazieren«. Nach Auffassung des Presbyterianers Robert Patterson wird zwar die »sinnliche und zeitliche Seite von Liebe und Freundschaft« vergehen, aber »im Klima der vollkommenen Geistigkeit des Himmels wird die Seele der Seele antworten und sie werden einander schnell in die Arme der ewigen Liebe schließen«. Zwar »werden sie weder freien, noch sich freien lassen«, faßt der Unitarier Francis Greenwood (1797–1843) zusammen; jedoch werden »die irdischen Liebesbande nicht vergessen sein, und im Geiste werden die zwei eins sein«.[43]

Derselben Meinung war Bischof Wilhelm Schneider. Mann und Frau werden sich im Jenseits nicht nur wiedersehen, nein, Gott wird ihren Bund auch aufs neue segnen. In Schneiders ausführlichem Traktat *Das Wiedersehen im anderen Leben* (1879) liest sich das folgendermaßen: »Der Bund, der einst am Altare geschlossen, wird vor dem Angesichte des Allerhöchsten, in Gegenwart des ganzen himmlischen Hofes erneuert und endgültig besiegelt. Einst segnete ihn Gott durch die Hand des Priesters, jetzt segnet er selbst ihn, und alle Himmelsbewohner sind Zeugen dieses hehren Aktes.« Ichbezogene Begierde und Sinnlichkeit haben keinen Platz im Himmel. Befreit von »ungeordneter Leidenschaft« wird die eheliche Liebe »innig und zärtlich« sein. Himmlische Liebe ist »so rein und heilig, daß sich für sie in den verschiedenen Formen der irdisch-menschlichen Liebe eine echte Ähnlichkeit nicht finden läßt«. Höchstens mag man in der »bräutlichen Liebe ein Vorbild der verklärten Gattenliebe erblicken«, denn sie ist vor der Eheschließung »voll reinster Unschuld, unentweiht durch den Hauch der Leidenschaft«. So gilt für Schneider: »Die Seelengemeinschaft aber wird (...) auch im Jenseits Geltung behalten (...) und den reinsten wonnigsten Austausch geistig-sittlicher Vorzüge und Güter zur Folge haben.«[44]

Als katholischer Priester hatte Schneider Vorbehalte gegen die mit dem Geschlechtsverkehr verbundene Leidenschaft. Daher läßt er das verheiratete Paar im Himmel in keuscher Josefsehe leben. Die eheliche Zuneigung bleibt erhalten, aber alles Geschlechtliche ist auf das irdische Dasein beschränkt. Entsprechend fällt auch Schneiders Antwort auf die bekannte Frage der Sadduzäer aus. Die irdische Ehe ist einer Belastung durch mehrere Partner nicht gewachsen. Polygamie bedeutet ein Übermaß an Leidenschaft, Eifersucht und Verwirrung. Im Himmel dagegen entfallen solche Gefühle. Bischof Schneider, der das sadduzäische Beispiel der Vielmännerei durch Vielweiberei ersetzt, kommt daher zu der überraschenden Erklärung: »Der Mann, der vielleicht mehrere Frauen gehabt hat, wird sie alle als seine Frauen lieben, jede von ihnen, als wäre sie die einzige gewesen, und sie insgesamt in unauflöslicher Gemeinschaft besitzen.« Diese Schlußfolgerung ist unausweichlich, denn »alle Seligen, die ein besonderes Anrecht aufeinander haben, werden in besonderer Weise einander angehören«.[45]

Als wollte er die Kühnheit seiner Behauptung mildern, versah sie Schneider mit scholastischen Erläuterungen über die Rangordnung in der Ewigkeit. Dabei wird deutlich, wie weit sich die katholische Theologie von Thomas von Aquin entfernt hatte. Obwohl jede Frau aufgrund des ehelichen Bundes ihrem Mann gleich nahe steht, mögen einige von seiner himmlischen Liebe einen größeren Anteil bekommen. »Und zwar wird die seiner größeren Liebe würdig und teilhaftig sein, die mit größerer Heiligkeit geschmückt ist« und eine höhere Stelle in der »Rangordnung der Seligkeit« einnimmt. Für Schneider wird irdische Heiligkeit nicht nur durch vollkommenere Gottesschau belohnt (wie in der alten Scholastik), sondern auch durch einen höheren Anteil an menschlicher Liebe. Auf diese Weise konnte der Bischof die katholische Schätzung der Schau Gottes, der himmlischen Rangordnung und der Keuschheit aufrechterhalten, sie aber gleichzeitig mit der romantischen Vorstellung von der Ewigkeit der Liebe verbinden.[46]

Wenn es im Himmel menschliche Liebe gibt, die »rein« ist, dann liegt auch der Gedanke an ein jenseitiges Geschlechtsleben nahe. Denn sobald der eheliche Geschlechtsverkehr als »keusch« gilt, ist kaum mehr ein Grund vorhanden, ihn aus dem Himmel zu verbannen. Der bekannteste Vertreter dieses Gedankens war Charles Kingsley (1819–1875), der Hofkaplan der englischen Königin und vielleicht der einflußreichste anglikanische Priester im viktorianischen England. Die Liebesbriefe an seine Frau, ihre Tagebücher und seine – nicht für die Öffentlichkeit bestimmten – Zeichnungen zeigen ihn uns als einen Mann mit einer sexuellen Phantasie, die für die Zeitgenossen obszön gewesen sein muß. Für Kingsley besteht der Himmel in ewiger ehelicher Umarmung. »Jene erregenden Zuckungen«, schrieb er vor seiner Eheschließung, »sind nur ein blasses Schattenbild der Vereinigung, die einmal vollkommen sein wird.«[47]

Selbst in seinen veröffentlichten und von seiner Frau Fanny sorgfältig ausgewählten Briefen scheute sich Kingsley nicht, die Fortdauer geschlechtlicher Liebe zu behaupten. Der protestantischen Überlieferung folgend, sah er den Ehestand als »den höchsten Stand, (...) durch den die Menschen Gott am besten kennen und ihm am besten dienen können«. Die Ehe, ebenso »geistig und zeitlos« wie »rein und geheimnisvoll«, ist eine ewige Beziehung. Einmal geschlossen und feierlich besiegelt, kann sie nicht auf eine andere Person übertragen oder durch den Tod zerstört werden. Kingsley beruft sich auf Miltons Beschreibung der Engelsliebe. Seine Frau Fanny war offenbar derselben Ansicht: »Geliebter, wenn sie [Eva] keine Bedenken hatte, warum sollte ich sie haben? Wenn das heilige Eden der Ort von Ehe und ehelicher Liebe war, warum sollte ich mich davor fürchten, mich in deine Arme zu werfen und eine der Segnungen Edens zu kosten, eine Wonne zu genießen, die rein sein muß, wenn sie *dort* gekostet wurde!« Vorgebildet in Miltons Paradies, bedeutet Ehe zugleich Liebe, Freundschaft und Geschlechtsgenuß. Die Ehe auf Fortpflanzung einzuengen und so auf das Erdenleben zu beschränken, ist für Kingsley »ein alter jüdischer Irrtum«, verbreitet von »papistischen Kasuisten«. Die eigene Ehe gilt ihm als ein solch grundlegender Bestandteil seiner selbst, daß ihr Ende auch das Ende seiner Person bedeuten müßte. »Wenn Unsterblichkeit in meinem Fall die Selbigkeit der Person mit sich bringt, dann werde ich für sie [Fanny] dieselben Gefühle haben wie jetzt.«[48]

Kingsleys Zeichnungen und Briefe vermitteln uns einen Eindruck von der erotischen Seite der ewigen Liebe zu seiner Frau. Fanny bewahrte in ihrem Tagebuch eine Federzeichnung auf, in der Charles sie und sich selbst als einander umarmende Engel darstellt (*Abb.* 60). Die Zeichnung erinnert an die klassischen Gestalten von Amor und Psyche. Eine andere Skizze zeigt zwei nackte Kinder, die eng umschlungen auf einem Kissen sitzen und sich küssen (*Abb.* 61). Die Beischrift erklärt: »Solcher ist das Himmelreich.« Diese Skizzen illustrieren Kingsleys Überzeugung, daß

Abb. 60: Kingsley, Charles und Fanny als Amor und Psyche

der eheliche Genuß »noch dauerhafter sein wird, wenn wir im Himmel vereint sind; unsere Liebe wird ohne Schwankung sein, und wir werden denselben vollen Sinnenrausch erleben«. Kingsley ist nicht der Meinung, geschlechtliche Leidenschaft sei auf Männer beschränkt. In einem Brief an Fanny fragt er: »Erwarte ich einen Engel zu heiraten, ein Wesen ohne Leidenschaft und Gefühl? Nein! Meine Gemahlin muß eine richtige Frau sein, von gleicher Leidenschaftlichkeit wie ich!« Weit entfernt davon, eine unglückliche Folge der Erbsünde zu sein, muß der gegenseitige Genuß von Mann und Frau im Himmel fortdauern. »Dort [im Jenseits] werden unsere Umarmungen niemals aufhören und ohne Seufzen und Kreuz bleiben.«[49]

Natürlich konnte Kingsley die biblische Verneinung der Ehe im Himmel nicht übersehen. Aber er hatte nur Spott für sie übrig. »Ich bin so gut verheiratet«, schrieb er in einem von Fanny veröffentlichten Brief, »daß ich eine weitere Eheschließung im Himmel nur bedauern könnte.« Nicht die Ehe als solche ist dem Jenseits fremd; vielmehr gibt es keine *neuen* Eheschließungen. Die Ehe, die für Fanny und Charles die feierliche Besiegelung romantischer Liebe bedeutet, hinterläßt ein bleibendes Merkmal in der Seele,

Abb. 61: Kingsley, »Ihrer ist das Himmelreich«

das niemals mehr ausgelöscht werden kann. Somit hat der Bibeltext keine Bedeutung für ihn und seine Frau. »Ich kann nur
sagen«, meint Kingsley, »wenn ich meine Frau dort nicht wie hier
an Leib und Seele zu lieben vermag, dann gibt es weder eine Auferstehung *meines* Leibes noch *meiner* Seele; vielmehr wäre es ein
anderer, der da aufersteht, nicht ich.« Kingsley wehrt sich gegen
eine Abwertung irdischen Glücks. »Nein!« ruft er aus; »ich mache
es größer, wenn ich es als Sakrament einer höheren Verbindung
verstehe. (. . .) Jedes Zeichen der Liebe hier gibt nur einen blassen
Begriff von der Verbindung, die vollkommen sein wird, wenn wir
uns den Himmel verdient haben!« Daß Königin Viktoria auf eigenen Wunsch in ihrem Brautschleier beigesetzt wurde, kann bei der
Einstellung ihres Hofkaplans nicht überraschen.[50]
  Der sinnliche Charakter von Charles und Fanny Kingsleys
Himmel unterscheidet sich nur graduell von den zurückhaltende-
ren Aussagen vieler Theologen des 19. Jahrhunderts. Liebe, durch
den Ehebund geheiligt, überdauert den Tod. In Amerika und England gingen die Verfasser frommer und theologischer Literatur
immer mehr dazu über, die Bilder der geschlechtlichen und der
religiösen Ekstase miteinander zu verknüpfen, so daß eine spiri-

tualisierte Erotik und eine erotische Spiritualität entstanden. »Solange sie in dem geheiligten Bereich bleibt, den religiöse Lehre und weltliche Autorität für sie abgesteckt haben, ist geschlechtliche Betätigung ein heiliges Tun«, erklärt der Historiker Peter Gay. Irdische Liebe, in der Ehe geordnet und vergeistigt, erhält ihren höchsten Lohn in der Zulassung zum Himmel. Katholische wie protestantische Theologen betrachteten die Liebe nicht als ein Thema, das romantischer Dichtung vorbehalten bleiben sollte. Für die Vertreter der Kirchen bedeutete himmlische Liebe nicht die Verlängerung eines Zustandes, der von den sinnlichen Begierden und Leidenschaften der Sünder geprägt ist, sondern die reine eheliche Liebe der Erlösten.[51]

Familie und häusliches Leben im Himmel

Der Geist der Romantik blieb nicht auf das Werk etablierter Schriftsteller und Theologen beschränkt. In der zweiten Hälfte des 19. Jahrhunderts entstanden in England und Amerika volkstümliche Romane über den Himmel. Zumeist von Frauen verfaßt, wurden sie in hohen Auflagen verbreitet und fanden ein begeistertes Echo bei einer zahlreichen Leserschaft. Der darin dargestellte Himmel erweitert die schon geläufigen Themen der Liebe und Ehe um das Familienleben. Unter dem Einfluß Swedenborgs und des Spiritismus wird die begrenzte Sicht der Künstler und Theologen überwunden, so daß nun ein umfassendes Bild des jenseitigen Lebens entstehen kann. Zwar bleibt die Liebe stets die Macht, die das himmlische Leben in Gang hält; aber die Autorinnen des ausgehenden 19. Jahrhunderts bestehen darauf, daß Gott den Himmel nicht nur für Paare, sondern für ganze Familien geschaffen hat.

Für Swedenborg und die viktorianischen Schriftsteller galt das Paar als die Grundeinheit des Himmelreiches. Die Polarität von Männlichkeit und Weiblichkeit soll sich im Paradies in einer Einheit aufheben. Swedenborg dachte nicht an einen Himmel der Familien, sondern an eine Ewigkeit der Paare. Die Romane greifen für ihre lebendige Darstellung und Ausmalung jenseitiger Gegebenheiten auf Swedenborgs Werk zurück, erweitern aber das Paar zur Familie. Ohne die Paarbeziehung abzuwerten, verstehen sie die ganze Familie als Ort der Liebeserfahrung. Dementsprechend werden im Himmel nicht nur Mann und Frau zusammengeführt, sondern auch Brüder und Schwestern, Eltern und Kinder und allerlei Verwandte. Wo erst einmal Familien waren, konnten Wohnhäuser, Schulen, Haustiere und ganze Wohnviertel nicht ausbleiben. Die Autorinnen, die solche Szenen entwarfen, wollten ihre Leser keineswegs nur unterhalten. Da sich der Inhalt ihrer Romane – die jenseitige Wiedervereinigung der Familie – mit dem Glauben der Kirchenmänner trifft, müssen wir sie als popularisierte Theologie verstehen. Gleichzeitig spüren wir hier das Vermächtnis Swedenborgs und den Einfluß des Spiritismus.

Die häusliche Revolution des Himmels (wenn man so sagen darf) gipfelt in dem amerikanischen Trivialroman *The Gates Ajar* von Elizabeth Stuart Phelps.

Die Handlung ist einfach. Mary, eine in Neuengland lebende junge Frau, verliert ihren Bruder Roy im Bürgerkrieg. Der herkömmliche religiöse Trost vermag sie nicht zu befriedigen. Unterdessen erhält sie Besuch von ihrer Tante Winifred, einer jungen Witwe. Gespräche zwischen Tante Winifred, Mary und einer Reihe von Skeptikern bilden den Hauptinhalt des Buches. Tante Winifred wird stets als liebevolle, einfühlsame, vor allem aber intelligente Persönlichkeit dargestellt. Es fällt ihr niemals schwer, es mit Männern aufzunehmen, die ihre Auffassung von der Ewigkeit in Frage stellen. Um einen Himmel zu veranschaulichen, der auf häuslicher Liebe beruht, widerlegt Tante Winifred zuerst die (angeblich) herrschende Meinung, der Himmel sei ein Ort ewiger Liturgie. Diakon Quirk und Dr. Bland werden als Vertreter der absurden Auffassung eingeführt, der Himmel bestehe aus »einer Art Anbetung und Harfnern, die auf ihren Harfen – Harfe spielen«. Für Tante Winifred bedeutet der Himmel Glück; und wer wäre schon eine Ewigkeit lang glücklich, wenn es nur darum ginge, »die Eigenschaften Gottes zu studieren«? Der Himmel des Buches der Offenbarung gibt uns »Bilder von der Wahrheit«, nicht die Wahrheit selbst, und ist daher symbolisch zu verstehen.[52]

Die Tante verdankt ihre Theologie keineswegs nur weiblicher Intuition, sondern auch eingehender geistiger Auseinandersetzung. Der Leser bekommt einen Eindruck von ihrer sorgfältigen Lektüre der Bibel sowie theologischer und schöner Literatur, aus der des öfteren zitiert wird. Am Ende des Romans stirbt Tante Winifred, auch dann noch Mary und den Lesern zeigend, wie ein richtiges Verständnis des Himmels einen leichten Tod ermöglicht.

Im Jahre 1868 von Elizabeth Stuart Phelps (1844–1911) veröffentlicht und rasch zum Bestseller aufgestiegen, brachte *The Gates Ajar* seiner vierundzwanzigjährigen Verfasserin schon in einem Monat den stolzen Betrag von 20 000 Dollar ein. Bis zum Ende des Jahrhunderts wurden 80 000 Exemplare in den Vereinigten Staaten und 100 000 in England verkauft. Der Erfolg des Romans läßt sich auf verschiedene Umstände zurückführen: auf den Eindruck des amerikanischen Bürgerkrieges, der viele Opfer forderte; auf die Rolle der Frauen in der Überwindung der calvinistischen Orthodoxie; und nicht zuletzt auf die viktorianische Faszination vom Tod. Tochter und Enkelin bekannter calvinistischer Theologen, benützte Elizabeth Stuart Phelps ihr Buch gleichsam als Kanzel zur Verbreitung ihrer eigenen Sicht des Jenseits. Der Roman (und die verschiedenen Fortsetzungen, die die Autorin folgen ließ) brachte einer breiten Leserschaft nahe, was weder Theologen noch Kennern guter Literatur unbekannt war: Menschliche Liebe bleibt im Himmel erhalten.[53]

Als *The Gates Ajar* geschrieben wurde, hatte der dort verspottete theozentrische Himmel längst seine Popularität eingebüßt. Die Autorin mußte sich ihre Gegner erst selbst wieder aufbauen, um sie widerlegen zu können. Die Auffassung, der Himmel sei »ein Ort isolierter Existenz«, wo jeder so sehr in fromme Betrachtung versunken sei, daß er die Anwesenheit anderer Geschöpfe vergesse, hatte James MacDonald (1812–1876) schon im Jahre 1855 zurückgewiesen. Die meisten Theologen der Generation von Phelps hätten dieser Äußerung zugestimmt. Theologen wie Samuel Phillips mochten zwar immer noch der traditionellen Ansicht ihren Tribut zollen und behaupten, »das Lamm auf dem Throne (. . .) wird alle Aufmerksamkeit beanspruchen«; aber um solche Auffassungen kümmerte man sich längst nicht mehr. Es galt als viel wichtiger, »die enge Verbindung zwischen der christlichen Familie und ihrer himmlischen Heimat« zu zeigen. Phelps muß gewußt haben, daß sie die Theologie und Literatur ihrer Zeit auf ihrer Seite hatte. Indem sie gleichwohl dem männlichen theologischen Establishment einen veralteten theozentrischen Himmel unterschob, konnte sie eine bereits bekannte Sicht um so besser popularisieren. Die Verfasserin von *The Gates Ajar* brauchte keinen neuen Himmel zu erfinden, sondern konnte Gedankengut verbreiten, das schon Swedenborg, Blake, Goethe und zahlreichen – weniger bekannten – christlichen Theologen geläufig war.[54]

Für Phelps drückt sich Gottesliebe weniger in der Liturgie als in der Pflege menschlicher Beziehungen aus. »Traut man Gott wirklich zu, solch schöne und selbstlose Liebesbeziehungen zu erschaffen«, fragt Tante Winifred, »nur für unsere siebzig irdischen Lebensjahre? Traut man ihm zu, daß er zwei Seelen so miteinander verschmelzen läßt, nur um ihnen die Trennung schmerzlich zu machen und sie dann auch noch für die Ewigkeit auseinanderzureißen?« Tante Winifred ist über eine Theologie empört, die das annimmt. Es darf sie nicht geben. »Das Christentum«, heißt es bei Henry Harbaugh (1851), »identifiziert sich mit dem sozialen Gesetz und unserem natürlichen Leben. Es macht diese ewig, indem es sich in ihnen verewigt.« In einem presbyterianischen Lexikon wird es noch deutlicher ausgeführt: »In der Bibel erscheint der Himmel stets als ein gesellschaftlicher Zustand.« Für viele Theologen Amerikas konnte kein Harfenspiel, mochte es noch so feierlich sein, das Fehlen einer auf Liebe beruhenden menschlichen Gesellschaft ausgleichen. Sie konnten Phelps nur beipflichten, wenn sie meint, »zu lieben und doch getrennt zu sein ist die Hölle, der Himmel aber bedeutet Freude«.[55]

The Gates Ajar zeichnet sich durch die Beschreibung einer himmlischen Gesellschaft aus, die aus viktorianischen Familien und zahlreichen bekannten Persönlichkeiten besteht, die alle in einer malerischen, natürlichen Umgebung leben. Das macht den besonderen Reiz des Romans aus. Kinder haben ihre Süßigkeiten, junge Musiker ihre Klaviere, und Techniker können sich ihren Erfindungen widmen. Für alles ist gesorgt. Tante Winifred erwartet, wie sie sagt, »mein schönes Haus, meinen Mann und [mein Kind], ganz wie hier; sie werden anders sein und sogar sehr anders, aber sie werden wieder mir gehören«. In der 1883 veröffentlichten Fortsetzung von *The Gates Ajar* führt uns Phelps eine dieser himmlischen Wohnungen vor:

Wir hielten vor einem friedlichen kleinen Haus aus wunderbar eingelegtem Holz. (...) Das Schnitzwerk und die Färbung waren hervorragend; sie hätten, wenn in größerem Maßstab verwendet, der Festigkeit des Baus Abbruch getan. Die Maße des reizenden Hauses waren aber so bescheiden, daß die feine Arbeit seine Anmut nur erhöhte. Es war von Bäumen umgeben; einige waren mir vertraut, andere fremd. Es gab auch Blumen – aber nicht zu viele. Ein prächtiger Hund sonnte sich auf den Stufen.

Phelps konnte sich für himmlische Paläste nicht begeistern; sie entschied sich für den viktorianischen Bungalow als ihre ewige Wohnung.[56]

Abb. 62: Bodmer, Überquerung des Flusses

Eine andere Autorin der spätviktorianischen Zeit, Agnes Pratt, war stattlicheren Wohnhäusern nicht abgeneigt. In ihrer Kurzgeschichte *Die Stadt im Jenseits*, veröffentlicht in der bekannten Zeitschrift *Godey's Magazine*, besitzt die Heldin ein herrschaftliches Haus, das an die damals verbreitete Queen-Anne-Architektur erinnert. »Niemals zuvor erstrahlte unser herrliches Haus wie jetzt im goldenen Licht der Sonne. Die Fenster waren ohne Fehl, die Türme und phantasievollen Dachreiter glänzten eindrucksvoll.« Solche Häuser befinden sich nicht in Städten oder Dörfern, sondern bedürfen einer sorgfältig ausgewählten malerischen Umgebung. Im Himmel gibt es Berge, Meere und Flüsse, die in ihren Windungen ruhig dahinfließen und die Landschaft gliedern. Pratts Paradies erinnert an die Himmelslandschaft von *The Gates Ajar,* wo vom Wald die Rede ist – »so dicht, daß die Welt draußen bleibt und man wie in einem Heiligtum wandelt«. Die Häuser wachsen gleichsam aus der natürlichen Umgebung heraus. Die Natur ist gebändigt und den menschlichen Bedürfnissen angepaßt.[57]

Kein wahrhaft viktorianisches Heim ist ohne Kinder vorstellbar. Theologen wie Schriftsteller betonen, daß »das Reich der Erlösten (. . .) zu einem großen Teil aus kleinen Kindern besteht«. Die sentimentale Lyrik der Frauenzeitschriften wiederholt diesen Gedanken: Säuglinge sind vom Himmel stammende Wesen von göttlicher Zartheit oder Saiten seraphischer Harfen. Solche empfindlichen Wesen können nur im milden Klima des Himmels selbst leben; die sündhafte Erde ist zu hart und unfreundlich für sie. Diese volkstümliche Auffassung findet sich oft in Grabinschriften:

> Sadie was too sweet a bud
> To blossom in this sinful world.
> So God has taken her above
> To dwell with his immortal love.
> Safe in the arms of Jesus
> Safe in his gentle breast
> There by his love overshadowed
> Sweetly my soul shall rest.

Sadie Roche (1867–1875)

[Sadie war eine zu zarte Knospe, um in dieser sündigen Welt zu blühen. Daher hat Gott sie zu sich genommen, damit sie in seiner unsterblichen Liebe lebt. Sicher in den Armen Jesu, sicher an seiner milden Brust, so von seiner Liebe überschattet soll meine Seele ruhen.][58]

Mag Sadie auch ruhen, sie wird dennoch erzogen. So versichert der Jesuitenpater Blot einer Mutter, sie brauche sich um ihre frühverstorbene Tochter keine Sorgen zu machen, denn Gott selbst werde sich der Erziehung des Kindes annehmen. Nach dem Presbyterianer George Cheever (1807–1830) »muß es eine Pflegestätte, ein Kinderheim im Himmel geben, eine besondere Erziehung für diese Knospen und Blüten unsterblicher Wesen«. Cheever, Pastor der konservativen Church of the Puritans in New York und Absolvent des Seminars von Andover, äußert eine Auffassung, die man früher nur von Anhängern Swedenborgs erwartet hätte. In einem Roman von George Wood erzieht in einem »zukünftigen Leben« die heilige Perpetua ein Mädchen namens Persis, bis es groß genug ist, um zu heiraten. Ein anderer Autor meint, verstorbene Eltern seien nur zeitweise ihrer Familie entzogen. Sobald sie Gebrechlichkeit und Altersschwäche überwunden haben, werden sie wieder alle ihre glücklichen Kinder um sich scharen, »von den kräftigen Jünglingen bis zum zartesten Säugling«. Das 19. Jahrhundert ist erziehungsbeflissen und in die Familie vernarrt.[59]

Über Familien und Freunde im Himmel schreiben nicht nur protestantische Autoren. François-René Blots Schrift über *Das Wiedererkennen im Himmel* wurde als das *Gates Ajar* der Katholiken begrüßt. Durch Bezugnahme auf Kirchenväter, Heiligenviten und Entlehnungen aus einem älteren Werk des italienischen Dominikaners Ansaldi (gest. 1780) kam der französische Jesuit zu ähnlichen Anschauungen. In seinem Kapitel »Die Familie im Himmel« fragt seine fiktive Korrespondentin, »ob die Hoffnung, dort Ihre Angehörigen zu besitzen, ein Trost ist, dem Sie sich hingeben dürfe, ohne befürchten zu müssen, Ihr Gewissen zu belasten und sich einer Unvollkommenheit teilhaftig zu machen«. Die in der Frage anklingenden geistlichen Skrupel werden alle zerstreut. Wie Christus seine Mutter im Himmel empfangen durfte, so werden auch wir unsere Eltern wiedersehen. »O wie köstlich ist es, auf Erden zu lieben, die man im Himmel liebt, auf Erden jene Liebe zu erlernen, die man ewig üben wird im Himmel!« ruft er mit den Worten des heiligen Franz von Sales aus.[60]

Als sich kirchliche Amtsträger im ausgehenden 19. Jahrhundert über die christliche Familie zu äußern begannen, gewann auch der katholische Himmel häuslichere Züge. In einem Rundschreiben vom 28. Dezember 1878 gab Papst Leo XIII. der Hoffnung Ausdruck, jede Familie möge »gleichsam ein Abbild der himmlischen

Hausgemeinschaft darstellen«. Katholische Kirchenlieder bitten die Heilige Familie, die Gläubigen durch jede Gefahr zu geleiten, bis alle mit ihr in der Ewigkeit vereint werden. Nach Kardinal Manning, zitiert im *Sacred Heart Review* von 1889, werden wir im Himmel nicht nur alle Heiligen kennen (»auch jene, die noch nicht geboren sind«), sondern auch alle Verwandten: »Väter und Mütter, Kinder, die vor euch in den Tod gingen – ihr werdet sie alle im Reiche Gottes wiedersehen. (. . .) Sie werden sich einmal wiedersehen, unverändert und sogleich wiedererkannt.« Der theozentrische Himmel der Jansenisten hatte keinen Platz in der amerikanischen Theologie, in der die Familie als Bollwerk gegen den modernen Zeitgeist und die Verweltlichung galt. Im späten 19. Jahrhundert diente die Lehre von der himmlischen Familie bei Katholiken wie Protestanten dazu, den traditionellen viktorianischen Haushalt zu heiligen und zu legitimieren und vor den immer stärker werdenden Angriffen der Sozialisten und Frauenrechtlerinnen sowie dem Ruf nach Arbeitsreform zu schützen.[61]

Eine vollständige Trennung von Himmel und Erde wird nicht mehr behauptet. Nach Elizabeth Stuart Phelps sind die Toten »in deiner Nähe«. Bereits im Jahre 1834 stellte der Unitarier William Channing (1780–1842) ähnliche Fragen: »Ist die Annahme wirklich unvereinbar mit unserem Wissen von der Natur, daß die Bewohner des Himmels (. . .) geistige Sinne und Organe besitzen, mit denen sie das Entfernte so genau wahrnehmen wie wir das Nahe? (. . .) Vermögen sie nicht, (. . .) auch unsere Erde so genau zu beobachten wie zu jener Zeit, als sie noch ihr Wohnort war?« Obwohl Phelps ihre »Tante Winifred« sagen läßt, sie sei keine Anhängerin Swedenborgs, so liegen ihre Sympathien doch auf seiner Seite. Wie Swedenborg hält sie die Himmel und Erde miteinander verknüpfenden Engel für verstorbene Christen. Der Spiritismus, der eine Verbindung zwischen toten und lebenden Verwandten herstellt, tut ein übriges, um die Kluft zwischen den beiden Welten zu verringern. »Wenn Engel erscheinen können, warum sollten uns dann gerade unsere Angehörigen im Stich lassen?« fragte der Spiritist George Hepworth (1833–1902). In dem Maße, wie sich der Spiritismus in Amerika und Europa verbreitete, wurde seine Antwort geläufig: »Tatsächlich überflutet die andere Welt die unsere mit ihrer Schönheit. Die Verstorbenen sind uns nahe – näher als wir zu denken wagen.«[62]

Es ist wichtig zu sehen, daß das Jenseits von Phelps – ebenso wie der Himmel vieler protestantischer und katholischer Theologen – nicht nur aus Kleinfamilien besteht, sondern auch von Verwandten, Freunden und berühmten Persönlichkeiten bevölkert wird. Der Himmel ist eine Großfamilie; man findet ihn daher nicht nur im Augenpaar des geliebten Partners. Hier gibt es keinen Raum für die enge Ausschließlichkeit, die wir bei William Blake oder Emily Dickinson fanden. Obwohl mit Swedenborgs Sicht des Jenseits vertraut, konnte Phelps mit dessen mystischer Verschmelzung von Mann und Frau wenig anfangen. Sie hält sich auch frei von der engen Mutter-Kind-Beziehung, wie sie in sentimentaler Poesie gefeiert wurde. *The Gates Ajar* und dessen Fortsetzungen handeln alle von Verwandten und Freunden, die sich im Himmel wiedersehen. Die schwierigeren romantischen Beziehungen, die zwangsläufig eine größere Intimität erfordern, verlegt Phelps ans Ende ihrer Erzählungen. Sie hält sich an das Vorbild von Theologen wie Francis Greenwood: »Eine besondere Bevorzugung von wenigen, mit denen wir besonders verbunden waren, verträgt sich mit der herzlichen Offenheit zu vielen Freunden, ja zu den guten Menschen aller Zeiten und Länder der Erde, für die das bessere Land der große und endgültige Treffpunkt sein wird.«[63]

Es kann daher nicht überraschen, daß der Roman *The Gates Ajar* eine Begegnung von gefallenen Soldaten des Bürgerkriegs mit Abraham Lincoln nicht für ausgeschlossen hält. In *Heaven Our Home* freut sich der Autor Edward Kirk darauf, »die Elite von Gottes Reich zu treffen (...): Jesaja, Paulus, Johannes, Gabriel, Maria, Bunyan, Fénelon, Pascal und Harriet Newell« – wobei die letztgenannte eine 1812 auf Mauritius verstorbene Missionarsfrau ist. »Du wirst Gemeinschaft haben mit den Vätern von tausend Generationen«, meint Samuel Phillips, »mit den Patriarchen, Propheten, Aposteln, Märtyrern und Reformatoren und der unzählbaren Schar der Engel.« James MacDonald meint, auch seine Leser empfänden »ein heftiges Verlangen danach, mit den hervorragendsten Persönlichkeiten bekannt zu werden«; diese werden dann aufgezählt: Adam, Henoch, Elija, Abraham, Paulus, Petrus und Johannes.[64]

Solche großzügigen Spekulationen erlaubten es viktorianischen Seherinnen wie der Methodistin Rebecca Springer (1832–1904), einen großen Vortragssaal im Himmel zu besuchen. Sie berichtet, daß dort »Marthin Luther sprechen soll, (...) und auch John Wesley wird das Wort ergreifen«. In entsprechender Weise kann

Mary, die Heldin von Phelps' Roman *Beyond the Gates,* eine neue Symphonie von Beethoven hören und ein Lichtspiel Raphaels besuchen. »Bin ich nicht in einer Welt, in der man mit Ignatius von Loyola und Jeanne d'Arc oder Luther – oder Arthur reden kann?« Während die Autoren des 18. und frühen 19. Jahrhunderts oft lange Listen jener Menschen aufstellen, denen sie im Jenseits begegnen möchten, benützen ihre viktorianischen Kollegen die Gelegenheit, den Himmel von theologischen Zwistigkeiten freizuhalten. Ökumenische Gespräche sollen Protestanten und Katholiken ebenso zusammenführen wie berühmte Persönlichkeiten und Verwandte.[65]

In einem Punkt wußte sich Phelps mit Swedenborg gegen die mehr kirchlich orientierten Theologen einig: Irdische Ehen müssen im Himmel *nicht unbedingt* fortgeführt werden. Oft besitzen »die in der Vergangenheit liegenden irdischen Ehen für die Beziehungen im Himmel keinerlei Bedeutung«, denn eine unvollkommene Welt unterbindet oft die echte Liebe. So trifft Mary in *Beyond the Gates* schließlich ihren wahren Geliebten wieder. Obwohl früher mit einer anderen Frau verheiratet, nimmt er sie nun als »Seele meiner unsterblichen Seele« zu sich. Wie bei Swedenborg wird die Verbindung von Christus selbst eingesegnet. »Durch seinen Segen wird unsere menschliche Liebe vergöttlicht, so daß dies ewige Leben allein ihr Element sein kann.« Genausowenig wie die in den Kirchen institutionalisierte Religion kann die irdische Ehe Ewigkeit für sich beanspruchen. Als höhere Wirklichkeit kennt der Himmel ein höheres Recht.[66]

Auch Agnes Pratt hat für die Ehe als Institution nicht viel übrig. In ihrer Kurzgeschichte *Die Stadt im Jenseits* entdeckt ein Witwer, daß seine zweite Frau seine wahre, für die Ewigkeit bestimmte Gefährtin ist. In einem anderen Teil der Geschichte schließt Pratts Heldin den Bund der Ehe mit ihrem lange vermißten Geliebten, der auf der Erde eine andere Frau geheiratet hatte. Pratt geht noch einen Schritt weiter als Phelps. In einer Weise, die an Swedenborg und Kingsley erinnert, erklärt sie, daß die nach dem Tod erfolgende Verjüngung auch die Erneuerung der geschlechtlichen Kraft mit sich bringt. »Ehe – richtige Geschlechtsgemeinschaft – gibt es auch hier. (. . .) Ich glaube nicht, daß uns Gott, wenn er uns immer vollkommener macht, gerade das süßeste und, wenn richtig gebraucht, das reinste Glück vorenthält, das er je gewährte.« Obwohl Pratt ihr Jenseits durch eine Verlegung auf den Mars theologischer Auseinandersetzung zu entziehen sucht, ist ihre Kritik doch unmißverständlich: die Liebe triumphiert über die Institutionen von Ehe und Familie.[67]

Wir dürfen jedoch nicht glauben, die Begegnung mit einem lange vermißten Geliebten oder Elternteil oder einer berühmten Persönlichkeit sei der Höhepunkt unserer himmlischen Existenz. »Natürlich, mein Kind«, meint Tante Winifred, »enge Freundschaft, unterdrückte Sehnsucht, Gebet um Ruhe, vergessene Hoffnung: das alles wird seine Antwort bekommen. (...) Dies alles hat seinen guten Platz. Aber in der Ewigkeit wird es immer noch etwas Größeres geben, etwas Teureres als das Teuerste. Gott selbst wird den ersten Platz einnehmen, ganz natürlich und notwendig, ohne Zwang und Zweifel.« Für Phelps ist Gott keine furchteinflößende Gestalt von »abstrakter Erhabenheit«, sondern »lebendig und nah, freundlich und wirklich«. An die Stelle des abgelehnten, fernen Gottes des Calvinismus tritt das herzliche Gespräch mit Jesus, der »wie ein Mann mit seinem Freunde redet«. Wie schon Blake, Goethe und Rossetti, so ersetzt auch Phelps den richtenden Vatergott durch eine Gestalt, die der menschlichen Natur nähersteht. Christus »kennt uns genau«, überlegt Tante Winifred, »denn er war einer von uns«. Durch die Menschwerdung an unserer Natur teilhabend, kannte Christus »Hoffnung, Furcht und Verlangen, und zwar nicht etwa in geringerem Maße als wir, sondern sogar noch stärker«. Als Rebecca Springer Jesus im Himmel begegnet, schmiegt sie sich an ihn. Ihre Worte »mein Erlöser, mein König« beantwortet er, indem er ihr zärtlich über das Haar streicht und hinzufügt: »Ja – und großer Bruder und Freund!«[68]

Der Himmel von *The Gates Ajar* ist kein Ort für Einsiedler. Für Phelps und ihre theologischen Gewährsleute ist das Christentum eine soziale und moralische Religion. Selbst Gott bekommt soziale – und damit menschliche – Züge. Indem man die menschliche Seite Jesu betont, wird Gott selbst vermenschlicht und kann zu seinen Kindern in Beziehung treten. Er wird zum Freund und großen Bruder. Elizabeth Stuart Phelps verzichtet nicht auf Gott. Vielmehr stellt sie seine Menschlichkeit heraus, so daß er uns nahekommen kann und unsere Nöte und Sorgen versteht. Der Vatergott des theozentrischen Systems, der die ungeteilte Aufmerksamkeit seiner Heiligen beansprucht, wird durch eine mütterliche Gottheit ersetzt, die für ihre Kinder sorgt.

Der tiefgreifende Wandel, den beide Konfessionen im 19. Jahrhundert erlebten, ermöglichte die Einführung von Liebe, Ehe und Familie in den Himmel. Theologische wie Laienautoren bezeichneten die Familie als den Ort, an dem Kinder zu guten Christen und Bürgern erzogen werden. Demut, Nächstenliebe, Frömmigkeit und Geduld – alles »wahre« christliche Tugenden – konnten dort gelernt und eingeübt werden. Im Protestantismus wurden die Hausandacht, das Aufstellen prächtiger Bibelausgaben und wächserner Kreuze sowie die Lektüre religiöser Literatur zum Inbegriff der christlichen Familie. Im ausgehenden 19. Jahrhundert förderten auch die Katholiken das Familiengebet, während bis dahin die persönliche Frömmigkeitsübung genügt hatte. In einer Zeit, in der das Christentum durch theologische Kontroversen, Aufsplitterung in Sekten und rasch fortschreitende Verweltlichung erschüttert wurde, galt die Familie als Hort der Religion.

Die Familie, nicht die Kirche, wurde als das irdische Gegenstück des Himmels betrachtet. Zuerst für Protestanten und allmählich auch für Katholiken galt eine »gute« Familie als jene Wirklichkeit, die dem Paradies auf Erden am nächsten kam. Da die Familie den Himmel widerspiegelte, mußten auch die himmlischen Verhältnisse häuslichen – und nicht etwa liturgischen – Charakter besitzen. Der Gottesdienst des Buches der Offenbarung hat mit dem Familienleben des 19. Jahrhunderts wenig zu tun. Gewiß galt der Gottesdienst nach wie vor als Bild des Himmels, aber es mußte nun der *häusliche* Gottesdienst sein. Robert Patterson gebrauchte ein und dieselbe Sprache, um den Himmel und das Gebet der Familie zu beschreiben: »Er [der Himmel] ist die endgültige Zusammenkunft der Kinder Gottes, wie ja auch die Mitglieder einer menschlichen Familie, die während des Tages zerstreut sind und ihren verschiedenen Tätigkeiten nachgehen, sich am Abend in der gemeinsamen Wohnung versammeln.« Im Jahre 1900 kann Job Mills, Bischof der United Brethren, seine Leser fragen, ob »sie schon begonnen haben, sich auf eine andere Zusammenkunft der Familie und eine bessere Hausandacht zu freuen. Eines Tages wird sie nämlich kommen« – im Himmel! Wie der Vater am Ende des Tages seine Kinder und Hausbediensteten zum Beten und Singen und zu einer kurzen Ansprache zusammenruft, so wird auch Gott die Familien im Himmel versammeln.[69]

Auf diese Weise konnte der Himmel immer noch als »ewiger

Sabbat« gelten; aber es war ein viktorianischer, häuslicher Sabbat, kein puritanischer Sabbat der zurückgezogenen Meditation des einzelnen. Zwar sehen manche Historiker in der Auflockerung des strengen Sonntags ein Zeichen der Verweltlichung, aber es ist auch zu berücksichtigen, daß die Menschen der viktorianischen Zeit ihren Alltag zu heiligen suchen. Nicht nur die Kirche ist heilig, würden sie sagen, sondern *alles* kann heilig sein. In einer vollkommenen Welt darf es eigentlich keinen Unterschied zwischen sakral und profan geben, denn alles ist heilig. Wie Tante Winifreds »Werktagsheiligkeit«, so muß auch die wahre Religion allumfassend sein. Dementsprechend kann jede Handlung – von der Bewunderung der Natur bis zum Schaffen eines Kunstwerkes – als Akt der Gottesverehrung gelten. Nicht die kirchliche Liturgie, sondern diese Auffassung bildet das Modell des ewigen Sabbats im Himmel.[70]

Im Zusammenhang mit dem Familienleben betrachtet, wird dies noch verständlicher. Viktorianische Autorinnen und schließlich auch Theologen gingen allmählich dazu über, den Sabbat als die Zeit der Familie zu betrachten. Die am Sonntag versammelte Familie erlebt in ihrer Eintracht und ihrem Glück einen Abglanz der himmlischen Freude. Wenn aber die Familie einen Vorgeschmack des himmlischen Daseins vermittelt, warum soll dann der größte Teil dieser kostbaren Zeit in der Kirche verbracht werden? Vielgelesene Autorinnen wie Catharine Sedgwick (1789–1867) setzten sich dafür ein, den Kirchenbesuch auf einige Stunden zu beschränken, so daß die Familie Zeit hat für Spaziergänge, religiöses Gespräch und gemeinsames Spiel. Wie die Familie selbst, so gilt auch alles, was sie gemeinsam tut, fast schon zwangsläufig als heilig. Der Himmel gleicht nicht einer langweiligen Predigt in einer unbequemen Kirche, sondern schon eher den interessanten Geschichten des Vaters und den fröhlichen Liedern der Mutter. Es überrascht daher nicht, wenn Elizabeth Stuart Phelps auch das Klavier, das Schmuckstück des bürgerlichen Wohnzimmers, in den Himmel einführt.[71]

Der Triumph menschlicher Liebe

Die himmlische Gesellschaft einer Elizabeth Stuart Phelps hat manche Leser irritiert. Mark Twain (1835–1910) nannte ihr Jenseits »einen wertlosen kleinen Himmel für zehn Cent, etwa so groß wie Rhode Island«. Und Agnes Replier (1855–1950) rief aus: »Ihr Tee-Tanten von Boston, hier ist endlich euer Paradies!« Der Katholik Maurice Egan (1852–1924) machte sich in einem seiner Romane über einen Episkopalistenpfarrer lustig, für den der Himmel »gleichsam ein Anhängsel Englands war, (...) ein Fünfuhrtee mit Engeln, unter bunten Kirchenfenstern getrunken«. Auch Ralph Waldo Emerson (1803–1882) erinnerte in einem Aufsatz über Swedenborg daran, daß »Gott der Bräutigam der Seele ist. Der Himmel besteht nicht in der Verbindung eines Paares, sondern in der Gemeinschaft aller Seelen.« In neuerer Zeit charakterisierte die Literaturhistorikerin Ann Douglas den häuslichen Himmel der viktorianischen Frömmigkeit als »das himmlische Rentnerdorf«.[72]

Die Kritiker beanstanden, wie es einer von ihnen ausgedrückt hat, die »Annexion des Himmels«. Irdisches Glück werde kurzerhand in den Himmel projiziert. »So haben diese frommen Damen nicht wie Paulus ›Lust, abzuscheiden und bei Christus zu sein‹, sondern sehnen sich nach ihrem ›John‹ oder ›Roy‹ und allen irdischen und sinnlichen Vergnügungen«, erklärte ein Dekan der anglikanischen Kirche. »Solche entwürdigenden Ansichten mögen für Indianer recht sein, nicht aber für Christen.« Der moderne Himmel des 19. Jahrhunderts war nicht mehr der theozentrische, den sich der englische Dekan wünschte, sondern die Erfüllung jener Verheißung, die zuerst in der Renaissance gemacht wurde.[73]

Der moderne Himmel, der im ausgehenden 17. Jahrhundert entsteht und im 19. seine Blütezeit erlebt, ist mit drei verschiedenen Auffassungen von Liebe verbunden. In den Schriften der Romantiker ist himmlische Liebe eine Angelegenheit des Paares. Gott bleibt ein Beobachter, der das Paradies der Liebenden wohlwollend, aber aus der Distanz betrachtet. Er mischt sich nicht ein. Der Himmel der Dichter besteht in der Erfahrung der geliebten Person, nicht in der Erkenntnis Gottes. Erlösung geschieht daher durch romantische Liebe, nicht durch Gnade, durch die Kirche oder durch ethisches Verhalten. Nicht nur Gott, sondern auch andere Menschen sind überflüssig. Die Gesellschaft bildet ein Hindernis, weil sie sich dem Wunsch des Paares nach Vereinigung in den Weg stellt. Ehe und Familie gehören zu jenen irdischen Institutionen, die vergehen müssen, damit die wahre Liebe ihre ewige Blüte erleben kann. Diese gesellschaftsfeindliche, individualistische Vorstellung hielt sich in der Dichtung, konnte aber kaum bei jenen Anklang finden, die an gesellschaftlicher Ordnung Interesse hatten.

Nach der zweiten Auffassung beruht die himmlische Liebe auf der Institution der Ehe. Hier wird die charismatische, gestaltlose Liebe der Dichter gebändigt und veralltäglicht, so daß der familienbezogene Himmel des bürgerlichen Christentums entsteht. Romantische Liebe findet ihre Fortsetzung im Jenseits, aber sie wird durch Ehe, Familie und Kirche institutionell geordnet und gleichsam geläutert. Der Ansicht protestantischer wie katholischer Theologen zufolge können nur richtig verheiratete Paare himmlischer Liebe teilhaftig werden. Die himmlische Liebe des wiedervereinten Paares gilt als geläuterte Form ihrer irdischen Ehe. Selbst ein Übermaß an geschlechtlichen Freuden ist denkbar und kann zugestanden werden, solange Mann und Frau verheiratet sind. Die viktorianische Theologie läßt romantische Liebe im Himmel zu, lehnt jedoch die Tendenz ab, menschlicher Liebe einen höheren Wert zuzuerkennen als Gott oder gesellschaftlicher Ordnung. Die den Tod überdauernde Liebe muß der Kirche und der Gesellschaft untergeordnet bleiben.

Die dritte Spielart himmlischer Liebe steht zwischen der antisozialen Liebe der Romantiker und ihrer institutionalisierten Form, die von der Theologie vorgezogen wird; sie bildet gewissermaßen ein Mittelding. Romanautorinnen bestehen darauf, daß es nicht die geordnete eheliche Liebe sein kann, die den Tod überdauert; vielmehr muß es die Liebe sein, die im häuslichen Bereich erfahren wird. Die häusliche Variante der himmlischen Liebe ist bei europäischen und amerikanischen Christen beliebt, denn sie erlaubt es, romantische Liebe, Familienleben und christliche Werte als Einheit zu verstehen. Gleichzeitig lehnen Autorinnen wie Elizabeth Stuart Phelps den Versuch der Theologen ab zu bestimmen, was religiöses Gefühl sei und welchen Tätigkeiten man im Himmel nachgehe. Der Himmel der Phelps wird begeistert aufgenommen, weil er allen etwas bietet: Künstler und Dichter finden hier ihren Individualismus wieder, Frauen sehen ihre soziale Welt berücksichtigt, und das fromme Bürgertum erkennt seine religiöse Gefühlswelt wieder.

Romantische Dichter, christliche Theologen und fromme Schriftsteller sind sich in einem Punkt einig: Das Ewige im Menschen bestimmt die Existenz im Jenseits. Der Begriff des Göttlichen spielt zwar eine gewisse Rolle, aber für den Himmel ist menschliche Liebe entscheidend. Wir werden nicht verwandelt, sondern unser irdisches Leben geht weiter, von allem Unwichtigen befreit und gereinigt. Himmlische Liebe läßt sich im Blick des geliebten Partners, in der Umarmung eines verlorenen Kindes, im Bau eines himmlischen Bungalows erfahren. Unsere Autoren kennen keinen Unterschied zwischen göttlicher und, sofern sie rein ist, menschlicher Liebe. Wie in Christus selbst, so zeigt sich auch in der himmlischen Liebe die Wesenseinheit von Göttlichem und Menschlichem. Da Himmel und Erde kaum mehr als wirklich getrennt gelten, ist es möglich, sich den Himmel als vollkommene Erde vorzustellen und zu hoffen, daß die Erde die Verhältnisse des Himmels nachahmt. Daher dürfen wir den Himmel des 19. Jahrhunderts nicht einfach nur als Projektion gesellschaftlicher Hoffnungen in ein Jenseits begreifen. Vielmehr handelt es sich um den Versuch, jene Bereiche des Daseins zu sakralisieren, die im alltäglichen Leben bedeutsam sind. Liebe, Ehe, Kinder, Familie, Freunde, soziale Beziehungen: dies sind die Dinge, die der Gesellschaft des vorigen Jahrhunderts als besonders grundlegend galten. Obwohl bedroht, gilt diese Welt doch als heil. Gleichgültig, ob sie sich nach einer mystischen Vereinigung mit einem geliebten Partner sehnten oder nach einem Haus in einer himmlischen Vorstadt, die Autoren nahmen die christliche Verheißung ewigen Lebens ernst. Das »Leben« verstehen sie im Vollsinn des Wortes: nicht als ein Leben, das sich in ewiger Anbetung erschöpft, sondern als eines, das *alles* enthält, was es reich und lebenswert macht.

Kapitel 9
Ewige Dynamik: Fortschritt im Jenseits

»Wachstum ist das Gesetz des Lebens«, schrieb der englische Methodist Leslie Weatherhead (1893–1976). »Ein Leben nach dem Tod als Leben ohne ständiges Wachsen und Fortschreiten ist nicht vorstellbar.« Als Beleg führte er ein Gedicht von Longfellow an, nach dem dessen verstorbene Tochter unter der Aufsicht Jesu im Himmel großgezogen wird. Obwohl Longfellows Gedicht aus dem Jahre 1848 stammt, konnte es Weatherhead ohne weiteres noch 1936 zitieren. In hundert Jahren hatte sich die verbreitete Annahme nicht verändert, daß Fortschritt und Wachstum nach dem Tod weitergehen. Für beide Autoren ist der Tod nur eine kurze Unterbrechung des ewigen Wachsens der Seele. Der Tod kann aus sich heraus eine Seele nicht zur sofortigen Vollendung führen. Als ein dünner Schleier besitzt er keine Kraft, so etwas zu bewirken. Vollkommenheit gibt es nur als Ergebnis einer ewigen Verbesserung der Seele im Jenseits.[1]

Weatherhead zählt vier Umstände auf, die Longfellows Himmel bestimmen: Wiedererkennen, Zusammenführung, Wachstum und Fortschritt. Wiedererkennen und Zusammenführung von Familie und Freunden im Paradies gehören zu jenen Grundgedanken der modernen Himmelsauffassung, die auch noch im 20. Jahrhundert ihre Anhänger finden. Die Ergänzung dazu bildet der Glaube, die Tätigkeit der Seligen bestehe in aktiver Nächstenliebe und Arbeit, und diese wiederum seien ohne Fortschritt nicht vorstellbar. Wie die Vorstellung von der Ewigkeit der menschlichen Liebe, so entstand auch der Begriff des ewigen Fortschritts im 18. Jahrhundert, um im 19. Jahrhundert eine besondere Blüte zu erleben. Als Weatherheads *After Death* 1936 veröffentlicht wurde, hatten die meisten Universitätstheologen den Gedanken längst aufgegeben; viele Pfarrer und Gemeinden hielten jedoch daran fest.

In der Nachfolge von Predigern des 18. Jahrhunderts wie Isaac Watts entwarfen protestantische Pfarrer in England und Amerika einen Himmel voller Leben, in dem die gerechte Seele ihren Einsatz in der christlichen Diakonie fortsetzt. Das Jenseits ist zwar frei von Mühsal und Last, nicht aber von Arbeit und Dienst am Nächsten. Manche Theologen gingen so weit zu behaupten, daß die Ungerechten unter den Toten durch Arbeit ihr Los verbessern und zu ihrer Erlösung beitragen können. Die Bilder des theozentrischen Himmels mit ewiger Ruhe und Liturgie gerieten dabei keineswegs in Vergessenheit; vor allem das kirchliche Liedgut erinnerte daran. Dank seiner neuscholastischen Ausbildung neigte auch der katholische Klerus zum statischen Himmel des Thomas von Aquin. Dennoch übte die theozentrische Sicht wenig Anziehungskraft aus. Spiritisten in Amerika und Europa übertrumpften einander in ihren Schilderungen eines blühenden und fortschrittlichen Lebens im Jenseits. Neben ihren reichen und farbenfrohen Berichten erscheint die protestantische Zustimmung zum Begriff des Fortschritts im Himmel als ebenso blaß wie das katholische Beharren auf der Anschauung Gottes. Die meisten Christen des ausgehenden 19. Jahrhunderts stellten sich den Himmel als einen Ort des Wachstums und der Tätigkeit vor.

Die »kinetische Revolution« im Himmel

Zwar sind Überlegungen über den Fortschritt der Seele im Jenseits schon bei Origenes (ca. 185–254) zu finden, doch die christliche Theologie des Westens lehnt den Gedanken an eine Veränderung im Himmel im wesentlichen ab. Ist einem Seligen sein Standort einmal zugewiesen, so bleibt dieser in Ewigkeit unverändert. Der auf die menschliche Geschichte folgende Zustand kennt ebensowenig einen Wandel wie die Zeit vor der Schöpfung. Die naturwissenschaftliche Erkenntnis hatte jedoch seit Beginn der Neuzeit so stark zugenommen, daß auch die westliche Philosophie seit Ende des 17. Jahrhunderts dem Begriff des Fortschritts nicht mehr ausweichen konnte. »Ich glaube, daß unablässige Tätigkeit ein wesentlicher Bestandteil des geschöpflichen Glücks ausmacht«, meinte Leibniz (1646–1716). Glück »besteht nie in einem vollständigen Besitz. (...) Es muß ein dauerndes und ununterbrochenes Fortschreiten zu einem immer größeren Ziel geben.« Wenn nun schon das irdische Glück des Fortschreitens bedarf, warum sollte man dann vom Himmel Wachstum und Entwicklung ausschließen? Nach Leibniz werden die Seligen »unablässig Grund haben, (...) ihr Ergötzen unendlich zu vervielfältigen – denn ohne ständig Neues und ohne Fortschritt gibt es kein Denken und daher auch keine Lust«. Wenn es im Himmel überhaupt menschliche Seligkeit gibt, dann muß sie schon vom Begriff her ständige Bewegung und unaufhörliches Wachstum der Seele einschließen.[2]

Nach philosophischer Spekulation braucht die Seele eine längere Zeit, als in dem kurzen Erdenleben zur Verfügung steht, um nach höchster Vollendung zu streben. So ist für Immanuel Kant (1724–1804) die Unsterblichkeit ein Postulat der reinen praktischen Vernunft. Eine realistische Einschätzung des Menschen bildet den Ausgangspunkt seiner Überlegungen. Der Traum der Aufklärung, alles unter das Gesetz der Vernunft zu stellen, ist eine Illusion. Wir sind unvollkommene, aber mit dem Streben nach Vollkommenheit ausgestattete Wesen. Da Heiligkeit eine völlige Übereinstimmung von individuellem Willen und allgemeinem moralischem Gesetz bedeutet und diese nicht im irdischen Leben erreicht werden kann, muß man eine »ins Unendliche fortdauernde Existenz und Persönlichkeit« fordern. Nach den Grundsätzen der praktischen Vernunft ist es deshalb nach Kant »notwendig, eine solche praktische Fortschreitung als das reale Objekt unseres Willens anzunehmen«. Der Mensch arbeitet auch nach dem Tod an seiner Vervollkommnung weiter, weil die Seele weiterhin danach strebt, sich dem moralischen Gesetz anzugleichen. So ist »eine fernere ununterbrochene Fortsetzung desselben [Fortschritts], wie weit seine Existenz auch immer reichen mag, selbst über dieses Leben hinaus zu hoffen«. Da nur Gott die höchste sittliche Vollkommenheit besitzt, ist das Fortschreiten der Seele zum Guten hin ein Vorgang, der kein Ende kennt. Ohne Fortschritt gibt es keine Ewigkeit, aber es gibt auch keine Ewigkeit ohne Fortschritt.[3]

Während der Schreckensherrschaft, die auf die Französische Revolution folgte, und in der Zeit der napoleonischen Kriege verloren viele Europäer den optimistischen Glauben an einen gesellschaftlichen Fortschritt. Politische Intrigen und soziale Mißstände ließen die Verheißungen der Aufklärung vergessen oder straften sie Lügen. In den dreißiger Jahren des 19. Jahrhunderts verschafften jedoch die beiden Engländer John Stuart Mill (1806–1873) und Thomas Carlyle (1795–1881) dem Fortschrittsbegriff erneut Anerkennung. Trotz zeitweiliger Rückfälle schien sich die sittliche und geistige Lage der Menschheit ständig zu bessern. In Amerika philosophierten die Transzendentalisten Neuenglands über die »kinetische Revolution«. Denker wie Ralph Waldo Emerson – ein Freund von Carlyle – waren von den Symbolen der Bewegung begeistert; Flüsse, Gezeiten, Reisen, Feuerflammen, Geburt und

Heranwachsen übten auf sie eine unwiderstehliche Faszination aus. »Nicht in seinen Zielen, sondern in seinem Wandel ist der Mensch groß«, schrieb Emerson an einen Freund; »und auch der wahrste Zustand des Geistes, in dem man verharrt, wird falsch.« Bewegung und Wandel entsprechen einer göttlichen Forderung und dienen sogar der Unterscheidung von Gut und Böse: »Gott erfindet, Gott schreitet voran. Die Welt, das Fleisch und der Teufel bleiben, wo sie sind, und verrotten.« Für die Transzendentalisten war »die hervorstechendste Eigenschaft der religiösen Wirklichkeit, daß sie in Bewegung war«.[4]

Im 19. Jahrhundert waren Konsumgüter leichter zu bekommen als je zuvor. Auch die naturwissenschaftlichen Entdeckungen und die technische Entwicklung trugen zu einem neuen Optimismus bei. Man glaubte sich auf dem Höhepunkt der westlichen Kultur. Auch Kritiker der rasch voranschreitenden Industrialisierung wie Emerson konnten sagen: »Wenn ein Mensch ruht, stinkt er.« In der zweiten Hälfte des Jahrhunderts lieferte Darwins Evolutionstheorie (1859), popularisiert von Sozialphilosophen wie Herbert Spencer (1820–1903), die wissenschaftliche Erklärung für die Unausweichlichkeit des menschlichen Fortschritts. Sowohl das Evangelium des Fortschritts, das die materiellen Ziele des westlichen Kapitalismus unterstützte, als auch das soziale Evangelium (*social gospel*) mit seiner Kritik an der amerikanischen Industrie beruhten auf derselben Überzeugung: Tätigkeit ist besser als Untätigkeit, Stabilität ist dem Wandel unterlegen, und Wachstum bedeutet Verbesserung. Gegen Ende des 19. Jahrhunderts wurden die vorsichtigen Erwägungen von Philosophen wie Leibniz und Kant, die Spekulationen von Watts und die mystischen Visionen Swedenborgs durch die begeisterten Zeugnisse von Pfarrern, Schriftstellern und Spiritisten weit übertroffen.[5]

»Nur einige Faulpelze können sich mit dem Gedanken befreunden, der Himmel sei zum Ausruhen da«, meinte 1857 der volkstümliche Baptistenprediger Charles Spurgeon (1834–1892). Untätigkeit war für Spurgeon eine der unverzeihlichsten Sünden der Menschheit, fast so schlimm wie Trunksucht. »Es ist abscheulich, das Gras bis zu den Knien wachsen zu lassen und dann keinen Finger krumm zu machen, es in Heu zu verwandeln.« Die viktorianische Verachtung der Untätigen, Arbeitslosen und Unfähigen bezog sich nicht nur auf dieses Leben, sondern auch auf den Himmel. Wenn der Himmel alle irdischen Vorzüge zusammenfaßt, dann muß er auch ein Ort sein, an dem gearbeitet wird. »*Ein Ort des ununterbrochenen Dienstes*, ein Land, in dem man Gott Tag und Nacht in seinem Tempel ehrt, ohne jemals müde zu werden und des Schlafes zu bedürfen: das ist die wahre Vorstellung des Himmels«, predigte Spurgeon von der Kanzel des Metropolitan Tabernacle in London. Arbeit galt weder als Fluch noch als ein mühevoller Weg zur Erlangung sittlicher Gesundheit und göttlicher Gnade. Arbeit galt vielmehr als Segen, als besondere Auszeichnung, als etwas Herrliches und Erfreuliches. »Wer kennt nicht, liebe Freunde«, fragte Spurgeon, »den Genuß der Arbeit?« Wie man sich den Himmel nicht ohne Familien vorstellen konnte, so schien auch eine Ewigkeit untätiger Gottesverehrung undenkbar.[6]

Auf der anderen Seite des Atlantiks konnte man im Brooklyn Tabernacle dasselbe hören. Nach Thomas DeWitt Talmage (1832–1902) liegt nichts dem Jenseits ferner als himmlische Ruhe; der Himmel ist »der betriebsamste Ort des Universums«. Ruhe ist dort so ungewöhnlich, daß sie eigens in der Bibel festgehalten wird. Wenn es im Buch der Offenbarung heißt, »da trat im Himmel Stille ein, eine halbe Stunde lang« (8, 1), dann »muß dies das einzige Mal gewesen sein, daß es so etwas gab«. Pulsierendes Leben, arbeitende Menschen, dröhnende Maschinen, eifriger Dienst: das ist die Welt des Himmels. In einer solchen Welt kann es Ruhe nur ein einziges Mal gegeben haben, und das liegt auch schon lange zurück. Seit der Zeit des Neuen Testaments sind viele Generationen von Seligen in das Jenseits eingetreten; also muß jetzt dort noch mehr Leben und noch größere Betriebsamkeit herrschen. »Der Himmel bietet jetzt mehr: mehr Verzückung, mehr Wissen, mehr Kommunikation und mehr Gottesdienst.« Neben dem Gesang großer Chöre und den spektakulären Auftritten von Heiligen kann man überall Kinderstimmen hören. »Der Himmel ist voll von Kindern. Tatsächlich sind sie in der Überzahl. Wenn schon *ein* Kind kaum eine halbe Stunde lang still sein kann, wie will man das von 500 Millionen Kindern erwarten?« Für DeWitt Talmage gleicht der Himmel weder einer verschlafenen Vorstadt noch einer Kirche, in der eine ewige Liturgie gefeiert wird. Der Himmel ist eine »große Metropole«, nicht nur mit gewöhnlichen Straßen, sondern mit breiten »Boulevards aus Gold, Bernstein und Saphir«.[7]

Gewiß gehen manche Züge dieses Himmels auf das Konto der

theatralischen Sprache, für die der Prediger Talmage bekannt ist; aber auch von solcher Extravaganz unberührte protestantische Autoren lassen im Jenseits wenig Raum für Muße und Gebet. Nach dem Presbyterianer Robert M. Patterson (1832–1911) gibt es im Himmel keine »heilige Faulheit«; vielmehr ist er ein Ort, wo »jede Seele (...) der Arbeit nachgeht, für die sie auf Erden durch die Schulung eines christlichen Lebens bestens ausgebildet und vorbereitet wurde«. Wäre der Himmel ein »Zustand der Untätigkeit«, überlegt ein Lexikon der presbyterianischen Kirche (1884), dann müßten wir ja annehmen, er wäre auch »Pflanzstatt der Laster«. Levi Gilbert (1852–1917) meinte, das Jenseits könne unmöglich »ein Paradies der Landstreicher« sein, denn für gesunde Menschen ist »erzwungenes Nichtstun eine der schlimmsten Strafen, die es überhaupt gibt«. Auch der Episkopalist Reginald Heber Howe (1846–1924) findet endloses Psalmensingen »unbefriedigend und abstoßend«. Beim himmlischen Dienst für Gott und den Nächsten geht jeder Hang zum Nichtstun rasch verloren.[8]

Für das Leben im Jenseits, wie man es im ausgehenden 19. Jahrhundert beschrieb, gab es seit längerem mehr philosophisch gehaltene Vorbilder. Bereits 1836 hatte der schottische Philosoph Isaac Taylor (1787–1865) seine *Physische Theorie eines anderen Lebens* veröffentlicht, die sich großer Beliebtheit erfreute. Nach Taylor läßt sich über das Leben nach dem Tod nur in Analogieschlüssen reden. Ihm gilt die irdische Existenz als ein »Einführungskurs« mit der Zielsetzung, uns auf eine Tätigkeit im Jenseits vorzubereiten. Nach dem Tod leben wir mit größerem Bewußtsein als zuvor. »Die Gefühle, die uns lieb waren, die Überzeugungen, die unseren Geist bestimmten und unseren Charakter prägten, (...) werden die Kontinuität unseres Bewußtseins ausmachen und keinen Zweifel daran lassen, daß wir uns verändert haben.« Tod und göttliches Gericht verändern unsere Seele nicht, sondern lassen deren – gute oder schlechte – Züge nur deutlicher und lebendiger hervortreten. Nach dem Tod gewinnt das Leben an Intensität.[9]

Nach Taylors Verfahren der Analogie muß es eine Entsprechung von irdischer Tätigkeit und Beschäftigung im Jenseits geben. Zwar erkennt Taylor gewisse passive Haltungen als Vorbereitung auf eine demütige Unterordnung unter Gott an – fromme Ergebung in den unerforschlichen göttlichen Willen, Aufopferung und geduldiges Ausharren im Leiden; aber seine Betonung liegt auf dem Fortbestehen aktiver Eigenschaften. Nach dem Tod werden Wagemut, Unternehmungsgeist und »das prickelnde Gefühl des Ehrgeizes« nicht überflüssig. Wenn uns Christus zu Ehre, Tugend und mannhafter Pflichterfüllung berufen hat, warum sollte er nach dem Tod anderen Werten den Vorzug geben? Nein, meint Taylor, denn »im künftigen Leben werden wir zu Kühnheit, Furchtlosigkeit und auch Ehrgeiz angespornt – einem Ehrgeiz, der weder auf Selbstsucht noch auf Eitelkeit beruht«. Wenn der Himmel die nächste Stufe unseres Lebens darstellt, dann müssen auch die einmal erworbenen Fähigkeiten ihren Sinn behalten. Eigenschaften wie »Vielseitigkeit, Klugheit, die Fähigkeit, Möglichkeiten abzuschätzen, Geduld, Beharrlichkeit, Pünktlichkeit und Umgänglichkeit«, die wir in diesem Leben benötigen, werden auch in der künftigen Existenz gebraucht. Gott wird seinen Geschöpfen nicht erlauben, »tatenlose Zuschauer« seiner Allmacht zu bleiben.[10]

Taylor konnte sich nicht mit dem Gedanken befreunden, »das große und komplexe Räderwerk des Universums mitsamt Gottes weiser Lenkung komme nun bald zum Stillstand«. Nur eine leichtfertige Theologie spreche vom Himmel als einem Ort, an dem man auf getane Arbeit zurückblicke, Loblieder anstimme und im übrigen ewiges Nichtstun genieße. In Wirklichkeit werde die Tätigkeit im Jenseits nicht zu Ende sein. Taylor meint sogar, gerechte Seelen würden es mit »mächtigen und listigen Gegnern« zu tun bekommen, was den Einsatz aller ihrer Fähigkeiten erfordere. Obwohl es sich Taylor versagt, das jenseitige Leben in Einzelheiten auszumalen, besteht er auf Nächstenliebe und Ausübung von Herrschaft als den grundlegenden Funktionen. Da eine staatliche Organisation zu erwarten ist, »findet man Millionen [von Seelen], die zu regieren, zu unterrichten und zu retten sind; sie müssen von einer schlechteren zu einer besseren, von einer niederen zu einer höheren Stufe des Lebens geführt werden«. Der Dienst am anderen dient der Seele als Mittel, selbst größere Vollkommenheit zu erreichen.[11]

Taylors Vorstellung vom himmlischen Dienst findet sich in zahlreichen Schriften britischer und amerikanischer Protestanten wieder. So beruft sich der deutsch-reformierte amerikanische Geistliche Henry Harbaugh (1817–1867) in seinem *Heavenly Home* auf Isaac Taylor, Isaac Watts und Longfellows Gedicht *Resignation*. Harbaugh läßt für den Himmel keinen Unterschied zwischen »Frömmigkeitsübungen und gewöhnlichen Beschäftigungen« zu, denn jede Tätigkeit der Seligen gilt als Gottesdienst.

»Es gibt dort nichts Weltliches. Nicht nur der Wechsel der festgelegten Jahreszeiten, sondern auch himmlische Arbeit und Zeitvertreib sind Gottesdienst. Im Jenseits ist auch der Alltag nichts anderes als immerwährender Gottesdienst.« Um dem Vorwurf einer »Verweltlichung des Himmels« zu begegnen, hatte der Presbyterianer David Gregg (1846–1919) eine ähnliche Antwort bereit. Das »geheiligte Volk Gottes« kennt keinen Unterschied zwischen heilig und profan. »Schuhmacherei ist nicht weniger religiös als Predigen«, heißt es in seinem *Heaven-Life* (1895). War nicht bereits die Tätigkeit Jesu in der Zimmermannswerkstatt von Nazareth voll von Frömmigkeit? Schon aus diesem Grund müssen wir mit Arbeit im Himmel rechnen. Die Berufe der Seligen werden so verschiedenartig und umfassend sein, wie es ihre Fähigkeiten erlauben.[12]

Nur zögernd wurden die verschiedenen himmlischen Tätigkeiten näher erläutert. In seiner Osterpredigt des Jahres 1834 machte der Unitarier William Ellery Channing (1780–1842) die Heiligen zu fleißigen und tüchtigen Mitarbeitern Christi. Bei endlosem Fortschritt sei nicht ausgeschlossen, daß ihnen ganze Welten anvertraut würden. Mehr sagt er nicht darüber. Nach Horatius Bonar (1806–1889) setzt sich im himmlischen Dienst der irdische fort. Der Pfarrer der Freien Kirche Schottlands entwirft ein Paradies, in dem es häusliche, bürgerliche, königliche, priesterliche und familiäre Pflichten gibt. Er beruft sich dabei auf ein Wort der Offenbarung, nach dem uns Christus »zu Königen gemacht und zu Priestern vor Gott« bestellt hat (Offb 1, 6). Wenn eine Seele andere Seelen führt, läßt sich das nach dem Episkopalisten Charles Strong (1850–1915) als königliche Tätigkeit verstehen. Das priesterliche Tun besteht für ihn im praktischen Dienst des Mitleids und der Nächstenliebe. Entsprechend äußert sich im 20. Jahrhundert William Adams Brown (1865–1943), Professor am Union Theological Seminary in New York: »Will ein Leben überhaupt christlich genannt werden, dann muß es – hier wie in der künftigen Existenz – ein Leben des Dienstes sein.« Bei aller Vagheit der Vorstellungen von jenseitiger Tätigkeit erhielt der Dienst den Vorrang vor der Ruhe. Darin waren sich alle einig.[13]

Es gibt mehrere Versuche, die himmlische Arbeit näher zu beschreiben. Bei William Clarke Ulyat (1823–1905) finden wir ein gutes Beispiel dafür. Lange Jahre als Baptistenpfarrer in New York und Herausgeber der *Princeton Press* tätig, veröffentlichte er ein

Buch über *Die ersten Jahre des Lebens der Erlösten nach dem Tod* (1901), das den Untertitel trug: »Eine neue Entwicklung in der Theologie und im christlichen Leben in dieser und in der anderen Welt«. Ulyat gesteht, daß ihn die Werke von Elizabeth Stuart Phelps und Swedenborg faszinieren. Für ihn ist der Himmel der betriebsamste Ort, den man sich vorstellen kann. Einige der Seligen stehen jenen »Wohnungen« vor, die ihnen Gott anvertraut hat (Joh 14,2). Andere sind Politiker, »doch ohne die weltliche Taktik«. Wieder andere schließen sich zur gemeinsamen Übernahme bestimmter Aufgaben zusammen. Sie sind beschäftigt mit »Überbringen von Mitteilungen, Unterrichten, Kunstschaffen, Singen, Spielen von Musikinstrumenten, Gespräch und öffentlichen Vorträgen, philosophischen, naturwissenschaftlichen und theologischen Studien und dem Ausüben schöpferischer Kunst«. Wer am Umgang mit Menschen interessiert ist, kann als Betreuer, Lehrer oder Helfer jener arbeiten, die noch Bedarf an spiritueller Entwicklung haben. Für Ulyat ist der Himmel »praktisch eine Werkstatt«, mehr noch: eine Baustelle von gigantischen Ausmaßen.[14]

Nach Ulyat sind die Tätigkeiten der Heiligen nichts anderes als »Arbeit«. David Gregg, Pfarrer einer Presbyterianerkirche in Brooklyn, New York, spricht auch von der Arbeit der Engel. Nach dem Buch der Offenbarung »stoßen sie in die Gerichtsposaunen, gießen sie die Zornesschalen aus, bewegen sie die Räder der Vorsehung, rollen sie den Donner«. Falls man das nicht als Arbeit gelten lassen will, verweist Gregg noch allgemein auf das »ewige Summen des Betriebs«, das den Himmel füllt. Unter Vermeidung von allem, was nach Muße aussieht, beschreiben Ulyat und Gregg alle himmlischen Tätigkeiten als Arbeit – Arbeit freilich ohne Belastung, Qual und Entfremdung. »Man arbeitet«, lautet Greggs überschwengliche Zusammenfassung, »aber es handelt sich um Arbeit, die so frei von Sorge, Mühe und Strapazen ist wie der Flügelschlag einer jubilierenden Lerche, die sich an einem frischen und klaren Tag zum Licht der Sonne emporschwingt, um ihr Tremolo freiwillig und zur Erleichterung ihrer selbst zu singen.« Im Himmel unterliegt die Arbeit nicht mehr dem Zwang zur Produktion, sondern wird zum Mittel der Selbstdarstellung, der Nächstenliebe und des Gehorsams gegen den göttlichen Willen.[15]

Der Himmel stellt einen Industriestaat dar, in dem jeder »eine eigene Zuständigkeit, ein eigenes Amt und einen täglichen Aufgabenkreis« besitzt. Hier haben Untätige keinen Platz. Da Christus gearbeitet hat, muß das auch für die Seligen gelten. »Der Himmel wird ein Bienenstock sein, eine Welt des Fleißes«, meint Ulyat. »Alle Bewohner sind von einem Arbeitswillen beseelt. Faulenzer wird es nicht geben – keine Drohnen im Stock.« Auch nach Ansicht des Seminarprofessors Austin Phelps (1820–1890), Vater von Elizabeth Stuart Phelps, werden die Seligen ständig mit Wohltätigkeit beschäftigt sein. Er stellte sie sich als »Minister Gottes« oder »Eilboten« vor, die mit Christus als Könige und Priester herrschen. Dabei werden die biblischen Hinweise auf ewigen Sabbatgottesdienst, die an Einkehr und Ruhe denken lassen, zu symbolischen Aussagen erklärt. »Der himmlische Chor«, meint Phelps, »muß als Emblem verstanden werden, nicht als wörtlich zu nehmendes Bild.« Und wovon ist es ein Bild? »Von der Freude, Spontaneität, Reinheit und Würde des unermüdlichen und vielfältigen praktischen Dienstes.«[16]

An Arbeit und aktives Leben im Himmel glaubten nicht nur Großstadtpfarrer, die ihrer Phantasie freien Lauf ließen. Am Ende des vorigen Jahrhunderts erörterten anspruchsvolle Theologen das Problem des Heilserwerbs im Jenseits – und kamen zu einer ähnlichen Sicht. Schon 1836 hatte Isaac Taylor behauptet, die Seele betrete den Himmel im selben Zustand, wie sie die Erde verlasse. Eine radikale Veränderung käme einer Vernichtung und der Erschaffung eines ganz neuen Wesens gleich. Die Seele stelle sich vielmehr nach dem Tod erst allmählich auf die Verhältnisse im Jenseits ein. Taylors Gedanken wurden von dem Berliner Theologen Isaak August Dorner (1809–1884) aufgegriffen und weiterentwickelt. In seinem *System der christlichen Glaubenslehre* (1880) kam Dorner zu der umstrittenen Auffassung, daß die Seelen nach dem Tod noch einmal Gelegenheit bekommen, das ewige Heil zu erwerben. Im Unterschied zu anderen, die sogar mit der Rettung des Teufels rechneten, stellten sich Taylor und Dorner den Erwerb der ewigen Seligkeit nicht als einen langwierigen Prozeß qualvoller Seelenreinigung vor, der an ihnen vollzogen wird; vielmehr arbeiten die Seelen im Jenseits selbst an ihrer Erlösung.[17]

In den achtziger Jahren des 19. Jahrhunderts machte Newman Smyth (1843–1925) Dorners Gedanken in Amerika bekannt. Als Pfarrer einer großen Kongregationalistengemeinde in New Haven, Connecticut, hatte Smyth an der Yale Universität biologische Studien betrieben. Dorners Gedanke eines Heilserwerbs im Jenseits vertrug sich gut mit dem fürsorglichen Gott des liberalen Protestantismus, dessen Wirken in der Natur beobachtet werden kann. Ein solcher Gott verhieß allen ewiges Heil, die sich um die Verbesserung ihres spirituellen Zustands bemühen. Wie bei Taylor gibt es auch bei Dorner keine sofort eintretende Anschauung Gottes nach dem Tod. Da die endgültige Festlegung des Charakters ein sittliches Geschehen ist, kann sie nicht auf einem physischen Vorgang wie dem Tod beruhen. Während der Zeit vor dem Jüngsten Gericht werden gläubige Seelen durch ihre Nähe zu Christus im Glauben zunehmen und erstarken. Ungläubige werden unterrichtet und auf eine Entscheidung für Christus vorbereitet. Nach Dorner und seinen Anhängern werden alle gerettet, die sich in diesem Leben noch nicht endgültig für Christus entschieden haben, aber sich nicht dagegen sperren. Dorner versichert seinen Lesern, auch nach der Erlangung des Heils werde es den Seligen »nie an einem Schauplatz befriedigender Wirksamkeit fehlen«.[18]

Die Frage nach der »Möglichkeit einer Bekehrung *nach* diesem Leben« stellte auch der einflußreiche deutsche Lutheraner Hermann Cremer (1834–1903). Sind jene, die »den fernen Heidenvölkern« angehören oder deren Denken in ungünstiger Weise von nationalem Herkommen, Familientraditionen oder besonderen Umständen geprägt sind, zu ewiger Verdammnis verurteilt? Wie steht es um die Heilschance der Menschen, die »in Elend und Unwissenheit geboren wurden, wie es selbst in den großen Städten der christlichen Welt möglich ist«? fragte der presbyterianische Professor E. D. Morris (1825–1915). Jedem Menschen, meinte er, wird die Möglichkeit der Rettung angeboten. Erst wenn die Seele dieses Angebot ausgeschlagen hat, gibt es für sie keine Rettung mehr. Wie christliche Missionare das Evangelium in der ganzen Welt predigen, so werden auch einige Seelen den Ungläubigen im Jenseits die christliche Wahrheit verkünden. Nach dem Tod in einem reineren Zustand, können sich die Menschen leichter für das Gute und gegen das Böse entscheiden.[19]

Wie Dorners Landsleute Eduard Güder und Hermann Cremer meinen, hören die Toten das Evangelium in einem Zwischenreich, das als »Paradies« oder »Hades« bezeichnet wird. Beide Theologen berufen sich auf die biblische Geschichte von Jesu Aufenthalt in der Unterwelt. Nach dem Neuen Testament hat Christus zwischen seinem Tod am Kreuz und seiner Auferstehung den Toten das Evangelium gepredigt (1 Petr 3,19 und 4,6). Jesu Predigt war

Abb. 63: Cornelius, Christus in der Vorhölle

aber nur ein Anfang; nach seiner Auferstehung haben die Bewohner des Hades seine Verkündigung fortgeführt, so daß man von einer dauernden Heilsanstalt oder einer Art Kirche im Jenseits sprechen kann. So lebt die Seele zwischen Tod und Jüngstem Gericht an einem Ort des geduldigen Hörens. Frei von den Versuchungen und Prüfungen der irdischen Existenz, kann sie religiöse Einsicht gewinnen und einen spirituellen Reifungsprozeß nachholen. Über den Grad der Schwierigkeit, im Jenseits das Heil zu erlangen, gab es unter den Theologen des 19. Jahrhunderts allerdings verschiedene Auffassungen. In England warfen Frederick Maurice, E. H. Plumptre und Frederic Farrar die Frage auf, ob die Lebenden den armen Seelen bei ihrem Ringen um eine Verbesserung ihrer Lage durch das Gebet beistehen können. Das Thema des Gebets für Verstorbene führt in die Nähe des Glaubens an ein Fegfeuer – wie ja die anglikanische Kirche dieser Zeit auch andere Elemente katholischer Theologie und Liturgie aufgriff.[20]

Allerdings bedurfte der Glaube an eine spirituelle Entwicklung nach dem Tod weder der deutschen Theologie noch der anglikanischen Wiederentdeckung des Fegfeuers. Für Protestanten war Fortschritt einfach ein Naturgesetz. So konnte sich der Presbyterianer John Kerr nicht vorstellen, daß die Entwicklung des menschlichen Charakters mit dem Tod aufhören sollte. »Wohlwollen, Neugier, Selbstliebe, Ehrgeiz und tatsächlich die meisten unserer edelsten Eigenschaften« werden sich weiter entfalten. Obwohl ihr Begründer John Wesley die Verwirklichung der Heiligkeit schon in diesem Leben predigte, glaubten die Methodisten im 19. Jahrhundert auch an einen jenseitigen Fortschritt. Die Heiligen werden nach dem Jüngsten Gericht »immer höhere Stufen der Vollkommenheit erlangen«, meinte 1853 der Methodist Jeremiah Dodsworth, um »von Ewigkeit zu Ewigkeit« immer größere Seligkeit zu erreichen. »In unserem neuen Zustand werden wir an Stärke und Charakter zunehmen«, heißt es beim Methodistenbischof Randolph S. Foster (1820–1903); dort »stehen uns Tätigkeiten offen, die geeignet sind, unser Menschsein voranzubringen und zu veredeln«. Nach einer langen Vorbereitungszeit werden wir zum dritten Himmel zugelassen, den der Bischof allerdings nicht mehr näher beschreiben will. Der Anglikaner Arthur Chambers (gest. 1918) greift zu einem Vergleich: Der Tod kann die fortschreitende Vervollkommnung genausowenig beenden, wie das Zerbrechen einer Eierschale aus dem Küken schon ein erwachsenes Huhn macht. Wenn eine Seele nicht völlig verderbt ist, wird sie nicht bestraft, sondern darf sich im günstigeren Klima des Himmels erholen.[21]

Wie Bildung die Grundlage des Fortschritts ist, so beruht auch spirituelles Wachstum auf zunehmender Kenntnis Gottes und der Welt. Nach Charles Strong werden uns die Geheimnisse der Natur und der engsten menschlichen Beziehungen ebenso zur Erforschung offenstehen wie die Mysterien Christi und Gottes; wir werden uns auf den Gebieten der Naturkunde, der Psychologie und der Theologie betätigen. Eine nicht nachgewiesene Quelle zitierend, meint er, unser Forschen werde sich nicht nur auf die Erde beziehen und das System, zu dem sie gehört, »sondern auch auf andere Welten, die jenseits [der unseren] liegen«. Wissenschaftliche Forschung, im 19. Jahrhundert eine Beschäftigung für Laien wie für Fachleute, muß sich im Paradies fortsetzen. Lernen und Forschen gehören zur himmlischen Tätigkeit.[22]

Da das Studieren im Himmel nicht mehr mit Mühe und Schwierigkeiten verbunden ist, wird die Erforschung des Universums zu einem reinen Vergnügen. Nach Henry Harbaugh werden die Seligen bei ihrem Studium niemals auf etwas stoßen, was sich wiederholt und so Langeweile erzeugt. Das Weltall ist unermeßlich, und seine Wunder sind endlos. Den immer neuen Erkenntnissen entspricht immer neuer Lobpreis des Schöpfers. »Wenn fortschreitende Offenbarungen Anlaß zu Anbetung und Lobpreis geben, dann werden ihre Lieder niemals dieselben sein – jedes ist ein ›neues Lied‹!« Mit ewigem Lobgesang danken die Heiligen für neues Wissen nicht nur über Gott, sondern auch über die Wunder seiner Schöpfung. Die Unterweisung durch Christus, die gegenseitige Belehrung der Heiligen und das Freisein von den Fesseln des Körpers läßt die Seele – nach Robert Patterson – so gewaltige Geisteskräfte entwickeln, daß unser jetziges theologisches wie weltliches Wissen als das von Dilettanten erscheint. So tritt neben den praktischen Dienst der Heiligen eine Vielzahl geistiger Betätigungen.[23]

Der Erwerb von Wissen im Himmel mag als einsame Tätigkeit zwar Theologen oder Naturforscher befriedigen, aber er besitzt noch keinen Bezug zur Gesellschaft. Unsere Autoren begeistern sich daher nicht nur für ein idyllisches Familienleben im Jenseits; sie schreiben auch über die soziale Dimension des Fortschritts. Wenn nach liberaler Auffassung die Bildung des einzelnen gesellschaftliche Auswirkungen hat, warum sollte das nicht auch für den Himmel gelten? So sieht William Ellery Channing das Jenseits als »eine Welt, die mit erstaunlichem Eifer an ihrer eigenen Verbesserung arbeitet. Ich stelle mir eine Gesellschaft vor, die durch den Einsatz ihrer eigenen Mitglieder immer höhere Stufen der Entwicklung, der Tugend, des Wissens und der Macht erreicht.« Ähnlich wie Channing äußert sich William Adams Brown zu Beginn des 20. Jahrhunderts, einer Zeit, in der das Christentum seine soziale Verantwortung neu entdeckt. Im Himmel werden wir »genau wie hier Mitglieder einer Gesellschaft sein, die sich vor stets neuen Problemen sieht und immer wieder nach Heiligung verlangt«. Hier wie dort »können wir Lektionen lehren und lernen, Hilfe empfangen und helfen, Kenntnisse gewinnen und an andere weitergeben«. Mit seiner Betonung der sozialen Seite des Religiösen hatte der liberale Protestantismus wenig Sinn für die Anschauung Gottes als ekstatische Erfahrung des einzelnen. Im protestantischen Paradies gibt es eine Gemeinschaft von Heiligen, die frei miteinander verkehren und zu ihrer gegenseitigen Vervollkommnung wie zur Entwicklung der himmlischen Gesellschaft beitragen.[24]

Wie das Beispiel der gegenseitigen Belehrung der Seligen deutlich macht, wird die Gesellschaft des Jenseits durch Liebe und Sorge füreinander zusammengehalten. Nach Henry Harbaugh werden die Heiligen sich nicht selbst überlassen, sondern in ihrem spirituellen Wachsen von höheren, schon weiter fortgeschrittenen Geistern unterstützt. Die »älteren Söhne der Unsterblichkeit« unterrichten die jüngeren. »Als Lehrer nehmen die Heiligen im Himmel ihr prophetisches Amt wahr; gleichzeitig sind sie Könige und Priester für Gott.« Gott leitet zwar die Unterweisung, aber anders als bei Isaac Watts übernehmen die Himmelsbewohner selbst die Aufgabe der Predigt und Lehre. Gott bleibt im Hintergrund.[25]

Kindern allerdings ist das Privileg vorbehalten, von Christus selbst unterrichtet zu werden. Da sie im Himmel die größte geistige und körperliche Entwicklung nachholen müssen, erscheint ihre Erziehung vordringlich. Das Heranreifen von Kindern bildet den deutlichsten Fall von Fortschritt im Jenseits. Geistliche trösten trauernde Eltern mit dem Hinweis auf die geradezu unvorstellbare Fürsorge, die ihr Kind in der anderen Welt erfährt. »Welch ein Anblick muß das sein: der Geist eines Säuglings, eines Kleinkindes, das im Himmel aufwächst, sich entwickelt nach dem Bild Jesu, vielleicht in der Obhut und Schule von Engeln – wie entzückend, wie göttlich!« ruft der evangelikale Presbyterianer George Cheever (1807–1890) aus. Cheevers von Jonathan Edwards geprägter Calvinismus hindert ihn nicht daran, an die Existenz eines himmlischen Pflegeheims und einer Schule für Kinder zu glauben und die Ausbildung der zartesten »Knospen und Blüten unsterblicher Wesen« für ein großartigeres Schauspiel zu halten als die unendlichen Wunder der Heilsgeschichte. Man mag sich den Himmel vorstellen als »eine riesige, herrliche, heilige Schule für jugendliche, glückliche Geister«, schrieb Cheever im Jahre 1853. Anders als die späteren liberalen Protestanten ist er weit davon entfernt, auch Heiden, Sünder und Unbekehrte in das Paradies aufzunehmen; aber wie sie kennt er Erziehung und Wachstum im Jenseits, nicht aber eine sofort eintretende vollendete Heiligkeit.[26]

Im Laufe des 19. Jahrhunderts verdrängten soziale Tätigkeit und Erziehung den Gottesdienst aus seiner beherrschenden Stellung im protestantischen Himmel. Dies überrascht nicht, denn damit gewannen zentrale Anliegen des damaligen Protestantismus einen

Einfluß auf das Bild der jenseitigen Welt. Sittlicher Kampf und ständiges Bemühen um eine Verbesserung des Lebens kennzeichneten nicht nur die christliche Existenz in dieser Welt. Geistliche und Theologen sahen eine enge Verbindung zwischen dem Himmel und einem christlichen Leben, das dorthin führen sollte. Ehrliche Arbeit, Sorge für die eigene Familie, Ringen um die Vervollkommnung der geistigen und religiösen Fähigkeiten sowie der Genuß von Gottes Segnungen galten als ewige Werte, die Himmel und Erde miteinander verbinden. Für den Gläubigen bedeutete der Übergang von der einen zur anderen Welt keinen radikalen Bruch. Durch den Dienst der Nächstenliebe und durch Lernen fährt man im Jenseits fort, an seiner Vervollkommnung zu arbeiten. Zwar vermieden die Theologen genauere Angaben über die Nächstenliebe und das Lernen im Jenseits, aber allgemein wurden himmlisches Wachsen und Fortschreiten davon abhängig gemacht. Ohne Tätigkeit kann es keinen Fortschritt geben, denn dieser stellt sich nicht von selbst ein.

Die Geistlichen des 19. Jahrhunderts hatten keine Schwierigkeit mit der Vorstellung des Himmels als Ort sowohl der Arbeit als auch der Ruhe. Sie sprachen aber nicht von einem Wechsel zwischen beiden; vielmehr galt die Arbeit selbst als Ruhe – als Tätigkeit ohne Anstrengung, Ermüdung oder Überdruß. Die Arbeit wurde als Gottesdienst aufgefaßt und ewiger Fortschritt als Gottes Gabe. Im biblischen Bild der »vielen Wohnungen« fand David Gregg einen Hinweis auf die lebendige Atmosphäre in den himmlischen Häusern. »Ein Heim ist ein Ort voller Leben und Treiben«, meinte er; »der ganze Mann und die ganze Frau können sich hier entfalten.« Dabei dachte der viktorianische Geistliche nicht an Zeitvertreib oder Zerstreuung, sondern an eine Tätigkeit, die den ganzen Menschen beansprucht.[27]

Die Fortdauer theozentrischer Traditionen

Um die Mitte des 19. Jahrhunderts findet sich der theozentrische, statische Himmel der Reformation bei protestantischen Autoren nur noch selten. Baxters *Ewige Ruhe der Heiligen*, vielleicht das beste Beispiel für diesen asketischen Geist, wurde allerdings immer noch oft nachgedruckt und zitiert. Wenn sich Theologen gegen die theozentrische Auffassung wenden, denken sie wohl zuerst an Baxter, ohne daß dessen Name eigens genannt wird. Offenbar spürte man den großen Einfluß, der von seinem Werk ausging. Einer der wenigen, die Baxters Anliegen teilten, war James Kimball (1812–1885). »Die umfassendste Tätigkeit der himmlischen Welt ist das Gotteslob. Man ruht weder Tag noch Nacht und ruft immerzu: Heilig, heilig, heilig!«, heißt es bei ihm. Nach dem Tode ist alles anders als auf der Welt; die Freundschaft und Gemeinschaft mit Christus machen jeden menschlichen Trost überflüssig. Als Kimballs Buch *Heaven* im Jahre 1857 erschien, vertrat es den Standpunkt einer Minderheit. Liberale und konservative Theologen konnten sich zwar über die Natur der Hölle streiten, aber sie waren sich einig in ihrer Auffassung vom himmlischen Leben.[28]

Volkstümlicher und vermutlich auch einflußreicher war das protestantische Liedgut, das oft einen theozentrischen, unwandelbaren Himmel beschrieb. Mehrere Übertragungen von Abälards mittelalterlichem Hymnus »O quanta qualia« erschienen in protestantischen Gesangbüchern; dieses Lied spricht von endlosen Sabbatfeiern und dem Singen von Zionspsalmen in einer Welt, in der nichts mehr vom Gottesdienst ablenken kann. Ähnliche Vorstellungen begegnen in dem beliebten Lied »Jerusalem«, das einen lateinischen Hymnus des 8. Jahrhunderts wiedergibt. Ein für seine Zeit typisches amerikanisches Gesangbuch aus dem Jahre 1880 enthält außerdem theozentrische Himmelslieder von Petrus Damiani (1002–1072) und Bernhard von Cluny (ca. 1150). Die Ablehnung von katholischen Werten und Lehren durch den amerikanischen Protestantismus verhinderte nicht, daß die religiöse Lyrik des Mittelalters in den Kanon seiner Kirchenlieder Eingang fand. Das Bild vom ewigen Lobpreis in einer Himmelsstadt aus Edelsteinen beherrscht die fromme Phantasie vom Neuen Testament über das Mittelalter bis zu den amerikanischen Gesangbüchern. Selbst Isaac Watts, dessen Lieder das ganze 19. Jahrhundert hindurch gesungen wurden, beschreibt in seiner Lyrik einen anderen Himmel als in seiner Prosa. Während seine Prosa den Himmelsbewohnern alle nur denkbaren Tätigkeiten zuweist, kennen seine Lieder fast nur eine einzige Beschäftigung: das Loben Gottes.[29]

Das will nun nicht besagen, daß man kein anderes Liedgut kannte. Mag der Sonntagsgottesdienst auch immer wieder an die theozentrischen Vorstellungen erinnern, so werden diese durch Lieder in Frage gestellt, die den Himmel als Heim feiern und das

Wiedersehen der Familie besingen. Sentimentale Lyrik wie die von William Cowper (1731–1800) beschreibt, wie der Vater sein verlorenes Kind wiederfindet und sich Brüder wiedersehen. Longfellows *Resignation*, von Charles Gounod vertont, weiß: »she is not dead, the child of our affection, / But gone unto that school / Where she no longer needs our poor protection / And Christ himself doth rule« [das Mädchen, das wir so sehr liebten, ist nicht tot; es ist in einem Land, in dem es unsere armselige Fürsorge nicht mehr nötig hat, weil Christus selbst dort herrscht]. Der Himmel als häusliche Welt ist ein geläufiges Thema der Erweckungspredigt von Dwight L. Moody (1837–1899), der mit der Liederautorin Ira D. Sankey zusammenarbeitete und von den siebziger bis zu den neunziger Jahren des vorigen Jahrhunderts ein großes Publikum anzog. Während die geistlichen Autoren dieser Zeit den häuslichen Bereich vor allem als Arbeitsplatz verstanden, wird er in der viktorianischen Lyrik zum Ort der Ruhe und des Trostes. Die himmlische Wohnung, von der die Lieder singen, kennt weder religiöse Unterweisung noch den Dienst der Nächstenliebe oder Hausarbeit. Ruhe, weiße Gewänder, ewiges Gotteslob und gelegentlich das Wiedersehen der Mutter machen die himmlische Heimat aus.[30]

Wenn auch die Kirchenlieder des 19. Jahrhunderts – besonders diejenigen konservativer Protestanten – die *irdische* Welt als Ort des praktischen Dienstes am Nächsten verstanden, so hielten sie doch den Himmel von solcher Tätigkeit frei. Im Tod wird die Seele von den Sorgen und Nöten der Welt frei und ruht sicher in den Armen des Erlösers. Damit ergibt sich eine Anknüpfung an die theozentrische Überlieferung der Reformation, die auf diese Weise lebendig bleibt. Während Prediger und Theologen ihr Verständnis des Himmels den wechselnden gesellschaftlichen Verhältnissen anpassen konnten, blieb im Liedgut die ältere Sicht vorherrschend. Lieder, die von himmlischer Liturgie singen, sind für den Gottesdienst gut geeignet: die himmlische Gemeinde preist den Herrn nicht anders als die irdische Gemeinde. Das Leben einer religiösen Gemeinschaft entspricht dem Leben im Himmel. Außerdem eignen sich Lieder, in denen eine enge Beziehung zu Christus besungen wird, für religiöse Erweckungsveranstaltungen: wer sich hier auf Erden mit Jesus eng verbindet, wird auch in der anderen Welt mit ihm aufs engste verbunden sein. Die Erweckungspredigt ruft den Sünder auf, sich von der Welt abzukehren, und verspricht dafür ein künftiges Leben, in dessen Mittelpunkt ein ewiger Gottesdienst steht.

Bei den amerikanischen und europäischen Protestanten lebte das theozentrische Bild des Himmels also vor allem im Kirchenlied weiter. Katholische Theologen hingegen versuchten, in ihren Veröffentlichungen am unveränderlichen Jenseits der Scholastik festzuhalten. In einem 1854 veröffentlichten Werk mit dem Titel *Terre et ciel* stellt sich der französische Philosoph Jean Reynaud (1806–1863) vor, wie ein katholischer Priester seine Idee eines jenseitigen Fortschritts und überhaupt jeder Tätigkeit ablehnt. »Was eine Tätigkeit angeht«, wendet der konservative Priester ein, »so muß ich gestehen, daß wir Ihre Begeisterung nicht teilen. Der Sturm, der die moderne Zeit bewegt, bewegt uns nicht. Die Liebe Gottes ist für uns wichtiger als die Liebe zum Leben – und so genügt uns die Hoffnung auf künftigen Frieden.« Reynaud selbst war keinesfalls dieser Ansicht – und zog sich deshalb den Unwillen der französischen Bischöfe zu. Was die Bischöfe und deren Berater besonders herausforderte, war Reynauds Lehre über die Möglichkeit, nach dem Tod seine Stellung im Jenseits durch religiösen Verdiensterwerb zu verbessern. Diese Lehre wies die Bischofssynode von Périgueux (1857) mit Hinweis auf Johannes 9,4 zurück: »Wir müssen, solange es Tag ist, Werke vollbringen (...); es kommt die Nacht, in der niemand mehr etwas tun kann.« Reynaud fiel bei den Bischöfen in Ungnade, und sein Buch landete – kurz nach dem Tode des gerügten Philosophen – auf dem römischen *Index verbotener Bücher*. Wenn es auch katholische Theologen gab, die dem Begriff himmlischer Tätigkeit aufgeschlossen gegenüberstanden, so konnte die fragwürdige Lehre vom Fortschritt der Seele niemals Fuß fassen.[31]

Während der Fall Reynaud selbst in katholischen Kreisen wenig Aufsehen erregte, bezichtigten neuscholastisch orientierte Theologen gerne ihre protestantischen Gegner desselben Irrtums. So nimmt der amerikanische Jesuit F. J. Boudreaux (1821–1894) an der Sicht Anstoß, die Seligkeit beruhe allein auf dem Zusammenleben der Seelen. Die Protestanten würden die Anschauung Gottes vernachlässigen. Die Glückseligkeit bestehe aber »wesentlich in der Schau, der Liebe und im Genuß Gottes selbst«. Er räumt jedoch ein, daß die Anschauung Gottes die Seligen nicht zu reglosen Statuen macht. Der Mensch ist von Natur aus aktiv; da der Eintritt in den Himmel die Vervollkommnung der Natur mit sich bringt, »folgt, daß wir im Himmel eine größere Aktivität entfalten werden, als es hier unten jemals möglich ist«. Verstand, Liebe, Gedächtnis und die Sinne bleiben erhalten. Unter Bezugnahme auf Thomas von Aquin erörtert Boudreaux, wie die erhöhte Beweglichkeit den Seligen ermöglicht, »die fernsten Teile von Gottes Weltall in Gedankenschnelle« zu erreichen. Auch der französische Theologe Elie Méric schätzt den Begriff der Tätigkeit, allerdings ohne uns eine genaue Vorstellung vom himmlischen Leben zu vermitteln. »Nein, wir werden nicht, wie das einige Rationalisten unserer Zeit meinen, zu einer völligen Unbeweglichkeit in einer nicht endenden Beschauung verdammt sein«, heißt es bei ihm. Die Seligen werden einer »weisen, geordneten Aktivität« nachgehen; diese »besteht in der fortdauernden Aufeinanderfolge von Handlungen, durch welche wir dem Wahren, dem Schönen, dem Guten zustimmen«. Von Tätigkeit und Bewegung kann man also reden; aber niemals darf ein solches Tun den Heilszustand der Seligen in irgendeiner Weise beeinflussen, geschweige denn verbessern.[32]

Auch Wilhelm Schneider (1847–1909), der bereits erwähnte katholische Bischof, meldet Vorbehalte gegen den Begriff des unendlichen Fortschritts an. »Ein Fortschritt nämlich, der nie zur Ruhe gelangt, vermag auch keine Ruhe zu gewähren. Man hegt keine echte Liebe zur Wahrheit, wenn man diese immer nur suchen und niemals finden will«, schreibt er in seinem Buch *Das andere Leben*. Trotz dieser Bedenken schließt er eine Tätigkeit im Himmel nicht aus. Die ewige Ruhe bringt »die lieblichste und lebhafteste Beschäftigung aller Geisteskräfte« mit sich. Das stets neue Einströmen von Gotteserkenntnis und Gottesliebe verhindert das Aufkommen von Überdruß und Langeweile. Dies »ist das Geheimnis der steten Bewegung in der Ruhe, des Fortschritts mitten im Ziele«.[33]

In Schneiders Schwanken zwischen der Annahme von Tätigkeit und Ruhe spiegelt sich die Auseinandersetzung zwischen der traditionellen ewigen Kontemplation und der modernen Vorliebe für Aktivität wider. Einerseits weiß Schneider, daß eine Ewigkeit des Genusses und der Freude doch zu Langeweile führen muß und nur regelmäßige Arbeit solches verhindert. Andererseits erzählt er die Geschichte eines Mönchs, der in Zweifel darüber geriet, ob die ewige Seligkeit einen lebendigen Geist befriedigen könne. Einmal dem Gesang der Vögel entzückt lauschend, fiel er in Trance. Als er aus diesem Zustand erwachte, waren tausend Jahre vergangen. Ins

Kloster zurückgekehrt, fand er vieles verändert, obwohl er meinte, nur wenige Stunden im Wald zugebracht zu haben. Schließlich fiel es ihm »wie Schuppen von den Augen; er wußte jetzt, was es heißt, daß ›tausend Jahre vor dem Herrn sind wie ein Tag‹. Er zweifelte nicht mehr an der Möglichkeit, ewige Freuden zu ertragen.«[34]

Andere katholische Theologen lehnten die Annahme einer Steigerung der jenseitigen Seligkeit noch entschiedener ab. Engelbert Krebs (1881–1950), Professor für systematische Theologie an der Universität Freiburg im Breisgau, ist dafür ein Beispiel. Nach seiner Auffassung erlangt die Seele durch das »unvermittelte Sicheinprägen des göttlichen Wesens in die Erkenntnis« sofort die »*ganze* Seligkeit«, die keinen Fortschritt mehr zuläßt. Auf der höchsten Stufe des Lebens angelangt, befindet sie sich gleichzeitig im Zustand tiefster Ruhe. Jeder Gedanke an eine Steigerung der Seligkeit »bedeutet ein Hineintragen unserer irdischen, unvollkommenen Lebenserfahrungen in das himmlische Leben« und ist daher unangemessen. Wenn die Seligen vollkommen sind, warum sollen sie dann noch etwas anderes tun, als sich der Anschauung Gottes hingeben?[35]

Die katholische Auffassung von einer himmlischen Tätigkeit, die keinen Fortschritt mit sich bringt, ist nur durch die Fegfeuerlehre verständlich. Das Fegfeuer reinigt jene Seelen, die noch mit Schuld beladen sind. Ihnen wird die Gottesschau nicht sofort zuteil; vielmehr müssen sie in einem langwierigen Prozeß der Läuterung vorbereitet und würdig gemacht werden. Die Gnade Christi und die Fürbitte der lebenden Gläubigen – nicht die eigene Anstrengung der armen Seelen – beschleunigen den Weg zum Himmel. Sind sie aber dort angekommen, so können sie Gott schauen. Ihr Aufstieg ist beendet; eine höhere Stufe gibt es nicht. Im Himmel wird »jeder Selige völlig zufrieden sein. Keiner wird den anderen beneiden, keiner möchte mit einem anderen tauschen. Jeder hat den richtigen Platz inne. In vollkommener Ordnung wurde jedem gerechte Behandlung zuteil.« Die Heiligen werden dann ihre Familien wiedersehen und lieben, womit aber keine Zunahme ihrer Seligkeit verbunden ist. Liebe ist ewig und daher jedem Wachstum oder Wandel entrückt. »Mit dem Tod endet der Pilgerstand oder die Zeit des Erwerbs von Verdienst«, erklärt der Jesuit Christian Pesch (1835–1925).[36]

Die Lehre vom Fegfeuer und die traditionellen katholischen Beschreibungen des Himmels lassen keine Verbesserung des Zustandes der Heiligen zu. Auch die päpstliche Ablehnung des sozialen und religiösen Fortschrittsgedankens trug zur Aufrechterhaltung der scholastischen Tradition bei. Als die katholische Kirche im Laufe des 19. Jahrhunderts ihren Einfluß auf die politischen Zentren Europas verlor, verurteilte die römische Hierarchie verschiedene moderne Zeitströmungen als mit dem wahren Glauben unvereinbar. Im Jahre 1864 bezeichnete Papst Pius IX. die Auffassung, »die göttliche Offenbarung sei unvollständig und daher einem steten unbegrenzten Fortschritt unterworfen, der dem Fortschritt der menschlichen Vernunft entsprechen muß«, als einen der »Irrtümer unserer Zeit«. Diese Ablehnung wiederholte Papst Pius X. in seiner Verurteilung des liberalen Katholizismus im Jahre 1907. Daß »Dogma, Kirche, religiöser Kult, die Bücher, die wir als heilige verehren, ja auch der Glaube selbst« den Gesetzen der Evolution folgen, sei eine Irrlehre. Niemals dürfe der modernistischen Sicht zugestimmt werden, die meint, »in einer Religion, die lebt, sei alles veränderlich, darum müsse es sich ändern«. Tradition, Autorität und die Unveränderlichkeit der Wahrheit erhielten als katholische Werte ihre ausdrückliche päpstliche Bestätigung. Jene, die den Glauben der modernen Gesellschaft anzupassen suchten, überschätzten die Tragweite der Evolution. Wenn die kirchliche Lehre schon auf der unvollkommenen Erde unveränderlich bleiben muß, dann gilt das erst recht für die vollkommene Welt des Himmels. Im Himmel darf es ebensowenig einen Wandel geben wie in der Kirche; beide sind ewig. Erst nach dem Niedergang der neuscholastischen Theologie im ausgehenden 20. Jahrhundert und der Öffnung für protestantisches und modernes Denken konnte sich auch das statische Jenseits der Katholiken verändern.[37]

Der Spiritismus: Eine »dichte Beschreibung« des Himmels

Gegen Ende des vorigen Jahrhunderts entwickelte sich die Diskussion über das Leben nach dem Tod in zwei Richtungen. Auf der einen Seite stehen die Skepsis der Naturwissenschaft und philosophischer Rationalismus; auf der anderen Seite stehen die oft sehr weit gehenden Behauptungen der Spiritisten.

In der Tradition der Aufklärung erörterten die Rationalisten eher die Bedeutung von »Unsterblichkeit« als den theologischen Begriff des »Himmels«. Dabei ging es nicht um die Existenz eines Himmels, sondern um die Frage, ob die Seele den Tod überleben kann. An der Harvard Universität boten die jährlichen Ingersoll-Vorlesungen ein Forum zur Erörterung der Beweise für die Unsterblichkeit. Im Jahre 1898 überging William James (1842–1910) das Thema des Jüngsten Gerichts, um vom Weiterleben in einem allgemeinen Sinne zu sprechen. »Was mich betrifft«, sagte er in seiner Vorlesung, »so bin ich bereit, der Logik zu folgen und jedem einzelnen Blatt, das jemals in einem Wald wuchs und im Wind raschelte, Unsterblichkeit zuzusprechen.« Denker wie William James und Josiah Royce (1855–1916) hatten kein Interesse daran, aus biblischen und traditionellen christlichen Vorstellungen ein Bild des Himmels zu entwerfen. Sie suchten logische, nicht theologische Beweise. Um die Jahrhundertwende versuchte eine umfangreiche Literatur, die Unsterblichkeit allein mit Vernunftgründen darzutun; selbst die zurückhaltendsten theologischen Beschreibungen des Himmels blieben dabei aus dem Spiel.[38]

Während die Unsterblichkeitslehre bei Philosophen und Theologen im jeweils traditionellen Rahmen verblieb – dem der Vernunft, der Bibel oder des romantischen Zeitgeistes –, trat mit einer neuen Bewegung ein neuer Ansatz hervor: die empirische Forschung. Spiritisten und religiöse Visionäre beriefen sich bei ihren erstaunlich ausführlichen und detaillierten Berichten über das Jenseits auf ihre persönliche Erfahrung. Leben nach dem Tod ist für sie nicht nur eine Sache des Glaubens, sondern eine Tatsache, die mit unseren Sinnen erfaßt und bewiesen werden kann. In ihren Schriften geben sie eine »dichte Beschreibung« der Lebensumstände im Jenseits. Sie beschreiben eine Kultur des Himmels mit Familien, gesellschaftlicher Organisation, Arbeit, Kunst und einem umfassenden Wertesystem. Wenn auch jeder Bericht eine eigene Geschichte mit besonderen Personen und einer besonderen jenseitigen Landschaft vorführt, so kehren in dieser reichhaltigen Literatur doch gemeinsame Grundgedanken wieder. Die enge Verbindung von Diesseits und Jenseits, die Sorge der Toten für die Lebenden, die Möglichkeit eines spirituellen und geistigen Fortschritts der Seele und schließlich der Verzicht auf ein dramatisches Jüngstes Gericht: diese Gedanken finden sich nicht nur bei Spiritisten und Visionären, sie sind auch bei protestantischen Pfarrern weit verbreitet. Im allgemeinen unterscheidet sich das Jenseits der

Spiritisten kaum vom Himmel der Protestanten des 19. Jahrhunderts, obwohl sich beide Gruppen eher als Gegner betrachteten. Die Protestanten predigten von einem mit Leben erfüllten Himmel, in dem es soziale Tätigkeit, spirituelles Wachstum und Fortschritt gibt. Die Literatur der Spiritisten setzt diese Annahmen voraus, um noch einen Schritt weiterzugehen. Was in der Theologie nur umrißhaft bleibt, wird von ihnen in allen Einzelheiten ausgemalt. Die Genauigkeit des Bildes galt als Beweis für ein ewiges Leben.[39]

Der moderne Spiritismus entstand um die Mitte des 19. Jahrhunderts, als im Haus der Familie Fox im Staate New York rätselhafte Klopfzeichen gehört wurden. Die Familie deutete das Klopfen als die Stimme von Toten, die mit den Lebenden Kontakt suchten. In den Jahren nach 1848 – dem Jahr der ersten Klopfzeichen – wurden in Amerika und Europa sogenannte Séancen eine Modeerscheinung. In einer von einem Medium geleiteten Séance sprachen Totengeister mit ihren hinterbliebenen Verwandten. Oft wurden die von Medien empfangenen Mitteilungen auch schriftlich festgehalten und veröffentlicht. Die meisten Protokolle vermitteln allerdings kein interessantes Bild vom jenseitigen Leben. Medien und Angehörige überhäuften die Geister mit Fragen, um herauszufinden, ob sie wirklich die waren, die zu sein sie vorgaben. Als Beweis für eine erfolgreiche Kommunikation galten nicht der Tiefsinn oder die besondere geistige Qualität einer Mitteilung, sondern die Erinnerung eines Geistes an die trivialsten Einzelheiten seines Erdenlebens. Ein guter Geist erinnerte sich an nahezu alles, ein schlechter hatte das meiste vergessen oder disqualifizierte sich durch Fehlinformationen. Nur wenn ein Geist die Öffentlichkeit der Séancen mied und durch Telepathie in unmittelbaren und häufigen Kontakt zu einem empfänglichen Menschen trat, konnte ein deutlicheres Bild der anderen Welt entstehen. Entsprechende Beschreibungen wurden bis weit ins 20. Jahrhundert hinein veröffentlicht – und sie gleichen sich alle. Während die Gesellschaft Europas und Amerikas zwischen 1840 und 1940 einen tiefgreifenden Wandel erlebte, zeigte das Jenseits eine erstaunliche Stabilität.

Die veröffentlichten Mitteilungen der Geister bilden eine literarische Gattung, die einen Vergleich mit protestantischen Visionsberichten und populären Himmelsromanen nicht zu scheuen braucht. Das Jenseitsbild der Spiritisten beruht auf Informationen, die sie in Träumen, Trancen, mystischen Visionen oder Séancen empfingen. Dagegen machen Autorinnen wie Elizabeth Stuart Phelps, Mrs. Oliphant (1828–1897) und Agnes Pratt keinen Hehl daraus, daß ihr Porträt der anderen Welt allein ihrer Phantasie entstammt; und doch erinnert ihre Beschreibung an die der Spiritisten. Obwohl Elizabeth Stuart Phelps sich vor allem auf die theologische Bibliothek ihres Vaters Austin Phelps stützte, lassen alle ihre Romane auch den Einfluß Swedenborgs und des Spiritismus erkennen. In der spiritistischen Bewegung spielten Frauen eine große Rolle, und ihr Himmel versprach Gleichberechtigung; vielleicht hatte das die Autorin beeindruckt. In Agnes Pratts Kurzgeschichte *Die Stadt im Jenseits* verbinden sich spiritistische Anliegen wie Vegetariertum mit herkömmlichen christlichen Himmelsvorstellungen. Die protestantische Herkunft der Visionäre und Romanautorinnen hinderte sie nicht, das Jenseits nach Art der Spiritisten mit pulsierendem Leben und dramatischer Handlung auszustatten.

Bei Eliza Bisbee Duffey (gest. 1898) findet sich eine Äußerung über das Verhältnis von christlicher und spiritistischer Jenseitsvorstellung:

Aufgrund seines unmittelbaren Kontakts zu den Bewohnern der niederen wie der höheren Sphären kommt dem Spiritismus die Aufgabe zu, diese [theozentrischen] Auffassungen der Zukunft zu berichtigen. Sie sind in Übereinstimmung zu bringen mit Vernunft, Verstand, Gerechtigkeit und Barmherzigkeit. Wir müssen den Fortschritt als das Gesetz der geistigen wie der materiellen Welt anerkennen und den Stern der Hoffnung auch in den Zenit der tiefsten Hölle setzen.

Trotz einer über hundertjährigen protestantischen Erörterung eines Jenseits, das Fortschritt zuläßt, kritisiert Duffey die alte christliche Theologie mit ihrem Himmel »der Harfen und Kronen, des Nichtstuns, der Palmzweige und des ewigen Singens von Psalmen« und einer Hölle mit physischen Folterqualen.[40]

Nach spiritistischer Auffassung kann das nicht unser ewiges Schicksal sein. Der Kontakt zu den Toten »fügt die Scherben des zerbrochenen Glaubens wieder zusammen; das neue Wissen und die neue Gewißheit machen ihn für immer unzerstörbar«. Der Spiritismus lehrt nicht nur, wie man mit den Toten spricht, sondern erneuert auch den Glauben an ein ewiges Leben. Er gibt den Menschen »ihren verlorenen Glauben zurück, ihre Hoffnung auf die Ewigkeit und das Wiedersehen ihrer Lieben«, heißt es bei Gladys Osborne Leonard. Obwohl von rechtgläubigen Christen verspottet und verurteilt, hielten die Spiritisten ihre Lehre für eine Stütze der wahren Religion. Sie, nicht die angeblich Rechtgläubigen, würden den Materialismus bekämpfen, der unsere geistige Existenz leugnet. »Wir suchen etwas, das den Materialismus widerlegt«, erklärt der Spiritist und Sherlock-Holmes-Autor Arthur Conan Doyle (1859–1930). »Wir suchen eine Religion, die beweisbar ist.« Der Kontakt zu den Toten stärkt den Glauben an einen gerechten Gott, der alle Menschen zu ewigem Leben, Glück und Fortschritt einlädt.[41]

Auf dem Laurel-Hill-Friedhof in Philadelphia bringt die Grabinschrift der Spiritisten Catharine (gest. 1893) und Levi Smith diese Auffassung gut auf einen Nenner: »Das Leben ist ewig, der Tod nur eine Veränderung.« Von einem Bruch zwischen der irdischen und der jenseitigen Existenz kann keine Rede sein. »Es gibt keinen Tod, es gibt keine Toten«, heißt es in einer anderen Gedenkinschrift. Der Übergang auf die andere Seite ist so sanft, daß die Toten oft nicht einmal wissen, daß sie gestorben sind. Erst als er einem Engel begegnet, ruft der »kleine Pilger« in Mrs. Oliphants Roman verwundert aus: »Vielleicht bin auch ich gestorben.« Eine ähnliche Beobachtung machte James Hyslop, Professor an der Columbia Universität in New York und Vorsitzender der American Society for Psychical Research. Nach Aussagen der Medien, mit denen er arbeitete, wissen manche Geister nicht, daß sie tot sind. So dramatisch der Tod auch von Angehörigen und Freunden erlebt werden mag, er befreit die Seele lediglich von bestimmten irdischen Schranken. Gedächtnis, Persönlichkeit, Ängste, Stärken und Schwächen begleiten die Seele ins Jenseits. Auch eine Art von Körper, der Astralleib, fehlt ihr nicht.[42]

Im Anschluß an Swedenborg verwarfen die Spiritisten die christliche Lehre vom Jüngsten Gericht und betonten die väterliche Liebe Gottes. Anstatt Seelen zur ewigen Folter zu verdammen, gibt er ihnen die Möglichkeit, ihre spirituellen Anliegen in einer Welt ohne Versuchung zu entfalten. Da der Ausdruck »Himmel« mit christlichen Vorstellungen verbunden ist, zogen die Spiritisten neutralere Wörter wie »Jenseits«, »Geisterwelt« und »Fortleben« vor. Unter den Seelen, die die andere Welt betreten, befinden sich auch jene, die »von den niederen zu höheren Sphären aufsteigen wollen«, heißt es bei dem anglikanischen Priester und Spiritisten G. Vale Owen (1869–1931). Die mit der irdischen

Existenz verbundene Grobheit verliert sich erst allmählich; »je höher man aufsteigt, um so feiner wird auch die Umwelt«. Ist der Mensch erst frei von den Schranken des Erdenlebens, so kann er als Gottes gutes Geschöpf an Kenntnis und Schöpfertum zunehmen und in der Liebe reiner werden. Zwar besitzen wir schon hier auf der Erde höhere Anlagen, aber wir können sie erst entfalten, wenn uns Schwäche, Krankheit und Verfall nicht mehr daran hindern. »Das ist es, was der Geist sucht«, erklärt das Medium William Stainton Moses (1839–1892): »Mehr Fortschritt! Mehr Liebe! Bis die Schlacken entfernt sind und die Seele immer höher steigt, bis zum Höchsten.« Nach Überzeugung der Spiritisten gibt es im Jenseits ein ähnliches Gesetz wie das der Evolution, das den irdischen Fortschritt steuert. Nach dem Tod läutert sich die Seele selbst, indem sie alle Irrtümer und Mängel überwindet, die mit dem früheren Zustand verbunden sind.[43]

Zunächst sind manche Seelen noch gar nicht fähig, das Glück im Jenseits zu genießen. Wer auf der Erde zum Trinker, Verführer oder Mörder wurde, findet sich in einer Umwelt vor, die an Dantes Hölle erinnert. »Diese niederen Bereiche sind dunkler«, versichert Gladys Osborne Leonard. »Die finstere Felsenlandschaft mit Höhlen und Spalten und schwarzen Wasserlachen« vermittelt den Eindruck schrecklicher Einsamkeit. Kämen die Seelen sofort in die höheren Bereiche, dann hätten sie nach John Oxenham (1852–1941) »keine Freude daran. Sie müssen Schritt für Schritt darauf vorbereitet werden, und das braucht seine Zeit.« Zwar bieten die fortgeschrittenen Geister den Neulingen ihre Hilfe an, aber keiner zwingt sie zu einem Leben von höherer spiritueller Qualität. Schließlich »muß jeder seinen eigenen Weg finden; kein anderer Geist kann das einem abnehmen«.[44]

Nach dem Tod kommt man in die Gesellschaft von Geistern, die ähnliche Anlagen und einen vergleichbaren Entwicklungsstand aufweisen. Die Verhältnisse der Erde spiegeln sich deutlich wider. Die Geister empfinden Hunger und Durst. Wenn sie sich über Medien melden, dann beschreiben sie ihre Häuser und Kleider, sogar die Zigarren, die sie im Jenseits rauchen. Auf dieser niederen Entwicklungsstufe ist die Erinnerung an die Erde so beherrschend, daß »weder der Tod noch die eigentliche Gestalt der geistigen Welt wahrgenommen werden kann«. Nicht selten belügen und betrügen die auf dieser Stufe stehenden Geister ihre Medien – so tief stehen sie noch. Der schwedische Politiker Erik

Palmstierna gibt diesem Umstand eine christliche Deutung: »Wenn Christus von Wohnungen spricht, sind damit die Stufen der Entwicklung gemeint, die jeder Geist durchläuft, wenn er die erste Wohnung erreicht hat. In die Wohnungen wird keiner aufgenommen, der sich auf Böses einläßt. Solche Seelen bleiben in der Nähe der Erde.« Fixiert auf die Erde, »haben manche Seelen einfach nicht die spirituelle Kraft, sich aus ihrem Bannkreis zu entfernen«, meint Elizabeth Stuart Phelps. Ziellos irren sie über die Erde umher, unfähig, sich zu höheren Sphären zu erheben.[45]

Um den Bannkreis der Erde verlassen zu können, arbeitet jeder Geist an seiner eigenen Vervollkommnung und hilft anderen bei derselben Aufgabe. Im Himmel geschieht die Evolution nicht von selbst; von der Seele wird Mitwirken verlangt. »Hier hat man immer etwas zu tun«, berichtet Palmstierna; »das Leben der Geister besteht aus Arbeit, und jeder hat eine besondere Aufgabe.« Jeder muß sein Wissen erweitern, seine schöpferischen Anlagen entfalten und seine Fähigkeit entwickeln, Liebe zu schenken und moralische Unterstützung zu gewähren. Im Jenseits bedeutet arbeiten nichts anderes als studieren und dem Nächsten dienen. Wenn eine Seele nicht in der düsteren Felslandschaft von Selbstmitleid und Irrtum bleiben will, muß sie ihre geistigen und emotionalen Kräfte erweitern. Ruhe, Beschaulichkeit, Gebet und religiöse Rituale haben keinen Platz in einer Welt, die auf Aktivität, Wachstum, Dienst am Nächsten und Arbeit ausgerichtet ist.[46]

Die Tätigkeit der Geister führt weder zu Erschöpfung und Enttäuschung noch zu Langeweile. »Es gab keine Anzeichen von verzehrender Sorge«, berichtet Eliza Duffey, »keine Beschwerde über Müdigkeit, keinen Versuch, sich den gestellten Aufgaben zu entziehen. Alle arbeiteten freiwillig – als ginge es nicht um Pflichterfüllung, sondern um Spiel.« Spiritisten wußten, daß auf der Erde manche mit ihrem Beruf unzufrieden sind und keine Möglichkeit haben, das zu tun, wozu sie fähiger wären. In seinem Buch *Out of the Body* zeigt John Oxenham besonderes Interesse für die »Arbeiter in schwarzer Uniform«, die Soldaten, die *nach* ihrem Tod im Zweiten Weltkrieg nun einer angenehmeren Aufgabe nachgehen können. »Dieser Krieg bedeutete für sie die große Befreiung«, schreibt er. »Er gab ihnen die Möglichkeit, ihr höheres Ich zu verwirklichen und ganze Männer zu werden« – in jener, nicht in dieser Welt! Entfremdete Tätigkeit gibt es nicht mehr; das gilt insbesondere für schwere körperliche Arbeit. Zwar verstehen die

Spiritisten jede Art von Freizeitbeschäftigung, geistiger Tätigkeit und Begegnung mit den Menschen als »Arbeit«; aber statt die unbegrenzten Möglichkeiten zum Zeitvertreib herauszustellen, schildern sie eine Arbeitswelt ohne Entfremdung.[47]

Die meiste Zeit verbringen die Seelen mit geistiger und schöpferischer Betätigung. Bildungseinrichtungen spielen dabei die größte Rolle. Junge Gelehrte werden ausgebildet, um zu erfinden und zu forschen – zunächst mit Hilfe von Geräten und dann mit bloßer Willenskraft. Viele Geister »absolvieren ein Studium. Sie besuchen Einrichtungen, die wir hier unten als höhere Schulen, Seminare, Akademien für Kunst, Musik oder Wissenschaften bezeichnen«, schreibt Elizabeth Stuart Phelps in ihrem Roman *Beyond the Gates*. Nach Eliza Duffey übernehmen Bibliotheken die Rolle der Tempel. Diese enthalten jedoch »weder Altäre noch Kapellen, sondern vom Fußboden bis zur Decke überall Regale voller Bücher«. Die Leser im Jenseits haben Zugang nicht nur zu »jedem Buch, das jemals veröffentlicht wurde, von den Tontafeln der ältesten Zeit bis zum neuesten Reißer«, sondern, nach Oxenham, auch zu »jedem Gedanken und jedem Wort eines jeden Menschen von Anbeginn der Zeit«. Mrs. Oliphants »kleiner Pilger« entdeckt ein Archiv im Himmel, in dem ein »Historiker« an einem »monumentalen Geschichtswerk arbeitet (...), um zu zeigen, was der Vater bei allem, was jemals geschah, im Sinn hatte, und wie jedes Ereignis seinen richtigen Platz fand«. Gottes Wege und Werke versteht man nicht in einem Augenblick, sondern erst allmählich im Verlauf eines ebenso langen wie eingehenden Studiums. Der Himmel ist der ideale Studienort: die Studenten sind unermüdlich, den Lehrern fehlt es nie an Wissen und Geduld, und die Studienzeit ist unbegrenzt.[48]

Das himmlische Bildungswesen kommt nicht nur den Toten, sondern auch den Lebenden zugute. In *Heaven Revised* treten Geister als Souffleure auf; der irdische Redner, dem sie Wort für Wort einflüstern, hat natürlich den allergrößten Erfolg bei seiner Zuhörerschaft. In den *Lowlands of Heaven* berichtet Vale Owen von himmlischen Konservatorien und deren Methoden, begabte lebende Komponisten bei ihrer Arbeit zu unterstützen. Auch naturwissenschaftliche Entdeckungen lassen sich nicht selten auf Anregungen aus dem Jenseits zurückführen. Oxenham, dessen spiritistische Offenbarungen zuerst im *Methodist Recorder* erschienen, wußte, daß »Ärzte, Naturwissenschaftler, vor allem

Chemiker, auch Psychologen, Landwirte usw. hier [in der anderen Welt] eine Fülle von Entdeckungen machen können, die ihre kühnsten Träume übertreffen«. Sie sind vom Wunsch beseelt, ihre Entdeckungen oder Erfindungen »denen mitzuteilen, die sich hier unten immer noch in der Finsternis abmühen«. Nach Ansicht der Spiritisten spielen die Toten im Leben der Lebendigen eine weit bedeutendere Rolle, als es der traditionelle Protestantismus anerkennen will. Die katholische Lehre, nach der die Lebenden den Toten durch ihr Gebet den Weg durch das Fegfeuer erleichtern, wurde auf den Kopf gestellt. Es sind nicht mehr nur die Heiligen, die durch ihre Fürsprache Gott zur Hilfe bewegen; vielmehr gelten die Toten insgesamt als der Ursprung plötzlicher Einfälle, intuitiver Gewißheit und wissenschaftlicher Errungenschaften. »Wir Geister haben alle Hände voll zu tun«, heißt es in *Horizons of Immortality,* »denn wir sind für die Erde verantwortlich.«[49]

Um aufsteigen zu können, gehen die Seelen geistig anspruchsvollen und schöpferischen Tätigkeiten nach. Nach Auffassung der Spiritisten arbeitet niemand freiwillig als Bergarbeiter oder Verwaltungsbeamter. Dagegen können Lehrer, Prediger, Ärzte, Künstler, Musiker und selbst Juristen (»die die natürlichen und geistigen Gesetze des Universums zum Gegenstand ihres Studiums machen«) ihre kreativen Anlagen entfalten. Allerdings »haben Politik, Finanzwesen und Geld hier keinen Platz«. Ähnlich wie Bergbau und Staatsverwaltung haben diese Bereiche mit allzu weltlichen Dingen zu tun, während Musik, Unterricht und Kunst aufgrund ihres schöpferischen Charakters auf ihre »höhere« Herkunft verweisen. In Konservatorien werden Seelen in Kompositionslehre, Vortrag, Singen und Kirchenmusik ausgebildet. Die Spannweite der Ausbildung kommt auch in öffentlichen Aufführungen zum Ausdruck: ein Sinfonieorchester unterhält sein Publikum neben Musik auch mit Farbe und Duft. Henry Horn berichtet seinen Lesern von zwei himmlischen Theatern; das eine dient zur Aufführung von Schauspielen irdischer Herkunft, das andere präsentiert nur neue Stücke, die im Himmel selbst entstanden sind. Zwar erfuhren die Spiritisten den Genuß von Kunst, Musik und Theater im Diesseits als eine elegante Freizeitbeschäftigung, die fast ausschließlich den feinen Leuten vorbehalten war; aber sie hofften, er könnte im Jenseits eine größere und allgemeinere Bedeutung erlangen. Die Seelen sind nicht nur oberflächliche Konsumenten, sondern verfolgen die Kunst mit Ernst und innerer Beteiligung. Wer niemals die Möglichkeit hatte, seine künstlerischen Anlagen zu entfalten, hat nun die größten Künstler als Lehrer und eine Ewigkeit, unter ihrer Anleitung zu arbeiten.[50]

Mit der Ausbildung künstlerischer und geistiger Fähigkeiten ist das Ziel noch keineswegs erreicht, denn der eigentliche Fortschritt über irdische Belange hinaus hängt von der emotionalen Entwicklung der Geister ab. Tatsächlich wird das spirituelle Wachstum daran gemessen, wieweit jemand Zuneigung und Liebe schenken und emotionale Unterstützung gewähren kann. Wer sein ganzes Leben lang nur geistige, wissenschaftliche und geschäftliche Interessen verfolgte, ohne auch den Bereich des Gefühls zu pflegen, kommt nach Eliza Duffeys Bericht im Jenseits in ein Land von »ewigem Eis und Schnee«. Wenn Menschen in der anderen Welt ankommen, so wird ihnen zwar auch die Funktionsweise der himmlischen Gesellschaft erklärt, aber ihre Seelenführer versuchen vor allem, sie an das besondere emotionale Klima zu gewöhnen. Güte, Nächstenliebe, Zuneigung, Mut und Selbstlosigkeit sind nach Auffassung der Spiritisten angeboren, können sich jedoch unter den ungünstigen Bedingungen der irdischen Existenz oft nicht entfalten. Daher müssen die Geister ihre eigene Gefühlswelt genauso kennenlernen und entwickeln wie ihre geistigen und schöpferischen Talente.[51]

Als Zeichen dafür, daß eine höhere Stufe von Liebe und Mitleid erreicht ist, gilt die Bereitschaft, in niedere Gebiete des Himmels zurückzukehren und emotional gestörten Menschen zu helfen. In *Out of the Body* sind es Männer, die miteinander Freundschaft schließen und einander weiterhelfen; im allgemeinen halten die Spiritisten aber Frauen für diese Aufgabe für geeigneter. »Behütet von ihrer Reinheit und ihrem Adel«, kann eine Frau »mit einer edlen Gesinnung des Herzens« die niederen Regionen gefahrlos durchwandern. Das Buch *Heaven Revised* erzählt von einer Frau, die aufgrund ihres moralischen Entwicklungsstandes bereits in einer höheren Region lebt als ihr Mann, den sie besucht. Sie setzt sich zu ihm, »redet freundlich mit ihm und appelliert an sein gutes Herz. Ohne zu tadeln oder zu moralisieren, legt sie seine verschüttete Emotionalität frei.« Als die pflichtbewußte Frau einsehen muß, daß Fortschritte nur sehr langsam zu erzielen sind, ruft sie aus: »Was für ein langwieriges Geschäft das sein wird! Aber hier leiden wir ja nicht an Zeitmangel, wir haben eine ganze Ewigkeit für unsere Arbeit.« Geduld, Selbstlosigkeit, Liebe und Mitleid müssen von Männern wie von Frauen gelernt werden.[52]

Wenn Freunde nichts auszurichten vermögen, dann versuchen jenseitige Hospitäler und Gefängnisse, die kranken Seelen zu heilen. In *Strange Visitors* (1869) besitzt ein Gefängnis Mauern aus »polierten Muscheln, so durchsichtig, daß man die Umrisse der Insassen sehen konnte«. Da »Nichtstun die Mutter des Verbrechens« ist, stellen die himmlischen Gefangenen »Gegenstände eigentümlicher Machart« her. Durch schöpferische Arbeit in einer schönen Umgebung werden die Insassen nicht nur zum Fleiß angeleitet, sondern entwickeln gleichzeitig eine »Liebe zur Harmonie«. Eine Schilderung des Himmels aus dem Jahre 1898 kennt ein »Sanatorium für Sektierer«, in dem ein »aquabotanisches Wunderwerk« – ein Baum mit einem Brunnen – die Seelen erfrischt. Ähnlich wie das Gefängnis ist das Krankenhaus in *Beyond the Gates* aus »durchsichtigem Material gebaut, das die Festigkeit von Marmor mit der Feinheit von dünnem Achat verband und von innen heraus leuchtete«. Die Patienten leiden nicht an physischen Gebrechen, sondern sind gemütskrank; »ihr Geist ist durch Untätigkeit geschwächt«. »Das sind die Behinderten des Himmels«, erklärt Phelps. »Sie bekommen eine Behandlung und gesunden allmählich.« Selbst in Gefängnis, Sanatorium und Krankenhaus, wo man Ruhe und Untätigkeit erwartet, findet sich nach spiritistischer Auffassung ein emsiges Leben.[53]

Auch Erholung und Zerstreuung tragen zur Reinigung der Seele bei. Ein himmlischer Vergnügungspark besitzt »elegante Schlitten mit galvanischen Kufen, die sehr schnell gleiten und zur Erheiterung beitragen«. Der Verfasser von *Through the Mists* (1898) sah besondere Plätze mit Liegen zum Ausruhen; »aus verschiedenen Moosen hergestellt und so weich wie Luft, spenden sie ihren Duft durch eine magnetische Einrichtung«. Auch Spiel und Sport haben ihren Platz. Man pflegt Tennis, Rugby, Fußball, Kricket, Rudern und »verschiedene Arten von Leichtathletik«; nach John Oxenham gibt es dabei keine Zuschauer. Im Unterschied zur puritanischen Auffassung tanzt man in seinem Himmel: »Hier gibt es schöne Säle. Tanzen war nämlich schon immer eine der beliebtesten Formen des Gottesdienstes.« Wie alle himmlischen Vergnügungen, so wird auch der Sport immer aktiv ausgeübt. Passives Zuschauen ist nicht erlaubt.[54]

Im Jenseits gibt es auch Haustiere. Sie machen dem Menschen

Freude und werden liebevoll versorgt. Gladys Osborne Leonard schreibt in *My Life in Two Worlds:* »Wenn ein Tier, das du liebst und das dich liebt«, stirbt, dann kommt es sofort in die dritte Sphäre des Jenseits; dort kümmert sich jemand um das Tier, bis der Besitzer oder die Besitzerin selbst nachfolgt. Nach Shaw Desmond ist es oft ein Tier, »das uns auf der anderen Seite des Todes als erstes Wesen begrüßt; auch sind ihre Geister oft bei uns auf der Erde und begleiten uns bei Arbeit und Spiel«. Haustiere, Sport und Vergnügungsparks geben die Möglichkeit zu ständiger Aktivität und tragen zur Entfaltung des Gefühlslebens bei.[55]

Die himmlische Umwelt soll die geistige, schöpferische und emotionale Entfaltung ihrer Bewohner fördern. Ob man mit gleichgesinnten Seelen in einer eiskalten Welt des Geschäfts und des Egoismus lebt oder in höheren Regionen der Schönheit und Harmonie, in jedem Falle hat man einer Arbeit oder Tätigkeit nachzugehen. Das Jenseits ist keinesfalls ein Altersheim, wo es außer dem Besuchen von Freunden und Kartenspielen nichts zu tun gibt. Wie im Neuen Testament trägt der Himmel städtische Züge:

Obwohl sie [die Städte] voll von Menschen waren, die alle einer Beschäftigung nachgingen, sah man nirgendwo auch nur den geringsten Müll, ja kein einziges Staubkorn. Offenbar gab es vielerlei große Geschäftshäuser, aber ich bemerkte nichts, was unseren riesigen Handelsfirmen glich. Überall waren Colleges und Schulen, zahlreiche Buchhandlungen, Musikgeschäfte und Verlage. In mehreren großen Fabriken stellte man, wie ich erfuhr, die feinen, bunten Seidenfäden her, aus denen die von mir schon erwähnten Stoffe gewoben wurden. Es gab Ateliers, Ausstellungsräume für Bilder, Bibliotheken, viele kleine und große Vortragssäle.

Diese Beschreibung der Visionärin Rebecca Springer hebt noch einmal den städtischen Charakter des spiritistischen Jenseits hervor. Nach spiritistischer Auffassung kommt im Bild einer Stadt die Eigenart der anderen Welt als Ort von Leben und Produktivität am besten zum Ausdruck.[56]

Zwar würde man zugeben, daß auf Erden das ländliche Leben den menschlichen Geist reinigt und erhebt; aber in der vollkommenen Welt des Himmels werden alle Nachteile der Stadt verschwinden, so daß auch sie in einem guten Licht erscheint. »Die Breite und die Sauberkeit der Straßen, die Schönheit und das herrliche Baumaterial der Häuser, die zahlreichen Bibliotheken, Museen und öffentlichen Gartenanlagen, die häufige Rücksichtnahme auf die Bedürfnisse von Tieren sowie die Unterkünfte für Reisende« überzeugen Elizabeth Stuart Phelps davon, daß die himmlische Stadt den irdischen Städten weit überlegen ist. Spiritisten waren nicht nur an der Kultivierung von Gefühlswerten interessiert – die auch in einer ländlichen Umgebung möglich wäre –, sondern schätzten auch die Welt des Geistes und der Kunst, wozu die Bildungseinrichtungen der Stadt nötig waren. Bewegung, Aktivität und Fortschritt galten als Kennzeichen des städtischen Lebens. Wie viele Reformer der »progressiven Ära« im Amerika der ersten Jahre unseres Jahrhunderts glaubten auch die Spiritisten an die Heilung der Gesellschaft durch die Stadt. Die Bürger der jenseitigen Welt mögen zwar in einer Vorstadt wohnen, aber Spiritisten und Romanautoren nahmen an, die Kultur- und Bildungseinrichtungen der Stadt seien bequem zu Fuß erreichbar.[57]

Auch die Entwicklung neuer technischer Geräte brachte Bewegung in den Himmel. So reist man im Jenseits entweder mit Hilfe besonderer Maschinen oder durch den bloßen Gebrauch des Willens. In *Through the Mists* sieht der Autor fliegende Kutschen, gezogen von »vier Pferden von einer durchsichtigen, cremig-weißen Farbe, die so schnell sind wie die Winde eines Hurrikans«. Nach Elizabeth Stuart Phelps steht jenen Geistern, die noch nicht auf dem Wasser gehen können, »eine schöne, große Muschel, einem Nautilus ähnlich«, zur Verfügung. Verbreiteter sind allerdings Berichte über Fortbewegung, die allein auf dem Willen beruht; der Entschluß zur Ortsveränderung führt diese ohne Verzögerung gleichsam von selbst herbei. Nach Sir William Barretts Geist kann man im Jenseits durchaus zu Fuß gehen; »andererseits, wenn ich mit anderer Arbeit beschäftigt bin, kann ich mich sozusagen in einem Augenblick an einen anderen Ort projizieren.« Daher benötigen in dem Buch *Death-Bed Visions* (1937) Engel keine Flügel; man braucht nur an sie zu denken, und schon sind sie zur Stelle. Den Gesetzen von Ort und Zeit nicht unterworfen, kennt die Bewegung keine Grenzen.[58]

Absicht und Wille ersetzen die materielle Grundlage der Technik. Um besondere gelbe oder violette Stoffe mit einem Muster von Vögeln und exotischen Tieren zu versehen, druckt der himmlische Arbeiter (in *Strange Visitors*) die Vorlage einfach »mit Hilfe seines Willens« auf das Tuch. Sir William Barrett erzählt seiner Frau, daß er im Jenseits Anzüge trägt; er fühlt sich darin wohler als in weißen Gewändern. Er könnte seine Anzüge zwar selbst herstellen, aber er überläßt dies einem Schneider, weil dessen Gedanken dafür besser geschult sind. »Mir fehlt das Geschick, einen Anzug zu schneidern«, erklärt er, »aber andere haben es. Dafür verstehen sie von meinem Geschäft nichts. Jeder muß für einige Zeit in seinem Beruf arbeiten.« Entscheidend ist nicht vorhandenes Arbeitsmaterial, sondern allein die Fähigkeit des Handwerkers. Die Materie setzt der Technik, der Lebensweise und Bewegung keine Grenzen mehr, sondern ist dem menschlichen Willen unterworfen.[59]

Die meisten Spiritisten schildern nur das Alltagsleben im Jenseits; manchmal erhalten wir aber auch einen Einblick in die höheren Sphären. Zwar arbeiten die Seelen an ihrer Erleuchtung ohne unmittelbare göttliche Hilfe, aber nach Auffassung der Spiritisten führt spirituelles Wachstum in größere Nähe Gottes. In den höchsten Sphären ist der Geist mit jener Macht vereinigt, die als »der Große«, »der Allmächtige« oder »der große und unfaßbare Gott« bezeichnet wird. Diese abstrakte Gottheit ist der Schöpfung in Liebe zugetan, mischt sich aber weder in irdisches noch in himmlisches Geschehen ein. So bezeichnet Dennis Bradley Gott als »die Inspiration des Universums«, ohne auf eine Tätigkeit Gottes im Weltall selbst einzugehen. Die Seelen bewegen sich auf Gott hin, aber Gott nähert sich nicht selbst den Seelen. Je höher man aufsteigt, um so feiner ist die spirituelle Materie. Auf die irdische Welt folgt die Geisterwelt, dann kommt die himmlische Welt, auf die weitere Welten folgen; nach Henry Horn bildet die Gottheit selbst den Abschluß dieser Reihe. Spirituelle Vervollkommnung führt zu Gott, dessen gewaltiger Wille das Weltall erschafft und trägt. Erreicht eine Seele diese höchste Stufe, dann »nützt ihr kein Wissen mehr, denn sie führt eine intuitive Existenz. Das ganze Leben wird durch Intuition bestimmt.« Diese höchste Stufe bildet das Ziel unendlich langer Bemühungen; in *Towards the Stars* (1924) berichtet ein Geist, er sei auch nach zweitausend Jahren noch weit davon entfernt. Der Abstand zwischen Gott und erschaffenem Geist ist so unermeßlich, daß die spirituelle Entwicklung tatsächlich nie an ein Ende gelangt.[60]

Was protestantische Visionäre, Romanautoren und Spiritisten im 19. und frühen 20. Jahrhundert über das Jenseits schrieben, fand nicht die Zustimmung der rechtgläubigen christlichen Theologie. »Solcher Unsinn und solch gottloses Gefasel«, meinte der katholische Bischof John Vaughan (1853–1925), »kann nur anekeln und abstoßen.« Der Presbyterianer Robert Patterson schildert die Spiritisten als törichte Menschen, die der Großmutter im Jenseits Stricknadeln geben und sie ihrer Beschäftigung in einer Welt nachgehen lassen, »in der Strümpfe überflüssig sind, weil es keine kalten Füße gibt«. Obwohl sie ganz ähnliche Auffassungen hatten, wollten christliche Theologen die Aussagen der Spiritisten nicht gelten lassen. Selbst Swedenborgianer lehnten den Spiritismus als Schwindel ab. Wenn jedermann mit der Geisterwelt Kontakt aufnehmen könnte, dann würde Swedenborg seine besondere Stellung verlieren.[61]

Pfarrer und Theologen, die sich durch die Popularität des Spiritismus bedroht fühlten, konnten durchaus auf deutliche Unterschiede zwischen der spiritistischen und der christlichen Lehre verweisen. Im Unterschied zur Romanautorin Elizabeth Stuart Phelps und der Visionärin Rebecca Springer legen die Spiritisten auf die Gestalt Christi entweder gar keinen Wert oder erklären ihn mit William Stainton Moses zum »großen Sozialreformer«, der »Freiheit ohne Freizügigkeit« predigte. Selbst der anglikanische Priester Vale Owen, für den die »Christus-Sphäre« des Himmels die höchste ist, macht Christus zum »vollkommenen Sohn der Menschheit«, dessen Natur nicht menschliche und göttliche, sondern männliche und weibliche Eigenschaften zu gleichen Teilen enthält. Das für die Theologie grundlegende Christusereignis spielt im Denken der Spiritisten keine Rolle. Statt an jahrhundertealte Dogmen zu glauben, ziehen sie es vor, mit dem Jenseits selbst unmittelbaren Kontakt zu pflegen. Seinem Wesen nach absonderlich und unsystematisch, forderte der Spiritismus die Kritik der christlichen Theologie ebenso heraus wie die Angriffe jener, die den »wissenschaftlichen« Beweis der Unsterblichkeit für nicht erbracht hielten.[62]

Der offensichtliche Gegensatz zwischen Spiritisten und vielen Christen darf die durchgängige Ähnlichkeit zwischen dem protestantischen Himmel und dem spiritistischen Jenseits nicht vergessen lassen. Als anglikanische Priester hatten Vale Owen und William Stainton Moses ihre Pfarrstellen nur aufgegeben, um ihrer spiritistischen Berufung ohne zeitliche Beschränkung nachgehen zu können. Spiritisten wie rechtgläubige Protestanten beriefen sich auf den Himmel, um eine bestimmte Lebensweise und bestimmte Glaubensüberzeugungen durchzusetzen. Jenseitiges Vegetariertum galt als Anregung, die irdischen Nahrungsgewohnheiten entsprechend zu reformieren. Faulheit verhinderte nicht nur irdischen Fortschritt, sondern war auch eine schlechte Vorbereitung auf das emsige Leben in der anderen Welt. Der Zirkelschluß ist vollendet: Was auf der Erde wirklich gut ist, muß auch den Himmel bestimmen; und um das irdische Leben gut zu gestalten, müssen wir dem himmlischen Vorbild folgen. Wie im Himmel, so auf Erden; wie auf der Erde, so im Himmel. Die Himmelsliteratur – vom Traktat bis zum Visionsbericht, vom Gedicht bis zum Roman – ist Teil eines umfassenden Versuchs, individuelles und soziales Verhalten zu beeinflussen. Nach viktorianischer Auffassung sind Erziehung, Bildung des Gefühls und Kunst geeignet, zuerst den einzelnen und dann die ganze Gesellschaft zu verbessern.

Die Verbindung von Klavieren und Haustieren, hochentwickelter Technik und phantastischer Umgebung erinnert den Leser an den gewöhnlichen Alltag zu Hause, aber auch an das Abenteuer ferner Länder. Das Jenseits der Spiritisten ist so aufregend wie Reiseberichte und Science Fiction und bietet doch alle Annehmlichkeiten der bürgerlichen anglo-amerikanischen Kultur. Haustiere, saubere Straßen, gut ausgestattete Bibliotheken und Städte, die keine Angst einflößen: das alles besteht im Jenseits weiter. Für Spiritisten geht nach dem Tod nicht nur das Leben weiter, es bleibt sogar *dasselbe* Leben.

Der anthropozentrische Himmel

Was Protestanten wie Spiritisten von der Kanzel predigten, in Büchern darlegten oder in Visionsberichten beschrieben, war ein anthropozentrischer Himmel. Gott bleibt zwar der fürsorgende Vater, aber er hält sich im Hintergrund. Wird Christus überhaupt erwähnt, dann als Lehrer und Freund. Er taucht nur auf, um Neuankömmlinge zu begrüßen und sich ihres Willens zu versichern, ein wahrhaft spirituelles Leben zu führen. Die Heiligen sind zumeist mit sich selbst beschäftigt: sie arbeiten, machen Entdeckungen, erforschen das Wesen Gottes und die Natur des Menschen, leben mit ihren Freunden und ihren Familien. Im Unterschied zur calvinistischen Auffassung, daß Gott das Schicksal der Lebenden und Toten bestimmt, erwogen liberale Theologen die Möglichkeit eines Heilserwerbs in einem Zwischenzustand nach dem Tod. Überzeugt von der Gutheit der menschlichen Natur und der grenzenlosen Güte des Schöpfers, entwarf die Theologie des ausgehenden 19. und beginnenden 20. Jahrhunderts einen Himmel, in dem sich die Heiligen einem Wachstum im Guten keinesfalls entziehen konnten.

Der theozentrische Himmel der frühneuzeitlichen Spiritualität lebte zwar im Katholizismus und im Kirchenlied weiter, aber er vermochte die protestantischen Theologen und Schriftsteller nicht mehr zu befriedigen. Der »Gott-allein«-Himmel mit seiner endlosen Liturgie wurde durch ein Jenseits mit Leben und Bewegung ersetzt. Praktischer Dienst für Gott und den Nächsten verdrängten das Gebet aus seiner Stellung als wichtigste Tätigkeit. Predigt und Unterweisung traten an die Stelle von Betrachtung und Gottesschau. Die Heiligen erhalten ihr umfassendes Wissen nicht in einem Augenblick als Gottes Geschenk; vielmehr müssen sie es ebenso selbst erwerben, wie sie ihren spirituellen Zustand selbst verbessern müssen. Im anthropozentrischen Himmel, in dem alle Aufmerksamkeit den Heiligen selbst gilt – und nicht Gott –, sind Bewegung, Vielseitigkeit und endlose Vielfalt die Schlüssel zum ewigen Glück. Im theozentrischen System durften die spirituell weniger fortgeschrittenen Seelen die Reinheit der himmlischen Welt nicht beflecken; nun finden sie eine Umgebung vor, die ihnen eine Vervollkommnung sogar erleichtert.

In Amerika und Großbritannien stiegen Tätigkeit und Bewegung zu besonderen Wertbegriffen auf; protestantische Autoren legten ihnen sittliche und metaphysische Bedeutung bei. Schon 1835 waren die Gedanken der Aufklärung über Gleichheit und Menschenrechte und ihr Zukunftsoptimismus unter den Pfarrern weit verbreitet. Pfarrer wie Fabrikanten unterstützten ein Evangelium der Arbeit; Untätigkeit galt als Vergehen gegen den Fortschritt der Menschheit. Diese Auffassung trat besonders in den USA und Großbritannien hervor; in diesen Ländern galten nationale Erfolge als Bestätigung dafür, daß der Staat für eine besondere Aufgabe ausersehen war. Da Gott die anglo-amerikanische Welt zur Schutzmacht des Christentums bestimmt hatte, mußten alle Bürger am Aufbau einer vorbildlichen Gesellschaft mitarbeiten. Auch die liberale Auffassung, die tausend guten Jahre vor der Wiederkunft Christi seien das Ergebnis menschlicher Anstrengung, trug zum Optimismus bei. Man glaubte, die glückliche Zukunft sei nicht weit entfernt. Der Darwinismus »stellt die Menschheit auf eine höhere Stufe als je zuvor«, rief der liberale Theologe John

Fiske im Jahre 1884 aus. Konservative Protestanten verurteilten zwar die Herleitung des Menschen vom Affen; gleichwohl schätzten sie den Fortschritt als Prozeß, der zu dieser Höhe der Entwicklung führte. Was das spirituelle Wachstum im Himmel betrifft, so waren konservative und liberale Protestanten durchaus einer Meinung.[63]

Die Menschen der viktorianischen Zeit versuchten, den Zweifeln und der Langeweile ihrer bürgerlichen Existenz durch Arbeit zu entkommen; so jedenfalls sieht es der Historiker Walter Houghton in seiner klassischen Abhandlung über *The Victorian Frame of Mind*. Politischer Unruhe, sozialem Wandel und religiösem Zweifel begegnete man mit hartnäckigem Anti-Intellektualismus und einem unnachgiebigen Arbeitsethos. Houghton spricht von der »Möglichkeit, Glaubensschwierigkeiten auszuweichen, indem man das Wesen der Religion oder den Sinn des Lebens im Verfolgen einer schöpferischen Aufgabe sah, die den persönlichen Neigungen entspricht und für die Gesellschaft wertvoll ist«. Vielleicht diente der mit Tätigkeit ausgefüllte Himmel nicht nur der Untermauerung des Arbeitsethos; er ermöglichte es auch, schwierigen theologischen Fragen auszuweichen.[64]

Ohne eine gründliche Kenntnis der Natur Gottes und ein Verstehen des göttlichen Plans läßt sich ein theozentrischer Himmel weder entwerfen, noch läßt sich an ihn glauben. Sobald der Himmel aber Schauplatz menschlichen Tuns wird und Gott in den Hintergrund tritt, spielt der Glaube an diesen Gott keine so große Rolle mehr. Wenn himmlische Tätigkeit tatsächlich ewige Arbeit bedeutet (wenn auch vielleicht im Dienste Gottes), dann können ängstliche Zweifler damit getröstet werden, daß ihr Agnostizismus kein großes Problem darstellt. Selbst wer nicht an Gott glaubte, glaubte an Arbeit und Fortschritt. In gewisser Hinsicht ersetzt die Arbeit sogar den Gottesbegriff. »Nicht die ewige Ruhe des Individuums in Gott, sondern sein unbegrenzter Beitrag zur Dynamik des Universums gibt ihm den Mut, dem Tod entgegenzusehen«, erläutert Paul Tillich. »Für diese Art Hoffnung ist Gott fast unnötig. Er kann als Garant der Unsterblichkeit betrachtet werden, aber wird er das nicht, so ist der Glaube an die Unsterblichkeit nicht mit Notwendigkeit erschüttert.« Durch ihre Betonung der Aktivität im Jenseits konnten Theologen den schwierigen eschatologischen Themen des Jüngsten Gerichts, des pneumatischen Leibes und der Anschauung Gottes ausweichen.

Solche Fragen überläßt man theologischen Lehrbüchern. Auf diese Weise wurde im anthropozentrischen Himmel der Protestanten und Spiritisten religiöses Tun auf ein Minimum beschränkt. Die Seelen können ihrer gewohnten Arbeit nachgehen, ohne sich den Kopf zu zerbrechen über das Wesen Gottes, den Sinn des Lebens oder den Unterschied zwischen den verschiedenen christlichen Bekenntnissen.[65]

Im Jahre 1933 veröffentlichte der schottische Theologe John Baillie (1886–1960), Professor am Union Theological Seminary in New York, ein einflußreiches Buch mit dem Titel *And the Life Everlasting.* Damals wurde der westliche Fortschrittsoptimismus durch die Erfahrung eines Weltkriegs, eine weltweite Wirtschaftskrise und das Aufkommen des Faschismus in Frage gestellt. Die protestantische dialektische Theologie lehnte die liberale Lehre von der Unverderbtheit der menschlichen Natur ab, gab den Fortschrittsglauben auf und bestand auf der zentralen Bedeutung Christi. Baillie durchschaute die Begeisterung des 19. Jahrhunderts für Wandel, Arbeit, Wachstum und Fortschritt. Zu Recht führte er die Annahme, ein Weiterleben müsse endlosen Fortschritt mit sich bringen, auf Kant zurück. Er wußte auch, daß Fleiß, Anstrengung und sozialer Dienst erst in den letzten Generationen begonnen hatten, das Bild des Himmels zu bestimmen. Der Glaube an den Fortschritt und an die zentrale Stellung des Menschen hatte zur Annahme verleitet, die Evolution müsse für die Seele ewig weitergehen.

Trotz seiner kritischen Einsicht wollte auch Baillie auf Tätigkeit und Bewegung im Jenseits nicht verzichten. »Im himmlischen Leben muß es also viel Spielraum geben für Abenteuer und sogar für sozialen Dienst«, erwog Baillie, »wenn auch Abenteuer und Dienst in einem anderen Sinn.« Die Wahl zwischen einem Himmel ausschließlicher Ruhe und einem Jenseits uneingeschränkter Tätigkeit wird überflüssig, wenn man bedenkt, daß das Genießen – und darin besteht ja himmlisches Leben – selbst ein Tun darstellt. Während nach früheren Theologen die Vollkommenheit erst allmählich erreicht werden kann, meinte Baillie, das Leben im Himmel selbst sei das Ziel. »Es wird keine Entwicklung geben, die immer näher zum Genuß hinführt, sondern Entwicklung im Genuß selbst.« Baillie verwarf zwar das Bild von Untätigkeit und ewigem Psalmensingen, aber er war auch kritisch gegenüber einer verkrampften Tätigkeit, die sich aus der Hochschätzung von Bewegung und Veränderung um des Fortschritts willen ergab. Im 20. Jahrhundert nahm die Theologie vom modernen Himmel des 19. Jahrhunderts ebenso Abschied wie von den liturgischen Bildern der theozentrischen Vorstellung.[66]

Kapitel 10

Der Himmel im gegenwärtigen Christentum

»Glauben Sie an einen Himmel, in dem Menschen mit untadeliger
Lebensführung ewig belohnt werden?« Als das Gallup-Institut
diese Frage Anfang der achtziger Jahre vorlegte, antworteten 71%
der befragten Amerikaner mit »ja« (*Abb.* 64). Diese Zahl war nur
um 1% niedriger als 1952 und zeigte einen geringen Zuwachs gegenüber 1965. Viele Menschen rechnen mit einer Wiedergeburt
(Reinkarnation), aber mehr als dreimal so viele glauben an den
Himmel. Die Befrager wollten auch wissen, wie man im Himmel
seine Zeit verbringt. Hier nun war ein Wandel festzustellen: Die
seit dem 18. Jahrhundert verbreitete moderne Himmelsvorstellung war deutlich verblaßt. 54% der Befragten waren der Ansicht,
sie würden in der Gegenwart Gottes oder Christi sein; aber nur
19% glaubten, einer verantwortlichen Tätigkeit auch im Himmel
nachzugehen. Knapp die Hälfte rechnete damit, ihre Freunde,
Verwandten oder Ehepartner wiederzusehen. Obwohl ein Drittel
ein erweitertes religiöses Bewußtsein vermutete, dachten nur 18%
auch an verbesserte geistige Fähigkeiten. Konkrete Vorstellungen
über das Leben im Jenseits wurden kaum geäußert; immerhin
meinten nur 5%, das ewige Leben werde langweilig sein.[1]

Obwohl Christen den Himmel immer noch als eine Glaubens-
wahrheit akzeptieren, besteht wenig Neigung, sich über Einzelheiten des ewigen Lebens Gedanken zu machen. Auch die Zunahme religiösen Interesses in den letzten Jahren in Amerika und
Europa hat hier keine Änderung gebracht. In der Volksfrömmig-
keit, im Schrifttum des Klerus und in den Spekulationen der
Universitätstheologie finden wir entweder eine Wiederholung bekannter Bilder des modernen Himmels oder aber eine verkürzte,
zurechtgestutzte Lehre als Kompromiß zwischen dem herkömmlichen Glauben an den Himmel und seiner völligen Ablehnung.

Der moderne Himmel, der in Swedenborgs Visionen artikuliert
und im 19. Jahrhundert von Amerikanern und Europäern ausgearbeitet wurde, findet auch in unserer Generation noch Anhänger.
Viele Christen hoffen, mit ihren Freunden und Verwandten wieder
vereint zu werden. Sie geben dieser Erwartung Ausdruck in
Boulevardblättern, Familienanzeigen, Grabinschriften und sogar

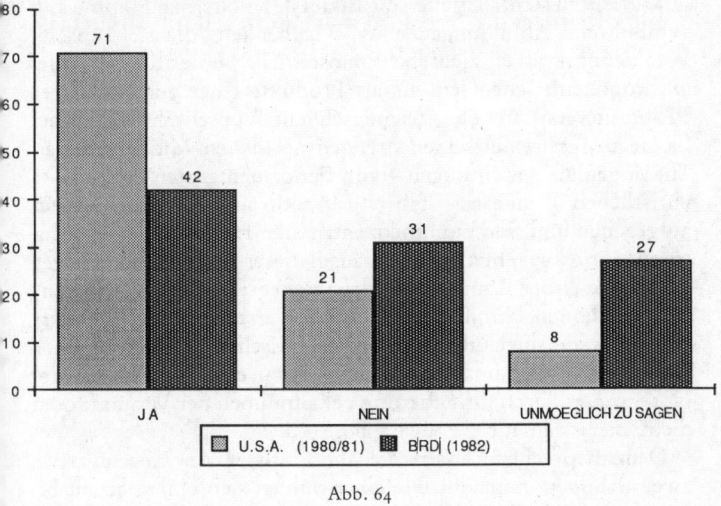

Abb. 64

Grabplastiken. Die hohen Auflagen von Büchern über Erlebnisse in Todesnähe – etwa Raymond Moodys *Leben nach dem Tod* – zeigen, wie verbreitet der Wunsch ist, über das Jenseits Aufschluß zu bekommen, wenn möglich durch Erfahrungsberichte aus erster Hand. Dabei sind die Vorstellungen von dem, was nach dem Tod geschieht, nur vage oder gar nicht mit theologischen Lehren verbunden. Die protestantische wie die katholische Theologie der Gegenwart kommt dem verbreiteten Wunsch nach Wissen über den Himmel nicht entgegen. Eine bemerkenswerte Ausnahme bildet hier die Kirche Jesu Christi der Heiligen der Letzten Tage. So sind die besten Beispiele für die Fortdauer des modernen Himmels im ausgehenden 20. Jahrhundert die volkstümliche Hoffnung auf ein Wiedersehen der Angehörigen im Himmel und die ausgearbeitete Lehre der Heiligen der Letzten Tage (Mormonen).[2]

Mögen auch viele Gläubige an einer etwas reduzierten und weniger anschaulichen Fassung des modernen Himmels festhalten, so lehnt die Theologie des 20. Jahrhunderts frühere Beschreibungen fast ausnahmslos ab. Was Generationen von Seelsorgern, Gelehrten und Visionären gedacht haben, ist für sie bedeutungslos geworden. Bestenfalls gelten die Bilder des modernen Himmels als symbolische Abbildungen einer Wirklichkeit, die sich unserer Vorstellungskraft entzieht. Schlimmstenfalls werden die Bilder des anthropozentrischen Jenseits als Produkte einer unaufgeklärten Phantasie verspottet oder als menschliche Wunschbilder kritisiert, da sie den Himmel seiner strengen göttlichen Mitte berauben. Theologen aller Richtungen – von Fundamentalisten bis zu postchristlichen Denkern – haben das anthropozentrische Jenseits aufgegeben und sind zum theozentrischen Himmel der Reformatoren zurückgekehrt. Die Anfänge dieser Entwicklung liegen zwar bereits bei Kant und Schleiermacher; der große Rückzug vom modernen Himmel geschieht aber erst im 20. Jahrhundert. Für einige der bedeutendsten protestantischen und katholischen Theologen ist das himmlische Leben – wenn es so etwas überhaupt gibt – weder durch Offenbarung bekannt noch der Vernunft oder dichterischen Phantasie zugänglich.

Dementsprechend lassen sich die Christen der Gegenwart in zwei Gruppen einteilen. Die einen fühlen sich einem genau bekannten Jenseits verpflichtet, das entweder im modernen Stil (mit Familie, Arbeit, Fortschritt) oder theozentrisch (Schau Gottes, himmlisches Licht, Engel, ewiger Lobpreis) gedacht wird. Erlebnisse in Todesnähe, romanhafte Darstellungen wie die von C. S. Lewis oder Visionen von Sektengründern wie die des Mormonenführers Joseph Smith bieten hier die Grundlage für das Reden vom Jenseits. Das Leben im Himmel ist eine Fortführung dessen, was schon auf Erden als das Beste gilt: Gottesdienst, harmonische Beziehungen zu anderen Menschen, Spiritualität. Zur anderen Gruppe gehören jene, die jede Möglichkeit eines Wissens über das Jenseits bestreiten oder die Annahme eines »Lebens« nach dem Tode grundsätzlich ablehnen. Diese Christen äußern Bedenken gegen jegliche Beschreibung des Himmels. Dadurch, daß sie abstrakte Begriffe vorziehen, sind sie nicht auf Visionen, Offenbarungen oder dichterische Gestaltungen angewiesen. Die gegenwärtige Auseinandersetzung ist gekennzeichnet durch den Gegensatz zwischen einer maximalistischen und einer minimalistischen Auffassung, zwischen volkstümlichen und philosophischen Anschauungen, zwischen Bild und Abstraktion, zwischen Hoffnung und Skepsis.[3]

Moderne Bilder des Himmels: Eine Sehnsucht . . .

Im Jahr 1983 fragte eine populäre kirchliche Zeitschrift, der *U.S. Catholic,* die Leser nach ihren Vorstellungen vom Leben nach dem Tod. Die 283 eingesandten Antworten stellen natürlich keinen repräsentativen Querschnitt des amerikanischen Katholizismus dar; aber sie geben doch ein deutliches Zeugnis für die Fortdauer der volkstümlichen Bilder des 19. Jahrhunderts. So wollen einige Einsender »Gott umarmen«, wenn sie im Himmel ankommen. Sie erwarten, ihre Angehörigen wiederzusehen, einschließlich »unseres ersten Kindes, das starb und das ich nie sah«, wie es jemand sehr persönlich äußerte. Sie hoffen auf eine Umwelt von überwältigender natürlicher Schönheit. Gleichzeitig wollen sie zu Kreativität herausgefordert werden. »Sich den Himmel als eine Art Super-Urlaubsort vorzustellen ist kindisch«, meint zwar einer der Leser; aber die meisten Einsender haben keine Bedenken, den Himmel als eine Welt zu beschreiben, in der viel Baseball gespielt wird, als einen einsamen Ort auf dem Lande oder eine Gegend genau nach dem Geschmack jedes einzelnen. Ein früherer Artikel derselben Zeitschrift ging der Frage nach: »Wird es im Himmel langweilig sein?« (1975). Die Frage erledigte sich, weil das Fegfeuer ein »Zentrum der Fort- und Weiterbildung« sei und wir im Himmel nicht »zu ewiger Ruhe berufen sind, sondern zu ewiger Aktivität – zu einer sozialen Aufgabe«. In den Vorstellungen der Leser und Autoren des *U.S. Catholic* unterscheidet sich der Himmel kaum von dem, was frühere Generationen gedacht haben: Gott ist eine Person; jeder behält seine Individualität; Familien werden zusammengeführt, irdische Tätigkeiten fortgesetzt.[4]

Von allen diesen Vorstellungen findet eine ein besonderes Echo bei den Christen der Gegenwart: die Hoffnung, die Familie wiederzusehen. Unzählige Todesanzeigen und »In-memoriam«-Spalten amerikanischer und europäischer Zeitungen legen ein beredtes Zeugnis für den Glauben ab, daß durch den Tod auseinandergerissene Familien dereinst wieder zusammengeführt werden. Im Londoner *Holborn and City Guardian,* einem Wochenblatt, hofft Danny, seine Schwägerin wiederzutreffen; nach einer Anzeige in der *Frankfurter Allgemeinen* lindert der Glaube an ein Wiedersehen das Leid einer trauernden Familie; im *Columbus Dispatch* aus den Vereinigten Staaten widmet eine Witwe ihrem verstorbenen Mann den holprigen Vers: »When my work on this earth is done /

Abb. 65: »Liebling, auf Wiedersehen im Himmel«

We will again be united as one.« [Ist meine Arbeit hier zu Ende /
Reich' ich dir wieder meine Hände.] Die unausgesprochene Vor-
aussetzung ist immer dieselbe: Was der Tod trennt, führt der
Himmel wieder zusammen.[5]

Selbst auf den amerikanischen Rasenfriedhöfen (*lawn cemete-*
ries) mit ihren in Größe und Gestalt genormten Grabmälern kann
die Hoffnung auf ein Wiedersehen Ausdruck finden. Einfache Inschriften wie »Wieder vereint« oder »Stets vereint« schmücken die
Grabstätten von Eheleuten. Ein schlichtes Relief zeigt nicht selten
zwei Menschen in langen Gewändern, die einander im Angesicht
der aufgehenden Sonne an der Hand halten (*Abb. 66*). Mehr als

Abb. 66: Paar, auf ein Wiedersehen wartend

solche Symbolik ist nicht möglich, weil der Gedenkstein als flache Platte in den Boden eingelassen ist, so daß der Rasenmäher darüberfahren kann. Dagegen lassen die europäischen Friedhöfe den Angehörigen oft mehr Möglichkeiten, ihren Gefühlen in Inschriften oder Skulpturen Ausdruck zu verleihen. Dementsprechend finden sich ausführlichere Bekenntnisse zum Glauben an ein Wiedersehen. Eine Inschrift auf dem Friedhof von Drumcliffe in Irland geht so weit, die Anschauung Gottes durch die Schau des menschlichen Partners zu ersetzen.

> Dear Robert – If heaven be as some aver
> recapturing the joys that were,
> those lost dear raptures that we knew,
> then I shall sit again with you
> within a quiet, sunfilled place
> and watch the glory of your face,
> and talk through all eternity
> of this and that of you and me.
> From your ever loving wife Pat. August 1978

[Lieber Robert – Wenn der Himmel, wie manche versichern, die Freuden der Vergangenheit wiederbringt, unsere lieben Stunden der Entrückung, dann werde ich wieder neben Dir Platz nehmen an einem stillen, sonnigen Ort. Ich werde Dein herrliches Gesicht betrachten und in alle Ewigkeit mit

Abb. 67: Ideale Familie – hier und im Jenseits

Dir reden – über dies und jenes, über Dich und mich. Von Deiner Dich
ewig liebenden Frau Pat.]

Solche Formen des Gedenkens erinnern an Blakes Freundschaft,
die »keinen anderen Himmel sucht als den Geliebten«, oder Emily
Dickinsons Überzeugung, das künftige Leben sei »ein zu armer
Ort / wenn ich im Antlitz des Erlösers / nicht das Deine erkennen
kann«. Wenn auch Grabinschriften über die Ewigkeit der Liebe in
unserem Jahrhundert nach den dreißiger Jahren spürbar zurück-
gehen, so kommen sie durchaus noch vor.

Der unfreundliche Charakter amerikanischer Friedhöfe der
Gegenwart schließt Grabskulpturen nicht aus. Auf dem Forest-
Lawn-Friedhof in Los Angeles finden sich idealisierte Familien-
darstellungen neben Bronzestatuen amerikanischer Nationalhel-

den und Marmorkopien berühmter religiöser Kunstwerke. Ob von Angehörigen oder von der Friedhofsverwaltung aufgestellt, der Stil bleibt derselbe: In griechische Gewänder gehüllte Paare sind von nackten Kindern umgeben (*Abb. 67*). Obgleich nirgendwo ausdrücklich gemacht, ist der Sinn doch deutlich: Die durch den Tod zerrissene Familie wird im Jenseits wieder vereint und erhält dort ihre ideale Gestalt. Obwohl das »Bekenntnis des Gründers« von Forest Lawn die viktorianischen Friedhöfe als »unansehnliche Steinhöfe voll von künstlerisch wertlosen Symbolen und entmutigenden Gebräuchen« verurteilt, finden wir hier dieselbe Botschaft: Die eine Familie zusammenschließende Liebe hört mit dem Tod nicht auf.

Wie ihre Vorgänger in der Romantik, so fassen auch Künstler und Schriftsteller des 20. Jahrhunderts die ewige Liebe nicht unbedingt als ewige konventionelle Ehe auf. Das Grab von Mabel Veronica Batten und Marguerite Radclyffe Hall auf dem Londoner Highgate Friedhof ist geradezu ein Lehrstück über die Komplexität himmlischer Liebe. Batten war die Geliebte von Hall, der Verfasserin des klassischen Lesbenromans *Der Brunnen der Einsamkeit*. Batten starb 1916. Als Hall 1943 verstarb, wurde sie im selben Grab beigesetzt. Im selben Jahr ließ jedoch Una Troubridge, Halls Geliebte nach Battens Tod, eine Plakette anbringen: »Und wenn Gott es so fügt, werde ich Dich nach dem Tod noch mehr lieben – Una.« Troubridge, die schließlich 1963 verstarb, wurde in Rom beigesetzt und nicht in Highgate. Mag man es auch bedauern, daß Troubridge nicht im Grab ihrer Geliebten liegt, so läßt die angebrachte Plakette keinen Zweifel über den Wunsch nach einer jenseitigen Fortführung des Verhältnisses. Auch für manche Zeitgenossen des 20. Jahrhunderts überdauert nicht unbedingt die Ehe, wohl aber die Liebe den Tod.[6]

Die Vorstellung von der ewigen Liebe und die Hoffnung auf ein Wiedersehen im Himmel sind im gegenwärtigen Christentum immer noch weit verbreitet. Freilich handelt es sich dabei mehr um Wunschbilder als um theologische Lehren, denn eine Einbettung in feste Lehrzusammenhänge fehlt. Zwar lehnt der Klerus die Wunschbilder nicht ab, aber die zeitgenössische Theologie zeigt an dem Thema kein Interesse. Auf die Eigenschaften des modernen Himmels – ewiger Fortschritt, Liebe, den engen Zusammenhang zwischen Diesseits und Jenseits – mag in den Grabreden der Pastoren hingewiesen werden, ansonsten spielen sie keine Rolle. Priester und Pastoren mögen trauernde Familien mit einem Wiedersehen im Himmel trösten, aber zeitgenössisches Denken kommt ihnen dabei nicht mehr zu Hilfe. Man fühlt noch wie im 19. Jahrhundert, jedoch hat sich das Denken gewandelt.

... und eine Theologie – der Himmel der Mormonen

Während bei den meisten Christen das fromme Gefühl mit dem theologischen Denken nicht mehr übereinstimmt, gilt dies nicht für die Kirche Jesu Christi der Heiligen der Letzten Tage, deren Mitglieder oft als Mormonen bezeichnet werden. Hier gehört der moderne Himmel mit seiner Betonung der Kontinuität von Diesseits und Jenseits, der Ewigkeit von Liebe, Familie und Fortschritt nicht nur in die Trostpredigt, sondern besitzt einen festen Platz in Verkündigung und Lehre. Die Theologie des Himmels gilt nicht nur als Spekulation; sie ist Inhalt göttlicher Offenbarung, die an frühere und gegenwärtige Kirchenführer ergangen ist. Verglichen mit der Mitgliederzahl der weltumspannenden katholischen Kirche und vieler protestantischer Kirchen sind die Mormonen eine kleine Gruppe; aber das rasche Anwachsen ihrer Mitgliederzahlen und der opferbereite missionarische Einsatz machen sie zu einer nicht mehr zu übersehenden Erscheinung in der christlichen Welt.[7]

Nach Auffassung der Mormonen gründete Jesus eine Kirche, die den Namen »Kirche Jesu Christi« trägt und deren Mitglieder »Heilige« genannt werden. Nach seiner Auferstehung besuchte Jesus den amerikanischen Kontinent und gründete auch dort seine Kirche. Aber nachdem er die Erde verlassen hatte, kam es zu einem »großen Abfall«. Die erste Generation der führenden Heiligen verstarb, die Kirche wurde verfolgt und zerfiel; die böse Natur des Menschen hatte gesiegt. Der Erlöser versprach jedoch, seine Kirche wieder neu zu gründen. Im Jahre 1820 hatte Joseph Smith (1805–1844), ein junger Mann aus dem Staate New York, eine Vision. Gott und Christus beschworen ihn, sich keiner der bestehenden Kirchen anzuschließen, da es die wahre Gemeinde noch nicht gebe. Im Laufe eines Jahrzehnts erhielt Joseph Smith eine Reihe von Offenbarungen, die ihn zum Gründer der wiederhergestellten Kirche machten, der Kirche Jesu Christi der Heiligen der Letzten Tage. Wichtig sind dabei vor allem die von Smith gefunde nen, mit geheimnisvollen Schriftzeichen versehenen goldenen Platten; ihre Wiedergabe im Buch Mormon erzählt die Heilsgeschichte und bildet den Grundstock der neuen Lehre. Für Lehre und Glaube sind die Bibel, das Buch Mormon und die späteren, von Smith und den Kirchenpräsidenten empfangenen Offenbarungen maßgebend. Zum Glauben der Mormonen gehört die Überzeugung, daß Gott eine wirkliche Person mit einem handgreiflichen Körper ist, ein Wesen aus Fleisch und Blut. Alle Menschen lebten vor ihrer irdischen Existenz bei Gott als dessen Kinder. Die Mormonen kennen ein Laienpriestertum, das für die geistliche Führung Sorge trägt. Die Lehre von der Erbsünde wird abgelehnt. Eine große Rolle spielen die Familienbeziehungen; sie werden durch besondere Riten verewigt, damit sie nach dem Tod fortdauern.

Nach mormonischer Auffassung zerstört der Tod weder die Persönlichkeit noch die Seele. »Eigentlich gibt es gar keine Toten«, schrieb Theodore M. Burton (geb. 1907), »es sei denn, man spricht vom sterblichen Leib, der wieder zur Erde zurückkehrt. Der Geist lebt weiter. Bei der Auferstehung werden wir wieder lebendig; dann wird jeder Leib mit dem Geist zu einer unsterblichen Einheit zusammengefügt.« Das irdische Leben ist nur ein Akt des großen, mehrere Welten und Leben umfassenden Dramas. Bevor die Menschen als Kinder irdischer Eltern geboren werden, leben sie als Geistkinder bei ihrem himmlischen Vater und ihrer himmlischen Mutter. Um geprüft zu werden und die »Verordnungen« zu empfangen (das sind heilige Handlungen oder Sakramente, die den ewigen Fortschritt des einzelnen sichern), müssen die Geistkinder auf unsere Erde herabsteigen und durch menschliche Zeugung einen irdischen Leib bekommen. Bei der Geburt geht die Erinnerung an die frühere Existenz verloren, so daß jeder einzelne sein Leben frei gestalten und sich in Freiheit der wahren Religion anschließen kann.[8]

Beim Tod verläßt die Seele den Leib; mit ihrem Eintritt in die Welt der Geister beginnt ein neuer Lebensabschnitt. Die Geisterwelt ist nicht der Himmel, sondern nur ein Ort, an dem die Seele lebt und sich bis zur Auferstehung entwickelt. Im Anschluß an Brigham Young (1801–1877), für den die Geisterwelt mit der unseren in engem Zusammenhang steht, versicherte der Apostel Ezra Taft Benson im Jahre 1971, daß »manchmal der Vorhang zwischen diesem und jenem Leben durchsichtig ist. Unsere lieben Verstorbenen sind uns nicht fern.« Die im irdischen Leben entwickelten Neigungen und Eigenschaften bleiben in der Geisterwelt erhalten. Wer ein schlechtes Leben geführt hat, wird von den Guten getrennt und muß mit anderen bösen Geistern leben; als Sklaven Satans leiden solche Seelen unter Schuldgefühlen, Angst und geschlechtlicher Begierde. Die gerechten Menschen dagegen, besonders die Mormonen, finden sich in einer paradiesischen Welt wieder – einer Welt der Seen, Wälder, herrlichen Blumen und prächtiger Bauwerke. Es gibt weder Tod noch Ungewißheit und Schmerz. Man wird von Angehörigen empfangen und lebt bei ihnen. Die Geister denken und handeln mit neuer Kraft und Frische, mit einem Enthusiasmus, wie man ihn sonst nur bei jungen Menschen findet. Kinder, die bald nach ihrer Geburt gestorben sind, werden zu Erwachsenen, können aber auch ihre frühere, kindliche Gestalt wieder annehmen, um von ihren Angehörigen erkannt zu werden, wenn diese die Welt der Geister betreten.[9]

Da nach dem Tod kein Gericht stattfindet, werden böse und unwissende Seelen nicht zu ewiger Pein verdammt. In der Geisterwelt haben sie die Möglichkeit, sich mit ihrem freien Willen für oder gegen die mormonische Offenbarung zu entscheiden. Dabei helfen ihnen die schon in der Geisterwelt lebenden Heiligen; diese haben die Aufgabe, die Unwissenden im mormonischen Glauben zu unterrichten und die irrenden Seelen, soweit dies möglich ist, auf den rechten Weg zu führen. Der Kirchenpräsident Wilford Woodruff (1807–1898) berichtet, wie er in einer Vision Joseph Smith am Eingang des himmlischen Tempels begegnete. Smith hatte aber keine Zeit für ihn; er war in Eile. Auch andere Brüder, die zu Lebzeiten hohe Kirchenämter innehatten, eilten vorüber. »Ich war mein ganzes Leben lang in Eile«, gestand Woodruff; »ich erwartete aber, im Himmelreich wäre das anders, falls ich je dorthin kommen sollte.« Als es ihm gelingt, Joseph Smith nach dem Sinn der Eile zu fragen, erhält er folgende Antwort: »Hier gibt es so viel zu tun, und wir müssen uns beeilen, damit wir auch alles erledigen können.« Die aktiven Mitglieder der Mormonenkirche führen ihre Arbeit in der Geisterwelt fort; sie unterrichten, missionieren und leiten andere bei der Arbeit an.[10]

Den entscheidenden Anteil an der Vermittlung des Evangeliums hat auf Erden die Familie; und auch in der Welt der Geister erhält sie wichtige missionarische Aufgaben. Eheleute müssen ihre Vorfahren suchen und sie dem Evangelium zuführen. Dabei sind Frauen für die Unterweisung von Frauen, Männer für die von Männern verantwortlich. Durch ihren selbstlosen Dienst in der Geisterwelt reifen die Heiligen zur Vollkommenheit heran. Aber nicht nur die Arbeit der einzelnen Heiligen, sondern auch die hierarchische Organisation der Kirche besteht fort. In der Geisterwelt stehen alle Tätigkeiten unter der Leitung der mormonischen Priesterschaft, und diese wiederum untersteht dem Präsidium der Kirche. »Wir [Mormonen] sprechen nicht von Harfen, Wolken und Engeln mit Flügeln«, heißt es in *Das jenseitige Leben;* »wir sprechen von Dienern Gottes, von denen jeder treu seiner Pflicht nachkommt, jeder seine eigene Aufgabe besitzt und seiner persönlichen Berufung folgt.« Arbeit und spiritueller Fortschritt sind aus dem Leben nach dem Tod nicht wegzudenken. Das Paradies der Gerechten ist zwar frei von den Sorgen und Nöten des Erdenlebens, aber »es ist keine Stätte des Müßiggangs; es ist ein Sabbat für den Geist.« Wie der irdische Sabbat nicht nur dem Gebet, sondern auch dem Dienst gehört und durch Krankenbesuche, Forschung nach den Vorfahren und Sich-Kümmern um die Familie ausgefüllt wird, so kennt auch das Leben in der Geisterwelt vielfältige Aufgaben.[11]

Die wichtigste Aufgabe der Heiligen in der Geisterwelt besteht zweifellos im Unterrichten anderer; gelegentlich können sie jedoch auch denen beistehen, die noch auf der Erde leben. In ihrem Buch *Engelkinder,* das 1983 eine sechste Auflage erlebte, beschreibt Mary V. Hill den Trost, den sie von ihrem verstorbenen Sohn erhielt. Kaum vier Monate alt, war Stephen Hill an einem Herzfehler gestorben. Er war das fünfte Kind von Mary und Keith Hill. Um auch anderen beim Tode eines Kindes zu helfen, schrieb Mary Hill ihr kleines Buch über den Kindertod im Weltbild der Mormonen. Mit Bezugnahme auf ältere mormonische Literatur legt sie dar, daß Säuglinge in der Geisterwelt zu Erwachsenen heranreifen, aber während des Tausendjährigen Reiches wieder kleine Kinder werden. In der Welt der Geister wird Stephen als erwachsener Lehrer des Evangeliums gebraucht; im Tausendjährigen Reich vor der allgemeinen Auferstehung aber wird seine Mutter die Möglichkeit haben, ihn selbst zu erziehen – vorausgesetzt, daß sie selbst ein rechtschaffenes irdisches Leben geführt hat. Auf diese Weise wird sie nicht um ihr Mutterglück gebracht.

Mary Hill fand Trost in ihrem Glauben. Als sie jedoch mit ihrem nächsten Kind in Wehen war, bemerkte sie, daß sie Stephens Tod noch nicht überwunden hatte. Immer noch schmerzte sie der

Verlust: »Mein Verstand versicherte mir zwar laut und deutlich, es sei in Ordnung, daß der himmlische Vater Stephen in die Geisterwelt gerufen habe; aber mein Unterbewußtsein war von Schmerz und Trauer erfüllt.« Sie befürchtete, auch ihr neues Kind zu verlieren. Kurz nach der Geburt des Kindes, als sie noch in der Klinik lag, erschien ihr Stephen. Sie sah ihn »nicht mit den Augen des Leibes, aber doch ganz wirklich«. Stephen war jetzt ein junger Mann; er trug ein weißes Gewand mit sanftem Faltenwurf. »Sein Haar war sandfarben und leicht gewellt«, erinnerte sie sich; »sein Kiefer war kantig und kräftig.« Stephen zeigte große Liebe und ein tiefes Verständnis für seine Mutter. »Nun, Mutter«, sagte er, »jetzt hast Du ein Kind, jetzt brauchst Du nicht mehr um mich zu trauern. Nach der Auferstehung wirst Du mich wiederhaben. Und jetzt bin ich frei für meine Aufgaben in der Geisterwelt.« Nach Mary Hill hatte Gott ihrem Sohn erlaubt, sie zu trösten und ihr klarzumachen, daß ihre Trauer ihn gleichsam daran gehindert hatte, seinen Aufgaben im Jenseits nachzugehen. Stephen hatte Aufgaben zu erfüllen – und eine davon war, seine Mutter zu trösten. Mary Hills Erlebnis ist kein Einzelfall; bei den Mormonen hat der Kontakt mit Geistern aus dem Kreis der Verwandten und Freunde eine lange Tradition.[12]

Die Welt der Geister ist mit der Welt der lebenden Menschen nicht nur durch Liebesbande verknüpft. Der Zusammenhang ist viel enger. Nach Auffassung der Mormonen können die diensttuenden Heiligen in der anderen Welt zwar lehren und predigen; die für den spirituellen Fortschritt entscheidenden »Verordnungen« können sie jedoch nicht durchführen. Diese Aufgabe fällt den lebenden Nachkommen der in der Geisterwelt Bekehrten zu. Für jeden, der die Botschaft des Evangeliums in der Geisterwelt hört und willens ist, den mormonischen Glauben anzunehmen, müssen auf Erden bestimmte Handlungen – »Verordnungen« genannt – vollzogen werden. Ohne in einem irdischen Mormonentempel für die Toten durchgeführte Rituale wie Eheschließung und Taufe bleibt der Fortschritt der im Jenseits bekehrten Seelen begrenzt und unvollständig. Diese von lebenden Nachkommen stellvertretend durchgeführten Rituale setzen freilich voraus, daß die Lebensdaten der Toten bekannt sind. Daher bilden genealogische Forschung und Rituale für die Toten einen festen Bestandteil des kirchlichen Lebens. So besteht das Totengedächtnis nicht nur aus frommem Gedenken, sondern ist eine mit Arbeit verbundene

Tätigkeit aller Mitglieder. »Eine verstorbene Person zu retten«, schreibt Theodore Burton, »ist ebenso mühevoll wie die Bekehrung eines lebenden Menschen.«[13]

Die »Verordnungen«, ob für Lebende oder Tote vollzogen, dienen der Vorbereitung auf die nächste Periode der Heilsgeschichte. Die Mormonen glauben an eine Wiederkunft Christi am Ende der Zeiten. Christus wird über die Gerechten wie die Sünder Gericht halten und sein Tausendjähriges Reich errichten. (Alle bösen Erdenbewohner werden entfernt; sie müssen in der Geisterwelt das Ende des Reiches abwarten. Dann werden sie auferstehen, um noch einmal vor das Gericht Christi zu treten, welches dann ihr ewiges Schicksal festlegt.) Die Bürger des Tausendjährigen Reiches sind alle auferstandenen Gerechten – alle Mitglieder der Kirche und alle Menschen, die ein tugendhaftes Leben geführt haben. Bei der Auferstehung vereinigt sich ihr Geist mit dem erneuerten Körper. Die Erde erhält eine neue Gestalt: Täler heben sich, Berge werden eingeebnet, die Kontinente verbinden sich zu einer einzigen Landmasse; so entsteht ein Paradies mit einem vollkommenen Klima. Die Menschen leben in Eintracht und Frieden, vom nunmehr machtlosen Satan unbehelligt. Kinder kommen zur Welt, wachsen heran, heiraten, werden alt und entschlafen – jedoch ohne Krankheit oder Schmerz.

Auch das Tausendjährige Reich wird eine Zeit großer Betriebsamkeit sein. »Man baut Getreide an, erntet und konsumiert; ganze Industriezweige werden aufgebaut; man gründet Städte und sorgt für das Bildungswesen.« Arbeit zum Wohl der Toten gibt es nicht mehr. Statt dessen werden Tempel gebaut, um die »Verordnungen« an Lebenden zu vollziehen. Wer in seinem irdischen Leben ehelos blieb oder im Kindesalter verstarb, kann nun eine Ehe eingehen und sie im Tempel besiegeln lassen. Neue genealogische Informationen werden gesammelt und ausgewertet; manche Fehler früherer Forschung lassen sich berichtigen. Während des Tausendjährigen Reiches werden sich alle rechtschaffenen Menschen, die auferstanden sind, aber während ihres irdischen Lebens noch nicht Mitglieder der Kirche waren, zu dieser bekehren – dazu bedarf es jedoch eines gewaltigen missionarischen Einsatzes. »So kann man sagen, daß das Tausendjährige Reich – unter anderem – auch eine glänzende Zeit für den Genealogen und den Tempeldiener sein wird«, meint Gordon T. Allred; »es ist das Crescendo und Finale der Symphonie der stellvertretenden Arbeit.«[14]

All diese Tätigkeiten auf Erden, in der Geisterwelt und im Tausendjährigen Reich schaffen für jene, die diesen Weg wählen, die Möglichkeit, den höchsten Grad der Vollkommenheit zu erlangen und so zu Göttern zu werden. Auf das Tausendjährige Reich Christi und eine sich anschließende kurze Zeit, in der Satan noch einmal die Gerechten in Versuchung führen darf, folgt das abschließende Weltgericht. Alle Menschen, die jemals lebten, erhalten nun wieder einen Leib; jedem wird ein Platz zugewiesen in einem der drei Reiche der Herrlichkeit oder aber in der ewigen Hölle. Die noch einmal umgestaltete Erde, jetzt ein Meer aus Kristall und Feuer, wird zum höchsten Himmel, zum Reich der »himmlischen Herrlichkeit«. Wie die beiden anderen himmlischen Bereiche, so ist auch der höchste Himmel in verschiedene Stufen oder Grade gegliedert. So kommen zwar viele in den Genuß des höchsten Himmels, aber nur wenige werden dort zu Göttern »erhöht«. Wer »erhöht« wird, ist nicht nur »in den Himmel gekommen«, um in der Gegenwart Gottes zu leben, sondern hat die höchste Stufe der Vollkommenheit und damit die göttliche Natur selbst erlangt. Er ist allwissend, allmächtig und im Besitz vollkommener Weisheit. Durch die Erhöhung erhält der Heilige für alle Ewigkeit die Würde und Macht eines Gottes.[15]

Erhöht kann nur werden, wer ein rechtschaffenes Leben geführt und die vorgeschriebenen Stufen des Glaubens und des Rituals durchlaufen hat. Zu diesen Ritualen gehört auch die im Tempel vollzogene Eheschließung »für Zeit und alle Ewigkeit«. Die Theologie der Mormonen unterscheidet zwei verschiedene Arten der Ehe. Die von den meisten zivilen und religiösen Autoritäten durchgeführten Eheschließungen verbinden ein Paar nur für die Zeit des irdischen Daseins, »bis der Tod euch scheidet«. Mit dem Tod erlischt jede Verpflichtung für den Partner; nichts bindet die Eheleute mehr. Die feierlichste Form der mormonischen Ehe aber – jene, ohne die es keine Erhöhung gibt – verbindet ein Paar in einem Bund, der über das Grab hinaus bestehen bleibt. Diesen Bund können nur zwei gut beleumundete Mitglieder der Kirche Jesu Christi der Heiligen der Letzten Tage eingehen. In diesem Zeremoniell werden die Ehepartner und ihre Kinder (schon vorhandene und künftige) durch »Siegelung« miteinander für alle Ewigkeit verbunden. Durch die Siegelung bleibt die Familie auch im Himmel beieinander; ihre Einheit kann durch den Tod nicht mehr aufgelöst werden.

Die Mitglieder der Kirche sehen in der ewigen Ehe keinen Widerspruch zu Jesu Wort, nach der Auferstehung gebe es keine Ehe mehr. Nach ihrer Auffassung spricht das Neue Testament hier nur von Menschen, die den Bund lediglich für das irdische Leben geschlossen haben. Wer allein nach den Gesetzen der Welt verheiratet war, wird als Engel den in ewiger Ehe Lebenden dienen. Unverheiratete können im Himmel nur Engel werden, nicht jedoch Götter. »Es gibt Freien und Sich-freien-Lassen im Himmel«, versichert Theodore Burton; »jedoch nur für jene, die bereit sind, Gottes Ordnung vollständig zu verwirklichen.« Nur was Gott selbst durch das mormonische Priestertum verbindet, kann in Ewigkeit nicht mehr getrennt werden.[16]

Die Familie ist nicht nur grundlegend für das irdische Leben, sie bildet auch das Fundament des höchsten, sogenannten zelestialen Himmels (*Abb.* 68). Wer den Stand der himmlischen Herrlichkeit erlangt, erhält als besonderes Privileg die Fähigkeit zu ewiger Fortpflanzung. »Erhöhte Wesen«, schreibt Duane Crowther (geb. 1934), »werden die Fähigkeit zur Fortpflanzung besitzen und wie auf der Erde weiterhin Kindern das Leben schenken.« Es ist zwar nicht bekannt, wie die himmlische Fortpflanzung vor sich geht, aber man vermutet, daß sie der irdischen Art und Weise entspricht; nur von Schmerzen, Sorgen und Nöten bleibt sie frei. Es liegt die Vermutung nahe, daß sich die Götter auf menschliche Weise fortpflanzen, weil ein Gott nach Auffassung der Mormonen nicht reiner Geist ist, sondern auch einen Körper besitzt. In der himmlischen Herrlichkeit bleibt die Frau unter der Autorität ihres Ehemannes; ihre göttliche Würde beruht auf dem ewigen Priestertum ihres Mannes, an dem sie teilhat. Dementsprechend kann sie »menschliche Seelen gebären, um neue Welten zu bevölkern«, und »ewiglich als Königin und Mutter über (...) eine zahlreiche und immer wachsende Nachkommenschaft herrschen«. Frauen, die im irdischen Leben keine Kinder hatten, aber ihrem Mann treu waren und die nötigen »Verordnungen« erhielten, werden im Jenseits besonderes Mutterglück erleben. Die Geburt einer großen Schar von Geistkindern bildet einen Ausgleich für ihre frühere Unfruchtbarkeit.[17]

Die Nachkommen erhöhter Männer und Frauen sind die »Geistkinder«. Diese treten schließlich in Körper ein und bevölkern andere Welten. »Wie jeder Mensch zuerst als Geistkind seines ewigen Vaters und dessen Gemahlin geboren wurde«, erklärt

Abb. 68: Richards, Familientreffen von Mormonen im Jenseits

Crowther, »so sind auch die Kinder der Auferstandenen nichts
anderes als Geistwesen, die auf eine andere Erde geschickt werden, um die Prüfungen eines sterblichen Lebens zu bestehen und
einen Körper zu erhalten.« Während die Bewohner des zelestialen
Himmels Wissen, Macht und Würde in höchster Vollkommenheit
besitzen, bedeutet ihre ewige Fortpflanzung ein ständiges Fortschreiten. Das wesentliche Merkmal derer, die auf der höchsten

Stufe des Himmels stehen, ist ihre Gottgleichheit, d. h., sie bevölkern und beherrschen zahllose Welten, die von Geistkindern bewohnt werden. Göttlicher Fortschritt besteht nicht im Erlernen immer neuer Gesetze und in der Entdeckung neuer Tatsachen; vielmehr besteht Gottes »unaufhörliche Freude und Herrlichkeit in der Unsterblichkeit und im ewigen Leben seiner Kinder; sein ewiger Fortschritt besteht in der Vergrößerung seines Reiches«. Das ist das Ziel allen Fortschritts – auf Erden wie in der Geisterwelt, im Tausendjährigen Reich wie in himmlischen Welten. »Das Geheimnis aller Zeiten ist enträtselt – Gott ist ein erhöhter Mensch!« rufen die Verfasser von *Das jenseitige Leben* aus. »Wage es niemand in der Glaubensgemeinschaft, diese erhabene Wahrheit zu einem bloßen Mythos oder einem Bild zu verkürzen.«[18]

Die Glaubenslehre der Mormonen ist das beste Beispiel für die Fortdauer des modernen Himmels im 20. Jahrhundert. Diesseits und Jenseits sind nicht streng voneinander geschieden, weil die Kirche den Dualismus von Materie und Geist nicht anerkennt und den Geist als gereinigte und verfeinerte Materie versteht. Die Welt der Geister befindet sich auf der Erde oder jedenfalls nicht weit von ihr entfernt. Es gibt nicht nur keine Schranken zwischen beiden Welten; es herrscht sogar Verkehr zwischen ihnen. Berichten zufolge erhielten Mormonen Besuch aus der Geisterwelt, und umgekehrt konnten Mitglieder der Kirche das Jenseits besuchen. In der Geisterwelt wie auf der Erde spielt die Abstammung (Filiation) eine große Rolle; sie ist ein Hauptthema der mormonischen Theologie und des kirchlichen Lebens. Das Sammeln von historischen Daten über Vorfahren, benötigt für stellvertretende Taufen und Siegelungen, erinnert ständig daran, daß Tote der Hilfe Lebender bedürfen. Diesseits und Jenseits sind fest miteinander verknüpft. Auch die Auffassung, daß Menschen zu Göttern werden können, verkleinert den Abstand zwischen der menschlichen und der göttlichen Wirklichkeit. Gott, Engel und Geister waren alle zuvor menschliche Wesen, den Wechselfällen des irdischen Schicksals ausgesetzt. Wie bei vielen Autoren des 19. Jahrhunderts bleibt auch die Geisterwelt der Mormonen in geradezu beängstigender Nähe zu unserer eigenen Welt.

Strenggenommen setzt sich in der Welt der Geister nicht das Leben einzelner Menschen fort, sondern das Leben der Kirche. Während frühere Autoren – Schriftsteller, Spiritisten und Theologen – zahlreiche irdische Beschäftigungen in der anderen Welt beschrieben, verfolgt das Leben der mormonischen Geisterwelt ausschließlich religiöse Ziele. Zwar bleiben Dienst und Lehre Aufgaben des einzelnen, aber sie geschehen unter der Leitung der kirchlichen Hierarchie. Dementsprechend ist die Fortdauer der kirchlichen Organisation wichtiger als das Fortbestehen der individuellen Persönlichkeit. Während viele Autoren des 18. und 19. Jahrhunderts konfessionelle Unterschiede aus dem Himmel verbannen, ist den Mormonen ein solches Anliegen fremd. Wie bei den Menschen auf der irdischen Welt, so ist auch der Fortschritt der Geister im Jenseits von den besonderen mormonischen Verordnungen abhängig. Das Jenseits der Mormonen kann seinen Sektencharakter nicht verleugnen.

Nach den Autoren des 19. Jahrhunderts setzen sich Liebe, Ehe und Familienleben im Jenseits fort, weil die Liebe selbst ewig ist. Diese romantische Ansicht wird von den Mormonen nicht geteilt. Für sie ist das Fortbestehen der Familie im Grunde genommen eine kirchliche Angelegenheit. Nicht die Liebe schlechthin, auch nicht christliche Liebe an sich, verdient Verewigung, sondern Liebe, sofern sie durch die Verordnungen der Kirche sanktioniert ist. Ohne Mitwirken der Kirche kann keine Familie hoffen, in der Ewigkeit wieder zusammengeführt zu werden. Man mag einander begegnen, aber ohne Siegelung der Eltern und Kinder bleibt der Familienverband nicht erhalten. Mögen Liebe, Ehe und Familie auch noch so wichtig sein, aus sich selbst erreichen sie keinen Fortbestand über den Tod hinaus. Was in der Ewigkeit bleibt, hängt nicht von den menschlichen Institutionen der Ehe und Familie ab, sondern vom Glauben und den besonderen Ritualen der Kirche.

Ein weiterer Unterschied zu den Vertretern des modernen Himmels besteht in der Frage der Zeugung im Himmel. Die Ansicht, daß es im Himmel keine Nachkommenschaft gibt, wird von den Mormonen nicht geteilt. Wenn – mit deutlichem Echo biblischer Sprache – Nachkommenschaft so zahlreich wie die Sterne am Himmel und der Sand am Ufer des Meeres verheißen wird, dann erhält die moderne Entdeckung der Weite des Kosmos einen Sinn: Der Mensch kann das Universum füllen und beherrschen. Für die mormonische Theologie kann die Zeugung von Kindern im Jenseits auch erklären, wie wir ins irdische Leben eintreten. So wird nicht die ewige Liebe der himmlischen Familie, sondern ihre ewige Zeugungskraft betont. Die Zeugung von Geistkindern ist entscheidend, nicht die Fortführung einer irdischen Liebesbeziehung. Diese ewige, auf der Grundlage von Herrschaft und Fortpflanzung beruhende patriarchalische Ordnung weicht stark von dem Bild ab, das sich die Literatur des 19. Jahrhunderts vom paarbezogenen Familienleben im Jenseits machte.[19]

Obwohl der mormonischen Theologie selbst ein Vergleich mit dem liberalen Protestantismus des ausgehenden 19. Jahrhunderts fernliegt, gibt es doch eine gemeinsame Überzeugung. Beide nehmen an, daß es im Jenseits die Möglichkeit zum Erwerb des ewigen Heils gibt. Das irdische Leben ist zwar von großer Bedeutung für das ewige Heil, aber mit seinem Ende ist über die Ewigkeit noch nicht entschieden. Dementsprechend kann das Leben in der Geisterwelt nicht stillstehen. Die Mitglieder der mormonischen Kirche reifen durch ihren selbstlosen Dienst, und Nichtmitglieder machen Fortschritte im Erlernen der christlichen Wahrheit. Dieser Prozeß kann sich fortsetzen, weil die Predigttätigkeit und die Verwaltung der Verordnungen des Tempels im Tausendjährigen Reich beibehalten werden. Zwar zögern selbst die Spiritisten des 19. Jahrhunderts bei dem Gedanken, der Fortschritt könne schließlich eine Vergöttlichung des Menschen mit sich bringen; für die Mormonen aber ist dies kein Problem. Selbst wenn jemand ein Gott geworden ist und alle Macht, alles Wissen und jede Vollkommenheit besitzt, kann es noch weiteren Fortschritt geben, weil ewige Fortpflanzung ewiges Wachsen bedeutet. Aus der Sicht der Mormonen ist Gott vollkommen und kann daher weder an Weisheit noch an Macht zunehmen; aber er kann durch Fortpflanzung seine Herrlichkeit vergrößern. Ewiger Fortschritt und unaufhörliches Wachstum kennzeichnen die himmlische Herrlichkeit vielleicht noch mehr als die Fortführung des Familienlebens.

Im 19. Jahrhundert unterwarfen sich die Heiligen der Letzten Tage den Gesetzen der Vereinigten Staaten und gaben die anfangs praktizierte Vielehe auf. Aufgrund neuer Offenbarungen werden Schwarze heute nicht mehr vom Priestertum ausgeschlossen. Aber trotz allem Wandel in der mormonischen Theologie hat sich die Jenseitslehre seit ihrer ersten Formulierung durch Joseph Smith nicht verändert. Die Jenseitslehre erhielt im 20. Jahrhundert sogar einen noch größeren Stellenwert. Jedes Jahr nimmt die Zahl der Schriften über das Jenseits zu, Informationszentren der Kirche in aller Welt zeigen Diaserien über das Leben nach dem Tod, und zeitgenössische mormonische Autoren zögern nicht, sich auf Visionsberichte des vorigen Jahrhunderts zu berufen. In einer christlichen Welt, die den Glauben an den Himmel aufgegeben zu haben scheint, fühlen die Mormonen eine um so größere Verantwortung, die Bedeutung des Todes und des ewigen Lebens herauszustellen.

Der Zerfall des modernen Himmels

An den modernen Himmel, wie er etwa in den Visionen Swedenborgs, den Romanen von Elizabeth Stuart Phelps und der Theologie der Mormonen geschildert wird, glaubt im 20. Jahrhundert nur noch eine Minderheit. Die im vorigen Jahrhundert ebenso beliebten wie detaillierten Beschreibungen des Jenseits gelten nun als absurd, primitiv, materialistisch und unsinnig. »Kein vernünftiger Mensch kann an so etwas mehr glauben«, behauptete ein Dominikanerpater im Jahre 1981. Mit der ewigen Natur menschlicher Einrichtungen wie Ehe und Arbeit kann die Theologie nichts mehr anfangen. Theologen, die sich um die Zugänglichkeit der biblischen Botschaft in einer Welt der Wissenschaft und Technik bemühen, sehen durch solche konkreten Behauptungen die Ernsthaftigkeit der christlichen Verheißung in Frage gestellt. »Je detaillierter die Bilder vom Leben nach dem Tod ausfallen«, erklärt Renée Haynes, »um so weniger scheinen sie glaubhaft.« Viele Theologen und Philosophen lehnen die ihrer Meinung nach kindlichen und materialistischen Auffassungen vom Himmel als unbiblisch und/oder unvernünftig ab. Sollen die traditionellen Bilder dem Denken der Gegenwart angepaßt werden, so sind sie zurechtzustutzen und von allem Wildwuchs sorgsam zu befreien. »Wenn man über das Geschick des Menschen nach dem Tode spricht«, erklärt die römische Kongregation für die Glaubenslehre, »so muß man sich besonders vor Darstellungsweisen hüten, die sich ausschließlich auf willkürliche Phantasievorstellungen stützen. Übertreibungen in dieser Hinsicht sind nämlich ein nicht geringer Grund für die Schwierigkeiten, denen der christliche Glaube häufig begegnet.« Zahlreiche Theologen unserer Zeit beschränken alle Aussagen über ein Leben nach dem Tod auf ein Minimum – in der Hoffnung, dadurch eine vernünftigere, angemessenere und glaubhaftere Vorstellung zu vermitteln.[20]

Nicht nur Theologen wenden sich gegen die mit dem modernen

Himmel verbundene Vorstellungswelt; ihre Kritik steht im Zusammenhang mit der Herausforderung des traditionellen Christentums durch den philosophischen Skeptizismus und die Naturwissenschaften. Schon seit René Descartes (1596–1650) zeigen kritische Denker wenig Neigung, über das jenseitige Leben zu spekulieren. Im Jahre 1645 berichtet die Prinzessin von Böhmen ihrem Freund Descartes über ein Buch, das vom Zustand der Seele nach dem Tode handelt. Sie will wissen, ob die körperlose Seele wirklich so allwissend wird, wie Sir Kenelm Digby meint. »Über den Zustand unserer Seele nach diesem Leben weiß ich sehr viel weniger als Monsieur Digby«, schreibt Descartes zurück; »denn wenn man beiseite läßt, was uns der Glaube lehrt, so bekenne ich, daß wir mit der natürlichen Vernunft allein wohl sehr viele Mutmaßungen zu unserem Vorteil und schöne Hoffnungen haben können, aber keinerlei Sicherheit.« Descartes unterschied zwischen dem, »was uns der Glaube lehrt«, und dem, was die kritische Vernunft feststellen kann. Er suchte »klare und deutliche Begriffe«, deren Wahrheit jedem denkenden Wesen sofort einleuchtet. Ein Leben nach dem Tod betrachtet Descartes als Tatsache; von dessen Natur haben wir aber keinen klaren Begriff. Obwohl der Philosoph es sich versagte, die Vernunft zur Kritik oder zur Umgestaltung religiöser Lehren einzusetzen, wurde dies auf die Dauer unvermeidlich.[21]

Ein Jahrhundert nach Descartes ist die Kritik an überkommenen Himmelsvorstellungen nicht mehr so zurückhaltend. Rousseau und Kant lehnen die Vorstellung eines Kontaktes zum Jenseits ab. Die von Religionen, Konfessionen oder einzelnen Sehern behauptete Offenbarung kann ihrer Meinung nach keinen zuverlässigen Aufschluß über die andere Welt geben. Wir sind auf die Kräfte unserer Vernunft angewiesen und können folglich nur eine natürliche Theologie entwerfen. In seinem Roman *Emil oder über die Erziehung* (1762) offenbart uns Jean-Jacques Rousseau durch den Mund seines »savoyischen Vikars«, wie er sich den Himmel denkt. Die menschliche Seele überlebt den Tod des Körpers und gelangt zur »Anschauung des höchsten Wesens und der ewigen Wahrheiten«. Die Erinnerung an das frühere Leben bleibt erhalten. Angesichts der ewigen Wahrheiten wird die Seele über ihr abgeschlossenes irdisches Leben Freude oder bittere Reue empfinden. »Frage nicht, lieber Freund«, schließt Rousseau, »ob es noch andere Quellen des Glücks oder der Qual gibt. Ich weiß es nicht.« Damit wird der Glaube an Gericht und Belohnung ebenso in Frage gestellt wie alle Ausmalungen einer jenseitigen Welt. Mag Rousseau auch in seinem Roman *Julie oder die neue Héloïse* über ein Wiedersehen in der Ewigkeit schreiben, seine reife Überlegung im Glaubensbekenntnis des savoyischen Vikars endet mit einem jede Spekulation abweisenden *je l'ignore.*[22]

Wichtiger noch als Rousseau wird Immanuel Kant (1724–1804), der in seinen *Träumen eines Geistersehers* Swedenborgs Himmel einer scharfen Kritik unterzieht. Mit großer Begeisterung hatte der Königsberger Philosoph die mit dem schwedischen Visionär verknüpften außergewöhnlichen Ereignisse studiert. Er trat in Briefkontakt zu Menschen, die Swedenborg persönlich kannten, schrieb an den Visionär selbst (ohne jemals eine Antwort zu erhalten) und beschaffte sich die acht Folianten der *Himmlischen Geheimnisse*. Schließlich kam Kant zu der Überzeugung, Swedenborgs Visionen seien die Trugbilder eines verwirrten Geistes. Hier stießen zwei Geister, zwei Welten zusammen: der religiöse Schwärmer, der ganz im Übersinnlichen aufgeht, und der rationalistische Aufklärer, dessen Lebensarbeit die oft vernichtende Kritik ist. Das theologische Klima des 20. Jahrhunderts sollte von Kant, nicht von Swedenborg bestimmt werden.

Während Swedenborg in immer neue jenseitige Welten vorstieß und sein religiöses Wissen ständig erweiterte, wollte Kant nur drei Ideen anerkennen, die der Prüfung der Vernunft standhalten: Freiheit, Gott, Unsterblichkeit. Nach Kant vermitteln Swedenborgs Visionen kein wirkliches Wissen über die andere Welt. Als Ausgeburten einer kranken Phantasie bestehen sie »aus lauter Luft« und können »nur in der [Waag]schale der Hoffnung merklich wiegen«. Über die Welt der Geister können wir nichts wissen, »weil keine Data hierzu in unseren gesamten Empfindungen [Sinneswahrnehmungen] anzutreffen sind«. Da unsere Vernunft auf sinnliche Wahrnehmung angewiesen sei, könne sie über das Leben nach dem Tod keine Begriffe bilden. Davon überzeugt, daß seine Untersuchung den Gegenstand erschöpft, läßt Kant keinen Raum für Träume und Visionen. Seine Skepsis ist grundsätzlich. Man mag über das Jenseits »vielleicht künftighin noch vielerlei *meinen*, niemals aber mehr *wissen*«. Hier steht der Mensch an einer Grenze, die er nicht überschreiten kann. Der Philosoph sagt es poetisch: »Es war auch die menschliche Vernunft nicht genugsam dazu beflügelt, daß sie so hohe Wolken teilen sollte, die uns die Geheimnisse der anderen Welt aus den Augen ziehen.« Kant scheint zwar von Zweifeln nicht unangefochten geblieben zu sein, aber er hält an der Unsterblichkeit der Seele fest. Unsterblichkeit läßt sich beweisen oder jedenfalls postulieren; Einzelheiten über das Fortleben der Seele sind der Vernunft jedoch schlechthin unzugänglich. Dementsprechend empfiehlt Kant ein gesundes Mißtrauen gegenüber allen angeblichen Botschaften aus der anderen Welt und Zurückhaltung mit Behauptungen über das Leben nach dem Tod. Unser Wissen über die Unsterblichkeit ist eng begrenzt.[23]

Obwohl Kants eigene Gedanken manchmal die Grenzen der Vernunft überschritten und er über einen Fortschritt oder ein Wiedersehen zu spekulieren vermochte, so ist es doch die Skepsis, die man mit seinem Namen verbindet, die einen großen, bis heute anhaltenden Einfluß ausübt. Einer der ersten Theologen, die sich Kants Gedanken nicht entziehen konnten, war Friedrich Schleiermacher (1768–1834), der Vater des liberalen Protestantismus. Wir können uns von der Ewigkeit kein Bild machen, erklärt er, weil »unsere sinnliche Einbildungskraft dazu nicht hinreicht«. Da die sinnliche Erfahrung der anderen Welt fehlt, können wir uns keinen wirklichen Begriff von ihr machen. Nach Schleiermachers *Glaubenslehre* wäre ein Glaube an Christus selbst dann möglich, wenn dessen Worte über ein jenseitiges Leben »irgendwie bildlich und uneigentlich zu verstehen« seien. In diesem Falle hätte sich der Gründer des Christentums »gar keine persönliche Fortdauer« zugeschrieben. Die Folge einer solchen Annahme wäre freilich »eine gänzliche Umgestaltung des Christentums«, die Schleiermacher vermeiden will. Er erörtert die Frage, ob die Seele schon unmittelbar nach dem Tod oder erst allmählich ihre höchste Vollendung erlangt. Schon nach wenigen Seiten bricht er ab. Es gibt keine Antwort auf solche Fragen, denn es bleibt »immer ungewiß, wie der Zustand, welcher die höchste Vollendung der Kirche ist, von der als unsterblich [auf]erstehenden Persönlichkeit der einzelnen erworben und (...) besessen wird«. Er lehnt das sofortige Vollendung versprechende Jenseits der Reformatoren ebenso ab wie den modernen Himmel mit seiner Idee des ewigen Fortschreitens. Es gibt eine ewige Seligkeit, aber Schleiermacher vermag nicht zu sagen, auf welche Weise sie erlangt wird.[24]

Schleiermachers persönliche Skepsis geht viel weiter, als die *Glaubenslehre* erkennen läßt. Schon seine Reden *Über die Religion* (1799) weisen in diese Richtung. So notiert sich ein Zeitgenosse nach der Lektüre in sein Tagebuch: »Seine Unsterblichkeit der Seele ist das Aufgehen im Unendlichen, ohne Selbstbewußtsein.« Ob es ein Leben nach dem Tode überhaupt gibt, ist für ihn unsicher. Mehr erfahren wir aus Schleiermachers persönlichen Papieren. In einem bewegenden Brief an eine neunzehnjährige Witwe (seine spätere Gattin) sieht er sich außerstande, die trauernde Frau mit der Hoffnung auf ein Wiedersehen nach dem Tode zu trösten:

Liebe Jette, was kann ich Dir sagen? Gewißheit ist uns über dieses Leben hinaus nicht gegeben. Verstehe mich recht, ich meine keine Gewißheit für die Phantasie, die alles in bestimmten Bildern vor sich sehen will. Aber sonst ist dies die größte Gewißheit, und es wäre nichts gewiß, wenn es das nicht wäre, daß es keinen Tod gibt, keinen Untergang für den Geist. Das persönliche Leben ist ja aber nicht das Wesen des Geistes, es ist nur eine Erscheinung. Wie sich diese wiederholt, das wissen wir nicht, wir können nichts darüber erkennen, sondern nur dichten.

Später, am Grab ihres gemeinsamen Sohnes Nathanael, wiederholt er seine Zweifel. Er kenne die christlichen Bilder des Jenseits sehr wohl; »aber dem Manne, der zu sehr an die Strenge und Schärfe des Gedankens gewöhnt ist, lassen diese Bilder tausend unbeantwortete Fragen zurück und verlieren dadurch gar viel von ihrer tröstenden Kraft«. Auch am offenen Grab seines Sohnes kann Schleiermacher seine Skepsis nicht aufgeben.[25]

Schleiermacher gehörte zur wachsenden Zahl jener Intellektueller, die sich in einer Zeit kritisch besannen, in der viele Theologen und volkstümliche Autoren immer ausführlichere Detailschilderungen des Himmels vorlegten. Im Jahre 1841 berichtet David Friedrich Strauß (1808–1874), die Sicht Kants sei bei den gebildeten Gläubigen weit verbreitet. »Den ganzen modernen Hausrat der kirchlichen Eschatologie überläßt das moderne Ich ohne sonderliche Gemütsbewegung dem kritischen Brande, zufrieden, aus demselben seine nackte Fortdauer nach dem Tode zu retten. Mit Kontinuität des Bewußtseins, versteht sich.« Philosophen wie Hume, Hegel und Feuerbach glaubten nicht mehr an ein Leben nach dem Tod. Ihnen schlossen sich die politischen Theoretiker Marx und Lenin an sowie der Begründer der Psychoanalyse, Sigmund Freud. Für sie ist der Glaube an einen Himmel abergläubisches Wunschdenken, das die Arbeitermassen von ihrer irdischen Not ablenkt. Während Descartes und Kant Beschreibungen des Jenseits aus erkenntnistheoretischen Gründen ablehnen, sind den sozialen Denkern des 19. Jahrhunderts die Ursprünge und Ziele religiöser Verheißungen fragwürdig. Die kühnen und zügellosen Phantasien des viktorianischen Zeitalters wurden von Mahnungen zur Zurückhaltung, von Zweifeln und Stimmen der Kritik begleitet.[26]

Obwohl Kants Einfluß auf die Theologie kaum zu überschätzen ist, sollte die Wirkung der modernen Naturwissenschaft noch größer sein. In den vergangenen drei Jahrhunderten hat sich die Wissenschaft von der Bindung an die Religion frei gemacht und auf allen Gebieten eine fast unbeschränkte Autorität erworben. Der Astronom sucht längst nicht mehr nach dem Feuerhimmel (Empyreum), in dem Gott wohnen soll, und der Biologe geht nicht mehr von einem unkörperlichen Organ, der Seele, als Sitz der menschlichen Persönlichkeit aus. Für die moderne Naturwissenschaft ist das Bewußtsein eine Gehirnfunktion, nicht eine unabhängige, rein geistige Substanz. Es gibt keine Seele, die den Tod des Körpers überdauert. Wenn der menschliche Körper und mit diesem das Gehirn stirbt, dann zerfällt das Bewußtsein, und die Persönlichkeit erlischt. Diese »monistische« oder nicht-dualistische Sicht wird heute von allen Disziplinen vorausgesetzt, die sich mit der Erforschung des Menschen beschäftigen: Biologie, Medizin, Psychologie und Psychiatrie. Der ursprünglich im viktorianischen Christentum beheimatete und für das geistliche Amt bestimmte Charles Darwin (1809–1882) beschreibt in einem bewegenden Abschnitt seiner Autobiographie, wie seine Zweifel an den religiösen Lehren immer stärker wurden. Schließlich lehnte er zwei grundlegende christliche Überzeugungen ab: die Existenz Gottes und die menschliche Unsterblichkeit. Der Biologe Ernst Haeckel (1834–1919) hielt es für seine Pflicht, in seinem Bestseller *Die Welträtsel* (1899) auch auf den Tod als das wirkliche Ende des Lebens einzugehen. In den Vereinigten Staaten stellte der Philosoph Corliss Lamont (geb. 1902) alle einschlägigen Argumente zusammen, um unter Berufung auf Naturwissenschaft und Vernunft zu schließen, daß Unsterblichkeit eine Illusion sei. Obwohl einzelne Wissenschaftler an ein Leben nach dem Tode glauben mögen, hat dieser Glaube auf ihre berufliche Tätigkeit keinen Einfluß. Das von Denkern wie Kant, Feuerbach und Lenin und zahlreichen Naturwissenschaftlern wie Darwin geschaffene geistige Klima ist religiösen Lehren über ein Fortleben im Himmel wenig günstig.[27]

Der symbolistische Kompromiß

»Daß die Überzeugung vom ewigen Leben (...) nach dem Tode im Bewußtsein der heutigen Menschen schwächer geworden« sei, ist für den deutschen Jesuiten Karl Rahner eine Tatsache. Einige dieser Menschen, führt er aus, sind Christen: »Es gibt Christen, die, obschon von der Existenz Gottes überzeugt und ein religiöses Leben führend, doch meinen, der Frage eines ewigen Lebens (...) uninteressiert gegenüberstehen zu können.« Unter dem Einfluß der Naturwissenschaft lebend, können sich selbst Gläubige dem Klima des Zweifels nicht entziehen. Nach einer 1982 in der Bundesrepublik Deutschland durchgeführten Umfrage glaubten nur 56% der Katholiken an ein wie auch immer geartetes Leben nach dem Tod; bei den Protestanten waren es nur 35%. So »steckt in jedem von uns ein ungläubiger Thomas«, den erst handgreifliche Beweise überzeugen und bekehren, meint der lutherische Theologe Hans Schwarz (geb. 1939). Dabei ist die Universitätstheologie keineswegs eine feste Burg des Glaubens, sondern wirkt auf den herkömmlichen Glauben ebenso zersetzend wie die Naturwissenschaft. Bei der Ausbildung von Klerus und Religionslehrern und -lehrerinnen spielt die Lektüre und Diskussion der Schriften von Tillich, Bultmann, Rahner, Niebuhr und Barth eine große Rolle. Fast jeder Theologiestudent muß sich mit der Theologie der Befreiung und der Prozeßtheologie beschäftigen. Auch wer sich nicht als »ungläubiger Thomas« fühlt – etwa der Fundamentalist –, ist in seinem Urteil über ein Leben nach dem Tod von einer theologischen Tradition abhängig. Wie antwortet nun die Theologie des 20. Jahrhunderts auf die Herausforderung von Sozial- und Naturwissenschaften und nicht zuletzt auf die Zweifel vieler Christen?[28]

Im Jahre 1913 veröffentlichte der spätere Nobelpreisträger Roger Martin du Gard (1881–1958) seinen großen Roman *Jean Barois*. Dieser handelt von der Auseinandersetzung mit überkommenen Glaubensformen und von den Kompromissen, die eine zeitgemäße religiöse Überzeugung ermöglichen. Der Held der Geschichte steht während seines gesamten Lebens als Naturwissenschaftler, Lehrer und Journalist in dieser Auseinandersetzung. Als die Zweifel des jungen Jean Barois dessen katholischen Glauben gefährden, bewahrt ihn die Führung eines Priesters vor dem Unglauben. Der Priester bietet ihm den »symbolistischen Kompromiß« an. Für den Priester und Biochemiker stellt die Theologie ein System von Symbolen dar. Ihr Verständnis setzt ein großes Maß an geistiger Reife voraus. Die Bedeutung der christlichen Botschaft läßt sich nicht einfach an der religiösen Sprache ablesen; der Sinn liegt vielmehr in der Tiefe überlieferter Bilder und Symbole. Die Symbole zu entschlüsseln ist eine schwierige Aufgabe; sie kann nur dem gelingen, der über ein entwickeltes Glaubensbewußtsein verfügt. Martin du Gard erinnert an das Bekenntnis des Paulus: »Als ich ein Kind war, redete ich wie ein Kind, dachte ich wie ein Kind und urteilte wie ein Kind. Als ich ein Mann wurde, legte ich ab, was Kind an mir war« (1 Kor 13,11). Das Wort der Bibel rechtfertigt die Suche nach neuen, reiferen Glaubensformen. So nimmt Jean Barois den symbolistischen Glauben an.[29]

Jean Barois' neuer Glaube ist aber schwach und bewährt sich nicht lange. Als Übergangsform dient er nur dazu, den Weg zum überzeugten, militanten Atheismus zu ebnen. Zuletzt aber steht Barois, als alter Mann vom Freidenkertum enttäuscht, wieder am Anfang. Erneut begegnet ihm ein Priester, und wiederum wird ihm der symbolistische Kompromiß angeboten. Der Priester, der rationalistische Literatur regelmäßig und zustimmend liest, gewinnt sein Vertrauen. Schließlich erlebt Barois eine Bekehrung und wird zum Christentum zurückgeführt. Dies bedeutet jedoch nicht, daß alle seine Zweifel behoben wären. Als er mit dem Priester über den Tod spricht, fragt er, wie man sich menschliches Bewußtsein ohne materielle Basis vorstellen könne. »Es ist nicht wichtig, eine genaue Vorstellung vom künftigen Leben zu haben«, lautet die Antwort; »entscheidend ist allein, daß das künftige Leben selbst sicher ist.« Mehr läßt sich nach Martin du Gard darüber nicht sagen.[30]

In einer Zeit des Rationalismus stellt der symbolistische Kompromiß die unvermeidliche und geradezu natürliche Glaubensform dar. Es handelt sich um einen Kompromiß zwischen zwei sich streitenden Parteien: dem übernatürlichen Christentum mit seinen Bildern, Lehren und Riten und dem wissenschaftlichen Weltbild, das die Wirklichkeit mit der Welt des Alltags gleichsetzt. Der Symbolist verwirft weder die Religion noch die moderne Welt; vielmehr glaubt er, bestimmte Dimensionen der Wirklichkeit seien nur über Symbole zugänglich. Die in der religiösen Sprache ständig begegnenden Symbole verknüpfen die Alltagswelt mit der transzendenten Wirklichkeit. Ein Symbol für die Sache selbst zu halten hieße – in den Worten des Paulus –, reden, denken und urteilen wie ein Kind; denn nur ein Kind mag das Bild einer Blume für die Blume selbst halten. Wenn demnach die überkommenen Bilder des Himmels – von der Schau Gottes bis zum ewigen Familienleben – die Wirklichkeit des ewigen Lebens nicht mehr zum Ausdruck bringen, dann ist dies ein Problem der religiösen Sprache. Die symbolistische Theologie will die Sprache der traditionellen Beschreibungen des Himmels entschlüsseln und durch die Oberfläche zum eigentlichen Sinn vorstoßen.

Die symbolische Bedeutung des Glaubens an ein Leben nach dem Tod wurde vor allem in Amerika von Reinhold Niebuhr (1892–1971) und Paul Tillich (1886–1965) erörtert; beide Theologen standen unter dem Einfluß europäischer Philosophie. »Die biblischen Symbole darf man nicht wörtlich nehmen«, erklärt Niebuhr; »denn unser endliches Bewußtsein kann nicht begreifen, was der Geschichte Sinn verleiht und sie übersteigt. (...) Die Symbole, die gleichsam aus der Mitte der Zeit auf deren Vollendung hinweisen, können nicht die Genauigkeit naturwissenschaftlicher Aussagen besitzen.« Dementsprechend empfiehlt er, »sich beim Sprechen über die christliche Hoffnung ein gehöriges Maß an Zurückhaltung aufzuerlegen«. Da sich die Symbole des Lebens nach dem Tod einer genauen Analyse entziehen, lehnt es Niebuhr ab, sie näher zu erläutern. Öffentlich aufgefordert, sich darüber zu äußern, »inwiefern den eschatologischen Symbolen eine *Wirklichkeit* zugrunde liegt«, zog er es vor zu schweigen. Seine persönliche Überzeugung – »Ich glaube nicht an ein individuelles Leben nach dem Tod« – vertraute er nur einem Freund an. »Vielleicht gibt es so etwas wie ein Leben nach dem Tod«, erklärt Niebuhrs Biograph; »aber weil dieses Leben jenseits unserer Erfahrung liegt, wollte er nicht damit rechnen.« Ohne Bilder war Niebuhrs Aussicht auf ein Fortleben zwar realistisch, aber ebenso arm wie trostlos.[31]

Wie Niebuhr, so vermeidet auch Tillich jede offene Ablehnung des Glaubens an ein Fortleben. Jedoch sind Ausdrücke wie »Leben nach dem Tod, Unsterblichkeit, Reinkarnation, Himmel« seiner Meinung nach »gefährlich«, weil ihre Anschaulichkeit einer naiven, wörtlichen Auffassung Vorschub leistet. Die zur Beschreibung des ewigen Lebens verwendete Sprache ist symbolisch und darf nicht als unmittelbarer Hinweis auf die Sache selbst verstanden werden. Für Tillich ist der Himmel ein Symbol, nicht die Beschreibung eines Ortes. Das Symbol aber ist weder ein Geheimnis, das sich dem Verständnis grundsätzlich entzieht, noch eine nicht ernst gemeinte, rein dichterische Einkleidung. So verweist Tillich zwar auf »die neurotischen Folgen der wörtlich genommenen und damit entstellten Symbole« und meint, auf den Ausdruck »Himmel« verzichten zu können, aber er erkennt die Bedeutung der Verheißung eines ewigen Lebens an. Allerdings hält er es für kaum möglich, den Sinn des Symbols ganz zu erfassen und zu seinem nicht-metaphorischen, eigentlichen Sinn vorzustoßen. Er ist jedoch bereit, den »Begriff«, die theologische Bedeutung der symbolischen Bilder, zu erörtern. Dabei bedient er sich, wie er sagt, »negativ metaphorischer Sprache«, einer Redeweise, die dem Leser Widersprüche und paradoxe Aussagen zumutet. Man erfährt eher, was das ewige Leben *nicht* ist. Daß dies den Leser verwirren kann, bekümmert Tillich wenig; er würde wohl sagen, die Widersprüchlichkeit der Begriffe mache den Gebrauch von Bildern und Symbolen unausweichlich.[32]

Der Begriff »ewiges Leben«, der das Symbol des Himmels ersetzt, bezieht sich auf die letzte Erfüllung sowohl der gesamten Geschichte als auch der individuellen Existenz. Für Tillich sind Zeit und Ewigkeit (symbolisch: Erde und Himmel) nicht völlig getrennte Wirklichkeiten. Das künftige Ende der Zeit und der gegenwärtige Augenblick sind miteinander verknüpft; Gegenwart und Zukunft, Zeit und Ewigkeit haben aneinander Anteil. So gilt, daß das stets gegenwärtige Ende – Ende im Sinne von Ziel und Aufhören – »den positiven Inhalt der Geschichte in die Ewigkeit erhebt, während es zugleich das Negative von der Teilnahme an ihr ausschließt«. Ewiges Leben ist nicht von der Geschichte getrennt, sondern als die endgültige Befreiung ihrer positiven Seite aufzufassen. Das Symbol des Jüngsten Gerichts verweist auf die Trennung der positiven von der negativen Seite unserer Existenz. Diese Trennung geschieht nicht erst irgendwann einmal in der Zukunft, sondern ständig. Da Zukunft und Gegenwart im »ewigen Jetzt« zusammenfallen, gibt es einen ständigen Übergang des Zeitlichen ins Ewige, wobei das Verschwinden des Negativen das Positive befreit. »Das Symbol ›ewiges Leben‹ besagt«, schlägt Tillich vor, »daß die irdische Seligkeit eine Dimension hat, die ihr einen überzeitlichen Sinn verleiht.« Die Freude, die ich heute erlebe, hebt mich in die Ewigkeit. Mit anderen Worten: Ewigkeit ist eine Qualität, die im gegenwärtigen Leben erfahren werden kann; sie hat mit einem künftigen Leben nichts zu tun.[33]

Und wie steht es mit dem einzelnen Menschen? Gibt es für ihn ein Weiterleben nach dem Tod? In seiner einflußreichen Schrift *Der Mut zum Sein* (1952) scheint Tillich auf die Annahme eines Weiterlebens zu verzichten. Den Vorschlag, in Platos Unsterblichkeitslehre nur ein Symbol für den Mut des Sokrates zu sehen, seinen Tod auf sich zu nehmen, mag man als Hinweis auf eine ähnliche Lesart der Auferstehung Jesu nehmen. In seiner späteren *Systematischen Theologie* schlägt Tillich einen anderen, spekulativeren Weg ein. Die zahlreichen Paradoxa seiner Erörterung vermitteln allerdings nur ein Minimum an Wissen über das Jenseits. Auf die Frage, ob das selbstbewußte Ich ein ewiges Leben kenne, läßt sich nach Tillich nur mit negativen Feststellungen antworten. *Da das ewige Leben ein Leben ist und nicht undifferenzierte Identität, kann das selbstbewußte Ich davon nicht ausgeschlossen sein.* Jedes Ich ruht im allumfassenden göttlichen Zentrum und lebt im Reich des »unzweideutigen und nicht-fragmentarischen Lebens der Liebe«, wobei nicht näher erklärt wird, was darunter zu verstehen ist. Nach dem Ende der Geschichte muß ewiges Leben ein Leben ohne Moralität, ohne Kultur und ohne Religion sein, da diese Gebiete Ergebnis geschichtlicher Entfremdung sind. Eine eingehendere Beschreibung des seiner selbst bewußten Individuums im ewigen Leben ist nach Tillich nicht möglich. Allerdings widerspricht seine zweite, ebenso negative Aussage der ersten. Genauso deutlich, wie Tillich an der Teilnahme des Individuums am ewigen Leben festhält, erklärt er, daß dieses Leben »*nicht die endlose Fortdauer eines besonderen Bewußtseinsstromes in Form der Erinnerung und der Antizipation*« sein kann. Da die Ewigkeit die Zeitlichkeit übersteigt, muß das ewige Leben das Ende des Bewußtseins mit sich bringen. Ewige Existenz kann »nicht die endlose Fortdauer einer Kombination bestimmter physikalischer Teilchen« bedeuten. Und wieder versichert uns Tillich, was über diese Aussagen hinausgehe, entstamme nicht der Theologie, sondern dichterischer Phantasie.[34]

Mögen wir uns auch bei solchen Widersprüchen nicht ganz wohl fühlen, Tillich kann – hier wie sonst in seinem Denken – der Verbindung paradoxer Aussagen einen Sinn abgewinnen. Schon der Ausdruck »ewiges Leben« enthält einen Widerspruch, weil Ewigkeit den Begriff der Zeit ausschließt. Gleichzeitig ist der Begriff des Lebens ohne ein bewußtes, in der Zeit existierendes Ich nicht denkbar. Daher »müssen wir zwei negative Aussagen machen, in deren Transzendierung die Wahrheit liegt«. Da also weder positive noch logisch einwandfreie Aussagen gemacht werden können, bleibt die Lektüre von Tillichs Stellungnahme unbefriedigend. Tillich kann das Paradoxon nicht auflösen: »Ewigkeit ist weder zeitlose Identität noch endlose Veränderung. Zeit und Veränderung sind im ewigen Leben gegenwärtig, aber sie liegen innerhalb der ewigen Einheit des göttlichen Lebens.«[35]

Tillich konnte sich mit keiner der herkömmlichen Vorstellungen des Himmels, des Lebens nach dem Tode oder der Unsterblichkeit identifizieren. Die Schau Gottes war ihm ebenso fremd wie das Wiedersehen der Familie, die herzliche Begegnung mit Jesus oder Engelchöre, die ewige Loblieder singen. Zu seiner Überraschung entdeckte Nels F. S. Ferré, daß sein Kollege Tillich »nicht an den christlichen Gott glaubt, der die Toten auferweckt und in die menschliche Geschichte eingreift«. Auch John Hick ist enttäuscht von einer Eschatologie, die den Leser vor unaufgelösten Paradoxa »leiden und schweigen« läßt. Tillich stellt in der Tat alle Bilder des Jenseits in Frage, die sich in zwei Jahrtausenden christlicher Glaubensgeschichte angesammelt haben. Er fordert die Theologie auf, ein abstraktes, philosophisches Verständnis des ewigen Lebens zu entwickeln. Jeder Christ solle den Mut finden, angesichts der Ewigkeit die mit Endlichkeit und Entfremdung gegebene Angst zu überwinden. Die Ewigkeit existiert für Tillich, aber nicht als ein Ort oder ein Zustand nach dem Tod oder jenseits der Geschichte. Wie Gott kein Wesen neben anderen Wesen ist, sondern der Grund allen Seins, so ist auch das ewige Leben keine Wirklichkeit für sich, sondern der nicht-entfremdete, essentielle Teil unserer Erfahrung. Niemand, der Tillichs Anknüpfung an Idealismus, Existentialismus, Psychoanalyse und Sozialismus kennt, kann sich über sein Desinteresse an einem jenseitigen Individualismus wundern.[36]

Einen etwas leichter verständlichen, wenngleich nicht weniger radikalen Versuch, das Symbol des Himmels zu entschlüsseln, finden wir bei dem Neutestamentler Rudolf Bultmann (1884–1976). Bultmann und seine Schule ziehen dem Ausdruck »Symbol« den Ausdruck »Mythos« vor. Es entspricht dem Wesen des antiken Mythos, das Menschliche als göttlich und das Göttliche als menschlich darzustellen. Gott oder Götter wandeln auf Erden, beeinflussen den Ablauf der Geschehnisse und leben wie wir, wenn auch meist an fernen, uns unzugänglichen Stellen des Kosmos. Während die Götter auf diese Weise vermenschlicht werden,

werden Menschen oft vergöttlicht, indem sie mit göttlicher Macht und Unsterblichkeit ausgestattet werden. Im Zusammenhang des Mythos ist der Himmel jener Ort, an dem Menschen Unsterblichkeit und Allwissenheit als göttliche Eigenschaften erhalten. Wollen wir den biblischen Mythos von Auferstehung und ewigem Leben in seiner Bedeutung für uns verstehen, dann müssen die beiden Sphären – die göttliche und die menschliche – voneinander getrennt werden.

Die beiden Wirklichkeiten lassen sich zwar nicht miteinander vermischen, sie können sich aber berühren, wenn sich ein Mensch auf Gott in Glauben und Vertrauen einläßt. Dadurch wird der Mensch nicht, wie es der Mythos darstellt, unsterblich; er kann jedoch verwandelt und zu einem »neuen Geschöpf« werden, das unter der Gnade Gottes ein neues und wahres Leben führt. Die Auferstehung schenkt uns kein neues, weiteres Leben jenseits der Schranke des Todes, sondern verleiht unserer irdischen Existenz eine neue Qualität. In einem Brief von 1973 faßt Bultmann zusammen, was für ihn der Himmel in diesem »existentialen Sinn« bedeutet:

Im existentialen Sinn verstanden meint der Himmel eine transzendente Wirklichkeit, von der der Mensch nur reden kann, wenn er dessen inne wird, daß seine persönliche Existenz ihre Eigentlichkeit nicht in der irdischen Welt finden kann. Wenn er dessen inne wird, so ist er frei von der Sorge um die Zukunft, frei auch von allen Ideologien, die den Plan einer neuen Zukunft entwerfen wollen und die dem dauernden Wechsel unterworfen sind. Damit wird er auch frei von dem Bestreben, die anderen seiner Herrschaft zu unterwerfen, er wird sie in ihrem Anderssein gelten lassen und ihnen in Vertrauen und Liebe begegnen. Damit wird er auch frei von der Angst vor der Tragik des Schicksals, denn er versteht auch dieses als einen Schritt in die Zukunft, so rätselhaft und zunächst unverständlich das Schicksal auch sein mag.

Nach Bultmann ist dieses Verständnis des himmlischen oder ewigen Lebens nichts, was er selbst erfunden hätte; auch ist es nicht einfach von der Philosophie des Existentialismus abgeleitet. Vielmehr geht es zurück auf die Lehre des Johannesevangeliums im Neuen Testament.[37]

Auf die Frage nach dem postmortalen Schicksal des einzelnen gibt Bultmann eine »minimalistische« Antwort. Nach ihm ist die »Versetzung in eine himmlische Lichtwelt, in der das Selbst himmlische Gewänder, einen pneumatischen Leib, erhalten soll«, für das moderne Bewußtsein »nicht nur rational unvorstellbar« und nicht nachzuvollziehen, sondern schlechthin »nichtssagend«. Während er alle Bilder einer jenseitigen Welt, eines jenseitigen Lebens und einer Auferstehung als Wunschdenken ablehnt, will er doch an der Hoffnung selbst festhalten. In einem Brief erklärt er seine Auffassung einem Theologen:

Es ist in der Tat richtig, daß, wie Sie sagen, in einer unmythologischen Sprache jede Beziehung auf »etwas nach dem Tode« fortfällt und daß ich nur von dem geschichtlichen Sein des (...) Menschen vor dem Tode reden kann. Das darf freilich nicht dazu führen, daß die Hoffnung als Strukturelement des Glaubens ausgeschieden wird. Sie muß – um kurz und pointiert zu sagen, was gründlicher theologischer Besinnung bedürfte – verstanden werden als die Hoffnung auf den Tod als das Ende der Nichtigkeit (»der Tod ist verschlungen in den Sieg«), ja, um es paradox zu sagen: auf den Tod als die Auferstehung (bei Joh. ist das *staurothênai* [gekreuzigt werden] das *doxasthênai* [verherrlicht werden]). Im Auferstehungsglauben findet das Dennoch des Glaubens seinen radikalsten Ausdruck. Von der uns im Tode bzw. in der Auferstehung geschenkten Ewigkeit läßt sich freilich nicht anschaulich reden, da sie sonst sofort als endlos dauernde Zeitlichkeit vorgestellt werden würde; vom Jenseits *nach* dem Tode deshalb strenggenommen auch nicht, wohl aber vom Jenseits über dem Tode. Denn Gott ist nicht ein Gott der Toten, sondern der Lebendigen.

Von dieser undeutlichen Bejahung einer leerbleibenden Hoffnung ist es nur noch ein kleiner Schritt zur Aufgabe der traditionellen christlichen Verheißung. In einem an seinen früheren Schüler, den Philosophen Hans Jonas, gerichteten Brief gesteht er, für sich selbst keine Unsterblichkeit zu beanspruchen. Wie bei Tillich kann die Erörterung des Himmels einen Punkt erreichen, an dem es unklar ist, ob es irgend etwas gibt, was über das Symbol, das Bild oder den Mythos hinausweist.[38]

Die symbolische Deutung des Himmels, wie wir sie bei Niebuhr, Tillich und Bultmann kennengelernt haben, enthält drei Grundgedanken. Der *erste* und wohl grundlegendste Gedanke ist das »Zerbrechen« herkömmlicher Bilder des Himmels. Ohne ein Aufbrechen oder Aufschlüsseln offenbaren uns die Symbole nichts von ihrem Sinn, denn ein wörtliches Verständnis kann nur irreführen. Wer das Symbol schon für die Sache selbst nimmt, verfehlt und verkehrt die Bedeutung des ewigen Lebens. *Zweitens* wird die Deutung des Symbols mit Hilfe unanschaulicher philosophischer und oft paradoxer Begriffe durchgeführt. Die Begriffe gelten jedoch nur als Versuche, den Sinn religiöser Sprache zu erfassen. Ihr hoher Abstraktionsgrad läßt die Möglichkeit offen, die Existenz eines jenseitigen Lebens zu verneinen oder einen agnostischen Standpunkt einzunehmen. *Drittens* besteht die Neigung, vom ewigen Leben nicht nur als einer Wirklichkeit jenseits des Todes zu sprechen. Man geht vielmehr von einem »ewigen Jetzt« aus, da die christliche Hoffnung weniger auf eine ferne und transzendente Zukunft ausgerichtet ist. Diese Auffassung wurde besonders von einer Gruppe (sonst recht verschiedenartiger) Theologen entwikkelt, die es ablehnen, über ein Jenseits zu spekulieren. Eschatologische Symbole erscheinen ihnen grundlegend, aber deren Sinn wurde in der Vergangenheit verfehlt, weil man die christliche Hoffnung auf eine Zukunft jenseits des Todes bezog.

Verwirklichte Eschatologie: Der Himmel auf Erden

Nach einer alten christlichen Tradition ist es möglich, schon in diesem Leben etwas vom Himmel zu spüren. In der Ruhe der Kontemplation, der Schönheit einer Kathedrale, dem festlichen Drama der Messe oder dem Erlebnis christlicher Gemeinschaft läßt sich himmlische Wirklichkeit erfahren. Angesichts des Todes fand Friedrich Schleiermacher Trost nicht in der Erwartung eines künftigen Lebens, sondern in der Erfahrung des Göttlichen in der Gegenwart. Seine Theologie enthält die Aufforderung, sich weniger um ein Jenseits zu kümmern, als jene Augenblicke zu genießen, in denen der Himmel auf Erden erlebt werden kann. Für Schleiermacher ist »in dem Zustand frommer Erregung die Seele mehr im Augenblick versenkt als der Zukunft zugewendet«. Hoffnung, die Erwartung von etwas anderem, würde die Vollständigkeit und Harmonie des religiösen Gefühls gefährden. Schleiermachers Glaubensbekenntnis findet sich in seinen Reden *Über die Religion:* »Mitten in der Endlichkeit eins werden mit dem Unendlichen und ewig sein in jedem Augenblick, das ist die [wahre] Unsterblichkeit der Religion.« Die Frage nach einem Leben nach dem Tod ist für ihn bedeutungslos, weil sie mit dem unmittelbaren religiösen Gefühl nichts zu tun hat. Christen sollen sich nicht müßigen Spekulationen über ein Jenseits hingeben, sondern bewußt in der Gegenwart leben. »Sorge nicht um das, was kommen wird, weine nicht um das, was vergeht; aber sorge, dich selbst nicht zu verlieren«, ruft Schleiermacher dem Christen zu, »und weine, wenn du dahintreibst im Strome der Zeit, ohne den Himmel in dir zu tragen« – und zwar in jedem Augenblick *dieses* Lebens. Die Beschäftigung mit dem Leben nach dem Tod, wie sie im zeitgenössischen Europa weit verbreitet war, betrügt die Christen um die Gotteserfahrung im Diesseits.[39]

Daß die Spekulation über das Jenseits eher eine Schwäche als eine Stärke ist, haben liberale Protestanten zu Beginn des 20. Jahrhunderts noch deutlicher ausgesprochen. Walter Rauschenbusch (1861–1918), der berühmte amerikanische Theologe des *Social Gospel,* wollte dem christlichen Denken eine ganz neue Richtung geben. Ziel der christlichen Existenz sei nicht die persönliche Vollkommenheit und Bereitschaft für den Himmel; nach Rauschenbusch haben die Christen eine Aufgabe in der Gesellschaft, in der sie leben. Die *Social-Gospel*-Bewegung will das Reich Gottes nicht im Himmel erwarten, sondern auf dieser Welt verwirklichen. Die fortschreitende Industrialisierung und Verstädterung bringt zwar große Probleme mit sich; aber es besteht kein Grund zur Verzweiflung. Im Gegenteil. In seinem Buch *Das Christentum und die soziale Krise* (1907) meint Rauschenbusch, eine Verbesserung der sozialen und wirtschaftlichen Lage könne, zusammen mit einer religiösen Erneuerung, den »großen Tag des Herrn, auf den die Zeiten warteten«, herbeiführen. Vollkommenheit wird nicht individuell im Jenseits erlangt, sondern als gesellschaftliches Ziel im Diesseits angestrebt. Auf diese Weise ist der Himmel nicht eine jenseitige Wirklichkeit, sondern ein Symbol für eine vollkommene Gesellschaft im Diesseits.[40]

Rauschenbusch sah seine Forderung in den Schriften des Neuen Testaments begründet. Deshalb postulierte er eine entschiedene Rückkehr zur ursprünglichen und unverzerrten Lehre der Bibel. Jesus will soziale Gerechtigkeit nicht auf den Zustand nach dem Tod verschieben; vielmehr muß das Reich Gottes als »gerechte Gemeinschaft« *in dieser Welt* verwirklicht werden. Rauschenbusch meinte, die griechische Idee der unsterblichen, vom Körper zu befreienden Seele und ihres jenseitigen Glücks habe die ursprüngliche Hoffnung auf ein diesseitiges Reich Gottes geschwächt, wenn nicht sogar verdrängt. Als sich der Begriff des Himmels erlöster Seelen in der christlichen Lehre einen beherrschenden Platz erobert hatte, büßte die Kirche viel von ihrer sozialen Kraft ein. Durch privates Vollkommenheitsstreben gelähmt, fühlten sich Christen wenig verpflichtet, mit Gott an einer

Welt zu arbeiten, die allen Menschen ein Maximum an Freiheit und Selbstverwirklichung ermöglicht. Werden die privatisierten Jenseitsbilder verlassen, dann steht der Weg offen für das »richtige« Verständnis des Himmels als eines kollektiven und diesseitigen Zieles.[41]

Nach den Vertretern des *Social Gospel* sollte das Leben nach dem Tod zwar nicht aus dem Glaubensgut verschwinden; aber man wollte ihm nur einen ganz bescheidenen Platz einräumen. Das in der Bibel angekündigte Reich Gottes hat es mit unserer und nicht einer anderen, jenseitigen Welt zu tun. Wer die Übel und Mißstände unserer Gesellschaft beheben will, hat wenig Muße, sich mit einem Jenseits zu befassen. »In der Vergangenheit hat uns die christliche Kirche gelehrt, bei allem Tun die Augen auf eine andere Welt und ein jenseitiges Leben zu richten«, schrieb Rauschenbusch. »Jetzt ist es unsere Aufgabe, die gegenwärtige Welt zu erneuern, die Erde sauber, angenehm und wohnlich zu machen.« Es gilt, den Himmel auf der Erde zu verwirklichen. Im Interesse einer gerechten sozialen Ordnung wollten die *Social-Gospel*-Bewegung in Amerika und die religiösen Sozialisten in Europa auf ein privatisiertes, persönliches Fortleben verzichten. Sie lehnten den Jenseitsglauben früherer Generationen nicht ab, weil er der Vernunft oder der Wissenschaft widerspreche, sondern weil er im Gegensatz zu den sozialen Anliegen des Neuen Testaments stehe.[42]

Zwar entwickelte sich in den Vereinigten Staaten kein Sozialismus, doch fand das »soziale Evangelium« in den protestantischen Kirchen eine feste Heimat und schärfte das soziale Gewissen. Im Jahre 1961 auf die größte Errungenschaft der jüngsten Kirchengeschichte angesprochen, verwies die Hälfte der befragten amerikanischen Theologiestudenten auf die »Predigt des *Social Gospel*«. Die jungen protestantischen Theologen setzten sich ein für Abrüstung, Gleichstellung der schwarzen Bevölkerung, Abschaffung der Todesstrafe und »eine anständige Wohnung« für jeden Amerikaner. Sie sehnten sich nach Frieden und wollten die Slums niederreißen, wenn nötig mit bloßen Händen. Die Begeisterung für sozialen Dienst und politische Aktion geht mit einem auffallenden – aber nicht mehr überraschenden – Desinteresse an Fragen des Jenseits einher. Nur 29% der Befragten glaubten an »einen wirklichen Himmel und eine Hölle«, und nur 2% meinten, die Unsterblichkeit des Menschen sei eine wichtige religiöse Lehre.

Nicht für subtile Fragen der Lehre interessierten sich die durchschnittlich fünfundzwanzigjährigen Studenten, sondern für praktisches Christentum.[43]

Im 20. Jahrhundert stellen die *Social-Gospel*-Bewegung und der religiöse Sozialismus frühe Versuche dar, das Ziel Gottes für die Menschheit als Befreiung innerhalb der Welt aufzufassen. Soziale wie individuelle Sünde verdunkelt dieses Ziel. Im ausgehenden 20. Jahrhundert ist diese Argumentation der »schwarzen«, der »feministischen«, der Hoffnungs- und der lateinamerikanischen Befreiungstheologie geläufig. Für alle diese Richtungen ist das Christentum eine eschatologische, auf Hoffnung und Verheißung beruhende Religion. Aber diese Hoffnung drückt sich nicht in orthodoxen Glaubensformeln aus, die dem einzelnen den Himmel sichern; sie will vielmehr zu einem angemessenen Handeln anleiten und eine gerechte Gesellschaft für alle herbeiführen. Wenn die Feministin Rosemary Radford Ruether (geb. 1936) in *Sexismus und die Rede von Gott* (1983) der Frage nachgeht, was mit dem »Ich« nach dem Tod geschieht, so gibt sie die bereits bekannte Antwort. »Es gehört nicht zu unserer Aufgabe, uns Gedanken über die Ewigkeitsbedeutung unseres Lebens zu machen, und die Religion darf darin auch nicht die Mitte ihrer Botschaft sehen.« Als endliche Wesen sollen wir uns den Aufgaben widmen, die wir bewältigen können. »Unsere zeitlich begrenzte Lebensspanne sollen wir verantwortungsbewußt nutzen, um für unsere Generation und unsere Kinder eine gerechte und gute Gemeinschaft zu schaffen. (...) Unser Agnostizismus [über ein jenseitiges Leben] ist Ausdruck unseres Glaubens, unseres Vertrauens, daß die Heilige Weisheit unserem Tun, das durch Raum und Zeit begrenzt ist, transzendente Bedeutung verleihen wird.« Die biblischen Bilder des Himmels und des Tausendjährigen Reiches sind also nicht Selbstzweck, sondern Hinweise auf irdische Möglichkeiten und Aufgaben.[44]

Auf diese Weise versuchen liberale Protestanten und Katholiken, die biblischen Beschreibungen des Himmels in ihrem ganzen Reichtum ernst zu nehmen, ohne dabei gleichzeitig das moderne, skeptische Bewußtsein aufzugeben. Da liberale Denker weder Tradition gegen Vernunft noch Vernunft gegen Tradition eintauschen wollen, schlagen sie einen Kompromiß vor zwischen einem naiven Glauben an ein jenseitiges Leben und einer völligen Ablehnung solcher Lehren. Um zwischen dem rationalistischen Bewußtsein und dem biblischen Erbe vermitteln zu können, berufen sich einige Theologen auf Begriffe wie Mythos und Symbol. Nach anderen lenkt jeder Glaube an eine künftige Ewigkeit von den dringenden Aufgaben der Welt ab. Der Himmel gilt ihnen daher als ein Bild dessen, was aus der Welt gemacht werden kann. Indem die liberale Theologie die Mitte zwischen Bejahung und Ablehnung der Tradition einhalten will, begibt sie sich gleichsam in ein Niemandsland zwischen den feindlichen Heeren. Weder wahre Skeptiker noch wahre Gläubige, werden liberale Denker von Gläubigen wie von Nichtgläubigen oft als Fremde betrachtet.

Theozentrischer Minimalismus

Liberale Theologen haben keinen leichten Stand. Skeptiker lehnen ihre theologischen Kompromisse als Betrug ab, da sie den Gläubigen durch unverständliche philosophische Begriffe blenden würden. Konservative Christen werfen ihnen vor, sie hätten ihren Glauben durch eine zweifelhafte Angleichung an die Welt verkauft. Die liberale Sicht zurückweisend, bringen konservative Theologen entweder das Bild des modernen Himmels wieder zur Geltung oder vertreten eine Spielart des Himmels der protestantischen Reformatoren oder katholischen Reformer. Diese zweite Möglichkeit wollen wir als »theozentrischen Minimalismus« bezeichnen. Wenn wir von der Wiederholung traditioneller Himmelsbilder absehen – also von der katholischen Anschauung Gottes und den Himmelsreisen protestantischer Visionäre –, so zeigt sich eine erstaunliche Gleichförmigkeit unter sonst sehr uneinheitlichen Theologien. Fundamentalisten, katholische Anhänger Karl Rahners und protestantische Barthianer lehnen den symbolistischen Kompromiß ab, besitzen jedoch aus verschiedenen Gründen ein ebenso inhaltsleeres Bild des Himmels. Denn mag auch die Anpassung an die moderne Welt nicht mehr als das entscheidende Anliegen gelten, so läßt die entschiedene Besinnung auf die Grundlagen der Offenbarung doch keine anschauliche Beschreibung des Himmels zu.

Mit seiner charakteristischen Betonung der geoffenbarten, übernatürlichen Qualität von Bibel und christlicher Lehre stellt der Fundamentalismus die konservativste Richtung des Protestantismus, vielleicht des modernen Christentums überhaupt dar. Die

Abb. 69: Abstieg der Modernisten

fundamentalistische Bewegung entstand in der zweiten Hälfte des
vorigen Jahrhunderts, als sich amerikanische Protestanten zum
Kampf gegen den Atheismus außerhalb und den liberalen Geist
innerhalb der Kirche zusammenschlossen. Sie lehnt Darwins Evo-
lutionslehre ebenso ab wie den Versuch des *Social Gospel*, das
Reich Gottes durch Politik herbeizuführen. Nach Auffassung der
Fundamentalisten steht die Bibel nicht verschiedenen Deutungen
offen; sie ist so, wie sie ist, als Gottes Wort anzuerkennen. Wenn
liberale Theologen dies bezweifeln – wie es für die historisch-
kritische Forschung typisch ist –, dann befinden sie sich auf dem
Weg zum Atheismus (*Abb.* 69).

Die einzige Quelle der fundamentalistischen Lehre ist die als
göttlich inspiriert und irrtumsfrei geltende Bibel. Die Theologie
der Fundamentalisten beruht auf einer im 19. Jahrhundert entwik-
kelten Methode, die auf den englischen Philosophen Francis Bacon (1561–1626) zurückgeführt wird. Nach Bacon gibt es keinen
Vernunftbeweis für die Offenbarung; sie muß aufgrund von göttlicher Autorität geglaubt werden. Obwohl von der Aufklärung

abgelehnt, scheint diese Sicht im Zeitalter der Naturwissenschaft wieder attraktiv zu sein. In einer Zeit, die sich an »Fakten« orientiert, kann auch die Offenbarung als Tatsache verstanden werden. Wie der Naturwissenschaftler von empirischen Daten ausgeht, sie ordnet und in einen inneren Zusammenhang bringt, so muß auch der Theologe die Bibel als sein Rohmaterial betrachten. Der fundamentalistische Theologe Charles Baker vergleicht die »vielen Fakten«, die in der Bibel enthalten sind, mit »gewissen Tatsachen über Elektrizität und Magnetismus«. Diese sind schon jahrtausendelang bekannt, aber erst die moderne Wissenschaft nützt sie zu unserem Vorteil. »Die Bibel«, schreibt er, »offenbart viele Tatsachen über Gott, den Menschen, die Sünde und eine Vielzahl anderer Dinge.« Die Theologie muß »diese Tatsachen sammeln, ordnen und aus ihnen Folgerungen ziehen«, so daß sie dem Menschen nützen. Dieses Vorgehen erlaubt zwar eine gewisse Beweglichkeit in der Deutung, jedoch werden die biblischen Fakten selbst nie in Frage gestellt. Für Fundamentalisten ist das ewige Leben eine Tatsache.[45]

Fundamentalisten verstehen den Himmel, die neue Erde und das neue Jerusalem als Örtlichkeiten im wörtlichen Sinne. Die Ewigkeit stellt für sie eine unerschöpfliche, niemals endende Zeit dar. Für Einzelheiten berufen sie sich auf die Bibel, geben aber zu, daß der Text oft wenig mitteilsam ist. »Über den neuen Himmel und die neue Erde erfahren wir nur wenig«, gesteht der Bestsellerautor Hal Lindsey. Hat das neue Jerusalem beispielsweise wirklich die Form eines riesigen Würfels, wie der Wortlaut der Offenbarung nahelegt? Oder sollen wir eher an eine Pyramide denken? Paßt eine Stadt von den Ausmaßen der Offenbarung (ein Würfel mit einer Kante von 2 400 km) überhaupt auf unseren Planeten? Oder dürfen wir sie uns als einen Satelliten denken, der um unseren Planeten kreist? Da der Wortlaut der Offenbarung des Johannes keine Entscheidung zuläßt, muß die Theologie auf allzu große Neugier und Spekulation verzichten. Aus fundamentalistischer Sicht können uns auch die in den siebziger Jahren vieldiskutierten Erlebnisse in Todesnähe nicht mehr als das mitteilen, was wir schon aus der Bibel wissen. Wenn reanimierte herzkranke Patienten von ihrer visionären Begegnung mit Freunden und Engeln berichten oder von der Reise in eine goldene Stadt und zu einem erhabenen Lichtwesen, dann mag dies eine Halluzination sein oder sogar Blendwerk des Teufels. Sollten solche Erfahrungen im

Koma jedoch tatsächlich einen Einblick ins Jenseits vermitteln, dann bestätigen sie nur die Bibel, ohne deren Offenbarung etwas hinzuzufügen. Da die Fundamentalisten nur die Bibel als Glaubensquelle anerkennen, können sie über den Himmel nur wenig sagen.[46]

Entgegen einer verbreiteten Meinung behaupten die Fundamentalisten nicht, über den Himmel und das ewige Leben genau Bescheid zu wissen. Auch verstehen sie die Bibel nicht einfach »wörtlich«, so daß jede Deutung entfällt. Einer der radikalsten konservativen Theologen, der auf wörtliche Auslegung verzichtete und den *Science-fiction*-Charakter des modernen Himmels ablehnte, war Cyrus Scofield (1843–1921). Ein führender Fundamentalist und Herausgeber der noch heute weit verbreiteten *Scofield Reference Bible*, beharrte er auf den Grenzen unseres Wissens über die Ewigkeit. Nach ihm besagt die biblische Offenbarung lediglich, daß der Selige im Himmel »ein vollkommenes Wesen in einer vollkommenen Welt« sein wird. Scofield gibt zu, daß wir über die im Neuen Testament erwähnten himmlischen Wohnungen eigentlich nichts sagen können. »Wir können nicht annehmen«, meint er, »der Himmel sei ein Ort mit lauter Häusern aus braunem Sandstein. Das wäre eine allzu primitive und fleischliche Vorstellung. Ich habe keine Ahnung, wie die verklärte Architektur aussehen wird.« Mit den Spekulationen von Predigern und Romanschreibern konnte er sich nicht befreunden. Wie spätere Fundamentalisten lehnte es Scofield ab, sich den Himmel als eine zur Vollkommenheit geführte irdische Welt vorzustellen.[47]

Im Jahre 1975 wurde die Position Scofields in einem Aufsatz der Zeitschrift *Moody Monthly* wiederholt, wenngleich in einer eher romanhaften Form. Im Himmel empfängt Jesus einen eben ankommenden Menschen. »Du darfst nicht erwarten, genau das zu finden, was meine Diener in der Bibel über den Himmel sagten«, eröffnet er ihm. »Meiner Offenbarung waren enge Grenzen gesetzt. Ich konnte nur mitteilen, was ihre Augen sehen konnten und was sich in ihrer Sprache ausdrücken ließ.« Jesus erklärt das mit Hilfe eines Gleichnisses: »Wie würde ein Eskimo eine Ananasfrucht den Mitbewohnern seines Dorfes beschreiben? Auch wenn er nach Hawaii reisen konnte und wieder nach Hause kommt? Er würde sagen: Ein süßes, saftiges Walfett.« Nach Auffassung der Fundamentalisten sind die Schilderungen der Bibel zwar ernst zu nehmen, aber Einblicke ins Jenseits sind selten und begrenzt.[48]

Eine ausführlichere Offenbarung über den Endzustand fehlt nicht etwa, weil uns Gott mit einem ungelüfteten Geheimnis leben lassen will, sondern weil eine genaue Kenntnis des Himmels *überflüssig* ist. Nach fundamentalistischer Auffassung sagt uns die Bibel nur, was wir unbedingt wissen müssen. Der »Dispensationalismus«, eine Richtung innerhalb der fundamentalistischen Theologie, erklärt diesen Umstand mit Hilfe einer besonderen Theorie. Die Beziehung zwischen Gott und Mensch ist im Verlauf der Geschichte ganz bestimmten, von Gott gewollten, aber sich wandelnden Gesetzen unterworfen. Die Geschichte zwischen Gott und Mensch wird als eine Abfolge von »Dispensationen« dargestellt. In jeder Dispensation oder Prüfungszeit – im gängigsten System sind es sieben – stellt Gott bestimmte Forderungen auf. Die erste Prüfungszeit war die der Unschuld; sie dauerte nur so lange, wie sich Adam und Eva im Paradies aufhielten. Gegenwärtig leben wir in der sechsten Epoche, der Zeit der Gnade; sie begann mit den Aposteln und dauert bis zur »Entrückung«. In dieser Zeit schafft sich Christus einen geistlichen Leib, die Kirche. Die letzte Zeit wird das Tausendjährige Reich Christi auf Erden sein. Wichtig ist nun der Umstand, daß alles, was auf das Tausendjährige Reich folgt, bereits außerhalb der Abfolge von Heilszeiten steht.[49]

Indem sich die gegenwärtige Prüfungszeit ihrem Ende nähert, verwandelt sich die Geschichte immer mehr in ein großes apokalyptisches Drama. Beginnend mit der Wiederherstellung eines jüdischen Staates in Palästina, Kriegen gegen diesen Staat und einem großen Abfall vom Christentum, hat dieses Drama seinen Höhepunkt in der »Entrückung« (*Abb.* 70). Diese ist Gottes entscheidendes Heilshandeln; es besteht darin, daß Gott ebenso schnell wie unerwartet alle wahren Gläubigen von der Erde wegnimmt. Sind die Gläubigen entrückt, dann stürzt die Welt ins Chaos. »Vielleicht fährst Du gerade mit Deinem Wagen, wenn die Trompete erschallt«, stellt sich Jerry Falwell (geb. 1933) vor. »Dann wirst Du mit den anderen Gläubigen aus Deinem Wagen sofort weggerafft – Du wirst einfach verschwinden. Nur die Kleider bleiben zurück. (...) Befindet sich im Auto jemand, der nicht gerettet wird, dann wird er sich wundern, daß sich das Auto ohne Fahrer fortbewegt – bis es kracht und ein Unfall passiert.« Die Unsterblichkeit der Entrückten steht fest. Unklarheit besteht nur darüber, ob die Entrückten auch an der Tausendjährigen Herr-

Abb. 70: Anderson, Die Entrückung

schaft Christi auf Erden teilhaben werden. Wer als wahrer Christ
stirbt oder als solcher in der Stunde der Entrückung angetroffen
wird, wird auferstehen oder verwandelt werden, um nie mehr zu
sterben.[50]

Da die zur Entrückung führenden Ereignisse zur gegenwärtigen Prüfungszeit gehören, stehen sie im Mittelpunkt fundamentalistischer Aufmerksamkeit. Nach Hal Lindseys *Alter Planet Erde wohin?* (mit dem reißerischen Untertitel »Im Vorfeld des Dritten Weltkriegs«) handelt es sich dabei um Geschehen der Gegenwart. Wir stehen am Ende einer Epoche. Die Kriege, Umwälzungen und dramatischen Ereignisse des Nahostkonflikts bilden den Stoff für eine spannende Schilderung, die von mehr als 18 Millionen Lesern verschlungen wurde. Dem Interesse an den »letzten Tagen« entspricht jedoch kein Interesse an der Ewigkeit. Nach der dispensationalistischen Theorie steht das ewige Leben außerhalb der Prüfungszeiten und hat deshalb mit dem Drama der letzten Tage wenig zu tun. Nach Scofield zeichnet sich jede Epoche durch eine besondere Prüfung aus, die Gottes Geschöpfe bestehen müssen. In der gegenwärtigen Zeit besteht die Prüfung in der Annahme oder Ablehnung Christi. Am Ende des Tausendjährigen Reiches wird diese Prüfung noch einmal wiederholt, wenn Satan für eine kurze Zeit aus seinem Kerker entlassen worden ist. In der Ewigkeit aber – nach dem Tausendjährigen Reich – gibt es keine Prüfung mehr. Gottes dispensationalistische Herrschaft endet mit dem Millennium. Die Ewigkeit hat also mit unserer Gegenwart nichts zu tun; sie schließt sich nicht einmal unmittelbar an sie an, weil das Tausendjährige Reich zwischen diesen Epochen liegt. »Über die gegenwärtige Heilszeit Bescheid zu wissen ist weitaus wichtiger«, als andere Perioden der Geschichte Gottes zu kennen, erklärt der Verfasser der *Dispensational Theology*.[51]

Mit den Prüfungen endet nicht nur das Drama der Geschichte, sondern auch die biblische Offenbarung. Daher gehört der Himmel im Dispensationalismus nicht zu den Gegenständen theologischer Forschung. Die Theologie beschäftigt sich mit der »strukturierten« Unterordnung des Menschen unter Gottes Herrschaft, nicht mit der »unstrukturierten« Beziehung zwischen Gott und seinen menschlichen Mitherrschern nach dem Ende der irdischen Geschichte. Nur auf diese Geschichte aber beziehen sich Gottes »großer Heilsplan« sowie der »Glaube, der ein für allemal den Heiligen anvertraut wurde« (*Abb.* 71). Als William Biederwolf (1867–1939) von der üblichen Praxis des Fundamentalismus abwich, indem er ein Buch über den Himmel schrieb, war er sich seiner »etwas ungewöhnlichen Lehren« bewußt und bemerkte, sie seien strenggenommen »für den großen Heilsplan keineswegs we-

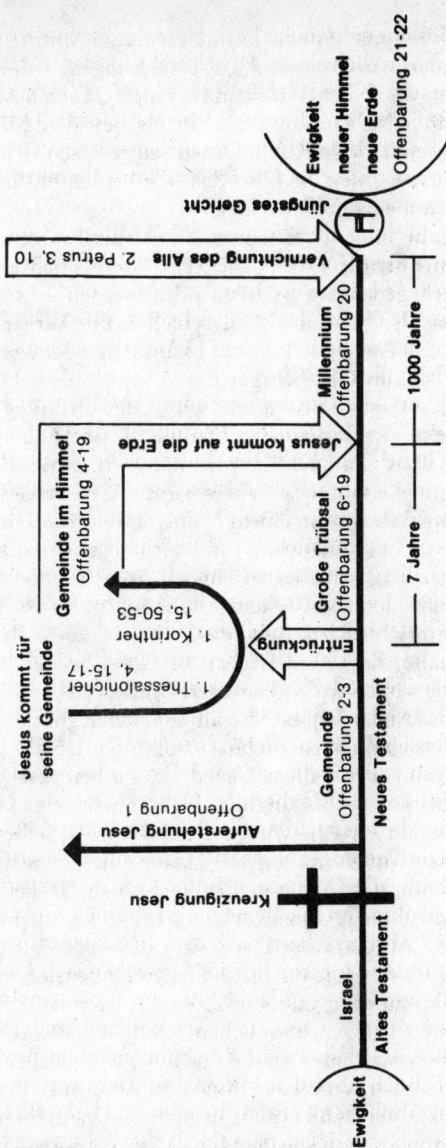

Abb. 71: Gottes Geschichte. Fundamentalistisches Schema

Within the figure:

Ewigkeit

Israel
Altes Testament

Kreuzigung Jesu

Auferstehung Jesu
Offenbarung 1

Gemeinde
Offenbarung 2-3
Neues Testament

Jesus kommt für seine Gemeinde

Gemeinde im Himmel
Offenbarung 4-19

Entrückung
1. Thessalonicher 4, 15-17
1. Korinther 15, 50-53

Große Trübsal
Offenbarung 6-19

Jesus kommt auf die Erde

Millennium
Offenbarung 20

7 Jahre

1000 Jahre

Vernichtung des Alls
2. Petrus 3, 10

Jüngstes Gericht

Ewigkeit
neuer Himmel
neue Erde
Offenbarung 21-22

453

sentlich«. Obwohl er mit gutem Grund vermuten konnte, mit seiner Schrift Trauernden Trost und Hilfe zu bringen, wußte er, daß er es mit einem wenig bekannten und eigentlich auch unwichtigen Gebiet zu tun hatte. Die dramatischen Tage vor dem Millennium und das Tausendjährige Reich Christi selbst lassen sich mit vielen Details ausmalen, weil die Bibel das erlaubt. Jenseits dieser Zeit aber liegt die unbekannte Ewigkeit.[52]

Was aber geschieht mit jenen Christen, die vor der Endzeit sterben? Ein Autor meint, die Bibel habe kein Interesse an einem irgendwie räumlich gedachten »Oben« oder »Jenseits«; sie beschäftige sich ausschließlich mit der Geschichte, mit Vergangenheit und Zukunft. Im Augenblick müsse es uns daher genügen zu wissen, daß jene, die im Glauben gestorben sind, »beim Herrn sind und auf ihre Auferstehung warten, wie es der Ordnung entspricht«. Unmittelbar nach dem Tod komme die Seele an einen Ort, der manchmal als »Paradies« bezeichnet wird. Über diesen Ort oder den Himmel erfahren wir aber so gut wie nichts. Wie es dort aussieht, kann man zwar in einem kleinen Buch von Rebecca Springer nachlesen, das in manchen fundamentalistischen Buchhandlungen zu erhalten ist. Hierbei handelt es sich jedoch um einen Visionsbericht nicht der Gegenwart, sondern des 19. Jahrhunderts. Im Unterschied zu Rebecca Springers *Intra Muros* (1898), das jetzt unter dem Titel *Within the Gates* (in gekürzter Fassung) verbreitet wird, verzichten neuere Werke auf eine Schilderung des Jenseits. Außerdem besitzen fundamentalistische Darstellungen eine deutlich theozentrische Ausrichtung. Um die göttliche Mitte des Himmels mit allem Nachdruck zu betonen, wird die der Anschauung leichter zugängliche menschliche Seite völlig vernachlässigt. Die Hauptsache wird nach Hal Lindsey »die persönliche Gegenwart Gottes sein. Wir werden ihn von Angesicht zu Angesicht sehen.« Was das bedeutet, wird nicht mehr ausgeführt; Lindsey gibt hier die Grenzen seines Wissens zu. »Ich weiß nicht«, räumt er ein, »wie Gott der Vater aussehen wird.« Jedenfalls werden wir als Kinder Gottes »die unergründlichen Dimensionen der Liebe unseres vollkommenen Vaters erfahren«. Auch mit Christus werden die Heiligen engen persönlichen Kontakt haben. Zum theozentrischen Himmel eines Luther oder Calvin zurückkehrend, verstummen die sonst um keine Auskunft verlegenen Fundamentalisten. »Wir können es uns kaum ausmalen, wie es sein wird, vor Gott zu knien und in der nächsten Minute neben seinem Thron zu sitzen«, meint Lindsey. »Keine Angst – Langeweile kann in der Ewigkeit nicht aufkommen.« Im Blick auf die enge Verbindung mit Gott sind alle Überlegungen über ein gesellschaftliches Leben im Himmel zweitrangig, wenn nicht völlig überflüssig.[53]

Die Rückkehr zu einer theozentrischen Auffassung wird noch deutlicher, wenn Fundamentalisten der Frage nachgehen, ob es im Himmel auch Ehe und Familie gibt. Während konservative Christen des 19. Jahrhunderts die Familie als ewige, von Gott gesegnete Einrichtung auffaßten, sind heutige Fundamentalisten anderer Meinung. In *Seeing the Invisible* (1977) meint Anne Sandberg, die im Himmel erlebte Familie sei die Familie Gottes, nicht eine menschliche Familie. Sie erklärt dies mit einem Hinweis auf die vorübergehende Natur menschlicher Beziehungen. Wenn ein geliebter Mensch stirbt, dann »ist der schreckliche Trennungsschmerz schon nach einer so kurzen Zeit wie einem Jahr vergessen«. Bald »wird auch die Erinnerung schwach und verflüchtigt sich«. Daher brauchen wir es nicht zu bedauern, daß sich menschliche Beziehungen im Himmel nicht fortsetzen. Nach Sandberg ist die irdische Liebe unvollkommen; Gott schafft in der geistigen Familie höhere und bessere Beziehungen. Don Baker äußert sich in der Kleinschrift *Heaven* (1983) noch deutlicher. Im Himmel gibt es seiner Meinung nach weder unterschiedliche Geschlechter noch Sexualität und Ehe. Wir werden einander zwar noch kennen, aber »das irdische Ehepaar wird im Himmel kein Ehepaar mehr sein; auch Eltern und Kinder werden im Himmel nicht mehr Eltern und Kinder sein«. Wir mögen das jetzt zwar bedauern, aber sobald wir im Himmel sind, werden die irdischen Bande »durch die Herrlichkeit einer neuen Beziehung ausgeschaltet«.[54]

Der Fundamentalismus blieb im wesentlichen eine amerikanische Erscheinung. Europäische Anhänger der Bewegung stützen sich daher zumeist auf Übersetzungen von Schriften über die Entrückung oder das Tausendjährige Reich. Im Laufe des 20. Jahrhunderts ergab sich jedoch auch für europäische Protestanten und Katholiken die Frage, wie sich ein biblisches Christentum in der modernen Welt verstehen kann. Während manche Theologen Europas den Liberalismus (auf protestantischer Seite) und den Modernismus (die katholische Entsprechung) für annehmbar hielten, fanden andere diese Richtungen wenig überzeugend. Wie viele ihrer amerikanischen Kollegen waren auch sie unzufrieden mit der Vagheit liberaler Lehren, mit den weitgehenden Zugeständnissen an den skeptischen Zeitgeist und dem fehlenden Interesse an der Kirche als Glaubensgemeinschaft. Es galt, eine Theologie zu entwickeln, die zwar den Anliegen des 20. Jahrhunderts Rechnung trägt, aber ebenso entschieden am protestantischen Erbe beziehungsweise am katholischen Dogma festhält. Eine neue Orthodoxie sollte den wörtlichen und ungebildeten Glauben evangelischer Pietisten überwinden und den unerleuchteten Traditionalismus der katholischen Neuscholastik hinter sich lassen. Obwohl sie das amerikanische Anliegen einer Theozentrik teilte, sollte die konservative Theologie Europas ihren eigenen Weg gehen.

Unter den vielen, die an einer solchen neuen Theologie arbeiteten, wurden zwei besonders erfolgreich: der Schweizer reformierte Dogmatiker Karl Barth (1886–1968) und der deutsche Jesuit Karl Rahner (1904–1984). Beide stimmen mit der liberalen Sicht darin überein, daß wir nur ein einziges Leben besitzen, das mit der Geburt beginnt und dem Tod endet. Da dieses »unser *wirkliches*, aber auch *einziges* Leben« sei, so erläutert Barth, erwarte er »nicht ein in irgendeine unendliche Zukunft hinein fortgesetztes und in dieser Zukunft irgendwie verändertes Leben«. Das Fortleben nach dem Tod ist demnach nicht »eine Weitererstreckung zeitlich hintereinander sich reihender Vollzüge und Erlebnisse eines neutral substantiellen Etwas [der Seele], das sich durch immer neue Zeiträume weiterschiebt und in solchen immer anderen Zeitstücken immer wieder etwas Neues tut«. Nach Rahner läßt sich der Tod nicht als ein einfacher Pferdewechsel auf einer weitergehenden Reise vorstellen. »Mit dem Tod ist zunächst einmal alles aus. Das Leben ist vorbei, es kommt nicht wieder, es wird einem nicht ein zweites Mal geschenkt«, erklärt er in einem Interview. Rahner, der aktive Jesuit, ist eigentlich froh, daß alles einmal ein Ende hat und er dem dauernden Lebenskampf, der ständigen Wiederkehr desselben entkommt. Er sehnt sich nach Ruhe.[55]

Diese Stellungnahme, die wie eine völlige Bejahung der naturwissenschaftlichen Sicht aussieht, erschöpft die neue Theologie natürlich nicht. Denn die Naturwissenschaft übergeht das wichtigste Anliegen der Theologie: die Begegnung mit Gott. Mit dem Tod erreicht das Leben zwar einen endgültigen Stillstand, aber es ist ein Stillstand *vor Gott*. Nach Barth dürfen wir erwarten, »mit Ihm (dem von den Toten auferstandenen Jesus Christus) *offenbar* zu werden in der Herrlichkeit des Gerichtes, aber auch der Gnade Gottes«. Sich den Himmel als Ort für Familientreffen oder als immerwährendes Festmahl vorzustellen ist nach Rahner »ziemlich primitiv und zum Teil sogar falsch«. In solchen Vorstellungen werde die Anschauung Gottes »herabgestuft zu einer erfreulichen Beschäftigung neben anderen«. Eine verantwortliche Theologie, so Rahner, muß betonen, »daß die absolute Gottheit selber nackt und bloß in unsere enge Kreatürlichkeit hineinstürzt«. Nach Barth und Rahner war es ein großer Fehler, die theozentrische Härte der protestantischen Reformation und der katholischen Reform durch anthropozentrische Begriffe aufzuweichen.[56]

Im Tod verlieren wir viel von dem, was unser irdisches Leben ausmachte. »Wenn die Engel des Todes all den nichtigen Müll, den wir unsere Geschichte nennen, aus den Räumen unseres Geistes hinausgeschafft haben«, dann wird nur »die wahre Essenz der getanen Freiheit bleiben«, erklärt Rahner. Wir müssen »eine ungeheuerlich schweigende Leere (...) als unser wahres Wesen« annehmen. Diese Leere freilich wird »erfüllt (...) von dem Urgeheimnis, das wir Gott nennen, von seinem reinen Licht und seiner alles nehmenden und alles schenkenden Liebe«. Es bedeutet das höchste Glück, »wenn uns dann auch noch aus diesem weiselosen Geheimnis [Gottes] doch das Antlitz Jesu, des Gebenedeiten, erscheint und uns anblickt«. Für Rahner besteht das ewige Leben darin, daß unsere Leere in zeitloser Ewigkeit unter dem Blick des Erlösers vom Licht der göttlichen Gegenwart gefüllt wird. Sein Jenseits ist ein theozentrischer Himmel, aus dem sogar der Lobgesang und die Musik der Tradition verbannt sind.[57]

Ein großes, fast ganz abstraktes Fresko in der Westberliner Kirche Maria Regina Martyrum läßt sich als bildliche Darstellung von Rahners Sicht des Himmels verstehen (*Abb.* 72). Die im Jahre 1963 erbaute und ausgestaltete katholische Pfarrkirche dient gleichzeitig als Erinnerungsstätte für die Opfer des Nationalsozialismus. Die Wand hinter dem Altar soll einen Blick in die himmlische Welt eröffnen. Man kann einen Rahmen aus dunklen Farbflächen erkennen, durch den das Licht der Ewigkeit hindurchbricht. Die Mitte der Darstellung wird von der Gottheit eingenommen, repräsentiert durch ein Auge und ein gekröntes Christuslamm. Eine Sichel erinnert den Betrachter daran, daß der Tod der einzige Weg ist, der uns in die Nähe der göttlichen Mitte führt. In Rahners Theologie bringt der Tod »die wahre Essenz der getanen Freiheit« als Ernte in das ewige Licht.[58]

Die theologische Konzentration auf das Wesentliche und Blei-

Abb. 72: G. Meistermann, Apokalypse

bende hat eine deutliche Entsprechung in der Anlage der Kirche und in der Liturgie. Mit klarer Linienführung im internationalen Stil erbaut, wurde in der Kirche Maria Regina Martyrum auf alle nichtfunktionalen Elemente verzichtet. Die Seitenwände und die Decke blieben ohne besonderen Schmuck; es gibt auch keine bunten, dem Licht Farbe verleihenden Glasfenster. Als vollkommener Hörsaal ist der Innenraum mit einer Lautsprecheranlage ausgestattet. Weder das kaum sichtbare Kruzifix auf dem Altar noch die kleine Madonnenstatue, noch die leeren Farbflächen des Freskos lenken die Aufmerksamkeit des Gottesdienstbesuchers von der Messe ab. Der Ablauf der Liturgie ist einfach und von allem überflüssigen Zeremoniell befreit. Entsprechend trägt der Priester seine Ansprache als Belehrung vor. Während er sich mit praktischer Lebenshilfe an das Herz seiner Zuhörer wenden mag, zieht er in der Lehre abstrakte Gedankengänge vor. Was die Gemeinde lernt – etwa über das ewige Leben –, ist so abstrakt wie das Gemälde hinter dem Altar. Die Christen sollen sich nicht von Bildern des Jenseits blenden lassen; sie sollen sich über ihre Lage im Diesseits Klarheit verschaffen. In der Kunst wie in der theologischen Sprache darf die Darstellung des Jenseits niemals konkret und anschaulich ausfallen; jede Unmittelbarkeit wird vermieden. Die im Geist des Zweiten Vatikanums erbaute Kirche entspricht dem Weltbild von Theologen wie Karl Rahner, nach denen im Tod nur das Wesentliche bleibt.

Während nach Rahner das sterbende Bewußtsein vom »Müll« der Biographie befreit wird, findet sich bei Karl Barth eine etwas menschlichere Vorstellung. Obwohl es kein neues Leben im Himmel gibt, haben wir nach Barth mindestens unser vergangenes Leben – nicht nur einen gewissen Rest. Unsere Lebensgeschichte wird nicht nur aufbewahrt, sondern im Licht Gottes auch erhellt. Wir werden das Leben sehen »in seiner uns jetzt und hier verborgenen Kehrseite, so wie Gott es sieht«. Dann werden wir auch verstehen, wie sich »Gottes (in Jesus Christus schon vollzogener) Ratschluß« auf unser Leiden – »Tränen, Tod, Leid, Geschrei, Schmerz« – bezieht. Wir werden uns in einer umfassenden Weise vor Gott verstehen lernen und begreifen, wie Gott an uns durch seinen Sohn gehandelt hat. »Ich habe öfters versucht, mir das auf folgende Weise vorzustellen«, berichtet Barth: »Unser Leben ist unter einer Decke verborgen. Diese Decke – das sind die gegenwärtigen Zeiten. In der Auferstehung wird diese Decke weggezogen, und unser ganzes Leben von der Wiege bis zum Grabe wird in der Klarheit geschaut, in seiner Einheit mit dem Leben Christi, in dem Glanz seiner Barmherzigkeit, der Gnade und der Macht Christi.« Karl Barth zitiert gerne aus einem Lied von Christian Fürchtegott Gellert (1715–1769):

> Dann werd ich das im Licht erkennen,
> Was ich auf Erden dunkel sah,
> Das wunderbar und herrlich nennen,
> Was unerforschlich hier geschah.
> Dann schaut mein Geist mit Lob und Dank
> Die Schickung im Zusammenhang.

Im Himmel werden sich alle Rätsel lösen.[59]

Barth hofft, im Himmel mit Kollegen sprechen zu können, um zu einem besseren Verständnis ihrer Theologie zu gelangen. Vor allem erwartet er, den liberalen Theologen Schleiermacher zu treffen und sich mit ihm »sagen wir einmal: ein paar Jahrhunderte lang ausgiebig zu unterhalten. ›Dann werd ich das‹ – mit so viel anderem, auch das – ›im Licht erkennen, was ich auf Erden dunkel sah‹. Ich stelle mir vor, daß das für beide Teile eine sehr ernste Sache werden wird, daß wir uns aber auch gegenseitig sehr festlich anlachen werden.« Wir dürfen in dieses schöne Beispiel von Barths Humor nicht zuviel hineinlesen. Die Begegnung und Gemeinschaft mit anderen im Himmel machen kein neues Leben aus, das mit dem jetzigen vergleichbar wäre. Daher kann sich das Gespräch auch nur auf die Vergangenheit beziehen und muß religiöse Inhalte haben. Das Geheimnis Gottes und die »Schickung im Zusammenhang« sind die einzig möglichen Gegenstände, die unseren Geist in einer außerhalb unserer Zeit liegenden Ewigkeit bewegen können.[60]

Die Neuorthodoxie, sei sie protestantisch oder katholisch, ist in ihrer Ausrichtung auf Gott konsequent. Diese Eigenschaft verbindet sie mit allen anderen konservativen Richtungen. »Wir haben wenig über das ewige Leben gesagt, das konkret ist und ins einzelne geht«, schreibt der britische Theologe Michael Perry über seine eigene Darstellung des Himmels. »Dennoch glaube ich gesagt zu haben, worauf es ankommt, nämlich daß es ein Leben ist, in dem Gott die erste Stelle einnimmt.« Ähnlich der Schweizer Theologe Heinrich Ott (geb. 1929): »Ich werde nach dem Tode nicht nichts sein. Was ich sein werde, weiß ich nicht. Aber mein Sein wird eine Vollendung meines (jetzigen) Verhältnisses zu Gott (...) sein.« Fundamentalisten, Barthianer und Schüler Karl Rahners können sich ihrem britischen wie ihrem Schweizer Kollegen anschließen. Der theozentrische Minimalismus widersetzt sich jedem Versuch, die Aufmerksamkeit der Seligen von Gott abzulenken. Diese konservative Sicht unterscheidet sich von der Theozentrik des 17. und 18. Jahrhunderts dadurch, daß nun jede Möglichkeit eines Lebens im Himmel abgelehnt wird. Die Bilder der alten theozentrischen Kunst – mit ihren Seligen, die das göttliche Zentrum umkreisen und verehren – haben keine Entsprechung mehr. Selbst die Harfen und der ewige Lobpreis, von den Vertretern des modernen Himmels lächerlich gemacht, erscheinen nicht mehr. Die theozentrischen Minimalisten – von den amerikanischen Fundamentalisten bis zu den neuorthodoxen Theologen Europas – verzichten auf jedes Bild, das sich zwischen die Seele und das göttliche Zentrum schieben könnte. Auch wenn der theozentrische Minimalismus auf alle Anschaulichkeit verzichtet, hält er an der Idee der Ewigkeit bei Gott fest. Mit dieser Konzeption, die zweifellos die verbreitetste orthodoxe Auffassung des Himmels in der Theologie des 20. Jahrhunderts darstellt, bekämpft die konservative Richtung dessen liberalen Abbau.[61]

Theologie ohne Verheißung

Die Lehre vom theozentrischen Himmel stellt die konservative Antwort auf den Kompromiß der liberalen Schule dar. Eine andere Auffassung lehnt sowohl die konservative Flucht in den auf Gott ausgerichteten Himmel als auch den liberalen Kompromiß ab, da sie keine Möglichkeit sieht, zwischen der übernatürlichen Religion und der profanen Welt zu vermitteln. Aus diesem Grund verzichtet sie auf einen Glauben an ein Leben nach dem Tod. Eine solche ebenso überraschende wie kühne Sicht bedurfte des besonderen geistigen Klimas unserer sechziger Jahre, um offen vorgetragen und beachtet zu werden. In diesem Jahrzehnt wurde in Europa und Nordamerika der Wunsch nach einem radikalen Wandel des sozialen und politischen Bewußtseins unüberhörbar. Die Friedensbewegungen für Vietnam und Nordirland, die Neubewertung der Rolle der Frau, die amerikanische Bürgerrechtsbewegung, die Studentenunruhen in Paris und anderen europäischen Städten zeigten einen tiefgreifenden sozialen Wandel an. Von dieser Aufbruchstimmung blieb die Religion nicht unberührt. In der katholischen Kirche brachte das Zweite Vatikanische Konzil mit seinem *aggiorna-mento*, der »Öffnung zur Welt«, die größte Veränderung seit Jahrhunderten. Die protestantische Welt wurde durch die radikalen Lehren einiger ihrer Theologen wachgerüttelt und schockiert. Da hieß es: »Gott ist anders«, und man müsse dementsprechend die oft überholten Glaubensvorstellungen neu überdenken (Bischof John A. T. Robinson). Man könne heute ohne schlechtes Gewissen in der »Stadt ohne Gott« leben (Harvey Cox). Noch radikalere Stimmen sprachen vom »Tod Gottes«. William Hamilton, einer der Gott-ist-tot-Theologen, hielt Amerika »für das Land, in dem die Reise vom Kloster zur Welt, einst von Luther und der Reformation begonnen, am weitesten geführt hat. Unser Land ist das gottloseste, banalste, weltlichste aller Länder.« Von einem solchen Klima blieb auch die Theologie nicht unberührt. Ihre Beziehung zu traditionellen Glaubensformen und bestehenden Kirchen schwächte sich ab, wenn sie nicht sogar ganz aufgegeben wurde.[62]

Es entspricht dem Ansatz einer weltlichen Theologie, den Glauben an ein Weiterleben im Himmel abzulehnen. Am Nachmittag des 4. Mai 1961 füllte sich die Andover Kapelle der Harvard Divinity School in Cambridge, Massachusetts, mit einem Publikum, das sich zur jährlichen »Ingersoll Vorlesung über die Unsterblichkeit des Menschen« einfand. Die Zuhörerschaft erlebte die Geburt einer Theologie ohne Himmel. Der Vortragende, der Philosoph und Religionswissenschaftler Hans Jonas (geb. 1903), erklärte, »daß der heutige Mensch dem Gedanken der Unsterblichkeit nicht geneigt ist«. So fühlte er sich auch nicht verpflichtet, den Wunsch der Stifterin nach einem Beitrag über die Unsterblichkeit zu erfüllen. Vielmehr zog er es vor, »einiges Licht auf den gegenwärtigen Zustand unserer sterblichen Verfassung zu werfen«. Einen festen Platz in Gottes ewiger Erinnerung zu bekommen, oder, mythisch gesprochen, in das himmlische Buch des Lebens eingeschrieben zu sein, das war alles, was Jonas seiner Zuhörerschaft anbieten konnte. Wir besitzen kein individuelles, mit Bewußtsein ausgestattetes Leben nach dem Tod. Der Existentialismus eines Sartre und Heidegger, »dieser extreme Sproß der modernen Stimmung oder Verstimmung«, hat keinen Platz für Unsterblichkeit. »Und wir«, schloß der Redner, »ob wir seiner Lehre anhängen oder nicht, teilen als Heutige genug von seinem Geist, um unsern einsamen Stand in der Zeit zu nehmen zwischen dem zweifachen Nichts des Vorher und Nachher.«[63]

Die Stimme von Hans Jonas blieb nicht allein. Schon im folgenden Jahr meldete sich der in Chicago lehrende und für seine Verteidigung des Gottesbegriffs bekannte Philosoph Charles Hartshorne (geb. 1897) zu Wort; er wiederholte seine bereits früher geäußerte Ansicht über den endgültigen Tod des Menschen. Als die *Systematic Theology* von Gordon Kaufman 1968 im Druck erschien, wußte man, daß an der Harvard Divinity School längst dieselbe Meinung gelehrt wurde. Im Jahre 1977 fügten der französische Dominikaner und Psychoanalytiker Jacques Pohier und der protestantische Hamburger Pastor Dr. Paul Schulz (geb. 1937) ihre Namen der immer länger werdenden Liste von radikalen Theologen bei. Innerhalb von wenigen Jahren hörte eine Reihe namhafter Theologen auf, an ein Leben nach dem Tod zu glauben. Angeregt durch die Schriften Hartshornes und des anglo-amerikanischen Philosophen Alfred North Whitehead (1861–1947), begann eine Gruppe von Theologen ein neues Denksystem zu entwickeln, das inzwischen unter dem Namen Prozeßtheologie bekannt geworden ist. Diese stellt die Existenz eines Himmels radikal in Frage. Innerhalb der Prozeßtheologie gibt es zwar den Versuch, traditionellere Vorstellungen von einem Fortleben zu vertreten, aber die Prozeßphilosophie hat eine detaillierte Argumentation *gegen* den Unsterblichkeitsglauben entwickelt.[64]

»Kann man sich etwas Idiotischeres vorstellen als die christliche Idee des Himmels?« fragte Whitehead einmal. »Was für eine Gottheit soll das sein, die Engel und Menschen tatsächlich nur erschafft, um sie in alle Ewigkeit Tag und Nacht Loblieder singen zu lassen?« Nicht nur die Vorstellung Gottes als eines orientalischen Despoten, der Unterhaltung benötigt, ist für ihn absurd; auch die vorausgesetzte Idee der den Tod überlebenden menschlichen Person oder Seele ist falsch. Nach der Philosophie von Whitehead und Hartshorne gibt es kein Fortleben von Personen, weil es keine Personen gibt. Das soll nicht heißen, daß es keine menschlichen Individuen gibt. Jedoch die Person als eine Substanz aufzufassen, die sich von der Geburt bis zum Tod ohne wesentliche Veränderung durchhält, kommt einer bedeutungslosen Abstraktion gleich. Whitehead definiert den Menschen nicht als statisches Ding, sondern als einen Zusammenhang von Ereignisreihen oder »Anlässen«. Prozeß und Wandel treten in den Vordergrund gegenüber jenen sich durchhaltenden Eigenschaften, die man Substanzen zuzuschreiben pflegt. Als ein konkretes Wesen ist das menschliche Individuum eine momentane und kurzlebige Wirklichkeit. Wenn gesagt wird, das Individuum sei einem Wandel unterworfen, dann ist unter Wandel die ständige Schöpfung eines neuen Wesens zu verstehen, nicht ein oberflächlicher Prozeß, der eine statische Substanz tangiert, ohne sie grundlegend umzugestalten. Wo die frühere Philosophie von Substanzen sprach, will die Prozeßphilosophie von Prozessen, Ereignissen und Ereignisketten reden.[65]

Für die Prozeßphilosophie ist alles so sehr in Veränderung und Bewegung begriffen, daß starre Substanzen nicht eigentlich existieren. Sie sind Fiktionen, die den Dingen zu viel Stabilität zusprechen. Dieser Ansatz wird benutzt, um die herkömmliche Idee der unsterblichen Seele zu kritisieren. Die traditionelle Metaphysik hielt die menschliche Seele für unsterblich, weil sie als etwas erschien, das sich dem Wechsel entzog. Sie galt als etwas Einfaches, das sich nicht in Bestandteile auflösen kann, wenn der Körper stirbt. Vom Standpunkt der Prozeßtheologie aus gesehen, sind wir jedoch zeitweilige Einheiten von zerbrechlicher Qualität, Einheiten, die sich rasch verändern und leicht auflösen. Tatsächlich ist die menschliche Person, wie jedes andere Aggregat oder Bündel von Ereignissen, dem Prozeß des »ständigen Vergehens« ausgesetzt. In jedem neuen Augenblick wird die spezifische Konstellation von Ereignissen, die eine Person ausmachen, zur Vergangenheit. Damit vergeht gleichzeitig die Person. Im nächsten Augenblick steht ein neues Wesen da. Es hat von seinem Vorgänger zwar viele Züge geerbt, aber es ist keineswegs nur seine Wiederholung. Es ist gewissermaßen etwas Neues. Mit dem Tod kommt die ganze Kette von Ereignissen zum Stillstand. Es kann kein Weiterleben einer substantiellen Person geben, weil es nie ein substantielles Wesen gab.

Doch was geschieht mit vergehenden Ereignissen? Wenn Menschen als Ereignisse betrachtet werden können, dann ist davon auszugehen, daß nicht einmal ein vergangenes Ereignis seine Existenz völlig verlieren kann. Ein Ereignis der Vergangenheit bleibt ein Ereignis; man kann es nicht ungeschehen machen. An dieser Stelle führen Whitehead und Hartshorne den Gottesbegriff ein. Vergangene Ereignisse werden irgendwie »gespeichert« und »erinnert«, und das speichernde Subjekt kann Gott genannt werden. Aus dem göttlichen Bewußtsein und Gedächtnis kann niemals etwas verlorengehen. Hier wird alles für ewig aufbewahrt; niemals wird etwas ausgeschlossen. Im göttlichen Gedächtnis werden auch menschliche Lebensgeschichten erinnert. Die Überlegung von Whitehead und Hartshorne setzt nicht voraus, daß unsere Biographien erst im Augenblick unseres Todes entstehen; vielmehr wird jedes vergehende Ereignis unmittelbar aufgezeichnet – und zwar genau dann, wenn es in die Vergangenheit sinkt. »Der Tod ist die letzte Seite im Buch eines Lebens«, faßt Hartshorne zusammen, »genau so, wie die Geburt die erste Seite ist.« Wenn das letzte Kapitel abgeschlossen ist – »der Tod schreibt ›Ende‹ auf die letzte Seite« –, dann wird an dem Buch nichts mehr verändert. Es wird weder etwas hinzugefügt noch etwas getilgt. Dennoch bleibt das Buch eines Lebens nicht so unbenutzt wie die meisten Bücher in unseren Bibliotheken. »Wir schreiben das Buch unseres Lebens für den einen, idealen Leser«, für Gott.[66]

Die Prozeßphilosophie lehnt nicht nur die traditionelle statische Sicht der menschlichen Person ab, sondern auch den Begriff eines unveränderlichen Gottes, der irgendwo über der Welt in ewiger Unbeweglichkeit regiert. Gott selbst ist einem ständigen Wandel unterworfen. Er ist das kosmische Bewußtsein, das sich jedes vergangene Ereignis einverleibt. Es wäre jedoch falsch, Gott nur als Buchhalter aufzufassen, der mit nichts anderem als der Registrierung sonst verlorengehender Ereignisse beschäftigt ist. Gott reagiert auch. »Wir können den Himmel als den Begriff verstehen, den sich Gott von unserem wirklichen Sein macht«, schreibt Hartshorne. »Diesen Begriff bestimmen zu einem Teil wir selbst durch unsere freie Entscheidung, aber er geht in unseren Entscheidungen und Erfahrungen nicht auf, weil er als synthetischer Begriff auch Gottes Reaktion auf diese Erfahrungen mit einschließt.« In jedem Augenblick registriert und reagiert Gott; in jedem Augenblick wird er bereichert. Er liest mit Anteilnahme.[67]

Die Lehre von der ewigen Existenz im göttlichen Gedächtnis anerkennt Gottes absoluten Vorrang. In dieser Hinsicht erfüllt die Prozeßtheologie eine wichtige Grundforderung des christlichen Glaubensbekenntnisses. Alles geschieht für Gott und zu seiner Ehre; jede Person und jedes Ereignis hat nur in ihm Wert und Dauer. Aber wir müssen begreifen, daß wir endliche, vergängliche Wesen sind. Wer ewig weiterleben will, unter Beibehaltung des Bewußtseins, verlangt, wie Gott zu sein oder ihn sogar zu ersetzen. Die Prozeßtheologie weiß sehr wohl, daß manche Menschen genau das wollen; aber sie müssen den Wunsch aufgeben. »Selbstverständlich gibt die Unsterblichkeit des Vergangenen in Gott dem Menschen nicht alles, was er sich wünschen mag«, räumt Hartshorne ein. »Ich habe eine Ehe genossen, Kinder und Freunde, und meine Fähigkeit zu solchem Genuß ist nicht erschöpft. So mag ich es angenehm finden, Beziehungen nach dem Tod weiterzuführen. Wenn ich jedoch etwas vom menschlichen Leben begriffen habe, so ist es das: Es kommt nicht immer so, wie ich es wünschen mag.« Wie Freud bemerkte: Die Welt ist kein Kindergarten. Wir müssen realistisch sein und einsehen, daß wir grundsätzlich endliche, sterbliche Wesen sind.[68]

Indem die Prozeßtheologie nur in einem sehr eingeschränkten Sinn an ein Leben nach dem Tod glaubt, weicht sie von der traditionellen christlichen Lehre stark ab. Die deutliche Betonung der Ehre Gottes ändert an dieser Tatsache nichts. Der paulinische Gedanke, unser wichtigstes Anliegen müsse sein, was nach dem Tode kommt, stellt für Hartshorne »eine zweifelhafte Seite des Neuen Testaments« dar. Seiner Meinung nach verspricht das Christentum zuviel und weckt dadurch unrealistische Erwartungen. Hartshorne möchte, daß unsere Kultur nach einem langen Umweg wieder zur ursprünglichen jüdischen Einsicht zurückkehrt, nach der nur zwei Dinge wichtig sind: »das kreatürliche Leben zwischen Geburt und Tod und das ungeborene und unsterbliche Leben in Gott«. Der Standpunkt der Prozeßtheologie kann jedoch nicht nur vom biblischen Judentum, sondern auch vom Buddhismus gelernt werden. »Der Buddhismus«, erklärt Hartshorne, »stand zwei Jahrtausende lang allein auf der Seite der Wahrheit, bis der Westen, zuerst in Hume und Peirce und dann radikaler in Whitehead, das Licht erblickte.« Hier haben wir es nicht mehr mit einer Theologie zu tun, die auf eine Philosophie zurückgreift, um eine traditionelle Lehre zu verstehen oder fortzuentwickeln. Vielmehr ist die Prozeßphilosophie von ihrer eigenen Einsicht überzeugt und sucht nach geeigneten Weltanschauungen, die helfen, die Schwächen des Christentums zu überwinden.[69]

Was geschah mit dem Himmel?

Christliche Theologen des 18. und 19. Jahrhunderts glaubten an einen Himmel, der folgende Eigenschaften aufwies: (1) Beschreibbarkeit: Das Leben nach dem Tod ist eine Fortsetzung der gegenwärtigen Existenz und muß daher ebenso beschreibbar sein wie diese. Eine grundlegende Änderung des Daseins ist nicht zu erwarten. (2) Neue Erfahrungen: Als ein richtiges Leben muß die neue Existenz mit dem Nacheinander der Zeit und mit der Möglichkeit immer neuer Erfahrungen ausgestattet sein. Das Leben geht weiter; es kann nicht mit einem Mal stillstehen, als wäre es erstarrt. (3) Bewußtsein: Was immer den Tod überdauert – die Person oder ihre Seele –, ist ein Individuum mit Bewußtsein und dem Willen, die neue Existenz aktiv zu gestalten. (4) Beziehung zu Gott: Der christliche Glaube erwartet für den Himmel eine stärkere und ausdrücklichere Beziehung des einzelnen zu Gott, als es in diesem Leben möglich ist. Gott muß für die Seligen in einer überwältigenden Weise anwesend sein.

Sofern im 20. Jahrhundert am modernen Himmel festgehalten wird, besitzt er alle aufgeführten Eigenschaften. Religiöse Visionen, Erlebnisse in Todesnähe, romanhafte Darstellungen und Gedichte, aber auch Berichte von Spiritisten beziehen sich auch heute noch auf ein »richtiges« Leben in der anderen Welt. Die Existenz im Jenseits wird als Fortführung des Lebens aufgefaßt, so daß etwa die Stimme der Mutter erkannt wird, ein himmlisches Feld von blühenden Blumen prangt und jeder bei seiner Ankunft von Gott herzlich empfangen wird. Die Toten werden weiterhin geprüft, sie lernen und entwickeln ihre spirituellen Kräfte. Vor allem nach der Theologie der Mormonen muß der Geist des Toten über ein waches Bewußtsein verfügen, um sich auf den verschiedenen Stufen jenseitiger Existenz zu bewähren.

Nach den zeitgenössischen Spielarten des modernen Himmels bestehen Persönlichkeit und Individualität der guten Seele im Jenseits fort. Gleichzeitig ist der moderne Himmel heute entschieden theozentrischer als sein viktorianischer Vorgänger. Nach der am Anfang dieses Kapitels erwähnten Gallup-Umfrage erwarten nur 8% der Befragten im Himmel oder im Leben nach dem Tod materielle Freuden, während 54% glauben, sie würden in die Gegenwart Gottes oder Christi treten. Man erwartet zwar auch, die eigene Familie zu treffen, aber der Nachdruck liegt auf der Begegnung mit dem Göttlichen. In einer Zeit, in der es nicht leicht ist, überhaupt an den Himmel zu glauben, tritt dessen religiöse Seite besonders deutlich hervor. Einen Himmel ohne göttliches Zentrum kann man sich nicht vorstellen.

Die Theologien des 20. Jahrhunderts haben nacheinander der himmlischen Existenz die Beschreibbarkeit, das Sammeln neuer Erfahrungen und die Beteiligung des individuellen Bewußtseins abgesprochen. Zugunsten eines minimalistischen, theozentrischen Jenseits lehnen sie den Himmel Swedenborgs, des viktorianischen Zeitalters und der Mormonen ab. Fundamentalisten bestehen darauf, daß die Bibel sehr wenig über den künftigen Zustand offenbart, und die liberale Schule hält solches Wissen für grundsätzlich unerreichbar. Ob die Beschränkung in der Offenbarung selbst oder in unserer Vernunft begründet liegt, macht keinen Unterschied; eine anschauliche theologische Sprache gilt in beiden Fällen als unmöglich. Weder die Symbole und Mythen der liberalen Schule noch die Visionen der Fundamentalisten lassen sich in eindeutige, konkrete und wirklichkeitsgetreue Informationen umsetzen. Allenfalls können abstrakte Begriffe und die Erwägung von Möglichkeiten eine ungefähre Vorstellung davon vermitteln, wie das Leben nach dem Tod aussehen mag. Während liberale und konservative Christen über die Existenz der Hölle und des Teufels endlos debattieren können, sind sie sich einig über die Unmöglichkeit, den Himmel zu beschreiben. Daher hat der Begriff der Beschreibbarkeit keinen Platz mehr unter den Merkmalen des ewigen Lebens.

Rahner und Barth betonen zwar die einzigartige Beziehung zu Gott, aber für sie gibt es nach dem Tod keine Möglichkeit mehr, neue Erfahrungen zu machen. Der Tod verändert den Menschen in grundlegender Weise. Wir werden zwar unser Bewußtsein und unser Erinnerungsvermögen behalten, aber es wird kein weiteres, neues Leben geben. Weder neue Erfahrungen noch die Fortsetzung der Zeit, noch neue Beziehungen werden das Verhältnis zu Gott stören. Nach Karl Barth werden wir nur über die Vergangenheit reden können, so daß wir unsere irdische Erfahrung zwar besser verstehen, aber nicht erweitern können. Anders gesagt: Es wird ein ewiges Bewußtsein geben, aber nicht eigentlich ein immerwährendes Leben.

Die radikale Theologie geht noch einen Schritt weiter, indem sie nicht mehr mit einer Fortdauer des Bewußtseins rechnet. Denker wie Schleiermacher und Paul Tillich stellten Überlegungen in dieser Richtung an. Nicht die einzelne Seele ist unsterblich (diese Lehre symbolisiert etwas anderes), sondern der Geist oder das Wesen des Seins; nicht das Wesen des individuellen menschlichen Seins, sondern das Wesen allen Seins. Ewigkeit wird daher nicht Seelen, sondern abstrakten Begriffen zugeschrieben. Die Prozeßtheologie führt diesen Gedanken weiter. Sie setzt voraus, daß nichts ewig besteht, sondern alles einem dauernden Prozeß des

Zerfalls unterworfen ist. Sobald die vielfältigen Ereignisketten, die eine menschliche Person entstehen lassen, wieder auseinandertreten, bleibt nur eine Erinnerung übrig. Träger dieser Erinnerung ist ein göttliches kosmisches Bewußtsein. Damit ist der Himmel menschenleer geworden. So bleibt allein Gott, der die Vergangenheit in seinem unfehlbaren Gedächtnis aufbewahrt.

Die moderne wie die minimalistische Auffassung des Jenseits kennen zwar beide die Anwesenheit Gottes im Himmel, aber sie verstehen sie doch ganz verschieden. Der Unterschied zwischen dem mormonischen Gottesbegriff – Gott als ein vollendetes Geschöpf von materieller Körperlichkeit – und Tillichs »unbedingtem Anliegen« ist kaum zu überbrücken. Der Katholik, der in einer Befragung angibt, er wolle »Gott umarmen«, hat wenig gemein mit dem Prozeßtheologen, der in Gott das ständig wachsende kosmische Bewußtsein sieht. Auch wenn die meisten Christen Gott mit dem Leben nach dem Tod in enge Verbindung bringen, so macht schon allein die Unterschiedlichkeit der Gottesbegriffe eine gemeinsame Himmelsvorstellung unmöglich. Der Himmel ist ein Geheimnis, über das wir wenig wissen; wahrscheinlich sind sich nur darin alle einig.

»Ach, von jenem lebenswarmen Bilde / Blieb der Schatten nur zurück«, heißt es bei Schiller, der den Göttern Griechenlands nachtrauert, an die niemand mehr glaubt und die nur noch in der Dichtung existieren. Die Geschichte des Himmels hat einen ganz ähnlichen Schluß, denn sie endet bei der Ansicht, daß Gott dem Menschen nur ein einziges Leben gegeben hat – das Leben zwischen Geburt und Tod – und daß wir das Beste daraus machen sollen. In unserer Kultur, die von Vernunft und Technik geprägt ist, spielen nur noch minimalistische Vorstellungen vom Leben nach dem Tode eine gewisse Rolle. Nach dem Soziologen Max Weber ist die westliche Kultur durch einen Prozeß der Rationalisierung und Intellektualisierung entstanden. Im selben Maße, wie das geistige Leben Europas und Amerikas einen rationalistischen Charakter annahm, besann sich auch die Religion mehr und mehr auf ihre intellektuelle Seite. Der Verzicht auf ein individuelles Leben nach dem Tod stimmt mit der gegenwärtigen Weltanschauung überein, nach der es keine Übernatur gibt und alle menschliche Sorge allein dem Diesseits zu gelten hat.[70]

Bei den liberalen und bei den radikalen Theologen finden wir abgeschwächte und verkürzte Versionen des alten Jenseits als

Kompromiß zwischen traditioneller Bejahung und kritischer Ablehnung. Gegen ihren Willen kommen Fundamentalisten und neuorthodoxe Denker zu einem ähnlichen Kompromiß. In seinem Kampf gegen den modernen Zeitgeist bleibt der Fundamentalismus von seinem Gegner nicht unberührt. Zwar wird kein Fundamentalist zugeben, auch für ihn sei der Himmel aus dem aktiven Glaubensgut verschwunden, doch ist deutlich, daß er zu einem unbekannten Ort oder einem Zustand wurde, der nur noch mit vagen Begriffen beschrieben werden kann. Konservative Christen treten der rationalistischen Religion der Liberalen zwar mit einem geschärften Glaubensbewußtsein und einem gestärkten kirchlichen Gemeinschaftsgefühl entgegen, aber sie kehren nicht zu den reichen Himmelsbildern vergangener Generationen zurück. Das endzeitliche Drama ist für sie innerweltlich; es hat seinen Ort vor und während des Tausendjährigen Reiches, nicht etwa im Jenseits.

Sieht man einmal von Mormonen, Swedenborgianern und einigen Spiritisten ab, dann gibt es wohl nur wenige Christen in der westlichen Welt, deren Glaube an ein Leben nach dem Tod nicht von Skepsis mitbestimmt wäre. Auch wirkliche oder vermeintliche empirische Fakten beheben die Zweifel kaum. Berichte von Erfahrungen in Todesnähe scheinen allenfalls Einblick in das zu geben, was unmittelbar auf den Tod folgt; aber wie die Ewigkeit aussehen wird, vermitteln sie nicht. »Ich war im Himmel und kam zurück«, verkündete kürzlich die fettgedruckte Schlagzeile der *Weekly World News;* der von einem Herzpatienten erlebte Himmel bestand jedoch nur aus einem gleißenden Licht und der Stimme seiner Mutter. Mit der parapsychologischen Forschung verhält es sich ähnlich. Während die Spiritisten des 19. Jahrhunderts ausführlich berichteten, womit sich tote Verwandte im Jenseits beschäftigen, erörtern die Parapsychologen der Gegenwart die Frage nach dem Fortleben unter Vermeidung von allem, was an ein unwissenschaftliches Vorgehen erinnern könnte. Für viele Christen bedeutet das Leben nach dem Tod nicht mehr als das Weiterleben im Gedächtnis Gottes und der Angehörigen. Die Skepsis der Naturwissenschaft und der Philosophie und Theologie hat den modernen Himmel ausgelöscht und ihn durch minimalistische und dürftige Lehren ersetzt.[71]

Das ewige Leben: Themen und Variationen

> Eines Abends fragte James Boswell seinen Freund Dr.
> Johnson (1709–1784), wie er sich das Leben nach dem
> Tode vorstelle. Mit dessen Hinweis auf den Besitz besel-
> igender Gedanken unzufrieden, bohrte er weiter. Boswell:
> »Aber, Sir, schadet es denn, wenn wir uns Vorstellungen
> machen über die Einzelheiten unserer Glückseligkeit, ob-
> gleich die Bibel sehr wenig darüber sagt? ›Wir wissen
> nicht, was wir sein werden.‹« Johnson: »Sir, es schadet
> nichts.«
>
> James Boswell, *Das Leben Samuel Johnsons* (1791)

Wie haben sich Christen das ewige Leben vorgestellt? Zur Beant-
wortung dieser Frage haben wir eine Unmenge von Quellenmate-
rial zusammengetragen, studiert und klassifiziert und sind auf eine
fast unübersehbare Fülle von Vorstellungen und Spekulationen
über das Jenseits gestoßen. Doch ergeben sich auch irgendwelche
allgemeinen Schlußfolgerungen? Bei aller Vielfalt und allem Reichtum unserer Quellen erkennen wir bestimmte, immer wiederkeh-
rende Grundvorstellungen. Theologie, Frömmigkeit, Kunst und
Volksglaube werden von zwei gegensätzlichen Bildern beherrscht.
So sehnen sich einige Christen nach einer »ewigen Einsamkeit mit
Gott allein«. Andere können sich eine Seligkeit ohne Gemeinschaft
mit Freunden, Ehemann oder Ehefrau, Kindern und Verwandten
schlechterdings nicht vorstellen. In Anlehnung an die theologische
Fachsprache haben wir diese Vorstellungen als theozentrisch – »auf
Gott ausgerichtet« – und anthropozentrisch – »den Menschen her-
vorhebend« – bezeichnet. Zwar lassen sich religiöse Verheißung
und menschliche Existenz in vielfältiger Weise zu immer neuen Bildern des Himmels zusammenfügen, doch scheint tatsächlich immer ein Element stärker als das andere hervorzutreten: entweder
die Ausrichtung auf Gott oder die Betonung menschlicher Gemeinschaft. Diese beiden Auffassungen haben nichts zu tun mit dem
Grad der theologischen Bildung ihrer Vertreter. Im wesentlichen
sind sie auch von bestimmten geschichtlichen Epochen oder kon-
fessionellen Bindungen unabhängig. Sie werden von Theologen
und Laien, Protestanten und Katholiken vertreten und finden in
ganz verschiedenen geschichtlichen Perioden ihre Anhänger.

Die gesamte Geschichte des christlichen Denkens wird von theozentrischen und anthropozentrischen Vorstellungen begleitet, die entstehen und ihre Blütezeit erleben, um dann eines Tages wieder zu verblassen.

Jede der beiden Sichtweisen besitzt ihren eigenen Formenreichtum und ihre eigene Geschichte. Im Falle des *theozentrischen Modells* können wir auf folgende Spielarten hinweisen:

(1) Die *neutestamentliche Sicht* zeichnet sich aus durch eine klare, kompromißlose, »charismatische« Fixierung auf Gott. Als charismatischer Führer ruft Jesus seine Anhänger aus ihren Familien- und Verwandtschaftsbanden heraus; Gott allein ist Inhalt ihrer Berufung und soll zum Mittelpunkt ihres Denkens und Tuns werden. Nicht mehr durch gewöhnliche Sozialbeziehungen definiert, sind Christen »Kinder Gottes« – in dieser wie in der nächsten Welt. Die immerwährende himmlische Liturgie, der spiritualisierte Körper und die engelgleiche, unverheiratete Existenz machen das ewige Leben aus.

(2) Der *frühe Augustinus* übernimmt das theozentrische Modell des Neuen Testaments, gibt ihm jedoch neue Akzente durch den monastischen Lebensstil und die neuplatonische Philosophie. In einem veränderten kulturellen Klima tritt die ursprüngliche charismatische Inspiration zurück zugunsten eher geistiger, philosophischer Bemühungen um »Gott und die Seele«. Die »Flucht in Einsamkeit zum Einsamen« privatisiert den Himmel. Mögen die Heiligen auch gemeinschaftlich ewigen Lobpreis darbringen, so hat doch die Beziehung des einzelnen zu Gott klaren Vorrang.

(3) Die *mittelalterliche Scholastik* setzt wieder andere Schwerpunkte. Während man die augustinische *visio beatifica*, die beseligende Anschauung Gottes, übernimmt, ihre geistige Natur betont und alle irdischen Belange fortfallen läßt, wird nun auch die Frage erörtert, *wo* der Himmel sei. Gott und die Seele begegnen sich im Empyreum: einem transzendenten, lichterfüllten Ort, der außerhalb des Weltalls liegt, dieses aber umgreift. Im Genuß des göttlichen Lichts liegt die höchste dem Menschen erreichbare Glückseligkeit. Die Sicht der Scholastik wirkt über die Jahrhunderte hinweg weniger durch die theologischen Traktate als durch die Pracht gotischer Kathedralen und den Glanz von Dantes *Paradiso*.

(4) *Mittelalterliche Mystikerinnen* wie Mechthild von Magdeburg verlangen nach einer persönlicheren Beziehung zu Christus.

Während die scholastische Theologie nur verschiedene Stufen der Anschauung Gottes zuläßt, rechnen die Mystikerinnen mit einer zusätzlichen, höheren Auszeichnung. Der Herr vereinigt sich im himmlischen Brautgemach nur mit den reinsten aller Jungfrauen. Die intime Liebesbeziehung übersteigt die geistigen Freuden der Anschauung Gottes. Christus begegnet der Seele im Himmel als Freund, Gemahl und Liebhaber. So werden die Seligen nicht nur vom Glanz der göttlichen Majestät geblendet, sondern erfahren auch Liebe und Zärtlichkeit.

(5) Die *protestantische Reformation* lehnt die Scholastik als unbiblisch und die Mystik als unnütze Schwärmerei ab. Ihre kritische Haltung wird von den Vertretern der katholischen Reform geteilt, die im mittelalterlichen Denken ebenfalls nur wenig finden, was ihren seelsorgerlichen Anliegen entgegenkommt. Protestanten und in einem geringeren Maße auch Katholiken beleben den charismatischen Eifer des Neuen Testaments auf Kosten jenes Intellektualismus, den man vom frühen Augustinus und der Scholastik geerbt hatte. Die extremste Gestalt des theozentrischen Himmels findet sich bei den Jansenisten und im Puritanismus. Für erwählte und verwandelte Menschen ist es der höchste Genuß, Gott zu preisen – in dieser und in der kommenden Welt.

(6) In der *Theologie der Gegenwart* tritt die theozentrische Himmelsauffassung wieder deutlich hervor. Im ewigen Leben werden wir es mit Gott zu tun haben; mehr wissen wir nicht. Theologen verschiedenster Richtung, von liberalen Katholiken bis zu konservativen Protestanten, gehen über diese minimale Beschreibung des Jenseits kaum hinaus. Dabei wird die menschliche Dimension des Himmels mitunter so stark vernachlässigt, daß sie zu verschwinden droht und nichts mehr von uns nach dem Tod fortdauert. In einem von zwei Weltkriegen heimgesuchten Jahrhundert richtet sich der Blick wieder auf den ewigen Gott allein. Was immer mit dem Menschen geschieht, Gott überdauert die Zeiten.

Das theozentrische Modell beruht auf einer ganz bestimmten Auffassung des Verhältnisses von Gott und Mensch. Beide werden als ungleiche Partner angesehen, wobei an Gottes Überlegenheit kein Zweifel besteht. Der Mensch muß sich ihm völlig hingeben: emotional, geistig, sogar körperlich. Ohne restlose Unterordnung unter den göttlichen Willen ist er verloren. Sobald aber die Selbständigkeit aufgegeben wird, kann man des ewigen Lebens gewiß sein. Eine solche Haltung ist jenen zugänglich, die geistige Werte höher einstufen als soziale Bindungen. Der theozentrische Himmel wird deshalb von Menschen bevorzugt, die – aus welchen Gründen auch immer – Abstand von »der Welt« suchen: religiöse Schwärmer und charismatische Führer; Philosophen, deren Denken im Banne Platos steht; Asketen, die schon auf Erden das ehelose Leben der Engel führen wollen; Reformer, die Gott als fordernde Macht erleben und sich in einer fremden und oft feindlichen Welt vorfinden. Solche Christen finden ihr letztes Ziel in einem gotterfüllten Himmel. Umgekehrt werden Menschen, die das »gewöhnliche« Alltagsleben von Familie und Arbeit vorziehen, vom theozentrischen Himmel wenig angezogen. »Die Welt« mit ihren Kompromissen und ihrem Mangel an religiösem Heroismus stellt eine ständige Bedrohung für das christliche Ideal dar.

Wer nicht ohne Zögern der Aufforderung der Bergpredigt »Suchet zuerst das Reich Gottes« (Mt 6,33) folgt und sich den Satz Teresas von Avila »Gott allein genügt« nicht aneignen kann, wird auch vom Himmel kaum in theozentrischen Begriffen reden. Er oder sie wird vielmehr fragen, ob Menschsein überhaupt möglich ist, wenn Gott vollständige, ungeteilte Aufmerksamkeit verlangt. Warum wurde die Welt überhaupt geschaffen, wenn Gott nur an einer Ewigkeit interessiert ist, in der es ausschließlich religiöse Belange gibt? Da Christen gewöhnlich keine Theologie für annehmbar erachten, die nicht mit ihrer Weltanschauung und Lebenseinstellung übereinstimmt, muß ein anderes Bild des Jenseits entworfen werden. Das diesem Wunsch entsprechende *anthropozentrische Bild* ist in der Geschichte der westlichen Christenheit nicht weniger verbreitet:

(1) Im Gallien des 2. Jahrhunderts richtet *Irenäus von Lyon* seine Aufmerksamkeit nicht auf das eigentliche ewige Leben, sondern auf dessen erste Phase, das Tausendjährige Reich. In dieser Zeit werden die Heiligen die erneuerte Erde bewohnen. Die Märtyrer erhalten einen großzügigen Ausgleich für alles, was ihnen im irdischen Leben versagt wurde. Der Gedanke an den Genuß von Gottes guter Schöpfung, die Zeugung zahlreicher Nachkommen und ein langes Leben ohne Behelligung durch Feinde läßt die darauf folgende Ewigkeit fast vergessen.

(2) In seinen späteren Jahren gibt *Augustinus* die neuplatonische Vorstellung eines abstrakten, theozentrischen Himmels auf. In seinem ewigen Gottesstaat treffen sich nun Freunde und genießen die

physische Schönheit des verklärten, aber geschlechtlich differenzierten menschlichen Leibes. Als Bischof und Seelsorger mehr der Welt verbunden, nimmt Augustinus das Thema des Wiedersehens im Jenseits in seine Lehre auf. Dieser ursprünglich griechische Gedanke wurde dem Westen besonders durch das Werk des römischen Staatsmannes und Philosophen Cicero vermittelt.

(3) Im *Mittelalter* finden wir eine Version des anthropozentrischen Himmels im *Elucidarium*, einem weit verbreiteten theologischen Handbuch. Nach dieser Schrift wird man die Ewigkeit auf einer erneuerten Erde verbringen, die nichts anderes ist als das wiederhergestellte Paradies. Auch das Bild der Himmelsstadt mit ihrem königlichen Hof läßt den sozialen Charakter des Jenseits erkennen. Der Gedanke an ein Wiedersehen wird nicht oft ausgesprochen, doch träumen einige Dichter davon, mit der von ihnen in höfischer Minne angebeteten Dame ewig vereinigt zu werden.

(4) In der *Renaissance* rückt Ciceros Hoffnung auf eine Wiederbegegnung im Jenseits in den Mittelpunkt. Die Trennung des ausschließlich für Gott bestimmten Himmels vom irdischen Paradies ermöglicht es Theologen, Humanisten und Künstlern, die andere Welt menschlich zu gestalten. In einer bukolischen Umgebung treffen sich Männer und Frauen und vertreiben sich die Zeit mit Spielen und Liebkosen. Das Goldene Zeitalter und die elysischen Gefilde der klassischen Mythologie bestimmen die christliche Vorstellung vom ewigen Paradies. Vor der Renaissance war der anthropozentrische Himmel niemals so menschlich und anziehend dargestellt worden.

(5) Im *18. Jahrhundert* entsteht der moderne Himmel mit seinen charakteristischen Eigenschaften der handgreiflichen Dinglichkeit, der Nähe zum Diesseits, der Fortsetzung von menschlicher Liebe, Arbeit und Fortschritt. Die Starre des theozentrischen Himmels der Reformatoren und katholischen Reformer kann die Entwicklung eines am Menschen orientierten Jenseits nur beschleunigen. Vor allem das Werk Swedenborgs bietet eine gangbare Alternative sowohl zur Skepsis der Aufklärung als auch zum religiösen Schwärmertum der Puritaner und Jansenisten.

(6) Mit dem *19. Jahrhundert* erreicht die Vorstellung des anthropozentrischen Himmels ihren Höhepunkt. Die verschiedensten Prediger, Theologen, Dichter und Volksschriftsteller schildern das Jenseits als eine soziale Welt, in der die Seligen ihren Verwandten

und Freunden wiederbegegnen. Geliebte und Liebhaber, nicht mehr Gott und Seele, werden auf ewig vereint. Das jenseitige Leben wird mit der Wirklichkeit von Arbeit, spirituellem Wachstum und technischem Fortschritt ausgestattet. Dieser Himmel wirkt nach in der Theologie der Mormonen, im Volksglauben und in den Jenseitsvisionen in Todesnähe.

Die anthropozentrische Sicht des Himmels setzt ein Wertesystem voraus, das sich von dem des theozentrischen Modells grundlegend unterscheidet. Im allgemeinen wird die Welt optimistischer beurteilt. Gesellschaftliches Leben, Ehe, Geschlechtlichkeit und Arbeit gelten als von Gott eingesetzt und ewig; daher sollen sie von Männern und Frauen in dieser wie in jener Welt genossen werden. Das ewige Leben wird nicht nach dem Muster eines ewigen Gottesdienstes religiöser Enthusiasten vorgestellt; vorbildgebend ist vielmehr ein idealisiertes Leben der Muße, des Dienstes und des spirituellen Wachstums. Das Göttliche wird nicht mehr nur in der Ekstase, in außergewöhnlichen Ereignissen und heroischem Einsatz erlebt, sondern im ruhigen Gang des Alltags. Außerdem gilt die Einsamkeit des weltabgewandten Asketen nicht mehr als sichere Vorbereitung auf den Himmel, sondern als mangelhafte Lebensweise. Da das Reich der Natur, menschliche Beziehungen und Arbeit als heilig betrachtet werden, müssen sie in irgendeiner Weise eine Fortführung im Jenseits finden. Das anthropozentrische Wertesystem gehört zu einem gesellschaftlich etablierten Christentum. Sein charakteristisches Bild des Jenseits spricht Christen an, die sich von der Welt nicht getrennt oder entfremdet fühlen: Irenäus, das Haupt einer Gemeinde von frühchristlichen Händlern; den späten Augustinus, der in seine Rolle als Bischof einer Staatskirche hineinwächst; Liebende, die von den verschiedenen Revolutionen des Gefühls zwischen Renaissance und Gegenwart berührt wurden. Kurz: alle, die von der letzten Harmonie zwischen Mensch und Gott überzeugt sind.

Zwar findet man oft die theozentrische und die anthropozentrische Vorstellung nebeneinander, aber in der Regel kann nur eine als die vorherrschende Sicht einer bestimmten Zeit und eines Milieus gelten. Auf die Dauer kann freilich weder das eine noch das andere Modell seinen Vorrang behaupten. Sobald die theozentrische Sicht kompromißlos ausgearbeitet ist, setzt eine Bewegung ein, die ihre Härte auszugleichen sucht. Da sich menschliche Liebe und Sehnsucht nie völlig unterdrücken lassen, behält auch die entschiedenste theozentrische Theologie noch etwas Menschliches. Daran kann die anthropozentrische Alternative anknüpfen und sich Gehör verschaffen. Sobald aber die menschliche Seite das Göttliche zu schwächen oder zu verdrängen droht, schwingt das Pendel wieder auf die andere Seite. Wie menschliche Leidenschaft, so kann auch die Liebe zu Gott niemals unterdrückt oder vergessen werden. Selbst jene Theologen, die den Menschen ganz in den Mittelpunkt ihres Himmels stellen, vernachlässigen das göttliche Element nicht völlig. So finden wir eine grundlegende Spannung im christlichen Bewußtsein, eine Spannung, die bereits in Jesu Forderung der Gottes- und Nächstenliebe anklingt.

Trotz des Schwankens zwischen den beiden Richtungen werden nicht einfach schon vorhandene Bilder des Himmels wiederholt. Gewiß werden traditionelle Elemente wieder aufgegriffen und erneuert; aber in einem veränderten kulturellen und sozialen Klima wird das Überkommene zu etwas Neuem umgestaltet. So wäre es auch falsch, die Geschichte des Himmels als ein Schwanken zwischen biblischer Wahrheit (»Gott allein«) und menschlichem Wunschdenken (»Wiedersehen«) zu beschreiben. Ein solcher Vorschlag ginge zu rasch über die Rolle hinweg, die Bedürfnisse, Wünsche und gestaltende Phantasie bei der Ausarbeitung jeder Theologie spielen. Auch kann man die verschiedenen Vorstellungen von der Ewigkeit nicht als Antworten auf die Herausforderung durch Irrlehren verstehen. Während sich manche christlichen Grundüberzeugungen tatsächlich in Auseinandersetzung mit Häresien bildeten, so spielt dies hier keine Rolle. Bestimmte Himmelsvorstellungen wurden zwar oft mit Polemik und Begeisterung vorgetragen, aber die Geschichte des Himmels ist bemerkenswert frei von Auseinandersetzungen um die rechte Lehre, Verurteilungen und amtlichen Definitionen. So tragen die gängigen Entwicklungsmuster der Dogmengeschichte – denkerischer Fortschritt, Auseinandersetzung mit Irrlehren, Abfall von der Wahrheit, Rückkehr zur reinen Lehre – wenig zum Verständnis bei.

Oder soll man sagen: die Geschichte des Himmels besteht einfach darin, daß sich das theozentrische und das anthropozentrische Modell abwechseln? Für die Zeit bis zum Beginn unseres Jahrhunderts läßt sich das wohl behaupten; für die Theologie der Gegenwart stimmt es allerdings nicht mehr. Denn manche christlichen Denker des 20. Jahrhunderts weigern sich, über den Himmel in der einen oder der anderen Weise zu reden. Einige von ihnen haben überhaupt kein Interesse mehr an einem Leben nach dem Tod; sie empfehlen, sich mit dem Leben *vor* dem Tod zu beschäftigen. Andere erklären »ewiges Leben« und »Himmel« zu Symbolen, die sich nicht in Begriffe verwandeln lassen. Wieder andere befassen sich so eingehend mit dem Tausendjährigen Reich Christi, das vor der Ewigkeit kommen soll, daß der Himmel in ihrem Denken ganz zurücktritt. Der Abstand zum herkömmlichen Glauben ist größer als noch bestehende Gemeinsamkeiten, so daß eine völlig neue Situation herrscht, die in der bisherigen Geschichte des Christentums kein Vorbild hat. Erleben wir die Geburt einer nachchristlichen Theologie, deren Beziehung zur klassischen Bejahung eines Lebens nach dem Tod undeutlich und letztlich unerheblich ist? Oder haben die sozialen Entwicklungen und naturwissenschaftlichen Entdeckungen es sogar für die frömmsten Christen unmöglich gemacht, den Himmel in glaubhaften Bildern darzustellen? Vermutlich werden die meisten Christen auch in Zukunft an eine Form des Weiterlebens nach dem Tod glauben. Wir können die Geschichte des Himmels nicht wie die Geschichte einer antiken Kultur oder die Biographie eines verstorbenen Menschen als abgeschlossen betrachten. So mag der Entwurf neuer Bilder des Jenseits auch frühere Vorstellungen in neuem Licht erscheinen lassen.

Abbildungsnachweise

1 *Das Weltbild der alten Semiten.* Entwurf: B. Lang

2 *Die rituelle Welt der alten Semiten.* Entwurf: B. Lang

3 *Die rituelle Welt des Frühjudentums.* Entwurf: B. Lang

4 *Eine Frau betritt die elysischen Gefilde.* Heidnische Katakombe des Vincentius, Rom, 4. Jh. n. Chr. Johannes Leipoldt, *Die Religionen der Umwelt des Urchristentums* (Leipzig: Deichert, 1926), Nr. 166

5 *Leben in Vergils Elysium.* Ausgehendes 4. Jh. n. Chr. Stich nach einer Miniatur in der vatikanischen Vergil-Handschrift Vat. lat. 3225, fol. 52 r. Angelo Mai, *Vergilii picturae antiquae ex codicibus Vaticanis* (Rom: o. V., 1835), Abb. 49 *(Bayerische Staatsbibliothek, München)*

6 *Die himmlische Liturgie im Buch der Offenbarung.* Nach Theodor Bogler, Hrsg., *Tod und Leben* (Maria Laach: Abtei, 1959), 120. Zeichnung: B. Dachner

7 *Die neue Erde als wiederhergestelltes Paradies.* 12. Jh. Herrad of Hohenbourg, *Hortus Deliciarum*, hrsg. Rosalie Green u. a. (London: Warburg Institute, 1979), Abb. 140 *(Warburg Institute, London)*

8 *Das himmlische Jerusalem als Stadt.* Ca. 1200. Liber floridus. Manuskr. 92, fol. 95 r. der *Universitätsbibliothek Gent, Belgien*

9 *Das Weltall nach Kosmas Indikopleustes.* 6. Jh. Manuskr. Plut. 9,28, fol. 95 v. (10. Jh.), Bibliotheca Laurenziana, Florenz. *The Christian Topography of Cosmas*, übers. J. W. McCrindle (London: Hakluyt Society, 1897), Abb. 1,2

10 *Dantes Weltbild.* Ca. 1300. Nach Dante Alighieri, *The Divine Comedy, vol. III: Paradise*, übers. Mark Musa (Harmondsworth: Penguin, 1986), 25 *(M. Musa, Indiana University)*

11 *Rosenfenster über dem Hauptportal der Kathedrale von Reims.* Spätes 13. Jh. *(Giraudon, Paris)*

12 *Erlöstes Paar, die Hand haltend.* Ca. 1210–20. Hauptportal von Notre Dame, Paris *(Roger-Viollet, Paris)*

13 *Die Seele als Königin, mit Christus thronend.* 12. Jh. Manuskr. lat. 4450, fol. 1 v. *(Bayerische Staatsbibliothek, München)*

14 *Maria und Christus als königliches Paar.* Mosaik, 12. Jh. Santa Maria in Trastevere, Rom *(Alinari, Florenz)*

15 Giotto, *Das Jüngste Gericht.* 1306. Arena Kapelle, Padua. Christoph Wetzel, *Dante Alighieri* (Salzburg: Andreas & Andreas, 1979), 106 *(Andreas & Andreas, Salzburg)*

35 *Die Heilige Jungfrau im Himmel.* 1575. Antonino Polti, O.P., *Della felicià suprema del cielo* (Perguia: Rastelli, 1575) *(New York Public Library)*

36 *Eine marianische Vision des ewigen Lebens.* 1560. Petrus Canisius, S.J., *Kurtzer Unterricht vom Catholischen Glauben* (Dillingen, 1560). Friedrich Streicher, *S. Petri Canisil Catechismi* (Rom: Universitas Gregoriana, 1933), II, 32

37 Urs Graf, *Die Trinität.* 1514. Fürbittend zeigt Jesus dem Vater seine Wunden, Maria ihre entblößte Brust *(Kunstmuseum Basel)*

38 Jean Fouquet, *Die heilige Jungfrau und die Trinität.* 15. Jahrhundert. Le livre d'heures d'Etienne Chevalier, Musée Condé, Chantilly *(Giraudon, Paris)*

39 Peter Paul Rubens, *Das Jüngste Gericht.* 1615–17 *(Alte Pinakothek, München)*

40 John Flaxman, *»Das Meer wird die Toten herausgeben«.* Denkmal für Sarah Morley, 1784. Kathedrale von Gloucester, England *(Walwins, Gloucester)*

41 *Weiblicher und männlicher Engel.* Stich von William Sharp nach Benjamin West. 1779. Jacob Duché, *Discourses on Various Subjects* (London: Phillips, 1779), I, Frontispiz *(British Library, London)*

42 Swedenborg, *Städte in der Geisterwelt* (Originalzeichnung). 18. Jh. Emanuel Swedenborg, *The Spiritual Diary* (1889; New York: Swedenborg Foundation, 1978), IV, 364

43 Swedenborg, *Städte in der Geisterwelt* (moderne Nachzeichnung). Emanuel Swedenborg, *The Spiritual Diary* (1889; New York: Swedenborg Foundation, 1978), IV, 365

44 G. Köler, *Das himmlische Jerusalem.* 1630. Johann Matthäus Meyfart, *Von dem himmlischen Jerusalem* (Nürnberg: Endters, 1633), I., Ausschnitt aus dem Frontispiz

45 Johann Baptist Zimmermann, *Maria in der himmlischen Glorie.* 1733. Deckenfresko der Wallfahrtskirche von Steinhausen *(W.C. von der Mülbe, Dachau)*

46 *Die jenseitige Welt nach Swedenborg (1688–1772).* Entwurf: *B. Lang*

47 Nicolas de Mathonier, *Und das ewige Leben.* 1611. N. de Mathonier, *XII articuli fidei apostolicae* (Paris: Mathonier, 1611), Abb. 12 *(Helmut Knirim, Münster)*

48 Reginald Knowles, *Kinder in der anderen Welt.* 1938. Eric A. Sutton, *The Happy Isles: The Story of Swedenborg* (London: Dent, 1938), 131

49 William Blake, *Das Jüngste Gericht,* Ausschnitt. 1806. *(Stirling Maxwell Collection, Glasgow Museums and Art Galleries)*

50 William Blake, *Vision des Jüngsten Gerichts*, Ausschnitt. 1808. Petworth House, Sussex, England *(Courtauld Institute of Art, London)*

51 William Blake, *Vision des Jüngsten Gerichts*. 1808. Petworth House, Sussex, England *(A. C. Cooper für den National Trust, London)*

52 William Blake, *Satan, die Liebkosungen Adams und Evas betrachtend*. 1808 *(Museum of Fine Arts, Boston)*

53 William Blake, *Die Wiedervereinigung von Leib und Seele*. 1808. Stich von Louis Schiavonetti nach Blake. Robert Blair, *The Grave* (London: Gomek, 1808)

54 William Blake, *Zusammenführung einer Familie im Himmel*. 1808. Stich von Louis Schiavonetti nach Blake. Robert Blair, *The Grave* (London: Gomek, 1808)

55 William Blake, *Der Tag des Gerichts*. 1808. Stich von Louis Schiavonetti nach Blake. Robert Blair, *The Grave* (London: Gomek, 1808)

56 William Blake, *Kurzfassung von Herveys »Meditations among the Tombs«*. Ca. 1820/25 *(Tate Gallery, London)*

57 Dante Gabriel Rossetti, *The Blessed Damozel* (Das selige Mädchen). 1879 *(Fogg Art Museum, Harvard University)*

58 Dante Gabriel Rossetti, *Liebende*. 1876. Ausschnitt aus einer Skizze für den Hintergrund von *The Blessed Damozel (Fogg Art Museum, Harvard University)*

59 John Byam Shaw, *The Blessed Damozel* (Das selige Mädchen). 1895 *(Godfrey New Photographics für Guildhall Library, London)*

60 Charles Kingsley, *Charles und Fanny als Amor und Psyche*. Ca. 1840. Text des Spruchbandes: »Sie ist nicht tot, sie schläft nur.« (Lk 8,52) *(Angela Covey-Crump, Ely, England)*

61 Charles Kingsley, *»Ihrer ist das Himmelreich«*. 19. Jh., Manuskr. Add. 41,296 fol. 3 v., British Library *(Angela Covey-Crump, Ely, London)*

62 Frederika Bodmer, *Überquerung des Flusses*. Ca. 1880. Automatische Zeichnung. Society for Psychical Research, London *(Mary Evans Picture Library, London)*

63 Peter Cornelius, *Christus in der Vorhölle*. 1843 *(Muzeum Narodowe w Poznaniu, Posen)*

64 Glaube an einen Himmel in Amerika und Deutschland. Befragungen des Gallup-Instituts und des Allensbacher Instituts für Demoskopie *(John F. Hurdle)*

65 »*I'll see you in Heaven, Honey!*« (Liebling, auf Wiedersehen im Himmel) Comic, 1977. Jack T. Chick, *Soul Story* (Chino, CA: Chick, 1977) *(Chick Publications, Chino, CA)*

Abkürzungen

AC	Emanuel Swedenborg, *Arcana Coelestia*
CR	*Corpus Reformatorum*
CSEL	*Corpus Scriptorum Ecclesiasticorum Latinorum*
DS	Emanuel Swedenborg, *Diarium Spirituale*
EL	Emanuel Swedenborg, *Die eheliche Liebe*
HH	Emanuel Swedenborg, *Himmel und Hölle*
J	*The Complete Poems of Emily Dickinson*, Hg. Thomas H. Johnson
OE	Emanuel Swedenborg, *Die Offenbarung erklärt*
PG	Jacques-Paul Migne (Hg.), *Patrologiae cursus completus. Series graeca*
PL	Jacques-Paul Migne (Hg.), *Patrologiae cursus completus. Series latina*
SC	*Sources chrétiennes*
Sth	Thomas von Aquin, *Summa theologica*
WA	D. Martin Luthers Werke. Kritische Gesamtausgabe (»Weimarer Ausgabe«)
WA Br	D. Martin Luthers Werke. Briefwechsel (»Weimarer Ausgabe«)
WA TR	D. Martin Luthers Werke. Tischreden (»Weimarer Ausgabe«)
WCR	Emanuel Swedenborg, *Die wahre christliche Religion*

Anmerkungen

Vorwort

1 Ludwig Feuerbach, *Das Wesen des Christentums* (1841), in: *Werke in sechs Bänden*, Hg. Erich Thies (Frankfurt: Suhrkamp, 1976), V, 205 f.

Kapitel 1

1 Ahnenverehrung und Zustand der Toten im semitischen und biblischen Glauben werden in folgenden Arbeiten erörtert: Klaas Spronk, *Beatific Afterlife in Ancient Israel and in the Ancient Near East* (Kevelaer: Butzon & Bercker, 1986); Herbert C. Brichto, *Kin, Cult, Land and Afterlife – A Biblical Complex*, in: *Hebrew Union College Annual* 44 (1973), 1–54; Oswald Loretz, *Vom kanaanäischen Totenkult zur jüdischen Patriarchen- und Elternehrung*, in: *Jahrbuch für Anthropologie und Religionsgeschichte* 3 (1978), 149–204; Jack N. Lightstone, *The Dead in Late Antique Judaism*, in: *Cahiers de recherces en sciences de la religion* 6 (1985), 51–79; Akio Tsukimoto, *Untersuchungen zur Totenpflege (kispum) im alten Mesopotamien* (Kevelaer: Butzon & Bercker, 1985); Mark S. Smith u. a., *Death and Afterlife in Ugarit and Israel*, in: *Journal of the American Oriental Society* 108 (1988), 277–284; K. van der Toorn, *Echoes of Judaean Necromancy in Isaiah 28, 7–22*, in: *Zeitschrift für die alttestamentliche Wissenschaft* 100 (1988), 199–217; Josef Tropper, *Nekromantie: Totenbeschwörung im alten Orient und im Alten Testament* (Kevelaer: Butzon & Bercker, 1990); Theodore J. Lewis, *Cults of the Dead in Ancient Israel and Ugarit* (Atlanta: Scholars Press, 1989). – Der assyrische Prinz Assurbanipal z. B. verehrte auch seine verstorbene Mutter: Simo Parpola, *Letters from Assyrian Scholars to the Kings Esarhaddon and Assurbanipal* (Kevelaer: Butzon & Bercker, 1970), 106 f. (Nr. 132).

2 Robert Cooley, *Gathered to His People: A Study of a Dothan Family Tomb*, in: Morris Inch u. a. (Hg.), *The Living and Active Word of God: Studies in Honor of Samuel J. Schultz* (Winona Lake, IN: Eisenbrauns, 1983), 47–58.

3 »Geht heim; mit seinen Vorfahren«, Gen 15, 15; 25, 8. Zum Verstorbenen als »Gott« s. 1 Sam 28,13; der Ausdruck, den die Einheitsübersetzung mit »Geist« wiedergibt, lautet *elohim*, d. h. »Gott«. Ps 16,3 nennt die Toten »Götter (wörtl. Heilige), die in der Erde sind«; Spronk, *Beatific Afterlife*, 249.

4 Jes 14, 4–21.

5 1 Sam 28. Zur Totenbefragung als Teil des Ahnenkultes s. Hedwige
   Rouillard und Josef Tropper, *Vom kanaanäischen Ahnenkult zur Zau-*
   berei, in: *Ugarit-Forschungen* 19 (1987), 235–254; Tropper, *Nekro-*
   mantie.

6 Zur Jahwe-allein-Bewegung s. Bernhard Lang (Hg.), *Der einzige Gott:*
   Die Geburt des biblischen Monotheismus (München: Kösel, 1981),
   47–83; und Morton Smith, *Palestinian Parties and Politics that Shaped*
   the Old Testament, 2. Aufl. (London: SCM Press, 1987).

7 Henri Hubert und Marcel Mauss, *Théorie générale de la magie,* in:
   Année sociologique 7 (1902/03), 1–149, hier 19.

8 Hiskijas Reformschrift scheint im sog. Bundesbuch Ex 20,23–23,19 er-
   halten zu sein, vgl. Smith, *Palestinian Parties,* 107 mit Anm. 69 und
   Rainer Albertz, *Die Religionsgeschichte Israels in vorexilischer Zeit,* in:
   Erich Lessing (Hg.), *Die Bibel: Das Alte Testament* (München: Bertels-
   mann, 1987), 287–360, hier 342. Die Bestimmung über das »Geben« des
   Erstgeborenen steht Ex 22,29, vgl. Jacob Milgrom, *First-born,* in: *The*
   Interpreter's Dictionary of the Bible, Supplementary Volume (Nashville,
   TN: Abingdon, 1976), 337f. »Als heilige«, Ex 22,30.

9 »Auch die Totenbeschwörer«, 2 Kön 23,24 (Einheitsübersetzung). Zur
   Möglichkeit, die »Hausgötter« (teraphim) als Ahnenbilder zu verstehen, s. Spronk, *Beatific Afterlife,* 40–41 und 50; Tsukimoto, *Untersu-*
   chungen zur Totenpflege, 104f. und Hedwige Rouillard und Josef
   Tropper, Trpym, *rituels de guérison et culte des ancêtres,* in: *Vetus Testa-*
   mentum 37 (1987), 340–361. König Joschijas Maßnahmen spiegeln sich
   in Lev 19,31; 20,6.27; Dtn 18,11. Die Duldung von Totengaben ist
   vorausgesetzt in Dtn 26,14, vgl. Brichto, *Kin, Cult, Land,* 28f.; und
   Lightstone, *The Dead in Late Antique Judaism,* 66ff.

10 Mt 23,27. Vgl. Num 19, 11–16; Jer 8, 1f.

11 Hiob 14,21. Vgl. auch Jes 63,16, ein Text, der Jahwe Israels »Vater«
   nennt, »denn Abraham weiß nichts von uns, Israel [d.h. der Erzvater
   Jakob] will uns nicht kennen«; Spronk, *Beatific Afterlife,* 255.

12 »Land so finster«, Hiob 10,22. »Haus darin«, Gilgamesch, Tafel 7, in:
   Albert Schott und Wolfram von Soden, *Das Gilgamesch-Epos* (Stuttgart: Reclam, 1966), 65. Stätte ohne Sorgen, Hiob 3,17–19.

13 »Wer wird«, Sir 17,27f., eine Paraphrase von Ps 6,5; 88, 10ff. Keine
   Lieder im fremden Land, Ps 137,4. »Denn sie sind«, Ps 88,6.

14 »Ihr seid«, Dtn 14,1 mit Parallele in Lev 19,28. Bestimmung über Priester, Lev 21,11.

15 Zur Verehrung der Erzväter usw. s. Loretz, *Vom kanaanäischen Toten-*
   kult; Lightstone, *The Dead in Late Antique Judaism;* Joachim Jere-
   mias, *Heiligengräber in Jesu Umwelt* (Göttingen: Vandenhoeck &
   Ruprecht, 1958). »Retteten sie«, 4 Makk 17,10 [Paul Rießler, *Altjüdi-*
   sches Schrifttum außerhalb der Bibel (Heidelberg: Kerle, 1928), 726].
   Vater erzählt, Jes 38,19. »Bei ihren«, Sir 44,11f.

16 Hiob 42,10.

17 Mary Boyce, *A History of Zoroastrianism* (Leiden: Brill, 1975), I, 236, 245 f.; dies., *On the Antiquity of Zoroastrian Apocalyptic*, in: *Bulletin of the School of Oriental and African Studies* 47 (1984), 57–75.

18 Ez 37,1–14 (ohne V. 12 b. 13, die Ergänzungen darstellen) nach der Auslegung von Bernhard Lang, *Street Theatre, Raising the Dead, and the Zoroastrian Connection in Ezekiel's Prophecy,* in: Johan Lust (Hg.), *Ezekiel and His Book* (Löwen: Leuven Univ. Press, 1986), 297–316. Zoroastrische Bestattungsbräuche: Boyce, *History of Zoroastrianism,* I, 325–330.

19 Eine weitere exilische Auferstehungsprophetie ist Jes 26,19, vgl. Gerhard F. Hasel, *Resurrection in the Theology of Old Testament Apocalyptic,* in: *Zeitschrift für die alttestamentliche Wissenschaft* 92 (1980), 267–284.

20 »Von denen«, Dan 12,2. »Vom Himmel«, 2 Makk 7,11.

21 1 Henoch 10,10; 25,6 [Siegbert Uhlig, *Das äthiopische Henochbuch* (Jüdische Schriften aus hellenistisch-römischer Zeit; Gütersloh: Mohn, 1984), 529 und 561] auf der Grundlage von Gen 5. Die Eschatologie des Henochbuches erörtert Bernhard Lang, *No Sex in Heaven: The Logic of Procreation, Death, and Eternal Life in the Judaeo-Christian Tradition,* in: André Caquot u. a., (Hg.), *Mélanges bibliques et orientaux en l'honneur de M. Mathias Delcor* (Neukirchen: Neukirchener Verlag, 1985), 237–253, bes. 238 f.

22 Ps 73, 3–4. 23–25.

23 »Doch Gott«, Ps 49,15 nach der Erklärung von Harold H. Rowley, *The Faith of Israel* (London: SCM Press, 1956), 171–175. »Alle Bewohner; Geheimnis«, Ps 49,1.4.

24 Das mit »aufnehmen« wiedergegebene hebräische Wort ist ein Fachwort zur Bezeichnung der Aufnahme in den Himmel, s. Ps 49,15; 73,24 und Gen 5,24 (Henoch); 2 Kön 2,3.5.9 (Elija).

25 Andrew B. Davidson, *The Theology of the Old Testament* (Edinburg: Clark, 1904), 439.

26 Unsere Darstellung der griechischen Eschatologie beruht auf: Paul Capelle, *Elysium und die Inseln der Seligen,* in: *Archiv für Religionswissenschaft* 25 (1927), 245–264 und 26 (1928), 17–40; Larry J. Alderink, *Creation and Salvation in Ancient Orphism* (Chico, CA: Scholars Press, 1981); Dietrich Roloff, *Gottähnlichkeit, Vergöttlichung und Erhöhung zum seligen Leben* (Berlin: de Gruyter, 1970); Ioan P. Culianu, *Psychanodia, I: A Survey of the Evidence Concerning the Ascension of the Soul* (Leiden: Brill, 1983); Anthony T. Edwards, *Achilles in the Underworld,* in: *Greek, Roman, and Byzantine Studies* 26 (1985), 215–227; Holger Thesleff, *Notes on the Paradise Myth in Ancient Greece,* in: *Temenos* 22 (1986), 129–139. Jüdisches Interesse an griechi-

schem Gedankengut weist nach T. Francis Glasson, *Greek Influence in Jewish Eschatology* (London: SPCK, 1961).

27 Das griechische Relief ist abgebildet bei Martin P. Nilsson, *Geschichte der griechischen Religion*, 2. Aufl. (München: Beck, 1961), II, Tafel 4,1. Zur Vergil-Miniatur s. Thomas B. Stevenson, *Miniature Decoration in the Vatican Virgil* (Tübingen: Wasmuth, 1983), 72; Vergil, *Aeneis*, Übers. Johannes Götte, 4. Aufl. (München: Heimeran, 1979), 257 (6: 642–644).
Einige der Mysterienkulte der hellenistisch-römischen Zeit versprachen ihren Mitgliedern ein erfreuliches Leben nach dem Tod. In den Mysterien des Dionysos etwa galt das andere Leben als ein ausgelassenes Fest mit bacchischem Bankett, Musik, Tanz und Liebesfreuden; s. Martin P. Nilsson, *The Dionysiac Mysteries of the Hellenistic and Roman Age* (Lund: Gleerup, 1957), 116–132.

28 Das scheint ein orphischer Gedanke zu sein: Alderink, *Creation and Salvation*, 93. Vgl. Plato, *Phaedrus*, 246E–249D, und *Staat*, 614A–621D (Ers Jenseitseise); Cicero, *Der Traum des Scipio;* das Paradies des Paulus im dritten Himmel (2 Kor 12,2f.).

29 Philo, *Über die Riesen*: »unkörperlichen«, 14. Zur Geschlechtslosigkeit vgl. die geschlechtslose »Idee des Menschen«, die der Erschaffung des körperlichen, geschlechtlich differenzierten Menschen vorausgeht: Philo, *Über die Schöpfung*, 134 und dazu Richard A. Baer, *Philo's Use of the Categories Male and Female* (Leiden: Brill, 1970).

30 Harry A. Wolfson, *Philo*, 4. Aufl. (Cambridge, MA: Harvard Univ. Press, 1968), I, 403f. Philo, *Über die Träume:* »eilen diejenigen«, 1:139.

31 Testament des Hiob: Engel, Kutsche, 52 [Werner G. Kümmel (Hg.), *Unterweisung in lehrhafter Form* (Jüdische Schriften aus hellenistisch-römischer Zeit; Gütersloh: Mohn, 1979), 372].

32 Hans C. Cavallin, *Life after Death* (Lund: Gleerup, 1974); Cavallin, *Leben nach dem Tode im Spätjudentum und im frühen Christentum*, in: Wolfgang Haase (Hg.), *Aufstieg und Niedergang der römischen Welt*, 2. Reihe (Berlin: de Gruyter, 1979), XIX/1, 240–345.

33 Josephus, *Jüdische Altertümer:* »die Lehre«, 18,16. *Die Väter nach Rabbi Nathan*: »sie bedienten«, A 5 in George W. E. Nickelsburg u. a. (Hg.), *Faith and Piety in Early Judaism. Texts and Documents* (Philadelphia: Fortress Press, 1983), 32. »Laßt uns«, 1 Kor 15,32. Alle antiken Quellen über die Sadduzäer erörtert Jean Le Moyne, *Les Sadducéens* (Paris: Gabalda, 1972).

34 »Ein einziger«, Ps 84,11.

35 Eine leicht zugängliche Zusammenfassung der pharisäischen Lehre findet sich bei Jacob Neusner, *Judentum in frühchristlicher Zeit* (Stuttgart: Calwer Verlag, 1988), 62ff. und in dessen Werk *Das pharisäische und talmudische Judentum* (Tübingen: Mohr, 1984), 43ff.

36 Josephus, *Jüdischer Krieg:* »nur die guten«, 2,163, gilt als Hinweis auf die Auferstehung. »Pharisäer«, Apg 23,6 ff.

37 Alle Zitate aus Josephus, *Jüdischer Krieg,* 2,154 f.

Kapitel 2

1 Jerusalemer Talmud, *Sabbat:* »hassen«, 16:15 d. Mischna, *Nedarim:* »Halbschekel«, 2:4. Die Einstellung der Galiläer erörtert Sean Freyne, *Galilee from Alexander the Great to Hadrian* (Wilmington, DL: Glazier, 1980), 315 und 277 f.

2 Zum Wundertäter im palästinischen Judentum s. Sean Freyne, *Galilean Religion of the First Century C. E. against Its Social Background,* in: *Proceedings of the Irish Biblical Association* 5 (1981), 98–114; Morton Smith, *Jesus der Magier,* Übers. Wilh. Höck (München: List, 1981), 143–239 und Geza Vermes, *Jesus the Jew,* 2. Aufl. (London: SCM Press, 1983), 58–82.

3 Lk 20,34–36. Die Worte »an jener Welt und« sind weggelassen, weil angenommen wird, Jesus habe nicht von »jener Welt« gesprochen. Der Ausdruck fehlt auch in den Parallelberichten von Matthäus und Markus (Mt 22,23–33; Mk 12, 18–27) und ist vor 70 n. Chr. kaum belegt, s. Anton Vögtle, *Das Neue Testament und die Zukunft des Kosmos* (Düsseldorf: Patmos, 1970), 147 f.; Paul Volz. *Die Eschatologie der jüdischen Gemeinde* (Tübingen: Mohr, 1934), 65 f.

4 Josephus berichtet von einem Vorfall, der den ersten Ehemann als den im Jenseits legitimen erscheinen läßt. Eine nach dem Tod ihres ersten Mannes mehrmals verheiratete Frau träumte davon, daß dieser sie zurückfordere. Zwei Tage nach diesem Traum verstarb sie und konnte so mit ihm vereint werden. Josephus, *Jüdischer Krieg,* 2,114–116.

5 Zur ehelichen Fruchtbarkeit nach dem Tod vgl. 1 Henoch 10,16–22 [Siegbert Uhlig, *Das äthiopische Henochbuch* (Jüdische Schriften aus hellenistisch-römischer Zeit; Gütersloh: Mohn, 1984), 530–532] und babylonischer Talmud, *Sabbat* 30 b. Nach der letztgenannten Quelle meinte ein um 90 n. Chr. wirkender Rabbi, im Reich des Messias würden die Frauen jeden Tag ein weiteres Kind zur Welt bringen! »Söhne Gottes«, Gen 6,1–4.

6 »Daß aber«, Lk 20,37 f. Gott der Lebenden, Dtn 5,26, und Gott Abrahams, Ex 3,15, wobei die beiden Texte als Berichte über denselben Vorfall aufgefaßt werden.

7 Daß die Erzväter bei Gott leben, wird manchmal ausdrücklich gesagt und in der Verehrung der Patriarchengräber vorausgesetzt, s. 4 Makk 16,25 und Testament des Abraham 20,14 [Paul Rießler, *Das altjüdische Schrifttum außerhalb der Bibel* (Heidelberg: Kerle, 1928), 726; James H. Charlesworth (Hg.), *The Old Testament Pseudepigrapha* (London:

Darton, Longman & Todd, 1983), I, 895] und Jack N. Lightstone, *The Dead in Late Antique Judaism*, in: *Cahiers de recherches en sciences de la religion* 6 (1985), 51–79, hier 63. Abweichende Versuche, die Argumentation zu verstehen, finden sich bei John J. Kilgallen, *The Sadducees and the Resurrection from the Dead*, in: *Biblica* 67 (1986), 478–495 und Otto Schwankl, *Die Sadduzäerfrage (Mk 12, 18–27 parr)* (Frankfurt: Athenäum, 1987). Wie die ältere rabbinische Theologie die Auferstehung aus der Schrift zu »beweisen« versuchte, erörtert Jacob Neusner, *What is Midrash?* (Philadelphia: Fortress Press, 1987), 95–101.

8 »Von den Engeln«, Lk 16,22.

9 Die Lehre von einer geistigen (statt leiblichen) »Auferstehung aus der Scheol in den Himmel« scheint in manchen jüdischen Kreisen verbreitet gewesen zu sein, wobei man besonders an das Schicksal der Märtyrer dachte, s. Klaus Berger, *Die Auferstehung des Propheten und Erhöhung des Menschensohnes* (Göttingen: Vandenhoeck & Ruprecht, 1976) und Ulrich Kellermann, *Auferstanden in den Himmel* (Stuttgart: Kath. Bibelwerk, 1979).

10 Lk 16,19–31.

11 Die Frage der jesuanischen Herkunft von Lk 16,19ff. ist erörtert bei Walter Schmithals, *Das Evangelium des Lukas* (Zürich: Theologischer Verlag, 1980), 171. Antike Parallelen sind genannt in Hugo Greßmann, *Vom reichen Mann und armen Lazarus*, in: *Abhandlungen der Berliner Akademie der Wissenschaften*, philos.-hist. Klasse 1918, Nr. 7 (Berlin: Akademie-Verlag, 1918); Isidore Lévy, *La légende de Pythagore: de Grèce en Palestine* (Paris: Campion, 1927), 310–312 und Ronald F. Hock, *Lazarus and Mycillus: Greco-Roman Backgrounds to Luke 16:19–31*, in: *Journal of Biblical Literature* 106 (1987), 447–463. Eine ägyptische Entsprechung ist »Si-Osire und Setom«, Emma Brunner-Traut, *Altägyptische Märchen*, 4. Aufl. (Düsseldorf: Diederichs, 1976), 194–198. Jacques Dupont, *Etudes sur les évangiles synoptiques* (Löwen: Peeters, 1985), 1066–1075, verwirft mit Recht die oft geäußerte Meinung, Jesus (oder Lukas) denke hier an einen »Zwischenzustand« zwischen Tod und Jüngstem Gericht.

12 Lk: Elija und Mose, 9,28–26; »heute« 23,43. »Im Haus«, Joh 14,2. Die genaue Bedeutung von Joh 14,2 ist unklar. Während frühere Ausleger von einem »einladenden Palast mit vielen Räumen« sprachen, denkt James McCaffrey, *The House with Many Rooms* (Rom: Pontificio Istituto Biblico, 1988), an den himmlischen Tempel. Dagegen sieht Günther Fischer, *Die himmlischen Wohnungen. Untersuchungen zu Joh 14,2 f.* (Bern: Lang, 1975), hier lediglich einen »Zustand« angedeutet, nämlich den der ständigen Gottesnähe.

13 »Folge mir«, Lk 9,59, »Fürchtet«, Mt 10,28. Was Jesus genau mit »Reich Gottes« gemeint hat, ist eine viel erörterte Frage, s. Bruce J. Chilton (Hg.), *The Kingdom of God in the Teaching of Jesus* (London:

SPCK, 1984). »Die Gewißheit, Gott werde sich mit Macht offenbaren, zwang Jesus zur Predigt«, schreibt Chilton; »die Ansage des Reiches versichert anschaulich, aber einfach, daß Gott handelt und zugunsten seines Volkes mit aller Macht eingreifen werde« (23). Er meint, der Ausdruck verweise auf keine bestimmte Lokalisierung in Raum und Zeit. In Lk 23,42 f. scheint Jesus eine futuristische und diesseitige Auffassung abzulehnen – »heute« wird der reuige Schächer im Paradiese sein.

14 1 Thess 4,15 scheint auf ein echtes Wort Jesu zurückzugehen.

15 Ernst Troeltsch, *Die Soziallehren der christlichen Kirchen und Gruppen* (Tübingen: Mohr, 1922), 34. Adolf von Harnack, *Dogmengeschichte,* 5. Aufl. (Tübingen: Mohr, 1914), 16 f.

16 Abba, Mk 14,36. Die traditionelle Ansicht, Jesus verwende Abba als vertrauliches Kinderwort für seinen himmlischen Vater, läßt sich nicht halten, s. James Barr, *Abba isn't Daddy,* in: *Journal of Theological Studies* 39 (1988), 28–47. »Mir ist von«, Mt 11,27.

17 »Kommt zu mir«, Mt 11,28 f. Für eine Auflösung von Familien und das Ideal eines »Wanderradikalismus« s. Gerd Theißen, *Studien zur Soziologie des Urchristentums,* 2. Aufl. (Tübingen: Mohr, 1983).

18 James D. G. Dunn, *Unity and Diversity in the New Testament* (London: SCM Press, 1977): »zeichnete sich«, 186. Max Weber, *Wirtschaft und Gesellschaft,* 5. Aufl. (Tübingen: Mohr, 1972), 142. Für Jesus als charismatische Führungsgestalt vgl. Michael N. Ebertz, *Das Charisma des Gekreuzigten: Zur Soziologie der Jesusbewegung* (Tübingen: Mohr, 1987), 53–110.

19 Mt 10,35. Die Evangelien geben keine Auskunft über den ehelichen Stand Jesu. Während seines (kurzen) öffentlichen Auftretens begleitete ihn keine Frau; auch vom Zurückbleiben im Haus (was von den Frauen der Jünger erwartet wurde) ist keine Rede. Jüdischen Quellen zufolge gab Mose den Verkehr mit seiner Frau freiwillig auf, nachdem er von Gott berufen worden war. Ein Rabbi des ausgehenden ersten Jahrhunderts n. Chr. soll ehelos geblieben sein, um sich ganz dem Bibelstudium widmen zu können. Jede Rekonstruktion, die sich solcher Parallelen bedient, muß natürlich ein Versuch bleiben. Vermes, *Jesus the Jew,* 99–102.

20 Über Jesus und seine Familie s. Lk 2,41–51; 8,19–21; Ernest Renan, *Das Leben Jesu,* 3. Aufl. (Leipzig: Brockhaus, 1870), 77 f.; Dupont, *Etudes sur les évangiles synoptiques,* 131–145. Ferdinand Mount, *The Subversive Family* (London: Cape, 1982), zeigt, daß sich ähnliche Vorbehalte gegen Familie und häusliches Leben bei so verschiedenen Gestalten wie Plato, Jesus, Marx, Lenin und Hitler finden.

21 Lk 18,29. Über die neue Auffassung des Passah vgl. Gillian Feeley-Harnik, *The Lord's Table: Eucharist and Passover in Early Christianity* (Philadelphia: Univ. of Pennsylvania Press, 1981), 144.

22 Zum frühchristlichen Enthusiasmus vgl. James D. G. Dunn, *Jesus and the Spirit: A Study of the Religious and Charismatic Experience of Jesus* (London: SCM Press, 1975). Theoretische Erörterungen von ekstatischen Ritualen mit vorherrschend weiblicher Beteiligung finden sich bei Ioan M. Lewis, *Ecstatic Religion* (Harmondsworth: Penguin, 1971), und Mary Douglas, *Ritual, Tabu und Körpersymbolik,* Übers. E. Bubser (Frankfurt: Fischer, 1974), 99–123.

23 »Wenn einer«, 1 Kor 14,37. Zu den paulinischen Gemeinden in Kleinasien vgl. Wayne A. Meeks, *The First Urban Christians: The Social World of the Apostle Paul* (New Haven: Yale Univ. Press, 1983), 43, zur paulinischen Autorität Bengt Holmberg, *Paul and Power* (Philadelphia: Fortress Press, 1980).

24 »Der Unverheiratete«, 1 Kor 7,32 f. Finanzierung, 2 Kor 11,7–9.

25 Dunn, *Jesus*, 194.

26 Tod als »Schlaf«, 1 Kor 15,6.20 und 1 Thess 4,1 f. »Bis in den«, 2 Kor 12,2. Der »dritte Himmel« braucht nicht der höchste zu sein, jedoch behauptet Paulus gleichzeitig, auch im »Paradies« gewesen zu sein, d. h. in Gottes Thronsaal, der sich vielleicht im *siebten* Himmel befindet; vgl. James D. Tabor, *Things Unutterable: Paul's Ascent to Paradise* (Lanham, MD: Univ. Press of America, 1986), 119. Zur paulinischen Meinung über Ahnenkult vgl. 1 Kor 10,14–22, wo mit den »Götzen« vielleicht Bilder im Ahnenschrein gemeint sind; so Charles A. Kennedy, *The Cult of the Dead in Corinth*, in: John H. Marks u. a. (Hg.), *Love and Death in the Ancient Near East* (Guilford, CT: Four Quarters, 1987), 227–236.

27 Geistiger Leib, 1 Kor 15,44.

28 »Plötzlich«, 1 Kor 15,52. »In der Luft«, 1 Thess 4,17. Nach 1 Thess 4,16 f. ist der ewige Aufenthaltsort der Himmel, nicht die Erde, s. Henochs parallelen Fall (Gen 5,24) und Joseph Plevnik, *The Taking Up of the Faithful and the Resurrection of the Dead in 1 Thess. 4:13–18*, in: *Catholic Biblical Quarterly* 46 (1984), 274–283. Anderer Meinung ist Traugott Holtz, *Der erste Brief an die Thessalonicher* (Zürich: Benziger, 1986), 204.

29 Zur messianischen Herrschaft Christi als gegenwärtiger Wirklichkeit s. Hans Conzelmann, *Der erste Brief an die Korinther*, 2. Aufl. (Göttingen: Vandenhoeck & Ruprecht, 1981), 330 Anm. 63, 336; und C. E. Hill, *Paul's Understanding of Christ's Kingdom in 1 Chorinthians 15: 20–28*, in: *Novum Testamentum* 30 (1988), 297–320. »Lebendigmachender Geist«, 1 Kor 15,45. »Nicht mehr«, Gal 2,20. In der Welt des Neuen Testaments ist es nichts Ungewöhnliches, wenn jemand von einem Toten besessen ist, s. Smith, *Jesus der Magier*, 64–66.

30 »Wenn auch unser«, 2 Kor 4,16. »Gott aber«, 2 Kor 5,5 (vgl. 1,22).

31 Zelt oder Gewand, 2 Kor 5,1–5 mit Kommentar von Joseph Osei-Bonsu, *Does 2 Cor 5:1–10 Teach the Reception of the Resurrection Body*

at the Moment of Death? in: *Journal for the Study of the New Testament* 28 (1986), 81–101. Paulus scheint die legendären Berichte über Jesu leeres Grab nicht gekannt zu haben, s. Rudolf Bultmann, *Theologie des Neuen Testaments,* 2. Aufl. (Tübingen: Mohr, 1954), 46; und Hans Graß, *Ostergeschehen und Osterberichte,* 3. Aufl. (Göttingen: Vandenhoeck & Ruprecht, 1964), 146–173. Anderer Meinung ist Murray J. Harris, *Raised Immortal: Resurrection and Immortality in the New Testament* (London: Marshall, Morgan & Scott, 1983), 40f.

32 Vernichtung von Bauch und Speise, 1 Kor 6,13 f. Wilhelm Bousset, *Kyrios Christos,* 2. Aufl. (Göttingen: Vandenhoeck & Ruprecht, 1921): »feine himmlische«, 124. Vom Lichtglanz der Auferstandenen spricht ausdrücklich z. B. die syrische Baruchapokalypse 51,10 [W. G. Kümmel (Hg.), *Apokalypsen* (Jüdische Schriften aus hellenistisch-römischer Zeit; Gütersloh: Mohn, 1976), 156]. Nach Bultmann, *Theologie des Neuen Testaments,* 195, ist ›Geist‹ der Stoff und ›Leib‹ die Form der auferweckten Menschen. Harris, *Raised Immortal,* schwankt zwischen der Auffassung des geistigen Leibes als physischer Körper, »beseelt und beherrscht vom Geist« (120), oder als ein Leib »mit den Eigenschaften des göttlichen Geistes« (257, Anm. 19).

33 »Das Begehren«, Gal 5,17. Tugenden und Laster und ihr »geistiger« Hintergrund werden erörtert in Gal 5,16–25; 6,7f; Röm 8,1–17. »Die eigentliche«, Gerhard Kittel und Gerhard Friedrich (Hg.), *Theologisches Wörterbuch zum Neuen Testament* (Stuttgart: Kohlhammer, 1959), VI, 428.

34 Mary Douglas, *Ritual, Tabu,* 8 f., 222 f.; dies., *Social Preconditions of Enthusiasm and Heterodoxy,* in: *Proceedings of the 1969 Annual Spring Meeting of the American Ethnological Society* (Seattle: American Ethnological Society, 1969), 69–80.

35 Röm 6,1–4; 8,14–15. Der ›Sitz im Leben‹ von Röm 8,15 ist nach Meeks, *The First Urban Christians,* 152, die Taufe.

36 Charisma, 1 Kor 12. J. Christiaan Beker, *Paul the Apostle* (Edinburgh: Clark, 1980): »der Welt«, 280. »Dem Nutzen; Aufbau«, 1 Kor 12,7; 14,12. Ehelosigkeit, 1 Kor 7,7.

37 Adela Y. Collins, *Insiders and Outsiders in the Book of Revelation,* in: *To See Ourselves as Others See Us: Christians, Jews, »Others« in Late Antiquity,* Jacob Neusner u. a. (Hg.) (Chico, CA: Scholars Press, 1985), 187–218, bes. 216; und David E. Aune, *Prophecy in Early Christianity* (Grand Rapids, MI: Eerdmans, 1983), 197, tragen Überlegungen über den Verfasser der Offenbarung vor. Auf seine Ehelosigkeit verweist Offb 14,4.

38 Offb: »lau«, 3,16; ein Märtyrer, 2,13. Zum römischen Kaiserkult und die Stellungnahme der Offb gegen Zugeständnisse an die heidnische Kultur vgl. S. F. R. Price, *Rituals and Power: The Roman Imperial Cult in Asia Minor* (Cambridge: Cambridge Univ. Press, 1986); Col-

lins, *Insiders*, 215; Collins, *Crisis and Catharsis: The Power of the Apocalypse* (Philadelphia: Westminster Press, 1984); F. Gerald Downing, *Pliny's Prosecution of Christians: Revelation and 1 Peter*, in: *Journal for the Study of the New Testament* 34 (1988), 105–123. Collins und Downing lehnen die herkömmliche Sicht ab, nach der Johannes auf eine richtige Christenverfolgung reagiert. Die angebliche Verfolgung unter Kaiser Domitian gab es nie. Im Kleinasien des 1. Jahrhunderts wurden Christen zwar manchmal von feindlich gesonnenen Nachbarn vor Gericht gebracht, aber nicht eigentlich verfolgt.

39 Offb: »komm herauf«, 4,1; Thronsaal, 4,2–5,2.

40 Ez 1. Nach einer weiteren, mit Offb vermutlich zeitgenössischen Apokalypse saß Gott »auf dem Thron seiner Herrlichkeit, und die Engel *und die Gerechten standen rings um ihn*«, 1 Henoch 60,2 [Uhlig, *Das äthiopische Henochbuch*, 605].

41 Die Identifizierung der »Ältesten« als Priester kann sich auf 1 Chron 24,4 berufen. Offb: »es sah aus«, 5,6; »eine große Schar«, 7,9; eine halbe Stunde, 8,1.

42 Offb 7,14–17.

43 Offb: Seelen unter dem Altar, 6,9–11; auferweckte Propheten, 11,3–13.

44 Lucetta Mowry, *Revelation 4–5 and Early Christian Liturgical Usage*, in: *Journal of Biblical Literature* 71 (1952), 75–84. Vgl. auch David E. Aune, *The Influence of Roman Imperial Cult on the Apocalypse of John*, in: *Biblical Research* 28 (1983), 5–26.

45 Einladung zum Gottesdienst, vgl. Offb 4,1.

46 Zwei Abschnitte, Offb 19,11–20,6 und 20,7–22,5. Tausend Jahre: das ist das gewöhnliche Verständnis von Offb 20,1–6. Vielleicht besagt der Text jedoch, daß die Herrschaft Christi und der Märtyrer himmlisch und nicht irdisch ist, so Michel Gourgues, *The Thousand-Year Reign (Rev 20:1–6): Terrestrial or Celestial?*, in: *Catholic Biblical Quarterly* 47 (1985), 676–681. »Des Lagers«, Offb 20,9.

47 Offb: Gottesstadt, 21,10–22,5; »Wasser; Bäume; Heilung der Völker«, 22,2. Allerheiligstes, 1 Kön 6,20.

48 Josephus, *Jüdischer Krieg*: »keiner durfte«, 5,219.

49 1 Kor 15,50.

Kapitel 3

1 William H. C. Frend, *Town and Country in the Early Christian Centuries* (London: Variorum Reprints, 1980), erster Artikel, 34; Per Beskow, *Mission, Trade, and Emigration in the Second Century*, in: *Svensk Exegetisk Årsbok* 35 (1970), 104–114.

2 Zur kulturellen und sozialen Lage in Lyon s. Pierre Wuilleumier, *Lyon*,

métropole des Gaules (Paris: Les Belles Lettres, 1953), 54; Moses I. Finley, *Die antike Wirtschaft,* Übers. A. Wittenberg (München: Deutscher Taschenbuch Verlag, 1977), 61 f.; C. P. Jones, *A Syrian in Lyons,* in: *American Journal of Classical Philology* 99 (1978), 336–353; William H. C. Frend, *Martyrdom and Persecution in the Early Church* (Oxford: Blackwell, 1965), 4 f.

3 Der Bericht über die Verfolgung findet sich bei Eusebius, *Kirchengeschichte,* 5:1–2 (in J.-P. Migne, *Patrologia Graeca* 20:407–436, abgekürzt *PG*); irenäische Verfasserschaft wird vorgeschlagen von Pierre Nautin, *Lettres et écrivains chrétiens des IIe et IIIe siècles* (Paris: Cerf, 1961), 54–59.

4 Den Einfluß von 2 und 4 Makk auf diesen Verfolgungsbericht hebt hervor Frend, *Martyrdom and Persecution,* 19 f. »Um eine bessere«, Hebr 11,35. 4 Makk 18,17 [Paul Rießler, *Altjüdisches Schrifttum außerhalb der Bibel* (Heidelberg: Kerle, 1928), 728] verweist auf Ez 37. »Vom Himmel«, 2 Makk 7,11.

5 Eusebius, *Kirchengeschichte,* 5:1,62–63 (*PG* 20:433/34).

6 *Martyrium des Polycarp,* 14 (*Sources chrétiennes* 10:229, abgekürzt *SC*).

7 Irenäus, *Gegen die Häresien:* »denn die Lateiner«, 5:30,3; »durch sie«, 4:30,3 (*SC* 153:380 ff.; 100/2:778 f.).

8 Irenäus, *Häresien:* Ruf, 1:25,3; Konventikel, 3:3,2 (*PG* 7:682,849). Zu dieser Deutung vgl. Gérard Vallée, *Theological and Non-theological Motives in Irenaeus's Refutation of the Gnostics,* in: E. P. Sanders (Hg.), *Jewish and Christian Self-Definition* (London: SCM Press, 1980), I, 174–185.

9 Irenäus, *Häresien,* 4:30,3 (*SC* 100:780 f.).

10 Irenäus, *Häresien,* 5:32,1 (*SC* 153:396–399).

11 Aus dem Reisetagebuch 1985 von Johannes Niggemeier, Paderborn. Die Einstellung der angeführten Bauern macht die Entstehung messianischer Bewegungen in Brasilien verständlich, s. Maria Isaura Pereira de Queiroz, *Images messianiques du Brézil* (Cuernavaca, Mexico: Centro Intercultural de Documentación, 1972).

12 Irenäus, *Häresien:* »nichts darf«, 5:35,2; »wachsen«, 5:35,1 (*SC* 153:450, 438 f.).

13 Eusebius, *Kirchengeschichte,* 3:28 (*PG* 20:375 f.).

14 Irenäus, *Häresien:* Reich Gottes, 5:36,3 [armenischer Text]; »dann aber«, 5:36,3 [mit Zitat von 1 Kor 2,9]; »mit den heiligen«, 5:35,1 (*SC* 153:462 f., 464 f., 438 f.).

15 Augustinus, *Bekenntnisse:* »lieben und«, 3:1; »Aufständler«, 3:3; »so ließ ich«, 3:6 (vgl. Spr 9,18) [J.-P. Migne, *Patrologia Latina* 32: 683, 685, 688, abgekürzt *PL*]. Für die Übersetzung wurde eingesehen: Augustinus, *Confessiones – Bekenntnisse,* Übers. Joseph Bernhart (München: Kösel, 1955). Augustins Himmelsvorstellungen erörtert Hans

Eger, *Die Eschatologie Augustins* (Greifswald: L. Bamberg, 1933), 60–86.

16 Augustinus, *Bekenntnisse,* 8:12 (*PL* 32:762). Der Bibeltext ist Röm 13,13 f.

17 Augustinus, *Bekenntnisse,* 9:10 (*PL* 32:773/75). In Trance erlebte Himmelsreisen nehmen den nach dem Tod erfolgenden Aufstieg der Seele schon vorweg, s. Alan F. Segal, *Heavenly Ascent in Hellenistic Judaism, Early Christianity, and their Environment,* in: Wolfgang Haase (Hg.), *Aufstieg und Niedergang der römischen Welt,* 2. Reihe (Berlin: de Gruyter, 1980), XXIII, 1333–1394, bes. 1341.

18 Paul Henry, *Die Vision zu Ostia,* in: Carl Andresen (Hg.), *Zum Augustinus-Gespräch der Gegenwart* (Darmstadt: Wiss. Buchgesellschaft, 1962), 201–270, hier 268.

19 Augustinus, *Bekenntnisse,* 9:10 (*PL* 32:775).

20 Plotin, *Enneaden,* 1:6, 4–7.

21 Plotin, *Enneaden,* 6:9. Das ist der Schlußsatz der *Enneaden,* s. Plotin, *Ausgewählte Schriften,* Übers. Richard Harder (Stuttgart: Reclam, 1973), 165.

22 Corpus Hermeticum, *Poimandres,* 24–26 [*Die Gnosis,* Übers. Werner Foerster, 2. Aufl. (Zürich: Artemis, 1979), I, 426 f.].

23 Augustinus, *Bekenntnisse:* »Stufe um Stufe«, 7:17; »einen Zustand«, 10:40 (*PL* 32:745.807). Den Aufstieg der Seele bei Augustinus erörtern Frederick van Fleteren, *Augustine's Ascent of the Soul in Book VII of the Confessions,* in: *Augustinian Studies* 5 (1974), 29–72; und Vernon J. Bourke, *Augustine of Hippo: The Approach of the Soul to God,* in: E. Rozanne Elder (Hg.), *The Spirituality of Western Christendom* (Kalamazoo, MI: Cistercian Publications, 1976), 1–12.

24 Abt Allois in den *Verba Seniorum:* »solange jemand«, 11:5 (*PL* 73:934). A Wilmart, *Le receuil latin des apophtegmes,* in: *Revue bénédictine* 34 (1922), 185–198: »was mich«, 196.

25 Augustinus, *Bekenntnisse:* »deine Schrift«, 11:2 (*PL* 32:810); ders., *Heilige Jungfräulichkeit:* »hinter ihr«, 13 (*PL* 40:401/02). Zur engelgleichen Jungfräulichkeit als asketisches Ideal, das den Himmel vorwegnimmt, vgl. Ton H. C. van Ejik, *Marriage and Virginity, Death and Immortality,* in: *Epektasis: Mélanges patristiques Jean Daniélou* (Paris: Beauchesne, 1972), 209–235; Ugo Bianchi, *The Religio-historical relevance of Lk. 20:34–36,* in: R. van den Broek u. a. (Hg.), *Studies in Gnosticism and Hellenistic Religions* (Leiden: Brill, 1981), 31–37; Peter Brown, *The Notion of Virginity in the Early Church,* in: Bernard McGinn u.a. (Hg.), *Christian Spirituality: Origins to the Twelfth Century* (New York: Crossroad, 1985), 427–443.

26 Augustinus, *Über Glauben und Glaubensbekenntnis,* 10:24 (*PL* 40:195/96). Margaret R. Miles, *Augustine on the Body* (Missoula, MT: Scholars Press, 1979): »seine Laufbahn«, 99.

27 Augustinus, *Über die Bergpredigt,* 1:41 (*PL* 34:1250).

28 Augustinus, *Bekenntnisse:* »Mitbürger«, 9:13; »wer dich«, 5:4 (*PL* 32:780.708).

29 Augustinus, *Gottesstaat:* »werden wir ewige«, 22:30, 4; »dann werden«, 22:30, 5; »er wird das«, 22:30, 1 (*PL* 41:803.804.802); ders., *Predigt:* »was werde ich«, 243:9 (*PL* 38:1147). Als Übersetzung wurde benützt: Aurelius Augustinus, *Vom Gottesstaat,* Übers. Wilh. Thimme (München: Deutscher Taschenbuch Verlag, 1978).

30 Augustinus, *Briefe:* »wie die Heiden«, 92:1 (*PL* 33:318); ders., *Über den Wortlaut der Genesis:* »sich gegenseitig«, 8:25 (*PL* 34:391).

31 Robert Garland, *The Greek Way of Death* (London: Duckworth, 1985), 66. Nach Platons *Apologie,* 41a–c, freute sich Sokrates darauf, im Jenseits berühmte Männer wie Orpheus, Musäus, Hesiod, Homer usw. zu treffen.

32 Pierre Courcelle, *La postérité chrétienne du* Songe de Scipion, in: *Revue des études latines* 36 (1958), 205–234, bes. 207–213. Ambrosius, *Über den Tod seines Bruders Satyrus:* Wiedersehen, 2:135 [*Corpus Scriptorum Ecclesiasticorum Latinorum (CSEL)* 73:324, mit Anklang an Cicero, *Über das Greisenalter,* 84]. Ders., *Über Theodosius:* »jetzt fühlt«, 40 (*CSEL* 73:392).

33 *Paulus-Apokalypse* (auch *Visio Pauli* genannt), 46–51 [Edgar Hennecke und Wilhelm Schneemelcher, *Neutestamentliche Apokryphen,* 3. Aufl. (Tübingen: Mohr, 1964), II, 561–566]. Zu Augustins Bekanntschaft mit der *Paulus-Apokalypse* s. *PL* 35:1885 und Bertold Altaner, *Kleine patristische Schriften* (Berlin: Akademie-Verlag, 1967), 210f. Augustinus, *Die Prädestination der Heiligen:* »warum eilen«, 28 (*PL* 44:931), mit Zitat von Cyprian, *Über die Sterblichkeit,* 26 (*Corpus Christianorum Series Latina* 3A:31).

34 Augustinus, *Retraktationen,* 1:17 (*PL* 32:613).

35 Augustinus, *Predigt:* »ist der Tod«, 155:15; »von Gott«, 241:7 (*PL* 38:849.1137). Ders., *Retraktationen:* »die Substanz«, 1:17 (*PL* 32:613). Die Frage nach Speise und Trank im Himmel wird erörtert in *Gottesstaat,* 13:22 und *Briefe,* 102:6 (*PL* 41:395; 33:372). Zum Sehen Gottes mit leiblichem Auge s. *Gottesstaat,* 22:29,6 (*PL* 41:801), etwa aus dem Jahre 426. Früher, im *Brief* 92 von 408 (*PL* 33:318f.), hatte Augustinus das leibliche Sehen Gottes ausgeschlossen, s. F.-J. Thonnard, *La vision de Dieu,* in: *Œuvres de Saint Augustin,* Etudes Augustiniennes (Hg.) (Paris: Desclée de Brouwer, 1960), XXXVII, 853–857; und Margaret Miles, *Vision: The Eye of the Body and the Eve of the Mind in St. Augustine's* De Trinitate *and* Confessions, in: *Journal of Religion* 63 (1983), 125–142. Über den Wandel in der augustinischen Auffassung des Leibes und »Fleisches« im Himmel informieren François Altermath, *Du corps psychique au corps spirituel: Interprétation du 1 Cor. 15,35–49 par les auteurs chrétiens des quatre premiers siècles*

(Tübingen: Mohr, 1977), 234f., und A. Hilary Armstrong, *Gottes-schau*, in: *Reallexikon für Antike und Christentum* (Stuttgart: Hierse-mann, 1983), XII, 1–19, hier 17f.

36 Augustinus, *Gottesstaat*, 13:20, wiederholt in *Predigt* 242:8 (*PL* 41:393; 38:1142).

37 Augustinus, *Gottesstaat*: »fehlendes; um die Mageren«, 22:19,2; »die Körpergröße«, 22:20,3 (*PL* 41:781.783).

38 Augustinus, *Gottesstaat*, 22:19,3 (*PL* 41:782). Einer antiken Vorstel-lung zufolge behalten die Opfer eines gewaltsamen Todes im Jenseits ihre Wunden, s. A. Hilhorst, *The Wounds of the Risen Jesus*, in: *Estu-dios Bíblicos* 41 (1983), 165–167.

39 Augustinus, *Gottesstaat*, »das Bedürfnis«, 22:24,4; »beide Geschlech-ter«, 22:17 (*PL* 41:791.778).

40 Die Unterscheidung zwischen Liebe und Begierde wird in der Schrift *Über die christliche Lehre*, 3:10 (*PL* 34:72) erläutert: »Ich nenne Liebe *(caritas)* jene Regung der Seele, die Gott um seiner selbst, sich und den Nächsten aber mit Bezug auf Gott genießt. Begierde *(cupiditas)* aber heiße ich das Streben des Geistes, sich, den Nächsten und jeden ande-ren Gegenstand ohne Bezug zu Gott zu genießen.«

41 Augustinus, *Über die christliche Lehre*: »wir alle; wenn man«, 1:32–33 (*PL* 34:32f.), vgl. Phlm 20 (Vulgata): »Ja, Bruder, ich will mich deiner im Herrn erfreuen.«

42 Irving Singer, *The nature of Love*, 2. Aufl. (Chicago: Univ. of Chicago Press, 1984), I, 346.

43 Augustinus, *Über die Dreieinigkeit*: »wieviel Liebe«, 8:8 (*PL* 42:959). Zum Verständnis der Liebe bei Augustinus vgl. Miles, *Vision*, 137f.; Johannes van Bavel, *The Double Face of Love in Augustine*, in: *Louvain Studies* 12 (1987), 116–130; und R. Canning, *The Unity of Love for God and Neighbour*, in: *Augustiniana* 37 (1987), 38–121.

44 Augustinus, *Kommentar zu 1 Johannes*: »darf man«, 8:5; »echte Liebe«, 6:4 (*PL* 35:2038. 2021).

45 Augustinus, *Predigt*: »Freunde, Familie«, 80:7 (*PL* 38:497). Cicero, *Über Freundschaft:* »nur zwei«, 20.

46 Augustinus, *Über die Psalmen*: »in diesem vergänglichen«, 55:9; ders., *Briefe*: »kennt sich«, 92:2; ders., *Predigt*: »die meisten«, 306:9; »nur ich«, 249:2 (*PL* 36:652; 33:318; 38:1401 und 1162).

47 Augustinus, *Über die Psalmen*: »werden die Herzen«, 44:33; ders., *Briefe*: »um so mehr; denn niemand«, 92:2 (*PL* 36:514; 33:318). Die augustinische Vorstellung von universaler Liebe erörtert John Bur-naby, *Amor Dei: A Study of the Religion of St. Augustine* (London: Hodder & Stoughton, 1938), 248f.

48 Augustinus, *Briefe*, 238:13 (*PL* 33:1043).

49 Peter Brown, *Der heilige Augustinus*, Übers. Johannes Bernard (Mün-chen: Heyne, 1975): »er war viel«, 284 und ders., *Augustine on Sexu-*

ality (Berkeley: Center for Hermeneutical Studies in Hellenistic and Modern Culture, 1983), bes. 30f. Augustinus, *Über die Enthaltsamkeit:* »nach beiden«, 8; ders., *Predigt:* »legitim«, 159:2; ders., *Gottesstaat:* »Erbgut«, 22:24,1 *(PL* 40:362; 38:868; 41:788).

50 Augustinus, *Gottesstaat,* 20:9 *(PL* 41:672/75). William H. C. Frend, *The Donatist Church,* 2. Aufl. (Oxford: Clarendon Press, 1970), 233.

51 Augustinus, *Gottesstaat:* »der die unkörperliche«, 22:24,2 *(PL* 41:789). Ders., *Briefe:* Könige müssen dienen, 93:3 *(PL* 33:325) aus dem Jahre 408. Augustins Lehre über die Notwendigkeit von Herrschaftsstrukturen in der Zeit nach dem Sündenfall erörtert Elaine Pagels, *The Politics of Paradise: Augustine's Exegesis of Genesis 1–3 versus that of John Chrysostom,* in: *Harvard Theological Review* 78 (1985) 67–99. Eine theoretische Erörterung des Verhältnisses von Geist und Materie findet sich bei Mary Douglas, *Social Preconditions of Enthusiasm and Heterodoxy,* in: *Proceedings of the 1969 Annual Spring Meeting of the American Ethnological Society* (Seattle: American Ethnological Society, 1969), 69–80.

52 Albrecht Dihle, *Die Theorie vom Willen in der Antike* (Göttingen: Vandenhoeck & Ruprecht, 1985), 147f. Nach Dihle ist Augustinus »der Erfinder des ›modernen‹ Willensbegriffs« als einer psychologischen Kategorie (162).

Kapitel 4

1 Otfried von Weißenburg, *Evangelienbuch,* V, 23, 273–277, übers. in: Hartmut Kugler, *Die Vorstellung der Stadt in der Literatur des deutschen Mittelalters* (München: Artemis, 1986), 85. Über die symbolische Bedeutung verschiedener Blumen äußert sich schon Augustinus, *Predigt* 304 *(PL* 38:1396). Auf die paradiesische Qualität duftender Blumen verweist Jean-Pierre Albert, *Le légendaire médiéval des aromates: longévite et immortalité,* in: Comité d'anthropologie et d'éthnologie françaises (Hg.), *Le corps humain* (Paris: Comité des travaux historiques et scientifiques, 1985), 37–48.

2 Das *Elucidarium* ist ediert von Yves Lefèvre, *L'elucidarium et les lucidaires* (Paris: de Boccard, 1954); über die Geschichte dieses Werks informiert Georg Steer, *Lucidarius,* in: *Die deutsche Literatur des Mittelalters. Verfasserlexikon,* 2. Aufl. (Berlin: de Gruyter, 1985), V, 939–947. *Elucidarium:* »die Sündenstrafe«, 3:78 in Lefèvre, *L'elucidarium,* 462f. Zum Klostergarten s. *PL* 185:569f. und Albertus Magnus, *Über Pflanzen,* 7:1,14 in *B. Alberti Magni opera omnia,* Hg. Auguste Borgnet (Paris: Vives, 1890–99), X, 294; übers. in Hermann Fischer, *Mittelalterliche Pflanzenkunde* (1929; Nachdr., Hildesheim: Olms, 1967), 171ff.

3 *Elucidarium:* »sie werden nackt«, 3:81; »wie ein dürstender«, 3:107 (Lefèvre, *L'elucidarium,* 464 und 470).

4 *Le registre d'inquisition de Jacques Fournier,* übers. Jean Duvernoy (Paris: Mouton, 1978): »schönen Hainen«, III, 775. Otto von Freising, *Chronik oder Die Geschichte der zwei Staaten,* Übers. Adolf Schmidt (Darmstadt: Wiss. Buchgesellschaft, 1972), 673 (8:33). Wilhelm von Auvergne, *Über das Weltall,* I 2,39 und 48 in *Guilelmi Alverni opera omnia* (Paris: Pralard, 1674), I, 742.752.

5 Über die religiöse Seite der städtischen Erneuerung s. Barbara H. Rosenwein und Lester K. Little, *Social Meaning in the Monastic and Mendicant Spiritualities,* in: *Past and Present* 63 (1974), 4–32; und C. Warren Hollister, *Medieval Europe,* 5. Aufl. (New York: Wiley, 1982), 155.

6 Über die städtische Predigt der Mönche s. David L. d'Avray, *Sermons to the Upper Bourgeoisie by a Thirteenth-Century Franciscan,* in: Derek Baker (Hg.), *The Church in Town and Countryside* (Oxford: Blackwell, 1979), 187–199, mit dem lateinischen Predigttext in d'Avray, *The Preaching of the Friars* (Oxford: Clarendon Press, 1985), 260–271; Rosenwein und Little, *Social Meaning,* 29–32; Lester K. Little, *Religious Poverty and the Profit Economy in Medieval Europe* (Ithaca, NY: Cornell Univ. Press, 1978), 197–217.

7 Die Idee der Himmelsstadt oder des himmlischen Palastes findet sich vor dem 11. und 12. Jahrhundert nur selten, vgl. Jacqueline Amat, *Songes et visions: L'au-delà dans la littérature latine tardive* (Paris: Etudes Augustiniennes, 1985), 397f.

8 Damien Sicard, *La liturgie de la mort dans l'église latine* (Münster: Aschendorff, 1978): »mögen dich«, 215–220. Den Übergang vom Paradiesgarten zur Paradiesstadt dokumentiert und erörtert Kugler, *Die Vorstellung der Stadt,* 84–88 und 121–131. Als Quellen für die städtische Himmelsvorstellung des Mittelalters seien genannt: Petrus Damiani, »Die Freuden des Paradieses« (*PL* 145:980–983), in: Richard Zoozmann, *Lobet den Herrn: Altchristliche Kirchenlieder und geistliche Gedichte* (München: G. Müller, 1928), 204–213 [für Damiani besitzen Ausdrücke wie *urbanus, urbanitas* – städtisches Benehmen – eine negative Bedeutung, s. *PL* 144:270, 925; 145:454, 730]; Abälard, »O quanta qualia sunt illa sabbata« (*PL* 178:1786f.); *Psalterium decem cordarum abbatis Joachim* (1527; Nachdr., Frankfurt: Minerva, 1965), 280f.; *Godeschalcus und Visio Godeschalci,* Hg. Erwin Assmann (Neumünster: Wachholtz, 1979), 134ff., 190f., 56f., 59f.

9 Giacomino von Verona, »Das himmlische Jerusalem«, 61–68 in: Esther I. May, *The De Jerusalem celesti and the De Babylonia infernali of Fra Giacomino da Verona* (Florenz: Le Monnier, 1930), 75.

10 *Acta Sanctorum,* rev. Ausg. von Jean Carnandet (Paris: Palmé, 1866), Mai Bd. 7, 168. S. dazu Peter Dinzelbacher, *Vision und Visionsliteratur im Mittelalter* (Stuttgart: Hiersemann, 1981), 109.

11 David Herlihy (Hg.), *The History of Feudalism* (New York: Harper & Row, 1970), 198 f.; Alfred Haverkamp, *Die Städte im Herrschafts- und Sozialgefüge Reichsitaliens*, in: Friedrich Vittinghoff (Hg.), *Stadt und Herrschaft* (München: R. Oldenburg, 1982), 149–245, bes. 197 (Burgen), 227 ff. *(contado)*.

12 Peter Dinzelbacher, *Reflexionen irdischer Sozialstrukturen in mittelalterlichen Jenseitsschilderungen*, in: *Archiv für Kulturgeschichte* 61 (1979), 16–34; und ders., *Klassen und Hierarchien im Jenseits*, in: *Miscellanea Mediaevalia* 12 (1979), 20–40, äußert sich über die himmlischen Gruppen oder »Chöre« und das Fehlen von Verwandtschaftsbeziehungen in den mittelalterlichen Himmelsvorstellungen. S. auch Ian Bishop, *Relatives at the Court of Heaven: Contrasted Treatments of an Idea in* Piers Plowman *and* Pearl, in: Myra Stokes u. a. (Hg.), *Medieval Literature and Antiquities* (Cambridge: Brewer, 1987), 111–118. Das mittelenglische Gedicht »Pearl« ist übersetzt in William Vantuono (Hg.), *The Pearl Poem in Middle and Modern English* (New York: University Press of America, 1987). Wir greifen auf Schotters Wiedergabe der umstrittenen Stelle *Pearl*, 603 ff. zurück: Anne H. Schotter, *The Paradox of Equality and Hierarchy in* Pearl, in: *Renascence* 33 (1981), 172–179 mit Bezug auf Mt 20,1–15, das Gleichnis von den Arbeitern im Weinberg.

13 William Langland (ca. 1332–76), *Piers Plowman*, B 12:203–205, übers. bei Schotter, *The Paradox of Equality*, 175.

14 Herrad von Hohenbourg, *Hortus Deliciarum. Reconstruction*, Hg. Rosalie Green u. a. (London: Warburg Institute, 1979), 447 – Text von *Elucidarium* 3:79 mit Randnotiz 1. *Purity*, 114–116, übers. bei Schotter, *The Paradox of Equality*, 176. *On god ureisun of ure lefdi* [A good orison of Our Lady], 34 und 51 in: *Old English Homilies and Homiletic Treatises of the Twelfth and Thirteenth Centuries*. First Series, Übers. Richard Morris (London: Trübner, 1868), 192. Hildegard von Bingen, *Scivias*: »seidene Gewänder«, 3:3 (*Corpus Christianorum. Continuatio Mediaevalis* 43:371).

15 Giacomino von Verona, »Das himmlische Jerusalem«, 119–120 in: May, *The De Jerusalem*, 77. Reinhold Hammerstein, *Die Musik der Engel* (München: Franck, 1962), 34 mit Anm. 48 verfolgt das Thema des himmlischen Gesangs in mittelalterlichen Quellen. Das französische Gedicht von ca. 1300 ist *La court de paradis*, Hg. Eva Vilamo-Pentti (Annales Academiae Scientiarum Fennicae, series B, 79/1; Helsinki: Suomalainen Tiedeakatemia, 1953).

16 Der Hymnus »Urbs Hierusalem beata« mit Motiven aus Offb 21,18 ff. ist abgedruckt bei Clemens Blume, *Die Hymnen des Thesaurus Hymnologicus H. A. Daniels* (Leipzig: Reisland, 1908), Nr. 102. Über Offb 21,2 ff. als liturgische Lesung bei der Einweihung von Kirchen s. Michel Andrieu, *Le pontifical romain au moyen-âge* (Vatikan: Biblioteca

Apostolica, 1938), I, 193; II, 439. Das Kirchengebäude als himmlisches Jerusalem erörtern: Hans Sedlmayr, *Die Entstehung der Kathedrale* (Graz: Akademische Druck- und Verlagsanstalt, 1976), bes. 95–164; Otto von Simson, *Die gothische Kathedrale*, 3. Aufl. (Darmstadt: Wiss. Buchgesellschaft, 1979), 23–26, 162 f. u. ö.; Laurence H. Stookey, *The Gothic Cathedral as Heavenly Jerusalem*, in: *Gesta* 8 (1969), 35–41; und Marco Rossi und Alessandro Rovetta, *Indagini sullo spazio ecclesiale immagine della Gerusalemme celeste*, in: M. L. Gatti Perer (Hg.), *La dimora di Dio con gli uomini [Ap. 21:3]; Immagini della Gerusalemme celeste dal III al XIV secolo* (Mailand: Università Cattolica, 1983), 77–115.

17 Wilhelm Durandus, *Rationale divinorum officiorum* (Lyon: Fradin, 1521), fol. xl verso (Buch 4, Abschn. »De accessu sacerdotis«). Die Verbindung von irdischer und himmlischer Liturgie ist seit Gregor dem Großen (540–604) bekannt, s. dessen *Dialoge* 4:58 [60] (*PL* 77:425/28; *SC* 265:203); vgl. Hammerstein, *Die Musik der Engel*, 30–52, und Klaus Gamber, *Der altgallikanische Meßritus als Abbild himmlischer Liturgie* (Regensburg: Pustet, 1984), 22–41.

18 Suger in Erwin Panofski (Hg.), *Abbot Suger on the Abbey Church of St.-Denis*, 2. Aufl. (Princeton, NJ: Princeton Univ. Press, 1979), 65. Über Edelsteine und ihre Beziehung zum himmlischen Jerusalem vgl. Ulrich Engelen, *Die Edelsteine in der deutschen Dichtung des 12. und 13. Jahrhunderts* (München: Fink, 1978), 80–83.

19 Einige Beispiele allegorischer Auslegungen sind angeführt bei Barbara Nolan, *The Gothic Visionary Perspective* (Princeton: Princeton Univ. Press, 1977), 13–29. Claude Carozzi, *Structure et fonction de la vision de Tnugdal*, in: André Vauchez (Hg.), *Faire croire* (Rome: Ecole Française de Rome, 1981), 223–234 meint, *Tnugdals Vision* von 1149 betone die materielle Natur jenseitiger Aufenthaltsorte der Seligen.

20 Kosmas, *Christliche Topographie*, 7:67 und 5:184 f. (*SC* 197:126 ff.; 159:280 f.).

21 Augustinus, *Über den Wortlaut der Genesis*, 2:9–10 (*PL* 34:270–272), Übers. C. J. Perl (Paderborn: Schöningh, 1961), I, 54 f.; vgl. auch ders., *Enchiridion*, 9 (*PL* 40:235 f.). Die Bedeutungslosigkeit kosmologischer Anschauungen hatte schon vorher Laktanz, *Divinae institutiones*, 3:3 (*PL* 6:354–356), vertreten.

22 Übersichten über die verschiedenen Ebenen des Himmels geben Honorius Augustodunensis, *De imagine mundi*, 1:138–140 (*PL* 172:146) und Albert, *Summa de creaturis*, 3:10 in *B. Alberti Magni opera omnia*, XXXIV, 415–20. Das Empyreum ist in der *Glossa* (dem mittelalterlichen Bibelhandbuch) erwähnt und in den weit verbreiteten *Sentenzen* des Petrus Lombardus (*PL* 113:68; 192:656). Forschungsliteratur: Bruno Nardi, *Saggi di filosofia dantesca*, 2. Aufl. (Florenz: La Nuova Italia, 1967), 167–214; Gregor Maurach, *Coelum empyreum: Versuch*

einer Begriffsgeschichte (Wiesbaden: Steiner, 1968); Thomas Litt, *Les corps célestes dans l'univers de Saint Thomas d'Aquin* (Löwen: Publications universitaires, 1963), 255–261.

23 Jan van Ruusbroec, *Die Zierde der geistlichen Hochzeit,* Übers. Marijke Schaad-Visser (Einsiedeln: Johannes Verlag, 1987), 107 [Buch 2,50].

24 Thomas von Aquin, *Sentenzenkommentar,* II, 14:1,2 erörtert die »Quintessenz«. Alexander von Hales, *Summa theologica* (Quaracchi: Collegium S. Bonaventurae, 1928), II, 328.

25 Thomas von Aquin, *Summa theologica,* Suppl. 84:2, abgekürzt *Sth.* Berücksichtigt wurde die *Summa Theologica: Die deutsche Thomas-Ausgabe,* Hg. Albertus-Magnus-Akademie (Heidelberg: Kerle, 1933 ff.). Alexander, *Summa theologica,* IV, 288 f.

26 Über die mittelalterliche Lichtmetaphysik vgl. James McEvoy, *The Metaphysics of Light in the Middle Ages,* in: *Philosophical Studies [Dublin]* 26 (1979), 126–145; und Hans Sedlmayr, *Das Licht in seinen künstlerischen Manifestationen,* in: *Studium Generale* 13 (1960), 313–324. S. auch 1 Joh 1,5 – »Gott ist Licht, und keine Finsternis ist in ihm«. Für den Karbunkel als unabhängige Lichtquelle s. Marbod von Rennes (1035–1123), *Buch der Edelsteine* (*PL* 171:1754), und Albert der Große, *Über Mineralien,* 2:3. »Wenn er [der Karbunkel] wirklich von guter Qualität ist, leuchtet er im Dunkeln wie eine glühende Kohle; ich selbst habe einen solchen gesehen«, heißt es in *B. Alberti Magni opera omnia,* V, 32.

27 Thomas, *Sth,* Suppl. 91:3. Albert, *Sentenzenkommentar,* 4:44,31 in *B. Alberti Magni opera omnia,* XXX, 584.
Die neutestamentliche Vorstellung von Engeln und verklärten Menschen als Lichtwesen geht auf eine verbreitete antike Vorstellung zurück, die schon im Alten Testament Spuren hinterlassen hat, etwa in Ezechiels Darstellung von Gott als Lichtwesen (Ez 1,26–28) und im Buch Exodus, in dem das Gesicht des Mose von göttlichem Lichtglanz erstrahlt (Ex 34,29–35). Auch die Götter und Heroen der Mesopotamier und Griechen strahlen blendendes Licht aus, das ein Zeichen ihrer gesteigerten Vitalität und überlegenen Schönheit ist. So heißt es über die Göttin Demeter: »Weithin strahlte es von Licht aus ihrem unsterblichen Körper. Blonde Haare fielen herab auf die Schultern, das feste Haus erfüllte ein strahlendes Funkeln, als wären es Blitze.« *Homerische Hymne an Demeter,* 278–280, in: *Homerische Hymnen,* Übers. A. Weiher, 5. Aufl. (München: Artemis, 1986), 23. Für das Zweistromland und jüdische Traditionen s. Eléna Cassin, *La splendeur divine* (Paris: Mouton, 1968); Klaus Berger und Carsten Colpe (Hg.), *Religionsgeschichtliches Textbuch zum Neuen Testament* (Göttingen: Vandenhoeck & Ruprecht, 1987), Nr. 69 und 70; sowie oben, Kap. 2, Anm. 32.

28 Thomas, *Sth*, Suppl.: Wiederherstellung der Helligkeit, 91:3 (vgl. Jes. 30,26); Elemente, »wird ein Übermaß«, 91:4; Hölle, 97:4. Dante, *Inferno*, 5:28. Otto von Freising, *Chronik*, 643 (8:25).

29 Thomas, *Sth*, Suppl.: Pflanzen, Tiere, 91:5; Himmelskörper, 91:2. Die These von der Auflösung der gemischten Stoffe in die Elemente beruht auf 2 Petr 3,10. Vgl. Litt, *Les corps célestes*, 242–254; Edward Grant, *Medieval and Renaissance Scholastic Conceptions of the Influence of the Celestial Region on the Terrestrial*, in: *Journal of Medieval and Renaissance Studies* 17 (1987), 1–23.

30 Dante, *Paradiso*: ciel ch'è, 30:39; Beatrice lächelt, 31:91–93; »in jenem«, 33:115–117; »Liebe, die«, 33:145. Als Übersetzung wird benutzt: Dante Alighieri, *Die göttliche Komödie*, Übers. J. Gmelin (Stuttgart: Klett, 1951). Dante, *Brief an Can Grande*: »ist der Ursprung«, 33, in: *Dantis Alagheri Epistulae*, Hg. Paget Toynbee, 2. Aufl. (Oxford: Clarendon Press, 1966), 194. Zu Dantes Auffassung von Licht s. Joseph A. Mazzeo, *Light Metaphysics, Dante's Convivio, and the Letter to Can Grande della Scala*, in: *Traditio* 14 (1958), 191–229; und Patrick Boyde, *Dante: Philomythes and Philosopher* (Cambridge: Cambridge Univ. Press. 1981), 207–214.

31 Wiltrud Mersmann, *Rosenfenster und Himmelskreise* (Mittenwald: Mäander, 1982), 95 f. und bes. 87–91 über italienische Rosenfenster (Assisi, Qrvieto, Siena, usw.). Die verschiedenen Bedeutungen der Rosenfensters erörtert Robert Suckale, *Thesen zum Bedeutungswandel der gotischen Fensterrose*, in: Karl Clausberg u. a. (Hg.), *Bauwerk und Bildwerk im Hochmittelalter* (Gießen: Anabas-Verlag, 1981), 259–294. Suger in Panofsky, *Abbot Suger*, 101.

32 Suger: »den Geist erleuchten«, in: Panofski, *Abbot Suger*, 47 f. Zu Sugers Theologie vgl. von Simson, *Die gothische Kathedrale*, 170–175; Panofski, *Abbot Suger*, 18–24; und Georges Duby, *Die Zeit der Kathedralen*, Übers. G. Osterwald (Frankfurt: Suhrkamp, 1980), 174 f. 202.

33 Zur geistigen Situation des 13. Jahrhunderts vgl. Norman F. Cantor, *Medieval History*, 2. Aufl. (New York: Macmillan, 1969), 464 f., und Tina Stiefel, *The Intellectual Revolution in Twelfth-Century Europe* (London: Croom Helm, 1985), 102–106.

34 Thomas, *Sth*: »eine geistige«, II II 181:3; vgl. 180:3. Über besonderen Lohn im Himmel s. Thomas, *Sth*, Suppl. 96:7 und 11. In der mittelalterlichen Kunst wird der besondere Lohn, die »aureole« (Krönchen), als eine Krone dargestellt, die von Jungfrauen, Märtyrern und Lehrern getragen wird: Edwin Hall und Horst Uhr, *Aureola super auream: Crowns and Related Symbols of Special Distinction for Saints*, in: *The Art Bulletin* 67 (1985), 567–603.

35 Thomas, *Sth*: Aufhören des tätigen Lebens, II II 181:4. Ders., *Summa contra gentiles*: »die verstandesmäßige«, 3:53. Über das Sehvermögen

als den edelsten unserer Sinne s. Augustinus, *Über die Dreifaltigkeit*, 11:1; Alain de Lille (*PL* 42:985; 210:521 f.); Anfinn Stigen, *On the Alleged Primacy of Sight – with some remarks on Theoria and Praxis – in Aristotle*, in: *Symbolae Osloenses* 37 (1961), 15–44.

36 Thomas, *Sth*, I II 1–5.

37 Thomas, *Summa contra gentiles*: »das Gute«, 3:2–3 (nach Aristoteles, *Nikomachische Ethik*, 1094a); Erkenntnis Gottes, 3:25. *Sth*: »nicht auf«, I II 3:3; »unser ganzes natürliches Wissen beruht auf sinnlicher Wahrnehmung« heißt es I 12:12.

38 Thomas, *Sth*: »der wesentliche«, Suppl. 96:1; »Erkenntnis … ist«, I II 27:2; »die höchste«, I II 3:5; Vielfalt von Tätigkeiten, I II 3:2. Ders., *Summa contra gentiles*: »nichts, was«, 3:62.

39 Thomas, *Sth*: Erleuchtung, I 12:5 (mit Bezug auf Offb 21,23); Schranken unterworfen, Suppl. 92:3. Die Erleuchtungslehre leitet sich offenbar aus muslimischer Theologie her, s. Miguel Asín Palacios, *Islam and the Divine Comedy*, Übers. H. Sutherland (1926; Nachdr., London: F. Cass, 1968), 161–163.

40 Thomas, *Sth*: »je mehr«, I 12:6; »die höchste«, I 62:9; kein Verdienst mehr, I 62:9 und II II 26:13. Für die Glückseligkeit der Ungetauften vgl. Thomas, *Quaestio disputata de malo* 5:3, und W. R. Connor, *Natural Beatitude and the Future Life*, in: *Theological Studies* 11 (1950), 221–239.

41 Dante, *Paradiso*: »doch sag«, 3:64–66; »e 'n la«, 3:85. Beseligender Stillstand (»beatific immobility«): Carl J. Peter, *Participated Eternity in the Vision of God. A Study of the Opinion of Thomas Aquinas* (Rom: Gregorian Univ. Press, 1964), 35, 254 f.

42 Thomas, *Sth*: Arten der Vision, II II 175:3; »ich sage«, Suppl. 92:2.

43 Thomas, *Sth*, Suppl. 93:1. Die »lächerlichsten Theorien« erörtert Jorge Aguadé, *Wer ist und trinkt, muß auch Notdurft verrichten: Ein Beitrag zur jüdisch-christlichen Polemik gegen den Islam*, in: *Welt des Orients* 10 (1979), 61–72. Dieses Thema wird noch im 17. Jahrhundert unter den »Absurditäten« der muslimischen Theologie genannt, s. Hugo Grotius, *Über die Wahrheit der christlichen Religion* (1627), 6:10, in: *Opera omnia theologica* (Amsterdam: Blaeu, 1679), III, 93.

44 Thomas, *Sth* I II 4:8. Aristoteles, *Nikomachische Ethik*, 9:1169B, Übers. Paul Gohlke (Paderborn: Schöningh, 1956), 256. Ein neuerer Autor meint, nach Thomas würden bereits bestehende Freundschaften fortbestehen und gewissermaßen in die Anschauung Gottes mit aufgenommen, während keine neuen Freundschaften mehr geschlossen werden könnten: William J. Hoye, *Actualitas omnium actuum. Man's Beatific Vision of God as Apprehended by Thomas Aquinas* (Meisenheim: Hain, 1975), 174, Anm. 41.

45 Thomas, *Sth*, Suppl. 81:4 distanziert sich von den Annahmen der »Juden und Sarazenen [Muslime] und einiger Irrlehrer, die Chiliasten

genannt werden«. Das Thema ist in der Polemik gegen den Islam geläufig, s. Thomas, *Sentenzenkommentar* IV 44:1,3 (Ende) und Wilhelm von Auvergne, *Über das Weltall*, I 2:34, in: *Guilelmi Alverni opera omnia*, I, 738 f.

46 Aegidius Romanus, *Quodlibeta*, 6:25, bei Hermann J. Weber, *Die Lehre von der Auferstehung der Toten in den Haupttraktaten der scholastischen Theologie* (Freiburg: Herder, 1973), 260 f. Anm. 500.

47 Bonaventura, *Sentenzen*, III 31:3,2, bei Hinrich Stoevesandt, *Die letzten Dinge in der Theologie Bonaventuras* (Zürich: Evangelischer Verlag, 1969), 265.

48 Hugo von St.-Victor, *PL* 177:563.

49 Jacques Le Goff in: Jerôme Dumoulin u. a. (Hg.), *The Historian between the Ethnologist and the Futurologist* (Paris: Mouton, 1973), 209. Über die neue Sicht der Liebe im 12. Jahrhundert s. Peter Dinzelbacher, *Sozial- und Mentalitätsgeschichte der Liebe im Mittelalter*, in: Ulrich Müller (Hg.), *Minne ist ein swaerez spil* (Göppingen: Kümmerle, 1986), 75–110, und ders., *Pour une histoire de l'amour au moyen âge*, in: *Le moyen âge* 153 (1987), 223–240.

50 Andreas Capellanus, *Über die Liebe*, Übers. Hanns M. Elster (Dresden: Aretz, 1924), 143 f. (Übers. modifiziert); das Werk stammt von einem französischen Kleriker, der um 1180 schrieb. Betsy Bowden, *The Art of Courtly Copulation*, in: *Medievalia et humanistica* 9 (1979), 67–85, hier 78.

51 Für eine keltische Parallele vgl. die *Reise des Brán* (8. Jahrhundert), wo die andere Welt als »Land der Frauen« bezeichnet wird, deren freie Liebe und Betten erwähnt werden. »Ein liebliches, reizendes Spiel treiben beim feurigen Wein Männer und zarte Frauen unter Büschen, ohne Sünde, ohne Schuld«, heißt es da. Wolfgang Krause, *Die Kelten* (Religionsgeschichtliches Lesebuch 13; Tübingen: Mohr, 1929), 15 (Nr. 41; vgl. Nr. 30 und 62).

52 *Aucassin und Nicolette*, Übers. F. von Oppeln-Bronikowski (Leipzig: Amelang, 1911), 32 f. Giacomino da Lentini, »Io m'agio posto in core a Dio servire«; in: Ernest F. Langley, *The Poetry of Giacomino da Lentino* (Cambridge, MA: Harvard Univ. Press, 1915), 73 (italienisch).

53 Guido Guinizelli, »Al cor gentil«, in: Frank-Rutger Hausmann, *Die Gedichte aus Dantes ›De vulgari eloquentia‹* (München: Fink, 1986), 303.

54 Arnaut Daniel, »Lo ferm voler«, in: Alan R. Press (Hg.), *Anthology of Troubadour Lyric Poetry*, 2. Aufl. (Edinburgh: Edinburgh Univ. Press, 1981), 191. Für die Stellung der Dame als rangmäßig Gott nahestehend vgl. auch Arnaut, »Ans que'l cim«, in: *Les Poésies d'Arnaut Daniel*, Hg. René Lavaud (1910; Nachdr., Genf: Slatkine, 1973), 96 ff.

55 Dante, *La Vita Nuova*, Hg. T. Casini (Florenz: Sansoni, 1962), 209 (letzter Satz des Werkes). Boccaccio, *Leben Dantes* (frühere Fassung),

86, in: *Tutte le opere di Giovanni Boccaccio,* Hg. Vittore Branca (Verona: Mondadori, 1974), III, 458.

56 Jordanus von Sachsen, *Brief* 13, in: Berthold Altaner, *Die Briefe Jordans von Sachsen* (Leipzig: Harrassowitz, 1925), 17 (lat.); und Wilhelm Oehl, *Deutsche Mystikerbriefe des Mittelalters 1100–1550* (München: G. Müller, 1931), 181. Der Text enthält eine Anspielung auf Ps 60,9.

57 L. T. Topsfield, *Troubadours and Love* (Cambridge: Cambridge Univ. Press, 1975), 195.

58 Petrarca, *Canzoniere:* »keuschen Worte«, Nr. 302 [nach Petrarca, *Sonette,* Hg. Franz Spunda (München: G. Müller, 1920), LXVII]; »veggia il mio«, Nr. 349. Petrarcas Lob des Arnaut Daniel findet sich in seinen *Trionfo d'amore,* »Triumphus cupidinis« 4:40 ff.

59 Jill Tilden, *Spiritual Conflict in Petrarch's Canzoniere,* in: Fritz Schalk (Hg.), *Petrarca 1304–1374: Beiträge zu Werk und Wirkung* (Frankfurt: Klostermann, 1975), 287–319: »humanistischem«, 319. Petrarch, *Secretum:* »sie hat deinen«, 3. Dialog in Francesco Petrarca, *Opere,* Hg. E. Bigi (Mailand: Mursia, 1963), 626. Über Petrarcas geistiges Ringen vgl. noch Irving Singer, *The Nature of Love* (Chicago: Univ. of Chicago Press, 1984), II, 130–141.

60 Jakob von Vitry, *Leben der Maria von Oignies,* Vorwort, in: *Acta sanctorum,* rev. Ausg. von Jean Carnandet (Paris: Palmé, 1867), Juni Bd. 5, 548 b, Übers. bei Peter Dinzelbacher, *Europäische Frauenmystik im Mittelalter,* in: *Frauenmystik im Mittelalter,* Hg. P. Dinzelbacher u. a. (Stuttgart: Schwabenverlag, 1985), 11–23, hier 12. Dinzelbacher, *Vision und Visionsliteratur,* 226–251 erörtert die Feminisierung, Emotionalisierung und Individualisierung der Visionserfahrung im 13. Jahrhundert.

61 Mechthild, *Das fließende Licht der Gottheit,* 7:57. Die benutzte Übersetzung ist die von Margot Schmidt (Einsiedeln: Benziger, 1956).

62 Mechthild, *Fließendes Licht,* 3:1. Den Aufbau von Mechtilds Himmel erörtert Petrus W. Tax, *Die große Himmelsschau Mechtilds von Magdeburg und ihre Höllenvision,* in: *Zeitschrift für deutsches Altertum* 108 (1979), 112–137. Daß die Heiligen die »leeren Plätze« ausfüllen werden, ist eine geläufige Annahme des Mittelalters, s. zum Beispiel Otto von Freising, *Chronik,* 669 (8:31–32).

63 Mechthild, *Fließendes Licht,* 4:24. Mit Bezug auf Offb 2,10.

64 Mechthild, *Fließendes Licht,* 3:1.

65 Mechthild, *Fließendes Licht:* »schönen Jünglings; nun geht,« 1:44. Die höfischen Motive dieses Texts untersucht Elizabeth Wainwright-de Kadt, *Courtly Literature and Mysticism,* in: *Acta Germanica* 12 (1980), 41–60.

66 Mechthild, *Fließendes Licht,* 1:44.

67 Mechthild, *Fließendes Licht,* 3:1. Vgl. Tax, *Die große Himmelsschau,* 124 f.

68 Andreas Capellanus, *Über die Liebe*, 222.

69 Für das geistige Leben und die Bildung im Konvent zu Helfta vgl. Caroline Walker Bynum, *Jesus as Mother: Studies in the Spirituality of the High Middle Ages* (Berkeley, CA: Univ. of California Press, 1982), 176. Gertrud, *Gesandter*: »einen liebenswürdigen«, 2:1, Freundschaft, 2:3, »du beglückender«, 3:65; »Ich bin so«, 3:5 (*SC* 139:230.36; 143:266.26); *Messe, vom Herrn selbst gefeiert*: Liebeslied, 14 (*SC* 331:304). Als Übersetzung wurde benützt: Gertrud die Große von Helfta, *Gesandter der göttlichen Liebe*, Übers. Johanna Lanczkowski (Heidelberg: Schneider, 1989); die Übersetzerin hat freundlicherweise auch die übrigen Gertrud-Texte für uns wiedergegeben.

70 Gertrud, *Gesandter*: »nahm sie«, 4:14, »niemand kann«, 3:8 (*SC* 255:162; 143:34). Dies., *Geistliche Übungen*: »wenn ich Ihn«, 3:276–278 (*SC* 127:114). In dies., *Messe*, 5 (*SC* 331:29 ff.), wird Gertrud neben Jesus inthronisiert und erhält königlichen Purpur.

71 Phyllis B. Roberts, *Stephen Langton's Sermo de Virginibus*, in: Julius Kirshner u. a. (Hg.), *Women of the Medieval World* (Oxford: Blackwell, 1985), 103–118, hier 117.

72 Gertrud, *Geistliche Übungen*: »laß mich«, 3:166 ff. (*SC* 127:104). *Breviarium Romanum*, pars aestiva (Mechelen: Dessain, 1903): »Maria, die; heute schwebte«, 605 f.; beide Texte stehen in den meisten mittelalterlichen Antiphonaren, z. B. dem von Bamberg aus dem 12. und dem von Rheinau aus dem 13. Jahrhundert, s. *Corpus Antiphonalium Officii*, Hg. René-Jean Héobert (Rom: Herder, 1963–68), III, Nr. 3707 und 3105.

73 Gertrud, *Geistliche Übungen*: »führe mich; wir bitten«, 3:174 f. (*SC* 127:104). Über das Gruppenbewußtsein s. Bynum, *Jesus as Mother*, 82–109. Zum Begriff der »Rolle« in der religiösen Erfahrung vgl. Hjalmar Sundén, *Religionspsychologie*, Übers. H. Reller (Stuttgart: Calwer Verlag, 1982), 33–49.

74 Gertrud, *Gesandter:* »stellte sich«, 5:10,3; Jesus erklärt, 5:27,9; in den Armen Christi, 5:32,2 (*SC* 331:146. 220 f. 257).

75 Gertruds Bevorzugung von Frauen ergibt sich aus der Art, wie sie vom postmortalen Schicksal der *Männer* spricht, die mit ihrem Kloster verbunden waren: ihr Tod wird stets ohne große innere Beteiligung beschrieben; vgl. Gertrud, *Gesandter,* 5:11–15 (*SC* 331:148–168). Für Bernhards Gleichsetzung der menschlichen Seele mit der Braut des Hohenliedes und ihrer himmlischen Begegnung vgl. dessen *Predigten über das Hohelied*, 52:2 [Bernhard von Clairvaux, *Schriften*, Übers. A. Wolters (Wittlich: G. Fischer, 1938), VI, 45]. Das *coelum Trinitatis* wird bei Albert dem Großen in der *Summa de creaturis*, 3:10 erörtert (s. oben, Anm. 22).

76 *Pontificale Romanum* des Wilhelm Durandus (1230–1296): »desponso te«, in: Michel Andrieu, *Le pontifical romain au moyen-âge* (Città del

Vaticano: Biblioteca Apostolica Vaticana, 1940), III, 419; das Ritual wird noch heute verwendet: Athanasius Wintersig, *Die Jungfrauenweihe* (Düsseldorf: Schwann, 1926), 22. Caroline W. Bynum, ... *And Woman His Humanity: Female Imagery in the Religious Writing of the Later Middle Ages,* in: W. C. Bynum u. a. (Hg.), *Gender and Religion* (Boston: Beacon Press, 1986), 257–288, hier 272 auf der Grundlage von *PL* 197:336. Als Bräute gekleidete Nonnen des 20. Jahrhunderts sind abgebildet bei Eve Arnold, *The Unretouched Woman* (New York: Knopf, 1976), 136–145.

77 *Regel für Einsiedlerinnen* (ca. 1200): »O Herrin«, in: *The Ancrene Riwle,* Übers. M. B. Salu (London: Burns & Oates, 1955), 15 f. *Sawles warde:* »die Schönheit«, in: *Old English Homilies.* First Series, 260; dieser Text gehört zu einer Reihe, die den Stand der Jungfrauen preist, s. Albert C. Baugh (Hg.), *A Literary History of England,* 2. Aufl. (London: Routledge & Kegan Paul, 1967), 123–126. An Nonnen gerichtete Predigten stammen von Alain de Lille (1120–1202), in *PL* 210:194 f.; und Stephen Langton, *Sermo de virginibus,* in: Roberts, *Stephen Langton's Sermo.*

78 William L. Moran, *The Ancient Near Eastern Background of the Love of God in Deuteronomy,* in: *Catholic Biblical Quarterly* 25 (1963), 77–87.

79 Otto von Freising, *Chronik:* Jerusalem nicht auf der Erde, nicht aus Steinen, 645 ff. (8:25); keine goldenen Straßen, 651 (8:25); »erfreut und«, 673 (8:33).

Kapitel 5

1 *Dialogo facetissimo et ridiculosissimo,* in: Angelo Beolco il Ruzante, *I Dialoghi,* Hg. Giorgio Padoan (Padua: Antenore, 1981), 92–95. Der *Dialogo* wurde 1529 erstmals öffentlich vorgetragen.

2 Für die neue Wertschätzung von Welt und Ehe s. Denys Hay, *The Italian Renaissance in Its Historical Background* (Cambridge: Cambridge Univ. Press, 1979), 130; Clarissa W. Atkinson, *Precious Balsam in a Fragile Glass: The Ideology of Virginity in the Later Middle Ages,* in: *Journal of Family History* 8 (1983), 131–143, und vor allem Charles Trinkaus, *In Our Image and Likeness: Humanity and Divinity in Italian Humanist Thought* (London: Constable, 1970), II, 674–682, auf dessen Werk wir uns für die Theologie der Renaissance stützen.

3 Walter Rüegg u. a., *Cicero im Mittelalter und Humanismus,* in: *Lexikon des Mittelalters* (München: Artemis, 1983), III, 2063–2077: aetas aristoteliana/ciceroniana, 2063.

4 Dionysios von Fourna-Agrapha, *Malerhandbuch des Malermönchs Dionysios vom Berge Athos,* Übers. Godehard Schäfer (München: Sla-

visches Institut, 1983), 125. Dieses Handbuch aus dem 18. Jahrhundert beruht auf mittelalterlicher Tradition, wie man beispielsweise an der Weltgerichts- und Paradiesdarstellung einer Evangelienhandschrift aus dem Konstantinopel des 11. Jahrhunderts erkennen kann: *Manuscrit grec 74*, fol. 93 (Bibliothèque nationale, Paris), in: *Evangiles avec peintures byzantines du XIe siècle*, Hg. Bibliothèque nationale (Paris: Berthaud, 1908), I, Taf. 81.

5 Über Abt Desiderius vgl. Leo von Ostia, *Die Chronik von Monte Cassino*, 3:27, in: Elizabeth G. Holt (Hg.), *A Documentary History of Art* (Garden City, NY: Doubleday, 1957), I, 13.

6 Unsere Deutung weicht in Einzelheiten ab von Otto Lehmann-Brockhaus, *Abruzzen und Molise. Kunst und Geschichte* (München: Prestel, 1983), 395–397.

7 *Elucidarium*, 3:78, in: Yves Lefèvre, *L'elucidarium et les lucidaires* (Paris: de Boccard, 1954), 463. Für die Siegespalme vgl. Offb 7,9 und Jakob von Voragine, *Legenda aurea*, Hg. Th. Graesse, 3. Aufl. (1890; Nachdr., Osnabrück: O. Zeller, 1965), 505 (Nr. 119). Die Geschichte des Ritters ist im »Purgatorium des hl. Patrick« in der *Legenda aurea*, 215 f. (Nr. 50) erzählt.

8 Girolamo Savonarola, *Compendio di rivelazioni e Dialogus de veritate prophetica*, Hg. Angela Crucitti (Rom: Belardetti, 1974), 205 (lateinisch).

9 Savonarola, *Compendio:* Marias Thron und das »wunderbare Licht«, 206; Leiter, 225. Die Gegenwart des Göttlichen im Paradies kommt auch in der Szene der »Anbetung des Lammes« im Genter Altar von Jan van Eyck (1432) zum Ausdruck.

10 Charles de Tolnay, *Two Drawings after a Lost Triptych by Hieronymus Bosch*, in: *Record of the Art Museum. Princeton University* 20 (1961), 43–48. Allerdings bestreiten einige Autoren die Zuschreibung an Bosch und datieren das Fragment auf ca. 1520/30, s. Gerd Unverfehrt, *Hieronymus Bosch* (Berlin: Mann, 1980), 214 f.

11 Hesiod, *Werke und Tage*, 111 und 168–173. Harry Levin, *The Myth of the Golden Age in the Renaissance* (London: Faber & Faber, 1970), und Elizabeth Armstrong, *Ronsard and the Age of Gold* (Cambridge: Cambridge Univ. Press, 1968).

12 Vergil, *Aeneis*, 6:673–675, in: Vergil, *Aeneis*, Übers. Johannes Götte, 6. Aufl. (München: Artemis, 1983), 259. Zum Brunnenmotiv vgl. Ps 36,9 – »bei dir ist der Brunnen des Lebens«. *Rosenroman*, 1595–1599, in: *Der Rosenroman*, Übers. Gustav Ineichen, 2. Aufl. (Berlin: E. Schmidt, 1967), 49. Claudio Tolomei, »Briefe vom 26. Juli 1543«, Übers. in: Elisabeth B. MacDougall u. a., *Fons Sapientiae: Renaissance Garden Fountains* (Dumbarton Oaks Colloquium on the History of Landscape Architecture, 1977; Washington, DC: Stinehour Press, 1978), 5 f.

Die unmittelbare Anregung für die Zelte verdankt Bosch offenbar seiner Lektüre einer niederländischen Fassung der *Vision des Tundal,* einer Schrift des 12. Jahrhunderts. Der Held dieser Geschichte sah im Paradies »viele Zelte aus Purpur und weißen Seidentüchern, aus Gold und Silber und Seide in wunderbarer Kostbarkeit gefertigt«. D. Bax, *Hieronymus Bosch: His Picture-Writing Deciphered,* Übers. M. A. Bax-Botha (Rotterdam: Balkema, 1979), 362. Die Kostbarkeit von Gottes mosaischem Zeltheiligtum ist hier auf menschliche Paradieszelte übertragen (Ex 26,1).

13 Giovanni Boccaccio, *Opere in versi (…) epistole,* Hg. P. G. Ricci (La letteratura italiana 9; Mailand: Ricciardi, 1965): »Felder, Hügel«, 1140 (Brief an Pino de'Rossi, 1631). Ders., *Das Dekameron,* Übers. Albert Wesselski (Frankfurt: Insel, 1981), I, 233 (3. Tag, Einführung).

14 John Pope-Hennessy, *A Sienese Codex of the Divine Comedy* (London: Phaidon Press, 1947).

15 Johannes Tinctoris, *Complexus effectuum musices* (nach 1475), in dessen *Opera theoretica,* Hg. Albert Seay (Rom: American Institute of Musicology, 1975), II, 168, mit Hinweis auf Vergils *Aeneis,* 6:643–646.

16 Den Einfluß von *Der Traum des Scipio* in der Renaissance erörtern Pierre Courcelle, *La postérité chrétienne du* Songe de Scipion, in: *Revue des études latines* 36 (1958), 205–234, bes. 229ff.; und Dominic Baker-Smith, *Juan Vivès and the* Somnium Scipionis, in: R. R. Bolgar (Hg.), *Classical Influences on European Culture A.D. 1500–1700* (Cambridge: Cambridge Univ. Press, 1976), 239–244. Zahlreiche Exemplare vom *Traum des Scipio* und *Über das Greisenalter* sind in italienischen Bibliothekskatalogen der Renaissance verzeichnet, s. Berthold L. Ullmann und Philip A. Stadter, *The Public Library of Renaissance Florence* (Padua: Antenore, 1972), und Elisabeth Pellegrin, *La bibliothèque des Visconti et des Sforza, ducs de Milan, au XVe siècle* (Paris: CNRS, 1955).

17 Petrarca, *Familiarum rerum libri,* 2:1, in: Francesco Petrarca, *Le Familiari,* Hg. Vittorio Rossi (Florenz: Sansoni, 1933), I, 58. Erasmus, *Vertraute Gespräche,* Abschnitt »Convivium religiosum«, in: *Desiderii Erasmi opera omnia,* Hg. Joannes Clericus (1703; Nachdr., Meisenheim: Hain, 1961), I, 682.

18 Tibull, *Elegien* II 3:70–74, in: *Tibull und sein Kreis,* Hg. Wilhelm Willige (München: Heimeran, 1966), 77. *La Métamorphose d'Ovide figurée* (Lyon, 1557) enthält das folgende Gedicht, das als Frontispiz abgebildet ist bei Levin, *The Myth of the Golden Age in the Renaissance:* »L'amour n'estoit suget au blasonneur, / Ains pouvoit on de s'amie estre aymé, / Hanté, baisé, sans creindre deshonneur: / Dont à bon droit l'aage d'or fut nommé.« [Liebe war keine Sache für böse Zungen. Daher konnte man von seiner Freundin geliebt, besucht und

geküßt werden ohne Angst vor Schande. Mit Recht gilt es als das Goldene Zeitalter.]

19 Tibull, *Elegien* I 3:57–66, in: *Tibull und sein Kreis*, 29.

20 Francesco Colonna, *Hypnerotomachia Poliphili*, Nachdruck hg. v. Giovanni Pozzi u. a. (Padua: Antenore, 1964), I, 176–177. Im Jahre 1467 geschrieben, wurde der Roman 1499 erstmals gedruckt.

21 Ronsard, »O pucelle plus tendre« (1550) und »Plus estroit que la vigne à l'ormeau« (1578), in: Pierre de Ronsard, *Œuvres complètes*, Hg. Gustave Cohen (Paris: Gallimard, 1950), II, 702 und I, 295. Beide Texte beruhen auf einem früheren lateinischen Gedicht von Johannes Secundus (1511–1536), der seinerseits Tibull nachahmt, s. F. A. Wright, *The Love Poems of Joannes Secundus* (London: Routledge, 1930), 40–43, doch hat Ronsard auch Tibull gelesen: Andrée Thill, *Tibulle au miroir de Ronsard*, in: *Bulletin de l'Association Guillaume Budé* (1979), 188–198; R. E. Hallowell, *Ronsard and the Conventional Roman Elegy* (Urbana, IL: Illinois Univ. Press, 1954), 109 f., 121–128.

22 Marot, »Ekloge über den Tod von Luise von Savoyen«, in: *Les Œuvres de Clément Marot*, Hg. Georges Guiffrey (Paris: Schemit, 1911), IV, 405.

23 Vergil, *Aeneis* 6:642–644. Statius, *Silvae*, V 1:253–257. Damien Sicard, *La liturgie de la mort dans l'eglise latine* (Münster: Aschendorff, 1978), 215–220.

24 Valla, *Über die Lust*: »die Glocken aller«, 3:25, 2; »was mich betrifft«, 3:25, 17; »wird dich an ihre«, 3:25, 21, in: Lorenzo Valla, *On Pleasure – De voluptate*, Übers. A. Kent Hieatt und Maristella Lorch (New York: Abaris Books, 1977), 307, 313 und 315.

25 Valla, *Über die Lust*: »die dich bis«, 3:25, 11, in: Laurentius Valla, *Opera omnia* (Turin: Bottega d'Erasmo, 1962), I, 990 [die Stelle fehlt in der Ausgabe von Hieatt und Lorch, die den Text der abgeschwächten 2. Auflage bietet]; »ohne Irrtum«, 3:24, 17; »die Begierde nicht«, 3:23, 6; Spiel mit Engeln usw., 3:24, 13 [Ausgabe von Hieatt/Lorch, 305, 295, 301 ff.].

26 Emma Spina Barelli, *Note iconografiche in margine alla Cantoria di Donatello*, in: *Storia dell'arte* 15/16 (1972), 283–291.

27 »Mehr als im ganzen Jahrtausend zuvor haben sich Maler zwischen 1420 und 1460 um die Darstellung von Landschaft bemüht, um die exakte Wiedergabe von Bäumen, Blumen und wolkigen Himmeln.« James Beck, *Italian Renaissance Painting* (New York: Harper & Row, 1981) 4 f. Über die Entdeckung landschaftlicher Schönheit s. ferner Bernard Berenson, *The Italian Painters of the Renaissance* (London: Phaidon Press, 1968), II, 13, und bes. Jacob Burckhardt, *Die Kultur der Renaissance in Italien* (Berlin: Knaur, 1928), 292 ff. Herbert A. Stützer, *Malerei der italienischen Renaissance* (Köln: Du Mont, 1979), 92.

28 John Pope-Hennessy, *Giovanni di Paolo 1403–1483* (London: Chatto & Windus 1937), 136.

29 Pope-Hennessy, *Giovanni di Paolo*, 135. Die spätere Fassung von Giovannis *Paradies* (ca. 1463/83) befindet sich in der Pinacoteca von Siena.

30 Franziskus Silvester, *Leben der Seligen Osanna*, in: *Acta Sanctorum*, neue Ausg. von Jean Carnandet (Paris: Palmé, 1867), Juni Bd. 4, 557–601: Begegnung mit Paulus, Gott, Thomas von Aquin, 573 (Nr. 71); Dominikus, 574 (Nr. 72); Umarmung der Columba, 574 (Nr. 73); Columbas Tod, 577 (Nr. 89).

31 Erasmus, *Vertraute Gespräche*, Abschnitt über »Die Apotheose des unvergleichlichen Johannes Reuchlin«, in: *Desiderii Erasmi opera omnia*, I, 689–692.

32 Celso Maffei, *Delitiosa explicatio de sensibilibus deliciis paradisi* (Verona: Lucas Antonius Florentinus, 1504), ohne Seitenzahl.

33 S. die Predigten von Pseudo-Augustinus (Ambrosius Autpertus) und Bernhard von Clairvaux (*PL* 39:2134; 183:416). Bernhard stellt sich vor, wie Maria mit »freudiger Umarmung« und mit »Küssen (...) vom Munde dessen, der zur Rechten des Vaters sitzt«, im Himmel empfangen wurde.

34 Über Celso Maffei s. D. Nicola Widloecher, *La congregazione dei canonici regolari lateranensi* (Gubbio: Scuola Tipografica Oderisi, 1929), 335–339.

35 Ernest T. DeWald, *Italian Painting 1200–1600* (New York: Holt, Rinehart & Winston, 1961), 317f.

36 *Elucidarium*, 3:81, in: Lefèvre, *L'elucidarium*, 464. Über die Ergänzung von Lendenschürzen s. Götz Kraft, *Studien zur Erzähltechnik des Luca Signorelli* (Diss. München; München: Salzer, 1980), 153. Leo Steinberg, *The Sexuality of Christ in Renaissance Art and in Modern Oblivion* (New York: Pantheon, 1984) schreibt über die Bedeutung der Nacktheit in der Renaissance-Kunst.

37 Bartolomeo Facio, *De vitae felicitate*, zitiert von Trinkaus, *In Our Image and Likeness*, I, 225. Thomas, *Sth*, Suppl. 81:4.

38 Dionysius der Karthäuser, *Über die Kontemplation* 1:18, in dessen *Opera omnia*, hg. von Mönchen des Karthäuserordens (Tournai: Carthusia, 1912), XLI, 154. Die Theologie des Dionysius setzt offenbar die Neubewertung des »tätigen Lebens« voraus, wie sie für die dominikanische Mystik typisch ist, s. dazu Alois M. Haas, *Die Beurteilung der Vita contemplativa und activa in der Dominikanermystik des 14. Jahrhunderts*, in: *Arbeit – Muße – Meditation*, Hg. Brian Vickers (Zürich: Verlag der Fachvereine, 1985), 109–131.

39 Thomas, *STh*, Suppl. 84:2.

40 Zur Reiselust vgl. Valla, *Über die Lust*, 3:25, 6 (Valla, *On Pleasure – De voluptate*, 309), und Burckhardt, *Die Kultur der Renaissance in Italien*,

280–283. Bartolomeo Facio, *De vitae felicitate,* zitiert bei Trinkaus, *In Our Image and Likeness* I, 226 und 412 Anm. 88.

41 Die in der Renaissance verbreitete Ansicht von der freien Bewegung der Seligen hat ein Echo in Bellarmins *Kunst, gut zu sterben (De arte bene moriendi,* 1621), Buch II,4, wo der Verfasser ausruft: »Welch eine Wonne wird es sein, bald nach Osten, bald nach Westen zu eilen, bald von Süden nach Norden zu gelangen, ja das ganze Weltall in einem Augenblick zu umkreisen, während die Verdammten in der Hölle die ganze Ewigkeit an *einem* Ort verharren müssen, an Händen und Füßen gebunden.« Robert Bellarmin, *Opera omnia,* Hg. Justin Fèvre (Paris: Vivès, 1873), VIII, 598.

Kapitel 6

1 *Nachfolge Christi:* »Quando memorabor Domine tui solius?«, 3:48, in: *Thomae Hemerken a Kempis opera omnia,* Hg. Michael J. Pohl (Freiburg: Herder, 1904), II, 231.

2 Horst Beintker, *Luthers Gotteserfahrung und Gottesanschauung,* in: Helmer Junghans (Hg.), *Leben und Werk Martin Luthers von 1526 bis 1546* (Göttingen: Vandenhoeck & Ruprecht, 1983), 39–62: »Gott war«, 39. Luther, *WA Br:* »Christus und«, 1:90 und *WA TR:* »wir sind Bettler«, 5, Nr. 5677. Wir zitieren nach *D. Martin Luthers Werke. Kritische Gesamtausgabe* (»Weimarer Ausgabe«; Weimar: Böhlau, 1883 ff.), abgekürzt *WA.* Diese Ausgabe enthält auch Luthers Briefwechsel *(WA Br)* und Tischreden *(WA TR).*

3 Calvin, *Institutio:* »unser Dasein«, 1:1 *(CR* 30:31). Ders., *CR:* »alles muß«, 77:471 (mit Zitat von 1 Kor 10,31); »daß dem Menschen«, 34:9/ 10. Die Werke Calvins und anderer Reformatoren sind gesammelt im *Corpus Reformatorum,* abgekürzt *CR.* Nur die *Institutio (CR* 30) wird gesondert angeführt und nach Calvin, *Unterricht in der christlichen Religion,* Übers. Otto Weber, 4. Aufl. (Neukirchen: Neukirchener Verlag, 1986), zitiert. Über Calvins Sicht des ewigen Lebens vgl. Heinrich Quistorp, *Calvins Eschatologie* (Gütersloh: Bertelsmann, 1941); und David E. Holwerda, *Eschatology and History: A Look at Calvin's Eschatological Vision,* in: Donald K. McKim (Hg.), *Readings in Calvin's Theology* (Grand Rapids, MI: Baker, 1984), 311–342.

4 Luther, *WA TR* 3, Nr. 3901 mit Bezug auf Joh 14,8. Melanchthon, *CR:* »Ja, wir sollen«, 11:731, hier angeführt nach einer zeitgenössischen deutschen Übertragung aus Robert Stupperich, *Der unbekannte Melanchthon* (Stuttgart: Kohlhammer, 1961), 231.

5 Calvin, *CR:* »solange sie«, 33:190. Ders., *Institutio:* »uns selber; sich ihnen selber«, 3:25, 10 *(CR* 30:741 f.). Ders., *CR:* »unsere Herrlichkeit«, 83:331 f.

6 Melanchthon, *Apologie des Augsburger Bekenntnisses*, Art. 17 (*CR* 27:583). Konzil von Florenz (1439), *Laetentur caeli*: »jedoch die einen« [Text bei Heinrich Denzinger u. a. (Hg.), *Enchiridion symbolorum*, 32. Aufl. (Freiburg: Herder, 1963), Nr. 1305]. Calvin, *Institutio*: Gutsbesitzer, 3:18, 3 (*CR* 30:605 f.), mit Bezug auf Mt 20,1–15.

7 Luther, *WA*: »so werden«, 12:266. Ders.: »ob Gott«, berichtet von Johannes Mathesius, *Leychpredigten* (Nürnberg: Johann vom Berg, 1559), Teil I, 6. Predigt über 1 Kor 15 (ohne Seitenzahl). Die Sicht Augustins kommt am deutlichsten in seiner 87. *Predigt* zum Ausdruck, wo er Mt 20,1–16 wie folgt erläutert: »Der Denar [den alle Arbeiter ohne Rücksicht auf die Arbeitszeit erhalten] ist das ewige Leben, und im ewigen Leben werden alle gleich sein« (*PL* 38:533). Reformatorische Äußerungen zum Thema finden sich bei Luther, *WA* 36:635 f. und 32:538; Calvin, *Institutio*, 3:25, 10 (*CR* 30:742). Auch nach Gerhard (1582–1637) ist die »wesentliche Glückseligkeit« für alle Heiligen dieselbe: Johannes Gerhard, *Loci theologici* (Leipzig: Hinrichs, 1875), IX, 387–395.417.

8 Luther, *WA* 32:371.

9 Luther, *WA*: »ein ganzes«, 11:252; »Gott [hat]«, 16:353.

10 Calvin, *CR* 60:328.

11 Luther, *WA TR* 1, Nr. 1149. Die Vorstellung vom »Weltenbrand« ist biblisch (2 Petr 3).
Während Luther das kopernikanische System ablehnt (*WA TR* 4, Nr. 4638), erwähnt es Calvin nie, s. Christopher B. Kaiser, *Calvin, Copernicus, and Castellio*, in: *Calvin Theological Journal* 21 (1986), 5–31. Die neue Astronomie bereitet den Theologen nicht unbedingt Kopfzerbrechen, denn das Empyreum läßt sich außerhalb des heliozentrischen Universums lokalisieren, s. Jürgen Hübner, *Die Theologie Johannes Keplers zwischen Orthodoxie und Naturwissenschaft* (Tübingen: Mohr, 1975), 188. 288 f.

12 Luther, *WA*: »ganz Himmel«, 14:72; »mit Himmel«, 36:660.

13 Luther, *WA TR*: »da werden die; ihr sollts; da werden Ameisen«, 2, Nr. 2652 b. Ders., *WA*: »war kräftiger«, 42:46; Elbe, 36:599.

14 Luther, *WA TR*: »da werd ich«, 2, Nr. 2584. Ders., *WA TR*: »fröhliche Spekulation«, 2, Nr. 2507, auch *WA Br* 5:377 und *WA* 37:159. Ders., *WA Br*: »ich weiß einen«, 5:377. Ders., *WA*: Milch und feste Speise, 5:602, mit Bezug auf 1 Kor 3,1 f.; 13,11.

15 Luther, *WA*: »Sonne«, 36:660; »mit Lust«, 36:595.

16 Calvin erörtert den Ort des Paradieses in *CR* 74:788 unter Hinweis auf Mt 5,5. Calvin, *Institutio*: »Gußschaum; auch in dem«, 3:25, 11 (*CR* 30:743); als ›geheiltes‹ Metall galt vor allem das Gold, s. Sergej Averincev, *L'or dans le système du symbole de la culture protobyzantine*, in: *Studi medievali* 3/20 (1979), 47–67, bes. 63–65. Calvin, *CR*: Vollkommenheit von Tieren und Pflanzen, 77:153. Der englische Reformator

John Bradford (1510–1555) setzte sich mit der tier- und pflanzenlosen, keine Bewegung der Himmelskörper mehr aufweisenden neuen Schöpfung Thomas von Aquins auseinander. Wenn Paulus in Röm 8 auf »Erneuerung der Welt und aller Dinge« verweist, dann werden nach Bradford auch Pflanzen und Tiere »mit einiger Wahrscheinlichkeit auf ewig erneuert zur Herrlichkeit der Kinder Gottes«. Bradford, *The Restoration of All Things,* in: *The Writings of John Bradford,* Hg. Aubrey Townsend (Cambridge: Cambridge Univ. Press, 1848), I, 359; formuliert im Anschluß an Martin Bucer, *Metaphrases et enarrationes perpetuae epistolarum D. Pauli apostoli* (Straßburg: Rihel, 1536), 344 f.

17 Augustinus: »Pflicht des Befehlens«, *Gottesstaat* 19,16 (*PL* 41: 644). Calvin, *CR:* »wenn die Welt«, 77:547 (s. auch Luther, *WA* 36:595 und 634).

18 Luther, *WA:* keine Familie, 36:634. Ders., *WA Br:* »bei Christus«, 5:241. Ders., *WA:* »wenn mein Weib«, 36:659. Calvin, *CR:* »auseinandergerissen«, 73:675. Zum Thema Familie und Autorität vgl. Steven Ozment, *When Fathers Ruled: Family Life in Reformation Europe* (Cambridge: Harvard Univ. Press, 1983).

19 Ciceros *Über das Greisenalter* als Schullektüre: Calvin, *CR* 38:78 f., R. R. Bolgar, *The Classical Heritage and Its Beneficiaries* (Cambridge: Cambridge Univ. Press, 1954), 351. 357 und M. L. Clarke, *Classical Education in Britain 1500–1900* (Cambridge: Cambridge Univ. Press, 1959), 12. Melanchthon, *CR:* »in der himmlischen«, 9:822.
Es lohnt sich, Zwinglis Ausführungen im vollen Wortlaut wiederzugeben: »Als zweites kannst Du darauf hoffen, Du werdest den vertraulichen Kreis, die Zusammenkunft und Tafelrunde aller Heiligen, Weisen, Gläubigen, Standhaften, Tapferen und Ausgezeichneten sehen, die seit Erschaffung der Welt einmal gelebt haben. Dazu gehören die beiden Adame, der Erlöste und der Erlöser, Abel, Henoch, Noach, Abraham, Isaak, Jakob, Juda, Mose, Josua, Gideon, Samuel, Pinehas, Elija, Elischa, Jesaja und die von ihm prophezeite Jungfrau, die Gottesmutter, David, Hiskija, Joschija, [Johannes] der Täufer, Petrus, Paulus; dazu gehören Herkules, Theseus, Sokrates, Aristides, Antigonus, Numa, Camillus, die Catonen, die Scipionen; dazu gehören Ludwig der Fromme und Deine Vorgänger, die Träger der Namen Ludwig, Philipp und Pipin, die im Glauben von hinnen gegangen sind.« Zwingli, *Erklärung des Glaubensbekenntnisses,* in: Huldrych Zwingli, *Ausgewählte Schriften,* Übers. Ernst Saxer (Neukirchen-Vluyn: Neukirchener Verlag, 1988), 163; mit Kommentar von Rudolf Pfister, *Die Seligkeit erwählter Heiden bei Zwingli* (Zollikon: Evangelischer Verlag, 1952), 88. Der Text, 1531 entstanden, richtete sich an den König, wurde jedoch von Bullinger im Jahre 1536 in veränderter Gestalt veröffentlicht (ohne die Aufzählung der Vorfahren des französischen Königs). Zwingli scheint die Kombination der »Catonen und Scipionen«

seinem klassischen Lieblingsautor Seneca, *Consolatio ad Marciam*, 25:2 entnommen zu haben, der sich wiederum auf Cicero stützt. Luther, *WA*: Kritik an Zwingli, 54:143 f. Ders., *WA TR*: Hoffnung für Cicero, 3, Nr. 2412 b und 4, Nr. 3925.

20 Calvin, *Psychopannychia* (*CR* 33, 227). Georg Loesche, *Johannes Mathesius* (Gotha: Perthes, 1895), II: Mathesius' Kenntnis von *Über das Greisenalter*, 147. Mathesius, *Leychpredigten*, Teil I: *Traum des Scipio*, 9. Predigt über 1 Kor 15; Alexander, Scipio, usw., 6. Predigt über 1 Kor 15. Johannes Mathesius, *Ausgewählte Werke*, Hg. Georg Loesche (Prag: Tempsky, 1896), I: Wiedervereinigung, 5. 19. 40 f. 86 f. 90. Melanchthon, *CR* 11:733.

21 *Œuvres complètes du Cardinal de Bérulle* (1644; Nachdr., Monsoult: Maison d'Institution de l'Orataoire, 1960), 171 f. Bérulles Sonnengleichnis ist auf dem Hintergrund der Ansicht zu verstehen, Gott wohne in der Sonne »als seinem königlichen Palast und göttlichen Heiligtum«. Bellarmin, ein Zeitgenosse Bérulles, fand diesen Gedanken in der Vulgata-Fassung von Ps 19,6: »in der Sonne hat er seine Wohnung aufgeschlagen« *(in sole posuit tabernaculum suum)*, s. *Aufstieg des Geistes zu Gott* (1615), »siebte Stufe«, in Robert Bellarmin, *Opera omnia*, Hg. Justin Fèvre (Paris: Vivès, 1873), VIII, 269. Den Gedanken bringt auch die verbreitete Sonnenmonstranz zum Ausdruck, die das Allerheiligste mit einem Kranz von Sonnenstrahlen umgibt. Teresa von Avila, »Nada te turbe« (letzte Zeile des Gedichts).

22 *Katechismus des Konzils von Trient*, Hg. Engelbert M. Münch (Limburg: Steffen, 1941), I, 116. Zur theozentrischen Eigenart der nachtridentinischen Eschatologie vgl. Philipp Schäfer, *Eschatologie: Trient und Gegenreformation* (Handbuch der Dogmengeschichte; Freiburg: Herder, 1984), 67–73.

23 Louys Richeôme, *Catechisme royal* (Lyon: J. Pilehotte, 1607), 215.

24 Antonino Polti, *Della felicità suprema del cielo* (Perugia: G. B. Rastelli, 1575), 187 f. Über den Autor (gest. nach 1596), der auch unter dem Namen Antonio di Collemancio läuft, s. Jacques Quétif und Jacques Echard, *Scriptores ordinis praedicatorum recensiti* (1719/23; Nachdr., New York: Burt Franklin, o. J.), II/1, 317.

25 Polti, *Della felicità:* »die durchlauchteste«, 207; »über alle«, 215. Polti, *Della belleza corporale e spirituale della B. Vergine* (Perugia, 1590), erwähnt bei Quétif und Echard, *Scriptores*, II/1, 317. Besonders dominikanische Autoren priesen Marias Schönheit, s. Richard von St.-Laurent (13. Jahrhundert), *Lob der heiligen Jungfrau Maria*, 5:2 [in *B. Alberti Magni opera òmnia*, Hg. S. C. A. Borgnet (Paris: Vives, 1896), XXXVI, 279–319]; und Antoninus Pierozzi von Florenz (1389–1458), *Summa theologica*, IV 15:10.

26 Polti, *Della felicità:* »Ich sah«, 214, mit Zitat von Gen 33,10. Marias Krone ist die *aureola*, das »Krönchen« der scholastischen Theologie,

das ihren besonderen Lohn für ihre Jungfräulichkeit verkörpert. Sie hat jedoch auch eine Bedeutung als Herrschaftszeichen. Als die Heiligste höchsten Ranges gilt Maria als die Königin des Himmels. Wie die *Gemahlinnen* des Mittelalters und der frühen Neuzeit hat sie an der königlichen Würde ihres Sohnes Anteil. So wurden etwa die französischen Königinnen bis 1610 gekrönt und manchmal mit Maria verglichen. Zu Marias Stellung als Königin s. Michael O'Carroll, *Queen of Angels*, in: *Ephemerides Mariologicae* 34 (1984), 221–237; Edwin Hall und Horst Uhr, *Aureola super auream: Crowns and Related Symbols of Special Distinction for Saints*, in: *The Art Bulletin* 67 (1985), 567–603, bes. 575; Claire R. Sherman, *The Queen in Charles V's Coronation Book*, in: *Viator* 8 (1977), 255–297, bes. 269. 293; Marina Warner, *Maria* (München: Trikont-Dianus, 1982), 115–150. Savonarola beschreibt eine (fiktive) Krone, die Maria überreicht wird, s. Girolamo Savonarola, *Compendio di rivelazioni e Dialogus de veritate prophetica*, Hg. Angela Crucitti (Rom: Belardetti, 1974), 199–203.

27 Seit dem 12. Jahrhundert gilt Maria als mächtigste Fürbitterin, s. Paul Perdrizet, *La vierge de la miséricorde* (Paris: Fontemoing, 1908), 7–17 und 237–252, der auch das aus Homers *Ilias* (22:79 f.) stammende und von Luther und Zwingli (*WA* 51:128; *CR* 91:145) mit Abscheu erwähnte Motiv der Fürbitterin mit entblößter Brust erörtert. Zum »Salve Regina« und »Ave Maria« als spätmittelalterliche Gebete, die 1568 in das römische Brevier aufgenommen wurden, vgl. *Lexikon für Theologie und Kirche*, 2. Aufl. (Freiburg: Herder, 1957–67), I, 1141 und IX, 281 f. Das Gebet zu Maria in der Todesstunde empfiehlt Petrus Canisius, *De Maria virgine incomparabili et Dei genitrice sacrosancta* (Ingolstadt: D. Sartorius, 1577), 618–621 und 735.

28 Nach dem Konzil von Trient (1545–63) muß religiöse Kunst mit der katholischen Lehre übereinstimmen und von Bischöfen überwacht werden, s. Elizabeth G. Holt (Hg.), *A Documentary History of Art*, 2. Aufl. (Princeton, NJ: Princeton Univ. Press, 1982), II, 65. Kirchliche Autoren wenden sich bes. gegen Darstellung von Nacktheit: Johannes Molanus, *De historia sacrum imaginum* (1570), in: J.-P. Migne (Hg.), *Theologiae cursus completus* (Paris: Migne, 1843), XXVII, 91–95; Paolo Prodi, *Ricerche sulla teoria delle arte figurative nella riforma cattolica*, in: *Archivio italiano per la storia della pietà* 4 (1965), 121–212, hier 198. Nach Emile Mâle, *L'art religieux de la fin du XVIe siècle, du XVIIe siècle, et du XVIIIe siècle* (Paris: A. Colin, 1951), 29–48, schätzt die Kunst der katholischen Reform marianische Motive. Maria gilt bereits im 8. Jahrhundert als die »Frau« von Offb 12,1, s. Ambrosius Autpertus in *Corpus Christianorum. Continuatio mediaevalis* (Turnhout: Brepols, 1975), XXVII, 443 f., und Georg Kretschmar, *Die Offenbarung des Johannes* (Stuttgart: Calwer Verlag, 1985), 131–133.

29 Über Marias Stellung im Himmel s. Bonaventura, *Soliloquium*, 4:26, in: *Alleingespräch über die vier geistlichen Übungen* (München: Kösel, 1958), 235; Savonarola, *Kompendium* (1495), in: Savonarola, *Compendio*, 219–220; und Canisius, *De Maria virgine*, 272 (»von den drei«; der Gedanke stammt aus einer patristischen, Athanasius zugeschriebenen Predigt: *PG* 28:939). Die Nachahmung des *Te Deum* findet sich bei Pseudo-Bonaventura, »Psalterium Beatae Mariae Virginis«, in: Bonaventura, *Opera* (Rom: Typographia Vaticana, 1596), VI, 515.

30 Giles Fletcher, *Christ's Victory in Heaven* (1610), aus Nr. 46, 50 und 52 in Giles und Phineas Fletcher, *Poetical Works,* Hg. Frederick S. Boas (Cambridge: Cambridge Univ. Press, 1908), I, 29 f.

31 Franz von Suárez, *Opera omnia,* Hg. Charles Breton (Paris: Vivès, 1866), XIX, 961 f. Von Sales, *Œuvres,* 9:117, mit Bezug auf das Hohelied 2,16. Franz von Sales' Werk wird angeführt nach *Œuvres de Saint François de Sales. Edition complète* (Annecy: Niérat u a., 1892–1964). Als deutsche Übersetzung wurde herangezogen: Franz von Sales, *Werke,* Übers. Franz Reisinger (Eichstätt: Franz-Sales-Verlag, 1959 ff.).

32 Von Sales, *Œuvres,* 9:117f.

33 Von Sales, *Œuvres:* »une certaine gloire accidentelle qu'ils reçoivent en la conversation qu'ils ont par ensemble« [eine gewisse beiläufige Herrlichkeit, die sie durch den Umgang miteinander haben], 10:239; »die Freundschaften«, 10:240.

34 Von Sales, *Œeuvres:* »war mir sehr«, 18:273. Henri Bremond, *Histoire littéraire du sentiment religieux en France* (1923; Nachdr., Paris: A. Colin, 1967), »die am tröstlichsten«, I, 11.

35 Marvin O'Connell, *The Counter-Reformation* (New York: Harper & Row, 1974): »eine Art«, 111. Justus Lipsius, *De constantia* (Antwerpen: Officina Plantiniana, 1605): »Spuren«, 7; »der rechten«, 46. Von Sales, *Œuvres:* Epiktet, 4:36.81 f.148. Zum Einfluß der stoischen Philosophie im frühen 17. Jahrhundert s. Antoine Adam, *Sur le problème religieux dans la première moitié du XVIIᵉ siècle* (Oxford: Clarendon Press, 1959).

36 Polti, *Della felicità:* »terra purgata, e fatta gloriosa«, 180. Dort findet sich auch Poltis Erörterung über die neue Erde als »Limbus« der ungetauften Kinder mit Hinweis auf Savonarola, *Triumph des Kreuzes,* III, 9, in: Girolamo Savonarola, *Il trionfo della croce,* Hg. Lodovico Ferretti (Siena: Biblioteca del Clero, 1899), 238.

37 Pascal, *Mémorial* (1654), in: *Œuvres de Blaise Pascal,* Hg. Léon Brunschvicg (Paris: Hachette, 1904), XII, 4.

38 Über den »Pessimismus« des 17. Jahrhunderts vgl. Adam, *Le problème religieux.*

39 Max Weber, *Die protestantische Ethik und der ›Geist‹ des Kapitalismus,* in: *Gesammelte Aufsätze zur Religionssoziologie* (Tübingen: Mohr,

1920), I, 17–206, hier 116ff. und 123ff. Bramhall, *A Just Vindication of the Church of England* (1654), in: *The Works of John Bramhall* (Oxford: John H. Parker, 1842): »Ich sehe keinen«, I, 120.

40 Hartmut Lehmann, *Das Zeitalter des Absolutismus* (Stuttgart: Kohlhammer, 1980), 111. Lehmann gibt einen guten Überblick über die Krise des 17. Jahrhunderts, die auch erörtert wird von José A. Maravall, *Culture of the Baroque*, Übers. T. Cochran (Manchester: Manchester Univ. Press, 1986), 19–53 und 149ff.

41 Über das fromme Bürgertum in Deutschland, Großbritannien und Frankreich s. Hartmut Lehmann, *The Cultural Importance of the Pious Middle Classes in Seventeenth-Century Protestant Society*, in: Kaspar von Greyerz (Hg.), *Religion and Society in Early Modern Europe* (London: Allen & Unwin, 1984), 33–41; Avihu Zakai, *The Gospel of Reformation: The Origins of the Great Puritan Migration*, in: Journal of Ecclesiastical History 37 (1986), 584–602; Bernhard Groethuysen, *Die Entstehung der bürgerlichen Welt- und Lebensanschauung in Frankreich* (Frankfurt: Suhrkamp, 1978).

42 Madame de Sévigné, *Correspondence*, Hg. Roger Duchêne (Paris: Gallimard, 1972–78): »jegliche Eifersucht; soli Deo«, II, 1035; Bild, 1057f. Über Mme. de Sévignés Religion, s. Henri Busson, *La religion des classiques, 1660–1685* (Paris: Presses universitaires de France, 1948), 5–23 und Eva Avigdor, *Madame de Sévigné* (Paris: Nizet, 1974), 127–143.

43 Mme. de Sévigné, *Correspondence:* »dieser Art«, I, 238; »lassen Sie zu; ich so gänzlich«, I, 723 (s. auch 741); »un peu«, III, 572. Zur religiösen Entwertung der Familienbindung s. Jean-Louis Flandrin, *Familien*, Übers. E. Brückner-Pfaffenberger (Frankfurt: Ullstein, 1978), 186f. Das jansenistische Desinteresse an Reformen erwähnt Gérard Ferreyrolles, *Pascal et la raison politique* (Paris: Presses universitaires de France, 1984), 25.

44 Pierre Nicole, *Des quatre dernières fins de l'homme,* in: *Essais de Morale* (Paris: G. Desprez, 1733): »Gott allein«, IV, 247; »Vermögen«, IV, 255, nachgedruckt in: *Essais de Morale* (Genf: Slatkine, 1971), I, 373 und 375. Nicole, *Traité de la préparation à la mort,* in: *Essais de Morale:* »der Mensch ist«, V, 348f. (Nachdr. I, 506).

45 Baxters Brief vom 14. Juni 1665 ist abgedruckt in *The Works of the Honourable Robert Boyle* (London: W. Johnston, 1772), VI, 518f. Howe, *The Blessedness of the Righteous,* in: *The Works of John Howe* (London: The Religious Tract Society, 1862–63), I, 376.

46 William Perkins, *An Exposition of the Symbole or Creede of the Apostles.* Reniewed and corrected (London: Legatt, 1631), 73f. Der mögliche Konflikt zwischen den beiden Berufungen ist erwähnt in *A Treatise of the Vocations or Callings of Men* (1603), in: *The Work of William Perkins,* Hg. Ian Breward (Appleford: Sutton Courtenay

Press, 1970), 457. Der doppelten Berufung des Puritaners entspricht die Zweizahl der Testamente: das Neue Testament enthält Weisungen für das ewige Heil, das Alte Testament für den Weltdienst; Robert S. Paul, *The Lord Protector: Religion and Politics in the Life of O. Cromwell* (London: Lutterworth, 1955), 60–62.

47 Steere, »Earth Felicities, Heaven's Allowances«, in: Harrison T. Meserole, (Hg.), *American Poetry of the Seventeenth Century* (University Park: Pennsylvania State Univ. Press, 1985), 258. Zwar will Steere die Grenzen der puritanischen Weltfremdheit aufzeigen, doch charakterisiert er deren Geisteshaltung treffend. Über Betrachtung und Meditation der himmlischen Herrlichkeit s. Charles E. Hambrick-Stowe, *The Practice of Piety: Puritan Devotional Disciplines in Seventeenth-Century New England* (Chapel Hill, NC: Univ. of North Carolina Press, 1982), 278–287; und Frank L. Huntley, *Bishop Joseph Hall, 1574–1656* (Cambridge: D. S. Brewer, 1979), 71–90.

48 Howe, *A Discourse Relating to the Expectation of Future Blessedness,* in: *The Works of John Howe,* VI, 3. Aus der protestantischen Theologie des frühen 17. Jahrhunderts verschwand der Glaube an eine »neue Erde«. Während die neue Erde für Arthur Dent (gest. 1607) noch als Aufenthaltsort für Menschen und Engel galt, konnten spätere Puritaner mit dem Begriff nichts mehr anfangen. Hezekiah Holland bezieht den Ausdruck »neue Erde« auf den verklärten menschlichen Körper; James Durham meint, sie sei etwas, das Gott nicht für menschlichen Gebrauch, sondern nur »für seine eigene Herrlichkeit« erschaffen werde. Arthur Dent, *The Ruine of Rome* (London: N. Okes, 1631), 379 f.; Hezekiah Holland, *An Exposition (…) upon the Revelation* (London: G. Calves, 1650), 168; James Durham, *A Commentarie upon the Book of the Revelation* (London: Company of Stationers, 1658), 755. Für die Vernichtung des materiellen Universums in der kontinentalen Theologie s. Erhard Kunz, *Protestantische Eschatologie: Von der Reformation bis zur Aufklärung* (Freiburg: Herder, 1980), 62–64; für entsprechendes Gedankengut in Amerika s. James West Davidson, *The Logic of Millennial Thought* (New Haven: Yale Univ. Press, 1977), 81–121.

49 Thomas Browne, *Religio Medici,* Hg. L. C. Martin (Oxford: Clarendon Press, 1964), 47. Eine ähnliche Auffassung findet sich bei Johann Gerhard (1582–1637), dem Begründer der lutherischen systematischen Theologie in Deutschland, und bei dem französischen Philosophen Malebranche (1638–1715), s. Gerhard, *Loci theologici,* IX, 157.323; *Œuvres de Malebranche,* Hg. André Robinet (Paris: J. Vrin, 1976), XII/XIII, 399–403.

50 Richard Baxter, *The Saints' Everlasting Rest* (London: T. Underhill & F. Tyton, 1649), 98. Das ist die Erstausgabe des oft nachgedruckten Werks.

51 Baxter, *The Saints' Everlasting Rest:* Luther, Zwingli usw., 84 f. (die

Liste enthält 12 biblische und 32 nichtbiblische Namen); »alle Heiligen«, 86; »alle Herrlichkeit«, 24. Marvell, »A Poem upon the Death of Oliver Cromwell«, in: *The Poems and Letters of Andrew Marvell,* Hg. H. M. Margoliouth, 3. Aufl. (Oxford: Clarendon Press, 1971), I, 136 f. Die Theologen des 17. Jahrhunderts unterschieden oft zwischen einer »primären« Glorie der Seligen, die in der Anschauung Gottes bestehe, und einer »sekundären« oder »beiläufigen« Glorie, die im Umgang mit anderen Seligen liegen möge, s. etwa Gerhard, *Loci theologici,* IX, 352 f. und de Sales, *Œuvres,* 10:239.

52 *The Works of Joseph Hall* (Oxford: Talboys, 1837); »wenn wir einen«, VIII, 262 (aus *Susurrium cum Deo,* 1651); »die Natur«, VI, 197.

53 Über die mittelalterliche Vorstellung von der himmlischen Liturgie der Engel informiert Reinhold Hammerstein, *Die Musik der Engel* (München: Francke, 1962). Baxter, *The Saints' Everlasting Rest:* »welch ein seliger«, 30 (mit Bezug auf Offb 4,11); »Schreien«, 325. N. I. Matar, *Heavenly Joy at the Torments of the Damned in Restoration Writings,* in: *Notes and Queries* 231 (1986), 466 f., schreibt Baxter zu Unrecht die Aufassung zu, die Heiligen würden sich an den Qualen der Verdammten ergötzen.

54 Baxter, *Poetical Fragments* (London: T. Snowden, 1681): »durch seine«, Vorwort. Ders., *The Saints' Everlasting Rest:* »das lebendigste; tiefen Bewußtsein«, 680; »fleischlichen«, 682; »eine Sau«, 273. Ders., *A Christian Directory,* 2. Aufl. (London: R. White, 1678), Teil 3: »Harmonie«, 166 f. Über die Liebe der Puritaner zu Musik und Gesang informieren Hambrick-Stowe, *The Practice of Piety,* 111–116; Horton Davies, *Worship and Theology in England* (Princeton, NJ: Princeton Univ. Press, 1965–75), II, 268–285; Percy A. Scholes, *The Puritans and Music in England and New England* (London: Oxford Univ. Press, 1934), 253–274.

55 *The Bay Psalm Book: A Facsimile Reprint of the First Edition of 1640* (Chicago: Univ. of Chicago Press, 1956), am Ende des Vorworts. Das Vorwort stammt aus der Feder von John Cotton, s. Zoltan Haraszti, *The Enigma of the Bay Psalm Book* (Chicago: Univ. of Chicago Press, 1956), 19–27. William Law, *A Serious Call to a Devout and Holy Life – The Spirit of Love,* Hg. Paul G. Stanwood (New York: Paulist Press, 1978): »bis dich deine«, 223, mit Bezug auf Offb 7,9–12. Natürlich war himmlisches Singen auch Katholiken vertraut, s. von Sales, *Œuvres,* 9:49: »Alles ist um der Anbetung willen geschaffen. Als Gott Engel und Menschen erschuf, geschah dies, damit sie ihn in Ewigkeit lobpreisen – droben im Himmel.«

56 Baxter, *The Saints' Everlasting Rest:* »wir werden«, 763; »dort übertrifft«, 103. *The Sermons of John Donne,* Hg. George R. Potter u. a. (Berkeley: Univ. of California Press, 1962), IV, 128.

57 Perry Miller, *The New England Mind: The Seventeenth Century* (Bos-

ton: Beacon Press, 1961), 21. Miller betont insgesamt die geistigen Interessen der Puritaner und ihren Intellektualismus; vgl. noch John Morgan, *Godly Learning: Puritan Attitudes Towards Reason, Learning, and Education, 1560–1640* (Cambridge: Cambridge Univ. Press, 1986). Increase Mather, *Meditations on the Glory of the Heavenly World* (Boston: Eliot, 1711), 81.

58 Baxter, *The Saints' Everlasting Rest:* »nicht die eines«, 28; »bildet unsere; vor dem Throne«, 29.

59 Das neue Interesse an Baxter im 18. Jahrhundert dokumentiert Frederick J. Powicke, *Story and Significance of the Rev. Richard Baxter's Saints' Everlasting Rest*, in: *Bulletin of the John Rylands Library Manchester* 5 (1918/20), 445–479. John und Charles Wesley, *Selected Writings and Hymns*, Hg. Frank Whaling (New York: Paulist Press, 1981): »bewahre«, 80 (Gebet aus dem Jahre 1733); »ich weiß«, 82. James Herveys *Meditations and Contemplations* (London: Bourne & Evans, 1811) erschienen zuerst 1746; bis 1791 erreichten sie 25 Auflagen, s. *Dictionary of National Biography* (London: Smith, Elder & Co., 1891), XXVI, 282–284. Das bekannteste Beispiel zeitgenössischer Friedhofspoesie ist Robert Blair, *The Grave* (1743).

60 Hervey, *Meditations*, 15. Herveys Haltung kommt in folgender Anekdote in den *Meditations* (3) gut zum Ausdruck: »Kürzlich sah ich einen unbekümmerten Eichelhäher. Der arme Vogel putzte müßig sein schönes Gefieder und hüpfte unbesorgt von Ast zu Ast. Da kommt ein Jägersmann daher und sieht das gefiederte Stück. Schon hat er seine Büchse angelegt und schießt. Schneller als ein Wirbelwind ereilt ihn der bleierne Tod und in einem Augenblick liegt das dumme Tier reglos am Boden. So, so ist es auch mit dem Menschen bestellt, der eine gute Gelegenheit hat, heute Gnade zu erlangen, aber die Verbesserung seiner Lage auf morgen verschiebt. Mitten in seiner Dummheit mag ihn das Ende ereilen und ihn auf immer verderben – während er noch davon träumt, später weise zu sein.«

61 Hervey, *Meditations*: Abraham usw., 36 f.; »unter dem Lächeln«, 59.

62 Hervey, *Meditations*, 59.

63 Zur Entfernung des Bildes im Jahre 1653 vgl. Joseph Braun, *Die Kirchenbauten der deutschen Jesuiten* (Freiburg: Herder, 1908), 187 f. Den Renaissance-Charakter des Gemäldes untersucht Reinhard Liess, *Die Kunst des Rubens* (Braunschweig: Waisenhaus, 1977), 359–369.

Kapitel 7

1 Emanuel Swedenborg, *Himmel und Hölle*, Übers. Friedemann Horn (Zürich: Swedenborg-Verlag, 1977), Nr. 1 und 74. Im folgenden zitiert als *HH*.

2 Über Newtons weder der Mathematik noch der Naturwissenschaft zu-
  zurechnende Schriften informiert Richard S. Westfall, *Never at Rest: A
  Biography of Isaac Newton* (Cambridge: Cambridge Univ. Press,
  1980). Cyriel O. Sigstedt, *The Swedenborg Epic: The Life and Works of
  Emanuel Swedenborg* (London: Swedenborg Society, 1981), 94 und
  185; Swedenborg, *Das Traumtagebuch*, Übers. F. Prochaska (Zürich:
  Swedenborg Verlag, 1978), 18.

3 Swedenborg, *Diarium Spirituale*, Hg. J. F. I. Tafel (Tübingen: Verlags-
  expedition, 1844), Nr. 1166. Zitiert als *DS*. »Welt der Geister« und
  »Himmel der Engel« sind im Untertitel der *Arcana Coelestia* genannt
  (Erstveröffentlichung 1749/56).

4 Swedenborgs Einfluß auf das Geistesleben des 18. und 19. Jahrhunderts erörtern Michael Heinrichs, *Emanuel Swedenborg in Deutsch-
  land* (Frankfurt: Lang, 1979); Karl-Erik Sjödén, *Swedenborg en France*
  (Stockholm: Almqvist & Wiksell, 1985); Horst Bergmann und Eber-
  hard Zwink (Hg.), *Emanuel Swedenborg 1688–1772* (Stuttgart: Württ.
  Landesbibliothek, 1988); Robin Larsen (Hg.), *Emanuel Swedenborg:
  A Continuing Vision* (New York: Swedenborg Foundation, 1988); Er-
  land J. Brock – Jane K. Williams-Hogan (Hg.), *Swedenborg and His
  Influence* (Bryn Athyn: Academy of the New Church, 1988).
  Kants Kritik an Swedenborg findet sich in seiner Schrift *Träume eines
  Geistersehers, erläutert durch Träume der Metaphysik* (1766). Von Swedenborgs angeblicher Fähigkeit, in die Welt jenseits von Raum und Zeit
  einzudringen, hält er nichts. »Das große Werk dieses Schriftstellers«,
  schreibt er, »enthält acht Quartbände voll Unsinn« (Hg. Rudolf Malter; Stuttgart: Reclam, 1976, 65). Andererseits gibt es einen Hinweis
  darauf, daß Kant den Seher zunächst durchaus ernst nahm. Am 8. April
  1766 schrieb er an Moses Mendelssohn, was die Swedenborgsche Geschichte und ihre Vernunftgründe betreffe, so sei er nicht umhin
  gekommen, »einige Vermutung von ihrer Richtigkeit zu nähren, unge-
  achtet der Ungereimtheiten welche die erstere, und der Hirngespinste
  und unverständlichen Begriffe, welche die letztere um ihren Wert bringen« (114).
  Über R. W. Emersons Stellung zu Swedenborg (in *Nature* und *Representative Men*) s. Kenneth W. Cameron, *Emerson's Transcendentalism
  and British Swedenborgianism* (Hartford: Transcendental Books,
  1984); Anne C. Rose, *Transcendentalism as a Social Movement,
  1830–1850* (New Haven: Yale Univ. Press, 1981), 164–174; Russel M.
  und Clare R. Goldfarb, *Spiritualism and Nineteenth Century Letters*
  (Rutherford, NJ: Fairleigh Dickinson Univ. Press, 1978), 53–55; sowie
  Eugene Taylor, *Emerson: The Swedenborgian and Transcendentalist
  Connection*, in: Larsen (Hg.), *Emanuel Swedenborg*, 127–136.

5 Für die Auffassung, die Seele schlafe nach dem Tode oder werde zerstört (um zur Auferstehung neu geschaffen zu werden), s. Norman T.

Burns, *Christian Mortalism from Tyndale to Milton* (Cambridge, MA: Harvard Univ. Press, 1972); Bryan W. Ball, *A Great Expectation: Eschatological Thought in English Protestantism to 1660* (Leiden: E. J. Brill, 1975), 244–246; George H. Williams, *Socinianism and Deism,* in: *Historical Reflections* 2 (1975), 265–290; Philippe Ariès, *Une conception ancienne de l'au-delà,* in: *Death in the Middle Ages,* Hg. Herman Braet und Werner Verbeke (Löwen: Leuven Univ. Press, 1983), 78–87.

6 Calvin, *Psychopannychia* (*CR* 33:188). Diese Abhandlung entstand 1534, wurde aber erst 1542 veröffentlicht. Eine Übersicht über Calvins Auffassung gibt Harro Höpfl, *The Christian Polity of John Calvin* (Cambridge: Cambridge Univ. Press, 1982), 224–226.

7 Thomas Burnet, *A Treatise Concerning the State of Departed Souls before, and at, and after the Resurrection* (London: Bettesworth & Hitch, 1733): »Ruhe und Frieden«, 56; »ein Zustand«, 119. Über die Geschichte des Chiliasmus in Großbritannien informiert Ignacio Escribano-Alberca, *Eschatologie von der Aufklärung bis zur Gegenwart* (Handbuch der Dogmengeschichte; Freiburg: Herder, 1987), 12–51.

8 »A Prospect of Heaven Makes Death Easy« (1707), in: Arthur M. Eastman u. a. (Hg.), *The Norton Anthology of Poetry* (New York: Norton, 1970), 427. Nach John Dahle, in: *Library of Christian Hymns* (Minneapolis: Augsburg, 1928), II, ist dies eines der ersten Lieder, die Watts geschrieben hat. »Man berichtet, er habe dieses Lied im Alter von 21 Jahren verfaßt, als er die herrliche Aussicht von Southampton auf die Wight-Insel genoß. (. . .) An der Stelle, an der das Lied entstanden sein soll, steht jetzt eine Statue des Verfassers. Sie ist so aufgestellt, daß sie ihren Blick auf die prächtige Insel auf der anderen Seite dieser ›Meerenge‹ richtet« (815 f.). Isaac Watts, *Zukünftige Welt,* Hg. Siegmund J. Baumgarten, 2. Aufl. (Halle: Bierwirth, 1749), 6.

9 Swedenborg, *HH,* Nr. 1.

10 Emanuel Swedenborg, *Die wahre christliche Religion,* Übers. Friedemann Horn (Zürich: Swedenborg-Verlag, o. J.), Nr. 792. Zitiert als *WCR.* Swedenborg, *HH:* »so setzt«, Nr. 493.

11 Beispiele für ein Kind (eine Art Homunkulus) als Symbol der Seele finden sich in den Darstellungen des Jüngsten Gerichts im Tympanon der Kathedralen von Bourges, Reims und Paris. Die Geschichte der Seelendarstellung und Flaxmans Beitrag erörtert H. W. Janson, *Thorvaldsen and England,* in: *Bertel Thorvaldsen* (Köln: Museen der Stadt Köln, 1977), 109–112; und ders., *Psyche in Stone: The Influence of Swedenborg on Funerary Art,* in: Larsen (Hg.), *Emanuel Swedenborg,* 115–126. Flaxmans Beziehungen zu Swedenborg und seine Freundschaft mit Blake sind erwähnt bei David Irwin, *John Flaxman 1755–1826* (London: Studio Vista, 1979), 8 und 116–118.

12 Swedenborg, *WCR,* Nr. 796.

13 Swedenborg, *HH*: Städte, Gärten, Nr. 495; je nach Anlage, Nr. 513. Die Vorstellung, daß persönliche Eigenschaften nach dem Tod erhalten bleiben, klingt schon bei Sir Kenelm Digby (1603–1665) an, der den Glauben an ein göttliches Gericht relativiert. In *Two Treatises (…) of the Immortality of Reasonable Soules* (Paris: Blaizot, 1644) heißt es: »Wenn ein Mensch in einem Zustand stirbt, in dem er in ungeordneter Liebe etwas [anderes als Gott] zu seinem höchsten Gut macht, dann bleibt er mit Naturnotwendigkeit in diesem Zustand. Es besteht kein Mißverhältnis, wenn ewige Sünde auch mit ewiger Strafe bedacht wird« (445).

14 Swedenborg, *HH*: »nach all; nicht mit einem«, Nr. 75; »nicht gestalt-lose«, Nr. 77.

15 Swedenborg, *Die eheliche Liebe*, Übers. I. Tafel, 4. Aufl. (Zürich: Swedenborg-Verlag, o. J.), Nr. 44 [1]; abgekürzt *EL*.

16 Swedenborg, *HH*: »Straßen, Gassen; es gibt in«, Nr. 184; »wohnen zumeist«, Nr. 188.

17 Swedenborg, *HH*: »um das Geistige«, Nr. 102; »die ganze natürliche«, Nr. 89; »die Verbindung«, Nr. 112.

18 Swedenborg, *EL*: Engel erscheinen als Kinder, Nr. 137; *HH*: »erschei-nen Gärten«, Nr. 176; *DS*: »manche, wenn (…) leiden«, Nr. 5899.

19 Swedenborg, *HH,* Nr. 175.

20 Swedenborg, *EL*, Nr. 8.

21 Swedenborg, *HH:* standesgemäß wohnen, Nr. 358; »daß die Reichen«, Nr. 357; »von trauriger; sie verachten«; Nr. 360.

22 Christophorus Irenaeus, *Spiegel des ewigen Lebens* (Ursel: N. Henri-cus, 1582): »Städten (…) Gleichnisse«, Kap. 10 (ohne Seitenzahlen). Dieses Werk ist das Vorbild von Nicolais *Freudenspiegel des ewigen Lebens* (1599; Soest: Mocker & Jahn, 1963), s. Martin Lindström, *Philipp Nicolais Verständnis des Christentums* (Gütersloh: Bertelsmann, 1939), 30 ff.

23 Philipp Nicolai, *Theoria vitae aeternae*, in: *Erster Theil aller teutschen Schrifften,* Hg. Georg Dedeken (Hamburg: Herings, 1617), mit ge-trennter Seitenzählung der »Theoria«, 343–374. Daß die neue Erde kein Meer mehr besitzt, ist eine biblische Vorstellung: Offb 21,1.

24 Martin von Cochem, *Das große Leben Christi* (Mariazell: Holtzmayr, 1753), Anhang: »erstlich ist«, 165 f.; »denn was hätten«, 167; »daß im Himmel; in diesem himmlischen«, 170; Palast Christi, 169.

25 Über die Gebrüder Zimmermann und Steinhausen s. Hermann und Anna Bauer, *Johann Baptist und Dominikus Zimmermann* (Regens-burg: Pustet, 1985), 54–57 und 176–189. Peter Hawel erörtert die Barockkirche als Bild oder Symbol des Himmels nach Kirchweihpre-digten und Jubiläumsansprachen: *Der spätbarocke Kirchenbau und seine theologische Bedeutung* (Würzburg: Echter, 1987), 331–350.

26 Für Lavaters Kenntnis von Swedenborgs Werk, s. Alfred Acton, *The*

Letters and Memorials of E. Swedenborg (Bryn Athyn: Swedenborg Scientific Association, 1955), II, 641–643; und Ernst Benz, *Swedenborg und Lavater,* in: *Zeitschrift für Kirchengeschichte* 57 (1938), 153–216. Lavater versuchte, mit dem Visionär Kontakt aufzunehmen, um dessen Meinung über seine Bücher zu erfahren – freilich ohne Erfolg. Er erkundigte sich bei Swedenborg auch nach dem Schicksal eines verstorbenen Freundes (Benz, *Swedenborg,* 155 f.). Offenbar hat Lavater jeden Hinweis auf Swedenborg vermieden, weil Kants *Träume eines Geistersehers* überall bekannt waren.

27 Johann Caspar Lavater, *Aussichten in die Ewigkeit in Briefen an J. G. Zimmermann,* 2. Aufl. (Hamburg: Buchhändlergesellschaft, 1773): »Lustreisen«, III, 99; natürliche Heimat, I, 125; »Wohnungen«, III, 96; »sollte es«, III, 97; »wir werden«, III, 93.

28 Clarke Garrett, *Swedenborg and the Mystical Enlightenment in Late Eighteenth-Century England,* in: *Journal of the History of Ideas* 45 (1984), 67–81, hier 68. Über Swedenborg als Naturwissenschaftler s. Sigstedt, *The Swedenborg Epic,* 107–117 (»The Universe a Mechanism«) und 149–159 (»The Search for the Soul«).

29 Swedenborg, *Die Offenbarung erklärt* (Frankfurt: Mittnacht, 1882): »Verstand nur«, Nr. 834 [abgekürzt *OE*]; *The Divine Love and Wisdom* (New York: Swedenborg Foundation, 1976): »manchmal schwere«, Nr. 253; *Arcana coelestia,* Hg. J. F. I. Tafel (Tübingen: Guttenberg, 1833): Gehorsam, Nr. 9812 [abgekürzt *AC*]; *HH*: »in Zweifelsfällen«, Nr. 215; »die mehr als«, Nr. 223; »allein sie können«, Nr. 48.

30 Swedenborg, *HH*: »diese Engel«, Nr. 280; »ein wunderschönes«, Nr. 341; »Gotteshäuser«, Nr. 223; predigen, Nr. 225.

31 Swedenborg, *DS*: »denken innerlich«, Nr. 5518; Bärte, Nr. 5126–5127 und 5131; Schrift, Nr. 5579; *HH*: Anarchie, Nr. 214. Zu Swedenborgs Meinung über Afrika vgl. J. Durban Odhner, *Reflexions on Africa,* in: *The New Philosophy* 81 (1978), 255–270. Swedenborgs Auffassung über die religiöse Überlegenheit der Afrikaner hat sich auf die Entstehung des Staates Liberia ausgewirkt und zur Bildung großer Swedenborg-Gemeinden in manchen Teilen Afrikas geführt, s. Morton D. Paley, *A New Heaven is Begun,* in: *Blake* 13 (1979), 64–91, hier 83 ff.; und Kurt Hutten, *Seher – Grübler – Enthusiasten,* 12. Aufl. (Stuttgart: Quell, 1982), 580 f.

32 Swedenborg, *HH*: »bis zu ihrem«, Nr. 412; »die Himmlischen«, Nr. 414.

33 Swedenborg, *HH*: »befinden sie (…) Kälte«, Nr. 155; »durch den«, Nr. 158.

34 Swedenborg, *HH,* Nr. 405.

35 Swedenborg, *AC,* Nr. 454.

36 Swedenborg, *DS*: junge Mädchen, no. 5661; Frauen, no. 5668 (und

HH, Nr. 322); *HH*: auf die Erde gesandt, Nr. 391; »bürgerlichen«, Nr. 393; verstoßen, Nr. 64.

37 Calvin, *Psychopannychia* (*CR* 33:190f.).

38 Calvin, *Psychopannychia* (*CR* 33:211).

39 Peter Gay, *The Enlightenment: An Interpretation* (New York: Knopf, 1969), II, 45.

40 Die klassische Erörterung von Fortschrittsideen des 18. Jahrhunderts ist Carl L. Becker, *The Heavenly City of the Eighteenth-Century Philosophers* (New Haven: Yale Univ. Press, 1932), 119–168. Die Annahme, der Begriff sei christlichen Ursprungs, macht Ernest Lee Tuveson, *Millennium and Utopia: A Study in the Background of the Idea of Progress* (1949; New York: Harper Torchbooks, 1964). Die Debatte faßt zusammen W. Warren Wagar, *Modern Views of the Origins of the Idea of Progress*, in: *Journal of the History of Ideas* 28 (1967), 55–70. Das letzte Kapitel von Antoine-Nicolas de Condorcet, *Entwurf einer historischen Darstellung der Fortschritte des menschlichen Geistes*, Übers. W. Alff (1793; Frankfurt: Suhrkamp, 1976) ist überschrieben: »Zehnte Epoche: Von den künftigen Fortschritten des menschlichen Geistes« (193).

41 William Assheton, *A Vindication of the Immortality of the Soul and a Future State* (London, 1703), 57–60.
Ein früher Autor, der den Gedanken eines Fortschritts im Himmel kennt, ist Hugh McCaughwell (1575–1612), ein irischer Franziskaner, der in Rom lehrte. In seinem lateinischen Kommentar zum Werk des mittelalterlichen Theologen Duns Scotus erklärt er ohne weitere Ausführung, daß »die Heiligen nicht alle zweitrangigen Vollkommenheiten [von selbst] bekommen; daher werden sie aufgrund ihrer eigenen Tätigkeit sich diese nach freiem Willen verschaffen«. Er meint auch, daß dadurch »die zweitrangige Glückseligkeit [die auf anderen Geschöpfen beruht] unendlich wachsen kann«. Johannes Duns Scotus, *Opera omnia* (Lyon 1639; Nachdr., Hildesheim: Olms, 1968), X, 605 und XI/1, 296.
In englischer Sprache äußert sich über Fortschritt im Himmel erstmals ein anonym bleibender »Landedelmann«: *The Future State; or, A Discourse Attempting Some Display of the Souls' Happiness in Regard to that Eternally Progressive Knowledge, or Eternal Increase of Knowledge, and the Consequences of it, which Is Amongst the Blessed in Heaven* (London, 1683); deutsch: *Der Glückselige Zustand der Auserwählten in dem ewigen Leben*, Übers. Amadeus Creutzberg (Frankfurt: Förster, 1729). Für den Verfasser muß es in der anderen Welt eine Tätigkeit geben, weil der Mensch von Natur aus aktiv ist. Dabei kommt allerdings nur geistige Tätigkeit in den Blick; jedoch reisen die Heiligen auch von einem himmlischen Land zum andern und studieren deren Sitten und Gebräuche, Gesetze und Lebensbedingungen (36f.;

deutsch: 51 f.). Isaac Watts zollt dieser Schrift Beifall in einer Anmerkung seiner Predigt *Tod und Himmel* (176, Anm.; s. unten, Anm. 43). *The Future State* genoß im 18. Jahrhundert weite Verbreitung in mehreren deutschen Ausgaben (1729 und später); eine französische Übersetzung erschien im Jahre 1700 in Amsterdam.

42 Joseph Addison im *Spectator* Nr. 111, 7. Juli 1711, in: Donald F. Bond (Hg.), *The Spectator* (Oxford: Clarendon Press, 1965), I, 456–459. Swedenborg mag diesen Text in London gelesen haben, wo er sich im Sommer 1711 aufhielt, vgl. die Anmerkung des Herausgebers zu Swedenborg, *The Spiritual Diary*, Übers. G. Bush und J. F. Buss (New York: Swedenborg Foundation, 1978), Nr. 5565.

43 Johann [Isaac] Watts, *Tod und Himmel, oder Der besiegte letzte Feind, und die Geister der vollendeten Gerechten*, Hg. J. J. Rambach (Halle: Waisenhaus, 1727): »angenehmen Betrachtungen«, 85; Watts, *Hymns and Spiritual Songs*, 18. Aufl. (London: Ware u. a., 1755), 155: »Religion never was designed / To make our pleasures less« im Lied »Come, we that love the Lord« (Buch 2, Nr. 30). Arthur Paul Davis, *Isaac Watts: His Life and Works* (New York: Dryden Press, 1943), 109.

44 Watts, *Tod und Himmel*: »solche Art«, 86; »wesentliche Unterschiede«, 87.

45 Watts, *Tod und Himmel*, 123 f.

46 Watts, *Tod und Himmel*, 131. Ähnliche Gedanken äußert der amerikanische Puritaner Cotton Mather (1663–1728), wenn auch nicht so detailliert wie Watts. Nach seinem *Coelestinus* (Boston: Kneeland for Belknap, 1723) »wird Gott seinen Auferweckten weiterhin seine Wunder erweisen in den Tätigkeiten, die sie zugewiesen bekommen. Es heißt in den Lobgesängen der Erlösten, Offb 5,10: *Du hast uns unserem Gott zu Priestern und Königen gemacht, und wir werden herrschen auf Erden.* Unser Herr wird seine Auferweckten zu Lehrern und Herrschern der Völker machen, während der lange, lange, lange Tag des Gerichts andauert.« (149 f.).

47 Watts, *Tod und Himmel*, 138.

48 Watts, *Tod und Himmel*: »kann nicht (…) Person Christi«, 128 f.; »höchstvergnüglich«, 132; »viele tausend«, 135; »wenn ein seliger«, 148. Während die Heiligen nach Watts ihr Wissen nicht nur über Gott, sondern auch über die himmlische Welt erweitern, vertritt Cotton Mather im *Coelestinus* (145) eine traditionellere Meinung: »Ein glorreicher Christus wird deinen Geist in der himmlischen Welt erleuchten, damit du Gott entdecken kannst. Doch wird die Erkenntnis Gottes in Ewigkeit zunehmen. Es ist einem endlichen Menschen unmöglich, alles auf einmal aufzunehmen. Es bedarf nicht weniger als einer ganzen Ewigkeit, um alles aufzunehmen, was sich in einem unendlichen Gott findet. Deine Erkenntnis Gottes wird durch immer neue Entdeckungen fortschreiten. Auf welche Weise die Entdeckungen aber außer einer unmit-

telbareren Erleuchtung vor sich gehen werden, das ist uns noch nicht bekannt. Worin besteht die Anschauung Gottes, worin die Offenbarung Gottes, wer kann das sagen?«

49 Watts, *Tod und Himmel,* 89.

50 Nicolai, *Freudenspiegel:* »Eltern; mit inbrünstiger«, 92; *Theoria:* »Liebe und«, 399.

51 Nicolai, *Freudenspiegel:* »nicht ein irdisch«, 312; »keine sündliche«, 92.

52 Henry More, *The Immortality of the Soul* (London: Morden, 1659): »Luftgeister«, 413; »singen (...) Lustgefühl«, 420.

53 More, *The Immortality of the Soul,* 413.

54 J.-J. Rousseau, *Die Bekenntnisse,* Übers. Alfred Semerau (München: Deutscher Taschenbuch Verlag, 1981), 409 [Buch 9].

55 Jean H. Hagstrum, *Sex and Sensibility: Ideal and Erotic Love from Milton to Mozart* (Chicago: Univ. of Chicago Press, 1980), 234. Jean-Jacques Rousseau, *Julie oder die neue Héloïse,* Übers. Dietrich Leube (München: Winkler, 1978), 780; das Gespräch mit dem protestantischen Pfarrer: 765f. [6. Teil, Briefe 12 und 11].

56 Lavater, *Aussichten in die Ewigkeit,* III, 64.

57 Christoph Martin Wieland, *Briefe von Verstorbenen an hinterlassene Freunde* (Zürich: Orell, 1753), 100f. Richard Price, *Four Dissertations* (London: Cadell, 1777), 321ff. Elizabeth Rowe, »On Heaven«, in: Hoxie N. Fairchild, *Religious Trends in English Poetry* (New York: Columbia Univ. Press, 1939), I, 138. Denis Diderot, *Briefe,* Übers. H. Hinterhäuser und J. Borek (Frankfurt: Insel, 1984), 101 [Brief vom 15. Oktober 1759].

58 François Arnaux, *Les merveilles de l'autre monde* (Lyon: Rigaud, 1614); deutsch: *Wunder der anderen Welt,* Übers. F. C. S. (Mainz: Franckenberg, 1739). Die Bibliothèque nationale katalogisiert Arnoulx, die deutsche Ausgabe hat Arnoux. Der Geruchssinn wird Bd. II, Kap. 19 der französischen Ausgabe abgehandelt; die Grundlage bildet gewiß Thomas von Aquins *Sentenzenkommentar,* IV, 44; 3:1 (Ende). Arnaux wird nach dem französischen Original zitiert, doch ist bei der deutschen Wiedergabe die Übersetzung von 1739 berücksichtigt.

59 Arnaux, *Merveilles,* II, 33f.

60 Arnaux, *Merveilles,* II: »mein Paradies«, 41; »größeres in«, 53f.; »da denkt«, 42.

61 Martin von Cochem, *Das große Leben Christi,* Anhang: »daß die Seligen«, 174; »absonderliche (...) erhalten habe«, 180.

62 Martin von Cochem, *Das große Leben Christi,* Anhang, 180.

63 Martin von Cochem, *Das große Leben Christi,* Teil II, 580. Barocktheater, höfische Feste und Jesuitentheater des ausgehenden 17. Jahrhunderts erörtern Margarete Baur-Heinhold, *Theater des Barock*

(München: Callwey, 1966), 9–32, und Heinz Kindermann, *Theaterge-schichte Europas*, 2. Aufl. (Salzburg: O. Müller, 1972), IV, 55–65.

64 Eine Erörterung der Barockkirche als Bild der Gesamtkirche findet sich bei Karsten Harries, *The Bavarian Rococo Church: Between Faith and Aestheticism* (New Haven: Yale Univ. Press, 1983), 176–195.

65 Harries, *The Bavarian Rococo Church*, 200–203.

66 Swedenborg, *OE*, Nr. 993; *EL*: »die Liebe das«, Nr. 36.

67 Swedenborg, *HH*: »vom Verstand«, Nr. 368; *EL*: »finster, herb (...) somit weise«, Nr. 56.

68 Swedenborg, *EL*: »die Verbindung«, Nr. 165 F; *HH*: »in den Him-meln«, Nr. 382 B; *OE*: »Ich habe«, Nr. 1004. Auf göttliche Offenba-rung, die den Sinn von Mt 22,23 ff. erhellt, ist *EL* 44 [Ende] hingewie-sen.

69 Swedenborg, *EL*, Nr. 54. Zu Swedenborgs Freundschaft mit der Grä-fin s. R. L. Tafel, *Documents Concerning the Life and Character of Emanuel Swedenborg* (London: Swedenborg Society, 1875), I, 699 f.

70 Swedenborg, *EL*, Nr. 20.

71 Swedenborg, *EL*, Nr. 20 und 21.

72 Swedenborg, *EL*: »die Liebe«, Nr. 44; »nach dem Tod (...) empfindba-rer wird«, Nr. 51.

73 Swedenborg, *OE*: »beide Ehegatten«, Nr. 1000; »daß sie (...) verviel-fältigt«, Nr. 992 [die an dieser Stelle etwas gekürzte deutsche Fassung ist nach dem Lateinischen ergänzt: *Apocalypsis explicata* (London: Swedenborg Society, 1889), V, 2564].

74 Hugo L. Odhner, *The Spiritual World* (Bryn Athyn, PA: Academy Publications, 1968), 260; Swedenborg, *EL*, Nr. 44 [Übers. leicht verän-dert].

75 Swedenborg, *EL*, Nr. 44.

76 Die Entwicklung der Stadt zum Ort der Zerstreuung wird nachge-zeichnet von Mark Girouard, *Cities and People: A Social and Architec-tural History* (New Haven: Yale Univ. Press, 1985), 181–210.

77 Swedenborg, *HH*: »bei den Ehen«, Nr. 369; *EL*: Trauung im Himmel; Nr. 20.

78 Swedenborg, *EL*, Nr. 32–33. Über christliche Ehesymbolik vgl. Ken-neth Stevenson, *Nuptial Blessing: A Study of Christian Marriage Rites* (New York: Oxford Univ. Press, 1983).

79 Swedenborgs anti-theozentrische Geschichte ist aus *EL*, Nr. 9.

80 Lavater, *Aussichten in die Ewigkeit*, III, 93.

81 *The Works of the Rev. John Wesley*, 11. Aufl. (London: John Mason, 1856): »vielgepriesenen«, VI, 307; »und, um alles«, VI, 278; »Gott zu sehen«, XIII, 29. Wesley kannte Swedenborgs Schriften und äußerte sich wiederholt über sie; so 1770: »Seine Wachträume sind so heftig, so weit entfernt von der Schrift und vom gesunden Menschenverstand, daß man genausogut die Geschichten vom ›Däumling‹ und ›Jack dem

Riesentöter‹ glauben könnte« (III, 368). Und 1779: »Seine Gedanken über den Himmel sind minderwertig, ordinär, genau passend für ein mohammedanisches Paradies« (IV, 142). Wesleys ausführlichste Stellungnahme sind die 1782 entstandenen *Gedanken über die Schriften Baron Swedenborgs* (XIII, 401–422); obwohl er den Visionär wiederholt zitiert, meint er, »es wäre ermüdend, die besonderen Wunderlichkeiten und Absurditäten in vorstehendem Bericht noch einmal hervorzuheben. Es soll der allgemeine Hinweis genügen, daß er nichts Erhabenes enthält, nichts der Würde des Gegenstandes Entsprechendes.« (417)

82 Swedenborg, *Divine Providence* (London: Swedenborg Society, 1949): »in die tiefe«, Nr. 275; über menschliche Freiheit und Bestimmung zum Himmel, s. Nr. 70 ff. und 322 ff.

Kapitel 8

1 Lawrence Stone, *The Family, Sex and Marriage in England, 1500–1800* (New York: Harper & Row, 1977), und Edward Shorter, *Die Geburt der modernen Familie,* Übers. G. Klipper (Reinbek: Rowohlt, 1977), sind die wichtigsten historischen Arbeiten über die Entstehung eines »Individualismus des Gefühls«. In jüngster Zeit wurden gegen Stone und Shorter Bedenken erhoben, s. bes. Alan Macfarlanes Besprechung in *History and Theory* 18 (1979), 103–126 und dessen Buch *Marriage and Love in England: Modes of Reproduction 1300–1840* (Oxford: Blackwell, 1986). Macfarlane hält die These von der Entstehung des »Individualismus des Gefühls« im späten 17. Jahrhundert für zweifelhaft und möchte sie um Jahrhunderte zurückdatieren. Niemand bezweifelt jedoch, daß die romantische Bewertung der Liebe im 19. Jahrhundert die vorherrschende war.
Zur Spiegelung einer »Revolution des Gefühls« in Grabinschriften und Begräbnissitten des 18. und 19. Jahrhunderts vgl. die zwei Arbeiten von Bernhard Lang, *Heaven on Stone: Eighteenth and Nineteenth-Century Ideas about Life after Death as Reflected in American Cemeteries,* in: Hansjakob Becker u.a. (Hg.), *Im Angesicht des Todes* (St. Ottilien: Eos Verlag, 1987), 603–619; und *Burial in America: From Colonial Public Grave to Modern Private Shrine,* in: Peter Freese (Hg.), *Religion and Philosophy in the United States of America* (Essen: Verlag Die Blaue Eule, 1987), 463–475.

2 Zu Miltons Himmel s. Roland Mushat Frye, *Milton's Imagery and the Visual Arts* (Princeton: Princeton Univ. Press, 1978), 189–205; John R. Knott, *Milton's Pastoral Vision* (Chicago: Univ. of Chicago Press, 1971), 62–87; und Michael Murrin, *The Language of Milton's Heaven,* in: *Modern Philology* 74 (1976/1977), 350–365. Miltons Sicht des Todes

findet eine überzeugende Darstellung durch Julia J. Smith, *Milton and Death*, in: *Durham University Journal* 79 (1986/87), 15–22.

3 John Milton, *Paradise Lost*, V, 267–268. Die deutsche Wiedergabe ist nach *Das verlorene Paradies*, Übers. B. Schuhmann (Berlin: Rütten & Loening, 1983).

4 Milton, *Paradise Lost:* »doch ist nicht«, V, 574–576; »ergötzt«, V, 626–627; »auf Blumen«, V, 636–638; »am Gestade«, V, 652–657; »hingelehnt«, IV, 334.

5 Milton, *Paradise Lost:* wohlriechende Kräuter, IV, 709; »nicht wandte sich«, IV, 742–743; Leidenschaft, VIII, 530–531; Sinnenrausch, IV, 766–767.

6 Milton, *Paradise Lost*, VIII, 56. Die Idee der paradiesischen Liebe als frei von Begierde und Selbstsucht beschreibt Jean H. Hagstrum, *Sex and Sensibility: Ideal and Erotic Love from Milton to Mozart* (Chicago: Univ. of Chicago Press, 1980), 24–49 (»Milton and the Ideal of Heterosexual Friendship«). Sexualität vor dem Sündenfall, bes. die Entstehung dieses Gedankens bei Augustinus, erörtern James Grantham Turner, *One Flesh: Paradisal Marriage and Sexual Relations in the Age of Milton* (Oxford: Clarendon Press, 1987), bes. 40–52; Michael Müller, *Die Lehre des Hl. Augustinus von der Paradiesehe und ihre Auswirkung in der Sexualethik* (Regensburg: Pustet, 1954); Peter Lindenbaum, *Lovemaking in Milton's Paradise*, in: James D. Simmonds (Hg.), *Milton Studies* (Pittsburg: Univ. of Pittsburg Press, 1975), VI, 277–305, jetzt in: Lindenbaum, *Changing Landscapes: Anti-Pastoral Sentiment in the English Renaissance* (Athens, GA: Univ. of Georgia Press, 1986), 158–177.
Offenbar knüpft Milton an einen Gedanken Augustins an, den auch andere Theologen, etwa Luther, aufgegriffen hatten (Turner, 58). Augustinus meint, »die Schrift erzählt zwar zuerst von den aus dem Paradies Vertriebenen, daß sie zusammengekommen sind und gezeugt haben, aber ich sehe trotzdem nicht, was hätte verhindern können, daß es für sie auch im Paradies ehrenhafte Beilager und ein unbeflecktes Ehebett gegeben hätte. Den gläubig und gerecht Lebenden und ihm gehorsam Dienenden hätte Gott gewährt, Leibesfrucht aus ihrem Samen zu erzeugen, ohne daß sie durch Leidenschaft der Begierde beunruhigt worden wären und beim Gebären gelitten hätten.« Da es weder Sünde noch Tod gegeben hätte, wäre die Fortpflanzung nur so lange erfolgt, bis die gewünschte Bevölkerungszahl erreicht worden wäre. Dann hätte Gott ihren animalischen Leib in einen verklärten Engelsleib verwandelt. Augustinus, *Über den Wortlaut der Genesis*, Übers. C. J. Perl (Paderborn; Schöningh, 1964), II, 93 (9:3,6; *PL* 34:395).

7 Milton, *Paradise Lost*, VIII, 588–592.

8 Milton beschreibt, wie sich Leib und Seele im Tod auflösen, um bei der Auferstehung neu geschaffen zu werden, s. *The Christian Doctrine*,

1:13, in: *Complete Prose Works of John Milton* (New Haven: Yale Univ. Press, 1973), VI, 399–414, vgl. Leonora Leet Brodwin, *The Dissolution of Satan in* Paradise Lost: *A Study of Milton's Heretical Eschatology*, in: *Milton Studies* (1975), VIII, 165–207. Milton, *Paradise Lost*: »in Blikken (...) mischen will«, VIII, 616–629. Edward LeComte, *Milton and Sex* (New York: Columbia Univ. Press, 1978), 93.

9 In einem Brief vom August 1711 erwähnt Swedenborg Milton unter jenen englischen Dichtern, die es »wert sind, gelesen zu werden aufgrund ihrer Phantasie«: Alfred Acton, *The Letters and Memorials of E. Swedenborg* (Bryn Athyn, PA. Swedenborg Scientific Association, 1948), I, 30. Hugo Lj. Odhner, *Swedenborg's Epic of Paradise and Its Literary Sources* (Bryn Athyn, PA: General Church of the New Jerusalem, o. J.), verweist zwar auf einzelne Parallelen zwischen den beiden Autoren, aber in zu unkritischer Weise. Swedenborg war nicht der einzige, den Miltons Anschauung über die Liebe der Engel beeindruckt hat; sein Zeitgenosse Christopher Smart (1722–1771) konnte in dem Gedicht »A Song to David« (1763) den Himmel als Ort beschreiben »where dwells the seraph and his spouse, / the cherub and her mate« [wo der Seraf und seine Gemahlin wohnt, die Cherub und ihr Mann]. Christopher Smart, *Poems,* Hg. Robert Brittain (Princeton, NJ: Princeton Univ. Press, 1950), 214.
   Milton, *Paradise Lost*: »dem Menschen«, IV, 618–619. Zum Thema »Arbeit im Paradies« s. Lindenbaum, *Changing Landscapes,* 151–157, und Anthony Low, *The Georgic Revolution* (Princeton, NJ: Princeton Univ. Press, 1985), 316–320.

10 Milton, *Paradise Lost*: wüster Schlaf, IX, 1049–1050; »Reines mit«, VIII, 627.

11 Milton, *Paradise Lost,* IX, 958–959. Irving Singer, *The Nature of Love* (Chicago: Univ. of Chicago Press, 1984), II, 244.

12 Trotz seiner abweichenden Auffassung vom Mythos der Liebe ist Denis de Rougemont, *Die Liebe und das Abendland,* Übers. Friedr. Scholz (Zürich: Diogenes, 1986) hilfreich. Singer, *The Nature of Love* (Chicago: Univ. of Chicago Press, 1966), I, 49–90 erörtert die Bedeutung des platonischen Eros.

13 Blake, *Descriptive Catalogue* (1809), in: *The Poetry and Prose of William Blake,* Hg. David V. Erdman, 4. Aufl. (Garden City, NY: Doubleday, 1970), 537. S. auch die Darlegungen von Morton D. Paley, »*A New Heaven is Begun*«: Blake and Swedenborgianism, in: Harvey F. Bellin und Darrell Ruhl, (Hg.) *Blake and Swedenborg: Opposition Is True Friendship* (New York: Swedenborg Foundation, 1985), 15–34; und Désirée Hirst, *Hidden Riches: Traditional Symbolism from the Renaissance to Blake* (New York: Barnes & Noble, 1964), 200–226. Blake kannte auch ein Werk von Johann Caspar Lavater, s. Lavater, *Aphorisms on Man (1788): A Facsimile Reproduction of William Blake's*

Copy, eingeleitet von R. J. Shroyer (Delmar, NY: Scholars' Facsimiles & Reprints, 1980). Zwar enthält dieses Buch nichts über den Himmel, doch mag Blake Lavaters Ansichten von Henry Fuseli [Johann Heinrich Füßli] erfahren haben, einem Freund beider Männer und Übersetzer der *Aphorisms.*

14 Blake, *Vision of the Last Judgment,* in: *William Blake's Writings,* Hg. G. E. Bentley (Oxford: Oxford Univ. Press, 1978), II: »werden alle«, 1007; »die Welt der; organischer Spiegel«, 1010; »immer wenn«, 1021 f.

15 Blake, *Writings,* II: »weder Fabel«, 1007; »gewaltigen«, 1008; »Irrtum«, 1023. Über Blakes und Michelangelos Christus, der kein Richter ist, äußern sich David Bindman, *Apocalypse and Last Judgment,* in: *Blake as an Artist* (Oxford: Phaidon, 1977), 163–171, bes. 167; Leo Steinberg, *Michelangelo's Last Judgment as Merciful Heresy,* in: *Art in America* 63 (Nov.–Dec., 1975), 49–63; John W. Dixon, *The Christology of Michelangelo: The Sistine Chapel,* in: *Journal of the American Academy of Religion* 55 (1987), 503–533.

16 Blakes Brief an Ozias Humphry (2. Entwurf, Febr. 1808), in: *The Letters of Williams Blake,* Hg. Geoffrey Keynes, 3. Aufl. (Oxford: Clarendon Press, 1980), 134 (Nr. 110).

17 Blake, *Writings,* II: »wird ein junges«, 1016; »Kräfte des«, 1017; »eine Frau steigt«, 1018.

18 Blake, *Writings,* II: »im Paradies«, 1025; »werden nicht in; sind die Schätze«, 1024.

19 Blake, *Writings,* II: »Vision oder«, 1007. Blake: »schnellt der« im Reprint-Teil von Robert N. Essick und Morton D. Paley, *Robert Blair's the Grave* (London: Scolar Press, 1982), 35. Blake war mit dem Bildhauer John Flaxman, einem Swedenborgianer, befreundet. Nach S. Forster Damon (Hg.), *Blair's Grave. A Prophetic Book* (Providence, RI: Brown Univ. Press, 1963), o. S., könnte Flaxman Blake als Illustrator für »The Grave« vorgeschlagen haben.

20 Essick und Paley, *Robert Blair's The Grave:* »unverkennbar«, 57. Blair: »großen Tag« im Reprint-Teil von *Robert Blair's The Grave,* 28.

21 Raymond Immerwahr, *The Word »Romantisch« and its History,* in: Siegbert S. Prawer (Hg.), *The Romantic Period in Germany* (New York: Schocken, 1970), 34–63, hier 34.

22 Singer, *The nature of Love,* II, 385. Friedrich Schlegel, *Lucinde* (Frankfurt: Insel, 1985), 116.

23 Schlegel, *Lucinde:* »ewige Einheit«, 21. Schlegel, *Kritische Schriften und Fragmente,* Studienausgabe, Hg. Ernst Behler u. a. (Paderborn: Schöningh, 1988): »die sinnlichen«, V, 45 (Nr. 196). Singer, *The Nature of Love,* II, 434.
Die von Schlegel spontan empfundene Nähe der anthropozentrischen Jenseitsvorstellung zu der des Islam wurde auch von anderen gesehen. So warfen zeitgenössische Gegner Swedenborgs diesem vor, seine

Theologie besitze einen »mohammedanischen Beigeschmack«: Cyriel
O. Sigstedt, *The Swedenborg Epic* (London: Swedenborg Society,
1981), 395.

24 Novalis, »Lied der Toten«, in: *Schriften,* Hg. Paul Kluckhohn und
Richard Samuel, 3. Aufl. (Stuttgart: Kohlhammer, 1977), I, 350–355.
Eine kurze Übersicht über das Werk von Novalis und die deutsche
Romantik findet sich bei Robert M. Wernaer, *Romanticism and the
Romantic School in Germany* (New York: Haskell House, 1966), 76–82
und 208–229. Novalis scheint das Werk von Lavater, Boehme und vielleicht Swedenborg gekannt zu haben, s. Jacques Roos, *Aspects littérai-
res du mysticisme philosophique et l'influence de Boehme et de Swedenborg* (Strasbourg: P.-H. Heitz, 1952), 231–237.

25 Friedrich Schiller, »Elysium«, in: *Sämtliche Werke,* Hg. G. Fricke u.
H. G. Göpfert, 5. Aufl. (München: Hanser, 1973), I, 103 f.

26 Johann Wolfgang von Goethe, *Die Leiden des jungen Werthers,* in:
Goethe, *Werke* (Frankfurt: Insel, 1977), IV, 105 f. Den Hintergrund des
Wiedersehensmotivs erörtert Eudo C. Mason, *Wir sehen uns wieder!
Zu einem Leitmotiv des Dichtens und Denkens im 18. Jahrhundert,* in:
Literaturwissenschaftliches Jahrbuch, NF 5 (1964), 79–109. Zu Goe-
thes Kenntnis der Werke Swedenborgs s. Michael Heinrichs, *Emanuel
Swedenborg in Deutschland* (Frankfurt: P. D. Lang, 1979), 174–205.

27 Goethes Benützung von Rousseaus *Neuer Héloïse* als Vorbild für sei-
nen *Werther* erörtert Carl Hammer, *Goethe and Rousseau* (Lexington:
Univ. Press of Kentucky, 1973), 65–70. Goethe, *Faust II,* Ende in
Goethe, *Werke,* III, 341. Vgl. den hilfreichen Kommentar von Cyrus
Hamlin in *Faust: A Tragedy,* Übers. Walter Arndt (New York: W. W.
Norton, 1979), 344 f.

28 Eine ansprechende Deutung des Endes von *Faust II* bietet Gottlieb C.
L. Schuchard, *The Last Scene in Goethe's Faust,* in: *Publications of the
Modern Language Association* 64 (1944), 417–444, auch deutsch als
*Fausts Himmelfahrt: Zur Nachwirkung der Ideen Swedenborgs in
Goethes Faust,* in: *Offene Tore* 1963, Nr. 6, 177–190.

29 *The Ring and the Book,* Teil 7: »Pompilia«: Hakennase, Z. 396; »Graf
Guido«, Z. 582–583; »eine Fälschung«, Z. 1824–1825; »nur im Him-
mel«, Z. 1826. »Pompilia« ist abgedruckt in: *The Complete Works of
Robert Browning,* Hg. Charlotte Porter u. a. (New York: Spoul, 1898),
VII, 1–58.

30 »To Miss E[lizabeth P[igot]« und »If that High World« in: Lord Byron,
The Complete Poetical Works, Hg. Jerome J. McGann (Oxford: Clarendon Press, 1980/81), I, 144–146 und III, 290 f. Die Nachdichtung von
»To Miss E. P.« findet sich in George Gordon Lord Byron, *Sämtliche
Werke,* Hg. S. Schmitz (München: Winkler, 1977), II, 573 f., die Übertragung von »If that High World« in *Byrons Werke,* Übers. A. Böttger
u. a., Hg. Fr. Brie (Leipzig: Bibliographisches Institut, 1911), I, 58.

31 *The Complete Poems of Emily Dickinson,* Hg. Thomas H. Johnson (Boston: Little, Brown & Co., 1960), Gedicht Nr. 322. Im folgenden werden die Gedichte nur mit der Nummer dieser Ausgabe zitiert (z. B. J 322). Barton Levi St. Armand meint, Dickinson glaube an einen »häuslichen« Himmel, s. *Paradise Deferred: The Image of Heaven in the Work of Emily Dickinson and Elizabeth Stuart Phelps,* in: *American Quarterly* 29 (1977), 55–78; und desselben Autors *Emily Dickinson and Her Culture* (New York: Cambridge Univ. Press, 1984), 117–151. Dagegen vermutet ein anderer Gelehrter, Dickinson sei dem Himmel gegenüber eher skeptisch gewesen: Robin Riley Fast, »*The One Thing Needful*«: *Dickinson's Dilemma of Home and Heaven,* in: *ESQ: A Journal of the American Renaissance* 27 (1981), 157–169. Joan Burbick in *Emily Dickinson and the Economics of Desire,* in: *American Literature* 58 (1986), 361–378, weist auch auf Dickinsons Verständnis des Himmels als Ort des wiedervereinten Paares hin.

32 »In dem es immer«, J 413; *The Letters of Emily Dickinson,* Hg. Thomas H. Johnson (Cambridge, MA: Belknap Press, 1958), II: »man braucht«, 451–452 (Nr. 317). Dickinson: Erlöste, J 215.

33 Levi St. Armand, *Paradise,* 70–71. Dickinson: »zum Osten«, J 461; »The ›Life that‹«, J 1260.

34 »These Fleshless Lovers«, J 625. Das Streben nach Einheit mit der Geliebten ist auch in Shelleys Gedicht »Epipsychidion« (1821) lebendig dargestellt. Nach J. R. de J. Jackson, *Poetry of the Romantic Period* (London: Routledge & Kegan Paul, 1980), ist für Shelley »das Ziel der Vereinigung letztlich unvereinbar mit dem Leben selbst. Nur durch den Tod können er und Emily eins werden« (217).

35 »The Blessed Damozel«, in: *The Poetical Works of Dante Gabriel Rossetti,* Hg. William M. Rossetti (London: Ellis & Elvey, 1898), 232–236. Rossetti, *Gedichte und Balladen,* Übers. Alexander von Bernus (Heidelberg: Schneider, 1960), 29–33.
Die Sinnlichkeit von Dante Gabriels Gedicht unterscheidet sich deutlich von der Dichtung seiner frömmeren Schwester Christina. In ihrem Gedicht »Saints and Angels« stützt sich ihre Beschreibung des Himmels auf das Buch der Offenbarung. Dennoch gilt auch für sie: »Du und ich und wer verstarb wird sich im Paradies wiedersehen« und »jede Liebe und jeder der liebt wird ewig sein«. *The Poetical Works of Christina Georgina Rossetti,* Hg. William Michael Rossetti (London: Macmillan, 1911), 229f.

36 Rossetti, »The Blessed Damozel«. Das Motiv der Liebe im Jenseits mag sich aus Rossettis Beziehungen zum Spiritismus erklären, s. Russel M. und Clare R. Goldfarb, *Spiritualism and Nineteenth-Century Letters* (Rutherford, NJ: Fairleigh Dickenson Univ. Press, 1978), 115–120. Auf die Möglichkeit des Himmels als Vereinigung von Gegensätzen wie Männlich und Weiblich verweist Wendell Stacy Johnson, *D. G. Rossetti*

as Painter and Poet, in: *Victorian Poetry* 3 (1965), 9–18. Diese Arbeit befaßt sich jedoch nicht mit den Liebespaaren im Hintergrund, sondern nur mit der Gegenüberstellung des seligen Mädchens und ihres Geliebten. Ronnalie Roper Howard, in: *The Dark Glass: Vision and Technique in the Poetry of Dante Gabriel Rossetti* (Athens, OH: Ohio Univ. Press, 1972) bezeichnet das selige Mädchen als die »Shelleysche ›wahre Partnerin‹ für den irdischen Geliebten, wie auch er für sie der wahre Partner ist; sie sehnen sich nach der Vereinigung ihres ganzen Wesens« (45). David Sonstroem, *Rossetti and the Fair Lady* (Middletown, CT: Wesleyan Univ. Press, 1970), 17–48, untersucht die Frauen in Rossettis Gemälden und Gedichten; seine Deutung ist biographisch. Da sich Rossetti selbst zum Gegenstand seines Werks macht, besitzt das »Selige Mädchen« eine besondere sinnliche Qualität. Während sich der Dichter mit dem seligen Mädchen beschäftigte, entzog sich ihm seine Geliebte, Lizzie Siddal: »Indem sie Gabriel die ›nackte Leidenschaft‹ verweigerte, verweigerte sie ihm gleichzeitig das Paradies. Rossettis starke Sinnlichkeit und seine Gleichsetzung von irdischer und himmlischer Liebe lassen ohne weiteres verstehen, warum er geschlechtliche Erfüllung als Erlösung seiner Seele auffaßte« (48).

37 Rossetti, »Blessed Damozel«.
38 Friedrich Schleiermacher, *Über die Religion: Reden an die Gebildeten unter ihren Verächtern*, 4. Aufl. (Stuttgart: Hausmann, 1834), 86.
39 Robert M. Patterson, *Visions of Heaven for the Life on Earth* (Philadelphia: Presbyterian Board of Publication, 1877): »so verzückt«, 161; »für die meisten«, 162; »Freunde«, 178 f.; »der Stimme«, 178.
40 François-René Blot, *Das Wiedererkennen im Himmel* (Mainz: Kirchheim, 1863), 36. Elie Méric, *Das Wiederfinden im Himmel* (Mainz: Kirchheim, 1882), 6. Wilhelm Schneider, *Das andere Leben*, 15. und 16. Aufl. (Paderborn: Schöningh, 1923): »die himmlischen (...) Wiedersehens aus«, 182; »die Liebe«, 434. Edward Norris Kirk, *Heaven Our Home* (Boston: Rand & Avery, o. J.), 13.
41 Henry Harbaugh, *The Heavenly Home; or, The Employments and Enjoyments of the Saints in Heaven* (Philadelphia: Lindsay & Blakiston, 1853), 125. Ders., *The Heavenly Recognition: or, An Earnest and Scriptural Discussion of the Question, Will we Know our Friends in Heaven?* 5. Aufl. (Philadelphia: Lindsay & Blakiston, 1853), 247 und 250.
42 John Kerr, *Future Recognition; or, The Blessedness of Those ›Who Die in the Lord‹* (Philadelphia: Hooker, 1847), 93 und 95. James Miller Killen, *Our Friends in Heaven; or, The Mutual Recognition of the Redeemed in Glory Demonstrated* (Philadelphia: Presbyterian Board of Publication, 1854), 152. Kerr, *Future Recognition*: »wie es keinen; sinnliche Freuden«, 94; »Animalischen«, 93.
43 Samuel Phillips, *The Christian Home, As it is in the Sphere of Nature*

and the Church (1859; New York: Gurdon Bill, 1865), 370 und 371.
Patterson, *Visions of Heaven:* »sinnliche«, 191; »im Klima«, 179. Francis W. P. Greenwood, *Sermons of Consolation* (1842; Boston: Ticknor, 1847), 250 f.

44 Wilhelm Schneider, *Das Wiedersehen im anderen Leben* (Paderborn: Schöningh, 1879): »der Bund«, 117. Ders., *Das andere Leben*: »ungeordnete (...) Hauch der Leidenschaft«, 434 f.; »die Seelengemeinschaft«, 182 f.

45 Schneider, *Das andere Leben,* 439.

46 Schneider, *Das andere Leben,* 439.

47 Susan Chitty, *The Beast and the Monk: A Life of Charles Kingsley* (London: Hodder & Stoughton, 1975), 17.

48 *Charles Kingsley: His Letters and Memories of His Life,* hg. von seiner Frau (Leipzig: Tauchnitz, 1881): »den höchsten«, I, 124; »geistig«, I, 123. Fanny Grenfells unveröffentlichter Brief ist zitiert in Peter Gay, *The Tender Passion* (New York: Oxford Univ. Press, 1986), 305; mit Anspielung auf Milton, *Paradise Lost* IV, 742–743. Kingsley, *His Letters and Memories*: »ein alter; wenn Unsterblichkeit«, II, 74.

49 Aus Briefen von Charles Kingsley an Fanny Grenfell (1843), in: Gay, *Tender Passion,* 308 f.

50 Kingsley, *His Letters and Memories,* II: »Ich bin so (...) nicht ich«, 74; »Nein! ich mache«, 76 f. Für die Auskunft über die von Königin Viktoria gegebenen Anweisungen über ihre Beerdigung danken wir dem Archivar der königlichen Familie im Windsor Castle. Walter L. Arnstein, *Queen Victoria and Religion,* in: Gail Malmgreen (Hg.), *Religion in the Lives of English Women, 1760–1930* (London: Croom Helm, 1986), 88–128, hier 104 ff. und 123, erläutert den Himmelsglauben der Königin.

51 Gay, *Tender Passion,* 293. Die Rolle des amerikanischen Christentums bei der Legitimierung des ekstatischen Geschlechtsgenusses erörtert treffend Peter Gardella, *Innocent Ecstasy: How Christianity Gave America an Ethic of Sexual Pleasure* (New York: Oxford Univ. Press, 1985).

52 Elizabeth Stuart Phelps, *The Gates Ajar* (Boston: Fields, Osgood & Co., 1868): »eine Art«, 70; »die Eigenschaften«, 69; »Bilder«, 186 und eine ähnliche Erörterung 77 ff.

53 Die Belknap Press, eine Abteilung der Harvard University Press, hat Phelps' *Gates Ajar* 1964 mit einer Einleitung von Helen S. Smith nachgedruckt und so der Vergessenheit entrissen. Seitdem sind einige Studien erschienen, die den sozialen und literarischen Kontext erhellen: Elmer Suderman, *Elizabeth Stuart Phelps and the Gates Ajar Novels,* in: *Journal of Popular Culture* 3 (1969/70), 92–106; Ann Douglas, *The Feminization of American Culture* (New York: Knopf, 1977), 200–226 (»The Domestication of Death«); und der oben Anm. 31 genannte

Aufsatz von Barton Levi St. Armand. Auf den Erfolg ihrer Romane geht Phelps auch in ihrer Autobiographie ein: *Chapters from a Life* (Boston: Houghton, Mifflin & Co., 1897). Eine psychosoziale Beurteilung von Phelps' Lebensgeschichte versucht Christine Stansell, *Elizabeth Stuart Phelps: A Study in Female Rebellion*, in: *Massachusetts Review* 13 (1972), 239–256. Eine Biographie im herkömmlichen Sinne stammt von Mary Angela Bennett, *Elizabeth Stuart Phelps* (Philadelphia: Univ. of Pennsylvania Press, 1939).

In deutscher Übersetzung ist offenbar nur einer von Phelps' Himmelsromanen erschienen, nämlich *Beyond the Gates* (s. unten, Anm. 56) als *Im Jenseits* (Leipzig: Lehmann, 1884).

54 James MacDonald, *My Father's House; or, The Heaven of the Bible*, 3. Aufl. (New York: Scribner, 1856), 240. Phillips, *The Christian Home*, 367 und 368. Nicht nur weiße Amerikaner stellten sich den Himmel als Ansammlung von Familien vor; trotz ihrer ganz anderen sozialen Situation findet sich der Gedanke auch bei den schwarzen Sklaven, s. Lewis V. Baldwin, *A Home in dat Rock: Afro-American Folk Sources and Slave Visions of Heaven and Hell*, in: *Journal of Religous Thought* 41 (1984), 38–57 und David R. Roediger, *And Die in Dixie: Funerals, Death, and Heaven in the Slave Community 1700–1865*, in: *Massachusetts Review* 22 (1981), 163–183.

55 Phelps, *The Gates Ajar*, 74. Harbaugh, *Heavenly Recognition*, 75–76. Alfred Nevin (Hg.), *Encyclopaedia of the Presbyterian Church* (Philadelphia: Presbyterian Publishing Co., 1884), 315. Phelps, *The Gates Ajar*, 75.

56 Phelps, *The Gates Ajar*, 140. Dies., *Beyond the Gates* (Boston: Houghton, Mifflin & Co., 1883), 124f.

57 Agnes L. Pratt, *The City Beyond: The Story of One Who Dwells in the Next Planet*, in: *Godey's Magazine* 137 (June–July, 1898), 49–62 und 161–172, hier 165. Phelps, *The Gates Ajar*, 137.

58 George Cheever, *The Powers of the World to Come: and The Church's Stewardship, as Invested with Them* (New York: R. Carter & Bros., 1853), 247. J. Clement, »The Infant«, in: *Godey's Lady's Book* 41 (Nov., 1850), 259. William B. Moore and Stephen C. Davies, *Rosa is an Angel Now: Epitaphs from Crawford County, Pennsylvania. Part 2*, in: *Western Pennsylvania Historical Magazine* 58 (1975), 185–253: »Sadie was«, 203. Zur Verbindung von Kindern und Himmel vgl. Sylvia D. Hoffert, *A Very Peculiar Sorrow: Attitudes toward Infant Death in the Urban Northeast, 1800–1860*, in: *American Quarterly* 39 (1987), 601–616.

59 Blot, *Das Wiedererkennen im Himmel*, 49. Cheever, *Powers of the World to Come*, 250. George Wood, *Future Life; or, Scenes in Another World* (New York: Derby & Jackson, 1858), 78, das Gespräch mit Persis über Ehe im Himmel. James Wood, *Household Religion*, in: *Home*,

School, and Church: The Presbyterian Education Repository 8 (1858), 2–20, hier 19.

60 »In Heaven We Will Know Our Own« [Besprechung], in: Catholic World 18 (1870), 139f. Blot, Das Wiedersehen im Himmel, 63 and 93. Blots Buch beruht auf Casto Innocente Ansaldi, Della speranza e della consolazione di rivedere i cari nostri nell' altera vita (Turin: Derossi, 1772), und das Zitat »O wie köstlich« (93) stammt aus Franz von Sales, Anleitung zum geistlichen Leben, 3:19, s. François de Sales, Œuvres (Annecy: Niérat, 1893), III, 203.

61 Leo XIII., »Quod apostolici muneris«, Summa Pontifica, Hg. Amand Reuter (Abensberg: Kral, 1978), 503. »Hymn to the Holy Family«, in: Francis X. Lasance (Hg.), The Catholic Girl's Guide (New York: Benziger, 1906), 414. Cardinal Manning, »In Heaven We Know Our Own«, in: Sacred Heart Review (19. Okt. 1889), 6. Zum katholischen Verständnis der Familie als Bollwerk gegen moderne Strömungen vgl. Colleen McDannell, The Christian Home in Victorian America 1840–1900 (Bloomington, IN: Indiana Univ. Press, 1986), 16.

62 Phelps, The Gates Ajar: »in deiner«, 87; Engel als verstorbene Christen, 90; Swedenborg, 169–173. Channing, »The Future Life« (Osterpredigt von 1834), in: The Works of William E. Channing (Boston: American Unitarian Association, 1880), 363. George Hepworth, They Met in Heaven (New York: Dutton, 1894), 149.

63 Greenwood, Sermons of Consolation, 241.

64 Phelps, The Gates Ajar, 83. Kirk, Heaven Our Home, 17 [Harriet Atwood Newell, 1793–1812, begleitete ihren Mann auf der Missionsreise nach Indien. Kaum neunzehn Jahre alt, brachte sie auf dem Schiff ihr Kind zur Welt, nachdem die British East Indies Company die Landeerlaubnis verweigert hatte. Das Kind starb, und nach der Landung auf Mauritius starb auch die Mutter. Als die erste Amerikanerin, die im Dienste der überseeischen Mission starb, wurde sie als Erzmärtyrerin der Mission gefeiert.] Phillips, The Christian Home, 364. MacDonald, My Father's House, 246.

65 Rebecca Springer, Intra Muros (Elgin, IL: Cook, 1898), 87. Phelps, Beyond the Gates: Beethoven, Raphael, 156–168; »bin ich«, 182.

66 Phelps, Beyond the Gates: »die irdischen«, 149; »Seele von«, 192; »durch seinen«, 194.

67 Pratt, The City Beyond, 167.

68 Phelps, The Gates Ajar: »Natürlich«, 197f.; »abstrakter«, 196; »wie ein Mann« (Ex 33,11), 201; »kennt uns (...) stärker«, 202. Springer, Intra Muros, 73.

69 Patterson, Visions of Heaven, 185. Job S. Mills, A Manual of Family Worship (Dayton, OH: Funk, 1900), 54. Für die protestantische Hausandacht vgl. McDannell, The Christian Home, 77–85 und dies., Gottes Universität: Häusliche intellektuelle Rituale im protestantischen Ame-

rika 1820–1880, in: Bernhard Lang (Hg.), *Das tanzende Wort: Intellektuelle Rituale im Religionsvergleich* (München: Kösel, 1984), 49–70.

70 Phelps, *The Gates Ajar,* 145. Über protestantische und katholische Sonntagsfrömmigkeit s. McDannell, *The Christian Home,* 91–96.

71 Catharine Sedgwick, *Home,* 20. Aufl. (1835; Boston: Munroe, 1850), 54–66. Phelps, *The Gates Ajar,* 146.

72 *Mark Twain in Eruption,* Hg. Bernard DeVoto (New York: Harper, 1940), 247. Im Jahre 1868 schrieb Mark Twain eine Kurzgeschichte über den Himmel, die zu einer Satire auf *The Gates Ajar* wurde. Twain hatte Bedenken, sie zu veröffentlichen, so daß erst 1907 Auszüge erschienen – im selben Jahr, in dem Twains Kritik von Mary Baker Eddys »christlicher Wissenschaft« (Christian Science) erschien; der ganze Text wurde erst nach seinem Tod gedruckt als *An Extract from Captain Stormfield's Visit to Heaven.* Zwar ist seine Persiflage von recht milder Art, aber er war sich bewußt, wie ernst die Leser die Gates-Ajar-Romane nahmen. Er meinte, es sei »recht unwahrscheinlich, daß es [das *Captain-Stormfield*-Manuskript] vor Ablauf von fünfzig Jahren das Licht der Welt erblickt; aber dann werde ich schon so lange unter dem Boden sein, daß ich mir über die Reaktion keine Sorgen mehr zu machen brauche« (248). Siehe weiter Robert A. Rees, *Captain Stormfield's Visit to Heaven and* The Gates Ajar, in: *English Language Notes* 7 (1969/70), 197–202. Agnes Repplier, *Heaven in Recent Fiction,* in: *Catholic World* 40 (1885), 843–852, hier 848. Maurice Egan, *A Marriage of Reason* (Baltimore: Murphy, 1893), 8. Ralph Waldo Emerson, *Representative Men: Seven Lectures* (Boston: Houghton, Mifflin & Co., 1876), 123 f. Douglas, *Feminization of American Culture,* 226.

73 »The Annexation of Heaven«, *Atlantic* 53 (Jan., 1884), 135–143. *The Gates Ajar Critically Examined,* by a Dean (London: Hatchards, 1871), 45 f. (mit Zitat von Phil 1,23).

Kapitel 9

1 Leslie D. Weatherhead, *After Death* (New York: Abingdon, 1936), 54–56. Weatherheads Glaube an seelisches Wachstum nach dem Tod ist von seinen Verbindungen zum Spiritismus gefärbt. Obwohl Pfarrer des Londoner City Temple (1936–60) und Vorsitzender der Methodistischen Konferenz (1955–56), war er auch aktives Mitglied der Society for Psychical Research. Er veröffentlichte u. a. *The Resurrection of Christ in the Light of Modern Science and Psychical Research* (1959) und *Life Begins at Death* (1969). Longfellows Gedicht ist mit »Resignation« überschrieben.

2 Nach Origenes verbringt die Seele nach dem Tod des Leibes eine erste

Zeit der Vorbereitung an einem Ort, der noch zur Erde gehört, dem Paradies. Danach steigt sie über verschiedene Stufen allmählich zum höchsten Himmel auf. Siehe Origenes, *Über die Hauptlehren (De principiis)* 2:11, 6–7 *(PG* 11:245–248; übersetzt in *SC* 252:407–413); s. auch Leonhard Atzberger, *Geschichte der christlichen Eschatologie* (Freiburg: Herder, 1896), 395–398.

S. die Zusammenfassung von Eric R. Dodds, *Heiden und Christen in einem Zeitalter der Angst,* Übers. H. Fink-Eitel (Frankfurt: Suhrkamp, 1985), 111: »Der Gute wird zeitweilig im Irdischen Paradies leben, dort wird Gott eine Schule für Seelen einrichten, an der Engel unterrichten. Sie werden die Seelen die Antworten auf alle Fragen lehren, die sie auf Erden verwirrten. Origenes stellt ein Verzeichnis der Themen zusammen, über die die Seelen am Ende geprüft werden. Wer die Prüfung besteht, wird in höhere Sphären und zu fortgeschrittenerem Unterricht befördert: der Himmel ist eine endlose Universität.«

Leibniz, *Nouveaux Essais* II, 21, in: Gottfried Wilhelm Leibniz, *Sämtliche Schriften und Briefe,* Hg. Deutsche Akademie der Wissenschaften zu Berlin (Berlin: Akademie-Verlag, 1962), 6. Reihe, VI, 189; und ders., *Confessio philosophi,* Hg. Otto Saame (Frankfurt: Klostermann, 1967), 100f. Der zweite Leibniztext über den Fortschritt der Seligen datiert von 1673, blieb jedoch bis 1915 unbekannt; eine ähnliche Äußerung findet sich jedoch in seinem Aufsatz *In der Vernunft begründete Prinzipien der Natur und Gnade* (1714), in: Leibniz, *Philosophische Schriften,* Hg. Hans H. Holz (Darmstadt: Wiss. Buchgesellschaft, 1965), I, 437/39.

Wie das protestantische Arbeitsethos in die Literatur Großbritanniens Eingang fand und so die Gebildeten und den Adel erreichte, schildert Anthony Low, *The Georgic Revolution* (Princeton: Princeton Univ. Press, 1985).

3 Kant, *Kritik der praktischen Vernunft* (1788), in: *Kants Werke,* Hg. Königlich-preußische Akademie der Wissenschaften (Nachdr., Berlin: de Gruyter, 1968), V, 122f. Im Jahre 1794 schrieb Kant: »Daß aber einmal ein Zeitpunkt eintreten wird, da alle Veränderung (und mit ihr die Zeit selbst) aufhört, ist eine die Einbildungskraft empörende Vorstellung. Alsdann wird nämlich die ganze Natur starr und gleichsam versteinert: der letzte Gedanke, das letzte Gefühl bleiben alsdann in dem denkenden Subjekt stehen und ohne Wechsel immer dieselben. Für ein Wesen, welches sich seines Daseins und der Größe desselben (als Dauer) nur in der Zeit bewußt werden kann, muß ein solches Leben, wenn es anders Leben heißen mag, der Vernichtung gleich scheinen.« Kant, *Das Ende aller Dinge,* in: *Kants Werke,* VIII, 334.

4 Den Begriff der kinetischen Revolution bei den Transzendentalisten Neuenglands erörtert Catherine L. Albanese, *Corresponding Motion: Transcendental Religion and the New America* (Philadelphia: Temple

Univ. Press, 1977), 56–97. Emerson an Samuel G. Ward, ca. 1840, in: *Letters from Ralph Waldo Emerson to a Friend*, 1838–1853, Hg. Charles Eliot Norton (Boston: Houghton Mifflin, 1899), 30. Ralph Waldo Emerson, *The Journals and Miscellaneous Notebooks*, Hg. William H. Gilman u. a. (Cambridge, MA: Belknap Press, 1969), VII: »Gott erfindet« 172 (9. März 1839). Albanese, *Corresponding Motion*: »die hervorstechendste«, 94.

In den 202 kongregationalistischen Leichenpredigten, die zwischen 1672 und 1910 in Neuengland veröffentlicht wurden, tritt der Ausdruck »fortschreitende Glückseligkeit« (progressive happiness) nach James R. Armstrong erstmals im Jahre 1771 auf: *Trends in American Eschatology* (Diss. Boston College, 1976), 160.

5 Emersons Wort ist angeführt bei Albanese, *Corresponding Motion*, 64.

6 Charles Spurgeon, *Foretastes of the Heavenly Life* (1857), in: *Spurgeon's Expository Encyclopedia* (Grand Rapids, MI: Baker, 1951), VIII, 424. Daniel T. Rodgers, *The Work Ethic in Industrial America 1850–1920* (Chicago: Univ. of Chicago Press, 1978), 6.

7 Thomas DeWitt Talmage, *Trumpet Blasts; or, Mountain-Top Views of Life* (Chicago: North American Publishing Co., 1892): »der betriebsamste; muß dies das«, 500; Ruhe nur ein einziges Mal, 502; »der Himmel bietet (...) erwarten?«, 503; »große Metropole«, 506; »Boulevards«, 507.

8 Robert M. Patterson, *Paradise: The Place and State of Saved Souls* (Philadelphia: Presbyterian Board of Publication, 1874), 159. Alfred Nevin (Hg.), *Encyclopaedia of the Presbyterian Church* (Philadelphia: Presbyterian Publishing Co., 1884), 315. Levi Gilbert, *The Hereafter and Heaven* (Cincinnati: Jennings & Graham, 1907): »Paradies der Landstreicher«, 181; »erzwungenes Nichtstun«, 184. Reginald Heber Howe, *An Episcopal View of Heaven*, in: *North American Review* 157 (1893), 456–461, hier 460.

9 Isaac Taylor, *Physical Theory of Another Life* (New York: Appleton, 1836): Analogieschlüsse, »Einführungskurs«, 160; »die Gefühle«, 152. Im ausgehenden 19. Jahrhundert hat John Haynes Holmes, *Is Death the End* (o. O., 1915) Taylors Gedanken noch einmal aufgegriffen. Holmes, Pfarrer an der Church of the Messiah in New York, zitiert ausführlich aus dem Werk von Sir Oliver Lodge, dem Vorsitzenden der britischen Society for Psychical Research. Im Anschluß an Lodge erörtert Holmes die »Gesetze der Kontinuität«, die den Himmel »lediglich als den nächsten Schritt in der Entwicklung des geistlichen Lebens« erscheinen lassen (295).

10 Taylor, *Physical Theory of Another Life*: fromme Ergebung, 162; »das prickelnde«, 164; »im künftigen Leben«, 165; »Vielseitigkeit, Klugheit«, 167; »tatenlose Zuschauer«, 166.

11 Taylor, *Physical Theory of Another Life:* »das große und«, 166; »mächtigen und listigen«, 165; »findet man«, 168.

12 Henry Harbaugh, *The Heavenly Home,* 3. Aufl. (Philadelphia: Lindsay & Blakiston, 1853), 329–330. Harbaugh verweist auf Isaac Taylor (155 f., 181) und Longfellows »Resignation« (182). Für die Unmöglichkeit einer sofort eintretenden vollkommenen Erkenntnis im Himmel beruft er sich (255 f.) auf Isaac Watts, *Tod und Himmel:* »Es würde ihm [dem Seligen] gehen wie einem Blindgeborenen, der in einem Augenblick geheilt würde und sogleich seine Augen gegen das volle Licht der Mittagssonne öffnete.« David Gregg, *The Heaven-Life; or, Stimulus for Two Worlds* (New York: Revell, 1895): »Verweltlichung; Schuhmacherei«, 63; verschiedenartig und umfassend, 61. Für die Vorstellung, daß die Heiligen arbeiten und Arbeit eine legitime himmlische Tätigkeit darstellt, berief man sich oft auf Joh 5,17: »Mein Vater ist immer noch am Werk, und auch ich bin am Werk.«

13 Channing, »The Future Life« (1834), in: *The Works of William E. Channing* (Boston: American Unitarian Association, 1880), 362 und 366. Für das bei Channing und Watts anklingende Interesse an »anderen Welten« s. Michael J. Crowe, *The Extraterrestrial Life Debate 1750–1900: The Idea of a Plurality of Worlds* (Cambridge: Cambridge Univ. Press, 1986). Horatius Bonar, *The Eternal Day* (New York: Carter, 1854), 151–169. Charles H. Strong, *In Paradise; or, The State of the Faithful Dead* (New York: Whittaker, 1893), 85–86. William Adams Brown, *The Christian Hope: A Study in the Doctrine of Immortality* (London: Duckworth, 1912), 170.

14 William Clarke Ulyat, *The First Years of the Life of the Bedeemed After Death* (New York: The Abbey Press, 1901): der betriebsamste Ort, 188; »doch ohne die«, 190; »Überbringen«, 191; Betreuer, Lehrer, 109; »praktisch eine«, 191

15 Gregg, *The Heaven-Life*: »stoßen sie in«, 78; »ewige Summen«, 58 f.; »man arbeitet«, 62.

16 Gregg, *The Heaven-Life*: »eine eigene«, 60. Ulyat, *The First Years*: »der Himmel«, 191. Austin Phelps, *My Portfolio* (New York: Scribner, 1882), 278.

17 Taylor, *Physical Theory of Another Life,* 154. Isaak August Dorner, *System der christlichen Glaubenslehre,* 2. Aufl. (1881; Berlin: Herz, 1887), II, 947–977. Nach Daniel P. Walker, *The Decline of Hell: Seventeenth-Century Discussions of Eternal Torment* (Chicago: Univ. of Chicago Press, 1964), 225, glaubten Jane Lead (1624–1704) und andere Mitglieder der »philadelphischen Gesellschaft« in England an die schließliche Rehabilitierung sogar des Teufels.

18 Newman Smyth, *Dorner on the Future State. Being a Translation of the Section of his System of Christian Doctrine Comprising the Doctrine of the Last Things* (New York: Scribners' Sons, 1883); über Dorners Ein-

fluß in Amerika informiert Thomas P. Field, *The Andover Theory of Future Probation*, in: *The Andover Review* 7 (1887), 461–475. Dorner, *System der christlichen Glaubenslehre*, II, 977.

19 Hermann Cremer, *Jenseits des Grabes*, 9. Aufl. (1868; Gießen: Brunnen, 1987), 78. E. D. Morris, *Is there Salvation After Death? A Treatise on the Gospel in the Intermediate State* (New York: Armstrong, 1887), 32. Die protestantische Theologie hat den Tod für unwichtig erachtet, s. James H. Moorhead, »As Though Nothing at All Had Happened«: *Death and Afterlife in Protestant Thought, 1840–1925*, in: *Soundings* 67 (1984), 453–471; und James J. Farrell, *Inventing the American Way of Death 1830–1920* (Philadelphia: Temple Univ. Press, 1980), 74–98 (»Religious Liberalism and the Dying of Death«). Den deutschen Einfluß auf amerikanische Auffassungen über die Heilsmöglichkeit im Jenseits erörtert William R. Hutchinson, *The Modernist Impulse in American Protestantism* (Oxford: Oxford Univ. Press, 1976), 84–87.

20 Cremer, *Jenseits des Grabes*, 79. Von einer Art Kirche im Jenseits sprechen Eduard Güder, *Die Lehre von der Erscheinung Christi unter den Todten* (Bern: Jent & Reinert, 1853), 373, und Dorner, *System der christlichen Glaubenslehre*, II, 665; Augustinus hatte eine solche Auffassung ausdrücklich abgelehnt: *Briefe*, 164, 12–15 (*PL* 33:714f.). Mit Berufung auf 1 Petr 3,19 rechneten viele protestantische Theologen des 19. Jahrhunderts mit der Möglichkeit einer Bekehrung im Jenseits, s. Carl Clemen, *Niedergefahren zu den Toten* (Gießen: Ricker, 1900), 212–233; Bo Reicke, *The Disobedient Spirits and Christian Baptism* (Kopenhagen: Munksgaard, 1946), 47–49.
Frederick D. Maurice (1805–1872) wurde bekannt, als er 1853 seine Stelle am Londoner King's College wegen »gefährlicher Lehren über die ewige Verdammnis« verlor. Edward Hayes Plumptre (1821–1891) veröffentlichte eine Zusammenfassung seiner Anschauungen in *The Spirits in Prison and Other Studies on the Life After Death*, rev. Ausg. (London: Isbister, 1886). Frederic W. Farrar (1831–1903), Domherr von Westminster und ordentlicher Kaplan der Königin, hielt 1877 in der Westminster Abbey fünf Predigten, in denen er der universalistischen Position nahekam, ohne gleichwohl zu behaupten, alle würden gerettet; s. sein populäres Buch *Eternal Hope* (London: Macmillan, 1878). Über anglikanisches Gebet für die Toten s. Geoffrey Rowell, *Hell and the Victorians* (Oxford: Clarendon Press, 1974), 99–108.

21 John J. Kerr, *Future Recognition; or, The Blessedness of Those »Who Die in the Lord«* (Philadelphia: Hocker, 1847), 95. Jeremiah Dodsworth, *The Better Land; or, The Christian Emigrant's Guide to Heaven* (London: R. Bryant, 1853), 269–270. Randolph S. Foster, *Beyond the Grave: Being Three Lectures Before Chautauqua Assembly in 1878* (New York: Phillips & Hunt, 1880), 147–148. Arthur Cham-

bers, *Our Life After Death; or the Teaching of the Bible Concerning the Unseen World*, 19. Aufl. (1894; Philadelphia: Jacobs, 1897), 102.

22 Strong, *In Paradise*, 115.

23 Harbaugh, *The Heavenly Home*, 253. Patterson, *Paradise*, 161.

24 Channing, »The Future Life«, 365 f. Brown, *The Christian Hope*, 175.

25 Harbaugh, *The Heavenly Home*, 256 f.

26 George B. Cheever, *The Powers of the World to come and The Church's Stewardship, As Invested with Them* (New York: Carter, 1853), 250 f.

27 Gregg, *The Heaven-Life*, 58. Viktorianisches Denken über Familie und Heim erörtert Colleen McDannell, *The Christian Home in Victorian America* (Bloomington, IN: Indiana Univ. Press, 1986), 45–51.

28 James Kimball, *Heaven* (Boston: Gould & Lincoln, 1857), 266. Im Himmel mag man zwar christlichen Freunden begegnen (231), aber diese sind eigentlich überflüssig, wenn man an die Freundschaft mit Christus denkt (251). Nach Kimball »werden die äußeren Umstände völlig verändert sein. Im Himmel wird es weder Armut noch Krankheit und Unwissenheit geben, auch nicht Schwachheit und Schmerz; daher haben die Werke der irdischen Barmherzigkeit Christi auch keinen Platz mehr« (270). Offenbar ist das an die Adresse jener Theologen gerichtet, die von einem himmlischen Dienst am Nächsten reden.

29 Zwei Fassungen von »O quanta qualia« finden sich bei Carl F. Pfatteicher (Hg.), *The Oxford American Hymnal* (New York: Oxford Univ. Press, 1930), Nr. 290 a. Charles H. Richards, *Songs of Christian Praise* (New York: Taintor Bros., Merrill & Co., 1880): Jerusalem, Nr. 624; Peter Damiani, Nr. 611; Bernhard von Cluny, Nr. 626–628. Nach Mary Grosselink De Jong, »Meeting Mother in ›that home beyond the skies‹«, waren bis 1901 über acht Millionen Exemplare von Watts' *Divine Songs* erschienen (unveröffentlichter Vortrag, 1983, Organization of American Historians Meeting, Philadelphia).

30 J. P. Thompson u. a., *Home Worship for Daily Use in the Family* (1871; New York: Armstrong, 1883), Nr. 105. Richards, *Songs of Christian Praise*, Nr. 605 (»Resignation«). Über die Themen Familie, Himmel und Wiedersehen s. Sandra Sizer, *Gospel Hymns and Social Religion: The Rhetoric of Nineteenth-Century Revivalism* (Philadelphia: Temple Univ. Press, 1978), und Mary Grosselink De Jong, »*I want to be like Jesus*«: *The Self-Defining Power of Evangelical Hymnody*, in: *Journal of the American Academy of Religion* 54 (1986), 461–493.

31 Jean Reynaud, *Terre et ciel*, 4. Aufl. (1854; Paris: Furne, 1864), Anhang. Über die Aufnahme in den *Index der verbotenen Bücher* s. *Acta Sanctae Sedis* 1 (1865), 433.

32 F. J. Boudreaux, *The Happiness of Heaven* (1870; Baltimore: Murphy, 1875): protestantischer Himmel, 138–140; »wesentlich in«, 141; Statuen, 154; »folgt, daß«, 155; »die fernsten«, 158. Elie Méric, *Das Wiederfinden im Himmel* (Mainz: Kirchheim, 1882), 84.

33 Wilhelm Schneider, *Das andere Leben*, 15./16. Aufl. (Paderborn: Schöningh, 1923): »ein Fortschritt«, 376; »die lieblichste (...) im Ziele«, 372.

34 Schneider, *Das andere Leben*, 378 f. Es handelt sich um ein altes, zuerst bei Maurice de Sully (gest. 1196) belegtes Predigtexempel: José F. Filgueira Valverde, *Tiempo y gozo eterno en la narrativa medieval* (Vigo: Ed. Xerais de Galicia, 1982).

35 Engelbert Krebs, *Was kein Auge gesehen*, 13. und 14. Aufl. (1917; Freiburg: Herder, 1940), 45 f.

36 John Stoger, *The Crown of Heaven: The Supreme Object of Christian Hope*, Übers. M. Nash (New York: O'Shea, 1877), 255. Christian Pesch, *Praelectiones dogmaticae*, 3. Aufl. (Freiburg: Herder, 1911), IX, 278.

37 *Syllabus der hauptsächlichsten Irrtümer unserer Zeit*, 8. Dez. 1864 (veröffentlicht zusammen mit der Enzyklika *Quanta Cura*), Nr. 5; *Pascendi dominici gregis* (Über die Lehren der Modernisten) 8. Sept. 1907, Nr. 26. Diese Texte sind bequem zugänglich in Heinrich Denzinger u. a. (Hg.), *Enchiridion Symbolorum*, 32. Aufl. (Freiburg: Herder, 1963), Nr. 2905 und 3493.

38 William James, *Human Immortality: Two Supposed Objections to the Doctrine* (Boston: Houghton, Mifflin & Co., 1898), 43. Die Ingersoll-Vorlesung von Josiah Royce trug den Titel »Der Begriff der Unsterblichkeit« (1900). Zwar nimmt James in seiner Ingersoll-Vorlesung auf den Spiritismus nicht Bezug, doch ist sein Interesse an diesem Gegenstand bekannt. Er gilt als Entdecker von »Mrs. Piper«, dem berühmten Medium, das er 1885 in spiritistische Kreise einführte. In den 80er Jahren des 19. Jh.s gründeten einige seiner Kollegen an der Harvard University auf seine Anregung hin die *American Society for Psychical Research*, um spiritistische Behauptungen wissenschaftlicher Erforschung zugänglich zu machen.

39 Der Ausdruck »dichte Beschreibung« (thick description) ist entlehnt von Clifford Geertz, *Dichte Beschreibung*, Übers. B. Luchesi u. a. (Frankfurt: Suhrkamp, 1987), 7–43; er bezieht sich auf die Aufgabe des Ethnographen, Geschehnisse in ihrer Unmittelbarkeit und Konkretheit und mit allen Details festzuhalten.

40 Eliza Bisbee Duffey, *Heaven Revised: A Narrative of Personal Experiences After the Change Called Death*, 10. Aufl. (1898; Manchester: »The Two Worlds« Publishing Co., 1921), 3.

41 Gladys Osborne Leonard, *My Life in Two Worlds* (London: Cassell, 1931), 298 und 4. Arthur Conan Doyle in *Liverpool Daily Post and Mercury* (3. Juli 1922); den Hinweis auf diesen Zeitungsartikel verdanken wir David Owen, dem Enkel von G. Vale Owen, der uns freundlicherweise seine Sammlung spiritistischer Materialien auswerten ließ. Janet Oppenheim, *The Other World: Spiritualism and Psychical Re-*

search in England, 1850–1914 (Cambridge: Cambridge Univ. Press, 1985), zeigt, daß die spiritistische Bewegung schon in ihren Anfängen nach 1850 christliche Lehren »beweisen« wollte.

42 »There is no death, there are no dead« [Es gibt keinen Tod, es gibt keine Toten] steht auf einer Gedenktafel, die M. E. Cadweller 1927 am Haus der Fox-Schwestern anbringen ließ. Das Thema ist in spiritistischer Literatur weit verbreitet, s. z. B. auch das Lied »There is no death« [Es gibt keinen Tod] von J. L. McCreery im *Spiritualist Hymnal* (Washington, DC: National Spiritualist Association, 1911), Nr. 74. Eine ähnliche Auffassung finden wir in Longfellows Gedicht »Resignation«: »There is no Death! What seems so is transition; / This life of mortal breath / Is but a suburb of the life elysian / Whose portal we call Death.« [Es gibt keinen Tod! Was so erscheint ist Übergang. Dieses sterbliche Leben ist nur ein Vorort des elysischen Lebens, dessen Tor wir als Tod bezeichnen.] Margaret Oliphant, *A Little Pilgrim in the Unseen* (London: Macmillan, 1882), 10. James H. Hyslop, *Life After Death: Problems of the Future Life and its Nature* (New York: Dutton, 1918), 248. Holmes in *Is Death the End* (1915) erwähnt die Mitteilung eines Mediums über den Untergang der Titanic (1912); sie besagt, daß die Opfer von ihrem Unglück gar nichts wußten, als sie in der anderen Welt erwachten – das Medium mußte ihnen sagen, daß sie nicht mehr lebten (296).

43 G. Vale Owen, *The Life Beyond the Veil: The Lowlands of Heaven* (1922; London: Greater World Association, 1982), 100 (automatische Aufzeichnung aus dem Jahre 1913). William Stainton Moses, *Spirit Teachings* (London: Spiritualist Alliances, 1924), 26.

44 Leonard, *My Life in Two Worlds,* 114. John und Erica Oxenham, *Out of the Body* (London: Psychic Book Club, ca. 1944), 60. Erik Palmstierna, *Horizons of Immortality: A Quest for Reality* (London: Constable, 1937): »muß jeder«, 173.

45 Hyslop, *Life After Death:* Zigarren, 277; »weder der«, 274; Palmstierna, *Horizons of Immortality,* 188. Elizabeth Stuart Phelps, *Beyond the Gates* (Boston: Houghton Mifflin & Co., 1883), 77.

46 Palmstierna, *Horizons of Immortality,* 181.

47 Duffey, *Heaven Revised,* 56. Leonard, *My Life in Two Worlds:* mit Beruf unzufrieden, 111. Oxenham, *Out of the Body:* »Arbeiter in«, 88; »dieser Krieg«, 90 f.

48 Phelps, *Beyond the Gates,* 120. Duffey, *Heaven Revised,* 35. Oxenham, *Out of the Body,* 24 f. Oliphant, *A Little Pilgrim,* 91 f.

49 Duffey, *Heaven Revised,* 56. Owen, *The Life Beyond the Veil: The Lowlands of Heaven,* 41. Oxenham, *Out of the Body,* 77. Palmstierna, *Horizons of Immortality,* 182.

50 Duffey, *Heaven Revised:* »die die natürlichen«, 57. Palmstierna, *Horizons of Immortality,* »haben Politik«, 181. Owen, *The Life Beyond the*

Veil: The Lowlands of Heaven: Konservatorien, 41. Henry J. Horn, *Strange Visitors: A Series of Original Papers by the Spirits of Famous People* (New York: Carleton, 1869), 173 f.

51 Duffey, *Heaven Revised*, 63.

52 Oxenham, *Out of the Body*. Duffey, *Heaven Revised*, »behütet von«, 41; »redet freundlich«, 38 f.

53 Horn, *Strange Visitors*, 162 f. Robert James Lees, *Through the Mists: Leaves from the Autobiography of a Soul in Paradise* (London: Rider, 1898): »Sanatorium«, 131; »aquabotanisches«, 135. Phelps, *Beyond the Gates*, 122 f.

54 Horn, *Strange Visitors*: »elegante Schlitten«, 167. Lees, *Through the Mists*, 73. Oxenham, *Out of the Body*, 46.

55 Leonard, *My Life in Two Worlds*, 121. Shaw Desmond, *Love after Death* (London: Rider, 1944), 157.

56 Rebecca Ruter Springer, *Intra Muros* (Elgin, IL: Cook, 1898), 112. In ihrem Buch *The Feminization of American Culture* (New York: Knopf, 1977) schließt Ann Douglas ihre Erörterung der »Domestizierung des Todes« wie folgt ab: »Indem sie gute Werke vollbringen, sich mit Nachrichten über die Erde auf dem Laufenden halten, ihre Wohnung renovieren, sich verlieben und sich den verschiedensten Liebhabereien widmen, leben die Bewohner von Phelps' Himmel in einem jenseitigen Rentnerdorf. Sie bilden eine heilige Freizeitgesellschaft. Zwar hat man diese sorgfältig ausgedachte Welt der Toten im Himmel – wie den ländlichen Friedhof – aus Protest gegen das Konkurrenzdenken der Gesellschaft entworfen. In Wirklichkeit aber dient sie dazu, das vorzuführen und zu sichern, was das wichtigste Ritual dieser Gesellschaft werden sollte. Das Chaos der Produktion ist eliminiert, um die Freuden der Konsumtion sicherzustellen« (226). Wir können dieser Sicht nicht zustimmen, denn man hat das Chaos der Produktion nicht verbannt, sondern in gereinigter Gestalt in den Himmel eingeführt.

57 Phelps, *Beyond the Gates*, 118.

58 Lees, *Through the Mists*, 86. Phelps, *Beyond the Gates*, 110. *Personality Survives Death: Messages from William Barrett*, hg. von seiner Frau (London: Longmans, Green & Co., 1937), 165. William Barrett, *Death-Bed Visions* (London: Methuen, 1926), 63.

59 Horn, *Strange Visitors*, 168. Barrett, *Personality Survives Death*, 23.

60 Palmstierna, *Horizons of Immortality*: »der Große«, 172. Moses, *Spirit Teachings*: »der Allmächtige«, 15. H. Dennis Bradley, *Towards the Stars* (London: Laurie, 1924): »der große und; die Inspiration«, 92; »nützt ihr«, 290. Horn, *Strange Visitors*, 201.

61 John S. Vaughan, *Life Everlasting; or, The Delights Awaiting the Faithful Soul in Paradise* (London: Burns, Oates & Washbourne, 1925), 6. Patterson, *Paradise*, 141. R. Laurence Moore, *In Search of White Crows: Spiritualism, Parapsychology, and American Culture* (New

York: Oxford Univ. Press, 1977), 40–69 (»Spiritualism and the Complaint of Christian Orthodoxy«); einen ähnlichen Bericht über die Lage in Großbritannien gibt Oppenheim, *The Other World*, 63–110.

62 Moses, *Spirit Teachings*, 149. G. Vale Owen, *The Life Beyond the Veil: The Ministry of Heaven* (1922; London: Greater World Association, 1982), 79. Die »Christus-Sphäre« erörtert Owen in *Life Beyond the Veil: The Battalions of Heaven* (1922; London: Greater World Association, 1982), Kap. 5. Die Auffassung des Göttlichen als Wesenseinheit von Männlich und Weiblich findet sich auch bei Oxenham, *Out of the Body*, 95, der Gott die Doppelnatur von »Vater-Mutterschaft« zuschreibt.

63 Major L. Wilson, *Paradox Lost: Order and Progress in Evangelical Thought*, in: *Church History* 44 (1975), 352–366, hier 354. John Fiske, *The Destiny of Man Viewed in Light of His Origins* (Boston: Houghton Mifflin, 1884), 118.

64 Walter E. Houghton, *The Victorian Frame of Mind, 1830–1870* (New Haven: Yale Univ. Press. 1957), 256.

65 Paul Tillich, *Der Mut zum Sein*, Übers. Gertie Siemsen (Hamburg: Furche, 1965), 113.

66 John Baillie, *And the Life Everlasting* (New York: Scribner's Sons, 1933), 281.

Kapitel 10

1 George Gallup mit William Proctor, *Adventures in Immortality* (London: Corgi Books, 1984), 172, 176 und 198. Eine weitere Analyse von solchen Statistiken findet sich bei Bradley R. Hertel, *Inconsistency of Beliefs in the Existences of Heaven and Afterlife*, in: *Review of Religious Research* 21 (1979/80), 170–183; und Hart M. Nelson, *Life Without Afterlife: Toward Congruency of Belief Across Generations*, in: *Journal for the Scientific Study of Religion* 20 (1981), 109–118.

2 Raymond A. Moody, *Leben nach dem Tod*, Übers. H. Gieselbusch (Reinbek: Rowohlt, 1977). Das verbreitete Interesse an diesem Thema wird ausführlich dokumentiert in Hans Küng, *Ewiges Leben?* (München: Piper, 1982), 23–36; Carol Zaleski, *Otherworld Journeys: Accounts of Near-Death Experience in Medieval and Modern Times* (New York: Oxford Univ. Press, 1987); Peter Dinzelbacher, *An der Schwelle zum Jenseits: Sterbevisionen im interkulturellen Vergleich* (Freiburg: Herder, 1989).

3 C. S. Lewis, *Die große Scheidung*, Übers. Helmut Kuhn, 5. Aufl. (1946; Einsiedeln: Johannesverlag, 1985). Die Ideen dieses Buches werden weiterentwickelt von Peter J. Kreeft, *Everything You Ever Wanted to Know about Heaven* (San Francisco: Harper & Row, 1982).

4 James Breig, *Beyond the Pearly Gates: What* U.S. Catholic *Readers Believe about the Afterlife*, in: *U.S. Catholic* 48 (Mai 1983), 6–18; Josephine M. Ford, *Heaven: Will It Be Boring?*, in: *U.S. Catholic* 40 (Nov. 1975), 16–20, hier 19. Wenn sich katholische Theologen an eine breitere Leserschaft wenden, äußern sie sich im selben Sinne. Nach einer Erörterung statistischer Daten und der psychologischen Bedingung für himmlische Seligkeit schließt Andrew Greeley, daß »das Himmelreich ein ewiges Frühlingsfest ist, das, wie alle Frühlingsfeste, das Fortbestehen des Lebens als Leben feiert, den mit welchen Schmerzen auch immer verbundenen Sieg über den Tod«. *Death and Beyond* (Chicago: Thomas More Press, 1976), 136. John Shea sagt es noch deutlicher. Der Himmel läßt sich symbolisch als messianisches Mahl vorstellen: »Der Himmel ist alles das, was eine gute Mahlzeit für Freunde ist (einige Cocktails vorher, guten Wein zum Essen, dann Brandy).« *What A Modern Catholic Believes About Heaven and Hell* (Chicago: Thomas More Press, 1972), 87 f.

5 *Holborn and City Guardian* (London) Nr. 5075 (18. März 1983), 38. *Frankfurter Allgemeine Zeitung* Nr. 284 (7. Dez. 1983), 27. *The Columbus Dispatch*, Columbus, OH (10. Sept. 1983).

6 Felix Barker, *Highgate Cemetery: Victorian Valhalla* (Salem, NH: Salem House, 1984), 41.

7 1946 erreichte die Kirche Jesu Christi der Heiligen der Letzten Tage einen Mitgliederstand von einer Million. Sechzehn Jahre später, 1963, waren es zwei Millionen. Nach den 60er Jahren stieg die Zahl explosionsartig an. 1971 waren es drei, 1978 vier und 1986 waren es bereits sechs Millionen. Während mehr als vier Millionen Gläubige in den Vereinigten Staaten leben, kann die Missionsarbeit der Kirche auf Konvertiten in mehr als 95 Ländern verweisen. Stolz wird erklärt, daß sich alle zwei Minuten ein neues Mitglied der Kirche anschließt.

8 Theodore M. Burton, *God's Greatest Gift* (Salt Lake City: Deseret Book Co., 1977), 175.

9 Ezra T. Benson, in: *Official Report of the Annual General Conference of the Church of Jesus Christ of Latter-day Saints* (Salt Lake City: The Church of Jesus Christ of LDS, 1971), 18. Robert L. Millet und Joseph F. McConkie (Hg.), *The Life Beyond* (Salt Lake City: Bookcraft, 1986): die Geister denken, 18.

10 Wilford Woodruff, zitiert bei Millet und McConkie (Hg.), *The Life Beyond*, 64.

11 Millet und McConkie (Hg.), *The Life Beyond*: Fortbestehen von Priestertum und Präsidium im nächsten Leben, 53; Forschung nach Vorfahren, 54; »sprechen wir nicht (...) für den Geist«, 64.

12 Mary V. Hill, *Angel Children* (Bountiful, UT: Horizon Publishers, 1975), 40 f.

13 Burton, *God's Greatest Gift*, 237.

14 Bruce R. McConkie, *Mormon Doctrine* (Salt Lake City: Bookcraft, 1958): »Man baut Getreide«, 497. Gordon T. Allred, *If a Man Die* (Salt Lake City: Bookcraft, 1964), 174.

15 Die »Erhöhung« wird in *Lehre und Bündnisse*, Abschnitt 132,20, wie folgt beschrieben: »Dann werden sie Götter, weil sie kein Ende haben; deshalb sollen sie von Ewigkeit zu Ewigkeit bestehen, weil sie fortdauern; dann werden sie über alles sein, weil ihnen alle Dinge untertan sind; dann werden sie Götter sein, weil sie alle Macht haben und die Engel ihnen untertan sind.« Joseph Smith, *Lehre und Bündnisse*, 4. Aufl. (Basel: Mission der Kirche Jesu Christi der Heiligen der Letzten Tage, 1923), 282. Vgl. auch Duane S. Crowther, *Life Everlasting* (Salt Lake City: Bookcraft, 1971), 333 ff.

16 Burton, *God's Greatest Gift*, 20. Über die ewige und die zeitliche Ehe s. Smith, *Lehre und Bündnisse*, Nr. 132,15–19. Die beste Darstellung der Geschichte der Ehe bei den Mormonen findet sich bei Lawrence Foster, *Religion and Sexuality: The Shakers, the Mormons, and the Oneida Community* (Urbana, IL: Univ. of Illinois Press, 1981), 123–180.

17 Duane S. Crowther, *Life Everlasting* (Salt Lake City: Bookcraft, 1971): »erhöhte Wesen; ewiglich als [Hinweis auf Parley P. Pratt]«, 339; Fortpflanzung auf menschliche Weise [Hinweis auf Orson Pratt], 341. N. B. Lundwall (Hg.), *The Vision or The Degrees of Glory* (Salt Lake City: Bookcraft, o. J.): »menschliche Seelen gebären«, 147.

18 Crowther, *Life Everlasting*: »wie ein Mensch«, 340. Lynn A. McKinlay, *Life Eternal* (Salt Lake City: Deseret Book Co., 1950): »unaufhörliche Freude«, 164. Millet und McConkie (Hg.), *The Life Beyond*, 143.
Mit vielen seiner Zeitgenossen glaubte Joseph Smith an die Existenz einer Vielzahl von Welten im All. Die Erde ist nicht der einzige Planet, der von intelligenten Wesen bewohnt wird, s. Michael J. Crowe, *The Extraterrestrial Life Debate 1750–1900* (Cambridge: Cambridge Univ. Press, 1986), 241–246.

19 Zur Nachkommensverheißung im Stile von Gen 22,17 vgl. Smith, *Lehre und Bündnisse*, Nr. 132,30. Crowther, *Life Everlasting*, 340, hebt die Bedeutung von Herrschaft und Fortpflanzung hervor.

20 Paul Tillich, *Systematische Theologie* (Stuttgart: Evangelisches Verlagswerk, 1966), III: »Absurditäten«, 466. Karl Rahner, *Kritisches Wort* (Herder: Freiburg, 1970): »ziemlich primitiv«, 189. A. R. van de Walle, *From Darkness to the Dawn: How Belief in the Afterlife Affects Living*, Übers. John Bowden (1981, London: SCM Press, 1984): »kindlich; materialistisch; unsinnig; kein vernünftiger Mensch«, 26 f. Renée Haynes, *Some Christian Imagery*, in: Arnold Toynbee u. a., *Life after Death* (London: Weidenfeld & Nicolson, 1976), 132–143, hier 136.

Sekretariat der Deutschen Bischofskonferenz (Hg.), *Schreiben der Kongregation für die Glaubenslehre zu einigen Fragen der Eschatologie* (Bonn: Deutsche Bischofskonferenz, 1979), 6, s. das Originaldokument vom 17. Mai 1979 in *Acta Apostolicae Sedis* 71 (1979), 939–943.

21 Sir Kenelm Digby, *Two Treatises (...) in Way of Discovery of the Immortality of Reasonable Soules* (Paris: Blaizot, 1644). René Descartes, Brief an Elisabeth von Böhmen vom 3. Nov. 1645 in Descartes, *Œuvres et lettres*, Hg. André Bridoux (Paris: Gallimard, 1953), 1222, und ders., *Briefe*, Übers. Fritz Baumgart (Köln: Staufen-Verlag, 1949), 330.

22 Jean-Jacques Rousseau, *Emile ou de l'education*, Buch 4 in *Emil oder über die Erziehung*, Übers. J. Esterhues, 3. Aufl. (Paderborn: Schöningh, 1963), 322.

23 Immanuel Kant, *Träume eines Geistersehers, erläutert durch Träume der Metaphysik*, Hg. Rudolf Malter (Stuttgart: Reclam, 1976): »aus lauter Luft (...) merklich wiegen«, 50; »weil keine Data; vielleicht künftighin«, 52 f.; »Es war auch«, 84.

24 Kants Spekulationen sind erwähnt in: *Kant's gesammelte Schriften*, Hg. Preußische Akademie der Wissenschaften (Berlin: Reimer, 1917), VII, 40; und Felix Groß (Hg.), *Immanuel Kant: Sein Leben in Darstellungen von Zeitgenossen* (1912; Nachdr., Darmstadt: Wiss. Buchgesellschaft, 1968), 172. Friedrich Schleiermacher, *Der christliche Glaube* (Gotha: Perthes, 1889), IV: »unsere sinnliche«, 196 (§ 159:2); »irgendwie bildlich (...) Umgestaltung des Christentums«, 188 (§ 158:2); »immer ungewiß«, 220 (§ 163:2).

25 Benjamin Constant, *Œuvres*, Hg. Alfred Roulin (Paris: Gallimard, 1957): »seine Unsterblichkeit«, 374 (*Journaux intimes*, 14. November 1804). Schleiermacher, Brief vom 25. März 1807 an Henriette von Willich, in: *Friedrich Schleiermachers Briefwechsel mit seiner Braut*, Hg. Heinrich Meisner, 2. Aufl. (Gotha: Klotz, 1920), 74. Ders., *Predigten* (Berlin: Reimer, 1844), IV, 882 f.

26 David Fr. Strauß, *Christliche Glaubenslehre* (Tübingen: Osiander, 1841), II, 697.

27 Charles Darwin und Thomas H. Huxley, *Autobiographies,* Hg. Gavin de Beer (London: Oxford Univ. Press, 1974), 54. Ernst Haeckel, *Die Welträtsel*, 19. Aufl. (1899; Leipzig: Kröner, 1919), 241–267. Corliss Lamont, *The Illusion of Immortality* (1935; New York: Ungar, 1965). Für eine neuere Erörterung der Argumente, die gegen ein Fortleben sprechen, vgl. Paul und Linda Badham (Hg.), *Death and Immortality in the Religions of the World* (New York: Paragon House, 1987), 158–187 (Beiträge von L. Badham und A. Flew); und Antony Flew, *The Logic of Mortality* (Oxford: Blackwell, 1987).

28 Karl Rahner, *Schriften zur Theologie* (Zürich: Benziger, 1980), XIV, 422. Hans Schwarz, *Wir werden weiterleben* (Freiburg: Herder, 1984), 9. Die statistischen Angaben über die Bundesrepublik Deutschland sind

von 1982 und stammen aus Elisabeth Noelle-Neumann und Edgar Piel (Hg.), *Allensbacher Jahrbuch der Demoskopie 1978–1983* (München: K. G. Saur, 1983), 124. Zu berücksichtigen ist, daß die Konfessionszugehörigkeit in Deutschland weniger mit Glauben oder Kirchenbesuch zu tun hat, sondern mit dem Bezahlen der Kirchensteuer. Die Zahl der Deutschen, die an eine Art von Leben nach dem Tod glauben, weist in den letzten dreißig Jahren nur geringe Schwankungen auf: 1956: 42%, 1964: 39%; 1971: 35%; 1980: 40%; 1982: 42%. Den auffälligen Unterschied zwischen Himmelsgläubigen in Europa und Amerika erörtert (unzureichend) Greeley, *Death and Beyond*, 60–65.

29 *Jean Barois,* zitiert nach Roger Martin du Gard, *Œuvres complètes* (Paris: Gallimard, 1955), I, 205–559; 1 Kor 13,11 und »symbolistischer Kompromiß«, 227.

30 Martin du Gard, *Œuvres,* I, 542.

31 Reinhold Niebuhr, *The Nature and Destiny of Man* (New York: Charles Scribner's Sons, 1947), II: »Die biblischen (...) aufzuerlegen«, 289. Emil Brunner in Charles W. Kegley und Robert W. Bretall (Hg.), *Reinhold Niebuhr: His Religious, Social, and Political Thought* (New York: Macmillan, 1956): »inwiefern den«, 32. Richard W. Fox, *Reinhold Niebuhr: A Biography* (New York: Pantheon, 1985): »Ich glaube nicht (...) damit rechnen«, 215.

32 Paul Tillich, *Existentialanalyse und religiöse Symbole,* in: *Gesammelte Werke* (Stuttgart: Evangelisches Verlagswerk, 1964), V, 223–236: »Leben nach (...) gefährlich(er)«, 235. Ders., *Systematische Theologie,* III: Symbol, nicht Beschreibung, 472; »die neurotischen Folgen«, 473; »negativ metaphorische Sprache«, 454.

33 Tillich, *Systematische Theologie,* III: »den positiven Inhalt«, 449f.; ewiges Jetzt, 447. Ders., *Existentialanalyse,* 235.

34 Tillich, *Der Mut zum Sein,* Übers. Gertie Siemsen (1952; Hamburg: Furche, 1965), 167f. Ders., *Systematische Theologie,* III: einzelne Zentren; »unzweideutigen und«, 454; »nicht die endlose (...) Teilchen«, 467f. (Hervorh. v. uns).

35 Tillich, *Systematische Theologie,* III, 472.

36 Nels F. S. Ferré, *Tillich and the Nature of Transcendence,* in: *Religion in Life* 35 (1966), 662–673, hier 663. John Hick, *Death and Eternal Life* (London: Collins, 1976), 217.

37 Bultmanns Brief an Claude A. Frazier, Entwurf vom Juni 1973 (unveröffentlicht). Rudolf Bultmann, *Die Eschatologie des Johannesevangeliums,* in: *Glauben und Verstehen* (Tübingen: Mohr, 1933), I, 134–152; johanneische Texte, die eine solche Lesart nicht zulassen (Joh 5,28f.; 6,39–40. 44. 51b–58), werden einem »kirchlichen Redaktor« zugeschrieben, der das Evangelium der herrschenden Lehre anglich.

38 Bultmann, *Neues Testament und Mythologie* (1941; München: Kaiser, 1988): »Versetzung in eine«, 20. Ders., Briefe vom 23. März 1943 (un-

veröffentlicht) und von ca. 1961 in: Hans Jonas, *Zwischen Nichts und Ewigkeit* (Göttingen: Vandenhoeck & Ruprecht, 1963), 66. Vgl. ferner: Bultmann, *Die christliche Hoffnung und das Problem der Entmythologisierung,* in: *Glauben und Verstehen* (Tübingen: Mohr, 1960), III, 81–90, bes. 90; Brief vom 5. März 1962 in: Rudolf Bultmann und J. A. Dvorácek, *Auferstehung und Leben – Kerygma und Mythos,* in: *Communio Viatorum* 5 (1962), 57–63, hier 60 f.
Für die Erlaubnis zur Veröffentlichung der Bultmann-Briefe danken wir Frau Prof. Antje Bultmann-Lemke.

39 Schleiermacher, *Über die Religion. Reden an die Gebildeten unter ihren Verächtern,* 4. Aufl. (Stuttgart: Hausmann, 1834): »in dem Zustand«, 140; »mitten in der«, 121. Ders., *Monologen,* 3. Aufl. (Berlin: Reimer, 1822): »sorge nicht«, 23.

40 Walter Rauschenbusch, *Christianity and the Social Crisis* (New York: Macmillan, 1907), 422.

41 Rauschenbuschs Meinung über griechischen Einfluß auf christliches Denken findet sich in *Christianity and the Social Crisis* (New York: Macmillan, 1913), 162 ff. Für seine eigenen eschatologischen Spekulationen s. *A Theology for the Social Gospel* (New York: Macmillan, 1922), 227–238; dieses Buch erörtert auch die »gerechte Gemeinschaft« (fellowship of righteousness), 133 ff.

42 Walter Rauschenbusch, *Christianizing the Social Order* (New York: Macmillan, 1912), 42.

43 Jhan und June Robbins, *The Surprising Beliefs of Our Future Ministers,* in: *Redbook* 117 (Aug. 1961), 36 und 107–110.

44 Rosemary R. Ruether, *Sexism and God-Talk* (Boston: Beacon Press, 1983), 258; deutsch: *Sexismus und die Rede von Gott,* Übers. A. Eggers u. a. (Gütersloh: Mohn, 1985), 305. Im selben Sinn äußern sich Gregory Baum, *Religion and Alienation: A Theological Reading of Sociology* (New York: Paulist Press, 1975), 266–294 (»Heaven as Revealed Utopia«); Monika K. Hellwig, *What Are They Saying about Death and Christian Hope* (New York: Paulist Press, 1978), 64–66; Bernard P. Prusak, *Heaven and Hell: Eschatological Symbols of Existential Protest,* in: *Cross Currents* 24 (1975), 475–491.

45 Zur bereits puritanischen (William Ames, 1576–1633) und dann fundamentalistischen Berufung auf Bacon s. Perry Miller, *The New England Mind: The Seventeenth Century* (Boston: Beacon Press, 1961), 191 und 217; Martin E. Marty, *Modern American Religion* (Chicago: Univ. of Chicago Press, 1986), I, 221 f. und 232–237. Charles F. Baker, *A Dispensational Theology,* 2. Aufl. (Grand Rapids, MI: Grace Bible College, 1972), 13.

46 Über den Zeitcharakter der Ewigkeit s. Edward G. Kettner, *Time, Eternity, and the Intermediate State,* in: *Concordia Journal* 12 (1986), 90–100. Hal Lindsey, *There's a New World Coming,* überarbei-

tete Ausgabe (Eugene, OR: Harvest House, 1984), deutsch: *Die Feuer-flut: Geburtswehen einer neuen Welt,* Übers. E. Lenzing (Wetzlar: Schulte, 1974): »über den neuen«, 312; Würfel oder Pyramide, 316; Stadt auf der Erde, 313. Baker, *Dispensational Theology:* Satellit, der unseren Planeten umkreist, 657. Maurice S. Rawlings, *Jenseits der To-deslinie,* Übers. Hermann Appel (Karlsruhe: Missionswerk Der Weg zur Freude, 1982): einige Berichte stimmen mit dem Buch der Offb überein, 122.

47 Cyrus I. Scofield, *Addresses on Prophecy* (New York: Gaebelein, 1910), 130.

48 Joe Bayly, *What Heaven Will Be Like,* in: *Moody Monthly* 76 (1975/76), Nr. 8, 25–27, hier 27.

49 Grundlegend sind die Anmerkungen in *The Scofield Reference Bible* (1917; Nachdr., New York: Oxford Univ. Press, o.J.), 5 und 1250; neuere Erörterungen finden sich bei Charles C. Ryrie, *Dispensationa-lism Today* (Chicago: Moody Press, 1965), und Baker, *Dispensational Theology.* Zur »Entrückung« s. 1 Thess 4,17. Den Ursprung dieser Sonderlehre im Schottland des 19. Jahrhunderts untersucht Dave Mac-Pherson, *The Great Rapture Hoax* (Fletcher, NC: New Puritan Library, 1983).

50 Zitiert bei J. Anthony Lukas, *The Rapture and the Bomb,* in: *The New York Times Book Review* (8. Juni 1986), 7.

51 Hal Lindsey, *The Late Great Planet Earth* (Grand Rapids, MI: Zon-dervan, 1970); deutsch: *Alter Planet Erde wohin?* Übers. Martin Schneider (1970; Aßlar: Schulte & Gerth, 1987). Ryrie, *Dispensationa-lism Today,* 53. Baker, *Dispensational Theology,* 5.

52 William E. Biederwolf, *The Adventure of the Hereafter* (New York: R. R. Smith, 1930), viii.

53 Calvin R. Schoonhoven, *The Wrath of Heaven* (Grand Rapids, MI: Eerdmans, 1966): kein Interesse an räumlichen Begriffen, 161–164. Baker, *Dispensational Theology:* »beim Herrn«, 583. Gordon Lindsay, *Paradise: Abode of the Righteous Dead* (Dalles, TX: Christ for the Nations, 1980). Lindsey, *Die Feuerflut,* »die persönliche; die uner-gründlichen«, 315; »wir können«, 322 (Übers. geändert); »ich weiß nicht«, 318.

Rebecca Springer, *Within the Gates,* Hg. Gordon Lindsay (Dallas, TX: Christ for the Nations, 1982), ist eine gekürzte Fassung von *Intra Mu-ros* (Elgin, IL: Cook, 1898). Das Werk muß als klassisch gelten und ersetzt bisweilen den Mangel an neueren Darstellungen des Himmels – so etwa auch bei Billy Graham, *Facing Death and the Life After* (Waco, TX: Word Books, 1987), 247 f., der daraus zitiert.

54 Anne Sandberg, *Seeing the Invisible* (Plainfield, NJ: Logos Internatio-nal, 1977), 124. Don Baker, *Heaven* (Portland, OR: Multnomah Press, 1983), 13.

55 Karl Barth, *Kirchliche Dogmatik*, 2. Aufl. (Zollikon: Evangelischer Verlag, 1959), III/2: »unser *wirkliches*«, 760. Karl Rahner, *Schriften zur Theologie* (Zürich: Benziger, 1972), X: »eine Weitererstreckung«, 186. Mit dem Pferdewechsel spielt Rahner an auf Ludwig Feuerbach, *Gedanken über Tod und Unsterblichkeit* (1830), in: *Werke in sechs Bänden*, Hg. Erich Thies (Frankfurt: Suhrkamp, 1975), I, 98. Paul Imhof und Hubert Biallowons (Hg.), *Karl Rahner im Gespräch* (München: Kösel, 1983), II: »mit dem Tod«, 122 (Interview vom 2. April 1980); Sehnsucht nach Ruhe, 277 (29. April 1982).

56 Barth, *Briefe 1961–1968*, Hg. J. Fangmeier u. a., 2. Aufl. (Zürich: Theologischer Verlag, 1979): »mit Ihm«, 10 (6. Juli 1961). Rahner, *Kritisches Wort*: »ziemlich primitiv[en] und«, 189. Ders., *Erfahrungen eines katholischen Theologen*, in: Karl Lehmann (Hg.), *Vor dem Geheimnis Gottes den Menschen verstehen* (München: Schnell und Steiner, 1984), 105–119: »herabgestuft; daß die absolute«, 118 f.

57 Rahner, *Erfahrungen eines katholischen Theologen*, 118 f.

58 Hilde Herrmann in *Maria Regina Martyrum* (Berlin: Morus Verlag, 1963), 19 f. Das Wandgemälde ist von Georg Meistermann (geb. 1911). Zum Raum hinter dem Altar als »Himmel« in moderner Kirchenarchitektur s. Rudolf Schwarz, *Vom Bau der Kirche*, 2. Aufl. (Heidelberg: Schneider, 1947), 56–64.

59 Barth, *Briefe*: »in seiner uns (...) Ratschluß«, 9 f.; Gellert, 10. Ders., *Das Glaubensbekenntnis der Kirche* (Zürich: Evangelischer Verlag, 1967): »ich habe öfters«, 153.

60 Barth in *Schleiermacher-Auswahl*, Hg. Heinz Bolli (München: Siebenstern, 1968), 310.

61 Michael Perry, *The Resurrection of Man* (London: Mowbrays, 1975), 113. H. Ott in Fritz Buri, Jan M. Lochmann und Heinrich Ott, *Dogmatik im Dialog* (Gütersloh: Mohn, 1973), I, 273.

62 William Hamilton, *Thursday's Child: The Theologian Today and Tomorrow*, in: *Theology Today* 20 (1963/64), 487–495, hier 488. Zum »weltlichen« Klima der sechziger Jahre s. Sidney E. Ahlstrom, *A Religious History of the American People* (New Haven: Yale Univ. Press, 1972), 1079–1096; Paul Avis (Hg.), *The History of Christian Theology* (Basingstoke: Marshall Pickering, 1986), I, 334–344; Wade C. Roof und William McKinney, *American Mainline Religion* (New Brunswick: Rutgers Univ. Press. 1987), 11–39.

63 Hans Jonas, *Unsterblichkeit und heutige Existenz*, in dessen Buch *Zwischen Nichts und Ewigkeit* (Göttingen: Vandenhoeck & Ruprecht, 1963), 44–62: »das der heutige; einiges Licht«, 44; »dieser extreme (...) Nachher«, 48.

64 Charles Hartshorne, *The Logic of Perfection* (La Salle, IL: Open Court, 1962), 245–262 (»Time, Death, and Everlasting Life«), mit nachfolgender Popularisierung in *A Natural Theology for Our Time*

(La Salle, IL: Open Court, 1967) und *Omnipotence and Other Theological Mistakes* (Albany, NY: State Univ. of New York Press, 1984). Gordon D. Kaufman, *Systematic Theology: A Historicist Perspective* (New York: Scribner's Sons, 1968), 467 ff. Jacques Pohier, *Wenn ich Gott sage,* Übers. A. Himmelsbach (1977; Olten: Walter, 1980). Paul Schulz, *Ist Gott eine mathematische Formel?* (Reinbek: Rowohlt, 1977), 229–236. Die Sicht von Hartshorne wurde aufgegriffen von Schubert Ogden, *The Realitiy of God* (New York: Harper & Row, 1966), 206–230, und Norman Pittenger, *After Death: Life in God* (New York: Seabury Press, 1980).

John B. Cobb, *The Resurrection of the Soul,* in: *Harvard Theological Review* 80 (1987), 213–227, will die Ablehnung eines individuellen Lebens nach dem Tode, wie sie von den meisten Prozeßtheologen vertreten wird, mit herkömmlicheren theologischen Vorstellungen versöhnen.

Paul Schulz verlor 1979 seine Pfarrstelle, weil ihm ein Lehrzuchtverfahren der Evangelischen Kirche in Deutschland die Befähigung der Amtsführung im Sinne der evangelischen Lehre absprach. In der Begründung wurde auch Schulz' Ablehnung eines Lebens nach dem Tod angeführt. Lutz Mohaupt, *Pastor ohne Gott? Dokumente und Erläuterungen zum »Fall Schulz«* (Gütersloh: Mohn, 1979).

65 *Dialogues of Alfred N. Whitehead,* aufgezeichnet von Lucien Price (New York: New American Library, 1956): »Kann man sich«, 223 f. Die klassische Definition der Person als »unteilbare Substanz verständiger Natur« (definitio personae: naturae rationalis individua substantia) stammt von Boethius, *PL* 64:1343.

66 Hartshorne, *The Logic of Perfection:* »der Tod ist«, 250; »der Tod schreibt«, 253. Ders., *A Natural Theology:* »wir schreiben«, 112.

67 Hartshorne, *The Logic of Perfection,* 258.

68 Hartshorne, *Omnipotence,* 37.

69 Hartshorne, *A Natural Theology:* »unser wichtigstes«, 106 f.; »das kreatürliche«, 110. Ders., *Emptiness and Fullness in Asiatic and Western Thought,* in: *Journal of Chinese Philosophy* 6 (1979), 411–420: »der Buddhismus«, 411; vgl. ders., *Toward a Buddhisto-Christian Religion,* in: Kenneth K. Inada und Nolan P. Jacobson (Hg.), *Buddhism and American Thinkers* (Albany, NY: State Univ. of New York Press, 1984), 2–13. John Hick, in *Present and Future Life,* in: *Harvard Theological Review* 71 (1978), 1–15, verbindet den modernen Gedanken des Fortschritts im Jenseits (»wir müssen also davon ausgehen, daß das Leben, wie wir es kennen, Teil eines langdauernden, Personen formenden Prozesses ist, der mit diesem Leben nicht abgeschlossen ist, sondern sich vermutlich darüber hinaus fortsetzt«, 10) mit Reinkarnation (»wo Buddhismus und Hinduismus [...] Reinkarnation oder einen horizontalen Prozeß lehren, der sich auf der Ebene der irdischen Ge-

schichte abspielt, skizzierte ich eine Art vertikale oder besser diagonale Abfolge von vielen Leben in vielen Welten, wobei diese dem göttlichen Zentrum immer näherrücken«, 14).

Karl Rahner, *Schriften zur Theologie* (Zürich: Benziger, 1980), XIV, 435 ff. hält eine abgeschwächte katholische Fassung der buddhistischen Reinkarnationslehre für möglich, indem er das Fegfeuer in diese Welt verlegt. Bevor der Mensch in die ewige Gegenwart Gottes einmündet, könne die Seele zur Vorbereitung viele Menschenleben durchlaufen.

70 Friedrich Schiller, »Die Götter Griechenlands«, Gedicht (1800).

71 Susan Jimison, *I've been to Heaven and back*, in: *Weekly World News*, Los Angeles, 2. Juni 1987, S. 15. Karlis Osis und Erlendur Haraldsson, *At the Hour of Death* (New York: Avon, 1977) haben zahlreiche Erlebnisse in Todesnähe untersucht, auch in verschiedenen Kulturen; sie folgern, daß die Visionen nur »das Anfangsstadium der postmortalen Existenz« betreffen, niemals jedoch erkennen lassen, »wie das ›Leben‹ nach dem Tod wirklich aussieht – die Tätigkeiten, Aufgaben, Freuden und Leiden, Lebensweise und gesellschaftliche Struktur« (197).

Personen

Sachen

edition suhrkamp
Eine Auswahl

edition suhrkamp
Eine Auswahl

edition suhrkamp
Eine Auswahl

edition suhrkamp
Eine Auswahl

318/4/12.88

edition suhrkamp
Eine Auswahl

edition suhrkamp
Eine Auswahl

318/6/12.88

edition suhrkamp
Eine Auswahl

edition suhrkamp
Eine Auswahl

edition suhrkamp
Eine Auswahl

edition suhrkamp
Eine Auswahl

318/10/12.88

Kulturgeschichte
in der edition suhrkamp